제5판

현대재무관리

김병곤 · 곽철효 · 정정현

法文社

제5판 머 리 말

COVID-19의 팬데믹이 전세계로 확산되면서 세계경제나 글로벌 금융시장에 큰 충격을 주었다. 사회적 거리두기의 확산으로 소비가 위축되고, 글로벌 공급망이 붕괴되면서 세계 물류흐름이나 원·부자재 공급에도 큰 어려움이 발생하였다. 각 국가들은 경기 침체를 피하기 위해 양적완화(QE)라는 통화정책을 실시하여 심각한 인플레이션을 불러왔다. 이는 급격한 금리인상 정책으로 이어졌고, 전세계 강달러 환경이 조성되어 미국을 제외한 대부분의 국가에서 환율과 수입물가가 급격히 상승하는 근린궁핍화 현상이 가속화되었다.

그러한 환경 속에서도 글로벌 IT기업의 영향력이 확대되고, 플랫폼사업들이 확산되는 기업환경이 조성되었다. 비대면 상품 주문 및 배송, 재택근무, 비대면 원격회의, 메타버스 등이 확산되면서 4차 산업혁명을 이끌어 가는 빅데이터, 클라우드, 인공지능 등과 연계된 새로운 사업기회가 확대되었다.

이러한 어려운 환경변화 속에서도 독자 여러분께서는 건강을 잘 유지하면서 환경변화에 잘 대처해 오셨을 것으로 저자들은 믿는다. 현대재무관리 책을 2013년에 초판을 발간하고, 10여년 만에 5판을 발간하게 되어 독자 여러분들께 항상 감사드리는 마음이다. 독자 여러분들의 지속적인 관심과 사랑이 없다면, 새로운 업데이트 판을 계속 출간할 수 없다는 것을 저자들은 마음깊이 새기고 있다. 독자 여러분들께 도움이 되고, 독자 여러분들이 학습하기 편한 책이 되도록 계속 노력할 것을 약속드린다.

이번에 발간하는 5판은 4판에 비해 내용면에서 큰 차이가 있는 것은 아니다. 다만 그동안 이 책을 사용하면서 의견을 주셨던 독자 여러분들의 조언을 반영하여 해당 사항들을 수정하고 보완하도록 노력하였다.

특히 본문 내용과 관련하여 설명이 추가적으로 필요한 부분에 대해서 이해하기 쉽게 설명을 추가하였고, 오타나 문제풀이 답안의 오류 등을 중심으로 수정작업을 하였다. 그리고 저자들이 연구하는 과정에서 습득한 지식 중에서 독자들의 학습과 이해에 도움이 될 것으로 생각되는 내용은 본문 중에 추가하여 기술하였다. 또한 이 책을 사용하는 독자들이 조금이라도 더 편안하게 책을 읽을 수 있도록 편집부분에 많은 관심을 가지고, 색도나 편집형식 등을 조정하였다.

5판은 4판에 비해 큰 변화는 없으나 독자들이 이 책을 이용하여 학습하거나 강의를 하는데 있어 조금이라도 더 편리하고 도움이 되었으면 하는 마음으로 개정 작업을 하였다. 그럼에도 불구하고 여전히 부족한 점이 많을 것으로 생각한다. 독자 여러분들의 비판과 조언을 받아 계속적으로 수정·보완해 나갈 것을 다짐한다.

그리고 이 책의 개정에 도움을 주신 여러분께 이 자리를 빌려 감사를 드린다. 먼저 개정의 기회를 가질 수 있도록 이 책을 사용해 주신 여러 대학의 교수님들과 강사선생님, 학생 여러분, 일반 독자분들께 감사의 말씀을 전한다. 이 책의 출간을 위해 노력해 주신 법문사 관계자 여러분께도 진심으로 감사를 드린다.

2023년 1월
김병곤, 곽철효, 정정현

제4판 머 리 말

2013년 초판을 발간하고, 7여년 만에 4판을 발행하게 되어 감회가 새롭다. 저자들은 이 자리를 빌려서 독자분들께 다시 한번 감사의 말씀을 전한다.

빅데이터, 클라우드, 인공지능 등으로 대변되는 4차 산업혁명과 함께 뉴 애브노멀(New Abnormal)시대를 맞아 기업경영환경의 불확실성은 더 높아지고 있다. 저성장 경제가 지속되고, 상시적인 불확실성이 확산되고 있는 가운데 각 국가들은 공정경쟁, 반독점, 친환경 정책 등을 강화하면서 기업의 사업환경도 더욱 어려워지고 있다.

국내적으로도 기업의 투자의사결정이나 소유구조, 지배구조, 재무구조 등에 영향을 미칠 수 있는 자본시장법, 공정거래법, 지주회사법, 상법, 환경법 등과 같은 기업관련 법규나 제도들이 지속적으로 변화하고 있다. 상품시장이나 금융시장에서는 신시장이나 신상품이 경쟁적으로 생겨나고, 빅데이터, AI, 핀테크 등을 활용한 새로운 마케팅이나 생산, 재무전략 등이 나타나고 있다.

이러한 환경변화에 대응하여 기업들은 새로운 길을 모색하고, 미래 먹거리를 준비하기 위해 많은 노력을 기울이고 있다. 특히 신사업 R&D 투자의 확대, 기업 내부 통제시스템의 개선, 리스크관리, 상시적인 구조조정 정책의 시행, M&A에 의한 성장전략의 추구 등에 힘쓰고 있다.

이러한 가운데 기업들이 경영환경 변화에 대처하고, 성공적으로 기업활동을 영위하기 위해서는 재무관리의 중요성이 더욱 강조되고 있다. 기업가치 최대화를 위한 투자결정, 자본조달결정, 경영성과 배분 등 기업활동의 전 분야를 분석, 통합, 계획, 실천하는 기능을 담당하고 있는 것이 재무관리이기 때문이다. 저자들은 이 책을 사용하여 재무관리를 공부하는 독자분들이 기업활동의 전 분야에 걸쳐 재무관리의 기능과 역할을 체계적이고 폭 넓게 이해하고 학습하여 미래의 유능한 재무관리자로 성장하고 발전하기를 기대해 본다.

이번에 발간하는 4판은 3판에 비해 내용면에서 큰 차이가 있는 것은 아니다. 다만 그동안 이책을 사용하면서 의견을 주셨던 독자들의 조언을 반영하여 부분 부분 그 사항들을 반영하여 수정과 보완을 하였다.

특히 본문 내용과 관련하여 추가적으로 필요한 것으로 생각된 예제 문제를 추가하였고, 오타나 문제풀이 답안의 오류 등을 중심으로 수정작업을 하였다. 그리고 저자들이 연구하는 과정에서 습득한 지식 중에서 독자들의 학습과 이해에 도움이 될 것으로 생각되는 내용은 본문 중에 추가하여 기술하였다. 또한 이 책을 사용하는 독자들이 조금이라도 더 편안하게 책을 읽을 수 있도록 편집부분에 많은 관심을 가지고, 색도나 편집형식 등을 조정하였다.

4판은 3판에 비해 큰 변화는 없으나 독자들이 이 책을 이용하여 강의를 하거나 학습을 하는 데 있어 조금이라도 더 편리하고 도움이 되었으면 하는 마음으로 개정 작업을 하였다. 그럼에도 불구하고 여전히 부족한 점이 많을 것으로 생각한다. 독자들의 비판과 조언을 받아 계속적으로 수정·보완해 나갈 것을 다짐한다.

그리고 이 책의 개정에 도움을 주신 여러분께 이 자리를 빌려 감사를 드린다. 먼저 개정의 기회를 가질 수 있도록 이 책을 사용해 주신 여러 대학의 교수님들과 강사 선생님, 학생 여러분, 일반 독자분들께 감사의 말씀을 전한다. 이 책의 출간을 위해 노력해 주신 법문사 관계자 여러분께도 진심으로 감사를 드린다.

2020년 1월
김병곤, 곽철효, 정정현

제3판 머 리 말

　2013년 초판을 발간하고, 2여년 만에 2판을 발행하였고, 다시 2여년 만에 3판을 발간하게 되어 감회가 새롭다. 저자들은 이 자리를 빌려서 독자분들께 다시 한번 감사의 말씀을 전한다.

　최근 세계 경제의 글로벌화, 디지털화, 개방화가 급속히 진전되면서, 기업의 리스크가 확대되고, 구조조정이 상시체제로 가동되는 등 기업의 경영환경이 급변하고 있다. 기업의 재무환경도 많은 변화를 보이고 있다. 자금 조달 및 운용시장에서는 신시장이나 신상품이 생겨나고, 핀테크, 로보어드바이저, 빅데이터 등을 활용한 새로운 자금조달행태나 투자기법들이 나타나고 있다. 또한 기업의 투자의사결정이나 소유구조, 지배구조, 재무구조 등에 영향을 미칠 수 있는 자본시장법, 공정거래법, 지주회사법, 상법 등과 같은 기업관련 법규나 제도들도 지속적으로 변화하고 있다.

　이러한 경영환경 변화 속에서 기업들이 환경변화에 대처하고, 성공적으로 기업활동을 영위하기 위해서는 재무관리의 중요성이 더욱 강조되고 있다. 기업가치 최대화를 위한 투자결정, 자본조달결정, 경영성과 배분 등 기업활동의 전 분야를 분석, 통합, 계획, 실천하는 기능을 담당하고 있는 것이 재무관리이기 때문이다. 저자들은 이 책을 사용하여 재무관리를 공부하는 독자분들이 기업활동의 전 분야에 걸쳐 재무관리의 기능과 역할을 체계적이고 폭 넓게 이해하고 학습하여 미래의 유능한 재무관리자로 발전하기를 기대해 본다.

　이번에 발간하는 3판은 2판에 비해 내용면에서 큰 차이가 있는 것은 아니다. 다만 그동안 이 책을 사용하면서 의견을 주셨던 독자들의 조언을 반영하여 부분 부분 그 사항들을 반영하여 수정과 보완을 하였다.

　특히 본문 내용에 언급된 제도적 사항에 변화가 있은 부분은 변경사항을 반영하였고, 본문 중의 오타나 문제풀이 답안의 오류 등을 중심으로 수정작업을 하였다. 그리고 이 책을 사용하는 독자들이 조금이라도 더 편안하게 책을 읽을 수 있도록 편집부분에 많은 관심을 가지고, 색도나 편집형식 등을 조정하였다.

　3판은 2판에 비해 큰 변화는 없으나 독자들이 이 책을 이용하여 강의를 하거나 학습을 하는 데 있어 조금이라도 더 편리하고 도움이 되었으면 하는 마음으로 개정 작업을 하였다. 그럼에도 불구하고 여전히 부족한 점이 많을 것으로 생각한다. 독자들의 비판과 조언을 받아 계속적으로 수정·보완해 나갈 것을 다짐한다.

　그리고 이 책의 개정에 도움을 주신 여러분께 이 자리를 빌려 감사를 드린다. 먼저 개정의 기회를 가질 수 있도록 이 책을 사용해 주신 여러 대학의 교수님들과 강사선생님, 학생 여러분, 일반 독자분들께 감사의 말씀을 전한다. 이 책의 출간을 위해 노력해 주신 법문사 관계자 여러분께도 진심으로 감사를 드린다.

2017년 2월

김병곤, 곽철효, 정정현

제2판 머 리 말

2013년 초판을 발간한지 2여년 만에 개정판을 발간하게 되어 감회가 새롭고, 독자들의 성원에 감사한 마음이다. 저자들은 이 자리를 빌려서 독자들께 다시 한번 감사의 말씀을 전한다.

이번에 발간하는 2판은 초판에 비해 내용면에서 큰 차이가 있는 것은 아니다. 그 동안 재무관리 이론에 큰 변화가 있었던 것이 아니기 때문이다. 다만 그동안 이 책을 사용하면서 의견을 주셨던 독자들의 조언을 반영하여 부분 부분 그 사항들을 반영하여 수정과 보완을 하였다.

먼저, 각 장의 첫 페이지에 도입문으로 각 장의 학습목표와 주요 내용을 요약하여 제공하였다. 독자들이 각 장을 공부하기 전에 먼저 도입문을 읽으면, 각 장에서 공부해야할 사항과 주요 내용을 큰 그림에서 이해하고, 본문에서 세부적으로 학습할 수 있도록 구성하였다. 각 장의 끝 부분에 있는 '요약'과 연계하여 공부하면 본문의 내용을 쉽게 이해하는 데 도움이 될 것으로 생각한다.

둘째, 연습문제의 해답을 제공하였다. 독자들이 이 책을 이용하여 공부하는 과정에서 계산형 연습문제의 해답을 알지 못해 어려움이 있다는 의견이 많았다. 따라서 개정판에서는 각 장의 연습문제 끝 부분에 계산형 연습문제의 해답을 제시해 두었다.

셋째, 초판에서 일부 부족한 부분이 있었던 예제 문제를 보완하여 제공하였다. 특히 제2부 자본예산(제5장~제7장) 부분에 예제를 보강하여 내용의 이해를 돕기 위해 노력하였다.

넷째, 본문의 수식 기호가 갖는 의미가 일관성 있게 통일이 되도록 정리를 하였다. 초판에서 일부 수식 기호가 수식에 따라 다른 의미로 사용되는 경우가 있어 독자들에게 오해를 유발시키는 부분이 있었다. 따라서 개정판에서는 이 책의 모든 부분에서 하나의 기호가 하나의 의미를 갖고 표시될 수 있도록 수식 기호를 조정하였다.

다섯째, 초판에서 일부 발생되었던 오류나 오탈자 등을 수정·보완하였다. 초판 발간 때 오류나 오탈자를 최소화하기 위해 노력하였으나 확인되지 않은 일부 사항이 있었다. 따라서 개정판에서는 이러한 문제를 바로잡고 최소화되도록 최선의 노력을 기울였다.

개정판은 초판에 비해 큰 변화는 없으나 독자들이 이 책을 이용하여 강의를 하거나 학습을 하는데 있어 조금이라도 더 편리하고 도움이 되었으면 하는 마음으로 개정 작업을 하였다. 그럼에도 불구하고 여전히 부족한 점이 많을 것으로 생각한다. 독자들의 비판과 조언을 받아 계속적으로 수정·보완해 나갈 것을 다짐한다.

그리고 이 책의 개정에 도움을 주신 여러분께 이 자리를 빌려 감사를 드린다. 먼저 개정의 기회를 가질 수 있도록 이 책을 사용해 주신 교수님들과 강사선생님, 학생 여러분, 일반 독자분들께 감사의 말씀을 전한다.

그리고 이 책의 개정작업에 직접적으로 참여하여 도움을 준 창원대학교의 김소라선생님, 이 책의 출간을 위해 노력해 주신 법문사 관계자 여러분께도 진심으로 감사를 드린다.

2015년 8월
김병곤, 곽철효, 정정현

머 리 말

최근 세계 경제의 글로벌화, 디지털화, 개방화가 급속히 진전되는 등 기업경영활동의 저변이 크게 변하고 있다. 이런 변화를 선도하고 성장해가야 하는 기업에서 재무관리의 중요성은 더욱 증대되고 있다.

우리나라 기업들이 1997년 외환위기라는 절체절명의 위기를 맞이한 주요한 이유 중의 하나는 재무관리의 실패 때문이라고 할 수 있다. 외형성장 위주의 경영행태와 부적절한 자금유동성 관리, 과다한 차입경영에 따른 재무건전성의 상실, 비핵심 사업부문으로의 무분별한 사업다각화, 전근대적인 소유·지배구조의 형성 등 비효율적인 재무관리가 기업가치의 하락을 유발하고, 기업 경쟁력을 약화시키는 주요한 요인이 되었다. 외환위기 이후 기업들이 추진해온 재무구조조정, 사업구조조정, 소유·지배구조조정 등은 이러한 문제를 해결하기 위한 노력의 일환이라고 할 수 있다.

2008년 이후 전 세계를 휩쓸고 있는 글로벌 금융위기와 재정위기도 글로벌 금융기관이나 국가 차원에서 재무관리에 실패한 하나의 예라고 할 수 있다. 글로벌 금융기관들이 모기지증권과 파생증권에 대한 리스크관리를 실패하면서 금융위기를 유발시켰고, 이는 재정이 취약하였던 남유럽국가들을 중심으로 재정위기를 촉발시키는 계기가 되었다. 글로벌 금융기관들이 재무적 관점에서 체계적으로 리스크를 관리하고, 각 국가들이 재정의 건전화와 효율화를 추구하였다면, 전 세계적으로 엄청난 충격을 가져다 준 금융위기는 상당 수준에서 관리될 수 있었을 것이다.

이러한 관점에서 볼 때 최근 기업이나 금융기관, 국가 등의 경영활동에서 재무관리의 중요성은 더욱 강조되고, 재무관리자와 재무부문의 역할은 보다 확대될 필요성이 증가하고 있다.

재무관리는 기업가치의 최대화를 위하여 투자결정, 자본조달결정, 경영성과의 배분 등 기업활동의 전 분야를 분석, 통합, 계획, 실천하는 중요한 기능을 담당하고 있다. 따라서 이 책에서는 재무관리를 공부하고자 하는 독자들이 기업 활동의 전 분야에 걸쳐 재무관리의 기능과 역할을 체계적이고 폭 넓게 이해할 수 있도록 기본개념에서부터 이론과 현실적 적용에 이르기까지 깊이 있게 정리하려고 노력하였다. 특히 내용의 이해도를 높이기 위하여 추가적으로 설명이 필요한 부분은 수식으로 풀어서 설명하거나 부록에 추가하여 설명하였다. 이 책을 이용하여 강의를 하시는 교수님과 강사님들은 수강하는 학생들의 수준에 맞게 난이도를 조정하여 강의를 하실 수 있을 것으로 생각한다.

또한 이 책에서는 독자들이 재무관리의 기본개념을 쉽게 이해하고, 여러 주제들이 상호 어떻게 연관되는가를 쉽게 파악할 수 있도록 구성하기 위해 노력하였다. 이를 위해 전체를 7부 24장으로 나누어 설명하고 있다.

먼저 제1부에서는 재무관리 공부를 위해 기본적으로 이해하여야 하는 재무관리의 목표와 화폐의 시간가치 개념, 증권의 가치평가 개념, 소비와 투자결정, 재무활동의 자금흐름과 재무예측 등을 다루고 있다.

제2부에서는 자본예산의 기본 개념과 자본예산의 실행기법, 자본예산 과정에서 발생할 수 있는 특수문제 등을 통해 투자안의 경제성 평가방법을 설명하고 있다.

제3부에서는 위험과 투자결정이론을 설명하고 있다. 위험요소가 포함되는 경우에 있어 투자 의사결정문제로서 포트폴리오 이론과 자본시장의 균형이론, 위험과 자본예산을 다루고 있다.

제4부에서는 자본구조와 배당정책을 설명하고 있다. 자본구조를 결정하는 자본조달 의사결정 문제를 효율적 자본시장과 자금조달 수단, 레버리지분석 등과 연관시켜 설명하고, 최적자본구조의 존재 여부를 이론적·현실적 관점에서 설명하고 있다. 또한 배당의사결정이 기업가치에 미치는 영향을 배당정책에서 다루고 있다.

제5부에서는 운전자본관리와 기업평가를 다루고 있다. 운전자본관리 방법과 재무분석 및 기업가치평가 방법을 설명하고 있다.

제6부에서는 옵션과 선물 등의 파생상품에 대한 개념과 파생상품을 이용한 재무정책을 설명한다.

제7부에서는 재무관리의 특수문제를 다루고 있다. M&A와 사업구조조정, 기업지배구조와 지주회사제도, 국제재무관리 등을 설명하고 있다.

필자들은 이 책을 집필하면서 재무관리를 학습하려는 독자들이 스스로 그 내용을 습득할 수 있도록 하는 데 초점을 두었다. 필수적인 개념이나 이론, 현실적 문제 등을 예를 들어가며 자세하게 설명하고, 각 장의 처음에는 학습목표와 그 장에서 설명하는 주요 사항을 제시하고, 장의 끝에는 주요한 내용을 요약 정리하여 제시하였다. 그러나 이와 같은 노력에도 불구하고 여전히 부족한 점이 많을 것으로 생각한다. 독자들의 비판과 조언을 받아 계속적으로 수정·보완해 나갈 것을 다짐한다.

그리고 이 책이 출판될 수 있도록 도와주신 여러분께 이 자리를 빌려 감사를 드린다. 먼저 필자들을 학문의 길로 이끌어 주시고, 가르침을 주셨던 故구맹회 교수님과 이 책을 집필하는 과정에서 조언을 아끼지 않으신 창원대학교의 김동회 교수님께 감사를 드린다. 그리고 이 책의 출간을 위해 노력해 주신 법문사 기획영업부의 김영훈 부장님, 편집에 정성을 다하신 예상현 과장님 그리고 관계자 여러분께도 진심으로 감사를 드린다.

2013년 2월
김병곤, 곽철효, 정정현

Contents

제 1 부 재무관리의 기본

Contents

제 2 부 자본예산

제 3 부 위험과 투자결정 이론

제 8 장 위험의 개념과 포트폴리오 이론

제 4 부 자본구조와 배당정책

제14장   자본구조이론

제 5 부 운전자본관리와 기업평가

제 6 부 파생상품과 재무정책

제20장　옵　　선

제21장　선　　물

제 7 부 재무관리 특수문제

제22장 M&A와 사업구조조정

제23장 기업지배구조와 지주회사

Part

1

재무관리의 기본

Financial Management

재무관리의 기초

들어가면서

이 장에서는 독자들이 재무관리를 공부하기 위해 기본적으로 이해해야 하는 재무관리의 의미와 기능, 목표를 설명하고 있다. 재무관리는 기업의 측면에서 재무적 상황을 분석하고, 최적 의사결정을 내리는 것을 연구하는 학문이다. 일반적으로 재무관리는 기업의 경영활동에 필요한 자금을 합리적으로 조달하고, 이 조달된 자금을 경영목표에 알맞게 합리적으로 운용하는 것을 뜻한다. 고정된 채권자의 청구권을 상환한 다음, 주주의 청구권 가치를 최대화할 수 있도록 기업가치를 최대화하는 것이 재무관리의 목표라고 할 수 있다.

재무관리 기능은 투자결정, 자본조달결정, 배당정책결정 등으로 구성된다. 이러한 재무관리의 기능은 기업활동 전반에 걸쳐 계획, 통제, 조정된다. 투자결정기능은 재무상태표의 자산항목과 관련된 의사결정이다. 즉 기업이 재무관리의 목표를 효율적으로 달성하기 위한 자산의 최적구성을 위한 의사결정이다. 최적 현금수준의 결정, 유동성관리, 비유동자산의 투자결정, 그리고 새로운 프로젝트 혹은 투자안에 대한 경제성분석, 인수·합병 등 투자결정의 기능이 여기에 속한다.

자본조달결정은 재무구조를 어떻게 구성하는 것이 재무관리의 목표에 가장 합당한가를 결정하는 기능이다. 단기부채와 장기부채의 조달비용이 분석되고, 타인자본과 자기자본의 최적구성이 자본비용의 측면에서 검토된다.

배당정책결정은 배당의 형태와 법인세차감 후 이익에서 배당액이 차지하는 비중, 즉 배당성향에 대한 의사결정이 중심과제가 된다. 재무관리자는 배당의 안정성, 재투자된 유보이익의 수익성에 대한 투자자의 태도, 기업의 존립 및 성장을 종합적으로 고려하여 배당정책을 결정한다.

재무관리자는 기업전체에 대한 통제과정(control process)에 책임을 지고, 경영심사, 투자의사결정, 자금조달 및 운용 의사결정 등을 관할하는 역할을 담당한다. 이를 위해 주요 기업들에서는 최고재무책임자(CFO)제도를 두고 재무부문을 총괄하도록 하고 있다.

재무관리의 의의

Financial Management

재무관리(financial management)는 1900년대에 기업의 관리기능 중 한 분야로 대두한 이후 지속적으로 그 의미가 달라지고 적용범위가 확대되어 왔기 때문에 그 개념을 한마디로 정의하기는 쉽지 않다. 왜냐하면 재무관리의 주요 연구대상은 기업 내부의 여러 요인과 기업 외부환경의 변화에 따라 항상 달라질 수 있기 때문이다.

재무관리는 기업의 측면에서 재무적 상황을 분석하고 최적 의사결정을 내리는 것을 연구하는 학문으로 경영재무(managerial finance) 또는 기업재무(business finance)라고도 한다.

일반적으로 재무관리는 기업의 경영활동에 필요한 자금을 합리적으로 조달하고, 이 조달된 자금을 경영목표에 알맞게 합리적으로 운용하는 것을 뜻한다. 과거에는 재무관리의 기능과 영역을 기업 내의 자금과 관련되는 관리활동으로만 국한한 적이 있다. 또 경영활동에 필요한 자본(capital)의 조달기능만을 재무관리로 보아 온 견해도 있었다. 그러나 현대 재무관리는 자금관리와 자본조달의 기능을 통하여 기업활동의 전 분야를 분석, 통합, 실천하는 기능을 의미한다.

기업의 제반 투자안에 대하여 경제성을 분석하고, 합리적으로 조달한 자본으로 기업의 자산을 최적구성(best mix of assets)할 뿐만 아니라, 이를 뒷받침하기 위한 자금계획의 수립 및 통제 등 경영활동의 전반에 걸쳐 경영목표를 효과적으로 달성키 위하여 자료를 분석, 통합, 실천하는 기능이 바로 재무관리이다.

따라서 재무관리의 의미를 경영활동과 관련지어 요약하면, 재무관리는 생산관리, 마케팅관리, 인사관리 등 기업의 모든 경영활동이 그 본래의 목표를 달성할 수 있도록 기업의 전반적인 현금흐름을 계획, 통제, 조정하는 활동이라고 할 수 있다.

그리고 재무관리의 의미를 협의의 재무관리와 광의의 재무관리로 구분하여 사용하기도 한다. 협의의 재무관리는 기업의 측면에서 재무적 상황을 분석하고 최적 의사결정을 내리는 것을 연구하는 학문을 말한다. 광의의 재무관리는 협의의 기업재무적 측면뿐만 아니라 순수하게 이론적인 측면에서 재무관리를 연구하는 재무이론을 포함한다.

재무관리의 개념이 현금흐름을 분석, 통합하고 기업활동 전반에 걸쳐 경영목표에 알맞도록 계획, 통제, 조정하는 기능이라고 정의된다. 그러면 재무관리의 기능은 구체적으로 무엇을 의미하는가?

학자에 따라서는 재무관리의 기능을 각기 달리 표현하고 있다. 재무관리의 기능을 재무계획(financial planning), 자산관리(management of assets), 자금조달(raising funds), 그리고 특정문제 해결(meeting special problems)의 4개 기능으로 구분하고, 이 중에서 특정문제 해결은 흡수합병(merger)이나 신설합병(consolidation)으로 기업의 조직변동이 발생할 때 기업의 가치평가(valuation of a firm) 및 제반 재무적 상황에 대한 조정 의사결정을 내리는 것이라고 정의하는 학자가 있다.

그러나 일반적으로 재무관리의 기능은 〈표 1-1〉과 같이 투자결정(investment decision), 자본조달결정(financing decision), 배당정책의 결정(dividend decision) 등 3개 부문으로 구분되며, 이러한 재무관리의 기능은 기업활동 전반에 걸쳐 계획, 통제, 조정된다고 한다.

재무관리의 기능은 기업의 전반적인 재무적 상황을 나타내어 주는 재무상태표와 관련시켜 표현하면 가장 쉽게 이해가 될 수 있다.

표 1-1 재무관리의 주요 기능

주요 기능	주요 의사결정
투자결정	자산의 최적구성 · 최적 현금수준의 결정 · 유동성관리 · 비유동자산의 투자결정 · 투자안에 대한 경제성평가 · 인수 · 합병
자본조달결정	최적 자본구조 · 자본조달비용 · 타인자본과 자기자본의 비중
배당정책	배당의 형태 및 배당성향 결정

첫째, 투자결정의 기능은 재무상태표의 자산항목 관련된 의사결정이다. 이 기능은 재무관리에서 매우 중요하고 그 기초가 되는 의사결정이다.

기업이 재무관리의 목표를 효율적으로 달성하기 위해서는 자산항목을 어떻게 최선으로 구성할 수 있을 것인가 하는 문제가 발생한다. 즉 자산의 최적구성(best mix of assets)을 위한 의사결정이다. 최적 현금수준의 결정, 유동성(liquidity)관리, 비유동자산의 투자결정, 그리고 새로운 프로젝트 혹은 투자안에 대한 경제성분석, 인수·합병 등 투자결정의 기능이 여기에 속하게 된다. 특히, 자본예산(capital budgeting)의 문제는 재무관리에서 매우 중요한 비중을 차지하고 있다. 투자안의 수익성과 위험의 문제가 검토되고, 재무관리자의 투자태도에 따라 최종 투자결정이 이루어진다.

둘째, 자본조달결정이다. 이 기능은 재무구조(financial structure)를 어떻게 구성하는 것이 재무관리의 목표에 가장 합당한가를 결정하는 기능이다.

단기부채와 장기부채의 조달비용이 분석되고, 기업의 총자본을 형성하고 있는 타인자본과 자기자본의 최적구성이 자본비용의 측면에서 검토된다. 자기자본에 대한 타인자본의 비율, 즉 부채비율을 자본비용이 최저(minimum weighted cost of capital)가 되는 수준에서 결정해야 한다는 문제는 영업이익(earnings before interest and tax)의 최대화와 주당이익(earnings per share)의 최대화 사이에 상반되는 이해관계로 인하여 자본조달의 의사결정에 많은 논란을 일으키고 있다.

셋째, 배당정책의 결정이다. 배당정책의 결정은 배당의 형태와 법인세 차감후 이익(earnings after taxes)에서 배당액이 차지하는 비중, 즉 배당성향(dividend payout)에 대한 의사결정이 중심과제가 된다. 재무관리자는 배당의 안정성, 재투자된 유보이익의 수익성에 대한 투자자의 태도, 기업의 존립 및 성장을 종합적으로 고려하여 배당정책을 결정한다.

끝으로 이상의 세 가지 재무관리의 기능은 서로 통합된다. 재무관리자는 재무자료를 분석하여 투자결정, 자본조달결정, 배당결정 등을 내리게 된다. 이러한 재무관리의 기능은 각기 독립된 것이 아니다. 자본조달은 투자를 위한 것이며, 투자결정은 재무관리의 목표를 최적으로 달성할 수 있는 수준에서 이루어져야 한다. 재무관리의 각 기능은 상호의존관계에 있으며, 이들은 모두 통합되어 재무관리의 목표를 효율적으로 달성할 수 있는 방향으로 결정되어야 한다.

재무관리의 목표

기업의 경영목표에는 여러 가지가 있다. 그러나 기업의 경영목표 중 가장 기본적인 목표는 일반적으로 재무관리의 목표와 일치한다. 그러면 재무관리의 목표는 무엇이며 기업의 형태에 따라서 재무관리의 목표가 각각 다른 것일까?

3.1 이익의 최대화

전통적으로 많은 기업들이 이익의 최대화(profit maximization)를 기업의 목표로 간주하고 있다. 현재도 이를 기업의 목표로 인식하는 기업들이 많다. 그러나 이익의 최대화가 기업의 목표로 타당한가에 대한 논란이 많다. 대부분의 학자들이 기업의 목표로는 부적합하다는 견해를 보이고 있다.

그 이유는 이익의 최대화 목표가 다음과 같은 문제점을 가지고 있기 때문이다.

첫째, 이익의 최대화라고 할 때, 여기서의 이익은 회계적 이익(accounting earning)으로 기업의 경영성과를 정확히 반영하지 못한다. 회계적 이익은 기업의 실제 현금흐름(cash flow)을 나타내는 것이 아니고, 감가상각방법, 재고자산평가방법 등 회계처리방법에 따라 이익의 규모가 달라질 수 있다.

둘째, 이익 최대화의 목표는 현금흐름이 발생하는 시점을 고려하지 않는다. 이익을 얻기 위해서는 투자가 이루어져야 하고, 투자성과인 이익은 발생시점에 따라 그 가치가 달라지게 된다.

예를 들어, 현재 시점에 100억원을 투자하는 A사업과 B사업이 있다고 하자. A사업의 경우 5년 후에 150억원의 이익이 발생하고, B사업의 경우 10년 후에 160억원의 이익이 발생한다고 하자. 이익 최대화라는 목표를 기준으로 두 대안을 비교한다면, B사업의 이익(160억원)이 A사업의 이익(150억원)보다 더 크기 때문에 B사업이 더 나은 것으로 판단될 수도 있다. 그러나 현금흐름의 발생시점을 고려하여 화폐의 시간적 가치 개념에서 본다면 타당하지 않을 수도 있다.

셋째, 이익 최대화의 목표는 미래 이익의 불확실성의 정도에 따른 이익의 질적 가치를 반영하지 못한다. 예를 들어, 현재 1억원을 투자하여 1년 후에 1억 1천만원을 얻을 수 있는 A, B의 투자기회가 있다고 하자. A투자기회는 위험이 거의 없는 국채를 매입하는 것이고, B투자기회는 벤처기업에 투자하는 것이다. 합리적인 투자자라면 위험이 낮은 A투자안을 선택할 것이다. 그러나 투자기회의 위험을 고려하지 않고 단순히 이익 최대화의 목표에 따라 두 투자안을 평가한다면 기대이익이 동일하기 때문에 우열을 가릴 수 없게 된다.

3.2 기업가치의 최대화

개인기업에서 주식회사에 이르기까지 기업의 형태에 상관 없이 재무관리의 목표는 기업가치의 최대화(firm's value maximization)라고 할 수 있다. 이제 설명을 단순화하기 위하여 기업을 공개기업이라고 하고, 다음과 같이 기업가치(value of a firm)를 자기자본의 시장가치와 부채, 즉 타인자본의 시장가치의 합이라고 하자.

$$V = S + B \qquad\qquad (1-1)$$

단, V = 기업의 시장가치
  S = 자기자본의 시장가치
  B = 채권의 시장가치

(1-1)식에서 보면 기업가치는 자기자본인 주주 청구권의 시장가치(S)와 부채인 채권자 청구권의 시장가치(B)에 따라 달라진다.

그러나 기업에 대한 주주의 청구권과 채권자의 청구권은 그 성격에 있어 차이가 있다. 먼저, 채권자를 잠시 무시한다면, 주주 청구권의 가치인 주주의 부(stockholder's wealth)는 [그림 1-1]과 같이 기업가치에 대한 증가함수이다.

그림 1-1 기업가치와 주주 청구권 가치의 관계

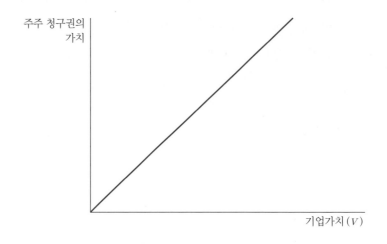

다음으로, 주주의 청구권을 일단 무시하면 [그림 1-2]와 같이 채권자는 기업가치에 대하여 고정된 청구권을 갖는다.

예를 들어, 채권자가 기업에 대하여 1억원의 채권을 가지고 있고, 상환기간은 1년이며, 이자를 고려하지 않는다고 하자. 1년 후에 기업가치가 1억원을 초과하면 채권자는 고정된 청구권 1억원만을 지급받게 되고, 1억원을 초과한 기업가치는 주주의 몫이 된다. 그러나 기업가치가 1억원에 미달하면 주주의 청구권은 없어

그림 1-2 기업가치와 채권자 청구권의 관계

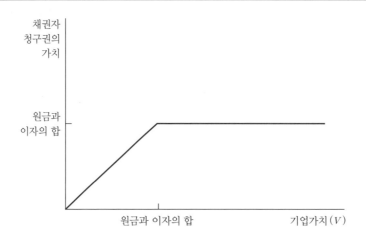

그림 1-3 기업가치의 최대화 목표

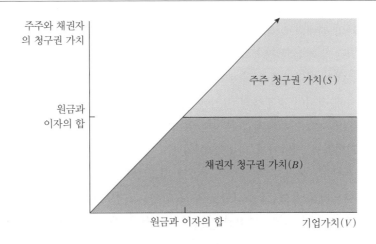

끝으로, 기업가치가 증가함에 따라 행사되는 주주와 채권자의 청구권을 결합하여 그림으로 표현하면 [그림 1-3]과 같다.

지고, 채권자는 청구권을 행사하여 자신의 몫을 확보하게 된다. 기업에 대하여 채권자의 청구권이 주주의 청구권보다 우선하기 때문이다. 이 경우에 주주는 기업에 대하여 오직 유한책임(limited liability)만을 지고 있기 때문에 채권자의 청구권(기업의 채무)에 대하여 개인적으로 변제할 책임이 없다.

끝으로, 기업가치가 증가함에 따라 행사되는 주주와 채권자의 청구권을 결합하여 그림으로 표현하면 [그림 1-3]과 같다.

이 그림에서 알 수 있듯이 채권자의 고정된 청구권을 상환한 다음, 주주의 청구권 가치를 최대화할 수 있도록 기업가치를 최대화하는 것이 재무관리의 목표라고 할 수 있다.

3.3 주주가치의 최대화와 대리인문제

기업의 소유주는 주주이므로 기업은 기업가치를 최대화하여 궁극적으로 주주의 부(주주의 청구권)의 최대화를 실현시켜야 한다. 기업가치는 주주 청구권의 가치와 채권자 청구권의 가치의 합이다. 채권자 청구권의 가치는 일정하게 고정되어 있으므로 기업가치의 최대화는 궁극적으로 주주 청구권 가치의 최대화와 동일한 의미를 갖는다. 즉 기업가치의 최대화는 주주부(株主富)의 최대화(maximization of shareholder's wealth)라고 할 수 있다.

또, 자본시장이 효율적일 때 주주의 부는 주가에 반영되어 있다. 이러한 맥락에서 볼 때 재무관리의 목표를 기업가치의 최대화 이외에 주주부의 최대화 또는 주가의 최대화로 표현할 수도 있다.

그런데 기업의 경영목표이자 재무관리의 목표인 주주부의 최대화가 실제 경영활동에서 경영자에 의하여 확실하게 달성될 수 있을까? 기업의 소유와 경영이 완전히 분리되어 경영자의 지위에 대한 주주의 영향력이 극히 작은 경우에는 주주와 경영자의 이해관계가 완전히 일치하지 않을 수 있다.

경영자는 기업가치 최대화 이외에도 종업원의 복지향상, 기업의 사회적 책임의 수행 등 여러 가지 경영목표를 가지고 있다. 또 경영자는 경영의 성과가 실패로 나타날 경우에 실직을 당할 수도 있다. 그러므로 경영자는 기업가치의 최대화를 위한 경영보다는 안정된 기업경영을 통해 자신의 존립에 더욱 노력하는 경우가 있다. 그리고 그 정도가 심해지면 주주와 경영자 사이에 상반되는 이해관계로 갈등이 발생한다. 이와 같은 문제를 대리인문제(agency problem)라고 한다.

Jensen and Meckling(1976)은 대리인관계(agency relationship)를 '한 사람 또는 다수의 주인(principals)이 대리인(agent)을 고용하고, 그로 하여금 자신들을 위하여 봉직하게 함과 동시에 의사결정권을 위양하는 계약(contract)'이라고 정의하였다.[1] 이 대리인관계에서 주인과 대리인의 두 집단은 모두 자신의 최대효용을 지향(utility maximizer)하고 있으므로 대리인의 행동이 주인의 이해관계에 최선으로 부합되지 않는 경우가 발생할 수 있다.

재무관리의 측면에서 보면 경영자는 주주의 대리인이 되며, ① 주주와 경영자 사이, ② 내부주주와 외부주주 사이에 대리인관계가 존재한다. 그리고 이들 사이에는 흔히 이해상충의 문제가 발생할 수 있다.

권한을 대리인에게 위양하지 않는 완전소유경영자의 경우는 주주와 경영자가 동일인이므로 경영자에 의한 대리인문제가 발생하지 않을 수 있다. 소유경영자는 모든 행동의 목표를 개인의 부(wealth) 또는 자기기업의 부를 최상으로 달성하는 데에 두고 있기 때문이다.

그러나 주주가 경영자에게 대리권(agency)을 위양하여 기업의 소유와 경영이 분리된 상태에서는 경영자에 의한 대리인문제가 발생할 수 있다. 왜냐하면, 대리인(agent)인 경영자는 주주의 부를 최대화하기 위하여 최선의 노력을 기울이기보다는 자신의 호화로운 직업생활을 향유하거나 더 많은 특별급여(fringe ben-

---

1) M. C. Jensen and W. H. Meckling(1976), "Theory of the Firm: Managerial Behavior, Agency Costs and Ownership Structure," *Journal of Financial Economics*, 305−360.

efit)를 수혜받고자 하는 등 과도한 특권적 소비(excessive perquisite consumption)를 발생시킴으로써 결과적으로는 주주의 부를 감소시킬 수 있기 때문이다.

내부주주와 외부주주 간에도 대리인문제가 발생할 수 있다. 경영을 책임지고 있는 내부주주는 경영자 역할을 하는데, 자신의 부(wealth)를 최대화하고자 하는 유인을 가질 수 있다. 이러한 이유로 내부주주가 자신의 이해에 맞게 기업활동과 관련된 의사결정을 하게 되면 외부주주는 부를 탈취(expropriation)당하는 현상이 발생할 수 있다.

예를 들어 계열사 간에 내부거래를 하는 경우에 내부주주는 자신의 지분율이 높은 계열사에 유리하게 거래조건을 결정할 수 있다. 이 경우 내부주주의 지분율이 낮은 계열사로부터 내부주주의 지분율이 높은 계열사로 부가 이전되는 현상이 발생하게 된다. 즉 내부주주의 지분율이 낮은 계열사의 외부주주는 부를 탈취당하는 결과가 될 수 있다. 이러한 현상을 터널링(tunneling)이라고 하고, 내부주주에 의한 대리인문제의 한 형태라고 할 수 있다.

부의 이전이 터널링과 반대방향으로 이루어지는 프로핑(propping)현상도 있을 수 있다. 내부주주는 부실계열사를 지원하기 위하여 자신의 지분율이 높은 계열사의 부를 지분율이 낮은 계열사로 이전시키는 의사결정을 할 수 있다. 이처럼 내부주주의 지분율이 높은 계열사의 부를 지분율이 낮은 계열사로 이전시키는 현상을 프로핑이라고 한다. 내부주주에 의한 프로핑도 대리인문제의 한 형태라고 할 수 있다.[2]

기업에서 이러한 대리인문제가 발생할 경우에는 기업은 다음과 같은 대리인비용(agency cost)을 지출하게 된다.

① 경영자의 행동을 규제하는 데 소요되는 감독비용(monitoring cost)
② 경영자가 자기의 합리적인 행동을 주주에게 확인시키는 데에 소요되는 비용, 즉 확인비용(bonding cost)
③ 바람직하지 않은 경영자의 행동을 제한할 수 있는 기업조직의 구성에 소요되는 비용
④ 대리인인 경영자가 적시에 민감한 의사결정을 수행하지 못하여 손실을 초래하는 경우에 발생하는 기회비용 등

---

2) 프로핑은 부의 이전방향이 터널링과 반대방향으로 발생한다는 의미에서 negative tunneling 혹은 reverse tunneling이라고도 한다(Friedman, Johnson, and Milton, 2003; Riyanto and Toolsema, 2008)

이상과 같은 대리인비용은 주주부(株主富)의 감소를 가져오게 되고 주주가치의 최대화를 저해하게 된다.

제4절 재무관리자의 역할과 CFO

Financial Management

재무관리의 기능은 기업경영에서 중요성이 점점 강조되고 있다. 과거에는 마케팅 관리자가 자기회사의 제품에 대한 시장수요를 예측하고, 생산부문 혹은 기술부문에서는 이러한 시장수요를 가능케 해줄 수 있는 고정시설 내지 기타 필요한 자재의 종류 및 양을 결정하며, 재무관리자는 오직 고정시설의 설치나 필요한 재고의 매입을 가능케 해주는 자금조달만 담당한 적이 있었다.

그러나 오늘날에는 재무관리의 조정기능이 기업활동의 모든 분야에서 강화되고 있다. 재무관리자가 기업전체에 대한 통제과정(control process)에 책임을 지고, 경영심사, 투자의사결정, 자금조달 및 운용 의사결정 등을 직접 관할하는 경향이 확산되고 있다.

특히 1990년대 이후 정보통신기술의 지속적인 발전으로 재무의사결정의 방식이 혁신적으로 바뀌고 있다. 기업은 기업 내 주컴퓨터(mainframe computer), 인터넷, 소비자와 공급자의 컴퓨터에 연결되어 있는 개인용 컴퓨터의 네트워크(network)로 운영되고 있고, 가상공간에서 제공되는 정보는 기업관계자 모두에게 동시에 공유되고 있다. 이러한 정보기술(information technology)의 발전은 기업의 의사결정 기반을 바꾸고 있다. 따라서 실시간으로 각종 재무정보에 접근하고 분석할 수 있는 재무관리자의 능력이 매우 중요한 기업환경이 되고 있다.

이를 위해 주요 기업들에서는 최고재무책임자(chief financial officer, CFO)제도를 두고 재무부문을 총괄하도록 하고 있다. CFO는 기업의 재무와 경리분야를 총괄하는 기능을 담당한다. 즉 재무기획, 투자관리, 현금관리, 신용관리 등의 자금관리업무와 원가 및 재무회계, 세금관리, 경영정보시스템의 회계관련 업무 등을 담당한다.

좀 더 구체적으로 CFO의 역할을 살펴보면 다음과 같다. 첫째, 재무부문의 업무

프로세스 개선을 통해 발생하는 여유자원을 기업의 전략적인 부문에 재배치하는 역할을 한다. 선택과 집중의 원칙에 따라 사업구조조정과 핵심전략사업에의 투자 여부를 평가한다. 둘째, 기업가치 최대화의 관점에서 여러 사업부문의 사업계획을 심의하고, 사업우선순위를 조정하는 역할을 한다. 셋째, 최적 자본구조, 배당정책, 주식 및 회사채발행 등의 재무정책을 수립하고, 자본시장의 투자자에 대한 IR(investor relations)활동을 수행한다. 넷째, 경영활동 전반에 걸친 위험관리와 조직전반에 걸친 성과측정 및 임직원 보상시스템을 확립하는 역할을 수행한다.

요 약

❶ 재무관리의 학문적 성격

재무관리는 기업의 측면에서 재무적 상황을 분석하고 최적 의사결정을 내리는 것을 연구하는 학문으로, 경영재무(managerial finance) 또는 기업재무(business finance)라고도 한다.

❷ 재무관리의 기능

기업의 제반 투자안에 대하여 경제성을 분석하고, 합리적으로 조달한 자본으로 기업의 자산을 최적구성(best mix of assets)할 뿐만 아니라, 이를 뒷받침하기 위한 자금계획의 수립 및 통제 등 경영활동의 전반에 걸쳐 경영목표를 효과적으로 달성키 위하여 자료를 분석, 통합, 실천하는 기능이 재무관리이다. 일반적으로 재무관리의 기능은 투자결정(investment decision), 자본조달결정(financing decision), 배당정책의 결정(dividend decision) 등 3개 부문으로 구분되며, 이러한 재무관리의 기능은 기업활동 전반에 걸쳐 계획, 통제, 조정된다.

❸ 재무관리의 목표

고정된 채권자의 청구권을 상환한 다음, 주주의 청구권가치를 최대화할 수 있도록 기업가치를 최대화하는 것이 재무관리의 목표이다.

❹ 경영자와 소유자 사이에 발생할 수 있는 대리인문제

기업에서는 소유자인 주주와 대리인인 경영자 사이에 상반되는 이해관계로 갈등이 발생할 수 있다. 이와 같은 문제를 대리인문제(agency problem)라고 한다. 주주가 경영자에게 대리권(agency)을 위양하여 기업의 소유와 경영이 분리된 상태에서는 흔히 대리인문제가 발생할 수 있다. 대리인(agent)인 경영자는 주주의 부를 최대화하기 위하여 최선의 노력을 경주하기보다는 자신의 호화로운 직업생활을 향유하거나, 더 많은 특별급여(fringe benefit)를 수혜 받고자 하는 등 과도한 특권적 소비(excessive perquisite consumption)를 발생시킴으로써 결과적으로는 주주의 부를 감소시킬 수 있기 때문이다.

❺ 재무관리자의 역할

재무관리자는 기업전체에 대한 통제과정(control process)에 책임을 지고, 경영심사, 투자의사결정, 자금조달 및 운용 의사결정 등을 관할하는 역할을 담당한다. 이를 위해 주요 기업들에서는 최고재무책임자(chief financial officer, CFO)제도를 두고 재무부문을 총괄하도록 하고 있다.

연·습·문·제

1 재무관리를 구체적으로 정의하라.

2 기업경영에 있어 재무관리자의 역할의 중요성을 설명하라.

3 재무관리의 기능을 요약 설명하라.

4 재무관리의 목표로서 이익 최대화를 주장한다면 어떠한 문제가 있다고 생각하는가?

5 이익의 최대화와 기업가치의 최대화를 비교하여 설명하라.

6 재무관리자는 왜 주주부의 최대화를 지향하여야 하는가?

7 주주부의 최대화, 주가의 최대화, 기업가치의 최대화의 관계를 설명하라.

8 주주가치의 최대화에 있어 대리인문제는 어떠한 영향을 미치는가?

9 기업의 목표를 기업가치의 최대화라고 할 때 다음 용어들을 기업가치의 최대화와 연계시켜 설명해 보라.

① 현재가치   ② 자산가치   ③ 주주가치
④ 채권자의 청구권   ⑤ 대리인비용

10 기업에 있어 CFO의 역할에 대해 설명하라.

11 주주와 경영자 사이의 대리인문제를 해결할 수 있는 방안에 대하여 설명하라.

2
Chapter

화폐의 시간적 가치와 증권의 가치평가

들어가면서

이 장에서는 화폐의 시간적 가치(time value of money) 개념과 채권 및 주식의 가치평가 방법을 설명한다. 화폐의 시간적 가치란 현재의 1원이 미래 어떤 시점에 약속된 1원보다 더 가치가 크다는 것을 의미한다. 화폐의 시간적 가치 개념은 증권이나 기업의 가치평가, 자본예산 등에서 중요하게 활용되는 개념이므로 독자들은 현가, 종가 등의 개념을 정확히 정리해 둘 필요가 있다.

현가란 미래의 화폐가치를 일정한 이자율로 할인하여 현재시점의 가치로 표현한 것이다. 미래 현금흐름의 현재가치는 당해 현금흐름을 주어진 이자율로 할인하여 계산할 수 있다. 종가란 현재의 금액이 일정기간 동안 복리로 증식된 화폐가치로 복리합계 혹은 미래가치라고도 한다. 현재 이루어진 투자의 미래 특정시점에서의 가치는 주어진 수익률을 가지고 그 투자의 미래가치를 계산함으로써 구할 수 있다.

채권과 주식은 기업에게는 주요 자금조달 수단이 되고, 투자자에게는 주요한 투자대상이 된다. 따라서 채권과 주식의 가치를 평가하여 적정가격을 분석하는 것은 기업의 재무관리자나 투자자에게 중요한 사항이다. 증권의 가치는 투자기간 동안 발생하는 모든 현금흐름을 현가화하여 더 한 것이 된다.

채권의 경우는 투자기간 동안 지급받는 이자와 만기에 상환 받는 원금이 현금흐름이 된다. 따라서 채권의 가치평가는 매기에 지급되는 이자의 현가와 만기에 지급되는 액면가의 현가를 합하여 산출한다.

주식의 경우는 주주에게 지급되는 배당금과 미래에 주식을 매각했을 때 받게 되는 주가가 현금흐름이 된다. 그런데 기업의 존속기간은 특정한 경우를 제외하고 영구히 계속되는 것(계속기업)이므로 주주가 이 기간 동안 계속하여 주식을 보유한다고 가정하면, 영원한 미래 시점에서 형성되는 주가는 현가로 산출할 때에 0에 접근한다. 따라서 보통주의 가치는 배당금의 현가를 모두 합산한 값과 같다.

이산형 복리계산과 할인계산

1.1 종가와 현가

1) 종 가

현재의 금액이 일정기간 동안 복리로 증식된 화폐가치를 복리합계(compound value), 미래가치(future value) 혹은 종가(terminal value or ending value)라고 한다. 그 계산법을 복리계산법, 미래가치계산법 혹은 종가계산법이라고 한다. 그리고 복리계산에서는 일반적으로 기간별로 재투자가 실시된다고 가정하기 때문에 이산복리계산(discrete compounding)이 사용된다.

현재 원금이 P_0, 이자를 I_{nt}, 연이자율을 R이라고 하면 1년 후의 복리합계, 즉 종가 P_1은 아래와 같이 된다.

$$P_1 = P_0 + I_{nt} = P_0 + P_0 \times R = P_0(1+R)$$

다시 2년, 3년이 경과한 후의 종가는 다음과 같다.

$$P_1 = P_0(1+R)$$

$$P_2 = P_0(1+R)(1+R) = P_0(1+R)^2$$

$$P_3 = P_0(1+R)(1+R)(1+R) = P_0(1+R)^3$$

일반적으로 n년이 경과된 후의 종가 P_n은 다음과 같이 나타낸다.

$$P_n = P_0(1+R)^n \tag{2-I}$$

위 식에서 $(1+R)^n$ 을 종가계수라 한다.

예 2-1

10,000원을 2년간 연리 5%로 정기예금했을 경우 종가는 얼마인가?

$$P_2 = P_0(1+R)^2 = 10,000 \times (1+0.05)^2 = 11,025원$$

2) 현 가

종가에 대한 상대개념으로 현재가치 또는 현가(present value)를 들 수 있다. 종가와 현가는 모두 화폐의 시간적 가치(time value of money)를 표현하고 있다. 종가는 화폐가치의 표현시점이 미래, 즉 n기말임에 비하여, 현가는 미래의 화폐가치를 일정한 이자율 R로 할인하여 현시점에서 표현한 것이다. 따라서 현가는 종가의 계산식 (2-1)식으로부터 도출할 수 있다,

$$P_o = P_n \frac{1}{(1+R)^n} \qquad\qquad (2-2)$$

(2-2)식의 $1/(1+R)^n$을 현가계수라고 한다. 그리고 원금 P_0는 종가 P_n을 이자율 R로서 n기간 동안 할인한 현가이다. 이자율 R은 현가계산에서 할인율(discount rate)이라고 한다.

현가는 (2-2)식에 의하여 산출되고, 이런 계산법을 할인계산법이라고 한다. 그리고 종가계수와 현가계수는 서로 역의 관계에 있으므로, 이 두 개중에서 어느 하나를 알면 다른 것은 (2-3)식과 같이 쉽게 산출할 수 있다.

$$현가계수 = \frac{1}{종가계수} \qquad\qquad (2-3)$$

예 2-2

연리 5%의 이자율로서 2년 후 11,025원을 찾기 위해서는 현재 얼마를 정기예금해야 할 것인가?

$$P_0 = 11,025 \times \frac{1}{(1+0.05)^2} = 10,000원$$

1.2 연금의 종가와 현가

1) 연금의 종가

연금(annuity)은 특정기간(n기간) 동안 지속적으로 매기에 지불하는 고정된 금액을 의미한다. 연금은 지불시기에 따라 정규연금(regular annuity) 또는 기말

불연금(ordinary annuity)과 기초불연금(annuity due)으로 나눌 수 있다.

　　그리고 연금지불기간이 유한한가 혹은 무한한가에 따라 유한연금과 무한연금 또는 영구연금(perpetual annuity)으로 구별할 수 있다. 그러나 일반적으로 연금이라 할 때는 기말불연금인 동시에 유한연금을 말한다.

　　이와 같은 기말불연금의 종가(compound value for annuity)는 다음의 수식으로 나타낼 수 있다.

$$P_n = A(1+R)^{n-1} + A(1+R)^{n-2} + \cdots + A(1+R)^0 \qquad (2-4)$$

$$= A\sum_{t=1}^{n}(1+R)^{t-1} = A\left[\frac{(1+R)^n - 1}{R}\right]$$

단, P_n = 기말불연금의 종가
A = 연금

(2-4)식에서 $[(1+R)^n - 1] / R$는 연금의 종가계수라 한다.

　　그리고 기초불연금은 기말불연금이 1기씩 앞당겨 지급한 것과 같으므로 기초불연금의 종가는 기말불연금의 종가에 $(1+R)$을 곱한 다음의 식으로 산출한다.

$$P_n = A\left[\frac{(1+R)^n - 1}{R}\right](1+R) \qquad (2-4a)$$

그림 2-1 연금의 종가계산

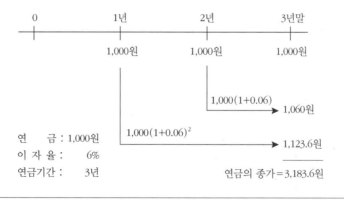

연리 5%의 저축예금에 20년간 연말의 시점에서 10,000원씩 저축한다면 20년후의 종가는 얼마인가?

$$P_{20}=10,000\left[\frac{(1+0.05)^{20}-1}{0.05}\right]=330,659.5원$$

2) 연금의 현가

연금은 현가로 나타낼 수도 있다. 즉 특정기간 동안 연말에 연금을 불입하였을 경우 이를 현가로 표현할 수 있다.

연금의 현가(present value of annuity)는 두 가지 방법으로 계산할 수 있다. 첫째는, 연금의 종가를 현가로 환산하는 방법이고, 둘째는 매년말의 연금을 하나씩 현가로 환산하여 이들을 합계하는 방법이다. 일반적으로는 두번째 방법을 택하고 있다.

이와 같은 연금의 현가계산은 다음과 같이 계산된다.

$$P_0=A\left(\frac{1}{1+R}\right)^1+A\left(\frac{1}{1+R}\right)^2+\cdots+A\left(\frac{1}{1+R}\right)^n$$

$$=A\sum_{t=1}^{n}\frac{1}{(1+R)^t}=A\left[\frac{1}{R}-\frac{1}{R(1+R)^n}\right] \tag{2-5}$$

그림 2-2 연금의 현가계산

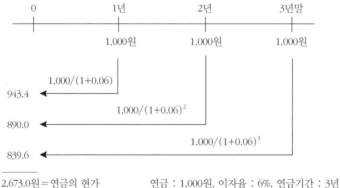

| 0 | 1년 | 2년 | 3년말 |

2,673.0원 = 연금의 현가   연금 : 1,000원, 이자율 : 6%, 연금기간 : 3년

단, P_0 = 기말불연금의 현가

A = 연금

(2-5)식에서 $\left[\dfrac{1}{R} - \dfrac{1}{R(1+R)^n}\right]$ 은 연금의 현가계수라고 한다. 그리고 기초불연금의 현가는 기말불연금의 현가에 $(1+R)$를 곱한 다음의 식으로 계산된다.

$$P_0 = A\left[\frac{1}{R} - \frac{1}{R(1+R)^n}\right](1+R) \qquad (2-5a)$$

예 2-4

20년간 연말에 10,000원씩 불입하고, 이들을 연리 5%로서 할인한다면 연금의 현가는 얼마일까?

$$P_0 = 10,000\left[\frac{1}{0.05} - \frac{1}{0.05(1+0.05)^{20}}\right] = 124,622.1원$$

1.3 불규칙한 현금흐름과 종가 및 현가계산

이상에서 살펴본 연금의 종가와 현가계산에 있어서는 현금흐름(연금)이 매년 일정한 것으로 가정한 경우이다. 그러나 주식투자에서 배당금이 불규칙하게 지급되고, 시설투자에 따른 수익이 불규칙하게 발생하는 등 현금흐름이 매기간 일정하지 않을 경우가 많다.

이처럼 불규칙한 현금흐름의 종가 및 현가계산은 기간별로 현금흐름을 분리하여 종가와 현가를 산출한 후 이들을 합계한다.

예 2-5

서울주식회사가 최신식 시설투자를 하였고, 연간 기대수익이 1년말에는 5,000원, 2년말에는 4,000원, 3년말에는 3,000원, 4년말에는 2,000원으로 예상된다고 하자. 이자율을 5%로 가정한다면 종가와 현가는 각각 얼마일까?

① 종가

$$P_4 = 5,000(1+0.05)^3 + 4,000(1+0.05)^2 + 3,000(1+0.05)^1 + 2,000 = 15,348.13원$$

② 현가

$$P_0 = \frac{5,000}{(1+0.05)} + \frac{4,000}{(1+0.05)^2} + \frac{3,000}{(1+0.05)^3} + \frac{2,000}{(1+0.05)^4} = 12,626.94원$$

1.4 이자지급 횟수와 종가계산

종가계산은 이상과 같이 이자를 1년에 1회 지급하는 것으로 하여 복리계산을 하는 것이 가장 기본적이다. 그러나 이자를 1년에 2회(semi annual) 혹은 4회 (quarterly) 지급하는 경우가 있다. 금융기관은 저축예금의 이자를 분기별로 3개월마다 지급하고, 사채이자와 배당금은 1년에 2회 지급되는 경우가 있다.

이와 같이 특정기간 동안의 복리계산에서 1년 미만의 이자지급 단위기간으로 하여 산출한 종가는 동일기간 동안 연이자율(annual interest rate)인 명목이자율 (nominal or stated interest rate)을 그대로 이용하여 1년 단위기간으로 계산한 종가보다 크다.

그 이유는 동일한 투자기간에서 복리계산으로 인한 이자의 재투자 횟수가 많으면 많을수록 그만큼 이자의 증식현상이 더 크게 나타나기 때문이다.

복리계산의 단위기간이 1년 미만일 경우에는 다음의 두 가지 점을 조정해서 종가를 산출해야 한다. 첫째, 1년 동안의 이자지급 횟수를 확인하고, 명목이자율인 연이자율을 이자지급 횟수로 나누어 이자지급 단위기간에 대한 이자율을 산출한다. 둘째, 복리계산의 총기간수는 연간 이자지급 횟수를 총년수에 곱하여 계산한다.

> ① 단위기간
>   이자율= 연이자율(R) ÷ 연간 이자지급 횟수(m)
> ② 복리계산 총기간수
>   총기간수= 총년수(n)×연간 이자지급 횟수(m)

1년 미만의 이자지급 단위기간으로 복리계산한 n년의 종가는 다음의 식으로 계산한다.

$$P_{mn} = P_0 \left(1 + \frac{R}{m}\right)^{mn} \qquad\qquad (2-6)$$

단, P_{mn}= 연간 m회 복리계산한 n년 후의 종가
    m = 이자지급 횟수

(2-6)식에서 $\dfrac{R}{m}$은 이자지급 단위기간의 유효이자율(effective interest rate per period)을 나타내며, 이를 간단히 단위기간이자율(periodic interest)이라고 한다.

예를 들어, 명목이자율이 12%라고 하면, m이 2회인 반년 단위기간의 유효이자율은 6%($=12\%/2$)이고, m이 4회인 3개월 유효이자율은 3%($=12\%/4$)가 된다.

이자지급 횟수가 m일 때 단위기간 유효이자율을 다음의 (2-7)식에 의하여 연유효이자율(effective annual interest rate)로 전환시킬 수 있다.[1]

$$R_{ef} = \left(1 + \frac{R}{m}\right)^m - 1 \tag{2-7}$$

단, R_{ef} = 연유효이자율

R = 명목이자율

m = 이자지급 횟수

예 2-6

10,000원을 저축예금하여 10년이 지났을 경우, 연리 6%로서 10기간 동안 복리계산한 종가와 반년의 유효이자율 3%로 20기간 동안 복리계산한 종가를 비교하여 보자. 그리고 연유효이자율을 구해보자.

① 연이자율로 계산한 종가

$$P_n = P_0(1+R)^n = 10,000(1+0.06)^{10} = 17,908.48원$$

② 반년 유효이자율로 계산한 종가

$$P_{mn} = P_0\left(1 + \frac{R}{m}\right)^{mn}$$

$$= 10,000(1+0.03)^{20} = 18,061.11원$$

③ 연유효이자율

$$R_{ef} = \left(1 + \frac{R}{m}\right)^m - 1$$

$$= \left(1 + \frac{0.06}{2}\right)^2 - 1 = 0.0609 \text{ 또는 } 6.09\%$$

---

[1] 원금 P원을 단위기간 유효이자율$\left(\frac{R}{m}\right)$로 연 m회, n년 복리계산한 종가가 연유효이자율(R_{ef})로 연 1회 n년 복리계산한 종가와 같다는 조건 아래 다음 수식을 정리하면 (2-7)식이 된다.

$$P\left(1 + \frac{R}{m}\right)^{m \times n} = P(1+R_{ef})^{1 \times n}$$

$$R_{ef} = \left(1 + \frac{R}{m}\right)^m - 1$$

1.5 무한연금의 현가

연금이라고 할 때는 일반적으로 유한연금을 말하지만, 특수한 형태로서 지급만기가 없는 무한연금 또는 영구연금(perpetual annuity or perpetuity)도 있다. 예를 들면, 영구채권인 영국의 콘솔국채(consols)는 원금의 상환기간이 없고, 이자만 계속해서 지급하는 무한연금의 형태이다.

무한연금은 지급기간이 영구적이므로 종가는 당연히 무한대이다. 무한연금의 현가는 유한연금의 현가식 (2-5)식으로부터 유도할 수 있다.

$$P_0 = A\left[\frac{1}{R} - \frac{1}{R(1+R)^n}\right] \qquad (2-5)$$

이 식에서 만기 n을 무한대로 두면, [ ] 속의 제2항의 값이 0이 되므로 무한연금의 현가 P_0는 다음의 (2-8)식과 같이 연금 A를 할인율 R로 나눈 값이 된다.

$$P_0 = \frac{A}{R} \qquad (2-8)$$

그리고 무한연금의 특수한 형태로서 기초의 연금이 매기간 일정한 성장률 g로 영구적으로 성장하는 일정성장 무한연금이 있다. 이 경우에 i기말의 연금을 $A_i(i=1, 2, \cdots, \infty)$라고 하고, 연금의 성장률 g가 할인율 R보다 작다고 하면 $(R>g)$, 일정성장 무한연금의 현가는 다음과 같다.[2]

$$P_0 = \frac{A_1}{R-g} \qquad (2-9)$$

예 2-7

할인율이 5%로서 일정할 때 매년 연금을 100만원씩 영구히 지급하는 무한연금의 현가는 얼마일까? 그리고 인플레이션을 고려하여 이 연금을 매년 3%씩 인상하여 지급한다면 그 현가는 얼마일까?

① 무한연금의 현가

$$P_0 = \frac{A}{R} = \frac{1,000,000}{0.05} = 20,000,000원$$

---

2) 일반적으로 할인율로 사용되는 투자자의 요구수익률은 성장률을 포함하여 설정되므로 $R>g$의 관계를 갖는다.

② 3%씩 인상되는 경우

$$P_0 = \frac{A_1}{R-g} = \frac{1,000,000}{0.05-0.03} = 50,000,000원$$

제2절 연속형 복리계산과 할인계산

Financial Management

현재까지 설명한 종가와 현가는 1년 혹은 반년 등 일정한 단위기간을 기초로 산출한 것이었다. 즉 복리계산과 할인계산은 모두 이산형 현금흐름(discrete cash flow)을 전제로 하였다. 그러나 종가는 연속형 복리계산방법(continuous compounding)에 의하여, 그리고 현가는 연속형 할인계산방법(continuous discounting)에 의하여 계산할 수 있다.

앞 절에서 반년 단위기간으로 복리계산한 종가는 1년의 단위기간으로 복리계산한 종가보다 크다는 것이 이미 확인되었다. 다시 말해서 이자지급 횟수가 많아질수록 종가는 높아졌다. 따라서 복리계산에서 이자지급 횟수를 무한대로 하여 연속적으로 계산하면 가장 높은 종가가 산출된다. 이러한 관계를 그림으로 나타내면 [그림 2-3]과 같다.

[그림 2-3]은 1원을 연리 6%로 5년간 복리계산하였을 경우에 화폐가치의 성장(growth)을 나타내고 있다. [그림 2-3](a)는 단위기간을 1년으로, [그림 2-3](b)는 반년을 단위기간으로, [그림 2-3](c)는 연속적으로 복리계산한 종가를 나타내며 각기 1.3382원, 1.3439원, 1.3499원이다. 따라서 연속복리계산된 [그림 2-3](c)의 종가가 가장 높다는 것을 알 수 있다.

연속복리계산한 종가의 산출식은 아래와 같이 유도된다. 먼저, (2-6)식에서 기간 이자율 R과 기간단위 n(년)을 각각 연속적인 성장률 g와 시간 t로 대체하면 (2-10)식과 같이 표현된다.[3]

---

3) 여기서 성장률 g는 현금흐름이 증대되는 성장률의 의미로 사용된 것이 아니고, 가치계산을 위하여 이산형 복리계산의 이자율과 같은 의미로 연속형 복리계산식에 구분하여 사용된 것이다.

그림 2-3 이산복리계산과 연속복리계산(1원을 연리 6%, 5년간 복리계산)

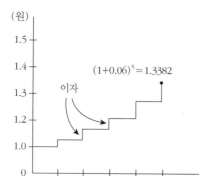

(a) 연 단위기간 복리계산

$(1+0.06)^5 = 1.3382$

이자

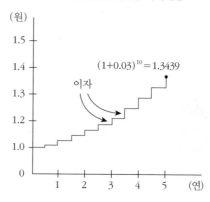

(b) 반년 단위기간 복리계산

$(1+0.03)^{10} = 1.3439$

이자

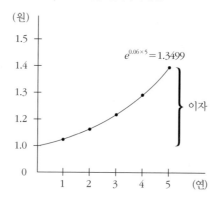

(c) 연속복리계산

$e^{0.06 \times 5} = 1.3499$

이자

$$P_t = P_0\left(1+\frac{g}{m}\right)^{mt}$$ (2-10)

단, P_t = 연속형 종가

g = 성장률

(2-10)식에서 지수 $m \times t$에 g/g를 곱하여 정리하면, 다음과 같이 된다.

$$P_t = P_0\left[\left(1+\frac{g}{m}\right)^{m/g}\right]^{gt}$$

이제 $m/g = x$라 놓으면, $g/m = 1/x$이므로 이 식을 다시 정리하면, 다음과 같이 된다.

$$P_t = P_0 \left[\left(1 + \frac{1}{x} \right)^x \right]^{gt}$$

이 식에서 m이 증가하면 x가 증가하게 되고, 이에 따라 $\left(1 + \frac{1}{x} \right)^x$가 증가한다. 그런데 x가 ∞에 접근하면 $\left(1 + \frac{1}{x} \right)^x$는 $e(= 2.718\cdots)$에 접근한다.

$$e = \lim_{x \to \infty} \left(1 + \frac{1}{x} \right)^x = 2.718\cdots$$

따라서 연속형 종가 P_t는 다음의 식으로 표현된다.

$$P_t = P_0 e^{gt} \tag{2-11}$$

예 2-8

연리 5%를 지급하는 저축예금에 10,000원을 예금하고, 15년이 지났다. 이것을 연속형 복리계산한 종가와 이산형으로 복리계산한 종가를 구하라.

① 연속복리계산한 종가

$$P_t = P_0 e^{gt}$$

$$= 10,000 e^{0.05 \times 15} = 21,170원$$

② 이산복리계산한 종가

$$P_n = P_0 (1+R)^n$$

$$= 10,000 (1+0.05)^{15} = 20,789.28원$$

연속할인한 현가는 연속복리계산한 종가의 식으로부터 다음과 같이 유도된다.

$$P_0 = P_t e^{-Rt} \tag{2-12}$$

(2-12)식에서는 (2-11)식의 g가 R로 바뀌었다. 그 이유는 g가 종가계산에서 성장률이지만, R는 현가계산에서 할인율을 의미하기 때문이다.

예 2-9

15년 후에 21,170원을 받을 수 있는 채권을 연리 5%로 연속할인하면 현재 얼마를 받을 수 있을 것인가?

$$P_0 = P_t e^{-Rt}$$
$$= 21,170 e^{-(0.05 \times 15)} = 10,000원$$

채권의 가치평가

제**3**절 Financial Management

3.1 채권의 수익률

이자율은 흔히 화폐의 가격(price of money)이라고도 한다. 이자율 결정에 영향을 주는 모든 조건이 일정하다고 가정하는 경우에 이자율은 시장에서 자금의 수요와 공급의 균형점에서 결정되는데 이를 균형이자율(equilibrium interest rate)이라고 한다.

그리고 이 균형이자율이 채권시장에서 형성되었을 때는 채권의 시장이자율이라고 하며, 이것은 채권의 만기수익률(yield to maturity)을 의미한다. 채권의 만기수익률은 투자자가 채권을 만기까지 보유할 때 얻을 수 있는 수익률로서, 일반적으로 투자자의 요구수익률(required rate of return)과 같다.

투자자의 요구수익률은 투자자산의 위험이 크면 클수록 높아지는 특징이 있다. 채권의 요구수익률을 다시 위험을 기준으로 분리하면, 무위험수익률과 위험프리미엄으로 구분할 수 있으며, (2-13)식으로 나타낼 수 있다.

$$R = R_f + RP \tag{2-13}$$

단, R = 채권의 요구수익률
R_f = 무위험수익률
RP = 위험프리미엄

(2-13)식에서 무위험수익률 또는 무위험이자율은 일반적으로 위험이 거의 없는 국공채의 수익률을 의미한다. 무위험수익률은 아래와 같이 ① 소비의 시간선호성(time preference of consumption)과 ② 자금의 기회비용의 함수로 나타낼 수 있다.

$$R_f = f(TPC, OC) \qquad\qquad (2-13a)$$

단, R_f = 무위험수익률, 무위험이자율
TPC = 소비의 시간선호성
OC = 자금의 기회비용

그리고 채권의 위험프리미엄은 (2-13b)식과 같이 여러 가지 위험에 대한 프리미엄의 합으로 구성된다.[4]

$$RP = IP + INP + DP + CP \qquad\qquad (2-13b)$$

단, IP = 이자율 위험프리미엄
INP = 인플레이션 위험프리미엄
DP = 채무불이행 위험프리미엄
CP = 수의상환 위험프리미엄

그러나 구체적인 개별채권의 만기수익률은 투자자의 요구수익률과 반드시 일치하지 않는 경우도 있다. 왜냐하면, 채권시장이 완전균형상태를 지속한다는 것은 현실적으로 불가능할 뿐만 아니라 채권의 시장가격도 수시로 변동한다. 그런데 만기수익률은 변동하는 채권가격을 기준으로 산출한 것임에 반하여 요구수익률은 투자자가 개별채권의 가치에 영향을 미치는 여러 가지 위험을 고려하여 평가한 비교적 장기적인 수익률이기 때문이다.

또 각 채권의 만기수익률과 요구수익률은 동일한 위험집단에 속해 있을지라도 반드시 일치한다고 단정할 수는 없다. 왜냐하면, 개별채권의 위험요소가 채권마다 서로 다를 수 있기 때문이다.

---

4) 이자율위험(interest rate risk)은 이자율의 변동으로 인하여 채권가격과 재투자 수익에 미치는 위험을 의미하고, 인플레이션위험(inflation risk)은 인플레이션의 발생으로 인하여 보유한 채권의 실질가치가 하락할 위험을 말한다. 채무불이행위험(default risk)은 채권발행자가 원리금을 지급하지 못할 위험을 말한다. 수의상환위험(callability risk)은 채권의 만기이전에 조기상환이 이루어짐으로 인해 투자자가 부담하게 되는 투자위험을 말한다. 시장이자율이 하락하였을 때 수의상환이 이루어지기 때문에 투자자는 낮은 이자율로 재투자하게 되어 투자수익의 감소가 발생한다.

채권(bond)은 국가, 공공기관, 회사 등이 장기자금을 불특정 다수의 투자자로부터 대규모로 조달하기 위하여 발행하는 채무표시의 유가증권이다. 채권은 발행기관에 따라 국공채와 사채로, 그리고 상환기간(maturity)의 유무에 따라 영구채권(perpetual bond)과 정규채권(regular bond)으로 구분할 수 있다.

채권의 가치평가는 상환기간의 유무에 따라 달리 계산되므로 다음과 같이 영구채권과 정규채권의 경우를 구분하여 설명하기로 한다.

1) 영구채권

영구채권은 영국의 콘솔국채(consols)를 예로 들 수 있다. 영국은 나폴레옹전쟁이 끝난 후, 나폴레옹전쟁 당시에 전쟁비용을 조달하기 위하여 발행한 여러 종류의 국공채를 통합하여 콘솔국채를 발행하였다. 이 콘솔국채는 원금에 대한 상환기간이 없고, 일정한 이자를 매년 지급한다고 약정한 채권이다.

이처럼 미래의 일정기간마다 고정된 이자를 영구히 지급하는 채권을 영구채권이라고 한다. 이 영구채권의 가치는 다음 식에 의하여 평가된다.[5]

$$PV = \frac{I_{nt}}{(1+R_b)^1} + \frac{I_{nt}}{(1+R_b)^2} + \cdots + \frac{I_{nt}}{(1+R_b)^\infty}$$

$$= \frac{I_{nt}}{R_b} = \frac{iF}{R_b} \tag{2-14}$$

---

5) (2-14)식은 다음과 같이 쓸 수 있다.

$$PV = I_{nt}\left[\frac{1}{(1+R_b)^1} + \frac{1}{(1+R_b)^2} + \cdots + \frac{1}{(1+R_b)^N}\right] \qquad ①$$

①식의 양변에 $(1+R_b)$를 곱하면, ②식이 된다.

$$PV(1+R_b) = I_{nt}\left[1 + \frac{1}{(1+R_b)^1} + \frac{1}{(1+R_b)^2} + \cdots + \frac{1}{(1+R_b)^{N-1}}\right] \qquad ②$$

이제 ②식에서 ①식을 빼고 정리하면, ③식이 된다.

$$PV \cdot R_b = I_{nt}\left[1 - \frac{1}{(1+R_b)^N}\right] \qquad ③$$

이 식에서, $N \to \infty$ 일 때, $\frac{1}{(1+R_b)^N} \to 0$ 이다.

따라서 ③식은 $PV \cdot R_b = I$, $PV = \frac{I_{nt}}{R_b}$ 이다.

단, PV = 영구채권의 가치

I_{nt} = 일정한 연간이자

R_b = 채권의 시장이자율

F = 채권의 액면가

i = 채권의 액면이자율

(2-14)식에서 영구채권의 가치는 무한연금(unlimited annuity)의 현가개념과 동일하다. 이자(현금흐름)는 매기간마다 항상 일정하므로, 영구채권의 가치는 시장이자율(R_b)에 따라 변동하게 된다.

예 2-10

1814년에 발행한 콘솔국채의 이자가 50달러이고, 이 채권과 동일한 위험수준에 있는 채권의 시장이자율이 7%인 경우 콘솔국채의 시장가치를 구하면 714.29달러가 된다.

$$PV = \frac{I_{nt}}{R_b} = \frac{50}{0.07} = 714.29달러$$

그리고 이 영구채권의 시장이자율(R_b), 즉 채권자의 요구수익률은 동일한 위험수준에 있는 채권의 시장이자율로서, (2-14)식에서는 자본환원율에 해당하므로 만약 시장이자율이 채권의 액면이자율(coupon rate)과 동일한 경우에는 이 채권의 시장가치는 액면가와 같게 된다.

그러나 시장이자율이 변동하여 채권의 시장이자율과 액면이자율 사이에 차이가 생기면 채권의 가치도 변동하게 된다. 다시 말해서 자본환원율인 시장이자율이 상승하게 되면 채권의 가치는 감소하게 되고, 시장이자율이 하락하면 채권의 가치는 증가한다.

이러한 시장이자율과 채권가치와의 관계를 (예 2-10)을 이용하여 살펴보면 다음과 같다. 〈표 2-1〉과 같이 시장이자율이 8%, 5%, 2%로 변동할 경우 채권의 가치는 각각 625.00달러, 1,000.00달러, 2,500.00달러로 확대된다.

표 2-1 시장이자율의 변동과 채권가치의 변동

시장이자율(%)	채권의 가치(달러)
2	2,500.00
3	1,666.67
4	1,250.00
5	1,000.00
6	833.33
7	714.29
8	625.00

2) 정규채권

일반적으로 채권이라고 할 때는 정규채권(regular bond)을 의미한다. 이 채권은 매기간마다 미리 약정한 일정한 이자를 지급하고, 만기가 되면 채권의 액면가(face value or par value)를 상환하여야 한다.

따라서 채권 혹은 정규채권의 가치평가는 매기에 지급되는 이자의 현가와 만기에 1회 지급되는 액면가의 현가를 합하여 산출한다. 이를 수식으로 나타내면 아래와 같다.

$$PV = \frac{I_{nt}}{(1+R_b)^1} + \frac{I_{nt}}{(1+R_b)^2} + \cdots + \frac{I_{nt}}{(1+R_b)^N} + \frac{F}{(1+R_b)^N}$$

$$= \sum_{t=1}^{N} \frac{I_{nt}}{(1+R_b)^t} + \frac{F}{(1+R_b)^N}$$

$$= \sum_{t=1}^{N} \frac{iF}{(1+R_b)^t} + \frac{F}{(1+R_b)^N} \tag{2-15}$$

단, PV = 채권의 가치

　　I_{nt} = 채권의 이자

　　i = 채권의 액면이자율(coupon rate)

　　R_b = 채권의 시장이자율

　　F = 채권의 액면가

　　N = 채권의 상환기간(연)

채권의 가치는 시장이자율(R_b)의 변동에 따라 수시로 달라진다. 이러한 채권가치의 변동은 시장이자율과 액면이자율의 관계에서 다음과 같이 나타나고 있다.

첫째, 시장이자율(R_b)이 액면이자율(i)과 동일할 때는 채권의 가치는 액면가와 동일하다.[6] 둘째, 시장이자율이 액면이자율보다 낮을 때에는 채권에 프리미엄이 가산되어 채권의 가치가 액면가보다 높게 평가된다. 왜냐하면, (2-15)식에서 i와 F는 고정되어 있는데, 자본환원율인 R_b가 작아지면 제1항과 제2항에서 분모의 값이 작아지므로 채권의 가치 PV는 결국 증가한다. 셋째, 시장이자율이 액면이자율보다 높을 때에는 채권의 가치는 할인되어 액면가보다 낮게 평가된다.

표 2-2 시장이자율, 액면이자율, 채권의 가치, 액면가의 관계

시장이자율			액면이자율	채권의 가치		액면가
R_b	=		i	PV	=	F
R_b	<		i	PV	>	F
R_b	>		i	PV	<	F

그러므로 채권의 가치는 시장이자율의 변동에 따라 명확히 영향을 받는다. 바꾸어 말하면 채권의 가치, 액면이자율, 시장이자율의 관계에서 액면이자율과 액면가는 채권발행 조건으로 확정되어 있기 때문에 자본환원율인 시장이자율의 변동이 채권의 가치에 영향을 준다.

예 2-11

서울기업은 상환기간이 3년, 액면이자율이 연리 5%이고, 액면가가 10만원인 사채를 발행하였다고 하자. 시장이자율이 각각 5%, 3%, 7%로 변동할 경우에 사채의 가치를 평가해보자.

① 시장이자율(R_b)이 5%일 때

$$PV = \sum_{t=1}^{3} \frac{iF}{(1+R_b)^t} + \frac{F}{(1+R_b)^3}$$

$$= \sum_{t=1}^{3} \frac{(0.05 \times 100,000)}{(1+0.05)^t} + \frac{100,000}{(1+0.05)^3}$$

$$= 100,000원$$

---

6) (2-15)식에서 $R_b = i$라 놓으면

$$PV = \sum_{t=1}^{N} \frac{iF}{(1+i)^t} + \frac{F}{(1+i)^N}$$

이 된다. 이에 연금의 현가계수를 대입하면

$$PV = iF\left[\frac{(1+i)^N - 1}{i(1+i)^N}\right] + F\frac{1}{(1+i)^N} = F\left[\frac{(1+i)^N - 1 + 1}{(1+i)^N}\right] = F$$

가 된다.

② 시장이자율(R_b)이 3%일 때

$$PV = \sum_{t=1}^{3} \frac{iF}{(1+R_b)^t} + \frac{F}{(1+R_b)^3}$$

$$= \sum_{t=1}^{3} \frac{(0.05 \times 100,000)}{(1+0.03)^t} + \frac{100,000}{(1+0.03)^3}$$

$$= 105,657원$$

③ 시장이자율(R_b)이 7%일 때

$$PV = \sum_{t=1}^{3} \frac{iF}{(1+R_b)^t} + \frac{F}{(1+R_b)^3}$$

$$= \sum_{t=1}^{3} \frac{(0.05 \times 100,000)}{(1+0.07)^t} + \frac{100,000}{(1+0.07)^3}$$

$$= 94,751.5원$$

그러나 채권의 이자는 일반적으로 1년 1기로 지급하는 경우보다는 반년 1기 혹은 3개월 1기로 지급되고 있다. 따라서 채권의 이자를 반년 1기로 지급할 때에는 명목액면이자율(nominal annual coupon rate)과 명목시장이자율(nominal annual interest rate of market for bond)을 반으로 나누어서 아래와 같이 채권의 가치를 평가한다.

$$PV = \sum_{t=1}^{2N} \frac{iF/2}{\left(1+\dfrac{R_b}{2}\right)^t} + \frac{F}{\left(1+\dfrac{R_b}{2}\right)^{2N}} \qquad (2-15a)$$

예 2-12

서울기업은 상환기간이 3년, 액면이자율이 연리 5%이고, 액면가가 10만원인 사채를 발행하였다. 시장이자율이 3%이다. 이자가 연간 2회 지급되는 경우 사채의 가치를 평가해보자.

$$PV = \sum_{t=1}^{2N} \frac{iF/2}{(1+R_b/2)^t} + \frac{F}{(1+R_b/2)^{2N}}$$

$$= \sum_{t=1}^{2 \times 3} \frac{(0.05 \times 100,000)/2}{(1+0.03/2)^t} + \frac{100,000}{(1+0.03/2)^{2 \times 3}}$$

$$= 105,697.2원$$

표 2-3 액면가 1,000원, 액면이자율 10%인 채권의 가치

(단위 : 원)

시장이자율 (%)	상환기간(연)					
	1	5	10	15	20	25
4	1,058	1,267	1,487	1,667	1,858	1,937
6	1,038	1,168	1,294	1,388	1,459	1,511
8	1,019	1,080	1,134	1,171	1,196	1,214
10	1,000	1,000	1,000	1,000	1,000	1,000
12	982	928	887	864	851	843

채권의 가치평가에는 이자율위험(interest rate risk)이 문제가 된다. 이자율위험은 시장이자율의 변동이 채권가치에 미치는 위험으로, 채권의 상환기간이 길수록 시장이자율의 변동이 채권에 미치는 영향은 커지게 된다.

예를 들면, 액면가 1,000원, 액면이자율이 10%인 채권의 경우, 만기기간 및 시장이자율이 변동함에 따라 달리 산출되는 채권의 가치는 〈표 2-3〉과 같다. 이것

그림 2-4 시장이자율과 상환기간의 변동이 액면이자율 10%인 채권의 가치에 미치는 영향

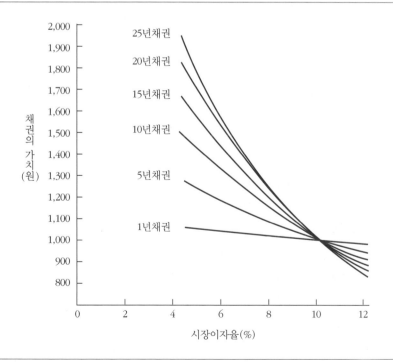

을 그래프에 표시하면 [그림 2-4]와 같다.

〈표 2-3〉과 [그림 2-4]에서 보면 시장이자율이 4%에서 12%로 변동함에 따라 만기가 1년인 단기채권의 가치는 그 차이가 76원(=1,058원-982원)으로 매우 작지만, 만기가 25년인 장기채권의 경우는 그 차이가 1,094원(=1,937원-843원)으로 매우 크게 나타나고 있다.

그러나 이상에서 설명한 채권의 가치평가액과 유통시장에서 형성되는 채권의 시가 사이에는 흔히 차이가 발생한다. 그 이유는 채권의 시가는 평가된 채권의 가치에 시장요인이 합해진 결과로 나타나기 때문이다. 그리고 시장요인의 변동에 영향을 미치는 것으로는 경제적, 사회적, 정치적, 법적 상황 등을 들 수 있다.

3.3 채권수익률의 기간구조

앞에서 채권의 가치를 (2-15)식으로 표현하였다. 이 모형은 투자자가 채권을 만기까지 보유할 때 채권의 가치를 평가하는 것으로 채권시장이 균형상태에 있으면 채권의 가치가 시장가격과 일치한다. 이 모형에서 채권의 가치 PV를 아래의 식과 같이 시장가격 P_o로 대체해 놓으면, (2-15b)식이 된다.

$$P_o = \sum_{t=1}^{N} \frac{I_{nt}}{(1+R)^t} + \frac{F}{(1+R)^N} \tag{2-15b}$$

채권투자자에게는 좌변의 채권가격이 투자비용이 되고, 우변은 투자의 결과로 나타나는 현금흐름이 된다. 그런데 채권의 현금흐름에서 이자(I_{nt})와 액면가(F)는 이미 확정된 것이므로 위의 식에서 좌변의 채권가격이 변동할 때에는 우변의 이자율(R)이 변동하게 된다. 이 변동하는 이자율이 바로 채권을 매입하여 만기까지 보유할 경우에 얻을 수 있는 채권수익률(bond yield) 또는 채권의 만기수익률(yield to maturity of a bond)이다.

채권의 위험과 기타 모든 조건이 일정하다고 가정하면, 일정시점에서 채권수익률은 만기까지의 기간에 따라 달라지는 경우가 있다. 채권수익률의 기간구조(term structure of bond yield)는 채권수익률이 만기까지의 기간이 변동함에 따라 어떻게 달라지는가를 설명한다. 이를 이자율의 기간구조(term structure of interest rate)라고도 한다.

채권수익률의 기간구조는 [그림 2-5]처럼 수익률곡선(yield curve)으로 설명한다. 이 그림에서 미국 재무부증권(U. S. Treasury Securities)은 위험이 거의 없

그림 2-5 미국 재무부증권의 수익률곡선

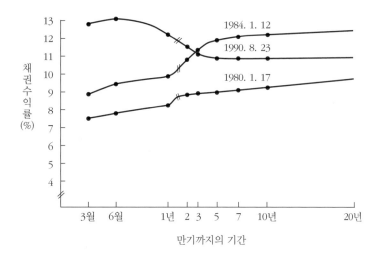

자료: Curve for January 17, 1980, is from Salomon Brothers, *Bond Market Roundup*, week ending January 18, 1980; and the curves for January 12, 1984, and August 23, 1990, are from *The Wall Street Journal*.

기 때문에 수익률의 변동은 오직 만기까지의 기간에 영향을 받는다고 할 수 있다. 그리고 수익률곡선이 여러 형태를 갖는 것은 시장이자율에 대한 투자자의 예측이 예측하는 시점에 따라 달라지기 때문이다.

예를 들어, 1984년 1월 12일에 작성한 수익률곡선은 상승곡선이지만 1년 만기 단기채권에서 채권의 만기가 5년으로 확장됨에 따라 수익률곡선이 급상승하다가 그 이후에는 완만한 상승형태를 보이고 있다. 전반적으로 수익률형태는 만기가 5년을 넘어섬에 따라 완만한 형태를 취하고 있다.

이러한 수익률곡선의 형태를 규명하고자 하는 이론으로는 ① 기대이론(expectations theory), ② 유동성프리미엄이론(liquidity premium theory), ③ 선호영역이론(preferred habitat theory) ④ 시장분할이론(market segmentation theory) 등을 들 수가 있다.

1) 기대이론

기대이론(expectations theory)은 불편기대가설(unbiased expectations hypothesis)의 이론이라고도 한다. 확실성(certainty)의 가정하에서 미래이자율의 변동에 대한 투자자(채권의 수요자)의 기대가 특정한 만기를 가진 채권의 수요를 결정한다는 데에 이론적 기초를 두고 있다.

기대이론은 장기채권의 만기까지의 기간 동안 계속해서 단기채권에 투자할 경우, 장기채권의 수익률은 현재의 단기채권의 수익률과 미래의 모든 단기채권에 대한 예상수익률을 기하평균한 값과 동일하다고 주장한다. 그리고 채권수익률을 이자율과 동일한 개념으로 사용하고 있다. 이러한 관계를 식으로 표현하면 (2-16)식이 된다.

$$(1+R_{0,N})^N = (1+R_{0,1})(1+E(R_{1,2}))(1+E(R_{2,3}))\cdots(1+E(R_{N-1,N}))$$
$$= (1+R_{0,1})(1+f_{1,2})(1+f_{2,3})\cdots(1+f_{N-1,N}) \qquad (2-16)$$

단, $R_{0,N}$ = 현시점에서 N년 장기채권의 수익률(만기수익률)

$R_{0,1}$ = 현시점에서 1년(1기) 단기채권의 수익률

$E(R_{1,2})$ = 2기의 기대이자율

$E(R_{N-1,N})$ = N기(만기)의 기대이자율

$f_{1,2}$ = 2기의 선도이자율

$f_{N-1,N}$ = N기(만기)의 선도이자율

N = 만기까지의 기간 수

이 식에서 $R_{0,1}$은 1기초인 현시점에서 얻을 수 있는 1년 단기채권의 수익률이다. 그리고 $E(R_{1,2})$는 1기말에서 2기에 투자할 1년 단기채권에 대하여 투자자들이 기대하는 미래 이자율이다. 기대이론에서 투자자의 미래 기대이자율($E(R_{N-1,N})$)은 선도이자율($f_{N-1,N}$)과 동일하다.[7]

(예 2-13)에서 2년 만기채권의 경우 2기의 선도이자율($f_{1,2}$ = 4.01%)이 현재의 단기이자율($R_{0,1}$ = 6%)보다 낮을 것으로 예상되면 2년 만기 채권수익률($R_{0,2}$ = 5%)은 현재의 단기이자율($R_{0,1}$) 보다 낮아진다. 이러한 현상은 3년 만기의 채권이나 N년 만기 장기채권의 경우도 마찬가지이다.

이 예는 장기채권에 투자하는 것이 이 장기채권의 만기까지의 기간동안 일련의 단기채권에 연속하여 반복 투자하는 것과 동일한 수익률을 발생시킨다는 기대이론의 주장을 구체적으로 표현하고 있다.

---

7) 선도이자율(forward rate)은 현물이자율(spot rate)과 함께 피셔(Irving Fisher)가 상품시장의 장기 공급계약에서 사용한 선도가격의 개념에서 유래되었다. 이 곳에서 의미하는 선도이자율은 현시점인 1기초에서 자금(또는 1년 만기채권)을 대출(매수)한 이후 1기말에서 2기에 재대출(1년 만기채권을 재매수)할 경우 현시점에서 예상한 2기의 이자율(채권수익률)이다. 이에 대하여 현물이자율의 개념은 각 시점에서의 실제 이자율(채권수익률)을 의미한다.

액면가가 10,000원이 순수할인채가 있다. 만기가 1년, 2년, 3년으로 연장됨에 따라 시가가 각각 9,433.96원, 9,070.29원, 8,889.96원으로 변동한다고 하자. 그리고 이들의 만기수익률은 (2-15b)식에 의하여 각각 6%($R_{0,1}$), 5%($R_{0,2}$), 4%($R_{0,3}$)가 된다고 하자. 기대이론에 따라 (2-16)식에서 2기의 선도이자율($f_{1,2}$)과 3기의 선도이자율($f_{2,3}$)을 산출해 보자.

$$(1+R_{0,2})^2 = (1+R_{0,1})(1+f_{1,2})$$

$$(1+f_{1,2}) = \frac{(1+R_{0,2})^2}{(1+R_{0,1})} = \frac{(1+0.05)^2}{(1+0.06)}$$

$$f_{1,2} = 4.01\%$$

$$(1+R_{0,3})^3 = (1+R_{0,1})(1+f_{1,2})(1+f_{2,3})$$

$$= (1+R_{0,2})^2(1+f_{2,3})$$

$$(1+f_{2,3}) = \frac{(1+R_{0,3})^3}{(1+R_{0,2})^2} = \frac{(1+0.04)^3}{(1+0.05)^2}$$

$$f_{2,3} = 2.03\%$$

기대이론에서 설명하는 수익률곡선의 의미는 다음과 같이 요약할 수 있다.

첫째, 수익률곡선의 형태는 각 기간의 선도이자율이 계속 상승하면 상향할 것이고, 반대로 선도이자율이 계속 하락하면 수익률곡선은 하향할 것이다.

둘째, 수익률곡선은 장기채권수익률의 상대적 안정성(relative stability)을 표현하고 있다. 기대이론에서는 채권의 수익률이 미래 단기이자율의 기하평균이므로 미래의 기간이 멀수록 그 기간의 예상단기이자율의 변동이 채권수익률에 미치는 영향은 체감한다.

셋째, 효율적인 시장에서는 투자자가 기대한 단기이자율과 실현된 단기이자율과의 차이는 0에 접근한다.

2) 유동성프리미엄이론

기대이론에서는 확실성의 가정하에서 선도이자율이 미래의 단기이자율에 대한 정확한 예측치가 될 수 있다고 주장한다. 그러나 미래의 사실은 불확실하고 이 불확실성(uncertainty)의 정도는 먼 미래의 기간일수록 심하게 나타난다. 따라서 이 불확실성이 기대이론에 조정되어야 한다는 것이 유동성프리미엄이론의 주장이다.

채권의 유동성위험(liquidity risk)은 채권의 만기가 길어질수록 높아진다. 그런데 투자자는 일반적으로 위험을 회피하는 성향이 있으므로 유동성위험이 높은 장기채권에 대하여 더 많은 유동성(위험)프리미엄을 요구한다. 그러므로 Hicks(1946)는 기대이론의 수익률곡선은 유동성위험이 조정되어야 한다고 주장하는데, 이것을 유동성프리미엄이론(liquidity premium theory)이라고 한다.[8]

유동성프리미엄이론에서 선도이자율은 투자자의 미래 기대이자율($E(R_{N-1,N})$)에 유동성프리미엄이 가산된 것과 같다. 이를 N년 만기에서 표현하면, (2-17)식이 된다.

$$f_{N-1,N} = E(R_{N-1,N}) + LP_{N-1,N} \qquad (2-17)$$

단, $f_{N-1,N}$＝유동성위험을 조정한 N기의 선도이자율

$E(R_{N-1,N})$＝투자자의 N기 기대이자율

$LP_{N-1,N}$＝N기의 유동성프리미엄

이 유동성프리미엄을 감안하여 기대이론의 (2-16)식을 다시 표현하면, (2-18)식이 된다.

$$(1+R_{0,N})^N = (1+R_{0,1})(1+f_{1,2})(1+f_{2,3})\cdots(1+f_{N-1,N})$$

$$= (1+R_{0,1})(1+E(R_{1,2})+LP_{1,2})(1+E(R_{2,3})+LP_{2,3})\cdots$$

$$\cdots(1+E(R_{N-1,N})+LP_{N-1,N}) \qquad (2-18)$$

그리고 (2-18)식에서 유동성프리미엄은 만기가 길어질수록 증가하는, 즉 $0 < LP_{1,2} < LP_{2,3} < \cdots < LP_{N-1,N}$인 경향이 있다.

다시 말해서, 유동성프리미엄을 고려하게 되면 [그림 2-6]과 같이 기대이론의 수익률곡선이 유동성프리미엄만큼 상향 조정된다.

첫째, 기대이론에서 수익률곡선의 형태가 [그림 2-6](a)와 같이 상향($E(R_{1,2})$ $< E(R_{2,3}) < E(R_{3,4}) < \cdots < E(R_{N-1,N})$) 일 때에는 유동성프리미엄이 그 상향 속도를 가중시키게 된다. 둘째, 수익률곡선의 형태가 [그림 2-6](b)와 같이 수평($E(R_{1,2})$ $= E(R_{2,3}) = \cdots = E(R_{N-1,N})$) 일 때에는 유동성프리미엄은 수익률곡선을 상향으로 변동시키게 된다. 셋째, 수익률곡선의 형태가 [그림 2-6] (c)와 같이 하향($E(R_{1,2})$

---

8) J. R. Hicks(1946), *Value and Capital*, 2nd ed., London: Oxford University Press.

그림 2-6 기대이론과 유동성프리미엄이론의 수익률곡선

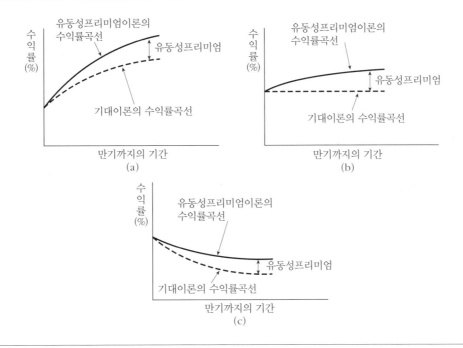

$>E(R_{2,3})>\cdots>E(R_{N-1,N}))$ 일 때에는 유동성프리미엄이 수익률곡선의 하향 속도를 둔화시킬 것이다. 그러나 유동성프리미엄의 증가 속도는 만기까지의 기간이 길어짐에 따라 체감하는 경향이 있다.

3) 선호영역이론

선호영역이론(preferred habitat theory)에서는 채권수익률의 기간구조는 위험프리미엄뿐만 아니라 미래 이자율에 대한 기대를 반영한다고 한다. 따라서 위험프리미엄은 만기에 따라 일률적으로 증가하는 것은 아니라고 한다.

선호영역이론에 따르면, 주어진 만기 범위(maturity range)에 있어서 자금의 수요와 공급은 어느 정도 불일치가 발생할 수 있으며, 일부의 대출자(lender)와 차입자(borrower)는 초과수요가 존재하는 만기영역으로부터 수요가 부족한 만기영역으로 이동하도록 유인될 수 있다. 이 경우 그들은 자신이 선호하는 영역(preferred habitat)을 떠나 다른 영역으로 이동하는 대가로 적절한 위험프리미엄[9]을 요구하게 된다. 이 때 위험프리미엄의 크기는 가격위험(price risk) 또는 재투

---

9) 이러한 위험을 선호영역프리미엄(habitat premium)이라고도 한다.

자위험(reinvestment risk)에 대한 회피의 정도(extent of aversion)를 반영하여 결정된다.

따라서 수익률곡선의 형태는 미래 이자율에 대한 기대(expectation of future interest rate)와 정(+) 또는 부(−)의 위험프리미엄에 의해 결정된다는 것이다. 그러므로 이 이론에 의하면 수익률곡선은 상향, 하향, 일정, 또는 혹처럼 생길 수도 있다.

4) 시장분할이론

시장분할이론(market segmentation theory)에서는 자금의 공급자나 수요자는 모두 자기가 선호하는 만기를 가지고 있으며, 채권시장이 이 만기에 따라 분할된다고 주장하고 있다.

투자계획이 있는 기업에서는 그 계획에 맞추어 자본조달을 할 것이고, 자본집약산업에서는 단기채권보다 장기채권을 선호할 것이며, 시중은행에서는 단기금융이나 중기금융을 선호한다는 것이다. 그러므로 시장분할이론에서는 이자율이 특정한 만기별로 분할된 시장에서 자금의 수요와 공급의 상황에 따라 결정되고, 기간구조와는 상관이 없다고 한다.

이 이론에 관련하여 Francis(1986)는 가상적인 예를 이용하여 미국의 금융시장은 [그림 2−7]과 같이 시중은행, 투자신탁, 생명보험 또는 연금기관이 각기 선호하는 만기시장으로 분할할 수 있다고 한다.[10] 이 그림에서 각 시장의 수익률곡

그림 2−7 시장분할이론의 수익률곡선

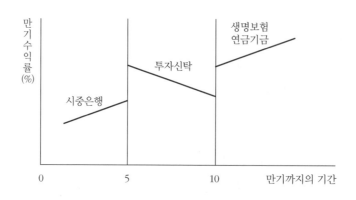

---

10) J. C. Francis(1986), *Investments: Analysis and Management*, 4th ed., New York: McGraw-Hill Book Co., 379−380.

선은 서로 불연속되고 있는데 그 이유를 다음과 같이 지적할 수 있다.

첫째는 법적인 제한규정이다. 은행, 투자신탁, 생명보험 등은 투자활동에 있어서 여러 가지 법적 제한을 받고 있다. 둘째는 높은 정보비용(cost of information)의 발생이다. 일반투자자가 모든 분야의 자본시장에서 투자정보를 획득한다는 것은 비용이 너무 많이 들기 때문에 결국 한 특정시장을 선호하는 경향이 있다. 셋째는 많은 기관투자자들이 부채의 만기구조(maturity structure of liabilities)에 맞추어 자산을 운용하는 경향이 있다. 넷째는 뚜렷한 이유가 없이 어느 특정한 기간만을 선호하는 투자자의 비합리적인 투자성향이다.

이상과 같은 네 가지 이론을 비롯하여 채권수익률의 기간구조이론에 대한 타당성을 검증하는 노력은 오랜 기간 동안 계속되어 왔다. 그러나 어느 한 이론만이 반드시 우월하다는 증거는 아직 발견되지 않고 있다. 미국의 경우, 일반적으로 3개월 미만의 단기수익률의 기간구조에 있어서는 시장분할이론이 적합하고, 3개월 이상 장기수익률의 기간구조에 있어서는 기대이론과 유동성프리미엄이론이 적합하다고 한다.

보통주의 가치평가

제4절 Financial Management

4.1 보통주 가치평가

증권의 가치평가는 증권에 투자하여 얻어지는 현금흐름에 기초를 두고 있다. 그러므로 보통주의 가치평가도 보통주에 투자함으로써 주주에게 발생하는 현금흐름에 기초를 두어야 한다. 그러나 보통주에 투자하여 얻어지는 현금흐름은 불확실한 기업환경과 제반 내부경영의 상황에 따라 달라지므로 사채나 우선주에 비하여 예측이 복잡하고 어렵다.

보통주주가 기대할 수 있는 현금흐름은 ① 주주에게 지급되는 배당금과, ② 미래에 소유주식을 매각할 경우의 주가이다. 그런데 기업의 존속기간은 특정한 경우를 제외하고는 영구히 계속되는 것(계속기업)이므로 주주가 이 기간 동안 계속하여 주식을 보유하고 있다고 가정해 보면, 영원한 미래의 시점에서 형성되는 주가는 현가로 산출할 때에 0에 접근한다.

따라서 보통주의 가치는 다음의 (2-19)식과 같이 배당금의 현가가 모두 합산된 값과 같아진다.

$$P_0 = \sum_{t=1}^{\infty} \frac{D_t}{(1+R_e)^t} + \frac{P_\infty}{(1+R_e)^\infty}$$

$$= \sum_{t=1}^{\infty} \frac{D_t}{(1+R_e)^t} \qquad\qquad (2-19)$$

단, $D_t = t$기의 배당액

$P_\infty = \infty$기의 주가

$R_e = $ 보통주주의 요구수익률, 보통주 수익률

보통주는 계속기업(going concern)인 주식회사의 소유권을 나타내고 있기 때문에 상환기간이 없는 영구증권이다. 따라서 기업이 존속하는 한 배당금을 매기간마다 주주에게 지급하는 것이 일반적이다. 물론 기업의 전망과 성장 및 경영정책에 따라 배당금이 주주에게 지급되지 않는 기간도 있다. 그러나 이 경우에는 주주의 부(wealth)가 유보이익으로 축적되므로 주주에게는 배당금을 받는 것과 유사한 결과가 된다.

보통주의 가치는 배당금이 현가로 산출된 값이라고 하였다. 그런데 배당금은 매기간마다 증가하거나 또는 변동할 수 있기 때문에 보통주의 가치도 이에 따라 달라진다. 배당금의 성장은 기업의 경영전망에 따라서 ① 일정성장(정상성장), ② 무(無)성장, ③ 부(-)의 성장, ④ 거대성장으로 구분할 수가 있고 보통주의 가치도 이러한 배당금의 성장형태에 따라 달리 평가된다.

이제, 보통주 가치평가의 기본모형을 도출하기 위하여 일정한 성장을 하는 보통주의 배당액을 $D_0, D_1, D_2, \cdots, D_\infty$라 하면, 이 보통주의 가치는 다음의 (2-20)식에 의하여 평가된다.[11]

---

11) 보통주의 가치를 시장가치인 P_0라 하면 P_0는 무한기간까지의 배당액의 총현가이므로 다음과 같다.

$$P_0 = \frac{D_1}{(1+R_e)^1} + \frac{D_2}{(1+R_e)^2} + \cdots + \frac{D_\infty}{(1+R_e)^\infty}$$

$$= \frac{D_0(1+g)^1}{(1+R_e)^1} + \frac{D_0(1+g)^2}{(1+R_e)^2} + \cdots + \frac{D_0(1+g)^\infty}{(1+R_e)^\infty}$$

$$P_0 = \frac{D_1}{R_e - g} \qquad\qquad (2-20)$$

단, $P_0 =$ 보통주의 가치, 주가

$D_1 =$ 기말의 배당액

$R_e =$ 보통주의 요구수익률

$g =$ 성장률

이 (2−20)식에서 P_0는 보통주의 시장가치를 평가한 것으로 보통주의 시가 (market price)라고 하자. 이 식에서 R_e를 유도하면, (2−21)식이 된다.

$$R_e = \frac{D_1}{P_0} + g \qquad\qquad (2-21)$$

그런데 보통주에 대한 주주의 요구수익률 R_e는 항상 변동하는 주가에 의하여 달리 산출되고 있다. 왜냐하면 배당액과 배당액의 성장률은 이미 결정되어 있으므로 R_e는 주가의 변동에 의하여 달라질 수 있기 때문이다.

그리고 이 R_e는 주주가 주가의 변동에 의하여 기대할 수 있는 최저한의 보통주 수익률이다. 이것은 보통주의 기대수익률(expected rate of return)이라고도 하며, 요구수익률과 동일한 개념으로 사용되고 있다. 다시 말해서 (2−21)식에서 보통주의 기대수익률인 R_e는 배당수익률(D_1/P_0)과 성장률(g)의 합이다. 따라서 주가가 상승하면 보통주의 기대수익률은 하락하고, 주가가 하락하면 보통주의 기대수익률이 상승한다.

그리고 (2−20)식에서 성장률 g의 값이 $g = c$(일정한 수치)일 경우에는 일정 성장, $g = 0$이면 무성장, $g < 0$이면 부($-$)의 성장, 그리고 $g > c$이면 거대성장이라고 한다.

$$= D_0 \left[\frac{(1+g)^1}{(1+R_e)^1} + \frac{(1+g)^2}{(1+R_e)^2} + \cdots \right] \qquad ①$$

①식의 양변에 $(1+g)/(1+R_e)$를 곱하면, ②식이 된다.

$$P_0 \frac{(1+g)}{(1+R_e)} = D_0 \left[\frac{(1+g)^2}{(1+R_e)^2} + \frac{(1+g)^3}{(1+R_e)^3} + \cdots \right] \qquad ②$$

②식에서 ①식을 빼면, $P_0 \left(\dfrac{R_e - g}{1+R_e} \right) = \dfrac{D_0(1+g)}{(1+R_e)}$ 가 된다. 이 식을 다시 정리하면

$P_0 = \dfrac{D_0(1+g)}{(R_e - g)} = \dfrac{D_1}{R_e - g}$ 이 된다.

4.2 일정성장을 하는 보통주의 가치

일반적으로 기업은 성장하고 있다. 기업의 성장은 보통주가치의 성장을 의미하며 배당의 성장률로써 측정할 수 있다. 배당의 성장률을 보통주 성장의 측정치로 삼는 이유는 배당금이 주주에 대한 현금흐름이며, 이 현금흐름을 모두 현가로 합산하면 보통주의 가치가 산출되기 때문이다.

그리고 일정하게 성장하고 있는 기업의 성장률(g)은 국민경제와 밀접한 관련을 가지고 있고, 일반적으로는 경제성장률과 유사하다. 또, 다음에 설명하게 될 배당금이 성장하지 않는 무성장 보통주의 가치와 사양화 과정에 있는 부($-$)의 성장을 하는 보통주의 가치도 일정성장하는 보통주의 가치평가모형인 (2$-$20)식에서 성장률만 조정하면 쉽게 산출할 수 있다.

예 2-14

금년말 보통주의 주당 배당액은 1,000원일 것이며, 이 보통주의 요구(시장)수익률이 7%이다. 앞으로 배당액이 매년 3%씩 일정하게 성장한다면 이 주식의 가치는 얼마인가?

$$P_0 = \frac{D_1}{R_e - g} = \frac{1,000}{0.07 - 0.03} = 25,000원$$

4.3 무(無)성장 보통주의 가치

성장을 하지 않는 보통주는 현재의 배당액이 매기간 아무런 변동없이 영구히 지급되는 주식을 말한다. 이 주식은 영구채권(perpetual bond)의 성격과 완전히 동일하므로 배당액은 영구채권의 이자와 같다.

따라서 무성장 보통주의 가치는 현금흐름인 배당액을 자본환원율인 R_e로 나누어서 산출하는데, 이는 영구채권의 평가방법과 동일하다. 또는 (2$-$20)식에서 성장률 g를 0으로 놓으면, (2$-$20a)식이 된다.

$$P_0 = \frac{D_1}{R_e - 0} = \frac{D_1}{R_e} \tag{2-20a}$$

이 주식의 가치는 당연히 일정성장하는 주식의 가치보다 낮게 평가된다.

예 2-15

(예 2-14)의 경우에서, 성장률이 0이라면 이 보통주의 가치는 얼마일까?

$$P_0 = \frac{D_1}{R_e} = \frac{1,000}{0.07} = 14,285.71원$$

4.4 부(負)성장 보통주의 가치

부(−)의 성장을 하는 기업은 산업의 성격 및 기타 경영상의 여건으로 인하여 사양화과정에 있는 기업을 말한다. 즉 배당액이 매기간마다 일정한 비율로 감소하고 있는 기업이다. 예를 들어, 우리 나라의 석탄산업에 속해 있는 일부의 기업은 현재 사양화 과정에 있다.

이러한 기업이 발행한 보통주의 가치는 성장률이 부(−)의 값을 가지므로 (2-20b)식에서 분모의 값, 즉 현금흐름에 대한 자본환원율은 다음과 같이 보통주의 시장수익률(R_e)보다 증가하게 된다.

$$P_0 = \frac{D_1}{R_e - (-g)} = \frac{D_1}{R_e + g} \tag{2-20b}$$

따라서 부(−)의 성장을 하는 보통주의 가치는 매우 낮게 평가된다.

예 2-16

(예 2-14)에서 성장률이 −3%라고 하면 이 보통주의 가치는 얼마일까 ?

$$P_0 = \frac{D_1}{R_e - (-g)} = \frac{D_1}{R_e + g}$$

$$= \frac{1,000}{0.07 + 0.03} = \frac{1,000}{0.10} = 10,000원$$

4.5 거대성장하는 보통주의 가치

기업에 따라서는 단기간동안 성장률이 평균성장률(일정성장률)을 초과하여

그림 2-8 거대성장주의 가치평가 방법

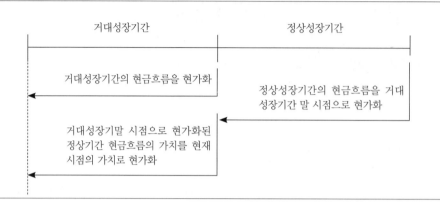

급속히 성장을 하다가 다시 평균수준으로 되돌아오는 경우가 있다. 이러한 급속한 성장을 거대성장이라고 한다.

그러나 거대성장의 현상은 장기간 혹은 무기한으로 계속되는 경우는 현실적으로 불가능하다. 왜냐하면 거대성장을 무기한으로 지속시킬 수 있는 기업이 만약 존재한다면 전세계의 기업은 완전히 하나의 기업으로 통합되어 버리고, 시장경제의 기능은 존재할 수 없게 되기 때문이다. 따라서 거대성장주식은 단기간 동안에만 평균성장률 이상으로 급속히 성장을 하는 주식을 말한다.

거대성장주의 현금흐름은 두 개의 형태로 구분된다. 첫째는 거대성장기간 중의 현금흐름이고, 둘째는 정상성장으로 돌아온 후의 현금흐름이다.

그러므로 거대성장주의 가치평가는 [그림 2-8]과 같이 3단계로 구분해서 생각할 수 있다. 제1단계에서는 거대성장기간 중의 배당액을 현가로 산출하고, 제2단계에서는 거대성장기간 말의 배당액을 정상기간의 기초시점에서 지급하는 배당액으로 하여 정상성장기의 기초시점에서 정상성장주식의 현가를 산정한 다음, 이것을 다시 거대성장기간 동안 할인하여 현시점에서의 현가로 산정한다. 제3단계에서는 제1단계와 제2단계에서 산출된 현가를 합산한다.

이러한 거대성장 보통주의 평가방법을 식으로 표현하면 (2-22)식과 같다.

$$P_0 = \sum_{t=1}^{N} \frac{D_0(1+g_a)^t}{(1+R_e)^t} + \sum_{t=N+1}^{\infty} \frac{D_N(1+g)^{t-N}}{(1+R_e)^{t-N}} \cdot \left(\frac{1}{1+R_e}\right)^N$$

$$= \sum_{t=1}^{N} \frac{D_0(1+g_a)^t}{(1+R_e)^t} + \frac{D_N(1+g)}{(R_e-g)} \cdot \left(\frac{1}{1+R_e}\right)^N$$

$$= D_0 \sum_{t=1}^{N} \frac{(1+g_a)^t}{(1+R_e)^t} + \frac{D_N(1+g)}{R_e-g} \cdot \left(\frac{1}{1+R_e}\right)^N \qquad (2-22)$$

단, P_0 = 거대성장 보통주의 가치

N = 거대성장기간

g_a = 거대성장률

g = 정상성장률

$D_N = D_0(1+g_a)^N$ = 거대성장기 말의 배당액

예 2-17

지난 기말의 보통주 배당액이 주당 1,000원이고, 앞으로 3년 동안은 기업이 급성장할 것이므로 배당의 성장률은 10%로 예상된다. 정상적인 상태에서는 이 기업의 배당액이 매기에 4%로 성장할 것이며 보통주의 요구수익률은 7%라고 한다. 이 기업의 주식은 얼마의 가치가 있다고 생각하는가 ?

$$P_0 = D_0 \sum_{t=1}^{N} \frac{(1+g_a)^t}{(1+R_e)^t} + \frac{D_N(1+g)}{R_e-g} \cdot \left(\frac{1}{1+R_e}\right)^N$$

$$= 1,000 \sum_{t=1}^{3} \frac{(1+0.10)^t}{(1+0.07)^t} + \frac{1,331(1+0.04)}{0.07-0.04} \cdot \left(\frac{1}{1+0.07}\right)^3$$

$$= 1,000 \left[\frac{(1.10)}{(1.07)} + \frac{(1.10)^2}{(1.07)^2} + \frac{(1.10)^3}{(1.07)^3}\right] + \frac{1,331(1+0.04)}{0.07-0.04} \cdot \left(\frac{1}{1+0.07}\right)^3$$

$$= (1,000)(3.17139) + (46,141)(0.81630)$$

$$= 40,836.29 원$$

$$[\because D_N = D_3 = D_0(1+g_a)^3 = 1,000(1+0.10)^3 = 1,331]$$

요 약

❶ 종가와 현가의 개념

· 종가(terminal value or ending value) : 현재의 금액이 일정기간 동안 복리로 증식된 화폐가
치로 복리합계(compound value) 혹은 미래가치(future value)라고도 한다.

· 현가(present value) : 미래의 화폐가치를 일정한 이자율로 할인하여 현재시점의 가치로 표현
한 것이다.

❷ 현재 이루어진 투자의 미래가치를 구하는 법

현재 이루어진 투자의 미래 특정시점에서의 가치는 주어진 수익률(rate of return)을 가지고 그
투자의 미래가치를 계산함으로써 구할 수 있다.

$$P_n = P_0(1+R)^n$$

❸ 미래 특정한 날 받는 현금의 현재가치를 구하는 법

미래 현금흐름의 현재가치는 당해 현금흐름을 주어진 이자율로 할인하여 계산할 수 있다.

$$P_0 = \frac{P_n}{(1+R)^n}$$

❹ 이산형 복리(할인)계산과 연속형 복리(할인)계산의 차이

불연속적으로 발생하는 현금흐름을 기초로 복리(할인)계산하는 방법을 이산형 복리(할인)계
산이라 하고, 연속적으로 발생하는 현금흐름을 기초로 복리(할인)계산하는 방법을 연속형 복리
(할인)계산이라 한다. 현금흐름의 발생 횟수가 많아질수록 종가는 커진다. 따라서 현금흐름 횟수
가 무한대로 하여 연속적으로 계산하면 가장 높은 종가가 산출된다.

❺ 채권의 가치평가 방법

채권은 국가, 공공기관, 회사 등이 장기자금을 불특정 다수의 투자자로부터 대규모 자금을 조
달하기 위해 발행하는 채무표시의 유가증권이다. 채권은 매 기간마다 미리 약정한 일정한 이자를
지급하고, 만기가 되면 채권의 액면가를 상환한다. 따라서 채권의 가치평가는 매기에 지급되는
이자의 현가와 만기에 지급되는 액면가의 현가를 합하여 산출한다.

$$PV = \sum_{t=1}^{N} \frac{I_{nt}}{(1+R_b)^t} + \frac{F}{(1+R_b)^N}$$

❻ 채권수익률의 기간구조 이론

채권의 위험과 기타 모든 조건이 일정하다고 가정하면 채권수익률은 만기까지의 기간에 따라 달라지는 경우가 있다. 채권수익률의 기간구조(term structure of bond yield)는 채권수익률이 만기까지의 기간이 변동함에 따라 어떻게 달라지는가를 설명하는 이론이다. 이자율의 기간구조(term structure of interest rate)라고도 한다.

채권수익률의 기간구조는 수익률곡선(yield curve)으로 설명한다. 이러한 수익률곡선의 형태를 규명하는 이론으로는 기대이론(expectations theory), 유동성프리미엄이론(liquidity premium theory), 선호영역이론(preferred habit theory), 시장분할이론(market segmentation theory) 등이 있다.

❼ 보통주의 가치평가 방법

보통주의 가치평가는 보통주에 투자함으로써 주주에게 발생하는 현금흐름에 기초를 둔다. 보통주주가 기대할 수 있는 현금흐름은 주주에게 지급되는 배당금과 미래에 소유주식을 매각할 경우의 주가이다. 그런데 기업의 존속기간은 특정한 경우를 제외하고 영구히 계속되는 것(계속기업)이므로 주주가 이 기간 동안 계속하여 주식을 보유한다고 가정하면, 영원한 미래 시점에서 형성되는 주가는 현가로 산출할 때에 0에 접근한다. 따라서 보통주의 가치는 배당금의 현가를 모두 합산한 값과 같다.

$$P_0 = \sum_{t=1}^{\infty} \frac{D_t}{(1+R_e)^t}$$

1 다음 용어를 설명하라.

① 현가와 종가   ② 종가계수와 현가계수   ③ 유효이자율

④ 이산형 복리계산과 연속형 복리계산   ⑤ 영구채권

⑥ 가치평가   ⑦ 자본환원율   ⑧ 이자율위험

⑨ 자본이득   ⑩ 거대성장주식   ⑪ 일정성장주식

⑫ 부성장주식   ⑬ 채권수익률곡선   ⑭ 채권수익률의 기간구조

⑮ 기대이론   ⑯ 유동성프리미엄

2 현재의 100,000원을 연리 4%로 복리계산하면 10년 후의 종가는 얼마인가?

3 한솔이는 앞으로 5년간 연말에 20,000원씩 지불하기로 하고 TV를 한대 구입했다. 아래의 할인율(연리)로 계산하면 이 TV값은 얼마인가?

(1) 2%   (2) 5%   (3) 10%

4 한국주식회사는 최신식 인쇄기계의 매입을 고려 중이다. 이 기계를 사용하면 아래와 같이 이익이 증가하게 된다. 이 기계의 내용년수는 6년이고, 잔존가치는 없는 것으로 한다.

기간	1(연말)	2	3	4	5	6
이익의 증가	10,000(원)	20,000	30,000	40,000	50,000	60,000

(1) 연리 6%의 할인율로 계산하면 이익의 총현가는 얼마인가?

(2) 이 기계의 값이 200,000원일 경우, 과연 이 기계를 사용하는 것이 유익할 것인가?

5 10년 후에 50만원을 받을 수 있는 채권을 연리 6%로서 연속할인할 경우에 현가는 얼마인가?

6 10년 전에 한솔이에게 연리 5%로 하여 20만원을 빌려주었다. 연속형 복리계산으로 계산한다면 현재 얼마를 되돌려 받아야 할 것인가? 그리고 반년 1기로 복리계산한다면 얼마를 받아야 할 것인가?

7 다음 각 항의 미래가치를 구하라.

(1) 최초 326,000원을 4년간 4%로 복리계산할 경우

(2) 최초 650,000원을 9년간 6%로 복리계산할 경우

(3) 6년간에 걸쳐 매년 150,000원의 연금을 5%로 복리계산할 경우

(4) 3년간에 걸쳐 매년 480,000원의 연금을 4%로 복리계산할 경우

8 현재부터 5년에 걸쳐 매년 250,000원을 예금한다면 다음 각 항목의 미래가치는 얼마인가? 시장이자율은 매년 5%로 복리계산한다.

(1) 제6기말의 미래가치는?

(2) 기초($t=0$)에 250,000원이 예금되어 있다면, 250,000원의 예금이 6번 있게 되는데, 이때 제5기말의 미래가치는?

9 대한기업은 회사 이미지에 맞지 않는 한 개의 소형자동차 라인을 가지고 있어 이를 최소 판매가격으로 처분하고자 한다. 대한기업은 지금까지 세후 현금흐름으로 연간 2,500,000원을 벌어들이고 있다. 기회자본비용이 6%라고 한다면 대한기업은 다음의 기대수명기간에 대해 얼마를 요구해야 하는가?

(1) 10년   (2) 20년   (3) 무한한 미래시점

10 A은행에서는 5년 후에 1천만원을 찾을 수 있는 예금상품을 개발하고자 한다. 연 이자율을 5%를 적용하는 경우 예금자에게 매월 얼마씩 불입하도록 하면 될까?

11 다음 각 항목에 대해서 이자율을 계산하라.

(1) 현재 500,000원을 빌려주고 3년뒤에 596,000원을 지급받기로 되어 있다.

(2) 현재 500,000원을 투자하여 3년간에 걸쳐 매년 200,000원을 지급받기로 되어 있다.

(3) 현재 1,400,000원을 투자하여 제8기말에 2,590,000원을 되돌려 받을 것이다.

(4) 현재 1,400,000원을 빌려주고 8년에 걸쳐 매년 282,000원을 지급받을 것이다.

12 연간 현금흐름은 $t_1 = 200$, $t_2 = 200$, $t_3 = 200$, $t_4 = 600$, $t_5 = 500$이다.

(1) 6%의 할인율을 적용할 때 현금흐름의 현재가치는?

(2) 현재 1,500원을 지출하여 이와 같은 현금흐름을 받기로 되어 있다면 투자로부터 얻을 수 있는 복리수익률은 얼마나 되겠는가?

13 귀하가 연초에 1억원의 연금복권에 당첨되었다. 당첨금은 5년간 균등하게 분할되어 지급된다. 최초 당첨금 지급은 당첨연도 말에 개시된다. 할인율이 4%일 때 당첨시점 기준으로 당첨금의 실질가치는 얼마인가?

14 A사는 베트남에 신규공장의 설립여부를 검토하고 있다. 신규공장 설립을 위해서는 현재시점에 투자비가 1,000억원이 소요된다. 신규공장이 완공되기 위해서는 1년이 소요된다. 공장이 완공되어 가동되면 4년 동안 매년 말에 350억원씩의 현금흐름이 발생할 것으로 예상된다. 시장이자율이 7%라고 하면 투자를 하는 것이 유리한가를 판단하라.

15 귀하가 자동차를 구입하는데 영업사원으로부터 다음과 같은 두 가지 구입방법을 제시받았다. 어떤 방법을 선택하겠는가?

(1안) 현금 900만원을 구입과 동시에 일시불로 납부

(2안) 할부로 구입하는데, 구입시점에 300만원을 현금으로 지급하고, 3년간 매년 말(구입연도 말 포함)에 240만원씩을 납부(금리는 연리 6%를 적용)

16 귀하가 미분양아파트를 구입하는데 건설회사로부터 다음과 같은 두 가지 구입방법을 제시받았다. 어떤 방법을 선택하는 것이 유리하겠는가? 그 이유를 설명하라.

(1안) 현금 1억원을 구입과 동시에 일시불로 지급

(2안) 구입시점에 7천 5백만원을 지급하고, 3년간 매년말(구입 연도말 포함)에 1천만원씩을 지급(금리는 연리 7%를 적용)

17 유효이자율과 명목이자율에 대해서 설명하라.

18 한국회사의 채권은 액면이자율이 8%이고 액면가가 10만원이며, 상환기간이 6년 남았다. 이 채권과 동일한 위험수준에 있고 상환기간도 6년 남은 다른 채권이 시장이자율 6%인 조건으로 현재 발행되고 있다. 한국회사 채권의 가치를 구하라.

19 (1) (주)대한의 주식 배당액은 200원으로서, 매년 5%씩 증가할 것으로 예상된다. 이와 동일한 위험을 가진 보통주의 시장수익률이 8%일 때 이 주식 200주를 매입하려면 얼마를 준비하여야 하는가?

(2) 이 주식의 주당가치가 6,000원이라면 이 주식은 매년 몇 %의 배당액을 증가시켜 나가야 할 것인가 ?

20 현재 주가가 42,000원인 보통주를 매입하여 앞으로 1년, 2년, 3년 동안 주당 배당액을 각기 2,100원, 2,205원, 2,315.15원 받고자 한다. 그리고 3년 말에 이 주식을 팔면 주당 48,620원을 받을 것으로 예상된다.

(1) 배당금의 성장률을 구하라.

(2) 현재의 배당수익률을 구하라.

(3) 이 보통주의 기대수익률은 얼마인가?

21 세한기업은 개인용 컴퓨터를 전문적으로 생산하는 회사이다. 이 기업은 매년 12월말에 배당을 지급하며, 올 연말의 배당은 주당 1,000원으로 예상되고 있다. 한편 이 기업의 배당은 매년 4%씩 증가하고 있으며, 이러한 증가율은 앞으로도 계속될 전망이다. 세한기업의 주식수익률이 12%라고 할 때, 세한기업 주식의 적절한 가격을 구하라.

22 액면가격이 100,000원이며 만기가 4년인 채권으로 이자는 매 6개월마다 6,000원씩 수령하도록 되어 있는 채권이다. 이 채권과 동일한 위험의 채권에 대하여 적용되는 이자율은 1년간 연 8%이다. 이 채권의 적절한 현재가격은 얼마인가 ?

23 L전자의 채권은 현재 만기가 4년 남아 있고 이자는 1년에 한번씩 지급하고 있다. 이 채권의 액면가격은 10,000원이고 액면이자율은 8%이다.

(1) 이 채권의 현재 시장가격이 8,250원이라고 할 때 이 채권의 만기수익률은 얼마인가?

(2) 만약 시장가격이 10,170원이라고 할 때 만기수익률은 얼마인가?

(3) 만기가 10년이고 나머지 조건은 동일한 L전자의 채권이 발행되어 있다. 현재 시장이자율이 10%이면 어떤 만기의 채권이 가치가 더 높은가?

24 D제과는 만기가 10년이고 액면가격이 1,000원이며 액면이자율이 8%인 채권을 발행하였다. 이 채권은 1년에 2번씩 이자를 지급하며 발행 당시 시장이자율은 8%이었다.

(1) 이 채권이 발행된 후 시장이자율이 4%로 하락하였다고 가정할 경우, 이 채권의 가격을 구하라.

(2) 이 채권이 발행된 후 시장이자율이 12%로 상승하였다고 가정할 경우, 이 채권의 가격을 구하라.

(3) 이 채권이 발행된 후 시장이자율이 8%로 계속 유지되었다고 가정할 경우, 이 채권의 가격을 구하라.

25 미진기업은 만기가 10년이고, 액면가액이 6만원인 회사채를 액면이자율 7%로 발행하였다 (단, 이자는 매년 2번에 걸쳐 지급된다). 어떤 투자자가 이 사채로부터 요구하는 수익률이 충족될 때, 이 투자자는 사채를 구입하는데 얼마나 지급하여야 하는가? 현재 시장이자율은 10%이다.

26 2023년 4월 25일 현재 채권시장에서 수익률곡선이 우상향하는 형태를 보이고 있다.

(1) 우상향하는 수익률곡선의 의미를 기대이론 측면에서 설명해보라.

(2) 채권시장에서 동일한 채권이 1년 만기물은 수익률 6%이고, 2년 만기물은 7%에 형성되고 있다. 기대이론에 근거하여 2기의 선도이자율($f_{1,2}$)을 구하라.

(3) 만약 귀하가 예측하는 1년 후 재투자수익률이 5%라고 가정한다면 기대이론에 근거할 때 어떤 투자안을 선택하겠는가?

[1안] 2년 만기채권을 매입하여 2년간 보유

[2안] 1년 만기 채권을 매입하고, 1년 후 다시 1년 만기채권에 재투자

27 벤처주식의 최근 주당배당액이 1,920원이며, 요구수익률이 9%이다. 앞으로 처음 3년간의 성장률은 12%이고, 그 이후로는 4%로 일정하게 성장할 것으로 전망되는 경우에 이 주식의 가치를 구하라.

🌑 **해답**

2 148,024.43

3 (1) 94,269.19 (2) 86,589.53 (3) 75,815.74

4 (1) 163,766.76 (2) 유익하지 않음

5 274,405.82

6 ① 329,744.25 ② 327,723.29

7 (1) 381,373.89 (2) 1,098,161.32 (3) 1,020,286.92 (4) 1,498,368

8 (1) 1,450,478.20 (2) 1,700,478.20

9 (1) 18,400,217.63 (2) 28,674,803.05 (3) 41,666,666.67

10 147,045.67

11 (1) 6.03% (2) 9.70% (3) 7.99% (4) 12.02%

12 (1) 1,383.49 (2) 3.58%

13 89,036,446.62

14 ① 107.9663 ② 투자안 채택

15 (2안의 현가) 941.52 (1안)을 채택

16 (2안의 현가) 10,124.32 (1안)을 채택

18 109,834.65

19 (1) 1,333,333.33 (2) 4.67%

20 (1) 5% (2) 5% (3) 10%

21 12,500

22 113,465.49

23 (1) 14% (2) 7.49% (3) (만기4년 채권) 9,366.03 (만기10년 채권) 8,771.09

24 (1) 1,327.03 (2) 770.60 (3) 1,000

25 48,784.01

26 (2) 8.0% (3) 1원을 투자하는 경우 2년후의 가치 (1안)14.49%, (2안)11.3% ∴ (1안) 채택

27 49,407.98

3
Chapter

확실성하의 소비와 투자결정

들어가면서

경제활동에 참여하고 있는 주체들은 효용을 최대화하기 위하여 자신들이 가지고 있는 자원의 일부를 현재의 여러 가지 활동에 소비하고, 또 미래의 소비를 위하여 자원의 일부를 저축한다. 시점간 자원배분과 관련되는 의사결정의 기준은 효용의 최대화이다. 이 기준에 따르는 의사결정이 기업의 재무관리 활동에서 구체적으로 어떻게 전개되는지를 이해해둘 필요가 있다.

따라서 이 장에서는 소비의 시간선호와 무차별곡선, 생산기회와 소비·투자의 결정, 금융시장과 소비·저축의 결정, 생산기회와 금융시장의 결합에 의한 최적 투자결정 등에 대해 설명한다.

개인이나 기업 등 대부분의 경제단위는 현재의 부(wealth)를 완전히 소비하지 않고 그 일부를 미래의 소비를 위하여 저축 또는 투자하는 경우가 많다. 이때 현재소비와 미래소비의 효용이 동일한 집합을 연결한 선을 무차별곡선이라 한다. 개인이 주어진 현재의 부중에서 일부 또는 전부를 생산에 투자하여 미래의 증식될 부로 이전시키는 생산기회가 존재하는 경우, 최적의 소비와 투자의 결합은 생산기회선과 무차별곡선의 접점에서 이루어진다.

한편 금융시장을 통한 자금의 교환기회가 존재하는 경우, 누구든지 자기의 욕구를 최선으로 만족시킬 수 있도록 현재와 미래의 소비지출을 결정할 수 있게 된다. 개인의 효용을 최대화하는 소비는 소비자의 무차별곡선이 시장기회선과 접점을 이루는 점이다.

생산기회와 금융시장이 모두 존재하는 경우, 최적 투자결정은 개인의 주관적인 시간선호(무차별곡선)에 상관없이 생산기회선과 시장기회선의 접점에서 이루어진다. 이 경우 순부(net wealth)가 최대가 된다. 이를 피셔의 분리정리(Fisher separation theorem)라고 한다. 즉 최대의 부를 달성시키는 최적 투자결정은 개인의 효용과 직접적인 관련이 없으므로 투자와 소비가 분리된다는 것이다.

이러한 피셔의 분리정리는 기업이 소유와 경영을 분리하는 이론적 뒷받침이 될 수 있다. 주주의 대리인인 경영자는 주주의 선호나 태도에 구애 받지 않고 주주의 부를 최대화하는 점에서 투자결정을 내릴 수 있기 때문이다.

소비의 시간선호와 무차별곡선

1.1 시점간 소비선택문제

개인이나 기업 등 경제단위가 현재 소유하고 있는 부(wealth)를 전부 소비하게 되면 미래의 소비를 위한 부의 축적은 전혀 존재하지 않게 된다. 그러나 대부분의 경제단위는 현재의 부를 완전히 소비하지 않고 그 일부를 미래의 소비를 위하여 저축 또는 투자하는 경우가 많다. 이처럼 경제단위들은 소비지출을 시간에 걸쳐 배분하는 의사결정을 하게 된다. 어떤 결정의 결과가 여러 기간에 걸쳐 나타나는 의사결정을 시점간 선택문제(intertemporal choice problem)라고 한다. 특히 시간에 걸친 소비지출의 배분에 따른 의사결정은 시점간 소비선택문제(intertemporal consumption choice problem)라고 한다.

시점간 소비선택문제는 Fisher(1930)에 의하여 개발되었다.[1] 피셔의 모형은 확실성하에서 합리적인 소비자들이 일생동안의 만족도를 최대화하기 위하여 현재와 미래의 소비에 대하여 어떻게 선택하는지를 보여준다. 이 모형은 다음과 같은 가정에 기초하고 있다.[2]

> ① 금융시장은 경제주체들이 가격에 영향을 미치지 못하는 완전경쟁시장이다.
> ② 모든 거래는 비용 없이 즉각적으로 이루어진다.
> ③ 현재와 미래의 소비선택에 관한 완전한 확실성이 존재한다.
> ④ 세금은 없다.

시점간의 소비선택문제를 통하여 재무관리의 중요한 원리를 도출할 수 있다. 첫째, 금융시장은 개인의 소비와 투자에 관한 의사결정을 효과적으로 분리시키는 이득을 제공한다. 둘째, 투자결정에서 순현재가치(net present value, NPV)원리가 도출되는데, 이 원리는 재무관리의 목표인 부의 최대화와 일관성을 가진다.

---

1) I. Fisher(1930), *Theory of Interest*, Macmillan.
2) J. D. Martin, S. H. Cox, Jr., and R. D. MacMinn(1988), *The Theory of Finance: Evidence and Applications*, The Dryden Press, 17-66.

셋째, 재무관리에서 피셔의 분리정리(Fisher separation theorem)가 어떤 역할을 하는지 알 수 있을 것이다.

여기에서는 현재소비와 미래소비에 대한 개인의 의사결정에 대하여 자세히 살펴볼 것이다. 또한 개인의 저축과 투자 의사결정문제에 대해서도 분석할 것이다. 왜냐하면, 현재소비에 지출하지 않은 부(wealth)는 미래소비를 증가시키기 위하여 저축되고 투자될 것이기 때문이다.

1.2 효용함수

현재와 미래의 두 시점만 존재하는 단일기간에서의 소비선택문제에서 경제주체는 현재에 소비할 것인지, 아니면 미래에 소비할 것인지에 대하여 선택해야 한다. 이러한 경우에 경제주체들은 효용을 최대화하기 위한 선택행동을 할 것이다.

효용(utility)은 소비로부터 얻는 만족도를 수치적 지표로 표현한 것이다. 효용함수(utility function)는 화폐단위로 표현된 가치와 효용간의 관계를 나타낸 함수이다. 시점간 소비선택문제에서의 효용함수는 현재소비와 미래소비에 대응한 효용을 산출해주어야 한다.

일반적으로 시점간 소비선택문제는 할인효용(discounted utility, DU)모형으로 분석된다. 이 모형은 경제주체들이 소비결정으로부터 얻는 만족감을 금융시장에서 얻는 미래의 이득이나 손실을 할인하여 평가하는 것과 같은 방식으로 산출하는 것이다.

단일기간 소비선택문제에 대한 효용함수는 다음과 같은 형태를 가진다고 할 수 있다.

$$U(C_0, C_1) = u(C_0) + \rho u(C_1) \qquad (3-1)$$

단, ρ = 할인계수로서 1보다 작은 양수

(미래의 소비가 현재의 소비에 대하여 할인된 정도를 나타내는 계수)

(3-1)식의 효용함수는 소비에 대한 선호(preference)를 나타낸다. 즉 이러한 효용함수는 현재소비와 미래소비에 대한 개인들의 만족도 수준을 산출하며, 소비에 대한 시간선호(time preference of consumption)를 나타낸다.

예 3-1

어떤 개인의 현재의 소비와 미래의 소비에 대한 효용함수가 다음과 같이 주어져 있다.

$$U(C_0, C_1) = \sqrt{C_0} + (0.95)\sqrt{C_1}$$

(1) 현재소비와 미래소비에 대한 조합이 (200, 300)으로 주어져 있다. 이 사람의 효용은 얼마가 되겠는가?

$$U(C_0, C_1) = \sqrt{200} + (0.95)\sqrt{300} = 30.60$$

(2) 현재소비와 미래소비에 대한 조합이 (300, 200)으로 주어져 있다. 이 사람의 효용은 얼마가 되겠는가?

$$U(C_0, C_1) = \sqrt{300} + (0.95)\sqrt{200} = 30.76$$

(3) 이 사람은 어떤 소비조합을 더 선호하겠는가?

(200, 300)의 소비조합보다 (300, 200)의 소비조합을 더욱 선호할 것이다.

1.3 무차별곡선과 한계대체율

(3-1)식의 효용함수를 그림으로 나타내기 위해서는 3차원의 공간이 필요하다. 따라서 효용함수는 무차별곡선으로 2차원의 평면에 나타내기도 한다. 무차별곡선(indifference curve)은 동일한 수준의 효용을 제공하여 주는 현재소비와 미래소비의 조합의 집합을 나타내는 선이다. 확실성하에서 동일한 크기의 현재소비와 미래소비 사이의 차이는 소비의 시간적 차이일 뿐이다. 그러므로 개인의 소비의 시간차이에 대한 선호도에 따라 동일한 만족을 갖는 소비조합인 무차별곡선의 형태가 정해진다.[3]

무차별곡선은 [그림 3-1]과 같은 형태를 취한다. 개인이 선택할 수 있는 소비조합 중에서 효용이 동일한 집합인 무차별곡선의 특성을 그림을 중심으로 살펴보자.

첫째, 무차별곡선은 우하향의 형태를 취한다. 현재소비를 축소하면 동일한 효

---

3) 이 주제는 다음 문헌에 그 기본적인 개념이 잘 설명되어 있다. 관심 있는 독자들은 이를 참고하기 바란다. E. F. Fama and M. H. Miller(1972), *The Theory of Finance*, Holt, Rinehart and Winston, Inc., 3−41.

그림 3-1 무차별곡선

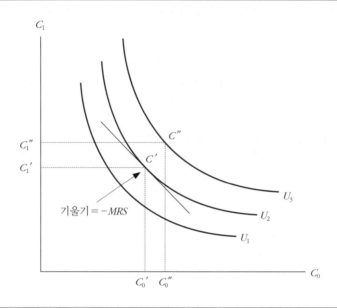

용을 얻기 위해서 미래소비가 확대되어야 한다. 반대로 미래소비를 축소하면 현재소비를 확대해야 동일한 효용을 얻을 수 있다. 다시 말해서, 현재소비가 커지면 미래소비가 축소되어야 동일한 효용을 얻을 수 있기 때문에, 무차별곡선은 우하향의 형태를 가진다.

둘째, 무차별곡선은 우상향에 위치할수록 효용이 크다. 현재소비와 미래소비가 모두 확대되면 효용은 이전보다 증가하고, 무차별곡선은 우상향으로 이동하게 된다. [그림 3-1]에서 소비조합 C'에서의 효용은 U_2이고, 현재소비와 미래소비를 모두 증가시킨 소비조합 C''에서의 효용은 U_3가 될 것이다. 이러한 C''에서의 효용인 U_3는 이전의 효용수준인 U_2보다 높아야 한다.

마지막으로 무차별곡선은 원점에 대하여 볼록한 형태를 취하고 있다. 그 이유는 한계대체율(marginal rate of substitution, MRS)로 설명할 수 있다. 한계대체율은 현재소비 1단위에 대하여 동일한 선호도를 나타내는 미래소비와의 교환비율로서, 무차별곡선에 대한 접선의 기울기의 절대치이다.[4]

---

4) 한계대체율(MRS)은 (3-2)식과 같이 효용함수의 1차 도함수를 이용하여 표현된다.

$$MRS = -\frac{dC_1}{dC_0} \qquad\qquad ①$$

효용함수 $U(C0, C1)$이 주어져 있을 때, MRS는 다음과 같이 구해진다. 먼저 무차별곡선은 효용의

$$MRS = -\frac{dC_1}{dC_0} \tag{3-2}$$

단, $MRS =$ 한계대체율

$dC_1/dC_0 =$ 무차별곡선의 기울기

(3-2)식은 한계대체율(MRS)이 현재소비의 수준에 따라 달라진다는 것을 보여주고 있다. 무차별곡선이 우하향하는 형태이므로, 이 곡선의 기울기는 음(-)의 값을 가진다. 그리고 무차별곡선의 기울기의 크기는 소비수준에 따라 달라진다. 한계대체율은 무차별곡선의 기울기의 절대치이므로, 소비수준에 따라 달라질 수 있다. 현재소비의 수준이 높을수록, 현재소비를 한 단위 증가시키기 위해 포기할 수 있는 미래소비는 감소한다. 즉 현재소비 수준이 높을수록 한계대체율(MRS)은 감소한다.

예 3-2

홍길동의 효용함수가 다음과 같이 주어져 있다.

$$U(C_0, C_1) = \sqrt{C_0} + (0.95)\sqrt{C_1}$$

홍길동에게 주어진 현재소비와 미래소비에 대한 조합이 (200, 300)이다. 이 소비조합에서 한계대체율을 산출하여 보라.

$$MRS = -\frac{dC_1}{dC_0} = \frac{\partial U/\partial C_0}{\partial U/\partial C_1}$$

$$= \frac{(1/2)C_0^{-(1/2)}}{(0.95)(1/2)C_1^{-(1/2)}} = \frac{\sqrt{C_1}}{(0.95)\sqrt{C_0}} = \frac{\sqrt{300}}{(0.95)\sqrt{200}} = 1.2892$$

홍길동이 효용을 변화시키지 않고 현재소비를 1원 증가시키려면, 미래소비 1.2892원을 감소시켜야 한다.

변화가 없어야 하므로, 수학적으로는 다음과 같이 효용의 전미분이 0이 되어야 한다.

$$dU = \frac{\partial U}{\partial C_0}dC_0 + \frac{\partial U}{\partial C_1}dC_1 = 0 \tag{②}$$

그리고 MRS는 무차별곡선의 기울기의 절대치이므로 ②식을 정리하면, 다음과 같이 산출된다.

$$MRS = -\frac{dC_1}{dC_0} = \frac{\partial U/\partial C_0}{\partial U/\partial C_1} \tag{③}$$

예 3-3

홍길동의 효용함수가 다음과 같이 주어져 있다.

$$U(C_0,\ C_1) = \sqrt{C_0} + (0.95)\sqrt{C_1}$$

홍길동에게 주어진 현재소비와 미래소비에 대한 조합이 (200, 300)이다. 이 소비조합과 동일한 효용을 얻는 다른 소비조합들을 찾아보자.

표 3-1 무차별곡선상의 소비조합과 한계대체율

소비조합		한계대체율 $\left(MRS = \dfrac{\sqrt{C_1}}{(0.95)\sqrt{C_0}}\right)$	효용 $(U = \sqrt{C_0} + (0.95)\sqrt{C_1})$
현재소비 (C_0)	미래소비 (C_1)		
50	613.24	3.6864	
100	470.05	2.2822	
200	300.00	1.2892	30.5966
300	195.30	0.8493	
400	124.42	0.5871	
500	75.16	0.4081	

이러한 소비조합의 궤적을 연결하면, 무차별곡선이 원점에 대하여 볼록한 형태를 취한다는 것을 알 수 있다. 그리고 현재소비의 수준이 높을수록 MRS가 감소한다는 것도 알 수 있다.

제 2 절 생산기회와 소비 · 투자의 결정

Financial Management

시점간의 부(wealth)의 이동은 기본적인 세 가지 방법으로 나누어 생각해 볼 수 있다. 첫째, 현재의 부를 오로지 저장 또는 보관하여 미래시점에 소비하는 방법이다. 이 경우에는 미래의 예상되는 부를 담보로 현재에 소비할 수 있는 통로가 없으며, 또한 현재의 부를 투자하여 증대된 부를 미래에 소비할 수 있는 수단도 없는 경우이다. 둘째, 현재의 부를 생산수단을 이용하여 현재의 소비를 줄여 부의 일부를 투자하여 수확된 결과를 소비하는 방법이다. 셋째, 현재의 부를 직접 생산에 투자하지 않고 금융기관에 저축하거나 생산수단을 가진 경제주체에게 투자하여 미래에 원금과 이자 또는 수익을 얻어 소비하는 것으로서 자본시장을 이용하는 방법이다.

개인은 생산수단과 자본시장을 동시에 이용하여 생산수단을 통하여 미래에 획득할 부를 담보로 자본시장에서 현재 부를 차입하여 소비하고 미래에 상환할 수 있다. 개인은 효용의 최대화를 위하여 부를 현재와 미래 사이에서 양방향으로 자유롭게 이전할 수 있게 된다.

2.1 생산기회선과 한계전환율

주어진 현재의 부(wealth) 중에서 일부 또는 전부를 생산에 투자하여 미래의 증식될 부로 이전시키는 생산기회(production opportunity)가 존재한다고 가정하자.[5] 생산기회가 존재하는 경우에 현재의 투자금액과 미래의 소득간의 관계를 나타내는 것이 생산기회선(production opportunity line) 또는 투자기회선(investment opportunity line)이다.

개인에게 최초의 부(endowment)가 W_0로 주어져 있다고 하자. 그리고 최초의 부 중에서 일부를 생산에 투자를 하면, 미래에 소비가능한 소득(future feasible consumption) 즉 미래 소비가능 소득(Y_1)은 늘어나게 될 것이다. 투자액(I)은 다음과 같이 정해진다고 하자.

$$I = W_0 - Y_0 \tag{3-3}$$

단, I = 투자액

W_0 = 최초의 부(endowment)

Y_0 = 현재 소비된 소득

이 (3-3)식은 현재의 투자액이 최초의 부에서 현재 시점에 소비되는 소득(Y_0)을 차감하여 결정된다는 것을 나타낸다. 미래의 소비가능한 소득은 현재의 투자

---

5) 생산기회만 존재하는 경우에는 생산기회 이후에는 부를 시간적으로 이전시키는 방법이 없다고 가정한다. 즉 현재시점에서는 생산에 투입되지 않은 모든 소득을 현재에 소비하고, 미래에 생산된 소득은 미래시점에서 모두 소비한다고 가정한다. 따라서 생산기회만 존재한다고 가정하는 경우에는 소득과 소비가 동일하다고 할 수 있다.

그림 3-2 생산기회선

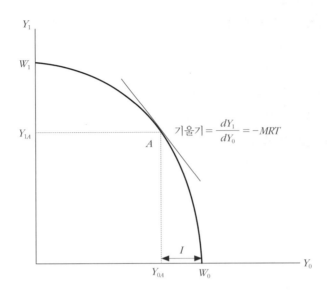

기울기 $= \dfrac{dY_1}{dY_0} = -MRT$

수준에 의하여 결정되는데, 투자수준은 현재의 소비에 의해 결정된다. 따라서 현재 소비된 소득과 미래의 소비가능 소득의 관계를 함수형태로 나타낼 수 있는데, 이것이 생산기회선이다. 생산기회선은 다음과 같은 수식으로 나타낼 수 있다.

$$F(Y_0, Y_1) = 0 \tag{3-4}$$

[그림 3-2]는 생산기회집합을 나타내고 있다. 이 그림에서 최초의 부는 W_0로 주어져 있고, 이러한 최초의 부에서 생산에 전혀 투자하지 않으면 미래의 소비가능 소득은 0이다. 그리고 A점은 최초의 부(W_0) 중에서 $(W_0 - Y_{0A})$를 생산에 투자할 때, 미래에 Y_{1A}의 소비가능 소득을 생산하는 생산기회를 나타낸다. W_1은 최초의 부를 전부 생산에 투자한 경우이다. 이와 같이 W_0AW_1선상에 무수한 생산기회가 존재한다고 가정할 때에 이 선을 생산기회선이라고 한다.

생산기회선은 무차별곡선과는 달리 원점에 대하여 오목한 형태를 취한다. 이러한 현상은 한계전환율(marginal rate of transformation, MRT)로 설명할 수 있다. 한계전환율은 생산기회선상에 있는 각 점에서 접선의 기울기의 절대치로 표현할 수 있다. 이는 한계투자액에 대한 한계수익의 비율 즉 한계수익률(marginal rate of return)을 의미한다. 한계전환율(MRT)은 다음과 같이 나타낼 수 있다.

$$MRT= \frac{dY_1}{dI} = - \frac{dY_1}{dY_0} = (1+한계수익률) \qquad (3-5)$$

이 (3-5)식은 생산기회선 기울기의 절대치인 한계전환율을 나타낸다. 이러한 한계전환율은 한계수익률에 1을 더한 값과 동일하다. 투자는 한계수익률이 높은 투자기회로부터 낮은 순으로 수행되기 때문에 투자를 확대함에 따라 투자의 한계수익률은 감소하게 된다. 그리고 한계수익률과 한계전환율은 동일한 크기로 변동하므로, 투자가 확대될수록 한계전환율이 감소한다. 즉 투자를 확대할수록 (즉 현재 시점에 소비되는 소득이 감소할수록) 생산기회선의 기울기의 절대치가 줄어드는 형태를 취하게 된다. 따라서 생산기회선은 원점에 대하여 오목한 형태를 취하게 된다.

생산기회선은 [그림 3-2]에 표현된 것처럼 투자액이 W_0점에서 출발하여 투자 규모를 확대함에 따라 미래부의 증식현상은 점차로 체감하는 한계생산성체감의 법칙(law of diminishing marginal productivity)이 적용된다.

예 3-4

생산기회곡선은 다음과 같으며, 최초의 부는 500으로 주어져 있다.

$$F(Y_0, Y_1) : \ Y_1{}^2 - 1,000(500 - Y_0) = 0$$

(1) 투자금액을 0, 100, 200, 300, 400, 500으로 증가시킬 때, 현재 시점에 소비되는 소득(Y_0)과 미래의 소비가능 소득(Y_1)이 각각 얼마인지 산출하여 보자.

표 3-2 투자기회

투자금액 (I)	현재 소비되는 소득 ($Y_0 = W_0 - I$)	미래 소비가능 소득 $\left(Y_1 = \sqrt{1,000(500 - Y_0)}\right)$	한계전환율 $\left(MRT = \dfrac{500}{Y_1}\right)$
0	500	0.00	-
100	400	316.23	1.5811
200	300	447.21	1.1180
300	200	547.72	0.9129
400	100	632.46	0.7906

(2) 한계전환율(MRT)을 도출하여 보자.

생산기회곡선을 미분하여 MRT를 산출하면 다음과 같이 된다.[6]

---

6) 생산기회곡선을 미분하면 다음과 같은 식을 얻을 수 있다.
$2Y_1 dY_1 - 1,000 \ dY_0 = 0$

$$MRT = -\frac{dY_1}{dY_0} = \frac{500}{Y_1}$$

그리고 각 생산기회에서 한계전환율(MRT)을 구하여 보면, [표 3-2]에서와 같이 된다.

2.2 생산기회와 소비 · 투자의 선택

생산기회만 존재하는 경우의 최적 소비와 투자 의사결정에 대하여 살펴보자. 이러한 의사결정은 생산기회선상의 다양한 투자기회 중에서 개인의 효용을 최대화시켜주는 대안을 선택하는 것이다. 이를 수식으로 나타내면 다음과 같다.

$$\text{최대화: } U(C_0, C_1) \tag{3-6}$$

$$\text{제약조건: } F(Y_0, Y_1) = 0 \tag{3-7}$$

(3-6)식과 (3-7)식은 투자기회선상에 있는 투자기회 중에서 하나를 선택해야 한다는 제약조건하에서 효용을 최대화하는 투자기회를 선택하는 조건부 최적화

그림 3-3 생산기회선과 최적 투자의사결정

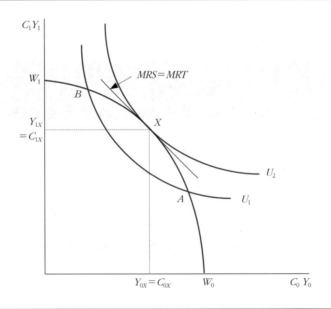

문제를 나타낸다. 이 의사결정에서는 금융시장이 존재하지 않기 때문에 주어진 소득수준에서 소비해야 한다. 따라서 소비(C)와 소득(Y)을 동일하게 두어도 된다. 이러한 최적화 문제의 해는 무차별곡선의 기울기와 생산기회선의 기울기가 동일해야 한다는 것이다.

$$MRS = MRT \tag{3-8}$$

[그림 3-3]은 생산기회만 존재하는 경우에 있어 최적의 소비와 투자 의사결정을 보여주고 있다. 생산기회만 존재하는 경우에 있어 최적의 소비와 투자의 결합은 생산기회선과 무차별곡선(U_2)의 접점 X에서 이루어진다. 이 점에서는 한계대체율과 한계전환율이 일치한다. 이 그림의 X점에서 최적 소비투자의 결합이 이루어진다.

물론 A점에서도 생산기회선과 무차별곡선(U_1)이 만나기는 하지만 무차별곡선 U_2의 효용보다 낮기 때문에 A점은 최적의 소비투자조합이 아니다. 특히 A점에서는 MRS가 MRT보다 낮으므로($MRS < MRT$) 부의 1단위를 투자하여 수확한 결과가 무차별곡선 위에서 현재 1단위 소비로 감소될 미래소비의 크기를 초과한다. 그래서 현재 1단위 소비하는 것보다 이를 생산에 투입하여 미래에 더 많이 수확한 결과를 소비하면 효용을 증가시키므로 투자를 증가시킨다. 한편 B점에서는 이와 반대로 MRS가 MRT보다 높아($MRS > MRT$) 투자를 줄이고 현재소비를 늘이는 것이 효용을 더 증대시킨다.

예 3-5

홍길동의 효용함수가 다음과 같이 주어져 있다.

$$U(C_0,\ C_1) = \sqrt{C_0} + (0.95)\sqrt{C_1} \tag{①}$$

생산기회곡선은 다음과 같으며, 최초의 부는 500으로 주어져 있다.

$$F(Y_0, Y_1): \quad Y_1^2 - 1{,}000\,(500 - Y_0) = 0 \tag{②}$$

홍길동의 최적 투자와 소비조합을 산출하여 보자

(1) 먼저 한계대체율(MRS)은 다음과 같이 산출된다.

$$MRS = -\frac{dC_1}{dC_0} = \frac{\partial U/\partial C_0}{\partial U/\partial C_1} = \frac{(1/2)\,C_0^{-(1/2)}}{(0.95)\,(1/2)\,C_1^{-(1/2)}} = \frac{\sqrt{C_1}}{(0.95)\sqrt{C_0}} \tag{③}$$

(2) 한계전환율(MRT)은 다음과 산출된다.

$$MRT = -\frac{dY_1}{dY_0} = \frac{500}{Y_1} \qquad ④$$

(3) 최적 생산조건은 다음과 같이 산출된다. 여기에서 금융시장이 존재하지 않기 때문에 산출된 소득과 소비는 동일해야 한다. 따라서 MRS에서 소비(C)를 소득(Y)으로 대체해도 된다.

$$MRS = MRT$$

$$\frac{\sqrt{Y_1}}{(0.95)\sqrt{Y_0}} = \frac{500}{Y_1} \qquad ⑤$$

위의 ⑤식과 ②식으로 해를 구하면 다음과 같다.

$$Y_0 = 324.86, \qquad Y_1 = 418.50$$

금융시장과 소비 · 저축의 결정

제 3 절
Financial Management

3.1 금융시장과 시장기회선

이번에는 생산기회는 존재하지 않고 오직 금융시장을 통한 자금의 교환기회만 존재한다고 가정하자. 금융시장은 단기자금의 수급시장인 화폐시장과 장기자금의 수급시장인 자본시장을 모두 포함하는 자금교환시장을 의미한다. 그리고 금융시장은 완전경쟁시장을 가정한다. 소비자는 금융시장을 통하여 자유롭게 부의 일부 또는 전부를 미래의 소비를 위한 저축으로 대출하거나, 미래의 소득을 담보로 하여 현재의 소비를 위해 차입을 할 수 있다고 가정한다. 이러한 경우에는 누구든지 자기의 욕구를 최선으로 만족시킬 수 있도록 현재와 미래의 소비지출을 결정한다. 즉 부의 시간적 이전(transfer of wealth across time)이 자유롭기 때문에 현재와 미래의 소비지출에 대한 선택이 다양하게 된다.

개인에게 주어진 최초의 부가 W_0이고, 시장이자율이 R인 경우에 미래소비는 다음과 같이 결정된다. 이러한 관계식을 시장기회선(market opportunity line), 혹은 자본시장선(capital market line)이라고 한다.

$$C_1 = (1+R)(W_0 - C_0) \tag{3-9}$$

$$C_0 + \frac{C_1}{(1+R)} = W_0 \tag{3-10}$$

단, R = 시장이자율
W_0 = 최초의 부(endowment)

(3-9)식은 미래소비가 현재소비 및 최초의 부에 의하여 결정된다는 것을 나타낸다. 즉 최초의 부에서 소비되지 않고 저축된 부는 금융시장에서 대출되어 시장이자율에 따라 증식될 것이다. 이것이 미래소비의 재원이 된다. (3-10)식은 현재소비와 미래소비를 할인한 금액의 합이 최초의 부와 동일하다는 것을 나타내도록 (3-9)식을 정리한 것이다.

그림 3-4 시장기회선

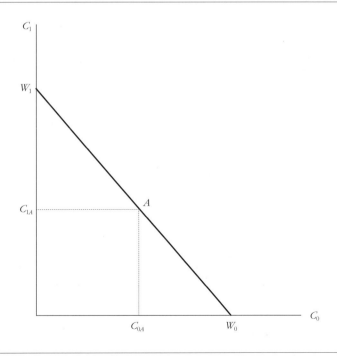

이러한 금융시장이 존재할 때 부의 시간적 이전의 기회, 즉 부의 교환기회(exchange opportunity of wealth)는 [그림 3-4]에서 대각선으로 표현된다. 이 선을 시장기회선 혹은 자본시장선이라고 한다. 이 선의 기울기는 $-(1+R)$로 그 절대치가 현재소비와 미래소비의 교환비율을 나타낸다. 시장기회선의 기울기는 횡축에 대하여 45° 이상의 각을 나타낸다. 이는 일정한 현재의 소비를 위해서는 더 많은 미래의 소비를 포기해야 한다는 것을 의미한다. 일반적으로 소비자는 미래소비보다는 현재소비를 더 선호하기 때문이다.

예 3-6

홍길동에게 주어진 최초의 부는 500이다. 시장이자율은 5%이다.

(1) 현재소비를 200으로 할 때, 미래소비는 얼마가 되겠는가?

$$C_1 = (1+R)(W_0 - C_0) = (1+0.05)(500 - 200) = 315$$

(2) 미래소비를 350으로 하기 위해서는 현재소비를 얼마로 해야 하는가?

$$C_0 = W_0 - \frac{C_1}{(1+R)} = 500 - \frac{350}{(1+0.05)} = 166.67$$

3.2 최적 소비 · 저축의 결정

금융시장은 존재하고, 생산기회는 없는 경우의 최적 소비와 저축 의사결정에 대하여 살펴보자. 이러한 의사결정은 시장기회선상의 다양한 투자기회 중에서 개인의 효용을 최대화시켜주는 대안을 선택하는 것이다. 이를 수식으로 나타내면 다음과 같이 된다.

$$\text{최대화: } U(C_0, C_1) \tag{3-11}$$

$$\text{제약조건: } C_0 + \frac{C_1}{(1+R)} = W_0 \tag{3-12}$$

(3-11)식과 (3-12)식은 시장기회선상에 있는 소비조합 중에서 하나를 선택해야 한다는 제약조건하에서 효용을 최대화하는 조건부 최적화 문제를 나타내고 있다. 이러한 최적화 문제의 해는 무차별곡선의 기울기와 시장기회선의 기울기가 동일해야 한다는 것이다.

그림 3-5 최적 소비의사결정

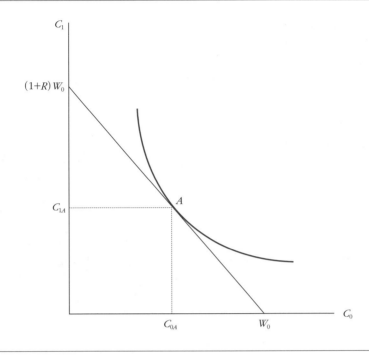

$$MRS = (1+R) \qquad\qquad (3-13)$$

[그림 3-5]는 금융시장은 존재하지만 생산기회는 존재하지 않는 경우의 최적의 소비와 저축 의사결정을 보여주고 있다. 금융시장만 존재하는 경우에 있어 최적의 소비와 저축의 결합은 시장기회선과 무차별곡선의 접점 A에서 이루어진다. 이 점에서는 무차별곡선의 기울기와 시장기회선의 기울기가 동일해야 한다. 이 그림에서 A점에서 최적 소비투자의 결합이 이루어진다.

예 3-7

홍길동의 효용함수가 다음과 같이 주어져 있다.

$$U(C_0,\ C_1) = \sqrt{C_0} + (0.95)\sqrt{C_1}$$

홍길동에게 주어진 최초의 부는 500이며, 시장이자율은 5%이다. 최적 소비를 결정하라.

(1) 시장기회선은 다음과 같이 결정된다.

$$C_0 + \frac{C_1}{(1+0.5)} = 500 \qquad \text{①}$$

(2) 한계대체율은 다음과 같이 결정된다.

$$MRS = -\frac{dC_1}{dC_0} = \frac{\partial U/\partial C_0}{\partial U/\partial C_1} = \frac{(1/2)\,C_0^{-(1/2)}}{(0.95)\,(1/2)\,C_1^{-(1/2)}} = \frac{\sqrt{C_1}}{(0.95)\sqrt{C_0}} \qquad \text{②}$$

(3) 최적 소비의사결정의 조건은 $MRS = (1+R)$이므로, 위의 ②식을 이용하면 다음과 같이 된다.

$$\frac{\sqrt{C_1}}{(0.95)\sqrt{C_0}} = (1+0.5) \qquad \text{③}$$

(4) 최적 소비조합은 시장기회선상에 존재해야 하므로, 최적해는 ①식과 ③식을 연립방정식으로 하여 풀면 다음과 같이 된다.[7]

$$C_0 = 256.73$$
$$C_1 = 255.45$$

제 **4** 절

생산기회와 금융시장의 결합

Financial Management

4.1 투자와 소비의 선택

앞에서 생산기회만 존재하는 경우와 금융시장만 존재하는 경우를 분리하여 현재소비와 미래소비의 관계를 설명하였다. 이제 생산기회와 금융시장이 모두 존재하는 경우의 투자와 소비 의사결정에 대하여 살펴보자. 이러한 의사결정은 생산기회선에 따라 투자를 결정해야 하고, 시장기회선상에 따라 소비를 선택해야

---

7) ①식과 ②식을 정리하면, 3차방정식이 될 것이다. 현재의 소비는 0에서 500까지의 범위에서 결정되어야 한다. 그리고 해는 시행착오법으로 결정할 수 있다.

한다는 조건하에서 효용을 최대화시켜주는 대안을 선택하는 것이다. 이를 수식으로 나타내면 다음과 같이 된다.

$$\text{최대화: } U(C_0, C_1) \qquad (3-14)$$

$$\text{제약조건: } C_0 + \frac{C_1}{(1+R)} = Y_0 + \frac{Y_1}{(1+R)} \qquad (3-15)$$

$$F(Y_0, Y_1) = 0 \qquad (3-16)$$

최적 투자와 소비 의사결정문제는 두 가지의 제약조건을 가진 조건부 최적화 문제이다. (3-16)식의 제약조건은 생산기회선에 따라 투자가 결정되어야 한다는 것을 나타낸다. (3-15)식은 투자결정에 따라 산출된 소득의 현재가치와 소비의 현재가치가 동일해야 한다는 것을 나타낸다. 따라서 최적 투자와 소비의 결정은 생산기회선과 시장기회선의 두 가지 제약조건하에서 효용을 최대화하는 방법을 찾는 것이다. 이러한 최적화 문제의 해는 최적 투자결정과 최적 소비결정의 두 단계에 걸치게 된다.[8]

제1단계: 생산기회선의 기울기와 시장기회선의 기울기가 동일하다는 조건하에서 최적 생산점을 결정한다.

$$MRT = (1+R) \qquad (3-17)$$

제2단계: 제1단계에서 결정한 최적 생산점을 통과하는 시장기회선의 기울기와 무차별곡선의 기울기가 동일하다는 조건하에서 최적 소비점을 결정한다.

$$MRS = (1+R) \qquad (3-18)$$

[그림 3-6]은 최적 투자와 소비를 결정하는 과정을 보여주고 있다. 이 그림에서 곡선 W_1PW_0는 생산기회선이고, 직선 DW^*는 시장기회선이다. 두 선은 P점에서 접하고 있다. 그리고 X점은 생산기회선과 무차별곡선 U_1과의 접점이다. A점은 시장기회선과 무차별곡선 U_2와의 접점이다. 앞에서 생산기회선만 존재하는 경우에는 생산기회선이 무차별곡선과 접하는 X점에서 최적 투자결정이 이루어진다

---

8) 최적화 문제에 대한 해를 유도하는 과정에 대해서는 다음의 자료를 참고하라. E. F. Fama and M. H. Miller(1972), *The Theory of Finance*, Holt, Rinehart and Winston, Inc., 3-41.

그림 3-6 생산기회선과 최적 투자의사결정

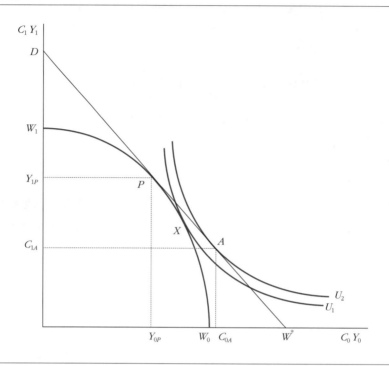

고 하였다.

　그러나 금융시장이 동시에 존재하게 되면 개인의 투자의사결정은 X점으로부터 생산기회선과 시장기회선의 접점인 P점으로 이동한다. 왜냐하면 생산기회선 PXW_0의 범위에서는 한계전환율(MRT)이 $(1+R)$보다 최소한 같거나 크기 때문에 투자를 확대해야 한다. 최종적으로 투자를 P점까지 확대해야 한다.

　다음 단계로 소비자는 금융시장의 교환기능을 이용하여 Y_{1P}의 미래소득을 담보로 자금을 차입하여 소비의 조합을 P점으로부터 시장기회선과 무차별곡선 U_2의 접점인 A점까지 이동시킬 수 있다. 이 경우 A점에 접하는 무차별곡선 U_2는 생산기회만을 이용한 X점에 접하는 무차별곡선 U_1보다 우상향의 위치에 있으므로 소비자의 만족도는 증가한다. 다시 말해서, 미래소비를 $(Y_{1P}-C_{1A})$만큼 포기하는 대신에, 이 부분을 원리금으로 상환할 것을 약속하고 현재 $(C_{0A}-Y_{0P})$만큼 차입하여 현재소비를 Y_{0P}에서 C_{0A}로 확대하면 소비자의 효용이 증가된다는 것이다.

예 3-8

홍길동의 효용함수가 다음과 같이 주어져 있다.

$$U(C_0, C_1) = \sqrt{C_0} + (0.95)\sqrt{C_1}$$

홍길동에게 주어진 최초의 부는 500이며, 시장이자율은 5%이다.
생산기회선은 다음과 같이 주어져 있다.

$$F(Y_0, Y_1) : \quad Y_1^2 - 1,000\,(500 - Y_0) = 0$$

최적 투자와 소비 의사결정을 하라.

(1) 최적 생산점은 $MRT = (1+R)$의 조건에 의하여 결정된다.

$$MRT = -\frac{dY_1}{dY_0} = \frac{500}{Y_1} = (1+0.05) \qquad ①$$

$$Y_1 = 476.19$$

$$Y_0 = 500 - Y_1^2/1,000 = 273.24$$

(2) 시장기회선은 다음과 같이 결정된다.

$$C_0 + \frac{C_1}{(1+0.5)} = Y_0 + \frac{Y_1}{(1+0.5)} = 273.24 + \frac{476.19}{(1+0.5)} = 726.75 \qquad ②$$

(3) 최적 소비점은 $MRS = (1+R)$의 조건에 의하여 결정된다.

$$MRS = \frac{\sqrt{C_1}}{(0.95)\sqrt{C_0}} = (1+0.05) \qquad ③$$

최적 소비점은 ③식과 ②식을 연립방정식으로 풀어 다음과 같이 결정된다.

$$C_0 = 373.15$$

$$C_1 = 371.28$$

4.2 균형이자율과 피셔의 분리정리

앞에서 설명한 생산기회와 금융시장의 결합과정에서 시장기회선의 기울기 또는 이자율이 이미 주어진 것으로 가정하였다. 그러나 국민경제의 측면에서 보면 자금의 수요자와 공급자가 무수히 존재하므로 자금에 대한 총수요와 총공급의

그림 3-7 피셔의 분리정리

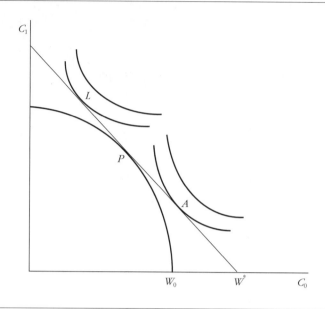

균형점에서 이자율 또는 시장기회선의 기울기가 결정될 것이다.[9]

다시 말해서 [그림 3-7]에서 시장기회선의 기울기가 커지면 미래소득이 확대되므로 자금의 초과공급이 발생하고, 반대로 시장기회선의 기울기가 작아지면 미래소득이 축소되므로 자금의 초과수요가 발생한다.[10] 그러나 이와 같은 자금의 초과공급과 초과수요는 높아진 이자율과 낮아진 이자율을 반대방향으로 유인하는 효과를 가지고 있으므로 결국 균형이자율이 형성된다. 이에 따라 시장기회선의 기울기가 결정된다. 따라서 생산기회와 금융시장이 존재하게 되면 최대의 부를 실현시켜 주는 최적 투자는 [그림 3-7]의 P점이라고 하겠다. 이때의 시장기회선의 기울기는 균형이자율(R)에 의하여 결정된다.

Fisher(1930)는 동일한 이자율로 자유롭게 차입 또는 대출할 수 있는 완전자본시장이 존재한다고 가정하면, 최적 투자결정은 개인의 주관적 시간선호(무차별곡선)에 상관없이 생산기회선과 시장기회선의 접점에서 이루어진다고 하였다.

---

9) 이 이자율은 확실성하에서의 이자율이므로 무위험이자율(risk-free interest rate)이다.

10) 시장기회선의 기울기는 $-(1+R)$이다. 따라서 이자율 R이 커지면 시장기회선의 기울기도 가파르게 된다. 여기서 기울기가 가파르게 된다는 것은 $-(1+R)$의 절대값이 커진다는 의미이다. 이것은 그래프 상에서 미래시점을 종축으로 두었기 때문이다. 그래서 현재시점 횡축의 1원은 미래시점 종축의 $(1+R)$과 같다.

이 경우에 순부(net wealth, net present value)는 최대가 된다고 하였다. 이를 피셔의 분리정리(Fisher separation theorem)라고 한다.[11] 즉 최대의 부를 달성시키는 최적 투자결정은 개인의 효용과 직접적인 관련이 없으므로 양자가 분리된다는 것이다.

이러한 현상을 [그림 3-7]에서 설명하면, 최대의 부를 달성시키는 최적 투자결정은 생산기회선과 시장기회선의 접점인 P점에서 달성된다. 이는 개인이 차입을 선호하여 A점에서 소비결정을 하거나, 대출을 선호하여 L점에서 소비결정을 하는 태도와는 상관이 없게 된다.

이러한 피셔의 분리정리는 기업의 소유와 경영의 분리를 뒷받침해 주고 있다. 주주의 대리인인 경영자는 [그림 3-7]에 표현된 것처럼 주주의 선호나 태도에 구애 받지 않고 주주의 부를 최대화하는 점에서 투자결정을 내릴 수 있다는 것이다. 왜냐하면, 주주의 입장에서는 경영자들의 투자결정에 따른 소득을 분배받은 다음에, 금융시장을 통하여 차입 또는 대출하여 효용을 최대화하는 소비결정을 할 수 있기 때문이다.

4.3 순현가법과 내부수익률

위에서 살펴본 최적 생산결정이 기업의 투자의사결정에 어떻게 활용되는지 알아보자. 기업의 투자결정에서 일반적으로 적용되는 의사결정규칙으로는 내부수익률법과 순현가법 등이 있다.

1) 내부수익률법

현실적으로 생산기회선은 [그림 3-3]처럼 연속적으로 형성되지 않고, 생산기회는 일정한 규모의 투자자금이 요구되는 형태로 독립적으로 주어진다. 개인이나 기업이 생산기회를 실현시키기 위해서는 이용 가능한 부의 범위 내에서 수익률이 높은 것부터 순차적으로 투자한다. 이때 최적의 투자수준은 생산기회의 내부수익률(internal rate of return, IRR)이 시장이자율보다 높거나 동일한 수준일 때 달성된다.

내부수익률은 생산기회 자체의 수익률로서 단일기간의 경우 총생산결과를 생

---

11) I. Fisher(1930), *The Theory of Interest*, New York: The Macmillan Co.; T. E. Copeland and J. F. Weston(1988), *Financial Theory and Corporate Policy*, 3rd ed., Reading, Mass.: Addison-Wesley Pub. Co., 18-19.

그림 3-8 생산기회와 내부수익률(IRR)

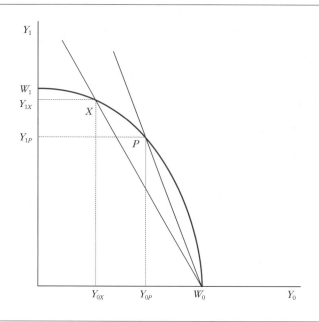

산에 이용된 부로 나누어 1을 차감하여 계산한다. [그림 3-8]처럼 X와 P의 두 개의 생산기회가 주어지는 경우에 내부수익률(IRR)은 다음과 같이 계산된다.

$$IRR = \frac{Y_1}{I} - 1 \qquad (3-19)$$

$$혹은, \ -I + \frac{Y_1}{(1+IRR)} = 0 \qquad (3-20)$$

단, I = 투자액($= W_0 - Y_0$)

Y_1 = 미래의 소비가능 소득

[그림 3-8]에서 생산기회 P와 X의 내부수익률(IRR)은 최초의 부(W_0)와 생산점을 연결한 직선의 기울기의 절대치에서 1을 차감한 것이다. P점에서의 IRR이 X점에서의 IRR보다 크게 될 것이다. 따라서 내부수익률법에 따라 투자의사결정을 하는 경우에 P점을 선택하게 될 것이다.

2) 순현가법

이제, 기업의 투자의사결정에서 일반적으로 적용되는 순현가법(net present

그림 3-9 생산기회와 순현가(NPV)

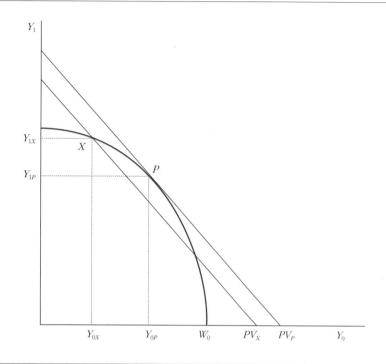

value method)이 도출되는 과정을 살펴보자. 금융시장과 생산기회가 모두 주어진 경우에 최적 생산점은 생산기회선의 기울기와 시장기회선의 기울기가 일치한다는 조건을 충족해야 한다. 이러한 최적 생산점은 [그림 3-9]에서의 P점에 해당한다. P점은 투자금액(I)이 $W_0 - Y_{0P}$이며 미래소득 Y_{1P}를 생산하는 점이다.

투자결정에 의해 정해진 생산점에서 결정된 현재 소비된 소득과 미래의 소비가능 소득의 현재가치는 다음과 같이 산출된다.

$$PV = Y_0 + \frac{Y_1}{(1+R)}$$

단, PV = 현재 소비된 소득과 미래의 소비가능 소득의 현재가치

기업의 경우 기업가치의 최대화 내지 주주부의 최대화가 목적이므로 투자의 순현금유입이 최대인 Y_1을 얻기 위하여 $I(=W_0 - Y_0)$만큼 투자할 것이다. 투자로 인하여 얻은 순수익의 현재가치는 다음과 같이 계산된다.

$$NPV = -I + \frac{Y_1}{(1+R)}$$

$$= -(W_0 - Y_0) + \frac{Y_1}{(1+R)}$$

$$= \left[Y_0 + \frac{Y_1}{(1+R)} \right] - W_0$$

$$= PV - W_0 \tag{3-21}$$

이러한 $(PV - W_0)$가 기업의 입장에서 투자로서 달성할 수 있는 최대의 순현재가치(net present value, NPV)로서 기업가치의 증가분이다. 이때 투자자는 금융시장을 통하여 부를 현재에서 미래로 또는 미래의 소득을 담보로 현재로 이전하는 소비조합을 구성하여 주관적인 효용을 최대화할 수 있다.

따라서 NPV가 최대일 때 최대의 효용을 달성할 수 있으므로 기업의 투자의사결정에서 투자안의 평가방법으로 이용되는 NPV법의 타당성이 부여될 수 있다. 기업가치의 최대화가 기업경영의 목표라는 당위성도 동시에 성립된다. 또한 기업의 부의 창출과 투자자의 효용 최대화가 이런 관계를 가진다는 것은 기업의 소유와 경영의 분리에 대한 이론적인 근거가 된다.

예 3-9

홍길동에게 주어진 최초의 부는 500이며, 시장이자율은 5%이다. 최적 생산점에서 결정된 현재시점에 소비된 소득은 273.24이고, 미래의 소비가능 소득은 476.19이다.

(1) 생산을 위하여 투자한 금액은 얼마인가?

$$I = W_0 - Y_1 = 500 - 273.24 = 226.76$$

(2) 최적 생산점에서의 소득의 현재가치는 얼마인가?

$$W^* = Y_0 + \frac{Y_1}{(1+R)} = 273.24 + \frac{476.19}{(1+0.05)} = 726.75$$

(3) 최적 투자의사결정으로 얻은 순현재가치는 얼마인가?

$$NPV = W^* - W_0 = 726.75 - 500 = 226.75$$

요 약

❶ 무차별곡선과 한계대체율

개인이나 기업 등 대부분의 경제단위는 현재의 부(wealth)를 완전히 소비하지 않고 그 일부를 미래의 소비를 위하여 저축 또는 투자하는 경우가 많다. 이때 현재소비와 미래소비의 효용(utility)이 동일한 집합을 연결한 선이 무차별곡선(indifference curve)이다. 한계대체율은 현재소비 1단위에 대하여 동일한 선호도를 나타내는 미래소비와의 교환비율로서, 무차별곡선에 대한 접선의 기울기의 절대치이다.

❷ 생산기회와 소비·투자의 결정

개인이 주어진 현재의 부중에서 일부 또는 전부를 생산에 투자하여 미래의 증식될 부로 이전시키는 생산기회가 존재하는 경우, 최적의 소비와 투자의 결합은 생산기회선과 무차별곡선의 접점에서 이루어진다. 이 점은 한계대체율(marginal rate of substitution)과 한계전환율(marginal rate of transformation)이 일치하는 점이다.

❸ 금융시장과 소비·저축의 결정

금융시장을 통한 자금의 교환기회가 존재하는 경우, 누구든지 자기의 욕구를 최선으로 만족시킬 수 있도록 현재와 미래의 소비지출을 결정할 수 있게 된다. 이러한 금융시장이 존재할 때 부의 시간적 이전의 기회 즉, 부의 교환기회는 시장기회선(혹은 자본시장선)으로 표현된다. 이 선의 기울기는 현재소비와 미래소비의 교환비율이 된다. 개인의 효용을 최대화하는 소비는 소비자의 무차별곡선이 시장기회선과 접점을 이루는 점이다.

❹ 최적 투자결정: 피셔의 분리정리

생산기회와 금융시장이 모두 존재하는 경우, 최적 투자결정은 개인의 주관적인 시간선호(무차별곡선)에 상관없이 생산기회선과 시장기회선의 접점에서 이루어진다. 이 경우 순부(net wealth)가 최대가 된다. 이를 피셔의 분리정리(Fisher separation theorem)라고 한다. 즉 최대의 부를 달성시키는 최적 투자결정은 개인의 효용과 직접적인 관련이 없으므로 투자와 소비가 분리된다는 것이다. 이러한 피셔의 분리정리는 기업이 소유와 경영을 분리하는 이론적 뒷받침이 될 수 있다. 주주의 대리인인 경영자는 주주의 선호나 태도에 구애 받지 않고 주주의 부를 최대화하는 점에서 투자결정을 내릴 수 있기 때문이다.

연·습·문·제

1 다음 용어를 설명하라.

① 무차별곡선 　　　② 한계대체율 　　　③ 한계전환율

④ 시장기회선 　　　⑤ 균형이자율 　　　⑥ 피셔의 분리정리

2 현재의 부만이 주어져 있고 미래소비는 현재 부의 저장을 통해서만 가능하다고 하자. 저장의 경우 부는 전혀 손상되지 않고 저장한 만큼을 그대로 미래에 소비할 수 있다고 가정한다. 현재소비와 미래소비를 위한 저장의 조합들 중에서 어떤 것을 선택해야 하는지에 대하여 개인의 무차별곡선을 이용하여 설명하라.

3 아래 그림을 이용하여 물음에 답하라.

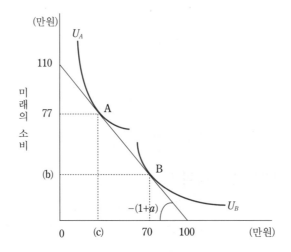

(1) 그림에서 a, b, c의 값을 계산하라.
(2) 무차별곡선이 시장기회선과 만나는 점의 위치에 근거하여 *A*와 *B*의 시간선호의 특성을 설명하라.

4 다음 그림을 참고하여 물음에 답하여라.

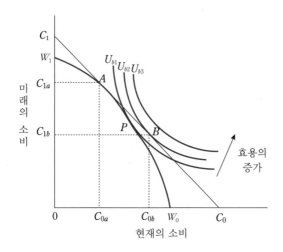

(1) 투자자의 최적 소비점은 어디인가? 기호로 표시하라.

(2) 최적 소비점에서 한계대체율은 어떤 조건을 충족하여야 하는가?

(3) A점까지 투자할 경우 순현재가치는 얼마가 될까? 기호를 사용하여 나타내어라.

(4) P점까지 투자할 경우의 순현재가치를 위 그림에 나타내보라.

(5) 무차별곡선을 이용하여 A점과 P점의 효용의 크기를 비교하라.

(6) 여러분들이 최고경영자라고 할 경우 P점까지 투자하지 않고 A점까지 투자해야 할 이유를 설명하라.

5 다음 자료를 이용하여 아래 물음에 답하라.

> **자료**
> ① 효용함수는 다음과 같다.
> $$U(C_0, C_1) = C_0^{3/4} C_1^{1/2}$$
> ② 최초의 부는 80,000이며, 시장이자율은 10%이다.
> ③ 생산기회선은 다음과 같이 주어져 있다.
> $$F(Y_0, Y_1) : 100,000 - Y_1 - \frac{1.25}{3} Y_0 - \frac{1.25}{120,000} Y_0^2 = 0$$

(1) 금융시장만 존재하는 경우의 최적 소비점을 결정하라.

(2) 생산기회만 존재하는 경우의 최적 생산점을 결정하라.

(3) 생산기회와 금융시장이 모두 존재하는 경우의 최적 생산점과 최적 소비점을 결정하라.

(4) 생산기회만 존재하는 경우에 얻을 수 있는 효용을 산출하라. 그리고 금융시장과 생산 기회가 모두 존재하는 경우의 효용을 산출하라. 이러한 분석을 기초로 하여 금융시장 이 어떠한 효익을 제공하는지에 대하여 기술하라.

(5) 위의 문제 (2)에서 결정한 최적 생산점에서의 *IRR*을 산출하라. 그리고 문제 (3)에서 결정한 최적 생산점에서의 *IRR*을 산출하라. 내부수익률법에 따르면 어떤 생산점을 선 택해야 하는가?

(6) 위의 문제 (2)에서 결정한 최적 생산점에서의 *NPV*를 산출하라. 그리고 문제 (3)에서 결정한 최적 생산점에서의 *NPV*를 산출하라. 순현가법에 따르면 어떤 생산점을 선택 해야 하는가?

◈ 해답

3 a=0.1, b=33, c=30
4 (1) B (2) MRS=−(1+R) (3) C_0 (4) 생략 (5) U(A) > U(P) (6) 생략
5 (1) (60,000, 22,000) (2) (51,428, 51,019) (3) (60,957, 44,482) (4) 3,981.98, 4,076.01 생략
  (5) 문제(2)에서의 IRR=78.56%, 문제(3)에서의 IRR=129.96%, 문제(3)에서의 생산점 선택
  (6) 문제(2)에서의 NPV=97,808.91, 문제(3)에서의 NPV=102,095.18, 문제(3)에서의 생산점 선택

4
Chapter

재무활동의 자금흐름과 재무예측

들어가면서

기업의 경영활동은 자금의 투입으로 시작하고, 자금의 순환과정을 통하여 실행되고 성과가 달성된다. 일정시점의 재무상태 파악과 일정기간의 영업성과는 기업경영자가 여러 가지 재무의사결정을 하는데 필요한 재무정보이다. 따라서 경영자와 이해관계자에게 각종 의사결정의 정보를 제공하는 재무제표에 대한 이해는 재무관리를 공부하는 사람들에게 필수적이다.

기업의 자금흐름(fund flow)은 경영활동을 따라 계속적인 순환과정을 반복한다. 자금은 현금에서 출발하여 자금흐름시스템에 따라 순환하여 마지막 단계에 가서 다시 현금이 된다.

이러한 자금흐름의 시스템은 크게 둘로 나눌 수 있다. 하나는 외부자금공급자와 기업 사이의 자금흐름이고, 또 하나는 영업활동의 순환과정을 통한 자금흐름이다. 즉, 주주와 장기채권자는 각기 자본금과 장기채권의 형태로 기업에 자금을 공급하고, 그 대가로 기업으로부터 주주는 배당을 받으며, 채권자는 이자와 원금을 상환받는다. 이렇게 기업에 공급된 자금 또는 현금은 공장설비의 구축과 생산과정에 투입되어 제품으로 전환되었다가 제품이 시장에 판매되면 다시 현금의 형태로 돌아온다.

기업활동을 화폐적인 관점에서 장부에 기록하는 활동을 기업회계라고 한다. 우리나라는 국제회계기준(IFRS)을 수용하여, 한국채택국제회계기준(K-IFRS)에 따라 회계를 처리하고 있다. 회계정보를 그 특성에 따라 구분하여 제시하는 표를 재무제표(financial statements)라고 한다. 재무제표에는 재무상태표, 포괄손익계산서, 자본변동표, 현금흐름표 등이 있다. 재무상태표는 일정 시점에 기업이 보유하고 있는 자산과 부채, 자본에 대한 정보를 화폐수치로 표시한 재무보고서이다. 대차대조표라고도 한다. 포괄손익계산서는 일정기간 동안 기업이 활동한 경영성과를 활동의 수준에 따라 수익과 비용으로 구분하여 기록한 재무보고서이다. 자본변동표는 재무상태표에 표시되는 자본이 일정기간 변동한 내용을 자세하게 보여주는 재무제표의 하나이다. 현금흐름표는 일정기간 동안 기업의 현금흐름의 변동내용을 기업의 활동별로 정리한 재무보고서이다. 현금흐름 정보는 기업의 현금 및 현금성 자산 창출능력과 기업의 현금흐름 사용 필요성에 대한 평가의 기초를 재무제표 이용자에게 제공한다.

제1절
Financial Management

1.1 자금의 정의

기업은 목적활동을 하기 위하여 실물투자를 결정하고, 이를 실행하는데 필요한 자본을 조달하여 투입하고 영업활동을 전개한다. 이러한 기업의 경영활동은 자금의 순환과정을 수반하게 되고 충분한 자금의 확보 없이는 기업목표를 달성할 수가 없다.

자금(funds)은 흔히 현금과 동일한 개념으로 사용되고 있으나, 자금은 기업의 경영활동에서 이용할 수 있는 지불수단(means of payment)을 의미한다. 그러므로 기업의 경영활동에서 지불수단을 어떻게 규정하느냐에 따라서 자금의 개념도 달라진다.

자금은 지불수단의 유동성 우선순위에 따라 ① 현금, ② 현금과 시장성 유가증권(marketable securities)의 합계, ③ 당좌자산, ④ 유동자산 또는 총운전자본(gross working capital), ⑤ 순운전자본(net working capital) 등으로 정의할 수 있다.

이와 달리 자금을 순환자본(circulating capital)으로 보는 견해가 있다. 기업은 영업활동, 즉 생산, 제조, 판매활동을 수행하기 위해서 현금을 투입해야 한다. 현금이 투입되어 완전히 회수되는 1회의 영업주기(operating cycle)에 따라 순환하는 자금을 순환자본 혹은 유동자본이라고 한다. 기업은 회수된 자금을 새로운 영업주기에 투입하여 지속적인 영업활동을 수행한다. 이것은 경영활동의 순환과정을 자금흐름으로 설명한 것이며, 이 자금흐름을 통하여 전반적인 경영활동을 파악할 수 있다.

이와 같이 다양한 자금의 개념 중에서 일반적으로 자금이라고 할 때는 기본적지불수단인 현금을 의미하는 경우가 많다.

1.2 자금흐름의 시스템

기업의 자금흐름(fund flow)은 경영활동을 따라 계속적인 순환과정을 반복한다. 제조기업의 자금흐름을 [그림 4-1]과 같이 나타낼 수 있다. 자금은 현금에서 출발하여 자금흐름시스템에 따라 순환하여 마지막 단계에 가서 다시 현금이 된다. 이러한 자금흐름의 시스템은 크게 둘로 나눌 수 있다. 하나는 외부자금공급자와 기업 사이의 자금흐름이고, 또 하나는 영업활동의 순환과정을 통한 자금흐름이다.

주주와 장기채권자는 각기 자본금과 장기채권의 형태로 기업에 자금을 공급한다. 그 대가로 기업으로부터 주주는 배당을 받으며, 채권자는 이자와 원금을 상환 받는다. 이렇게 기업에 공급된 자금 또는 현금은 공장설비의 구축과 생산과정에 적절하게 투입되어 제품으로 전환되었다가 이어서 제품이 시장에 판매되어 다시 현금의 형태로 돌아온다.

그림 4-1 기업의 자금흐름도

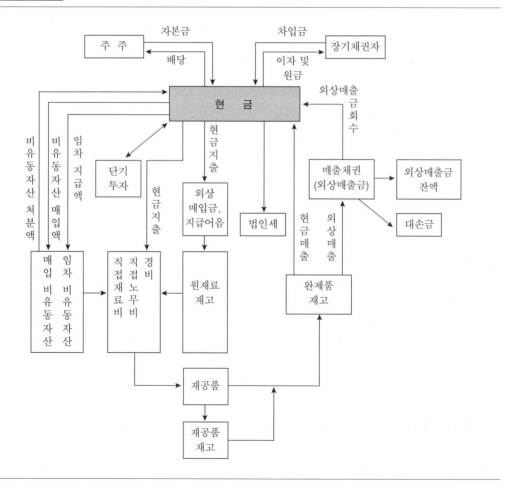

[그림 4-1]에서 현금의 유출항목으로는 지급배당과 지급이자 및 원금의 상환, 그리고 비유동자산 매입액 또는 비유동자산 임차료(lease payment of non-current assets), 직접제조비의 지급, 매입채무의 지급, 단기투자 등 영업활동의 순환과정에 속한 것과 법인세와 같이 회수 불가능한 현금의 유출이 있다. 그리고 현금의 유입항목으로는 주주의 자본금, 채권자로부터 조달한 장기차입금, 비유동자산 처분액, 현금매출액과 매출채권의 회수금 등을 들 수 있다.

이 그림에서 유의할 점은 자금흐름시스템의 중심이 현금이며, 조달자금과 운용자금도 결국은 화폐로 측정된다는 것이다. 따라서 이 자금흐름도는 자금을 현금개념과 순환개념의 두 측면에서 표현하고 있다.

경영활동과 재무제표
Financial Management

경영활동은 가치 최대화라는 기업목표를 달성하기 위하여 기업의 자원을 활용한다. 기업의 재무적 자원과 실물자원의 사용과 그 자원 사용의 성과는 재무상태를 변동시킨다. 기업활동을 화폐적인 관점에서 장부에 기록하는 활동을 기업회계라고 한다.

우리나라는 국제회계기준(International Financial Reporting Standards, IFRS)을 수용하여, 2007년 11월에 한국채택국제회계기준(K-IFRS)을 제정·공포하였다. 2011년부터 '주식회사의 외부감사에 관한 법률'에서 정하는 한국채택국제회계기준 의무적용대상 주식회사는 '기업회계기준서 제1001호'(재무제표 표시)를 적용하여 회계처리를 하고 있다. 기업회계기준서 제1001호를 의무적으로 적용하지 않아도 되는 비상장기업은 '일반회계기준'에 따라 회계처리를 한다.

회계정보는 기업 경영자의 경영의사결정과 현재와 미래의 투자자, 소비자, 영업활동과 관련된 외부거래자, 그리고 종업원 등 다양한 이해관계자의 각종 의사결정에 유용하게 이용되고 있다. 회계정보를 그 특성에 따라 구분하여 제시하는 표를 재무제표(financial statements)라고 한다.

'기업회계기준서 제1001호'에서는 재무제표의 목적을 다음과 같이 제시하고

있다.[1]

재무제표는 기업의 재무상태와 재무성과를 체계적으로 표현한 것이다. 재무제표의 목적은 광범위한 정보이용자의 경제적 의사결정에 유용한 기업의 재무상태, 재무성과와 재무상태변동에 관한 정보를 제공하는 것이다. 또한 재무제표는 위탁받은 자원에 대한 경영진의 수탁책임 결과도 보여준다. 이러한 목적을 충족하기 위하여 재무제표는 다음과 같은 기업 정보를 제공한다.

① 자산
② 부채
③ 자본
④ 차익과 차손을 포함한 광의의 수익과 비용
⑤ 소유주로서의 자격을 행사하는 소유주에 의한 출자와 소유주에 대한 배분
⑥ 현금흐름

이러한 정보는 주석에서 제공되는 정보와 함께 재무제표 이용자가 기업의 미래 현금흐름, 특히 그 시기와 확실성을 예측하는 데 도움을 준다.

재무제표에는 재무상태표, 포괄손익계산서, 자본변동표, 현금흐름표 등이 있다. 그리고 재무제표에 표시된 항목을 구체적으로 설명하거나, 세분화하거나, 각 재무제표의 인식요건을 충족하지 못하는 항목에 대한 정보는 주석(footnote)으로 제공된다. 재무제표는 한국채택국제회계기준이 달리 허용하거나 요구하는 경우를 제외하고는 당기에 보고되는 모든 금액에 대하여 전기 비교정보를 공시하여야 한다. 즉 공식적으로 비교재무제표가 작성되어 공시되어야 한다.

재무정보 이용자가 실질적인 정보를 이용할 수 있도록 재무제표는 기본적으로 연결재무제표(consolidated financial statements)로 작성되고 있다. 이것은 지배기업과 종속기업이 법률적으로는 별도의 기업이지만 경제적으로는 단일의 경제실체라고 할 수 있으므로 지배기업은 연결재무제표를 작성하여 공시하도록 하고 있다.

---

1) 한국회계기준원 http://www.kasb.or.kr 회계기준>한국채택국제회계기준

2.1 재무상태표

기업활동이 이루어지는 순간마다 자산과 부채 등 재산상태가 변동한다. 재무상태표(statement of financial position)는 일정 시점 기업이 보유하고 있는 경제적 자원인 자산과 경제적 의무인 부채, 그리고 자본에 대한 정보를 화폐수치로 계산한 재무보고서이다. 종전에는 대차대조표(balance sheet)라고 불리었다. 재무상태표는 기업의 이해관계자에게 기업의 유동성, 재무적 탄력성, 수익성과 위험 등을 평가하는 데 유용한 정보를 제공한다. 재무상태표에 표시되는 주요 항목은 다음과 같다.[2]

> ① 유형자산
> ② 투자부동산
> ③ 무형자산
> ④ 금융자산(단, ⑤, ⑦ 및 ⑧를 제외)
> ⑤ 지분법에 따라 회계처리하는 투자자산
> ⑥ 재고자산
> ⑦ 매출채권 및 기타 채권
> ⑧ 현금 및 현금성 자산
> ⑨ 매입채무 및 기타 채무
> ⑩ 금융부채
> ⑪ 지배기업의 소유주에게 귀속되는 납입자본과 적립금

재무상태표 항목의 나열 순서에는 별도의 규칙이 없고, 이를 작성하는 기업의 선택에 따라 배열하거나 현금화가 빠른 순서로 나열하는 유동성기준에 따를 수 있다.

기업의 재무상태는 자본의 원천과 자본의 사용이 항상 일치해야 한다는 측면에서 '자산＝부채＋자본'이라는 회계등식(accounting equation)이 성립한다. 경영활동으로 인해 자산이 변동하게 되면 동시에 부채 또는 자본의 변동을 초래하게 되고, 그 결과를 반영한 회계등식이 다시 성립되어야 한다.

재무상태표는 대체로 〈표 4-1〉에 나타난 것과 같은 양식으로 작성되어 보고

---

2) 기업회계기준서 제1001호 참조.

표 4-1 재무상태표(예)

재무상태표

20×6년 12월 31일 현재

SC글로벌주식회사   (단위: 천원)

	20X6년 12월 31일	20X5년 12월 31일
자산		
유동자산	466,400	450,000
현금 및 현금성자산	26,000	25,000
매출채권	125,900	100,000
단기 매도가능 금융자산	87,500	75,000
재고자산	227,000	150,000
비유동자산	805,000	850,000
유형자산	1,005,000	1,100,000
감가상각 누계액	(200,000)	(250,000)
자산총계	1,271,400	1,200,000
부채 및 자본		
유동부채	171,000	150,000
매입채무	43,500	30,000
미지급 급여	55,000	50,000
미지급 비용	5,000	5,000
미지급 법인세비용	67,500	65,000
비유동부채	560,000	550,000
사채	300,000	300,000
장기차입금	260,000	250,000
부채총계	731,000	700,000
자본		
자본금	125,000	125,000
자본잉여금	–	–
기타포괄손익 누계액	–	–
이익잉여금	415,400	375,000
자본총계	540,400	500,000
부채 및 자본 총계	1,271,400	1,200,000

주: 1) 기업의 총발행주식은 25,000주(액면가 5,000원)이다.

  2) 기업은 당기에 당기순이익 중 96,800천원을 현금배당한다.

된다. 자산의 총계금액은 부채 및 자본의 총계금액과 항상 일치해야 한다.

2.2 포괄손익계산서

일정기간 동안 기업이 활동한 경영성과를 활동의 수준에 따라 수익과 비용으로 구분하여 기록한 재무보고서를 포괄손익계산서(statement of comprehensive income)라고 한다. 손익계산서는 일정한 회계기간의 경영성과를 나타낼 뿐만 아니라 기업의 미래 현금흐름과 수익 창출능력 등을 예측하는데 유용한 정보를 제공한다.[3]

포괄손익계산서에 표시되는 주요 항목은 다음과 같다.[4]

① 수익
② 금융원가
③ 지분법 적용대상인 관계기업과 조인트벤처의 당기순손익에 대한 지분
④ 법인세비용
⑤ 당기순손익
⑥ 성격별로 분류되는 기타포괄손익의 각 구성요소(⑦의 금액은 제외)
⑦ 지분법 적용대상인 관계기업과 조인트벤처의 기타포괄손익에 대한 지분
⑧ 총포괄손익

손익계산서(income statement)는 수익과 비용을 표시하되 '기업은 비용의 성격별 또는 기능별 분류방법 중에서 신뢰성 있고, 더욱 목적 적합한 정보를 제공할 수 있는 방법을 적용하여 당기손익으로 인식한 비용의 분석내용을 표시'하여야 한다. 비용의 분석내용은 성격별 분류와 기능별 분류의 두 가지 형태 중 하나로 제공되어야 한다.

성격별 분류는 당기손익에 포함된 비용을 그 성격(예: 감가상각비, 원재료의 구입, 운송비, 종업원 급여와 광고비)별로 통합하며, 기능별로 재분배하지 않아야 한다. 그리고 기능별 분류는 비용을 매출원가, 물류원가, 관리원가 등과 같이 기능별로 분류한다.

[표 4-2]의 포괄손익계산서는 단일포괄손익계산서로서 비용을 기능별로 분류

---

3) 이 책에서 이후부터는 포괄손익계산서를 의미 전달에 혼동이 없을 것이라 생각되면 손익계산서로 표현한다.
4) 기업회계기준서 제1001호 참조.

표 4-2 손익계산서(예)

포괄손익계산서

당기: 20×6년 1월 1일 부터 12월 31까지

전기: 20×5년 1월 1일 부터 12월 31까지

SC글로벌주식회사 (단위: 천원)

	20X6년	20X5년
수익	1,801,000	1,600,000
매출원가	(1,421,500)	(1,272,000)
매출총이익	379,500	328,000
기타수익	–	–
물류원가*	(22,500)	(20,000)
판매비	(22,500)	(20,000)
관리원가*	(58,500)	(61,000)
종업원 급여	(13,500)	(11,000)
감가상각비	(45,000)	(50,000)
금융원가*	(127,000)	(125,000)
이자 비용	(127,000)	(125,000)
법인세비용 차감전 순이익	171,500	122,000
법인세비용	(34,300)	(24,400)
계속영업이익	137,200	97,600
중단영업손실	–	–
당기순이익	137,200	97,600
기타포괄손익	–	–
총포괄손익	137,200	97,600
당기순이익의 귀속:		
보통주 소유주	137,200	97,600
총포괄이익의 귀속:		
보통주 소유주	137,200	97,600
주당이익(단위: 원):		
기본 및 희석	5.488	3.904

주: * 기능별 분류법에서는 세부항목을 합계하여 표시하여야 한다. 편의상 여기서는 세부항목을 표시하여 둔다. 이 정보는 다음의 현금흐름표의 작성에 사용된다.

하여 작성한 간단한 예이다.

2.3 자본변동표

자본변동표(statement of changes in equity)는 재무상태표에 표시되는 자본이 일정기간 변동한 내용을 자세하게 보여주는 재무제표의 하나이다. 자본변동표에 표시되는 주요 내용은 다음과 같다.[5]

> ① 지배기업의 소유주와 비지배지분에게 각각 귀속되는 금액으로 구분하여 표시한 해당 기간의 총포괄손익
> ② 자본의 각 구성요소별로 소급적용이나 소급재작성의 영향
> ③ 자본의 각 구성요소별로 다음의 각 항목에 따른 변동액을 구분하여 표시한 기초시점과 기말시점의 장부금액 조정내역
> (가) 당기순손익
> (나) 기타포괄손익
> (다) 소유주로서의 자격을 행사하는 소유주와의 거래(소유주에 의한 출자와 소유주에 대한 배분, 그리고 지배력을 상실하지 않는 종속기업에 대한 소유지분의 변동을 구분하여 표시)

〈표 4-3〉은 SC글로벌주식회사의 20×6년 기간 중의 자본변동표 예시이다.

표 4-3 자본변동표(예)

자본변동표
20×6년 1월 1일부터 12월 31까지

SC글로벌주식회사 (단위: 천원)

	납입자본	이익잉여금	해외사업장환산	매도가능금융자산	현금흐름위험회피	재평가잉여금	총계	비지배지분	총자본
1월 1일 현재 잔액	125,000	375,000	-	-	-	-	500,000	-	500,000
회계정책의 변경									
재작성된 금액									
자본의 변동									
배당	-	(96,800)	-	-	-	-	(96,800)	-	(96,800)
총포괄손익	-	137,200	-	-	-	-	137,200	-	137,200
12월 31일 현재 잔액	125,000	415,400	-	-	-	-	540,400		540,400

---

5) 기업회계기준서 제1001호 참조.

2.4 현금흐름표

현금흐름표(cash flow statement)는 일정기간 동안 기업의 현금흐름의 변동내용을 기업의 활동별로 정리한 재무보고서이다. 현금흐름 정보는 기업의 현금 및 현금성 자산 창출능력과 기업의 현금흐름 사용 필요성에 대한 평가의 기초를 재무제표 이용자에게 제공한다.[6]

기업의 계속적인 자금흐름, 즉 자금유입(funds inflow)과 자금유출(funds out-flow)의 상태는 현금흐름표와 현금예산을 작성해 보면 명확히 알 수 있다. 현금흐름표의 작성에 필요한 자료는 분석하고자 하는 기간의 기초 및 기말의 재무상태표와 포괄손익계산서, 그리고 주석사항 등을 들 수 있다.

현금흐름표의 작성은 기업활동을 영업활동, 투자활동, 재무활동으로 구분한 다음, 이러한 기업활동에서 발생하는 모든 현금흐름을 합산하여 당기에 발생한 현금의 증가액 또는 감소액을 산출한다. 기말의 현금은 당기에 발생한 현금에 기초현금을 합산하여 계산된다.

회계등식(자산＝부채＋자본)은 경영활동에 따라 그 내용은 변동하지만 그 결과는 등식으로 유지되어야 한다. 따라서 기말의 회계등식을 회계기간 중의 활동에 의한 변동으로 나누어 표현하면 다음 등식과 같다.

> 기초자산 + 현금변동액 + 영업활동 자산변동액 + 투자활동 자산변동액
> = (기초부채 + 영업활동 부채변동액 + 재무활동 부채변동액)
> + (기초자본 + 재무활동 자본변동액 + 영업손익)

현금흐름표는 현금(현금 및 현금성 자산)기준으로 기간 중 변동액을 경영활동별로 구분하여 파악하는 것이 목적이므로 위 식을 기초와 기간 중 활동으로 구분하고 그 원천에 따라 나누어 정리하면 다음과 같다.

> 기초자산 + 현금변동액
> = (기초부채 + 기초자본)
> + (영업손익 − 영업활동 자산변동액 + 영업활동 부채변동액)
> − 투자활동 자산변동액
> + (재무활동 자본변동액 + 재무활동 부채변동액)

---

6) 기업회계기준서 제1007호 참조.

그리고 회계기간 중 현금변동액은 경영활동에 따라 그 원천을 구분하여 표시하면 다음과 같다.[7]

> 현금변동액 = 영업활동 원천 + 투자활동 원천 + 재무활동 원천

위 두 관계식을 이용하여 다음과 같이 경영활동 원천별 현금변동액을 계산할 수 있다.[8]

> ① 영업활동 원천 현금변동액 = 영업손익－영업활동 자산변동액 + 영업활동 부채변동액
> ② 투자활동 원천 현금변동액 = －투자활동 자산변동액
> ③ 재무활동 원천 현금변동액 = 재무활동 부채변동액 + 재무활동 자본변동액

현금흐름표의 작성에서 기업활동을 구분하여 현금흐름을 산출할 때 다음의 사항이 반드시 고려되어야 한다.

첫째, 영업활동은 제품의 생산, 상품의 구매 및 판매 등의 활동을 포함한 손익계산서의 당기순이익을 구성하는 수익, 비용, 이익, 손실과 관련되는 모든 거래의 손익활동이 포함된다.

둘째, 투자활동은 자산의 증감과 관련된 활동 즉, 자산의 취득 및 처분활동으로 현금의 대여와 회수, 매도가능 금융자산, 투자자산, 비유동자산의 취득 및 처분 등이 포함된다.

셋째, 재무활동은 부채와 자본의 증감과 관련된 활동 즉, 부채의 조달과 상환, 증자, 감자활동으로써 현금차입 및 상환, 신주발행, 배당금 지급 등이 포함된다.

현금흐름표는 직접법과 간접법 두 가지의 방법으로 작성된다. 〈표 4－1〉의 재무상태표와 〈표 4－2〉의 손익계산서를 이용하여 20×6년 1월 1일부터 12월 31일의 기간 중에 발생한 SC글로벌주식회사의 현금흐름표를 직접법과 간접법 두 가지로 각각 작성해 보면 〈표 4－4〉와 〈표 4－5〉와 같다.

〈표 4－4〉와 〈표 4－5〉에서 보면 20×6년 1월 1일부터 12월 31일까지 1년의 기간 중 영업활동으로 인한 현금유입은 1억 30만원이 발생하고, 투자활동과 재무활동으로 인한 현금유출은 각각 1,250만원과 8,680만원 발생하였다. 이를 가감하여 계산하면 당기의 현금증가액은 100만원이 된다. 이 100만원의 현금증가액에 기초현금 2,500만원을 합하면 기말의 현금잔액은 2,600만원이 된다.

---

7) 위 식에서 '기초자산 = 기초부채 +기초자본'이다.
8) 순운전자본은 (유동자산－유동부채)로 산출되므로 (영업활동 자산변동액－영업활동 부채변동액)은 순운전자본의 변동액이다.

표 **4-4** 현금흐름표(직접법)의 작성(예)

현금흐름표
20×6년 1월 1일 부터 12월 31까지

SC글로벌주식회사 (단위: 천원)

영업활동 현금흐름		
고객으로부터 유입된 현금[1]	1,775,100	
공급자에 대한 현금유출[2]	(1,485,000)	
종업원에 대한 현금유출[3]	(8,500)	
판매비 현금유출[4]	(22,500)	
영업에서 창출된 현금	259,100	
이자지급[5]	(127,000)	
외화환산이익	–	
금융수익	–	
자산재평가차익	–	
관계기업 포괄손익지분	–	
법인세납부[6]	(31,800)	
영업활동 순현금흐름		100,300
투자활동 현금흐름		
유형자산의 처분[7]	0	
투자부동산의 처분	–	
……		
유형자산의 취득	–	
금융자산의 취득	(12,500)	
투자활동 순현금흐름		(12,500)
재무활동 현금흐름		
단기차입금의 차입	–	
사채의 발행	–	
장기차입금의 차입	10,000	
유상증자	–	
……		
장기차입금의 상환	–	
배당금의 지급	(96,800)	
재무활동 순현금흐름		(86,800)
현금 및 현금성 자산의 증가(감소)		**1,000**
기초의 현금 및 현금성 자산		**25,000**
기말의 현금 및 현금성 자산		**26,000**

주: 1) 고객으로부터 유입된 현금 = 매출액 – △매출채권 = 1,801,000 – (125,900 – 100,000) = 1,775,100

2) 공급자에 대한 현금유출 = (–)매출원가 – △재고자산 + △매입채무 = –1,421,500 – (227,000 – 150,000) + (43,500 – 30,000) = –1,485,000

3) 종업원에 대한 현금유출 = (–)종업원 급여 + △미지급 급여 = –13,500 + (55,000 – 50,000) = –8,500

4) 판매비(영업비) 현금유출 = (–)판매비(영업비) + △미지급 판매비(영업비) = –22,500 + 0 = –22,500

5) 이자지급 = (–)이자비용 – △선급이자 + △미지급이자 = –127,000

6) 법인세납부 = (–)법인세 비용 + △미지급 법인세 + △이연법인세 부채 = –34,300 + (67,500 – 65,000) + 0 = –31,800

7) 당기에 취득원가 95,000(천원), 감가상각누계액 95,000(천원)인 장부금액 0원의 유형자산을 0원으로 처분하였다고 본다.

표 4-5 현금흐름표(간접법)의 작성(예)

현금흐름표
20×6년 1월 1일 부터 12월 31까지

SC글로벌주식회사 (단위: 천원)

영업활동 현금흐름

법인세 차감전 순이익	171,500	
가감:		
이자 수익	−	
배당금 수익	−	
이자 비용	127,000	
감가상각비	45,000	
유형자산 처분이익	0	
매출채권의 증가	(25,900)	
재고자산의 감소	(77,000)	
매입채무의 증가	13,500	
미지급 급여의 증가	5,000	
미지급 영업비용의 증가	0	
......		
영업에서 창출된 현금	259,100	
이자 수취	−	
배당금 수취	−	
이자 지급	(127,000)	
법인세 납부	(31,800)	
영업활동 순현금흐름		100,300
투자활동 현금흐름		
유형자산의 처분	0	
투자부동산의 처분	−	
......		
유형자산의 취득	−	
금융자산의 취득	(12,500)	
투자부동산의 취득	−	
투자활동 순현금흐름		(12,500)
재무활동 현금흐름		
사채의 발행	−	
장기차입금의 차입	10,000	
유상증자	−	
자기주식의 처분	−	
......		
사채의 상환	−	
배당금의 지급	(96,800)	
재무활동 순현금흐름		(86,800)
현금 및 현금성 자산의 증가(감소)		1,000
기초의 현금 및 현금성 자산		25,000
기말의 현금 및 현금성 자산		26,000

주: 전기표시 생략

기업에서 현금흐름표를 작성하는 이유는 현금유입과 현금유출에 관한 정보를 알 수 있다는 것이다. 현금흐름표의 정보유용성은 다음과 같다.

첫째, 현금흐름표는 미래에 발생할 기업의 현금흐름액과 현금흐름이 귀속될 기간 그리고 양자에 대한 불확실성을 예측하고 평가하는 데 필요한 정보를 제공한다. 둘째, 현금흐름표는 부채상환능력, 배당금 지급능력, 추가적인 외부 자금조달의 필요성에 관한 정보를 제공한다. 셋째, 현금흐름표는 손익계산서의 당기순이익, 현금유입과 유출의 차이 및 그 내역에 대한 정보를 제공한다. 넷째, 현금흐름표는 특정기간 중 투자활동과 재무활동이 기업재무상태에 미친 영향에 대한 정보를 제공한다.

한편, 기업의 재무의사결정은 과거의 자료도 참고가 되겠지만 대체로 미래활동을 계획하고 이의 실행여부를 결정하는 것이므로 미래를 예측하는 정보가 필요하다. 위에서 설명한 재무상태표, 포괄손익계산서, 자본변동표와 현금흐름표 등을 계획된 활동에 따라 추정하여 작성해보면 매우 유용한 정보를 얻을 수 있다. 이들 추정재무제표에 근거하여 재무관리자는 기업가치를 최대화하기 위한 투자와 자본조달을 합리적으로 계획할 수 있다.

재무예측과 계획

제 **3** 절

Financial Management

3.1 매출액 예측

기업의 재무예측(financial forecast)은 미래시점에서의 재무적 상황(financial position), 즉 투자 및 자금조달의 상황을 예측하는 것이다. 재무적 상황은 경영활동과 밀접한 관련을 가지고 있다. 또 경영활동은 매출액에 의하여 종합적으로 표현되고 있다. 매출액이 증가하면 자금흐름(funds flow)의 속도가 빨라지고 투자규모와 소요자금도 확대되어 결국 기업의 재무적 상황이 변동한다.

그러므로 매출액의 예측은 재무예측의 출발점이 된다. 매출액의 증가는 자생적으로 외상매출금과 재고자산 등 유동자산의 증가와 아울러 외상매입금, 지급어음, 미지급금 등 유동부채의 증가를 초래한다. 또 기업의 조업상태가 완전조업도(full capacity)를 넘어서면 생산설비의 확장과 이를 위한 추가자금이 필요하게 되어 기업의 재무상황은 변동한다.

매출액 예측(sales forecast)의 중요성은 비단 재무예측뿐만 아니라, 원가회계, 생산관리, 마케팅 등 여러 분야에서 강조되고 있으며, 주로 마케팅 부문에서 이를 담당한다. 매출액 예측은 분석기법과 경영규모 및 산업성격에 따라 여러 가지 방법으로 분류할 수 있으나, 이들을 크게 나누면 다음의 세 가지 방법으로 요약할 수 있다.

첫째, 매출액의 증감에 직접 영향을 받는 부문의 전문가가 모여서 의견을 교환하고, 예측 매출액의 합일점을 찾는 방법이다. 예를 들어, 판매관리자, 구매담당자, 생산담당자 등이 모여서 각 부문별 예측을 종합하고, 이에 따라 매출액을 예측하는 방법이다. 이러한 방법은 단기매출예측에 매우 유용할 뿐만 아니라 또 생산과 서비스 부문을 잘 조화시켜 내부통제의 효율성을 기할 수도 있다. 그러나 대부분의 재무예측은 장기예측인 경우가 많으므로, 이러한 의견종합의 예측방법보다는 계량적 분석(quantitative analysis)과 시스템 분석(system analysis)의 방법을 이용하는 것이 유용할 경우가 많다.

둘째, 시계열분석(time series analysis)에 의하여 매출액의 추세를 예측하는 방법이다. 시계열분석에 의한 매출액 예측방법은 주로 관리경제학자가 사용하는 방법이다. 이 방법에서는 과거 수년간 매출액의 변동추세를 기초로 매출수준에 영향을 미치는 계절적, 순환적, 우발적인 요인들을 분석하고 이러한 요인의 추세에 따라 재무예측을 한다.

셋째, 상관관계분석(correlation analysis)에 의한 매출액의 예측방법이다. 매출액의 변동에 간접적으로 영향을 미치는 요인(변수)에는 경쟁회사의 판매전략, 세계경기의 변화, 국민가처분소득의 수준, 국가의 금융정책, GDP 수준 등 기업을 둘러싼 다양한 변수가 있다. 따라서 이러한 변수들과 매출액간의 상관계수(correlation coefficient)를 구하고, 이를 이용하여 매출액을 예측하는 방법이다.

그러나 기업이 매출액을 예측할 때는 가능하면 이상의 세 가지 방법을 종합하는 것이 바람직하다. 즉 매출액 예측에 직접 관련된 각 부문의 예측을 종합하고, 과거의 자료를 통계분석한 다음, 기업환경의 변수를 이용하여 매출액을 예측하면 예측방법의 선택에서 발생하는 과오들을 다소라도 축소시킬 수 있다. 그리고 매출액의 예측에서도 미래의 불확실성을 감안하여 매출액의 기대치와 위험을 산출하여 이들을 매출액의 예측에 반영하는 것이 바람직하다.

3.2 추가자금 조달금액의 예측

매출액이 일단 예측되면 이에 준하여 재무예측이 가능해진다. 일반적으로 매출액이 증가하면 투자규모가 확대되므로 이에 따라 추가자금을 조달할 필요가 생긴다. 추가자금 중에서 단기자금은 대체로 매출액의 증가에 따른 유동부채의 증가로 인하여 자생적(spontaneous)으로 조달될 수 있다. 그러나 만약 영구적 유동자산의 증가나 기타 요인으로 유동자산(단기투자액)이 유동부채를 초과하고 또 고정시설이 확장되면, [그림 4-2]와 같이 비유동자산과 영구적 유동자산은 장기자금으로 조달하고 변동적 유동자산만 단기자금으로 조달하는 것이 합리적이다. 이와 같은 추가자금의 수요는 성장기업의 경우 더욱 현저하게 나타난다. 재무예측에서는 매출액이 증가함에 따라 필요로 하는 이 추가자금 조달금액의 예측이 매우 중요하다.

1) 매출액백분율법

매출액백분율법(percentage of sales method)은 매출액을 기초로 하여 미래의 추가자금 조달금액(additional funds needed)을 산출하는 매우 단순하고 실용적

그림 4-2 | 매출액의 증가와 자금조달

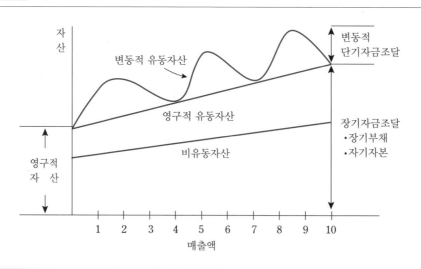

인 단기재무예측의 방법이다. 이 방법에서는 현재의 재무상태표를 구성하고 있는 대부분의 자산과 부채의 항목들이 매출액에서 차지하는 비중은 매출액의 증감에 상관없이 계속 유지된다고 가정한다. 그러므로 매출액백분율법에서는 매출액의 증감에 따라 변동하는 재무상태표의 항목들을 매출액의 %로 표현한다. 그리고 매출액이 일정한 비율로 증감할 때 그 증감 비율만큼 재무상태표의 각 항목들을 증감시켜 추정치를 산출한다.

이 방법으로 추정된 자산의 합계가 부채 및 자본의 합계를 초과하면 초과액이 바로 추가자금 조달금액이고, 반대로 부족하면 부족액이 잉여자금(surplus funds) 내지 유휴자금이 된다.

예를 들어, 20×6년말 신원주식회사의 재무상태표가 〈표 4-6〉의 (1)열과 같다고 하자. 현재 이 기업의 고정시설은 완전조업상태(full capacity)에 있으며, 연간 매출액은 50억원, 매출액이익률은 10%, 배당성향(dividend payout ratio)은 60%이다. 20×7년도의 예상매출액은 20×6년에 비하여 2배인 100억원으로 매출액이 50억원 증가될 것으로 예상된다. 20×7년도에 추가로 조달해야 할 자금이 얼마가 되는지 추정해보자. 또한 이 추가자금의 60%는 사채발행으로, 40%는 보통주발행으로 조달할 경우 추정재무상태표(pro forma statement of financial position)를 작성해 보자.

매출액백분율법에 의한 추가자금 조달금액의 산출방법과 추정재무상태표의 작성방법은 다음과 같이 4단계로 분류하여 이해하는 것이 효과적이다.

(1) 제1단계: 매출액변동에 영향을 받는 재무상태표 항목의 확인

재무상태표의 각 항목을 매출액에 따라 변동하는 항목과 그렇지 않은 항목으로 분리한다. 신원주식회사의 재무상태표에서 매출액의 증가와 동일한 비율로 증가하는 항목은 현금, 외상매출금, 재고자산, 외상매입금, 미지급금이다. 비유동자산(non-current assets)도 20×6년 현재 완전조업상태에 있으므로 매출액의 증가와 같은 비율로 증가하는 항목으로 분류하는 것이 합리적이다.

유보이익은 매출액의 변동에 영향을 받기는 하지만 주로 배당정책에 의하여 결정된다. 그리고 단기차입금, 사채, 보통주는 매출액의 변동에 영향을 받지 않는 항목이다. 물론 이 항목들도 장기적으로 변동하겠지만, 적어도 단기에는 고정된 것으로 간주한다.

(2) 제2 단계: 매출액변동에 대한 재무상태표 항목의 변동률 표시

〈표 4-6〉의 (2)열과 같이 매출액과 동일한 비율로 증가하는 항목을 매출액에

표 4-6 매출액백분율에 의한 추가자금 조달금액의 추정

매출액 예상에 대한 재무상태표 과목 추정치 계산

신원주식회사 (단위: 천만원)

과목	(1) 재무상태표 20×6년 12월 31일 현재		(2) 20×6년도 매출액에 대한 백분율 (1)÷500		(3) 과목 추정치 20×7.12.31 (2)×1,000(예상매출)	
자산						
유동자산		450		90%		900
당좌자산		150		30%		300
현금 및 현금성자산	15		3%		30	
외상매출금	135		27%		270	
재고자산		300		60%		600
제품	300		60%		600	
비유동자산		450		90%		900
유형자산		450		90%		900
기계건물	450		90%		900	
자산총계		900		180%		1,800
부채						
유동부채		150		27%		285
외상매입금	60		12%		120	
단기차입금	15		N/A[a]		15[b]	
미지급금	75		15%		150	
비유동부채		225		N/A[a]		225[b]
사채	225		N/A[a]		225[b]	
부채총계		375		27%		510
자본						
자본금		75		N/A[a]		75[b]
보통주 자본금	75		N/A[a]		75[b]	
이익잉여금		450		N/A[a]		490[c]
미처분 이익잉여금	450		N/A[a]		490[c]	
자본총계		525		N/A[a]		565
추가자금 조달금액						725[d]
부채 및 자본 총계		900		27%		1,800

주: a) 매출액증감에 비례적으로 영향을 받지 않는 항목.

b) 20×6년도의 것을 추정치로 사용하였음.

c) 20×6년도의 유보이익과 20×7년도의 유보이익 증가액의 합계임.

d) 추가자금 조달금액(기업내부에서 조달되지 않는 자금)은 180억원에서 내부조달 가능자금 107억 5천만원을 뺀 72억 5천만원이 됨.

대한 %로 표현하고, 나머지 항목은 N/A(not applicable)로 표시한다.

(3) 제3단계: 재무상태표 항목의 추가자금 필요액 산출

〈표 4-6〉의 (3)열과 같이 20×7년도의 재무상태표 항목을 추정하여 추가자금 조달금액을 산출한다. 즉 (2)열의 각 %를 20×7년도 매출액 100억원에 곱하여 각 항목의 추정치를 산출하고, N/A항목은 20×6년도의 금액을 그대로 옮겨 놓는다. 단, 유보이익은 20×7년도의 당기순이익 10억원(＝100억원×0.1)에서 배당성향 (60%)에 따라 배당금 6억원(＝100억원×0.1×0.6)을 차감한 4억원이 20×6년도 의 유보이익 45억원에 가산되어 49억원이 되었다. 다음은 20×7년도의 추정총자 산 180억원에서 영업과정에서 내부적으로 조달될 수 있는 자금(available funds) 107억 5천만원을 차감하면 추가자금 조달금액 72억 5천만원이 산출된다.

(4) 제4단계: 추가자금 조달방법의 결정과 추정재무상태표의 작성

신원주식회사의 경우 추가자금 조달의 방법은 ① 단기차입금 조달, ② 사채발행, ③ 보통주발행 또는 이 세 가지를 적절히 결합하는 방법이 있다. 그리고 이러한 방법의 자금조달은 기업의 위험과 수익의 트레이드오프(trade-off between risk and return)를 고려하여 이루어져야 한다. 왜냐하면 단기차입금으로 추가자금을 조달하면 유동비율은 낮아지고 부채비율은 높아져서 재무위험(financial risk)이 증가하지만, 수익성의 지표인 자기자본이익률은 증가할 수 있기 때문이다. 신원주식회사에서는 이미 추가자금을 사채 60%, 보통주 40%로 조달하기로 결정하였기 때문에 추가자금 조달금액 72억 5천만원 중 43억 5천만원(60%)은 사채발행으로, 그리고 29억원(40%)은 보통주발행으로 조달한다.

이 경우 신원주식회사의 20×7년도말의 추정재무상태표는 〈표 4-7〉과 같이 작성된다.

이와 같이 20×7년도말의 추정재무상태표가 작성되면 〈표 4-6〉의 (1)열에 나타난 기초재무상태표와 20×7년도의 당기순이익, 배당금, 유보이익의 증가액 등을 종합하여 추정현금흐름표를 작성할 수 있다.

2) 매출성장과 추가자금 조달금액의 관계

(1) 공식에 의한 추가자금 조달금액의 산출

이상과 같이 매출액백분율법의 4단계를 통하여 매출액 성장에 따른 추가자금 조달금액을 예측하고, 추정재무상태표를 작성하는 과정은 다소 진부한 감이 있다. 그러나 (4-1)식을 이용하면 추가자금 조달금액을 용이하게 산출할 수 있다.

표 4-7 신원주식회사의 추정재무상태표

추정재무상태표

당기: 20×6년 12월 31일 현재

차기: 20×7년 12월 31일 추정

신원주식회사 (단위: 천만원)

과목	20×6년 12월 31일 현재		20×7년 12월 31일 차기 추정	
자산				
유동자산		450		900
당좌자산		150		300
현금 및 현금성자산	15		30	
외상매출금	135		270	
재고자산		300		600
제품	300		600	
비유동자산		450		900
유형자산		450		900
기계건물	450		900	
자산총계		900		1,800
부채				
유동부채		150		285
외상매입금	60		120	
단기차입금	15		15	
미지급금	75		150	
비유동부채		225		660
사채	225		660	
부채총계		375		945
자본				
자본금		75		365
보통주 자본금	75		365	
이익잉여금		450		490
미처분 이익잉여금	450		490	
자본총계		525		855
부채 및 자본 총계		900		1,800

주: 1) 추가자금 72억 5천만원 중 60%인 43억 5천만원을 사채발행으로 조달하였음.

　　2) 추가자금 72억 5천만원 중 40%인 29억원을 보통주발행으로 조달하였음.

또 매출액 성장으로 인한 자금의 수요와 원천을 발생 원인별로 다음과 같이 구분할 수 있다.

추가자금 조달금액

= 필수적인 자산증가 − 자생적인 부채증가 − 유보이익의 증가

$$= \frac{A_0}{S_{a0}}(\Delta S_a) - \frac{L_0}{S_{a1}}(\Delta S_a) - (ROS) \cdot S_{a1}(1-d) \qquad (4-1)$$

단, A_0 = 기준재무상태표에서 매출액과 같은 비율로 증가하는 자산

L_0 = 기준재무상태표에서 매출액과 같은 비율로 증가하는 부채

S_{a0} = 기준시점의 매출액

ΔS_a = 매출액의 변동분

S_{a1} = 계획기간의 예상매출액

ROS = 매출액순이익률

d = 배당성향 또는 배당지급률

$1-d$ = 유보율

예 4-1

신원주식회사의 자료를 이용하여 20×7년도의 매출액이 50억원 증가함에 따라 필요한 추가자금 조달금액을 산출해보자.

$$\text{추가자금 조달금액} = \frac{A_0}{S_{a0}}(\Delta S_a) - \frac{L_0}{S_{a0}}(\Delta S_a) - (ROS) \cdot S_{a1}(1-d)$$

$$= \frac{9,000,000,000}{5,000,000,000} \times 5,000,000,000 - \frac{1,350,000,000}{5,000,000,000} \times 5,000,000,000$$

$$- 0.1 \times 10,000,000,000 \times (1-0.6)$$

$$= 7,250,000,000원$$

즉 신원주식회사의 매출액이 50억원 증가되면 자산이 90억원 증가된다. 이 증가된 자산에 대한 투자액 90억원을 조달하는 방법으로는 13억 5천만원이 자생적인 부채로 조달되고 4억원은 유보이익의 증가액으로 조달될 수 있으므로 나머지인 72억 5천만원에 대해서 달리 자금조달의 방법을 강구하면 된다.

그리고 (4-1)식에 매출액의 성장률 $g(\%)$를 대입하면 매출액성장률의 변동에 따른 추가자금 조달금액(y)이 다음 (4-2)식으로 도출된다.

$$y = \frac{A_0}{S_{a0}}(\Delta S_a) - \frac{L_0}{S_0}(\Delta S_a) - (ROS) \cdot S_{a1}(1-d) \qquad (4-1)$$

$$= \frac{A_0}{S_{a0}}(S_{a0} \cdot g) - \frac{L_0}{S_{a0}}(S_{a0} \cdot g) - (ROS) \cdot S_{a0}(1+g)(1-d)$$

$$= A_0 g - L_0 g - (ROS)S_{a0} + (ROS)S_{a0}d - (ROS)S_{a0}g + (ROS)S_{a0}dg$$

$$= -(ROS)S_{a0}(1-d) + [(A_0 - L_0) - (ROS)S_{a0}(1-d)]g \qquad (4-2)$$

이 식에서 $(ROS)S_{a0}(1-d)$는 기준시점에서의 유보이익이다. 만약 성장률이 0 이면 추정시점(t_1)에서 추가자금을 조달할 필요가 없고, 오히려 잉여자금이 기준시점의 유보이익 $(ROS)S_{a0}(1-d)$만큼 발생한다. 그리고 유보이익의 증가액 $(ROS)S_{a0}(1-d)g$가 0이면 $(A_0 - L_0)g$의 추가자금이 필요하다. 일반적으로 매출액성장률 g가 증가함에 따라 추가자금 조달금액은 기준시점에서의 유보이익인 잉여자금 $(ROS)S_{a0}(1-d)$에서 출발하여 $[(A_0 - L_0) - (ROS)S_{a0}(1-d)]$의 비율로 증가한다. 따라서 매출액성장률 g가 커지면 대개의 경우 추가자금 조달금액이 증가한다.

이제 신원주식회사의 예를 (4-2)식에 적용시키면 추가자금 조달금액의 추정모형은 다음과 같다.

$$y = -(ROS)S_{a0}(1-d) + [(A_0 - L_0) - (ROS)S_{a0}(1-d)]g$$

$$y = -(0.1)(5,000,000,000)(1-0.6) + [(9,000,000,000 - 1,350,000,000)$$
$$\quad - (0.1)(5,000,000,000)(1-0.6)]g$$

$$y = -200,000,000 + 7,450,000,000g$$

이 모형에서 신원주식회사의 매출액성장률을 100%에서 -20%까지 변동시켜 가면서 대입시키면 추가자금 조달금액은 〈표 4-8〉의 4열과 같다. 이러한 현상을 그래프에 옮겨 놓으면 [그림 4-3]과 같다.

(2) 재무계획과 자금조달 방법

이상의 방법으로 조달한 추가자금의 수준은 재무계획에서 매우 중요하다. 신원주식회사의 경우 매출액성장률이 2.685% 이하가 되면 외부에서 자금을 조달할 필요가 없게 된다(〈표 4-8〉 참조). 그러나 이 기업의 매출액성장률이 2.685%를 상회하면 외부로부터 자금을 조달하여야 한다. 그런데 추가자금을 외부로부터 조달함으로써 이 기업의 재무비율이 산업평균보다 불량해지거나 국가의 긴축 금융정책으로 인하여 외부로부터 자금조달이 어렵게 될 때에는 확장계획을 재고할 필요가 있다.

그리고 〈표 4-6〉에 나타난 20×6년도말 신원주식회사의 유동비율(＝유동자산 ÷유동부채)은 3.0(＝45억원/15억원)으로 산업평균 2.0보다 높고, 부채/총자본 비율은 41.7%(＝37억 5천만원/90억원)로써 산업평균 45% 보다 낮다고 하자.

이 경우에 신원주식회사가 20×7년도의 필요자금 72억 5천만원을 금융기관으

표 4-8   신원주식회사의 매출액성장률과 추가자금 조달금액

(1) 매출액성장률(g)	(2) 매출액의 증가(ΔS_a)	(3) 예상매출액(S_a)	(4) 추가자금 조달액 (잉여자금)(y)
100%	500(천만원)	1,000(천만원)	725.0(천만원)
80	400	900	576.0
50	250	750	352.5
20	100	600	129.0
2.685	13.425	513.425	0.0
0	0	500	(20.0)
−10	(50)	450	(94.5)
−20	(100)	400	(169.0)

그림 4-3   매출액성장률과 추가자금 조달금액의 관계

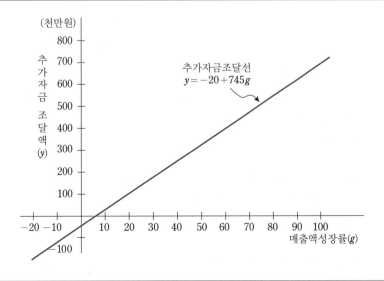

추가자금조달선
$y = -20 + 745g$

로부터 단기차입금으로 조달한다면, 20×7년도의 단기차입금은 74억원(=1억 5천만원+72억 5천만원)이고 유동부채는 101억원(=28억 5천만원+72억 5천만원)이 된다. 따라서 20×7년도말의 유동비율은 0.89(=90억원/101억원)로 산업평균 2.0에 비하여 낮아지게 되고, 부채/총자본 비율은 68.6%(=(28억 5천만원+22억 5천만원+72억 5천만원)/180억원)로서 산업평균 45%보다 높아진다. 이러한 상황에서는 금융기관이 기업의 재무위험을 고려하여 72억 5천만원의 단기대출을 거절하는 경우가 발생할 수 있다. 그리고 금융당국의 금융정책이 긴축정책일 경우에는 금융기관으로부터 자금을 조달하는 것이 더욱 어렵게 된다.

이와 같이 금융기관으로부터 단기차입금의 조달이 불가능할 때 재무관리자는 기업의 전망과 주주의 태도 등을 종합적으로 고려하여 ① 사채발행 또는 주식발행으로 장기적인 외부자금조달의 방법을 강구하거나, ② 감가상각누계액계정과 퇴직급여 및 기타 충당금계정을 조정하는 내부자금조달의 방법을 택하여야 한다. 만약 이러한 외부금융과 내부금융의 두 가지 방법이 모두 불가능해지면 기업은 당연히 성장률을 둔화시켜 추가자금 조달금액을 축소시킬 수밖에 없다.

(3) 추가자금조달과 배당정책

배당정책도 추가자금 조달금액에 영향을 준다. 외부로부터 자금을 조달하기가 어려울 경우에는 배당성향을 축소하는 방법이 있다. 배당성향을 낮추게 되면 [그림 4-3]의 추가자금조달선이 오른쪽으로 이동함과 동시에 기울기가 낮아져서 각 매출액성장률(g)에 대응하는 추가자금 조달금액이 감소된다. 그러나 재무관리자는 먼저 배당성향의 축소가 주가에 미치는 영향을 고려하여야 한다. 주가와 배당성향의 관계는 나중의 배당정책에서 자세히 설명될 것이다.[9]

[그림 4-3]에서 추가자금조달선은 원점을 지나지 않는다. 따라서 신원주식회사의 성장률이 2.685%~0%의 범위에 속해 있을 때에는 잉여자금이 발생한다. 그리고 배당성향이 100%일 때, 즉 당기순이익을 전부 배당금으로 지급할 때는 추가자금조달선이 원점을 지나게 되며, 일단 매출액이 증가하면 추가자금이 필요하게 된다.

---

9) 예를 들면, 신원주식회사의 배당성향을 60%에서 40%로 축소시키면 (4-2)식에 의하여 다음과 같이 추가자금조달선의 절편이 하향하고 기울기도 낮아지므로 각 매출액성장률에 대한 추가자금 조달금액이 적어진다.

배당성향이 60%일 경우 : $y = -200,000,000 + 7,450,000,000g$

배당성향이 40%일 경우 : $y = -(ROS)S_{a0}(1-d) + [(A_0-L_0) - (ROS)S_{a0}(1-d)]g$에 적절한 수치를 넣어 계산하면 다음과 같은 수식이 된다.

$$y = -300,000,000 + 7,350,000,000g$$

(4) 자본집약률과 추가자금의 변동

매출액과 동일한 비율로 증가하는 자산이 매출액에서 차지하는 비율, 즉 (4-1)식의 A_0/S_{e0}비율을 자본집약률(capital intensity ratio)이라고 한다. 이 비율은 매출액이 1원 증가함에 따라 발생하는 자산의 증가율을 의미한다. 예를 들면, 신원주식회사의 자본집약률은 〈표 4-5〉의 (1)열에서 1.8(＝90억원/50억원)이므로 매출액이 100원 증가하면 180원의 자산이 증가하게 된다.

이러한 자본집약률은 고정시설의 운용이 매출량과 밀접하게 관련되어 있는 자본집약산업(capital intensive industry)의 경우에 매우 높게 나타난다. 바꾸어 말하면, 자본집약률이 낮으면 매출액이 성장하여도 추가자금 조달금액의 증가현상은 둔화된다. 반대로 자본집약률이 높으면 매출액이 조금만 증가해도 추가자금 조달금액이 크게 증가한다. 물론 이 경우는 고정시설이 완전조업상태에 있음을 전제로 한다. 그러므로 석유, 가스 등 에너지산업이나 철강산업 등의 자본집약산업에서 생산량을 증가시키기 위해서는 거대한 추가시설이 필요하게 되고, 이에 따라 추가자금도 급속하게 증가할 수 있다.

예 4-2

전자부품 제조회사인 DH회사는 20×5년도 매출액이 10억원이고, 당기순이익은 2,835만원이며, 배당금으로 1,134만원을 지급하였다. DH회사의 법인세율은 20%가 적용되고 있다. 이 기업의 생산활동과 영업활동은 완전조업상태(full capacity)에 있으며, 20×5년말 재무상태표는 다음과 같다.

재무상태표			
DH회사	20×5. 12.31 현재		(단위: 원)
유동자산	250,000,000	외상매입금	25,000,000
비유동자산	101,000,000	단기차입금	50,000,000
		미지급금	25,000,000
		장기차입금	17,000,000
		보통주	42,000,000
		이익잉여금	192,000,000
총자산	351,000,000	부채와 자본	351,000,000

(1) 20×6년도에 매출액이 2억 5,000만원 증가할 경우 필요한 추가자금을 산출하라.

① 매출액증가로 순이익과 배당액의 추정

당기매출액 1,000,000,000원, 차기 추정매출액 1,250,000,000원

매출액순이익률 : 2.835%(= 28,350,000 ÷ 1,000,000,000 × 100%)

배당성향 : 40%(= 11,340,000 ÷ 28,350,000 × 100%)

차기 추정순이익 : 35,437,500원(= 1,250,000,000 × 0.02835)

차기 추정배당액 : 14,175,000(= 35,437,500 × 0.4)

차기 추정유보이익 : 21,262,500(= 35,437,500 × 0.6)

재무상태표, 매출액백분율 및 추정재무상태표 작성							
DH회사			20×5.12.31 현재				(단위: 천원)
항목	재무상태표 20×5.12.31	매출액 백분율	추정 재무상태표(*) 20×6.12.31	항목	재무상태표 20×5.12.31	매출액 백분율	추정 재무상태표(*) 20×6.12.31
유동자산	250,000,000	25.0%	312,500,000	외상매입금	25,000,000	2.5%	31,250,000
비유동자산	101,000,000	10.1%	126,250,000	단기차입금	50,000,000		50,000,000
				미지급금	25,000,000	2.5%	31,250,000
				장기차입금	17,000,000		17,000,000
				보통주	42,000,000		42,000,000
				이익잉여금	192,000,000		213,262,500
				소계			384,762,500
				(추가자금 조달액)			(53,987,5000)
총자산	351,000,000	35.1%	438,750,000	부채와 자본	351,000,000		438,750,000

*항목별 추정금액의 계산 = 항목별 매출액백분율 × 차기 추정매출액(1,250,000,000원)

② 총자산 및 자금조달액 추정

총자산의 증가액 = 438,750,000 − 351,000,000 = 87,750,000원

추정내부자금 조달액 = 384,762,500 − 351,000,000 = 33,762,500원

추정외부자금 조달액 = 438,750,000 − 384,762,500

= 87,750,000 − 33,762,500 = 53,987,500원

(2) 20×6년도의 추가자금을 모두 단기차입금으로 조달할 경우, 추정재무상태표를 작성하라.

추정재무상태표

당기 20×5.12.31 현재

차기 20×6.12.31 현재

DH회사 (단위: 천원)

항목	재무상태표 20×5.12.31	추정 재무상태표 20×6.12.31	항목	재무상태표 20×5.12.31	추정 재무상태표 20×6.12.31
유동자산	250,000,000	312,500,000	외상매입금	25,000,000	31,250,000
비유동자산	101,000,000	126,250,000	단기차입금	50,000,000	103,987,500
			미지급금	25,000,000	31,250,000
			장기차입금	17,000,000	17,000,000
			보통주	42,000,000	42,000,000
			이익잉여금	192,000,000	213,262,500
총자산	351,000,000	438,750,000	부채와 자본	351,000,000	438,750,000

(3) 20×6년도의 추정현금흐름표를 간접법으로 작성하라.

20×6년의 당기순이익이 35,437,500원이므로,

법인세비용 차감전 순이익 = 35,437,500 ÷ 0.8 = 44,296,875원

법인세비용 = 44,296,875 × 0.2 = 8,859,375원

추정현금흐름표

20×6년 1월 1일부터 12월 31까지

DH회사 (단위: 원)

영업활동 현금흐름	
법인세 차감전 순이익	44,296,875
가감:	
유동자산의 증가	(62,500,000)
외상매입금의 증가	6,250,000
미지급 영업비용의 증가	6,250,000
법인세 납부	(8,859,375)
영업활동 순현금흐름	(14,562,500)
투자활동 현금흐름	
유형자산의 취득	(25,250,000)

투자활동 순현금흐름	(25,250,000)
재무활동 현금흐름	
단기차입금의 증가	53,987,500
배당금의 지급	(14,175,000)
재무활동 순현금흐름	39,812,500
현금 및 현금성자산의 증가(감소)	0
기초의 현금 및 현금성자산	0
기말의 현금 및 현금성자산	0

3.3 재무상태표비율의 변동과 재무계획

재무상태표비율(A_0/S_{a0}, L_0/S_{a0})은 재무상태표의 항목 중 매출액의 변동에 따라 변동하는 항목들이 매출액에서 차지하는 비중을 의미한다. 매출액백분율법에서는 이러한 재무상태표비율이 항상 일정하다고 가정한다. 그러므로 변동하는 매출액과 재무상태표의 한 항목과의 관계는 [그림 4-4]에서 원점을 지나는 직선으로 나타난다.

예를 들어, 신원주식회사의 매출액의 증감과 재고자산의 관계는 [그림 4-4]에서 20×6년 매출액 50억원과 재고자산 30억원을 나타내는 Q점과 원점을 지나는 직선(SP선)으로 나타난다. 따라서 이 선을 연장하여 20×7년도의 매출액 100억

그림 4-4 회귀선과 매출액백분율 비교

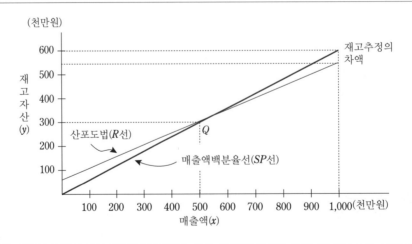

원에 대한 재고자산을 찾으면 60억원으로 예측된다.

그러나 재무상태표비율이 일정하다는 가정은 산업과 기업의 성격에 따라 재무예측에 부적합할 경우가 있다. 왜냐하면 한 기업의 재무상태표비율은 매출액의 성장에 따라 체계적으로 변동하거나 또는 감소할 수 있다. 이때에는 매출액백분율에 기초를 둔 각 항목의 예측치는 과대평가 또는 과소평가될 가능성이 있기 때문이다.

다시 말해서 〈표 4-9〉와 같이 신원주식회사의 재고자산/매출액비율이 20×0년에서 20×6년까지 계속 감소되어 왔고, 앞으로도 이러한 추세가 예상된다면 단순한 매출액백분율법보다는 오히려 규모의 경제(economy of scale)를 고려하여 회귀방정식(regression equation)에 의하여 재고자산을 추정하는 것이 합리적일 것이다.

[그림 4-4]의 R선은 〈표 4-9〉에 나타난 신원주식회사의 매출액과 재고자산의 관계를 산포도(scatter diagram)로 표시한 것이다. 현실적으로는 선상의 각 점이 반드시 직선상에 존재하지 않기 때문에, 이와 같은 선은 회귀방정식에 의하여 추정하고 있다. 그러나 [그림 4-4]의 R선은 이해를 쉽게 하기 위하여 임의적으로 산포도선과 회귀선을 동일하게 맞춘 것이며, 이 회귀선 모형은 다음과 같다.[10]

표 4-9 신원주식회사의 재고자산과 매출액의 관계

연도	매출액(x)	재고자산(y)	$\dfrac{재고자산}{매출액} \times 100$
20×0	200(천만원)	156(천만원)	78.0%
20×1	250	180	72.0
20×2	300	204	68.0
20×3	350	228	65.1
20×4	400	252	63.0
20×5	450	276	61.3
20×6	500	300	60.0
20×7	1,000(E)	540(E)	54.0

주: (E)는 추정치임을 나타냄.

---

10) R선은 산포도법과 회귀방정식에서 동일하게 $y = 600,000,000 + 0.48x$로 추정된다.

산포도법: 20×5년도의 매출액 $= 4,500,000,000$원(x_1), 20×5년도의 재고자산 $= 2,760,000,000$(y_1)

20×6년도의 매출액 $= 5,000,000,000$원(x_2), 20×6년도의 재고자산 $= 3,000,000,000$(y_2)

$y - y_1 = \dfrac{y_2 - y_1}{x_2 - x_1}(x - x_1)$에 대입하면,

$y - 2,760,000,000 = \dfrac{3,000,000,000 - 2,760,000,000}{5,000,000,000 - 4,500,0000,00}(x - 4,500,000,000)$

$$y = 600,000,000 + 0.48x$$

이제 [그림 4-4]에서 매출액백분율에 의하여 도출된 SP선과 R선을 비교해 보면, 추정매출액이 100억원일 때 SP선의 재고자산 추정액은 60억원임에 비하여 R선의 재고자산 추정액은 54억원으로 6억원의 차이가 발생한다. 그런데 신원주식회사의 경우는 매출액이 증가함에 따라 재고자산의 증가율이 점차로 감소하고 있으므로 R선에 의한 재고자산의 추정이 더 정확하다고 할 수 있다.

이와 같은 현상은 일반적으로 현금, 외상매출금, 고정자산의 예측에도 마찬가지로 나타난다. 그리고 회귀선에 의한 재무상태표 항목의 추정방법은 매출액만을 독립변수로 이용한 단순회귀선모형 이외에도 다중회귀선(multiple regression)모형, 비선형회귀선(curvilinear regression) 모형을 이용하는 방법도 있으므로 자료의 유용성과 여러 가지 관련되는 영향을 종합적으로 고려하여 이들을 적절히 활용하면 매우 효과적이다.

이러한 재무예측의 두 가지 방법은 기업, 비영리단체, 은행 및 기타 재무기관에서도 널리 이용하고 있다. 매출액백분율법은 대기업에서 단기예측을 할 때에 많이 이용하고 있다. 회귀선법은 장기예측에 이용된다. 특히 급성장하는 소규모기업에서는 회귀선으로 재무예측을 하는 것이 더욱 바람직하다.

그리고 이 두 방법은 모두 기업이 완전조업상태에서 운영되고 있음을 가정한다. 만약 생산활동과 영업활동이 완전조업상태 이하에 있을 때에는 유휴생산능력, 과잉재고, 초과현금 등이 존재하므로 이들을 감안하여 추가자금을 예측하여야 하며, 또한 기업확장을 위한 자금도 필요 없게 된다.

그리고 대개의 대기업에서는 이러한 재무예측의 과정을 전산화하고 있다. 즉 여러 수준의 매출액에 대하여 ① 자산/매출액 비율, ② 매출액순이익률, ③ 추가자금 조달금액의 예측 및 조달 방법 등을 프로그램해 놓고 기업환경이 바뀔 때마다 이들을 수정하여 적절히 대응하고 있다.

$$y = 600,000,000 + 0.48x$$

회귀방정식: $b = \dfrac{n\sum xy - \sum x \sum y}{n\sum x^2 - \left(\sum x\right)^2}$, $a = \bar{y} - b\bar{x}$에 〈표 4-8〉의 자료를 이용하면 $b = 0.48$, $a = 600,000,000$이 된다. 따라서 $y = 600,000,000 + 0.48x$이다.

요 약

❶ 기업경영활동에 따른 자금의 순환과정

기업의 자금흐름(fund flow)은 경영활동을 따라 계속적인 순환과정을 반복한다. 자금은 현금에서 출발하여 자금흐름시스템에 따라 순환하여 마지막 단계에 가서 다시 현금이 된다. 이러한 자금흐름의 시스템은 크게 둘로 나눌 수 있다. 하나는 외부자금공급자와 기업 사이의 자금흐름이고, 또 하나는 영업활동의 순환과정을 통한 자금흐름이다.

즉 주주와 장기채권자는 각기 자본금과 장기채권의 형태로 기업에 자금을 공급하고, 그 대가로 기업으로부터 주주는 배당을 받으며, 채권자는 이자와 원금을 상환 받는다. 이렇게 기업에 공급된 자금 또는 현금은 공장설비의 구축과 생산과정에 적절하게 투입되어 제품으로 전환되었다가 이어서 제품이 시장에 판매되어 다시 현금의 형태로 돌아온다.

❷ 재무제표의 목적 및 회계정보

기업의 재무적 자원과 실물자원의 사용과 그 자원 사용의 성과는 재무상태를 변동시킨다. 기업활동을 화폐적인 관점에서 장부에 기록하는 활동을 기업회계라고 한다.

회계정보는 기업 경영자의 경영의사결정과 현재와 미래의 투자자, 소비자, 영업활동과 관련된 외부거래자, 그리고 종업원 등 다양한 이해관계자의 각종 의사결정에 유용하게 이용되고 있다. 회계정보를 그 특성에 따라 구분하여 제시하는 표를 재무제표(financial statements)라고 한다. 재무제표에는 재무상태표, 포괄손익계산서, 자본변동표와 현금흐름표 등이 있다.

❸ 기업경영활동과 현금흐름의 변동

현금흐름 정보는 기업의 현금 및 현금성 자산 창출능력과 기업의 현금흐름 사용 필요성에 대한 평가의 기초를 재무제표 이용자에게 제공한다. 기업의 계속적인 자금흐름, 즉 자금유입(funds inflow)과 자금유출(funds outflow)의 상태는 현금흐름표와 현금예산을 작성해 보면 명확히 알 수 있다. 현금흐름표의 작성은 기업활동을 영업활동, 투자활동, 재무활동으로 구분한 다음, 이러한 기업활동에서 발생하는 모든 현금흐름을 합산하여 당기에 발생한 현금의 증가액 또는 감소액을 산출한다.

현금변동액 = 영업활동 원천 + 투자활동 원천 + 재무활동 원천

❹ 매출액 예측의 중요성과 방법

기업의 재무예측(financial forecast)은 미래시점에서의 재무적 상황(financial position), 즉 투

자 및 자금조달의 상황을 예측하는 것이다. 재무적 상황은 경영활동과 밀접한 관련을 가지고 있고, 또 경영활동은 매출액에 의하여 종합적으로 표현되고 있다. 매출액이 증가하면 자금흐름(funds flow)의 속도가 빨라지고 투자규모와 소요자금도 확대되어 결국 기업의 재무적 상황이 변동한다. 그러므로 매출액의 예측은 재무예측의 출발점이 된다.

매출액 예측은 분석기법과 경영규모 및 산업성격에 따라 여러 가지 방법으로 분류할 수 있으나, 이들을 크게 나누면 다음의 세 가지 방법으로 요약할 수 있다.

첫째, 매출액의 증감에 직접 영향을 받는 부문의 전문가가 모여서 의견을 교환하고, 예측 매출액의 합일점을 찾는 방법이다. 이러한 방법은 단기매출예측에 매우 유용할 뿐만 아니라 또 생산과 서비스 부문을 잘 조화시켜 내부통제의 효율성을 기할 수도 있다. 둘째, 시계열분석(time series analysis)에 의하여 매출액의 추세를 예측하는 방법이다. 이 방법에서는 과거 수년간 매출액의 변동추세를 기초로 매출수준에 영향을 미치는 계절적, 순환적, 우발적인 요인들을 분석하고 이러한 요인의 추세에 따라 재무예측을 한다. 셋째, 상관관계분석(correlation analysis)에 의한 매출액의 예측방법이다. 매출액의 변동에 간접적으로 영향을 미치는 요인(변수)들과 매출액간의 상관계수(correlation coefficient)를 구하고, 이를 이용하여 매출액을 예측하는 방법이다.

❺ 추가자금의 추정방법과 조달방안

매출액이 예측되면 이에 준하여 재무예측이 가능해진다. 일반적으로 매출액이 증가하면 투자규모가 확대되므로 이에 따라 추가자금을 조달할 필요가 생긴다. 추가자금 중에서 단기자금은 대체로 매출액의 증가에 따른 유동부채의 증가로 인하여 자생적(spontaneous)으로 조달될 수 있다. 그러나 만약 영구적 유동자산의 증가나 기타 요인으로 유동자산(단기투자액)이 유동부채를 초과하고 또 고정시설이 확장되면, 비유동자산과 영구적 유동자산은 장기자금으로 조달하고 변동적 유동자산만 단기자금으로 조달하는 것이 합리적이다.

추가자금 조달금액을 추정하는 방법으로는 매출액백분율법과 회귀선법이 있다. 매출액백분율법(percentage of sales method)은 매출액을 기초로 하여 미래의 추가자금 조달금액(additional funds needed)을 산출하는 매우 단순하고 실용적인 단기재무예측의 방법이다. 회귀선법은 회귀분석을 이용하여 재무상태표 항목을 추정하는 방법을 말한다. 매출액만을 독립변수로 이용한 단순회귀선모형 이외에도 다중회귀선(multiple regression)모형, 비선형회귀선(curvilinear regression) 모형을 이용하는 방법도 있다.

연·습·문·제

1 다음을 설명하라.

① 자금과 자금흐름　　② 재무제표의 목적　　③ 매출액백분율법

④ 자본집약률　　　　⑤ 재무상태표비율

2 재무상태표에 나타내는 주요 항목을 설명하라.

3 손익계산서에 나타내는 주요 항목을 설명하라.

4 회계등식을 이용하여 주요 경영활동별 현금흐름 변동액을 계산하는 과정을 설명하라.

5 재무예측에 있어서 매출액백분율법과 회귀선추정법을 비교하여 설명하라.

6 식료품 제조회사인 대원주식회사의 20×7년도 매출액은 200만원이고, 당기순이익은 5만원이며, 배당금은 3만원을 지급하였다. 이 기업의 법인세율은 20%이다. 생산과 영업활동은 완전조업상태(full capacity)에 있으며 20×7년말 재무상태표는 다음과 같다.

<table>
<tr><td colspan="4" align="center">재무상태표</td></tr>
<tr><td>대원주식회사</td><td align="center">20×7. 12.31 현재</td><td></td><td align="right">(단위: 원)</td></tr>
<tr><td>현금 및 현금성자산</td><td align="right">100,000</td><td>외상매입금</td><td align="right">60,000</td></tr>
<tr><td>재고자산</td><td align="right">500,000</td><td>단기차입금</td><td align="right">150,000</td></tr>
<tr><td>비유동자산</td><td align="right">400,000</td><td>미지급금</td><td align="right">100,000</td></tr>
<tr><td></td><td></td><td>장기차입금</td><td align="right">250,000</td></tr>
<tr><td></td><td></td><td>보통주</td><td align="right">200,000</td></tr>
<tr><td></td><td></td><td>이익잉여금</td><td align="right">240,000</td></tr>
<tr><td>총자산</td><td align="right">1,000,000</td><td>부채와 자본</td><td align="right">1,000,000</td></tr>
</table>

(1) 20×8년도에 매출액이 60만원 증가할 경우 필요한 추가자금을 산출하라.

(2) 20×8년도의 추가자금을 모두 회사채발행으로 조달할 경우, 추정재무상태표를 작성하라.

(3) 20×8년도의 추정현금흐름표를 간접법으로 작성하라.

7 장원기업의 20×7년도 매출액은 2,400만원이며 이 기업의 매출액백분율, 즉 재무상태표비율은 다음과 같다. 배당성향은 40%이다. 20×6년말 재무상태표에 나타난 이익잉여금은 820만원이었다.

현금	3%	외상매입금	15%
외상매출금	20%	미지급금	10%
재고자산	25%	매출액순이익률	5%
유형자산	40%		

(1) 아래의 재무상태표를 완성하라.

(2) 20×8년의 매출액이 20×7년에 비하여 10% 증가할 경우 20×8년도의 추가자금 조달금액을 산출하라.

(3) 추가자금은 단기차입금으로 조달할 경우 20×8년말의 추정재무상태표를 작성하라.

(4) 20×7년 말의 비유동자산/매출액 비율이 40%가 아니고 50%일 경우 20×8년도의 추가자금 조달금액을 산출하라.

재무상태표

장원기업	20×7. 12. 31현재		(단위: 천원)
현금	( )	외상매입금	( )
외상매출금	( )	단기차입금	2,200
재고자산	( )	미지급금	( )
유동자산 합계	( )	유동부채 합계	( )
유형자산	( )	사채	2,000
비유동자산 합계	( )	비유동부채 합계	2,000
		부채 합계	( )
		보통주	2,000
		이익잉여금	( )
		자본합계	( )
자산총계	( )	부채와 자본총계	( )

◈ 해답

6 (1) 226,000원 (2) 현금 130,000 재고자산 650,000 비유동자산 520,000 자산총계 1,300,000; 외상매입금 78,000 단기차입금 150,000 미지급금 130,000 장기차입금 476,000 보통주 200,000 이익잉여금 266,000 부채와 자본총계 1,300,000 (3) 영업활동 현금흐름: 법인세 차감전 이익 81,250 재고자산 증가액 (150,000) 외상매입금 증가액 18,000 미지급금 증가액 30,000 법인세 (16,250) 영업활동 순현금흐름 (37,800) 투자활동 현금흐름: 비유동자산 증가액 (120,000) 투자활동 순현금흐름 (120,000) 재무활동 현금흐름: 장기차입금 증가액 226,000 배당금지급액 (39,000) 재무활동 순현금흐름 187,000 현금흐름 변동액 30,000 기초현금 100,000 기말현금 130,000

7 (1) 현금 720 외상매출금 4,800 재고자산 6,000 유형자산 9,600 비유동자산 9,600 자산총계 21,120 외상매입금 3,600 미지급금 2,400 유동부채 합계 8,200 부채 합계 10,200 이익잉여금 8,920 자본합계 10,920 부채와 자본총계 21,120 (2) 720 (3) 현금 792 외상매출금 5,280 재고자산 6,600 비유동자산 10,560 자산총계 23,232 외상매입금 3,960 단기차입금 2,920 미지급금 2,640 사채 2,000 보통주 2,000 이익잉여금 9,712 부채와 자본총계 23,232 (4) 3,360

Part

2

자본예산

Financial Management

5
Chapter

자본예산의 기초개념

들어가면서

자본예산은 기업의 자산 특히 비유동자산의 투자와 관련된 것으로 사업의 경제성 분석이라고도 한다. 우리는 제1장에서 기업의 목표를 기업가치의 최대화라고 하였다. 자본예산은 기업가치를 결정하는 자산과 관련된 투자의사결정을 다루고 있기 때문에 기업목표를 달성하기 위한 핵심적인 재무의사결정이라고 할 수 있다.

이 장에서는 자본예산을 수행하기 위해 기본적으로 이해하여야 할 개념과 방법론을 설명하고 있다. 자본예산의 기법으로 순현가법(*NPV*), 내부수익률법(*IRR*), 회수기간법(*PB*), 회계적 이익률법(*ARR*), 수익성지수법(*PI*) 등을 설명한다.

순현가법은 투자안의 모든 현금유입을 자본비용으로 할인한 현금유입의 현가총액에서 자본비용으로 할인한 현금유출의 현가총액를 차감한 값을 투자결정의 지표로 삼는 자본예산 기법을 말한다. 순현재가치법, 현가법, 현재가치법이라고도 한다. 순현가가 정(+)의 값을 가지는 투자안을 경제성이 있는 것으로 판정한다.

내부수익률법은 투자의 효과로 나타나는 현금유입의 현가와 투자비용인 현금유출의 현가를 일치시켜 주는 할인율(*r*), 즉 투자안의 내재적 수익률을 투자결정의 지표로 삼는 자본예산 기법이다. 내부수익률이 거부율인 자본비용보다 큰 경우 투자안의 경제성이 있는 것으로 판정한다.

회수기간법은 투자비용을 현금흐름으로 완전히 회수하는데 소요되는 기간 즉 회수기간을 기준으로 투자를 결정하는 자본예산 기법이다. 목표회수기간보다 조기에 투자금회수가 이루어지는 경우에 투자안의 경제성이 있는 것으로 판정한다.

회계적 이익률법은 투자수명의 기간 동안 연평균순이익을 평균투자액으로 나눈 비율, 즉 회계적 이익률을 기준으로 투자를 결정하는 자본예산 기법이다. 목표이익률보다 더 높은 이익률을 나타내는 경우에 투자안의 경제성이 있는 것으로 판정한다.

수익성지수법은 미래현금흐름의 현재가치를 초기 투자금액의 현재가치로 나눈 비율인 수익성지수(*PI*)에 의해 투자를 결정하는 자본예산 기법이다. *PI* 지수가 1보다 큰 경우에 투자안의 경제성이 있는 것으로 판정한다.

자본예산의 의의와 중요성

1.1 자본예산의 의의

재무활동은 기업가치를 증식시키기 위하여 재무관리의 각 기능을 효과적으로 수행하는 것이다. 이 중에서 투자기능은 운전자본과 비유동자산에 투자함으로써 일정기간이 경과한 후에 발생하는 수익의 효과를 가능한 한 최대화시키는 방향으로 수행되고 있다. 이 투자기능은 다른 재무관리의 기능과 마찬가지로 기업가치를 최대화하려는 경영목표를 달성하는 과정이다.

이와 같은 투자활동은 반드시 자금의 지출을 유발시킨다. 자금의 지출은 업무지출 또는 경상지출(operating expenditure)과 자본지출(capital expenditure)로 구분할 수 있다. 업무지출은 투자의 효과가 1년 이내에 발생하는 운전자본의 관리과정에서 현금이 지출되는 것을 의미한다. 자본지출은 투자의 효과가 1년 이상 장기간에 걸쳐 나타나는 투자의 수행과정에서 현금이 지출되는 것을 말한다.

그러나 경상지출과 자본지출의 구분을 명확히 1년이라는 투자효과의 발생기간으로 단정하기는 어렵다. 이는 회계기간(fiscal period)이 1년이라는 관례에 따른 것이다. 따라서 자본지출은 설비투자 또는 비유동자산의 투자와 운전자본 중 장기투자 부분에서 발생하는 비용 등을 모두 포함한다.

자본예산(capital budgeting)의 개념은 광의와 협의로 분류할 수가 있다. 광의의 자본예산은 자본지출을 계획, 수행, 통제하기 위하여 분석하고, 관리하는 모든 과정(process)을 의미한다. 따라서 투자활동에 관련된 기업 내부환경과 외부환경의 정보수집, 분석, 그리고 이들에 대한 의사결정과정이 모두 포함된다.

그러나 협의의 자본예산은 투자안(capital project or investment proposals)을 평가하는 분석적 방법(analytical method), 즉 자본예산기법(technique of capital budgeting)을 의미한다. 일반적으로 자본예산이라고 할 때에는 협의로 사용하는 경향이 많다.

자본예산에서는 투자규모를 확장함에 따라 자본비용(cost of capital)이 한계비용으로, 투자수익률(return on investment)이 한계수익률로 이용되고 있다.[1] 다시 말하면, 투자규모의 결정에 있어서 한계수익률과 한계자본비용이 동일한 점에서 기업가치를 최대화시킬 수 있다는 것이다. 그러나 현실적으로 주어진 투자안의 선택여부를 결정하는 자본예산에서는 연속형의 한계분석보다는 증분분석(incremental analysts)의 방법이 주로 이용되고 있다.

1.2 자본예산의 중요성

자본예산은 기업의 생산관리, 마케팅 등 다른 여러 경영기능을 통합하여 실행되어야 하므로 자본예산의 중요성은 각 부문의 관리자에게 다같이 강조되고 있다. 자본예산은 기업의 경영성과와도 밀접히 관련되어 있기 때문에 기업가치의 변동에도 큰 영향을 미친다. 다시 말해서 효율적인 자본예산에서는 기업가치가 증가하지만, 자본예산이 비효율적으로 수행될 때에는 기업가치가 잠식되는 결과를 초래한다.

그리고 자본예산은 다음과 같은 특성을 가지고 있기 때문에 그 중요성이 강조된다.

첫째, 자본예산은 대규모의 투자자금을 필요로 한다. 자본예산에서는 투자대상이 시설투자와 연구개발 등 대규모의 투자자금이 소요되므로 기업에 자금압박을 가하고 유동성(liquidity)을 악화시키는 결과를 초래하기 쉽다. 그리고 경기가 침체되거나 예상매출액의 달성에 차질이 생기면 자본조달이 어려워지고, 이에 따라 자본비용도 증가하며 자본예산의 결과는 기업에 손실을 초래하기도 한다.

둘째, 자본예산은 투자효과가 장기간에 걸쳐 발생하므로 의사결정을 잘못했을 때 수정이 어렵다는 특성이 있다. 예를 들어, 부정확한 예측으로 과잉투자를 하면 불필요한 지출로 수익이 감소되고, 반대로 과소투자를 하게 되면 시설 불충분으로 경쟁력을 약화시킬 뿐만 아니라, 시장점유율(market share)을 상실하게 된다.

셋째, 자본예산은 외부환경의 변화에 민감하게 영향을 받고 있다. 특히 인플레이션의 영향으로 화폐구매력이 하락하는 시기에 자본예산이 받는 영향은 매우 민감하다. 자본예산의 효과는 투자로 발생하는 현금흐름을 할인한 현가로 측정되는데, 화폐구매력이 하락하여 시장할인율이 증가하게 되면 투자성과가 축소되

---

1) 한계자본비용과 한계수익률은 자금의 수요와 공급이 균형상태에 도달했을 때 자금의 차입자와 대출자가 기대할 수 있는 자금조달비용과 수익률을 의미한다.

거나 손실로 나타날 수 있기 때문이다.

끝으로, 설비확장을 주내용으로 하는 자본예산의 경우에는 장기간 동안 높은 고정비가 발생한다. 투자기간 동안 운전자본의 수급계획에 차질이 생기면 고정비지출을 감당하지 못해 기업 전체의 경영활동이 마비되고, 기술적 지급불능(technical insolvency)이 발생할 수 있다. 예를 들어, 성장 중인 기업이 과다하게 확장을 시도하면 재무고정비가 증가하여 도산의 원인이 될 수 있다.

제 2 절 투자안의 평가방법

Financial Management

자본예산의 과정은 여러 단계로 나누어 생각할 수 있다. 먼저 투자안(projects)을 개발하거나 탐색하여, 이들의 가치를 평가하고 상호 비교하여 최적의 투자안을 선택한 다음 이를 집행하여야 한다.

자본예산의 의사결정은 ① 투자안의 개발, ② 투자안의 평가, ③ 투자안의 선택, ④ 투자안의 집행이라는 4단계의 과정을 거쳐서 이루어진다. 이러한 자본예산의 과정에서 가장 중요한 단계는 두 번째 단계로서 개발된 투자안이 과연 투자할 가치가 있을 만큼 수익성이 높고, 또 기업측에 유리한가를 검토하는 투자안을 평가하는 과정이다.

투자안의 평가는 투자안의 수익과 비용을 추정하여 수익성을 평가하는 분석적 방법을 의미한다. 이를 자본예산의 기법(techniques of capital budgeting) 또는 사업의 경제성 평가라고 한다.

자본예산 기법으로는 순현가법(net present value method), 내부수익률법(internal rate of return method), 회수기간법(payback period method), 회계적 이익률법(accounting rate of return method), 수익성지수법(profitability index method) 등이 있다. 이 중에서 가장 많이 쓰이는 방법이 현금흐름할인법(discounted cash flow method, DCF)인 순현가법과 내부수익률법이다.

아래에서는 어떤 기업이 〈표 5-1〉과 같은 투자대안을 가지고 있다고 가정하고, 자본예산기법을 차례대로 설명한다.

표 5-1 투자안의 현금흐름

(단위: 만원)

투자안	투자비용	현금흐름			
		1년	2년	3년	4년
A	1,000	400	400	400	400
B	1,000	800	500	400	300
C	1,000	700	400	300	300
D	1,000	300	300	300	1,000

2.1 순현가법

순현가법(net present value method, NPV method)은 순현재가치법, 현가법, 현재가치법이라고도 한다.[2] 순현가법에서는 투자안의 순현가(NPV)를 산출하여 투자결정의 지표로 삼는다.

순현가는 투자안의 모든 현금유입을 기대수익률 또는 자본비용(k)으로 할인한 현금유입의 현가총액에서 자본비용으로 할인한 투자비용의 현가총액을 차감한 값을 의미한다.

순현가가 정(+)의 값을 가지는 투자는 기업가치를 증가시키지만, 반대로 부 (−)의 값을 가지는 투자는 기업가치의 감소를 가져온다. 그리고 순현가가 0인 투자는 기업가치에 아무런 영향을 미치지 않는다. 그러므로 순현가법에서는 NPV 가 큰 투자안이 기업가치를 그만큼 증대시키기 때문에 우월한 투자안이다.

이러한 NPV의 산출방법을 식으로 표시하면 다음과 같다.

$$NPV = \sum_{t=0}^{N} \frac{CI_t}{(1+k)^t} - \sum_{t=0}^{N} \frac{CO_t}{(1+k)^t} \tag{5-1}$$

단, CI_t = t기의 현금유입

CO_t = t기의 현금유출

t = 단위기간

k = 할인율

(5-1)식은 현금유입을 + 값으로, 그리고 현금유출을 −값으로 표시할 때에는 다음과 같이 표현된다.

---

2) 순현가법은 net present value method이외에 net present worth method, present value method, present worth method 등으로 표현한다.

$$NPV = \sum_{t=0}^{N} \frac{NCF_t}{(1+k)^t} \qquad (5\text{--}1a)$$

단, NCF_t = 순현금흐름(net cash flow)

순현가법에 의한 투자안의 경제성 평가기준은 〈표 5-2〉와 같다.

표 5-2 순현가법에 의한 투자안의 평가기준

구 분	경제성 평가 결과
$NPV > 0$	경제성이 있음
$NPV < 0$	경제성이 없음

예 5-1

〈표 5-1〉의 A투자안의 경우 매년 현금흐름이 400만원으로 일정하므로 현금흐름에 대한 할인율을 10%로 가정하고 연금의 현가계수 (2-5)식을 이용하여 A투자안의 NPV를 산출하여 보자.

$$NPV_A = CI \sum_{t=1}^{4} \frac{1}{(1+k)^t} - CO$$

$$= 400 \sum_{t=1}^{4} \frac{1}{(1+0.1)^t} - 1,000 = 400 \left[\frac{1}{0.1} - \frac{1}{0.1(1+0.1)^4} \right] - 1,000$$

$$= 1,267.95 - 1,000 = 267.95만원$$

B투자안과 같이 현금흐름이 불규칙할 경우의 NPV를 산출하여보자.
이러한 경우에는 (5-1)식에 의하여 아래와 같이 NPV를 산출해야 한다.[3]

$$NPV_B = \sum_{t=1}^{4} \frac{CI_t}{(1+k)^t} - \sum_{t=0}^{4} \frac{CO_t}{(1+k)^t}$$

$$= \frac{800}{(1+0.1)^1} + \frac{500}{(1+0.1)^2} + \frac{400}{(1+0.1)^3} + \frac{300}{(1+0.1)^4} - 1,000$$

$$= 1,645.93 - 1,000 = 645.93만원$$

〈표 5-1〉의 투자안에 대한 NPV를 산출하고, 이에 따른 투자우선순위를 살펴 보면 〈표 5-3〉과 같다.

---

3) 엑셀(EXCEL)프로그램을 이용하는 경우에는 다음과 같은 함수식에 의해 쉽게 계산할 수 있다. 먼저 엑셀의 메뉴에서 함수를 지정하고, 재무관련 함수에서 NPV를 지정한다. 할인율란에 NPV계산에 적용할 자본비용인 할인율을 기재하고, 값란에 순현금흐름이 나타나 있는 각 셀의 범위를 지정한다. 그리고 엔터(enter)키를 누르면 지정된 셀에 자동으로 NPV값을 나타내어 준다.

함수식 : $=NPV$(할인율, 순현금흐름의 셀범위)

표 5-3 각 투자안의 NPV와 투자우선순위

투자안	투자비용(만원)	NPV(만원) (k=10%)	NPV 순위
A	1,000	267.96	4
B	1,000	645.93	1
C	1,000	397.24	3
D	1,000	429.07	2

2.2 내부수익률법

내부수익률(internal rate of return, IRR)은 투자의 효과로 나타나는 현금유입의 현가와 투자비용인 현금유출의 현가를 일치시켜 주는 할인율이다. 다시 말하면, 투자안의 순현가(NPV)가 0이 되도록 하는 할인율이다.

이를 수식으로 표현하면 (5-2)식과 같으며, 이 식에서 r이 내부수익률, 즉 IRR이다.

$$\sum_{t=1}^{N} \frac{CI_t}{(1+r)^t} = \sum_{t=0}^{N} \frac{CO_t}{(1+r)^t} \qquad (5-2)$$

또는

$$\sum_{t=1}^{N} \frac{CI_t}{(1+r)^t} - \sum_{t=0}^{N} \frac{CO_t}{(1+r)^t} = 0$$

단, CI_t = t기의 현금유입
CO_t = t기의 현금유출
t = 단위기간
r = 내부수익률

(5-2)식에서 현금유출을 $-$값($-NCF$)으로, 현금유입을 $+$값($+NCF$)으로 표시한다면 이 식은 다음과 같이 표현된다.

$$\sum_{t=0}^{N} \frac{NCF_t}{(1+r)^t} = 0 \qquad (5-2a)$$

단, NCF = 순현금흐름(net cash flow)

대개의 투자안에서는 투자비용이 최초의 투자시점에서 지출되지만 현금유입의 형태는 다양하다. 따라서 현금유입의 형태가 복잡해지면 *IRR*의 산출이 어려워진다. 각 현금흐름을 일일이 현가로 산출하여 현가총액과 투자비용을 비교하는 보간법에 의해 *IRR*을 산출할 수 있다.[4] 〈표 5-1〉에 나타난 투자안의 *IRR*과 투자우선순위를 살펴보면 〈표 5-4〉와 같다.

표 5-4 각 투자안의 IRR과 투자우선순위

투자안	*IRR*(%)	*IRR* 순위
A	21.9	4
B	44.0	1
C	31.2	2
D	24.8	3

내부수익률법은 자본의 한계효율(marginal efficiency of capital)을 적용한 방법이다. 내부수익률은 투자결정에서 한계수익과 한계비용이 같아지는 점에서의 수익률이다. 만약 어떤 투자안의 *IRR*이 기업의 최저기대수익률(minimum expected rate of return) 또는 자본비용보다 높을 경우에는 이 투자안이 기업가치를 증가시키므로 선택되지만, 반대로 투자안의 *IRR*이 자본비용보다 낮을 때에는 이 안이 선택되지 않는다.

그리고 투자안의 *IRR*이 자본비용과 동일할 때에는 이 투자결정이 기업가치에 영향을 미치지 않는다. 이와 같이 투자결정에서 기업이 요구하는 최저기대수익률 또는 자본비용을 절사율(cutoff rate) 또는 거부율이라고 한다. 사업의 경제성 평가에 있어 거부율은 제6장에서 설명할 가중평균자본비용(weighted average cost of capital)을 사용한다.

표 5-5 내부수익률법에 의한 투자안의 평가기준

구분	경제성 평가 결과
IRR > 거부율	경제성이 있음
IRR < 거부율	경제성이 없음

주: 거부율=최저기대수익률 또는 자본비용

---

4) 엑셀(EXCEL)프로그램을 이용하는 경우에는 다음과 같은 함수식에 의해 쉽게 계산할 수 있다. 먼저 엑셀의 메뉴에서 함수를 지정하고, 재무관련 함수에서 *IRR*을 지정한다. 값(values)란에 순현금흐름이 나타나 있는 각 셀의 범위를 지정한다. 추측(guess)란에 탐색을 시작할 임의의 작은 수를 지정하고 엔터(enter)키를 누르면 지정된 셀에 자동으로 *IRR*값을 나타내어 준다.

함수식 : =*IRR*(순현금흐름의 셀범위, 임의의 수)

2.3 회수기간법

회수기간(payback period, payoff period)은 투자비용을 현금흐름으로 완전히 회수되는 데에 소요되는 기간을 의미한다. 일반적으로 연단위로 표시한다. 회수기간법(payback period method)은 투자안의 회수기간을 산출하고, 이를 기준으로 투자를 결정하는 자본예산의 기법이다.

회수기간의 산출방법은 현금흐름의 형태에 따라 두 가지로 구분할 수 있다. 첫째의 방법은 〈표 5–1〉에서 A투자안과 같이 기간마다 균등한 현금흐름(uniform cash flow)이 발생할 경우의 산출방법으로 다음과 같이 계산한다.

$$PB = \frac{투자비용}{균등현금흐름} \qquad\qquad (5\text{--}3)$$

단, PB = 회수기간

두번째의 방법은 B투자안과 같이 기간마다 현금흐름이 각기 다른 경우의 산출방법이다. 이 방법에서는 첫째년도부터 현금흐름을 계속 더하여 누적현금흐름이 투자비용과 동일한 액수가 되는 기간, 즉 회수기간을 찾아낸다.

예 5–2

(1) 〈표 5–1〉에서 각 기간마다 균등한 현금흐름이 발생하는 투자안 A의 회수기간을 산출하여 보자.

$$PB_A = \frac{1,000}{400} = 2.5년$$

(2) 〈표 5–1〉에서 각 기간마다 현금흐름이 다른 투자안 B의 회수기간을 산출하여 보자.

B안에서는 1,000만원 중 800만원이 1년내에 회수되고, 나머지 투자비용 200만원은 2년째의 현금흐름 500만원 중에서 회수되어야 하므로 제2년의 2/5가 지나면 나머지 투자비용 200만원이 회수된다고 보는 것이다. 따라서 B투자안의 회수기간은 1.4년이다.[5]

이와 같이 각 투자안의 회수기간을 구하면, 각 투자안의 회수기간과 투자의 우선순위는 〈표 5–6〉과 같다.

---

5) 엄격한 의미에서는 2/5년이라고 할 수 없다. 그러나 회수기간법에서는 편의상 1년동안의 현금흐름이 일정하다고 가정한다.

표 5-6 회수기간과 우선순위

투자안	회수기간	우선순위
A	2.5 년	3
B	1.4 년	1
C	1.75년	2
D	3.1 년	4

이 회수기간법을 기계적으로 자본예산기법으로 이용하기에는 몇 가지 단점이 있다.

첫째, 투자결정의 가장 기본적인 기준(rule)은 투자의 수익성에 있는데, 회수기간법은 시간성이 판단의 기준이 되므로 투자결정기법으로 적합하지 못하다. 동일한 회수기간을 가진 투자안 중에서도 수익성은 각각 달리 나타날 수 있기 때문이다. 둘째, 회수기간법은 현금흐름에 대한 화폐의 시간적 가치를 무시하고 있다. 즉 현가개념을 무시하고 있다. 셋째, 이 방법은 회수기간 이후의 현금흐름을 감안하지 않고 있다. 시설투자의 경우에는 회수기간 이후에도 수년간 높은 현금유입이 발생하는 경우가 많다. 끝으로, 이 방법에서는 투자위험의 측정방법이 없다.

그러나 이러한 단점에도 불구하고, 아직도 이 방법은 기업에서 많이 사용되고 있다. 그 이유는 이 방법이 다음과 같은 이용상의 장점을 가지고 있기 때문이다.

첫째, 이 방법은 계산과정이 단순하고 적용하기도 용이하여 모든 사람이 쉽게 이해할 수 있다. 둘째, 회수기간이 빠른 투자안은 상대적으로 위험이 낮은 것이므로, 투자결정에서 유동성이 문제가 될 때는 이 방법을 쉽게 이용할 수 있다. 셋째, 이 방법은 기간개념을 이용하고 있으므로 진부화 위험이 높은 시설이나 제품에 대한 투자결정 또는 인플레이션율이 계속 상승하고 있을 경우에는 효과적으로 사용할 수 있다. 넷째, 이 방법은 주당이익(earnings per share)에 미치는 투자의 단기효과를 측정하는 데에 도움이 된다. 다섯째, 이 방법에 화폐의 시간적 가치를 도입하여 현금흐름할인을 이용하면, 앞에서 밝힌 단점을 보완할 수 있다.[6]

---

6) 회수기간의 역수가 내부수익률(*IRR*)과 동일하다고 보는 견해가 있다. 투자안의 현금흐름이 균등하고, 투자수명이 장기간일 때에는 회수기간의 역수가 *IRR*과 차이가 없기 때문이다. 일반적으로 투자기간이 회수기간의 2배를 넘을 때에는 회수기간의 역수가 *IRR*로 이용된다.

〈증명〉 *IC*=투자비용, *ECF*=균등현금흐름, *r*=내부수익률이라 두면,

$$IC = ECF \left[\frac{1}{(1+r)^1} + \frac{1}{(1+r)^2} + \cdots + \frac{1}{(1+r)^N} \right] \qquad ①$$

또 회수기간이 가장 긴 한계기간을 설정하여 두면 투자안의 선택과 우선순위의 결정에 도움이 된다.

2.4 회계적 이익률법

회계적 이익률(accounting rate of return, ARR)은 평균이익률(average rate of return)이라고도 하며, 투자수명의 기간 동안 연평균순이익(average annual net income)을 아래 식과 같이 평균투자액으로 나눈 비율이다.[7]

$$회계적\ 이익률\ =\ \frac{연평균\ 순이익}{평균투자액} \qquad (5-4)$$

여기에서 순이익의 개념은 단위 기말(연말)의 법인세 차감후 순이익을 의미한다. 그러므로, 만약 투자정보가 현금흐름일 경우에는, 이 현금흐름에서 감가상각비를 차감하여 연말의 순이익을 산출해야 한다.

예 5-3

〈표 5-1〉에서 투자안 B의 회계적 이익률을 산출하여 보자.

당초의 투자액이 정액법(straight line method)으로 감가상각되어 4년말에는 잔존가치가 전혀 없다고 한다면, 연간 감가상각비는 250만원이다. 따라서 B투자안의 1, 2, 3, 4년말 순이익은 각각의 현금흐름에서 감가상각비를 차감한 액수인 550만원(＝800만원－250만원), 250만원, 150만원, 50만원이 된다. 그러므로 투자안의 연평균 순이익은 아래와 같이 250만원이 된다.

$$연평균\ 순이익 = \frac{550+250+150+50}{4} = 250만원$$

이다. ①식의 양변에 $(1+r)$을 곱하여 ②식이라 하고, ②식에서 ①식을 차감하여 정리하면 아래와 같이 ③식이 된다.

$$IC(1+r) = ECF\left[1 + \frac{1}{(1+r)^1} + \frac{1}{(1+r)^2} + \cdots + \frac{1}{(1+r)^{N-1}}\right] \qquad ②$$

$$IC \cdot r = ECF\left[1 - \frac{1}{(1+r)^N}\right] \qquad ③$$

③식에서 $N \to \infty$ 일 때 $\frac{1}{(1+r)^N} \to 0$이므로 $IC \cdot r = ECF$, $r = \frac{ECF}{IC}$ 가 된다.

그런데 $PB = \frac{IC}{ECF}$ 이므로 내부수익률 r은 회수기간 PB의 역수가 된다.

7) 이 산식에서 분모의 평균투자액 대신에 총투자를 사용하는 수도 있다. 이 때에는 회계적 이익률이 오직 반이 된다는 것 이외에는 차이가 없으며, 이것이 바로 투자수익률(＝순이익/총투자액) 또는 자본이익률을 의미한다.

평균투자액의 산출은 당초의 투자비용(유형자산의 매입액)으로부터 매년 정액법으로 감가상각비를 차감한 시설원가의 장부가치를 평균하여야 한다. 유형자산의 1년말 장부가치는 당초의 매입액 1,000만원에서 감가상각비 250만원을 차감한 750만원이고, 2년말 장부가치는 1년말 장부가치 750만원에서 다시 감가상각비 250만원을 차감한 500만원이 된다. 마찬가지 방법으로 3년말에는 장부가치가 250만원, 4년말에는 장부가치가 0원이 된다. 그러므로 평균투자액은 아래와 같이 500만원이 되며, 이는 투자액 1,000만원의 1/2과 동일하다.

$$평균투자액 = \frac{1,000+750+500+250+0}{5} = 500만원$$

따라서 B투자안의 회계적 이익률은 50%(250/500=0.5)이다.

(예 5-3)과 같이 A, C, D투자안의 회계적 이익률을 산출하여, 이들의 우선순위를 회수기간법의 경우와 비교하면 〈표 5-7〉과 같다.

표 5-7 ARR법과 회수기간법의 우선순위

투자안	ARR	ARR순위	회수기간 순위
A	30%	4	3
B	50%	1	1
C	35%	3	2
D	45%	2	4

회계적 이익률법은 회계학에서 주로 이용되는 투자기법이라는 의미가 아니라 회계자료, 즉 회계장부의 숫자를 기초로 한다는 뜻이다.

이 방법의 장점을 든다면 ① 자본예산 전에 기초자료를 회계장부에서 쉽게 구할 수 있으므로 적용과 이해가 용이하며, ② 투자기간이 길고 현금흐름이 일정할 때에는 유용성이 높다는 것이다.

그러나 이 방법을 기계적으로 사용할 때에는 회수기간법과 마찬가지로 여러 가지 문제가 발생한다. 첫째, 이 방법은 화폐의 시간적 가치를 무시하고 있으므로, 현금유출과 현금유입 사이에 시간적으로 차이가 있거나 또는 현금흐름의 형태가 불규칙할 때에는 수익성 분석에 평균의 개념만 적용한 이 방법은 적합하지 않다. 둘째, 이 방법은 기업의 감가상각법에 따라 이익률이 달리 산출된다. 즉 정액법, 정률법, 연수합계법, 생산량비례법 등의 감가상각법에 따라 기업의 순이익이 각기 달라지기 때문에 평균이익률의 적용은 한계가 있다.

2.5 수익성지수법

수익성지수법(profitability index method, PI)은 수익·비용비율법(benefit/cost ratio method) 또는 BC비율법(BC ratio method)이라고도 한다.

순현가법에서는 순현가가 금액으로 표현되므로 독립관계에 있는 투자안들의 규모가 서로 다를 경우에는 이 투자안들에 대한 우선순위의 결정이 어렵게 된다. 수익성지수법은 이러한 순현가법의 결점을 보완해 준다.

수익성지수는 투자안의 상대적 수익성(relative profitability)을 나타내는 지수이다. 미래현금흐름(future cash flow)의 현재가치를 초기투자금액(initial investment)의 현재가치로 나눈 비율이다. 다시 말해서 수익성지수는 투자액 1원이 창출하는 수익액의 현가이다. 따라서 이를 산식으로 표시하면 다음과 같다.

$$PI = \frac{\text{미래현금흐름의 현가}}{\text{초기투자금액의 현가}} = \frac{\sum_{t=T+1}^{N} \frac{CF_t}{(1+k)^t}}{\sum_{t=0}^{T} \frac{CO_t}{(1+k)^t}} \qquad (5-5)$$

단, PI = 수익성지수
T = 투자기간
CF = 사업기간 현금흐름
CO = 투자기간 현금유출

예 5-4

할인율 k를 10%라고 할 때, 〈표 5-1〉에서 B투자안의 수익성지수를 산출하여 보자.

$$PI_B = \frac{\sum_{t=1}^{4} \frac{CF_t}{(1+k)^t}}{CO} = \frac{1,645.9}{1,000} = 1.65$$

이와 같이 〈표 5-1〉의 A, C, D투자안의 수익성지수를 산출하여, 이것에 의한 투자안의 우선순위와 NPV에 의한 우선순위를 비교하면 〈표 5-8〉과 같다.

표 5-8 NPV순위와 PI순위의 비교

투자안	투자비용 (만원)	NPV(만원) (k=10%)	NPV 순위	PI	PI순위 (k=10%)
A	1,000	267.96	4	1.27	4
B	1,000	645.93	1	1.65	1
C	1,000	397.24	3	1.40	3
D	1,000	429.07	2	1.43	2

투자안의 우선순위 결정에서 각 투자안의 투자규모(투자비용)가 동일할 때에는 〈표 5-8〉에서와 같이 순현가법과 수익성지수법의 결과가 동일하게 산출된다. 그러나 투자규모가 서로 다르면, 순현가법과 수익성지수법 사이에는 투자안의 우선순위에 차이가 발생할 수 있다.

예를 들어, B투자안에 비하여 투자규모가 반 정도인 E투자안을 가정하고, 이 두 투자안의 차액을 F투자안에 투자한다고 하자. 이 세 개 투자안의 현금흐름의 현가, 순현가, 수익성지수를 산출하면 〈표 5-9〉와 같다.

표 5-9 투자규모와 PI순위

투자안	투자비용 (만원)	현금흐름의 현가(만원) (k=10%)	NPV (만원) (k=10%)	NPV순위	PI (k=10%)	PI순위
B	1,000	1,646	646	1	1.65	2
E	500	1,000	500	2	2.00	1
F	500	646	146	3	1.30	3

이 표에서 B투자안과 E투자안이 상호배반관계에 있다고 하면, 순현가법에서는 B투자안이 선택되지만, 수익성지수법에서는 PI가 높은 E투자안이 선택된다.

그러나 수익성지수법에서 투자안들을 공정하게 비교하자면 투자안의 규모를 일치시켜야 하므로, B안과 E안과의 투자비용의 차액 500만원을 F안에 투자하였다고 하자. 이 경우 만약 F안의 현금유입현가 646만원을 초과하여 $PI_F > 1.30$이면 $P_{(E+F)}$는 PI_B를 상회하므로 E안을 선택하는 것이 기업에 유리하다.[8]

그러나 반대로 F안의 현금유입의 현가가 646만원에 미달하여 $PI_F < 1.30$이면 E안을 선택하지 말아야 한다. 그리고, $PI_F = 1.30$일 때에는 B안의 선택과 E안의 선택이 동일한 수익성을 나타낸다.

한편 F안에 대한 투자기회가 없고, 단순히 B, E안 중에서 하나만 선택해야 할 경우에는 당연히 NPV가 높은 B안을 선택하는 것이 유리하다. 왜냐하면 선택되지 않은 F안의 수익성은 고려되지 않기 때문이다.

---

8) $PI_F = 1.3$일 경우에 $PI_{(E+F)}$는 1.65이다.

즉 $PI_{(E+F)} = \dfrac{1,000+646}{500+500} = \dfrac{1,646}{1,000} = 1.65$이다.

요 약

❶ 자본예산의 중요성 이해

자본예산은 첫째, 대규모의 투자자금이 소요되기 때문에 기업에 자금압박을 가하고 유동성을 악화시키는 결과를 초래하기 쉽다. 둘째, 투자효과가 장기간에 걸쳐 발생하므로 의사결정을 잘못했을 때 수정이 어려운 특성이 있다. 셋째, 인플레이션 등과 같은 외부환경의 변화에 민감하게 영향을 받기 때문에 경제상황의 변화에 따라 투자수익성이 축소되거나 손실이 발생할 가능성이 높다. 넷째, 자본예산에서 설비확장의 경우에는 장기간 동안 높은 고정비를 발생시켜 투자기간 동안 운전자본의 수급계획에 차질이 생기는 경우 기업전체의 경영활동을 마비시키고, 기술적 지급불능을 유발할 수 있다.

❷ 투자안의 평가방법

- 순현가법(net present value method, NPV) : 투자안의 모든 현금유입을 자본비용으로 할인한 현금유입의 현가총액에서 자본비용(k)으로 할인한 투자비용의 현가총액을 차감한 값을 투자결정의 지표로 삼는 자본예산 기법

$$NPV = \sum_{t=1}^{N} \frac{CI_t}{(1+k)^t} - \sum_{t=0}^{N} \frac{CO_t}{(1+k)^t}$$

- 내부수익률법(internal rate of return method, IRR) : 투자의 효과로 나타나는 현금유입의 현가와 투자비용인 현금유출의 현가를 일치시켜 주는 할인율(r), 즉 투자안의 내재적 수익률을 투자결정의 지표로 삼는 자본예산 기법

$$\sum_{t=1}^{N} \frac{CI_t}{(1+r)^t} = \sum_{t=0}^{N} \frac{CO_t}{(1+r)^t}$$

- 회수기간법(payback period method, PB) : 투자비용을 현금흐름으로 완전히 회수하는데 소요되는 기간 즉 회수기간을 기준으로 투자를 결정하는 자본예산 기법

- 회계적 이익률법(accounting rate of return method, ARR) : 투자수명의 기간 동안 연평균순이익을 평균투자액으로 나눈 비율, 즉 회계적 이익률을 기준으로 투자를 결정하는 자본예산 기법

$$ARR = \frac{\text{연평균 순이익}}{\text{평균투자액}}$$

• 수익성지수법(profitability index method, PI) : 미래현금흐름의 현재가치를 초기투자금액의 현재가치로 나눈 비율인 수익성지수에 의해 투자를 결정하는 자본예산 기법

$$PI = \frac{\displaystyle\sum_{t=T+1}^{N} \frac{CF_t}{(1+k)^t}}{\displaystyle\sum_{t=0}^{T} \frac{CO_t}{(1+k)^t}}$$

❸ 각 평가기법 별 경제성 평가기준

평가기법	평가기준	경제성 판단기준
순현가법	0	$NPV > 0$
내부수익률법	거부율	$IRR > $ 거부율
회수기간법	목표회수기간	$PB < $ 목표회수기간
회계적 이익률법	목표이익률	$ARR > $ 목표이익률
수익성지수법	1	$PI > 1$

1 다음 용어를 설명하라.

　① NPV　　　　　　② IRR　　　　　　③ 투자회수기간

　④ 거부율　　　　　⑤ PI

2 자본예산의 중요성과 특성을 설명하라.

3 A투자안은 투자기간이 5년이며 투자비용은 500만원이다. 그리고 이 투자안의 현금흐름이 균일하게 매년말에 131만원 9천원씩 5년동안 발생한다고 하자.

　(1) 이 투자안의 회수기간을 산출하라.

　(2) 자본비용이 6%일 경우 순현가와 수익성지수를 구하라.

　(3) 내부수익률을 구하라(현금흐름을 연금으로 취급할 것).

4 자본비용이 10%인 경우 아래 투자안의 현금흐름표를 보고 순현가와 수익성지수를 구하라.

(단위: 원)

기간	0(년)	1	2	3	4	5
현금유출	10,000	–	–	10,000	–	–
현금유입	–	5,000	5,000	–	10,000	20,000

5 한국기업은 아래와 같은 현금흐름을 발생시키는 두 개의 투자사업에 대해 경제성을 평가하고 있다. 다음 물음에 답하라(자본비용은 9%로 가정).

투자안	투자비용 (억원)	현금유입(억원)			
		1년	2년	3년	4년
A안	2,000	300	500	700	900
B안	1,500	600	800	400	200

(1) *NPV*, *IRR*법에 따라 각 투자안에 대해 경제성을 평가하고, 투자우선순위를 제시하라.

(2) 각 투자안의 투자회수기간을 구하고, 투자우선순위를 제시하라.

◉ 해답

3 (1) 3.79 (2) ① 556, 107.8 ② 1.11 (3) 10%

4 NPV = 10,413.1, PI = 1.59

5 (1) B안 채택 (2) B안 채택

6

Chapter

자본예산의 실제

들어가면서

이 장에서는 제5장에서 살펴본 자본예산의 개념을 이용하여 실제 투자안을 평가하는 방법을 설명한다. 이를 위해 투자안의 경제성 평가 절차와 현금흐름 및 자본비용의 추정방법을 설명한다.

투자사업의 경제성분석은 주로 현금흐름분석에 의해 이루어진다. 현금흐름분석은 투자자금의 기회비용과 투자자금의 생산성을 현금흐름에 기초하여 분석하는 방법이다. 이를 위해서는 자산에 의해 창출되는 현금흐름과 투자자산의 기회비용인 자본비용에 대한 추정이 필요하다.

투자사업의 경제성을 평가하기 위해서는 먼저, 현금유입과 현금유출을 분석하는 현금흐름표를 작성한다. 이를 위해 투자사업의 사업실행계획에 근거하여 예상손익계산서, 추정자금수지표, 원리금상환계획표 등의 작성이 필요하다. 둘째, 분석기법을 선택한다. 주요 분석기법으로 순현가법, 내부수익률법, 수익성지수법 등을 선택하고, 보조기법으로 회수기간법, 회계적 이익률법 등을 선택한다. 셋째, 분석기법이 선택되면 분석기법에 따른 평가기준을 설정하고, 넷째, 분석결과를 바탕으로 투자사업의 경제성을 판단한다.

투자안의 경제성을 평가할 때는 증분의 현금흐름을 이용한다. 즉 새로운 투자안을 선택했을 때 발생하는 전체 현금흐름으로부터 이 투자안을 선택하기 전에 발생하던 현금흐름을 차감한 증분현금흐름이 투자안의 경제성 평가 대상이 된다. 투자안의 현금흐름은 영업현금흐름과 자본현금흐름으로 구성된다. 자본현금흐름은 자본지출과 순운전자본의 증분, 잔존가치 등으로 구성된다.

자본비용은 자기자본비용과 타인자본비용을 가중평균한 가중평균자본비용을 사용한다. 자기자본비용은 주식을 발행하여 자금을 조달할 때 기업이 부담해야 하는 자금조달비용을 말한다. 자기자본비용을 추정하는 방법은 배당수익률과 성장률을 합산하는 방법, 위험프리미엄을 고려하는 방법, *CAPM*모형을 이용하는 방법 등이 있다.

타인자본비용은 투자결정에서 투자비용으로 조달한 부채의 실질이자율을 말한다. 금융기관에서 차입한 부채는 실질 차입이자율을 타인자본비용으로 추정할 수 있고, 채권을 발행하는 경우에는 시장에서 형성되고 있는 채권의 만기수익률로 추정할 수 있다.

1.1 경제성 평가의 개념

기업은 투자사업을 추진하기 위해서 자본시장으로부터 자금을 조달하여 자산에 투자하고, 투자된 자산을 운용하여 수익을 기대하게 된다. 즉 투자자금을 조달하기 위해 부담하는 자본비용과 자산의 운용으로 기대되는 수익을 비교하여 자산의 운용수익이 더 많을 때 사업의 경제성이 있다고 평가하고, 이렇게 평가되는 경우에 투자사업을 추진하게 된다.

투자사업의 경제성분석은 주로 현금흐름분석(cash flow analysis)에 의해 이루어진다. 현금흐름분석은 [그림 6-1]에서 보는 바와 같이 투자자금의 기회비용과 투자자금의 생산성을 현금흐름에 기초하여 분석하는 방법이다. 투자자금의 기회비용은 조달된 자금의 자본비용에 의해 평가되고, 투자자금의 생산성은 자산의 활용에 의한 현금흐름의 창출능력에 의해 평가된다.

그림 6-1 현금흐름분석의 이해

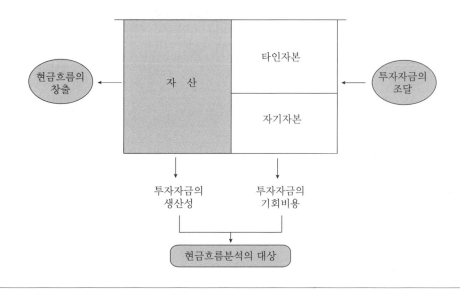

따라서 투자사업의 경제성을 분석하기 위해서는 자산에 의해 창출되는 현금흐름과 투자자금의 기회비용을 나타내는 자본비용에 대한 추정이 필요하다.

1.2 경제성 평가의 절차

투자사업의 경제성을 분석하기 위한 현금흐름분석은 [그림 6-2]와 같은 절차를 따라 실시된다.

먼저 현금유입과 현금유출을 분석하는 현금흐름표를 작성한다. 투자사업의 사업실행계획(판매계획, 원가계획, 생산계획, 투자계획, 자금계획, 이익계획 등)에 근거하여 투자사업의 예상손익계산서와 추정자금수지표[1], 원리금상환계

그림 6-2 현금흐름분석의 절차

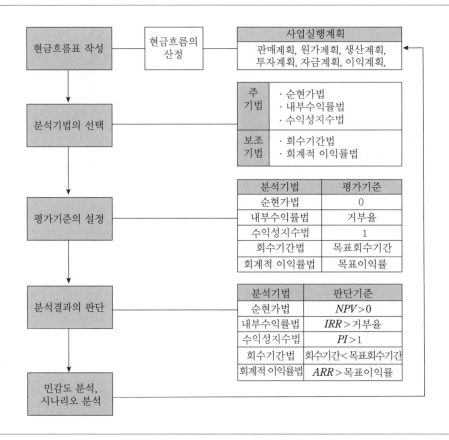

---

1) 자금의 원천과 운용을 비교하여 자금의 과부족 상황을 파악하기 위해 작성한다.

획표[2]를 작성하고 이를 바탕으로 현금유입과 현금유출을 분석하여 순현금흐름(=현금유입−현금유출)을 계산한다.

둘째, 분석기법을 선택한다. 경제성 평가에 있어 주요 분석기법으로는 화폐의 시간적 가치를 반영할 수 있는 순현가법(*NPV*)과 내부수익률법(*IRR*), 수익성지수법(*PI*)을 선택하고, 보조기법으로 회수기간법과 회계적 이익률법을 선택한다.

셋째, 분석기법이 선택되면, 분석기법에 따른 평가기준을 설정한다. 순현가법을 선택한 경우에는 할인율 결정이 중요하고 *NPV*의 크기에 의해 투자사업의 경제성이 평가된다. 내부수익률법에서는 투자안의 거부율이 결정되어야 한다. 이때 거부율로는 가중평균자본비용(weighted average cost of capital, WACC)이 이용된다. 수익성지수법에서는 현금유입의 현가를 현금유출의 현가로 나눈 비율에 의해 경제성이 평가된다. 회수기간법에서는 목표회수기간이 결정되어야 하고, 회계적 이익률법에서는 목표이익률이 설정되어야 한다.

넷째, 분석기법에 따른 평가기준이 설정되면 분석결과를 바탕으로 투자사업의 경제성 여부를 판단하는 단계이다. 순현가법에서는 *NPV*가 0보다 큰 경우에 경제성이 있다고 평가한다. 내부수익률법에서는 *IRR*이 거부율보다 큰 경우에 경제성이 있는 것으로 평가한다. 수익성지수법에서는 *PI*지수가 1보다 큰 경우에 경제성이 있는 것으로 평가한다. 회수기간법에서는 투자회수기간이 목표회수기간보다 짧은 경우에, 회계적 이익률법에서는 회계적 이익률이 목표이익률보다 큰 경우에 경제성이 있는 것으로 평가한다.

다섯째, 투자안에 대한 분석결과가 나오면, 그 결과에 영향을 미칠 수 있는 주요 변수를 대상으로 민감도나 시나리오분석 등을 실시하여 환경변화에 의하여 분석결과가 달리 나타날 수 있는 가능성을 파악한다.

현금흐름의 추정

제2절

Financial Management

현금흐름(cash flow)은 현금유입(정의 현금흐름)과 현금유출(부의 현금흐

---

2) 투자사업을 추진하기 위해 조달한 타인자본의 상환일정을 계획하고, 금융비용을 추정하기 위해 작성한다.

름)을 포괄한 의미이며, 그 측정은 자본예산에서 매우 중요하다. 자본예산에서 각 기간의 현금흐름은 아래 (6-1)식과 같이 현금유입(cash inflow)에서 현금유출 (cash outflow)을 차감한 순현금흐름(net cash flow)을 이용하며, 이를 단순히 현금흐름이라고도 한다.

$$\text{순현금흐름} = \text{현금유입} - \text{현금유출} \qquad (6\text{-}1)$$

2.1 현금흐름 추정시 고려사항

투자안의 현금흐름을 측정할 때 신중하게 고려해야 할 여러 가지 사항이 있다. 이들을 구체적으로 설명하면 다음과 같다.

1) 현금흐름과 회계적 이익

자본예산에서 사용하는 현금흐름은 자본예산의 결과로 나타난 기업의 회계적 이익(순이익)과 일치하지 않기 때문에 의사결정과정에서 혼란이 발생하는 경우가 많다. 자본예산의 집행으로 발생한 기업의 법인세비용 차감후 순이익은 총수익에서 총비용을 차감한 것으로, 비용항목에 실제로 현금이 지출되지 않는 각종의 상각비가 포함되어 있다. 그러므로 자본예산에서 특정한 투자안의 가치를 평가하기 위하여 현금흐름을 산출할 때는 법인세비용 차감후 순이익에 그 투자안과 관련되는 제반 상각비를 가산한다.

자본예산에서 현금흐름에 대한 법인세비용의 효과가 갖는 의미는 매우 중요하다. 이제 현금흐름의 형태를 현금유입, 현금지출, 제반 상각비로 구분하고, 법인세비용이 이들에게 어떠한 효과를 미치는가를 밝히기 위하여 다음과 같이 (6-2)식과 (6-3)식을 유도하기로 한다.

먼저, 투자안의 각종 상각비 중 감가상각비만 고려한다면, 현금흐름은 법인세비용 차감후 순이익과 감가상각비의 합이 된다. 이들을 〈표 6-1〉의 기호로서 수식을 표현하면 (6-2)식이 된다.

$$CF = NI + D_{ep} = (S_a - C - D_{ep})(1 - T_c) + D_{ep} \qquad (6\text{-}2)$$

이 식을 현금유출입의 종류에 따라 각 항을 재정리하면 (6-3)식이 된다.

$$CF = (S_a - C - D_{ep})(1 - T_c) + D_{ep}$$

$$= S_a(1-T_c) - C(1-T_c) - D_{ep}(1-T_c) + D_{ep}$$

$$= S_a(1-T_c) - C(1-T_c) + D_{ep} \cdot T_c$$

$$= 법인세비용\ 차감후\ 현금유입 - 법인세비용\ 차감후\ 현금지출$$

$$+ 감가상각비의\ 감세액 \tag{6-3}$$

(6-3)식은 법인세의 효과가 현금흐름에 미치는 영향을 요약한 것으로 매우 중요한 의미를 가지고 있다.

① 모든 현금유입(영업수익)에서 법인세비용을 차감한 실제의 현금유입은 $S_a(1-T_c)$이다.

② 모든 현금지출(영업비)에서 법인세비용의 효과를 감안하면 실제의 현금지출은 $C(1-T_c)$이다.[3]

③ 감가상각비에 대한 법인세비용의 감세효과(tax shield)는 $D_{ep} \cdot T_c$이다.

예 6-1

어느 기업의 투자결과에 따른 회계적 이익이 〈표 6-1〉과 같이 주어져 있다.

(1) (6-2)식에 따라 현금흐름을 산출하여보자.

〈표 6-1〉의 (2)열이 (6-2)식에 따라 산출한 현금흐름이다.

표 6-1 회계적 이익, 현금흐름, 법인세비용 조정 현금흐름 비교

항목	(1) 회계적 이익 (원)	(2) 현금흐름 (원)	(3) 법인세율	(4) 법인세비용 조정 현금흐름(원)
매출액(S_a)	10,000	10,000	$(1-T_c) = 0.8$	8,000
현금지출액(C)	−4,000	−4,000	$(1-T_c) = 0.8$	−3,200
감가상각비(D_{ep})	−2,000	−2,000	$T_c = 0.2$	+400
법인세비용 차감전 순이익(TI)	4,000	4,000		
법인세비용($T_c = 20\%$)	−800	−800		
법인세비용 차감후 순이익(E)	3,200	3,200		
감가상각비(D_{ep})		+2,000		
현금흐름(CF)		5,200		5,200

(2) (6-3)식에 따라 현금흐름을 산출하여 보자.

〈표 6-1〉의 (3)열과 (4)열은 법인세비용의 효과가 현금유출입과 감가상각비에 미치는 영향을 나타내고 있다. (6-3)식을 이용하면 다음과 같이 (4)열의 현금흐름 5,200원이 산출된다.

---

3) 투자안에 관련되어 있지 않은 영업외 수익과 영업외 비용은 여기에 포함되지 않는다.

$$CF = S_a(1-T_c) - C(1-T_c) + D_{ep} \cdot T_c$$
$$= 10,000(1-0.2) - 4,000(1-0.2) + 2,000 \times 0.2$$
$$= 8,000 - 3,200 + 400$$
$$= 5,200원$$

회계적 이익에서는 법인세비용 차감후 순이익이 3,200원으로 산출되는 것에 비하여, 현금흐름은 순이익에 감가상각비를 가산한 5,200원으로 산출된다.

2) 잔존가치와 처분가치

자산의 내용연수가 완료된 시점에도 아직 자산의 가치가 남아 있는 경우가 있는데 이 가치를 잔존가치(salvage value)라고 한다. 이 잔존가치의 크기에 따라 취득가격과 내용연수가 동일한 두 자산의 감가상각비가 서로 달라질 수 있다.

예 6-2

A자산과 B자산은 동일하게 내용연수와 취득가격이 각각 5년과 1백만원이라고 하자. A자산의 잔존가치는 10만원이고, B자산의 잔존가치는 20만원이라고 하면, 정액법을 사용했을 때 A, B자산의 연간 감가상각비를 구하라.

① A자산의 연간 감가상각비

연간 감가상각비 $= (1,000,000 - 100,000)/5 = 180,000원/년$

② B자산의 연간 감가상각비

연간 감가상각비 $= (1,000,000 - 200,000)/5 = 160,000원/년$

그리고 자산의 처분가치가 잔존가치 또는 장부가치와 일치하지 않는 경우가 있다. 이 때에는 세금효과를 고려하여 현금흐름을 아래의 (6-4)식에 의하여 산출한다.

$$CF = DV - (DV - BV) T_c$$
$$= BV + (DV - BV)(1-T_c) \qquad (6-4)$$

단, CF = 현금흐름
DV = 처분가치
BV = 장부가치
T_c = 법인세율

자산의 처분가치가 장부가치를 초과할 때는 그 초과금액이 이익으로 과세의 대상이 되며 세금 차감후의 초과금액이 현금흐름으로 계상되는데, (6-4)식의 2항이 이를 나타내고 있다.

예 6-3

어느 기업에서 잔존가치(장부가치)가 10만원인 자산을 50만원에 처분하였고, 세율이 25%라고 하면, 이 기업의 현금흐름은?

$$CF = BV + (DV - BV)\ (1 - T_c)$$
$$= 100,000 + (500,000 - 100,000)\ (1 - 0.25)$$
$$= 100,000 + 300,000 = 400,000원$$

그러나 자산의 처분가치가 장부가치보다 작을 때에는 그 차액이 손실이 되며, 이 손실에 대한 세금효과가 발생한다. 예를 들어, 장부가치가 10만원인 자산을 8만원에 처분했다면 2만원의 손실이 발생한다. 그러나 기업이 다른 영업활동에 의해 이익이 발생한 경우에는 이 이익 중에서 손실에 상당하는 금액에 대하여 세금이 부과되지 않기 때문에, 이 손실에 대한 세금효과가 현금흐름에 공헌하게 된다.

예 6-4

어느 기업에서 잔존가치(장부가치)가 10만원인 자산을 8만원에 처분하였고, 세율이 25%라고 하면, 이 기업의 현금흐름은?

$$CF = BV + (DV - BV)\ (1 - T_c)$$
$$= 100,000 + (80,000 - 100,000)\ (1 - 0.25) = 85,000원$$

3) 순운전자본의 변동

순운전자본(net working capital)은 생산과 판매라는 본업의 활동에 소요되는 투자자금으로, 유동자산에서 유동부채를 차감한 것이다. 투자사업에 있어 순운전자본의 증가는 그만큼 추가적인 자금이 더 필요하다는 것을 의미한다. 순운전자본의 증가로 인하여 추가적으로 소요되는 자금은 투자안의 내용연수 내에 동일한 금액이 회수되므로 회계적 비용은 아니다. 그러나 순운전자본이 투자되는 시점과 회수되는 시점이 다르기 때문에 화폐의 시간적 가치를 반영하기 위해 현금 흐름에 포함시켜 고려하여야 한다.

신규투자로 사업을 확장시키면 재고자산 및 매출채권 등 유동자산이 증가하지만 아울러 유동부채도 증가할 것이므로 유동자산에 대한 투자자본이 자생적(spontaneously)으로 조달되는 부분도 있다. 확장투자의 경우에는 일반적으로 유동자산의 증가액이 유동부채의 증가액을 초과하게 되어 순운전자본이 증가한다. 물론 확장투자의 성격에 따라 순운전자본이 감소되는 경우도 있다.

신규투자로 인하여 순운전자본이 증가하면 이 증가액이 바로 현금유출이 되고, 순운전자본이 감소하면 그 감소액은 현금유입이 된다. 투자안에서 최초에 투자된 순운전자본과 매기에 증가하는 순운전자본은 당해기간의 현금유출이 된다. 투자기간말에 영업이 종료되면 최초의 순운전자본에 대한 투자액을 포함하여 매기에 증가한 순운전자본에 대한 투자액이 모두 회수되어 현금유입이 된다.[4]

예 6-5

투자기간이 4년인 투자안의 경우에서 첫해에는 순운전자본이 80만원 발생하고, 그 후 매년 10만원의 순운전자본이 증가하는 경우 매년 발생하는 현금흐름을 구하라.

투자안의 현금흐름

구분	0	1	2	3	4
순운전자본의 증분(원)	−800,000	−100,000	−100,000	−100,000	1,100,000

4년말에는 영업활동이 끝나므로 10만원의 순운전자본 증가액은 발생하지 않고, 오히려 첫해의 순운전자본에 대한 투자액 80만원과 매년 증가했던 순운전자본이 모두 회수되어 현금유입이 된다.

4) 매몰원가와 기회비용

매몰원가(sunk costs)는 이미 발생한 과거의 원가로서 현재 투자안의 채택여부와 상관없는 원가를 말한다. 따라서 투자안의 현금유출에 포함시켜서는 안 된다. 왜냐하면 매몰원가는 과거에 이미 발생해버린 비용이므로 투자안의 선택을 결정할 시점에서는 증분원가(incremental costs)가 아니기 때문이다.

그리고 투자결정에서는 투자에 이용되는 모든 자산의 가치를 기회비용(op-

---

4) 순운전자본은 현금, 원재료, 재고자산 등의 유동자산에 대한 투자분으로 투자기간 영업종료 시점에 모두 투자원가로 처분되어 현금유입되는 것으로 가정한다.

portunity costs)으로 반드시 현금유출에 포함시켜야 한다. 예를 들어, 기업이 소유하고 있는 시가 10억원의 토지를 신규투자에 이용하고자 한다면, 이 토지의 시가 10억원을 투자안의 현금유출에 포함시켜야 한다.

2.2 현금흐름 추정

1) 현금흐름의 구성

투자안의 현금흐름(cash flow)은 영업현금흐름(operating cash flow)과 자본현금흐름(capital cash flow)으로 구성된다. 영업현금흐름은 생산 및 판매활동으로부터 발생하는 현금흐름을 말한다. 사업을 통해 기업이 창출하는 부가가치의 크기라고 할 수 있다. 일반적으로 사업기간 동안 현금유입(cash inflow)의 형태로 나타난다.

자본현금흐름은 자본지출(capital outlay)과 순운전자본의 증분(change in net working capital), 잔존가치(salvage value) 등으로 구성된다. 자본지출은 유형자산과 무형자산 등 비유동자산에 대한 투자지출을 말한다. 일반적으로 투자기간 동안에 현금유출(cash outflow)의 형태로 나타난다.

순운전자본의 증분은 영업활동과 관련된 유동자산의 증분과 유동부채의 증분의 차이(=유동자산의 증분−유동부채의 증분)를 말한다. 투자안의 평가에서 유동자산의 증분은 주로 매출채권과 재고자산의 증분으로 구성되고, 유동부채의 증분은 매입채무의 증분으로 구성된다. 유동자산의 증분은 현금유입을 감소시키는 효과가 있고, 유동부채의 증분은 현금유출을 감소시키는 효과가 있다. 순운전자본의 증분은 일반적으로 투자에 해당하며, 음(−)의 현금흐름을 의미한다.

잔존가치는 분석기간 말에 자산가치로 남아 있는 세후잔존가치(after-tax salvage value)로 현금유입 항목으로 인식된다.

2) 영업현금흐름의 추정

(1) 영업현금흐름 추정의 기본원칙

투자안(investment project)의 경제성을 평가할 때는 증분의 현금흐름(incremental cash flow)을 이용한다. 다시 말해서, 새로운 투자안을 선택하였을 때 발생하는 전체 현금흐름으로부터 이 투자안을 선택하기 전에 발생하던 현금흐름을 차감한 증분현금흐름이 투자안의 경제성을 평가하는 대상이다.

영업현금흐름의 측정에서 기본적으로 지켜야 할 원칙은 다음과 같다.

> ① 이자비용 지출은 현금유출에 포함시키지 않는다. 타인자본에 대한 비용인 금융비용
>   은 할인율 또는 기대수익률에서 반영되므로 영업현금흐름의 계산에서 이자비용을 계
>   산하고 다시 할인율에서 고려하게 되면 이중계산이 된다.
> ② 현금지출액이 아닌 상각비는 현금유출에 포함시키지 않는다. 영업이익을 계산할 때
>   상각비는 비용으로 처리되나 상각비는 현금이 기업으로부터 유출되는 것이 아니므로
>   현금흐름을 추정할 때는 상각비를 환입시켜주어야 한다.
> ③ 세금은 실질적으로 유출되는 것이기 때문에 현금유출 항목으로 인식하여야 한다.

(2) 영업현금흐름의 측정

영업현금흐름은 사업의 성과를 측정하는 지표이다. 영업현금흐름을 측정하는
방법은 크게 두 가지 유형이 있다.[5] 첫째는 자금운용접근법(operating approach)
이고, 둘째는 자금조달접근법(financing approach)이다.

자금운용접근법은 주로 재무상태표 차변에 있는 시설자금과 순운전자본의 합
계액, 즉 본업에 투자된 투하자본이 매년 창출하는 영업현금흐름의 크기를 측정
하는 방법이다. 이 경우에 영업현금흐름은 사업의 성과인 영업이익에 의해 측정
될 수 있다. 따라서 자금운용접근법에 있어 영업현금흐름은 감가상각비 차감전
영업이익(＝영업이익+감가상각비)에, 영업이익에 대한 법인세비용을 차감하여
구할 수 있다.

$$영업현금흐름＝영업이익+감가상각비-(영업이익×법인세율) \quad (6-5)$$

자금조달접근법은 재무상태표의 투하자본이 어떻게 조달되었는가를 기준으로
하여 영업현금흐름을 측정하는 방법이다. 투하자본은 부채와 자기자본이라는 두
가지 원천으로부터 조달된다. 이 두 가지 자본조달 원천은 매년 창출되는 영업
현금흐름의 일정분을 배분받을 권리를 갖고 있다. 부채는 지급이자를 자신의 몫
으로 배분받고, 자기자본은 법인세비용 차감전 순이익 혹은 당기순이익을 자신
의 몫으로 배분받을 수 있다.

그런데 자금조달접근법에 의한 영업현금흐름의 추정에서는 부채조달로 인해
발생하는 지급이자는 할인율로 사용되는 타인자본비용에 반영되기 때문에 이중
계산을 방지하기 위해 현금흐름 계산에 포함시키지 않는다. 따라서 영업현금흐
름은 자기자본의 몫인 법인세비용 차감전 순이익이나 당기순이익을 기준으로 측

---

5) G. B. Stewart, Ⅲ.(1991), *The Quest for Value: A Guide for Senior Managers*, Harper Business, 95-107.

정하게 된다. 이 경우 지급이자 때문에 발생하는 법인세비용 절감효과도 영업현금흐름에 포함되지 않도록 차감해 주어야 한다. 이를 식으로 표현하면 (6-6) 및 (6-7)식과 같이 된다.

$$영업현금흐름 = 법인세비용 차감전 순이익 + 감가상각비 + 지급이자$$
$$- 법인세비용 - 지급이자의 법인세비용 절감효과 \quad (6\text{-}6)$$

$$영업현금흐름 = 당기순이익 + 감가상각비 + 지급이자$$
$$- 지급이자의 법인세비용 절감효과 \qquad (6\text{-}7)$$

예 6-6

한국기업의 손익계산서가 아래와 같다고 할 때 영업이익, 법인세비용 차감전 순이익, 당기순이익을 기준으로 영업현금흐름을 계산해보자.

손익계산서 (단위 : 억원)

매출액	950
생산·판매비용	400
감가상각비	80
영업이익	470
지급이자	30
법인세비용 차감전 순이익	440
법인세비용(세율20%)	88
당기순이익	352

주: 각 항목의 수치는 기존 사업의 현금흐름을 차감한 증분치임.

(1) 영업이익 기준

$$영업현금흐름 = 영업이익 + 감가상각비 - (영업이익 \times 법인세율)$$
$$= 470 + 80 - (470 \times 0.2) = 456억원$$

(2) 세전이익 기준

$$영업현금흐름 = 법인세비용 차감전 순이익 + 감가상각비 + 지급이자 - 법인세비용 - 지급이자의$$
$$법인세비용 절감효과 = 440 + 80 + 30 - 88 - (30 \times 0.2) = 456억원$$

(3) 당기순이익 기준

$$영업현금흐름 = 당기순이익 + 감가상각비 + 지급이자 - 지급이자의 법인세비용 절감효과$$
$$= 352 + 80 + 30 - (30 \times 0.2) = 456억원$$

3) 현금유출의 측정

현금유출액을 측정하는 방법도 자금운용접근법(operating approach)과 자금조달접근법(financing approaching)이 있다.

자금운용접근법은 기업의 본원적 활동에 투자된 투하자본을 자본지출과 순운전자본으로 구분하여 측정한다. 자본지출은 유형자산과 무형자산 등 생산과 판매에 투자된 비유동자산으로 측정한다. 순운전자본은 재무상태표 차변의 매출채권, 재고자산 등의 유동자산으로부터 재무상태표 대변의 이자가 발생하지 않는 부채인 매입채무, 미지급금 등의 유동부채를 차감하여 구한다. 자금운용접근법에 의한 현금유출액은 자본지출에 순운전자본의 증분을 더한 것이 된다.

$$현금유출액 = 자본지출 + 순운전자본의 증분 \qquad (6\text{-}8)$$

자금조달접근법은 투하자본의 자금조달 원천을 이자를 부담하는 부채와 자기자본으로 구분하여, 그 조달금액을 재무상태표의 대변에서 추정하는 방법이다.

$$현금유출액 = 이자부담부 부채 + 자기자본 \qquad (6\text{-}9)$$

예 6-7

한국기업의 재무상태표가 아래와 같다고 할 때 자금운용접근법과 자금조달접근법에 의해 현금유출액을 계산해보자.

재무상태표 (단위 : 억원)

매출채권	70	매입채무	80
재고자산	40	비유동부채	210
비유동자산	300	자기자본	120
합계	410	합계	410

주: 1) 각 항목의 수치는 기존 사업의 현금흐름을 차감한 증분치임.
　　2) 비유동부채는 모두 이자부담부 부채로 가정함.

(1) 자금운용접근법 기준

　　현금유출액 = 자본지출 + 순운전자본의 증분
　　　　　　　 = 300 + (70 + 40 − 80) = 330억원

(2) 자금조달접근법 기준

　　현금유출액 = 이자부담부 부채 + 자기자본
　　　　　　　 = 210 + 120 = 330억원

2.3 투자안의 경제성 평가 예

앞에서 현금흐름을 추정하는 방법을 살펴보았다. 여기서는 신규공장설립 투자안(예 6-8)과 기존기계의 대체 투자안(예 6-9)에 대한 경제성을 평가하는 구체적인 사례를 살펴본다.

예 6-8

서울기업은 TV를 생산하는 새로운 공장설립을 검토하고 있다. 새로운 공장을 설립하는 경우 연간 예상되는 TV 매출량은 다음과 같다.

연도별 예상 매출량(개)

1년	2년	3년	4년	5년	6년	7년	8년
30,000	50,000	60,000	65,000	60,000	50,000	40,000	30,000

새로운 공장을 설립한 후 3년까지는 TV 한 대당 12만원에 판매될 것으로 예상된다. 그런데 3년 후부터는 다른 회사들과의 경쟁이 치열해지면서 대당 가격이 11만원으로 하락할 것이다. 이 TV생산 투자안은 초기에 2억원의 순운전자본이 필요하고, 이어서 매년 매출액의 15%의 순운전자본이 필요하다. 감가상각비를 제외한 생산 및 판매 등의 비용은 매출액의 70%가 발생한다.

TV생산공장을 설립하는데 80억원의 초기 투자비가 소요된다. 감가상각기간은 8년이며, 이 시설의 8년 후 잔존가치는 16억원이다. 공장시설에 대한 감가상각은 정액법으로 이루어진다. 이 투자사업의 관련 세율은 20%이고, 투자사업에 대한 요구수익률은 8%이다.

이상의 정보가 주어졌을 때, 서울기업이 새로운 TV공장을 설립하는 투자안을 선택하는 것이 유리한가를 순현가법에 의해 판단해 보자.

(1) 매출액 추정

구분	1년	2년	3년	4년	5년	6년	7년	8년
판매량(개)	30,000	50,000	60,000	65,000	60,000	50,000	40,000	30,000
판매단가(만원)	12	12	12	11	11	11	11	11
매출액(만원)	360,000	600,000	720,000	715,000	660,000	550,000	440,000	330,000

(2) 자본지출 및 감가상각비 추정(만원)

구분	0년	1년	2년	3년	4년	5년	6년	7년	8년
초기지출	800,000	-	-	-	-	-	-	-	-
감가상각비	-	80,000	80,000	80,000	80,000	80,000	80,000	80,000	80,000
잔존가치	-	-	-	-	-	-	-	-	160,000

(3) 순운전자본의 증분 추정(만원)

구분	0년	1년	2년	3년	4년	5년	6년	7년	8년
필요 순운전자본	20,000	54,000	90,000	108,000	107,250	99,000	82,500	66,000	49,500
순운전자본의 변화	20,000	34,000	36,000	18,000	-750	-8,250	-16,500	-16,500	-16,500
순운전자본의 회수	–	–	–	–	–	–	–	–	-49,500
순운전자본의 증분	20,000	34,000	36,000	18,000	-750	-8,250	-16,500	-16,500	-66,000

(4) 추정 손익계산서(만원)

구분	1년	2년	3년	4년	5년	6년	7년	8년
매출액	360,000	600,000	720,000	715,000	660,000	550,000	440,000	330,000
생산 및 판매비용	252,000	420,000	504,000	500,500	462,000	385,000	308,000	231,000
감가상각비	80,000	80,000	80,000	80,000	80,000	80,000	80,000	80,000
영업이익	28,000	100,000	136,000	134,500	118,000	85,000	52,000	19,000
세금(20%)	5,600	20,000	27,200	26,900	23,600	17,000	10,400	3,800
당기순이익	22,400	80,000	108,800	107,600	94,400	68,000	41,600	15,200

(5) 현금흐름표(만원)

구분	0년	1년	2년	3년	4년	5년	6년	7년	8년
Ⅰ. 영업현금흐름	0	102,400	160,000	188,800	187,600	174,400	148,000	121,600	95,200
당기순이익	–	22,400	80,000	108,800	107,600	94,400	68,000	41,600	15,200
(+)감가상각비	–	80,000	80,000	80,000	80,000	80,000	80,000	80,000	80,000
(+)지급이자(1-세율)	–	–	–	–	–	–	–	–	–
Ⅱ. 자본지출	800,000	–	–	–	–	–	–	–	–
Ⅲ. 순운전자본의 증분	20,000	34,000	36,000	18,000	-750	-8,250	-16,500	-16,500	-66,000
Ⅳ. 잔존가치	–	–	–	–	–	–	–	–	160,000
Ⅴ. 순현금흐름 (＝Ⅰ-Ⅱ-Ⅲ+Ⅳ)	-820,000	68,400	124,000	170,800	188,350	182,650	164,500	138,100	321,200

$$NPV = -820,000 + \frac{68,400}{(1+0.08)} + \frac{124,000}{(1+0.08)^2} + \frac{170,800}{(1+0.08)^3} + \frac{188,350}{(1+0.08)^4} + \frac{182,650}{(1+0.08)^5}$$

$$+ \frac{164,500}{(1+0.08)^6} + \frac{138,100}{(1+0.08)^7} + \frac{321,200}{(1+0.08)^8}$$

$$= 105,759만원$$

NPV가 10억 5,759만원이므로 서울기업은 신규 TV공장을 설립하는 것이 유리하다.

한국기업은 내용연수가 7년이고, 정액법으로 감가상각하면 7년 후 잔존가치가 0원인 반도체 장비를 2년 전에 840만원에 매입하여 현재 사용하고 있다. 현재 이 기업의 감가상각비 총액은 240만원이고, 연간 영업비는 700만원이다.

만약 이 장비를 성능이 우수한 최신장비로 대체한다면 매년 20만원의 비용을 절감할 수 있으며, 현재의 연간 매출액 1,000만원은 15%가 증가할 것으로 예상된다. 최신장비의 현시가는 950만원이며, 내용연수는 5년이다. 정액법으로 감가상각하면 5년 후에 잔존가치는 100만원이다. 기존장비의 처분가격은 현재 320만원이며, 이 기업의 법인세 차감후 자본비용은 6%이고, 법인세율은 20%이다.

현시점에서 기존장비를 최신장비로 대체하는 것이 유익한가를 순현가법에 의해 판단해 보자.

(1) 영업현금흐름의 추정

구분	기존장비(1)	최신장비(2)	대체효과(2−1)
매출액	1,000	1,150	150
(−)영업비	700	680	-20
(−)감가상각비	120	170	50
세전이익	180	300	120
(−)법인세	36	60	24
당기순이익	144	240	96
(+)감가상각비	120	170	50
영업현금흐름	264	410	146

(2) 자본지출의 추정

Ⅰ. 최신장비 매입원가		950
Ⅱ. 기존장비 처분가		320
Ⅲ. 법인세 절약액		56
기존장비 장부가치	600	
기존장비 처분가	<u>320</u>	
기존장비 처분손실	280	
법인세(20%)	-56	
Ⅳ. 자본지출(= Ⅰ-Ⅱ-Ⅲ)		574

(3) 현금흐름표

구분	0	1	2	3	4	5
Ⅰ. 영업현금흐름	0	146	146	146	146	146
당기순이익	–	96	96	96	96	96
(+)감가상각비	–	50	50	50	50	50
(+)지급이자(1-세율)	–	–	–	–	–	–
Ⅱ. 자본지출	574	–	–	–	–	–
Ⅲ. 순운전자본의 증분	–	–	–	–	–	–
Ⅳ. 잔존가치	–	–	–	–	–	100
Ⅴ. 순현금흐름(=Ⅰ-Ⅱ-Ⅲ+Ⅳ)	-574	146	146	146	146	246

$$NPV = -547 + \frac{146}{(1+0.06)} + \frac{146}{(1+0.06)^2} + \frac{146}{(1+0.06)^3} + \frac{146}{(1+0.06)^4} + \frac{246}{(1+0.06)^5}$$

$$= 115.73만원$$

NPV가 115.73만원이므로 한국기업은 반도체 제조장비를 최신장비로 대체하는 것이 유리하다.

자본비용의 추정

3.1 자본비용의 의의

1) 자본비용의 개념

재무관리에서 자본(capital)이라고 할 때에는 투자활동에 필요한 조달자본, 즉 재무상태표에서 대변항목 전체를 의미하며, 이를 타인자본과 자기자본으로 구분한다. 타인자본 중 단기부채와 장기부채를 분리하여 자본을 세분하는 경우도 있으나, 이 장에서는 타인자본과 자기자본으로 구분하고, 이들을 조달원천에 따라 다시 부채, 우선주, 보통주, 유보이익의 증가분으로 세분하기로 한다.

자본비용(cost of capital)이라는 용어는 Dean(1951)이 1951년 자본예산론[6]에서 처음으로 소개한 이후 Durand(1952),[7] Modigliani and Miller(1958)[8] Solomon(1963),[9] 등의 연구를 거쳐 오늘에 이르기까지 재무이론의 문헌에 수없이 사용되고 있다.

일반적으로 자본비용이라고 하면 자본의 사용자가 자본의 공급자에게 지불하는 1년간 사용자본의 대가를 의미한다. 투자자는 기업에 자금을 제공해 주는 대가로 일정한 수익률을 요구하는데 이것이 기업의 입장에서 자본사용의 대가로 부담해야 하는 비용, 즉 자본비용(cost of capital)이 된다.

한편, 기업의 입장에서 자본비용이라고 할 때에는 투자결정에서 조달자본이 달성해야 할 요구수익률(required rate of return)을 의미한다.[10] 그러므로 Solomon(1963)은 투자결정에서 자본비용의 역할을 감안하여 이것을 최저요구수익률(minimum required rate of return), 절사율(cutoff rate) 또는 장애율(hurdle rate)과 동일한 의미로 사용하고 있다. 할인율(discount rate)도 자본비용과 동일한 개념으로 사용하고 있다.

그리고 기업의 자본비용은 일반적으로 기업의 전반자본비용(overall cost of capital)을 일컫는 말로서 가중평균자본비용(weighted average cost of capital)으로 측정되고, 이를 약칭하여 가중자본비용이라고도 한다.

그리고 앞으로는 개별자본비용의 표기에서 발생할 수 있는 혼동을 막기 위하여 다음과 같이 자본비용의 기호를 사용한다.

k_b = 법인세비용 차감전 부채비용

$k_b(1-T_c)$ = 법인세비용 차감후 부채비용

k_p = 우선주비용

---

6) J. Dean(1951), *Capital Budgeting*, New York, N.Y.: Columbia University Press.

7) D. Durand(1952), "Cost of Debt and Equity Funds for Business: Trends and Problems of Measurement," *Conference on Research in Business Finance*, New York, N.Y.: National Bureau of Economic Research, 215-247.

8) F. Modigliani and M. H. Miller(1958), "The Cost of Capital, Corporation Finance and the Theory of Investment," *American Economic Review*, 48(3), 262-297.

9) E. Solomon(1963), "Leverage and the Cost of Capital," *Journal of Finance*, 273-279.

10) J. C. Van Horne(1989), *Financial Management and Policy*, Englewood Cliffs, N. J.: Prentice-Hall, Inc., 225. 그러나 최근 수년간 자본비용의 용어는 ① market rate of discount, ② minimum acceptable rate of return, ③ investment cutoff rate, ④ marginal cost of capital, ⑤ minimum risk adjusted rate of return, ⑥ price paid for the supply of funds, ⑦ minimum required rate of return 등 다양하게 재무이론의 문헌에 나타나고 있다. G. H. Partington(1981), "Financial Decisions, the Cost(s) of Capital and the Capital Asset Pricing Model," *Journal of Business Finance and Accounting*, 8(1), 97-112를 참조.

k_e = 보통주의 비용

k_s = 신규 보통주의 비용

k_w = 가중평균자본비용

2) 자본비용의 역할

투자결정에서 자본비용은 중요한 역할을 한다. 투자안의 선택에서 순현가법을 이용할 때에는 자본비용이 최저요구수익률 또는 할인율로 이용되고, 내부수익률법에서는 거부율로 이용된다. 그리고 투자결정에서 제한된 자본을 여러 투자안에 할당해야 할 경우에는 한계자본비용(marginal cost of capital)이 투자안의 우선순위 결정의 척도가 된다.

기업이 투자결정에서 자본비용을 높게 책정하면 선택되는 투자안의 수익성이 높아져서 일정시점에서의 기업가치는 증가한다. 그러나 이 경우에는 일반적으로 투자기회가 축소되므로 장기적으로 기업가치가 하락하는 결과를 초래하기 쉽다. 반대로 자본비용을 낮게 결정하면 너무 많은 투자안이 선택되어 투자안의 위험에 대한 방어력이 약화되고 자본배분에도 차질이 생길 수 있으므로 비능률적이다.

3.2 자본비용의 추정

자본비용은 측정과 응용면에서 어려움을 안고 있다. 즉 ① 조달자본의 규모에 따라 각기 달리 나타나는 개별자본비용의 변동, ② 재무레버리지의 확대에 따른 파산위험의 측정, ③ 법인세효과, ④ 완전자본시장과 불완전자본시장에서 자본비용의 변동 등은 실용적인 측면에서 많은 논쟁을 야기하고 있다.

여기서는 투자의사결정에 이용되는 자기자본비용, 타인자본비용, 가중평균자본비용에 대해 살펴본다.

1) 자기자본비용

자기자본은 보통주와 유보이익으로 구분된다. 자본조달의 측면에서 자기자본비용은 기존 보통주비용 또는 유보이익비용과 신규발행 보통주비용으로 분류할 수 있다.

보통주와 유보이익은 자본구성의 형태는 달리하고 있으나 이들의 자본비용은 일반적으로 동일한 것으로 간주한다. 그 이유는 기업의 입장에서 보면 보통주비용과 유보이익비용은 이미 조달된 자기자본이므로 기회비용이 동일하기 때문이다.

다시 말해서, 유보이익은 원래 법인세비용 차감후의 순이익으로 보통주 배당 가능이익의 일부분이다. 유보이익은 보통주주에게 지급될 배당금이 자본조달정책에 따라 유보된 것으로, 만약 유보이익이 배당금으로 지급되면 주주는 이 배당금을 다른 주식에 투자함으로써 일정한 수익률을 달성하고자 할 것이다. 따라서 유보이익률 또는 유보이익비용은 기존 보통주의 수익률과 일치해야 한다. 그렇지 않을 경우에는 주주는 소유주식을 매각하고 그 자금으로 다른 투자기회를 선택할 것이다.

(1) 보통주비용

보통주비용(cost of common stock) 또는 유보이익비용(cost of retained earnings)은 보통주주의 최저요구수익률 또는 기대수익률이며, 신규발행 보통주비용의 기초가 된다. 이 보통주비용은 주주가 투자의 결과로 지급받을 배당금과 주가를 고려하여 요구하는 투자수익률이다.

① 배당수익률과 성장률을 합산하는 방법

기업이 일정하게 성장한다고 가정하면, Gordon(1959)의 보통주 가치평가모형인 (6-10)식으로부터 보통주비용을 (6-11)식으로 유도할 수 있다.[11]

$$P_0 = \frac{D_1}{R_e - g} \qquad\qquad (6\text{-}10)$$

$$R_e = \frac{D_1}{P_0} + g \qquad\qquad (6\text{-}11)$$

단, R_e = 보통주비용

D_1 = 1기말 주당배당액

P_0 = 현재의 주가

D_1/P_0 = 배당수익률

g = 일정한 성장률

이때 보통주비용이 자기자본비용(k_e)이 된다. 따라서 자기자본비용은 배당수익률(dividend yield)과 성장률의 합으로 산출된다. 그러나 매기의 성장률이 일

---

11) M. J. Gordon(1959), "Dividends, Earnings, and Stock Prices," *Review of Economics and Statistics*, 41(2), 99-105.

정하지 않을 때에는 (6-12)식에 의해 보통주의 비용 즉 자기자본비용을 산출할 수 있다.

$$k_e = R_e = \frac{(P_1 - P_0) + D_1}{P_0} \qquad (6-12)$$

단, $k_e = R_e$ = 보통주비용(=자기자본비용)
P_0 = 기초 주가
P_1 = 기말 주가
D_1 = 기말 주당배당액

② 위험프리미엄을 고려하는 방법

이 방법은 국공채나 회사채의 현재 혹은 과거 평균수익률에 주관적으로 산정한 위험프리미엄을 합하여 보통주비용으로 하는 것이다. 이 방법은 위험프리미엄을 주관적으로 결정하기 때문에 객관적 기준이 없다는 약점이 있긴 하지만, 한편으로는 시장상황에 따라 쉽게 적용할 수 있다는 장점이 있다.

자기자본비용 = 무위험수익률 + 위험프리미엄

③ 자본시장이론의 모형을 이용하는 방법

자기자본비용은 자본자산가격결정모형(capital asset pricing model, CAPM)에 의해 추정할 수 있다. 즉 개별증권의 기대수익률($E(R_i)$)은 무위험수익률(R_f)과 위험프리미엄($[E(R_M) - R_f]\beta_i$)의 합으로 결정될 수 있다.[12]

$$E(R_i) = R_f + [E(R_M) - R_f]\beta_i \qquad (6-13)$$

단, $E(R_i)$ = i증권의 기대수익률
R_f = 무위험수익률
$E(R_M)$ = 시장포트폴리오의 기대수익률
β_i = i증권의 베타계수

여기에서 i증권의 기대수익률 $E(R_i)$가 자기자본비용(k_e)이 된다. 그리고 이 모형에서는 $E(R_M)$과 R_f가 주어져 있으므로 자기자본비용은 보통주의 체계적 위험의 척도인 베타계수(β_i)에 의하여 좌우된다.

---

12) 이와 관련된 내용은 제9장에서 자세히 다루고 있다.

(2) 신규발행 보통주비용

기업이 외부금융의 방법으로 신규 보통주를 발행할 때에는 반드시 신주발행비용(floatation cost)이 발생한다. 신규발행 보통주비용 k_s는 기존 보통주비용 k_e보다 높은 수준에서 결정된다. 기업이 일정한 성장률을 유지하고 있을 때에는 다음 식에 의하여 k_s를 산출한다.

$$k_s = \frac{D_1}{P_0 - FLC} + g \qquad\qquad (6\text{--}14)$$

$$k_s = \frac{D_1 / P_0}{1 - FLC / P_0} + g \qquad\qquad (6\text{--}14a)$$

단, D_1 = 1기말 주당 예상배당액

P_0 = 신주의 주가(발행가격)

FLC = 신주의 주당 발행비용

g = 성장률

(6–14)식과 (6–14a)식은 표현을 달리하지만 완전히 동일한 의미이다. (6–14)식에서는 성장률 g를 제외한 다른 요소가 모두 금액이지만, (6–14a)식에서는 모든 요소가 비율로 표시되어 있다.

그리고 (6–14)식으로부터 신주의 가격(P_0)을 유도하면 (6–15)식이 된다.

$$P_0 = \frac{D_1}{k_s - g} + FLC \qquad\qquad (6\text{--}15)$$

예 6–10

어느 기업에서 기존 주식의 시가와 동일한 발행가격 5,000원으로 신주를 발행한다. 신주 1주당 발행비용은 600원, 기업의 성장률은 6%, 1기말 예상배당액은 주당 400원 또는 배당수익률이 8%이다. 이 기업의 기존 보통주의 비용과 신규발행 보통주의 비용을 산출하고, 이들을 이용하여 자본비용이 보통주가에 변동을 주지 않음을 확인하라.

(1) k_e와 k_s의 산출

$$k_e = \frac{D_1}{P_0} + g = \frac{400}{5,000} + 0.06 = 0.14 \text{ 또는 } 14\%$$

$$k_s = \frac{D_1}{P_0 - FLC} + g = \frac{400}{5,000 - 600} + 0.06$$

$$= 0.0909 + 0.06 = 0.1509 \text{ 또는 } 15.09\%$$

따라서 신규발행 보통주비용은 15.09%로서 기존 보통주의 비용 또는 유보이익의 비용 14%보다 높게 나타나는데, 그 이유는 신주발행비가 발생했기 때문이다.

(2) k_e와 k_s에 의한 P_0의 산출

$$P_0 = \frac{D_1}{k_e - g} = \frac{400}{0.14 - 0.06} = \frac{400}{0.08} = 5,000원$$

$$P_0 = \frac{D_1}{k_s - g} + FLC = \frac{400}{0.1509 - 0.06} + 600$$

$$= \frac{400}{0.0909} + 600 = 5,000원$$

2) 타인자본비용

기업의 부채비용은 이자율을 말한다. 기업의 부채비용에 관련하여 유의해야 할 점으로는 명목이자율(nominal interest rate)과 실질이자율(real rate of interest)의 차이와 이자의 법인세비용효과를 들 수 있다.

명목이자율은 표면금리라고도 하며 연간 이자를 사채의 액면가로 나눈 액면이자율(coupon interest rate)을 말한다. 그러나 실질이자율은 투자결정에서 투자비용으로 조달한 부채의 비용이 보통주주의 이익에 변동을 주지 않는 수준의 비용으로 부채비용이라고 할 때는 이를 의미한다.

이 부채비용은 (6-16)식에서 내부수익률(IRR)을 구하는 방법으로 k_b를 산출할 수 있다.

$$P_0 = \sum_{t=1}^{N} \frac{I_{nt}}{(1 + k_b)^t} + \frac{F}{(1 + k_b)^N} \qquad (6\text{-}16)$$

단, $P_0 =$ 사채의 현재가격

$I_{nt} =$ 연간이자

$F =$ 사채의 액면가

$N =$ 사채의 만기(연)

예 6-11

어느 기업에서 액면가가 10만원인 5년만기 사채를 7%의 액면이자율로 이자를 지급키로 하고 현재 9만 8천원에 발행한다면, 이 사채의 실질이자율은 얼마인가?

$$P_0 = \sum_{t=1}^{N} \frac{I_{nt}}{(1+k_b)^t} + \frac{F}{(1+k_b)^N}$$

$$98,000 = \sum_{t=1}^{5} \frac{7,000}{(1+k_b)^t} + \frac{100,000}{(1+k_b)^5}$$

$$k_b = 0.0749 \text{ 또는 } 7.49\%$$

부채를 조달하는 경우에는 지급이자에 의한 법인세비용 절감효과가 발생한다. 지급이자가 손비로 인정되기 때문이다. 법인세율을 T_c라 할 때 법인세비용 차감후 부채비용은 $k_b(1-T_c)$가 된다.

예 6-12

한국기업의 영업이익이 300억원이고, 200억원의 부채에 대하여 연 6%의 이자를 지급한다고 가정하자. 이 기업의 법인세율이 25%인 경우에 법인세비용 차감후 부채비용을 지급이자가 손비로 인정되는 경우와 손비로 인정되지 않는 경우를 비교하여 계산해 보자.

A(손비 불인정)		B(손비 인정)	
영업이익	300억원	영업이익	300억원
법인세비용(25%)	75	지급이자	12
법인세비용 차감후 순이익	225	법인세비용 차감 후 순이익	288
지급이자	12	법인세비용(25%)	72
순이익	213	순이익	216

지급이자가 손비로 인정되는 경우 법인세비용 절감액이 3억원(=216억원 -213억원)이 발생하므로, 실 지급이자는 9억원이 된다. 따라서 법인세비용 차감후 부채비용은 4.5%(=9억원/200억원)가 된다. 이는 $k_b(1-T_c)$, 즉 6% × (1-0.25) =4.5%로도 계산된다.

3) 가중평균자본비용

기업의 전반자본비용은 이론적으로 가중평균자본비용(weighted average cost

of capital, WACC)과 동일한 개념으로 사용되고 있다. 가중평균자본비용은 자기자본비용과 법인세비용 차감후 타인자본비용을 가중평균한 것으로 다음 식에 의하여 산출된다.

$$k_w = \sum_{i=1}^{n} w_i \, k_i \tag{6-17}$$

단, w_i = 총자본 중 i자본의 비중
k_i = i자본의 법인세비용 차감후 자본비용

이 식에서 자본의 원천을 주요 항목인 자기자본과 부채로만 대별하여 단순화하면 가중자본비용은 (6-19a)식으로 표현된다.

$$k_w = \frac{S}{S+B} \cdot k_e + \frac{B}{S+B} \cdot k_b(1-T_c) \tag{6-17a}$$

단, S = 자기자본
B = 타인자본(부채)

예 6-13

A기업은 투자자금 100억원을 자기자본 20억원, 타인자본 80억원으로 조달하였다. 자기자본에 대한 자본비용은 16%이고, 타인자본에 대한 자본비용은 8%이다. 법인세율이 20%라고 할 때, 이 기업의 가중평균자본비용을 구하라.

$$k_w = \frac{20}{20+80} \times 16\% + \frac{80}{20+80} \times 8\%(1-0.2)$$

$$= 0.0832 \ \text{또는} \ 8.32\%$$

기업의 재무의사결정에서 가중자본비용을 이용하는 데에 다음과 같은 장단점이 있다.

장점으로 첫째, 가중자본비용은 응용방법이 간단하고 논리적이다. 즉 이 비용은 모든 개별비용을 가중평균한 기업의 비용(전반자본비용)으로 산출방법도 간편하다.

둘째, 기업이 정상적으로 이익을 달성하고 있는 기간 중에는 거부율로서의 가중평균자본비용의 역할이 매우 정확하고 효과적이다. 이 기간 중에는 기업이 무리하지 않고 신규투자결정에서 비교적 비용이 낮은 부채만을 조달하여 기업가치를 증대시키려고 하기 때문에, 투자결정의 기준으로서 가중자본비용을 매우 효과적으로 이용할 수 있다.

단점으로는 첫째, 너무 낮은 부채비용은 가중평균자본비용에서 조정하기가 어렵다는 것이다. 재무상태가 불량한 기업에서는 대개 단기부채를 주요한 자금원으로 이용하고 있는데, 단기부채는 장기부채에 비해 상대적으로 조달비용이 낮은 것이 대부분이다. 그런데 이러한 단기부채를 가중자본비용의 산출에 많이 포함시킨다면 기업의 가중자본비용이 매우 낮아지며, 기업에서 이처럼 낮은 가중자본비용을 거부율로 이용하게 되면 투자결정에서 오류를 범하기가 쉽다.

다시 말해서 투자결정에서 낮은 거부율을 이용하면 수익률이 낮은 투자안이 선택되는데, 현실적으로는 단기부채의 비중이 높은 기업은 재무위험도 높기 때문에 기업이 위험과 수익의 트레이드 오프 현상에 위배되는 투자결정을 수행하는 결과가 된다.

둘째, 기업의 이익이 저조한 기간 중에는 가중평균자본비용이 투자결정에서 효과적인 지표가 될 수 없다. 예를 들어, 기업의 요구수익률은 주주의 장기적인 기대수익률을 보장할 수 있는 수준에서 결정되어야 함에도 불구하고, 만약 이익이 저조한 기업에서 투자기회를 확보하기 위하여 거부율을 낮게 책정한다면 이 기업은 내부수익률이 낮은 투자안을 선택하는 결과를 초래한다. 이 경우에는 투자자가 이 기업의 주식을 매각하고 더 나은 다른 투자기회를 찾으려고 할 것이다.

요 약

❶ 투자사업의 경제성 평가 절차

투자사업의 경제성을 평가하기 위해서는 먼저, 현금유입과 현금유출을 분석하는 현금흐름표를 작성한다. 이를 위해 투자사업의 사업실행계획에 근거하여 예상손익계산서, 추정자금수지표, 원리금상환계획표 등의 작성이 필요하다. 둘째, 분석기법을 선택한다. 주요 분석기법으로 순현가법, 내부수익률법, 수익성지수법 등을 선택하고, 보조기법으로 회수기간법, 회계적 이익률법 등을 선택한다. 셋째, 분석기법이 선택되면 분석기법에 따른 평가기준을 설정하고, 넷째, 분석결과를 바탕으로 투자사업의 경제성 여부를 판단한다. 순현가법에서는 NPV가 0보다 큰 경우, 내부수익률법에서는 IRR이 자본비용보다 큰 경우, 수익성지수법에서는 PI지수가 1보다 큰 경우, 회수기간법에서는 투자회수기간이 목표 회수기간보다 짧은 경우, 회계적 이익률법에서는 회계적 이익률이 목표이익률보다 큰 경우에 경제성이 있는 것으로 평가한다.

❷ 현금유입 및 현금유출 추정 방법

투자안의 경제성을 평가할 때는 증분의 현금흐름을 이용한다. 즉 새로운 투자안을 선택했을 때 발생하는 전체 현금흐름으로부터 이 투자안을 선택하기 전에 발생하던 현금흐름을 차감한 증분 현금흐름이 투자안의 경제성 평가 대상이 된다.

투자안의 현금흐름은 영업현금흐름과 자본현금흐름으로 구성된다. 자본현금흐름은 자본지출과 순운전자본의 증분, 잔존가치 등으로 구성된다.

영업현금흐름＝영업이익＋감가상각비－(영업이익×법인세율)　　　　　　　　(6–5)

영업현금흐름＝법인세비용 차감전 순이익＋감가상각비＋지급이자－법인세비용　　(6–6)
　　　　　　　－지급이자의 법인세비용 절감효과

영업현금흐름＝당기순이익＋감가상각비＋지급이자－지급이자의 법인세비용 절감효과(6–7)

현금유출액＝자본지출＋순운전자본의 증분　　　　　　　　　　　　　　　(6–8)

현금유출액＝이자부담부 부채＋자기자본　　　　　　　　　　　　　　　　(6–9)

❸ 자기자본비용 추정 방법

자기자본비용은 기존 보통주비용(cost of common stock) 또는 유보이익비용(cost of retained earnings)과 신규발행 보통주비용으로 분류할 수 있다. 보통주비용 또는 유보이익비용은 보통주주의 최저요구수익률 또는 기대수익률이며, 신규발행 보통주비용의 기초가 된다.

자기자본비용을 추정하는 방법은 ① 배당수익률과 성장률을 합산하는 방법, ② 위험프리미엄을 고려하는 방법, ③ CAPM모형을 이용하는 방법 등이 있다.

$$① \ k_e = R_e = \frac{D_1}{P_0} + g$$

$$② \ 자기자본비용 = 무위험수익률 + 위험프리미엄$$

$$③ \ k_e = E(R_i) = R_f + [E(R_M) - R_f] \ \beta_i$$

❹ 타인자본비용 추정 방법

타인자본비용은 투자결정에서 투자비용으로 조달한 부채의 실질이자율(real rate of interest)을 말한다. 금융기관에서 차입한 부채는 실질 차입이자율을 타인자본비용으로 추정할 수 있고, 채권을 발행하는 경우에는 시장에서 형성되고 있는 채권의 만기수익률(k_b)로 추정할 수 있다.

$$P_0 = \sum_{t=1}^{N} \frac{I_{nt}}{(1+k_b)^t} + \frac{F}{(1+k_b)^N}$$

❺ 가중평균자본비용 추정 방법

가중평균자본비용(weighted average cost of capital, WACC)은 자기자본비용과 법인세비용 차감후 타인자본비용을 가중평균한 것이다.

$$k_w = \frac{S}{S+B} \cdot k_e + \frac{B}{S+B} \cdot k_b(1-T_c)$$

연·습·문·제

1 다음 용어를 설명하라.

① 증분현금흐름   ② 회계적 이익   ③ 매몰원가

④ 잔존가치   ⑤ 가중평균자본비용

2 투자사업의 경제성을 분석하기 위한 현금흐름분석의 절차를 설명하라.

3 자본예산에서 매몰원가를 현금유출에 포함시키지 않는 이유를 설명하라.

4 자본예산에서 순운전자본의 증분을 현금유출항목으로 인식하는 이유를 설명하라.

5 영업현금흐름을 추정할 때 지급이자를 환입시키는 이유를 설명하라.

6 현금흐름과 회계적 이익을 예를 들어 비교 설명하라.

7 어느 기업에서 신규투자로 인하여 다음해의 매출액은 20,000원, 현금지출은 8,000원, 감가상각비는 1,600원이 발생할 것으로 예상된다. 이 기업의 현금흐름을 8,800원으로 예상할 때 법인세율을 산출하라.

8 한국기업은 투자자금 500억원을 자기자본 200억원, 타인자본 300억원으로 조달하였다. 자기자본에 대한 자본비용은 15%이고, 타인자본에 대한 자본비용은 7%이다. 법인세율이 20%라고 할 때, 이 기업의 가중평균자본비용을 구하라.

9 어느 기업에서 액면가가 1만원, 액면이자율이 8%인 4년 만기상환사채를 8천원에 발행하였다. 이 기업의 법인세율이 20%일 경우 법인세비용 차감후 사채비용을 구하라.

10 현재 한일기업의 보통주 시가는 1,200원, 주당배당금은 100원이다. 성장률이 8%라고 할 때 보통주비용을 산출하라.

11 대일기업에서는 내용연수가 12년이고, 정액법으로 감가상각하면 12년 후 잔존가치가 0인 장난감의 제조기계를 720만원에 2년 전에 매입하여 현재 사용하고 있다. 만약 이 기계를 성능이 우수한 최신기계로 대체한다면 매년 50만원의 비용을 절감할 수 있으며, 현재의 연간 매출액 1,000만원은 10%가 증가할 것으로 예상된다. 최신기계의 현시가는 750만원이며, 내용연수는 10년, 정액법으로 감가상각하면 10년 후 잔존가치가 80만원이다. 기존기계의 처분가격은 현재 160만원이며, 이 기업의 법인세 차감후 자본비용은 10%, 법인세율은 25%이다. 그리고, 현재 이 기업의 감가상각비의 총액은 120만원, 연간 영업비는 800만원이라고 하자.

(1) 현시점에서 기존기계를 최신기계로 대체하는 것이 유익한가를 순현가법에 의해 판단하라.

(2) 이 대체투자안의 *IRR*, *PI*를 구하라.

12 한라기업은 신제품을 생산하는 투자안의 선택을 신중하게 검토하고 있다. 이 기업의 재무관리 담당자는 투자안의 순현가를 산출하는 데에 필요할 것이라고 생각한 자료를 아래와 같이 수집하였다. 이 중에는 혹시 이용되지 못하는 자료가 있을 수도 있다. 이 투자안의 순현가와 내부수익률을 산출하라.

〈자료〉

① 투자기간 : 5년

② 제품가격 : 첫 해에는 6,000원이나 매년 가격이 6%씩 증가할 것으로 예상됨.

③ 연간 매출량 : 20,000개

④ 변동비 : 연간 매출액의 65%

⑤ 고정비 : 첫 해에는 2천만원이 발생하고, 매년 6%씩 증가할 것임.

⑥ 수익성의 분석 : 과거 2년동안 이 투자안의 수익성을 검토하기 위하여 2백만원을 지출

하였음.

⑦ 시험연구비 : 기초에 시험연구비가 1천 250만원 발생되나, 이 비용은 5년간 균등하게 상각함.

⑧ 토지, 건물, 장비 매수

구분	매수가격(원)	내용년수(연)	잔존가치(원)	5년말 처분가치(원)
토지	2,400,000	–	–	3,400,000
건물	16,000,000	20	0	2,000,000
장비	20,000,000	5	5,000,000	2,000,000

⑨ 감가상각은 정액법을 사용함.

⑩ 순운전자본 : 1차년도에 1천 4백만원이 발생하고 그 후 각 연말에 차기년도 증분매출액의 12%에 해당하는 순운전자본이 증가함.

⑪ 법인세율은 20%이고, 이 투자안의 자본비용은 10%임.

13 청원기업(주)의 요약재무제표가 아래와 같다.

재무상태표 (단위 : 억원)

매출채권	35	매입채무	50
재고자산	20	비유동부채	270
비유동자산	400	자기자본	135
합계	455	합계	455

손익계산서 (단위 : 억원)

매출액	600
생산 · 판매비용	400
감가상각비	80
영업이익	120
지급이자	40
법인세비용 차감전 순이익	80
법인세비용(세율 20%)	16
당기순이익	64

주: 1) 각 항목의 수치는 기존 사업의 현금흐름을 차감한 증분치임.
　　2) 비유동부채는 모두 이자부담부 부채로 가정함.

(1) 영업이익, 법인세비용 차감전 순이익, 당기순이익을 기준으로 각각의 영업현금흐름을 계산하라.

(2) 현금유출액은 얼마인가?

(3) 지급이자로 인한 법인세비용 절감효과는 얼마인가? 지급이자가 손비로 인정되는 경우와 손비로 인정되지 않는 경우를 각각 계산하여 비교하라.

14 창신기업은 타인자본 조달을 위해 액면기준으로 5억원 상당의 회사채를 발행하였다. 이 채권은 현재 액면가 10,000원당 9,000원에 시장에서 거래되고 있다. 또한 자기자본 조달을 위

해 보통주 5만주를 주가 12,000원에 발행하였다. 창신기업의 베타계수는 1.2이고, 주식시장의 시장수익률은 10%, 1년 만기 국채수익률은 5%이다. 창신기업의 법인세비용 차감전 타인자본비용이 6.5%이고, 법인세율이 20%일 때 가중평균자본비용(WACC)은 몇 %인가?

● 해답

7 30.77% **8** 9.36% **9** 12% **10** 16.33%

11 (1) 252.86 (2) IRR = 20.7%, PI = 1.53

12 NPV = 29,937,908, IRR = 25.39%

구분 \ 연도	0	1	2	3	4	5
영업현금흐름		4,860,000	19,000,160	20,064,570	21,192,844	40,395,263
자본현금흐름	-50,900,000					9,800,000
순현금흐름	-50,900,000	4,860,000	19,000,160	20,064,570	21,192,844	50,195,263

13 (1) 176억원 (2) 405억원 (3) 8억원

14 8.51%

7
Chapter

자본예산의 특수문제

들어가면서

제6장에서는 자본예산의 기본적인 방법을 설명하였다. 그러나 이 장에서는 자본예산에서 발생할 수 있는 여러 가지 특수한 문제를 다루고 있다. 복수의 투자안이 존재하는 경우에 투자안을 선택하는 방법, 투자기간이 다른 투자안을 선택하는 방법, 인플레이션을 조정하는 방법, 포기가치와 조정현가법을 이용하는 방법 등을 설명한다.

투자결정에 있어서 각 대안들은 상호독립관계, 상호배반관계, 또는 상호종속관계에 있게 된다. 모든 투자안이 독립관계에 있을 경우에는 기업의 투자능력에 따라 $NPV>0$, $IRR>$자본비용인 투자안을 선택할 수 있다. 투자안이 상호배반관계에 있을 때는 어느 한 투자안이 선택되면 다른 투자안은 선택될 수 없다. 이 경우 우선순위에서 순현가법과 내부수익률법에 의한 결과가 다른 경우 순현가법에 의한 우선순위로 결정한다.

자본예산에서 투자안을 분석할 때 각 투자안의 투자기간(투자수명)이 서로 일치하지 않는 경우가 많다. 자본예산에서 투자안의 선택이 각기 독립관계에 있을 때에는 투자안마다 투자기간이 서로 다르더라도 문제가 되지 않는다. 그러나 상호배반관계에 있는 투자안들의 경우에는 우선순위 결정에 어려움이 발생할 수 있다. 투자기간이 다른 상호배반투자안의 우선순위를 평가하기 위해서는 최소공배투자기간에 대한 순현가의 산출방법, 무한반복투자에 대한 순현가의 산출방법, 연간균등연금의 산출방법 등을 사용할 수 있다.

자본예산에서 인플레이션을 적용할 때는 인플레이션율을 현금흐름과 할인율에 모두 반영시키든지 그렇지 않으면 모두 반영시키지 않아야 한다. 투자안 평가에 있어 포기가치는 투자안을 계속 수행하기 위한 투자비용으로 인식한다. 포기가치를 이용하여 순차적으로 각 단위기간 말에서 순현가를 구해 나갈 때 순현가가 처음으로 부(−)의 값을 갖는 곳에서 투자안을 중단하는 것이 가장 효과적이다.

조정현가법은 자본예산에서 투자비용의 조달방법, 즉 자본조달의 방법이 현금흐름에 미치는 효과를 고려하여 순현가를 산출하는 방법이다. 조정현가법에서 투자안의 순현가는 자기자본만으로 자본을 구성하고 있는 기업의 현금흐름으로 산출한 순현가와 부채조달의 효과로 발생되는 현금흐름의 현가의 합이 된다.

제 **1** 절

1.1 우선순위의 결정

투자결정에 있어서 각 투자안들은 상호독립관계(independent relationship), 상호배반관계(mutually exclusive relationship), 또는 상호종속관계(dependent relationship)에 있게 된다.

첫째, 모든 투자안이 독립관계에 있을 경우에 기업이 투자능력, 즉 투자비용의 조달능력에 구애를 받지 않는다면, 유익한 투자안을 모두 선택할 수가 있다. 이러한 개별 투자안의 수락결정(screening decision)에서는 IRR이 기대수익률인 할인율 k보다 크게 나타나는 한 순현가법과 내부수익률법은 동일한 투자결정을 내리게 된다.

둘째, 투자안이 상호배반관계에 있을 때에는 어느 한 투자안이 일단 선택되면 자동적으로 다른 모든 투자안은 선택될 수 없으므로 투자안의 우선순위가 매우 중요하다. 이러한 우선순위결정에서는 순현가법과 내부수익률법의 투자평가가 동일한 결과를 나타낼 수도 있고, 우선순위가 정반대의 결과로 나타날 수도 있다.

예를 들어, 〈표 7-1〉의 A투자안과 B투자안을 비교해 보자. 〈표 7-1〉에 의하

표 7-1 할인율의 변동과 순현가

투자안	투자비용	현금흐름			
		1년	2년	3년	4년
A	1,000	700	400	300	300
B	1,000	300	300	300	1,000

투자안	순현가							
	k=0%	k=5%	k=10%	k=13%[a]	k=20%	k=24.5%[b]	k=31%[c]	k=35%
A	700	535.4	397.3	324.6	179.4	100.6	2.8	−49.7
B	900	639.7	429.0	312.7	114.2	6.1	−132.2	−190.2

주: a) 교차점의 할인율

　　b) B투자안의 내부수익률. 이는 근사치임.

　　c) A투자안의 내부수익률. 이는 근사치임.

그림 7-1 할인율의 변동과 순현가의 관계

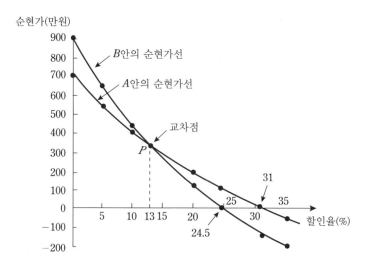

면, k가 약 13%일 때, A안과 B안의 순현가는 유사해진다. 이 점을 기준으로 k가 13%에 미달하는 범위와 13%를 초과하는 범위에서 A안과 B안의 우선순위가 서로 상반되게 나타난다. 그리고, A안의 *IRR*은 약 31%이고, B안의 *IRR*은 약 24.5%이므로 각 투자안의 자본비용 k가 이들을 초과하게 되면 투자손실이 발생한다.

이상과 같은 현상은 [그림 7-1]에서 A안의 순현가선과 B안의 순현가선이 잘 나타내고 있다. 이 그림에서 두 안의 순현가선이 교차되는 P점을 피셔의 교차점 (Fisher's intersection)이라고 하고, 이 P점에서의 수익률($k=13\%$)을 피셔의 수익률(Fisher's rate of return)이라고 한다.[1]

이제, 이 P점을 기점으로 하여 두 투자안의 우선순위를 세 가지로 구분할 수 있다.

첫째, 할인율 k가 P점과 일치하는 경우로 두 투자안의 순현가는 동일하다.

둘째, 할인율 k가 P점 우측의 범위에 있어 피셔의 수익률보다 큰 경우이다. 이

---

1) A투자안과 B투자안의 관계에서 피셔의 수익률은 아래의 식을 만족시키는 k_F를 산출하여 구할 수 있다.

$$\sum_{t=0}^{n} \frac{NCF_{At}}{(1+k_F)^t} = \sum_{t=0}^{n} \frac{NCF_{Bt}}{(1+k_F)^t}$$

단, k_F = 피셔의 수익률

NCF_{At} = t시점의 A투자안 순현금흐름

NCF_{Bt} = t시점의 B투자안 순현금흐름

때에는 두 투자안에 대한 순현가법과 내부수익률법의 우선순위가 일치한다. 즉 $NPV_A > NPV_B$이고 $IRR_A > IRR_B$이다.

셋째, 할인율 k가 P점 좌측의 범위에 위치하고 있어 피셔의 수익률보다 작은 경우이다. 이 때에는 두 투자안에 대한 순현가법과 내부수익률법의 우선순위가 반대로 나타난다. 즉 $NPV_A < NPV_B$이지만, $IRR_A > IRR_B$이다.

1.2 순현가법과 내부수익률법의 우선순위가 상반되는 이유

투자안의 우선순위 결정에서 NPV법과 IRR법이 상반되는 결과를 나타내는 이유는 각 투자안의 현금유출입의 형태가 서로 다르기 때문이다. 다시 말해서, 각 투자안의 ① 투자규모(현금유출)의 차이와 ② 현금유입의 형태, 즉 현금유입의 시간적 패턴(time pattern)에 차이가 발생할 때 순현가법과 내부수익률법에 의한 우선순위는 달라질 수 있다.

1) 투자규모의 차이

투자규모의 차이로 인하여 순현가법과 내부수익률법의 우선순위가 정반대로 나타나는 현상을 〈표 7-2〉의 X안과 Y안을 예로 들어 설명해 보자.

이 표에서 내부수익률법의 입장에서 보면, $IRR_X = 32\% < IRR_Y = 42\%$이므로 Y 안이 X안보다 우선하지만, 순현가법에서는 $NPV_X = 500$만원 $> NPV_Y = 200$만원으로 X안이 Y안보다 우선한다. 이러한 현상은 비교되는 투자안의 규모가 서로 다르고, 규모가 작은 투자안의 IRR이 규모가 큰 투자안의 IRR보다 높은 경우에 흔히 발생한다.

이처럼 〈표 7-2〉와 같이 규모가 서로 다른 두 투자안의 우선순위는 순현가법과 내부수익률법에서 반대로 나타날 수 있으므로, 먼저 두 투자안의 자본비용을 일치시키지 않고는 어느 안이 반드시 우선하다고 단정하기가 어렵다. 그러나 NPV는 구체적인 기업가치의 증가액이므로 일반적으로 순현가법에 따라 X안을 선택하는 것이 합리적이다.

표 7-2 투자규모의 차이에 따른 NPV와 IRR의 변동

투자안	투자비용	$NPV(k=20\%)$	IRR
X	1,000만원	500만원(우선)	32%
Y	500만원	200만원	42%(우선)

2) 현금유입의 시간적 패턴의 차이

투자안들의 투자규모가 모두 동일할지라도 각 현금유입의 시간적 패턴에 차이가 있을 때에는 투자안의 우선순위가 순현가법과 내부수익률법에서 정반대로 나타날 수 있다.

그 이유는 재투자율(reinvestment rate)의 가정이 각기 다르기 때문이다. 내부수익률법에서는 투자기간 중에 발생하는 모든 현금유입을 내부수익률로서 재투자한다고 가정하지만, 순현가법에서는 할인율 또는 기대수익률로서 현금유입을 재투자한다고 가정한다.

이러한 가정 때문에 내부수익률법에서는 투자안마다 일정한 내부수익률을 가지고 있으므로 투자안의 우선순위가 고정되어 있는 반면에, 순현가법에서는 변동하는 할인율에 따라서 재투자되는 현금흐름의 가치가 달라지므로 투자안의 순현가가 변동하여 우선순위가 뒤바뀔 수 있다.

1.3 순현가법의 우월성

이상과 같이 투자안들의 우선순위가 순현가법과 내부수익률법에서 서로 반대로 평가될 때에는 어느 투자기법이 우월한가를 결정하여야 한다. 한마디로 표현해서 자본비용, 즉 기대수익률로 재투자한다고 가정한 순현가법이 *IRR*로 재투자한다는 내부수익률법보다 타당성이 높고 우월하다. 그 이유는 다음과 같다.

첫째, 투자결정은 자본비용의 변동에 영향을 받게 된다. 자본조달이 어렵고 이자율이 높게 되면 기업은 자본의 회전속도가 빠른 투자안, 즉 회수기간이 짧은 단기투자안을 선택하여 유동성(liquidity)을 확보하려할 것이다. 자본비용이 낮고 자본을 항상 용이하게 조달할 수 있으면 기업은 수익성이 높은 장기투자안을 선택할 것이다.

순현가법은 앞에서 밝힌 바와 같이 투자결정에서 이러한 자본비용의 변동효과를 충분히 반영하고 있음에 반하여, 내부수익률법에서는 자본비용의 변동에 상관없이 *IRR*이 고정되어 있기 때문에 현실적인 수익성 측정이라는 면에서는 타당성이 부족하다.

둘째, 기업은 동시에 진행하고 있는 여러 개의 투자안이 있다. 내부수익률법에 있어서는 투자안마다 각기 고유한 *IRR*을 산출하므로 일관성있는 기업의 재투자율을 결정하기 어렵다. 이에 반하여 순현가법에서는 최저기대수익률이라는 투자

표 7-3 내부수익률의 이용이 불가능한 현금흐름				(단위: 만원)
구분	기초	1년말	2년말	3년말
A투자안	-10,000	36,000	-43,100	17,160
B투자안	20,000	-40,000	60,000	-

기준이 있기 때문에 이것을 기초로 하여 효과적인 재투자를 할 수 있다.

셋째, 내부수익률법에서는 현금흐름의 형태에 따라 다수의 내부수익률이 산출되는 경우와 내부수익률이 전혀 존재하지 않는 경우가 있을 수 있다.

예를 들어, A투자안과 B투자안의 현금흐름이 〈표 7-3〉과 같다고 하자. 이 두 투자안의 현금흐름을 아래와 같이 (7-1)식에 대입하면 다음과 같다.

$$\text{A투자안} : 0 = \sum_{t=0}^{N} \frac{NCF_t}{(1+r)^t} \qquad\qquad (7-1)$$

$$= -\frac{10,000}{(1+r)^0} + \frac{36,000}{(1+r)^1} - \frac{43,100}{(1+r)^2} + \frac{17,160}{(1+r)^3}$$

$$\text{B투자안} : 0 = \sum_{t=0}^{N} \frac{NCF_t}{(1+r)^t} \qquad\qquad (7-1)$$

$$= \frac{20,000}{(1+r)^0} - \frac{40,000}{(1+r)^1} + \frac{60,000}{(1+r)^2}$$

A투자안의 내부수익률은 10%, 20%, 30%로 복수의 내부수익률이 산출되고, B투자안의 내부수익률은 존재하지 않는다. 이러한 현상을 그래프에 나타내면 [그림 7-2]와 같다.

그러나 위의 (7-1)식에서 r을 할인율 k로 대체하여 순현가를 산출하면 이처럼 내부수익률법에서 야기되는 문제는 발생하지 않기 때문에 순현가법이 내부수익률법보다 우월하다고 할 수 있다.

넷째, 두 개의 상호배반투자안(mutually exclusive proposal) 중에서 우선순위를 결정할 때에 증분현금흐름(incremental cash flow)의 IRR을 이용할 수가 있다. 예를 들어, 어느 두 투자안의 그 차액이 〈표 7-4〉와 같다고 하자.

B안의 현금흐름에서 A안의 현금흐름을 뺀 차액인 증분현금흐름을 K안에 투자한다고 하면 K안의 IRR은 16.65%가 된다.

그림 7-2 순현가선과 내부수익률

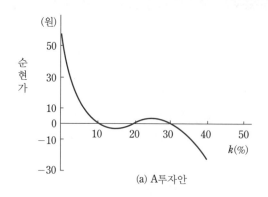

k	NPV
0%	60원
10	0
13.8	−2.59
20	0
25.4	1.94
30	0
40	−21.87

(a) A투자안

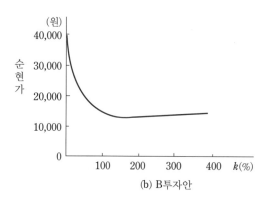

k	NPV
0%	40,000원
50	20,000
100	15,000
150	13,600
200	13,333
250	13,469
300	13,750

(b) B투자안

표 7-4 증분현금흐름의 IRR

구분	현금흐름				
	0	1	2	3	4
A투자안	−23,616	10,000	10,000	10,000	10,000
B투자안	−23,616	0	5,000	10,000	32,675
K(B−A)	0	−10,000	−5,000	0	22,675

$$0 = \frac{0}{(1+r)^0} - \frac{10,000}{(1+r)^1} - \frac{5,000}{(1+r)^2} + \frac{0}{(1+r)^3} + \frac{22,675}{(1+r)^4}$$

$$r = 0.1665 \ \text{또는} \ 16.65\%$$

이와 같이 증분분석으로 산출된 $IRR_K(=16.65\%)$의 의미는 이 기업의 기대수익률이 16.65% 이하의 수준에서 결정되는 한 B안이 A안보다 우선한다는 것이다.

이 증분 내부수익률법은 규모가 다른 두 투자안의 우선순위의 결정에 쉽게 이용할 수 있다는 장점이 있다. 그러나 이 방법은 여러 개의 내부수익률이 산출될 수 있는 가능성이 높고, 또한 상호배반투자안이 많을 때에는 이들을 2개안씩 선택하여 증분현금흐름을 산출하여야 하므로 계산이 너무 번거롭다는 단점이 있다.[2]

이에 반하여 순현가법에서는 일단 고려대상이 되는 모든 투자안의 NPV를 산출하고, 이 중에서 NPV가 가장 큰 투자안만 선택하면 되므로 순현가법이 내부수익률법보다 우월하다고 할 수 있다.

또 순현가법에서는 가치합산원칙(value additivity principle)을 적용할 수 있다. 즉 다수의 투자안을 동시에 선택할 경우에 선택된 투자안의 현가의 합은 각 투자안의 순현가를 합산하는 (7-2)식으로 산출할 수 있는데, 이를 가치합산원칙이라고 한다.

$$TNPV = \sum_{j=1}^{n} NPV_j \tag{7-2}$$

$$= NPV_1 + NPV_2 + \cdots + NPV_n$$

$$단, \ TNPV = n개 \ 투자안의 \ 순현가의 \ 합$$
$$NPV = j \ 투자안의 \ 순현가$$

그러나 내부수익률법에서는 다수의 투자안이 동시에 선택될 때 투자안마다 고유의 내부수익률을 가지고 있으므로 가치합산원칙이 적용될 수 없다.

투자기간이 다른 투자안의 분석

제2절

Financial Management

자본예산에서 투자안을 분석할 때에는 각 투자안의 투자기간(투자수명)이 서로 일치하지 않는 경우가 많다. 자본예산에서 투자안의 선택이 각기 독립관계에 있을 때에는 투자안마다 투자기간이 서로 다를지라도 별로 문제가 되지 않는다.

---

2) 예를 들어, n개의 투자안이 있으면 $_nC_2 = n(n-1)/2$개의 증분현금흐름을 산출해야 하므로 너무 번거롭다.

그러나 상호배반관계에 있는 투자안들(mutually exclusive projects)의 경우에서 투자기간이 서로 다를 때에는 유리한 투자안의 선택에 어려움이 따르게 된다.

투자기간이 다른 상호배반투자안의 우선순위를 평가하기 위해서는 아래와 같이 순현가(net present value)를 산출하는 세 가지 기법을 이용할 수 있다.

> ① 최소공배투자기간(least common multiple of a project life)에 대한 순현가의 산출
> ② 무한반복투자에 대한 순현가의 산출
> ③ 연간균등연금(equivalent annual annuity)의 산출

2.1 최소공배투자기간에 대한 순현가의 산출

투자기간이 서로 다르고 상호배반관계에 있는 A투자안과 B투자안이 있다고 하자. A투자안의 투자기간은 3년이고, B투자안의 투자기간은 4년이며, 할인율은 10%로 동일하다고 할 때 〈표 7-5〉와 같이 A투자안의 순현가는 9,526.67원이고 B투자안의 순현가는 11,472.58원이라고 하자.

이 경우에 단순히 순현가가 크다는 이유만으로 B투자안이 A투자안에 우선하다고 단정할 수는 없다. 왜냐하면, 현금흐름의 시간적 가치를 고려한다면 투자기간이 일치하지 않는 두 투자안의 순현가를 단순히 금액의 크기만으로 비교한다는 것은 논리의 일관성이 없기 때문이다.

이처럼 투자기간이 서로 다른 두 투자안의 평가에서는 각 투자안을 반복 투자시켜 두 투자안의 최소공배투자기간(least common multiple of a project life)을 산출하고, 이 투자기간에 대한 순현가를 산출한 다음, 이들을 서로 비교함으로써 투자안의 우선순위를 결정할 수 있다.

표 7-5 투자기간이 다른 두 투자안 (단위: 원)

	연도	A투자안	B투자안
현금흐름	0	−20,000	−20,000
	1	10,000	9,000
	2	12,000	10,000
	3	14,000	10,000
	4		11,000
할인율		10%	10%
순현가		9,526.67	11,472.58

다시 말해서, 투자기간이 N년인 투자안을 P회 투자한 순현가 $NPV(N, P)$, 즉 투자안의 최소공배투자기간($N \times P$)에 대한 순현가 $NPV(N, P)$는 아래의 (7-3) 식에 의하여 산출할 수 있다. 투자안의 우선순위는 이 $NPV(N, P)$를 비교함으로써 판단할 수 있다.

$$NPV(N,P) = NPV(N) + \frac{NPV(N)}{(1+k)^N} + \frac{NPV(N)}{(1+k)^{2N}}$$

$$+ \cdots\cdots + \frac{NPV(N)}{(1+k)^{(P-1)N}} \qquad (7-3)$$

단, $NPV(N, P)$ = 투자기간이 N년인 투자안을 P회 투자한 순현가

$NPV(N)$ = 투자기간이 N년인 투자안의 순현가

N = 투자안의 1회 투자기간(년)

P = 투자횟수(회), 최소공배투자횟수

($N \times P$) = 최소공배투자기간(년)

예 7-1

앞의 〈표 7-5〉의 예에서, 두 투자안의 최소공배투자기간($N \times P$)을 구하고, 두 투자안의 $NPV(N, P)$를 구해보자. 그리고 A, B투자안의 우선순위를 평가해보자.

① 두 투자안의 최소공배투자기간 계산

　　A투자안 최소공배투자기간＝3년×4회＝12년

　　B투자안 최소공배투자기간＝4년×3회＝12년

② 두 투자안의 $NPV(N, P)$ 계산

$$NPV_A(N=3,\ P=4) = NPV(3) + \frac{NPV(3)}{(1+k)^3} + \frac{NPV(3)}{(1+k)^{2\times3}} + \frac{NPV(3)}{(1+k)^{3\times3}}$$

$$= 9{,}526.67 + \frac{9{,}526.67}{(1+0.1)^3} + \frac{9{,}526.67}{(1+0.1)^6} + \frac{9{,}526.67}{(1+0.1)^9}$$

$$= 26{,}101.99원$$

단,　　$P = 4$회(최소공배투자횟수)

($N \times P$) = 12년(최소공배투자기간)

$$NPV_B(N=4,\ P=3) = NPV(4) + \frac{NPV(4)}{(1+k)^4} + \frac{NPV(4)}{(1+k)^{2\times4}}$$

$$= 11,472.58 + \frac{11,472.58}{(1+0.1)^4} + \frac{11,472.58}{(1+0.1)^8}$$

$$= 24,660.55원$$

단, $P=3$회(최소공배투자횟수)

　　$(N \times P) = 12$년(최소공배투자기간)

③ A투자안과 B투자안 우선순위 평가

두 투자안을 최소공배투자기간인 12년까지 투자한다고 가정하면, A투자안의 순현가 26,101.99원은 B투자안의 순현가 24,660.55원보다 크므로 A투자안이 B투자안에 우선하는 것으로 평가된다.

2.2 무한반복투자에 대한 순현가의 산출

자본예산에서 배반관계에 있는 두 투자안의 최소공배투자기간이 매우 긴 경우가 있다. A투자안의 투자기간이 9년이고, B투자안의 투자기간이 11년이라고 하면 최소공배투자기간은 99년이 된다. 이 경우에는 (7-3)식을 이용하여 이 투자기간에 대한 순현가를 산출한다는 것은 매우 번거로워진다.

이러한 (7-3)식의 번거로운 산출과정은 투자안의 투자횟수를 무한대로 연장하여 공배투자기간(common multiple of a project life)을 무한한 미래의 시점이라고 가정함으로써 다소 간략하게 조정할 수 있다.

투자안의 반복투자수를 무한대로 연장한 무한반복투자기간(infinite replacement of a project life)에 대한 투자안의 순현가는 (7-4)식에 의하여 산출된다.[3]

---

3) $NPV(N, P) = NPV(N) + \dfrac{NPV(N)}{(1+k)^N} + \dfrac{NPV(N)}{(1+k)^{2N}} + \cdots\cdots + \dfrac{NPV(N)}{(1+k)^{(P-1)N}}$　　　　(7-3)

에서 $U = \dfrac{1}{(1+k)^N}$라 두면,

　　$NPV(N, P) = NPV(N)(1 + U + U^2 + \cdots + U^{P-1})$　　　　　　　　　　①

이 된다. 이제 ①식의 양변에 U를 곱하여 ②식이라 하고, ①식에서 ②식을 뺀 다음, 식을 정리하면 ③식이 된다.

　　$U[NPV(N, P)] = NPV(N)(U + U^2 + U^3 + \cdots\cdots + U^P)$　　　　　　　②

　　$NPV(N, P) - U[NPV(N, P)] = NPV(N)(1 - U^P)$

　　$NPV(N, P) = \dfrac{NPV(N)(1 - U^P)}{(1-U)}$　　　　　　　　　　　　　　③

이 순현가를 기준으로 하여 배반투자안의 우선순위를 평가할 수 있다.

$$NPV(N,\ P=\infty) = NPV(N) + \frac{NPV(N)}{(1+k)^N} + \frac{NPV(N)}{(1+k)^{2N}} + \cdots\cdots + \frac{NPV(N)}{(1+k)^\infty}$$

$$= NPV(N)\left[\frac{(1+k)^N}{(1+k)^N - 1}\right] \qquad\qquad (7-4)$$

예 7-2

앞의 〈표 7-5〉의 자료를 이용하여 두 투자안에 대한 무한반복투자기간의 순현가를 구하고, A, B투자안의 우선순위를 평가해보자.

① 두 투자안의 순현가 계산

$$NPV_A(N=3,\ P=\infty) = NPV(3)\left[\frac{(1+k)^3}{(1+k)^3 - 1}\right]$$

$$= 9,526.67\left[\frac{(1+0.1)^3}{(1+0.1)^3 - 1}\right]$$

$$= 38,308.15원$$

$$NPV_B(N=4,\ P=\infty) = NPV(4)\left[\frac{(1+k)^4}{(1+k)^4 - 1}\right]$$

$$= 11,472.58\left[\frac{(1+0.1)^4}{(1+0.1)^4 - 1}\right]$$

$$= 36,192.64원$$

② A투자안과 B투자안 우선순위 평가

A투자안의 순현가는 38,308.15원이고, B투자안의 순현가는 36,192.64원이므로 A투자안의 순현가가 B투자안의 순현가보다 크다. 따라서 A투자안이 B투자안에 우선하는 것으로 평가된다.

---

③식에서 반복투자회수 P를 무한대로 연장한 다음, 이 식에 $U = \dfrac{1}{(1+k)^N}$을 다시 대입하면, ④식이 된다.

$$\lim_{P\to\infty} NPV(N,\ P) = \frac{NPV(N)}{1-U} = NPV(N)\left[\frac{1}{1 - \dfrac{1}{(1+k)^N}}\right]$$

$$NPV(N,\ P=\infty) = NPV(N)\left[\frac{(1+k)^N}{(1+k)^N - 1}\right] \qquad\qquad ④$$

2.3 연간균등연금의 산출

투자기간이 서로 다른 두 투자안의 순현가를 알고 있을 경우에 각 투자안의 순현가를 실현시켜 주는 연간균등연금(또는 연금)을 각각 산출하고, 이들을 서로 비교함으로써 투자안의 우선순위를 결정할 수도 있다. 연간균등연금은 (7-5)식과 같이 계산할 수 있다.

$$NPV = A\left[\frac{1}{k} - \frac{1}{k(1+k)^n}\right]$$

$$= A \times 연금의\ 현가계수$$

$$A = \frac{NPV}{연금의\ 현가계수} \qquad\qquad (7-5)$$

단, NPV = 연금의 총현가

A = 연간균등연금

예 7-3

〈표 7-5〉의 예에서, A투자안의 순현가 9,526.67원과 B투자안의 순현가 11,472.58원을 실현시켜 주는 연간균등연금(equivalent annual annuity)을 구해 보자. 이 경우 A투자안과 B투자안의 우선순위를 평가해 보자.

① A투자안 연간균등연금 계산

$$NPV = A_A\left[\frac{1}{0.1} - \frac{1}{0.1(1+0.1)^3}\right]$$

$$9,526.67 = A_A \times 2.486852$$

$$A_A = 3,830.82원$$

② B투자안 연간균등연금 계산

$$NPV = A_B\left[\frac{1}{0.1} - \frac{1}{0.1(1+0.1)^4}\right]$$

$$11,472.58 = A_B \times 3.169865$$

$$A_B = 3,619.26원$$

③ A투자안과 B투자안 우선순위 평가

A투자안의 연간균등연금(A_A)이 B투자안의 연간균등연금(A_B)보다 크므로, 앞에서 최소공배투자기간과 무한반복투자기간을 이용한 순현가의 산출결과와 마찬가지로 A투자안이 B투자안에 우선한다.

이자율의 기간구조와 인플레이션의 적용

3.1 이자율의 기간구조와 자본예산

자본예산에서는 흔히 투자기간 동안의 할인율은 일정하다고 가정하는 것이 일반적이다. 그러나 현실적으로는 인플레이션 등 경제적 상황에 따라 투자기간 동안 매기마다 할인율(시장이자율)이 변동하는 경우가 많다.

따라서 투자결정에서 각 현금흐름을 현가로 환산할 때는 현금흐름이 발생한 시점으로부터 현재시점까지 각 개별기간의 할인율을 기간별로, 그리고 연속적으로 현금흐름의 현가산출에 이용하는 것이 바람직하다. 다시 말해서, 투자기간 전체를 통하여 할인율을 일정하게 적용할 수 없는 경우에는 시장이자율(또는 할인율)의 기간구조(term structure of interest rate)를 자본예산에 이용하여야 한다.

매기의 현금흐름을 각 기간의 선도이자율을 반영한 할인율로 할인하여 순현가를 계산할 수 있다.

예 7-4

투자기간이 3년인 A투자안과 B투자안의 현금흐름과 각 연도의 선도이자율(forward rate)이 〈표 7-6〉과 같다고 하자.

이 경우에, 할인율 14%로 각 기의 현금흐름을 일정하게 할인하여 순현가를 산출하면 A투자안이 B투자안에 우선(NPV_A = 49.7만원 > NPV_B = 47.9만원)한다. 그러나 매기마다 현금흐름을 선도이자율을 반영한 할인율로 할인하여 순현가를 구하면, 오히려 B투자안이 A투자안에 우선한 결과가 나타난다.

표 7-6 이자율의 기간구조와 자본예산

연도	A투자안의 현금흐름	B투자안의 현금흐름	선도 이자율 (%)	현가계수 (선도이자율 이용)
0	−2,200만원	−2,200만원		
1	560	960	10.00	$0.9090 \ [= (1+0.1)^{-1}]$
2	1,180	1,020	16.08	$0.7832 \ [= \{(1+0.1)(1+0.1608)\}^{-1}]$
3	1,260	920	16.03	$0.6750 \ [= \{(1+0.1)(1+0.1608)(1+0.1603)\}^{-1}]$

① 할인율 14%를 일률적으로 사용한 순현가

$$NPV_A = -2,200 + \frac{560}{(1.14)} + \frac{1,180}{(1.14)^2} + \frac{1,260}{(1.14)^3} = 49.7만원$$

$$NPV_B = -2,200 + \frac{960}{(1.14)} + \frac{1,020}{(1.14)^2} + \frac{920}{(1.14)^3} = 47.9만원$$

② 이자율의 만기구조에 따라 선도이자율을 할인율로 사용한 순현가

$$NPV_A = -2,200 + \frac{560}{(1.1)} + \frac{1,180}{(1.1)(1.1608)} + \frac{1,260}{(1.1)(1.1608)(1.1603)} = 83.7만원$$

$$NPV_B = -2,200 + \frac{960}{(1.1)} + \frac{1,020}{(1.1)(1.1608)} + \frac{920}{(1.1)(1.1608)(1.1603)} = 92.5만원$$

3.2 인플레이션과 현금흐름

기간에 따라 차이는 있으나 과거 수십년간 인플레이션(inflation)은 지속적으로 존재하여 왔고, 앞으로도 우리 경제활동에 인플레이션이 미치는 영향은 적지 않을 것으로 예상된다. 따라서 자본예산에서도 인플레이션의 영향을 고려하여 투자계획을 수립할 필요가 있다.

인플레이션은 기대인플레이션(expected inflation) 또는 예상인플레이션(anticipated inflation)과 비기대인플레이션(unexpected inflation) 또는 비예상인플레이션(unanticipated inflation)으로 구분할 수 있다. 그러나 일반적으로 인플레이션율(inflation rate)이라고 할 때는 추정이 가능한 기대인플레이션율(expected inflation rate)을 의미하는 경우가 대부분이다.

인플레이션이 발생하게 되면 기말의 실질(불변)수익률(real rate of return)은 명목(경상)수익률(nominal rate of return)과 일치하지 않는다. 인플레이션 하에서는 명목수익률은 실질수익률이 인플레이션만큼 증가되기 때문이다. 이러한 관계를 피셔효과(Fisher effect)라고 하며, 식으로 표현하면 (7-6)식과 같다.

$$(1+k_N) = (1+k_R) [1+E(inf)] \qquad\qquad (7-6)$$

단, k_N = 명목수익률

k_R = 실질수익률

$E(inf)$ = 기대인플레이션율

인플레이션이 자본예산에 미치는 영향은 순영업현금흐름(net operating cash flow)이 인플레이션에 비례하는 경우와 비례하지 않는 경우로 나누어 살펴볼 수 있다.

먼저, 자본예산에서 현금흐름이 인플레이션에 비례하는 경우를 생각해보자. 이러한 경우에는 기말의 명목순영업현금흐름(nominal net operating cash flow)은 실질순영업현금흐름(real net operating cash flow)에 기대인플레이션을 반영하여 산출될 수 있다.

$$NOCF = RNOCF[1+E(inf)] \tag{7-7}$$

단, $NOCF$ = 명목순영업현금흐름
$RNOCF$ = 실질순영업현금흐름

이 경우에 명목순영업현금흐름을 명목할인율로 산출한 NPV는 다음과 같이 실질순영업현금흐름을 실질할인율로 산출한 NPV와 동일하게 된다.

$$NPV = \sum_{t=0}^{n} \frac{NOCF_t}{(1+k_N)^t}$$

$$= \sum_{t=0}^{n} \frac{RNOCF_t[1+E(inf)]^t}{(1+k_R)^t[1+E(inf)]^t}$$

$$= \sum_{t=0}^{n} \frac{RNOCF_t}{(1+k_R)^t} \tag{7-8}$$

다음으로, 순영업현금흐름이 인플레이션에 비례하지 않는 경우를 생각해보자. 순영업현금흐름은 다음과 같이 산출된다.

$$NOCF_t = S_{at}(1-T_c) - C_t(1-T_c) + D_{ep} \cdot T_c \tag{7-9}$$

단, $S_{at}(1-T_c)$ = 법인세비용 차감후 현금유입
$C_t(1-T_c)$ = 법인세비용 차감후 현금유출
$D_{ep} \cdot T_c$ = 감가상각비 감세액

위 식의 순영업현금흐름 중에서 법인세비용 차감후 현금유입과 법인세비용 차감후 현금유출은 대체로 인플레이션에 비례하지만, 감가상각비 감세액은 인플레이션에 비례하지 않는다. 즉 감가상각비 감세액은 투자초기의 비유동자산의 가액에 의하여 결정되기 때문에 인플레이션의 발생여부에 상관이 없는 일정한 금

액이 된다.

이와 같이 인플레이션이 발생하는 경우에 투자안의 NPV는 인플레이션이 발생하지 않는 경우에 비하여 감소하게 된다. 왜냐하면, 영업활동에 의한 현금유입과 영업활동에 의한 현금유출은 인플레이션에 비례하여 증가하지만, 감가상각비 감세액은 고정되어 있기 때문에 투자안의 실질현금흐름이 감소하는 결과로 나타나기 때문이다.

$$NPV = \sum_{t=0}^{n} \frac{NOCF_t}{(1+k_N)^t}$$

$$= \sum_{t=0}^{n} \frac{S_{at}(1-T_c)\,[1+E(inf)]^t - C_t(1-T_c)\,[1+E(inf)]^t + D_{ep}\cdot T_c}{(1+k_R)^t\,[1+E(inf)]^t}$$

$$= \sum_{t=0}^{n} \frac{S_{at}(1-T_c) - C_t(1-T_c) + D_{ep}\cdot T_c\,/\,[1+E(inf)]^t}{(1+k_R)^t}$$

$$= \sum_{t=0}^{n} \frac{RNOCF_t}{(1+k_R)^t} \tag{7-10}$$

3.3 인플레이션율의 적용과 자본예산

인플레이션을 자본예산에 적용할 때는 인플레이션율을 ① 현금흐름과 할인율에 일률적으로 적용시키는 방법과, ② 현금흐름과 할인율에 대하여 차별적으로 적용시키는 방법이 있다.

전자의 방법에서는 인플레이션율의 적용 자체가 투자안의 평가에 미치는 영향이 없는 것으로 나타나지만, 후자의 방법에서는 인플레이션율의 적용이 투자안의 순현가에 영향을 미치게 된다. 따라서 자본예산에서 인플레이션율을 적용시킬 때에는 현금흐름과 할인율에 모두 반영시키든지 그렇지 않으면 모두 반영시키지 않아야 한다.

이러한 인플레이션율의 적용방법은 현금흐름이 인플레이션에 비례할 때뿐만 아니라 현금흐름이 인플레이션에 비례하지 않는 경우에도 그대로 적용된다. NPV의 산출은 명목순영업현금흐름을 명목할인율로 할인하거나, 혹은 실질순영업현금흐름을 실질할인율로 할인하여 산출하여야 한다.

인플레이션율을 현금흐름과 할인율에 일률적으로 적용하여 명목(실질)순영업현금흐름을 명목(실질)수익률로 할인하는 순현가의 식을 제시하면 다음과 같다.

$$NPV = \sum_{t=0}^{n} \frac{NOCF_t}{(1+k_N)^t}$$

$$= \sum_{t=0}^{n} \frac{RNOCF_t}{(1+k_R)^t} \tag{7-10a}$$

예 7-5

A기업이 새로운 기계를 1천만원에 구입하여, 매년 700만원의 실질 EBITDA(감가상각비 차감전 영업이익)가 발생한다고 하자. 이 기계의 내용연수는 5년이며, 잔존가치는 없고, 정액법으로 감가상각한다. A기업에 적용되는 법인세율은 20%이다. 여기서 다른 요인은 고려하지 않고 EBITDA와 감가상각비만을 고려할 때 각 항목의 현금흐름은 다음과 같이 발생한다. 실질할인율은 6.8%이다.

(단위: 만원)

구분	1	2	3	4	5
실질 EBITDA	700	700	700	700	700
감가상각비	200	200	200	200	200

① 인플레이션이 발생하지 않는 경우의 *NPV*를 산출하라.

현금흐름 추정

(단위: 만원)

구분	1	2	3	4	5
EBITDA	700	700	700	700	700
(−) 감가상각비	200	200	200	200	200
영업이익	500	500	500	500	500
(−) 세금	100	100	100	100	100
세후영업이익	400	400	400	400	400
(+) 감가상각비	200	200	200	200	200
현금흐름	600	600	600	600	600

$$NPV = -1,000 + \frac{600}{(1+0.068)} + \frac{600}{(1+0.068)^2} + \frac{600}{(1+0.068)^3} + \frac{600}{(1+0.068)^4} + \frac{600}{(1+0.068)^5}$$

$$= 1,473.3만원$$

② 인플레이션이 매년 3%씩 발생하고, 실질할인율이 6.8%인 경우에 명목가격기준 NPV를 산출하라.

• 명목가격기준 현금흐름: 실질 EBITDA는 현재가치로 표현되어 있으므로 인플레이션에 따라 그 금액이 상승한다. 그러나 감가상각비는 미래의 명목가치이므로 변화가 없다.

현금흐름 추정

(단위: 만원)

구분	1	2	3	4	5
EBITDA	721.0	742.6	764.9	787.9	811.5
(−) 감가상각비	200.0	200.0	200.0	200.0	200.0
영업이익	521.0	542.6	564.9	587.9	511.5
(−) 세금	104.2	108.5	113.0	117.6	122.3
세후영업이익	416.8	434.1	451.9	470.3	489.2
(+) 감가상각비	200.0	200.0	200.0	200.0	200.0
현금흐름	616.8	634.1	651.9	670.3	689.2

• 명목기준 할인율: 10% $[=(1+0.068)(1+0.03)]$
• 명목가격기준 NPV

$$= -1,000 + \frac{616.8}{(1+0.1)} + \frac{634.1}{(1+0.1)^2} + \frac{651.9}{(1+0.1)^3} + \frac{670.3}{(1+0.1)^4} + \frac{689.2}{(1+0.1)^5}$$

$$= 1,460.1 만원$$

③ 실질가격기준 NPV 계산

• 실질가격기준 현금흐름: 실질영업이익은 현재가치로 표현되어 있기 때문에 변화가 없으나, 감가상각비는 장부상에 표시되는 미래의 명목가치이므로 인플레이션율을 적용하여 그 가치를 감소시켜야 한다.

현금흐름 추정

(단위: 만원)

구분	1	2	3	4	5
EBITDA	700.0	700.0	700.0	700.0	700.0
(−) 감가상각비	194.2	188.5	183.0	177.7	172.5
영업이익	505.8	511.5	517.0	522.3	527.5
(−) 세금	101.2	102.3	103.4	104.5	105.5
세후영업이익	404.6	409.2	413.6	417.8	422.0
(+) 감가상각비	194.2	188.5	183.0	177.7	172.5
현금흐름	598.8	597.7	596.6	595.5	594.5

- 실질기준 할인율: 6.8%

- 실질가격기준 NPV

$$= -1,000 + \frac{598.8}{(1+0.068)} + \frac{597.7}{(1+0.068)^2} + \frac{596.6}{(1+0.068)^3} + \frac{595.5}{(1+0.068)^4} + \frac{594.5}{(1+0.068)^5}$$

$$= 1,460.1만원$$

제4절 포기가치의 이용

Financial Management

일단 투자안이 선택되어 투자가 실행되는 과정에 있을지라도 이 투자안의 실행을 포기하고 처분하는 것이 유리할 경우가 있다. 실행중인 투자안을 일정시점에서 중단하고 처분할 때에는 이 투자안의 포기가치(abandonment value) 또는 처분가치를 고려하게 된다. 이 포기가치는 수행 중인 투자안의 장래성을 종합적으로 고려하여 평가한 가치를 말한다. 다시 말해서 포기가치는 투자안을 계속해서 수행해 나갈 때에 투자수명이 끝나기 전 어느 한 시점에서 투자안을 처분할 수 있는 가치, 즉 청산가치를 의미한다.

포기가치의 개념은 투자결정에서 많이 이용되고 있다. 예를 들어, 할인율이 12%인 어느 투자안의 현금흐름과 포기가치가 〈표 7-7〉과 같다고 하자.

1년말에 300만원의 현금흐름이 발생한 다음, 이 투자안의 포기가치가 〈표 7-7〉과 같이 800만원이라고 하면, 1년말의 시점에서는 포기가치 800만원이 바로 투자비용이 된다. 왜냐하면 이 시점에서 투자안을 처분하지 않고 계속 수행해 나갈 경우, 포기가치 800만원은 현금으로 유입되지 않기 때문이다.

그러므로 이 시점에서는 투자안의 현금흐름이 −800만원, 400만원, 500만원,

표 7-7 투자안의 현금흐름과 포기가치

(단위: 만원)

내역	기초 투자비용	현 금 흐 름				
		1년말	2년말	3년말	4년말	5년말
현금흐름	1,000	300	400	500	400	200
포기가치		800	700	500	200	0

400만원, 200만원이 된다. 따라서 이 투자안을 12%로 할인한 순현가(NPV_{1a})를 구하면, 367.56만원이 된다.

$$NPV_{1a} = -800 + \frac{400}{(1+0.12)} + \frac{500}{(1+0.12)^2} + \frac{400}{(1+0.12)^3}$$

$$+ \frac{200}{(1+0.12)^4} = 367.56만원$$

마찬가지 방법으로 2, 3, 4년말의 시점에서 투자안의 순현가를 구하면, 다음과 같다.

$$NPV_{2a} = -700 + \frac{500}{(1+0.12)} + \frac{400}{(1+0.12)^2} + \frac{200}{(1+0.12)^3}$$

$$= 207.66만원$$

$$NPV_{3a} = -500 + \frac{400}{(1+0.12)} + \frac{200}{(1+0.12)^2} = 16.58만원$$

$$NPV_{4a} = -200 + \frac{200}{(1+0.12)} = -21.43만원$$

이처럼 포기가치를 이용하여 순차적으로 각 단위기간 말에서 순현가를 구해 나갈 때에는 순현가가 처음으로 부(−)의 값을 가질 때가 나타나는데, 이 때에 투자안을 중단하는 것이 가장 효과적이라는 것이다. 따라서 이 투자안은 4년말에 중단하는 것이 가장 효과적이다.

포기가치의 개념은 투자안의 수명기간 동안 매기간마다 이 투자안을 언제까지 계속하여 수행할 것인가를 검토하는 데에 이용되기도 한다. 그러나 투자의 기초시점에서 각 기간의 포기가치를 미리 알 수 있으면, 투자안의 최적 수행기간을 다음과 같이 산출할 수도 있다.

이제 NPV_n을 n년간 계속되는 투자안의 순현가라고 하면, NPV_5는 310.32만원이 된다.

$$NPV_5 = -1,000 + \frac{300}{(1+0.12)} + \frac{400}{(1+0.12)^2} + \frac{500}{(1+0.12)^3}$$

$$+ \frac{400}{(1+0.12)^4} + \frac{200}{(1+0.12)^5} = 310.32만원$$

그러나 이 투자안을 4년간 계속할 경우에는 4년말의 총현금흐름이 당기의 현금흐름 400만원과 포기가치 200만원[4]의 합계인 600만원이 되므로, NPV_4는 323.94만원이 된다.

$$NPV_4 = -1,000 + \frac{300}{(1+0.12)} + \frac{400}{(1+0.12)^2} + \frac{500}{(1+0.12)^3}$$
$$+ \frac{600}{(1+0.12)^4} = 323.94만원$$

마찬가지 방법으로 NPV_3, NPV_2, NPV_1을 구하면, 다음과 같다.

$$NPV_3 = -1,000 + \frac{300}{(1+0.12)} + \frac{400}{(1+0.12)^2} + \frac{1,000}{(1+0.12)^3}$$
$$= 298.52만원$$

$$NPV_2 = -1,000 + \frac{300}{(1+0.12)} + \frac{1,100}{(1+0.12)^2} = 144.77만원$$

$$NPV_1 = -1,000 + \frac{1,100}{(1+0.12)} = -17.85만원$$

따라서 최대의 순현가를 달성하게 하는 투자의 최적 지속기간은 4년간이다. 이때의 순현가(NPV_4)는 323.94만원이다. 이것은 앞에서 포기가치를 투자비용으로 대체하여 산출한 NPV_{4a}의 값이 부(−)로 나타나서 4년말에 투자행위를 중단하는 것이 효과적이라는 결과와 동일하다.

그리고 이 포기가치를 위험하의 투자결정에 이용할 때에는 투자안의 수익 또는 위험의 측정치가 변경될 수도 있다. 그 이유는 투자안의 현금흐름이 기업측에 유리하지 않을 경우, 이를 중도에서 포기함으로써 기업의 손실을 최대한으로 축소시킬 수 있기 때문이다.

이처럼 투자안의 포기 가능성을 위험투자안의 평가에 적용하게 되면, 기대순현가가 증가하거나 또는 순현가의 표준편차가 감소되므로 포기가치를 적용하지 않을 때에는 거부되던 투자안까지도 채택되는 경우가 있다. 이 경우에 대해서는 뒤에서 위험투자안의 분석을 설명할 때 예를 들어 다시 설명하기로 한다.

---

4) 〈표 7-7〉을 참고할 것.

조정현가법(adjusted present value approach, APV법)은 자본예산에서 투자비용의 조달방법, 즉 자본조달(financing)의 방법이 현금흐름에 미치는 효과를 고려하여 순현가를 산출하는 방법이 있다. 이를테면, 투자비용이 부채로 조달되는 경우 또는 자기자본과 부채를 결합하여 조달되는 경우에는[5] 순현가의 산출에서 이자의 감세액(tax shield)도 현금유입으로 계상한다는 것이다.

이 조정현가법에서는 투자안의 순현가는 ① 자기자본만으로 자본을 구성하고 있는 기업(unlevered firm)의 현금흐름으로 산출한 순현가(net present value)와, ② 부채조달의 효과로 발생되는 현금흐름의 현가(present value)의 합으로 구성된다고 한다. 이러한 순현가를 조정현가(adjusted present value, APV)라고 한다.[6]

조정현가는 (7-11)식으로 산출된다.

$$\text{조정현가} = \begin{pmatrix} \text{자기자본만으로 자본을} \\ \text{구성한 기업의 현금흐름} \\ \text{으로 산출한 순현가} \end{pmatrix} + \begin{pmatrix} \text{부채조달의 효과} \\ \text{로 발생하는 현금} \\ \text{흐름의 현가} \end{pmatrix}$$

$$APV = \left[-\sum_{t=0}^{N} \frac{CO_t}{(1+k_U)^t} + \sum_{t=1}^{N} \frac{NOCF_t}{(1+k_U)^t} \right] + \sum_{t=1}^{N} \frac{FRCF_t}{(1+k_b)^t} \qquad (7-11)$$

단, APV = 조정현가(adjusted present value)

CO_t = t기의 투자비용

$NOCF_t$ = t기의 순영업현금흐름(net operating cash flow)

$FRCF_t$ = 부채조달의 효과로 발생되는 t기의 현금흐름(일반적으로는 이자의 감세액)

k_U = 자기자본만으로 자본을 구성한 기업(unlevered firm)의 자본비용

k_b = 세차감전 부채비용

---

5) 기업에 따라서는 자본구조를 일정하게 유지하고자 하는 경우가 있는데, 이때에는 조달하는 투자비용의 자본구조도 기업의 자본구조에 일치시키게 된다.

6) S. C. Myers(1974), "Interactions of Corporate Financing and Investment Decision-Implications for Capital Budgeting," *Journal of Finance*, 29(1), 1-25.

예 7-6

 한일기업이 선택한 투자안의 투자기간은 2년이며 투자비용은 40만원이라고 하자. 이 기업의 재무관리자는 이 투자비용을 기존 자본구조에 따라 부채 30만원, 자기자본 10만원으로 조달할 예정이다. 이 기업의 부채비용(k_b)은 8%이고, 타인자본을 전혀 조달하지 않은 경우 이 기업의 자기자본비용(k_U)은 연 12%이다. 그리고 이 투자안에 대한 순영업현금흐름(net operating cash flow, NOCF)이 〈표 7-8〉에 나타난 것처럼 매년 328,000원이라고 할 때 조정현가를 산출해 보자.

표 7-8 한일기업 투자안의 순영업현금흐름 (단위: 원)

항목	1년말	2년말
수익(REV)	600,000	600,000
영업비(OC)	240,000	240,000
감가상각비(D_{ep})	200,000	200,000
영업이익	160,000	160,000
법인세비용(20%)	32,000	32,000
순영업이익(NOI)	128,000	128,000
감가상각비(D_{ep})	200,000	200,000
순영업현금흐름($NOCF=NOI+D_{ep}$)	328,000	328,000

- 조달한 부채 300,000원에 대한 연이자 : 300,000원×0.08 = 24,000원

- 이자에 대하여 법인세비용효과로 발생되는 감세액(년) : 24,000원×0.2 = 4,800원
- 투자안의 조정현가 :

$$APV = \left[-\sum_{t=0}^{N} \frac{CO_t}{(1+k_U)^t} + \sum_{t=1}^{N} \frac{NOCF_t}{(1+k_U)^t} \right] + \sum_{t=1}^{N} \frac{FRCF_t}{(1+k_b)^t}$$

$$= \left[-400,000 + \sum_{t=1}^{2} \frac{328,000}{(1+0.12)^t} \right] + \sum_{t=1}^{2} \frac{4,800}{(1+0.08)^t}$$

$$= [-400,000 + 554,336.7] + 8,559.7$$

$$= 154,336.7 + 8,559.7$$

$$= 162,896.4원$$

 이 조정현가법은 투자비용조달과 자본구조의 관계에서 투자안이 다음과 같은 특성을 가질 경우에 매우 효과적인 투자안의 평가방법으로 사용될 수 있다.

① 투자안의 투자비용에서 부채부분이 명확하게 확인되는 경우
② 기업이 선택하는 투자안의 투자비용이 통상적인 투자안의 자본구조, 즉 부채/자기자본의 비율과 일치하지 않는 경우
③ 투자안의 투자비용조달이 갖는 자본구조를 일정한 수준으로 유지시키고자 할 경우

그러나 이 조정현가법은 자본예산과정에서 ① 자산의 위험이 동일하고 부채를 조달하지 않은 기업(leverage-free firm in a risk class equal to that of each asset)의 자본비용(k_U)을 결정하는 경우와, ② 각 자산에 대한 투자비용을 조달할 때 부채비용(k_b)과 부채규모를 결정할 경우에 어려움이 따르게 되므로, 이 방법은 신중하게 적용되어야 한다.

요 약

❶ 복수투자안의 우선순위 결정방법

투자결정에 있어서 각 대안들은 상호독립관계(independent relationship), 상호배반관계(mu-tually exclusive relationship), 또는 상호종속관계(dependent relationship)에 있게 된다. 모든 투자안이 독립관계에 있을 경우에는 기업의 투자능력에 따라 $NPV > 0$, $IRR >$ 자본비용인 투자안을 선택할 수 있다. 투자안이 상호배반관계에 있을 때는 어느 한 투자안이 선택되면 다른 투자안은 선택될 수 없다. 이 경우 우선순위에서 순현가법과 내부수익률법에 의한 결과가 다른 경우 순현가법에 의한 우선순위로 결정한다.

❷ 투자기간이 다른 투자안의 분석방법

자본예산에서 투자안을 분석할 때 각 투자안의 투자기간(투자수명)이 서로 일치하지 않는 경우가 많다. 자본예산에서 투자안의 선택이 각기 독립관계에 있을 때에는 투자안마다 투자기간이 서로 다르더라도 문제가 되지 않는다. 그러나 상호배반관계에 있는 투자안들의 경우에는 우선순위 결정에 어려움이 발생할 수 있다.

투자기간이 다른 상호배반투자안의 우선순위를 평가하기 위해서는 다음과 같은 세 가지 기법을 이용할 수 있다.

① 최소공배투자기간에 대한 순현가의 산출

　각 투자안을 반복 투자시켜 두 투자안의 최소공배기간을 산출하고, 이 투자기간에 대한 순현가를 산출하여 투자안의 우선순위를 결정하는 방법

② 무한반복투자에 대한 순현가의 산출

　투자안의 투자횟수를 무한대로 연장하여, 공배투자기간을 무한한 미래의 시점이라고 가정한 순현가를 산출하여 투자안의 우선순위를 결정하는 방법

③ 연간균등연금의 산출

　투자기간이 서로 다른 투자안의 순현가를 알고 있는 경우에 각 투자안의 순현가를 실현시켜 주는 연간균등연금을 각각 산출하고, 이들을 서로 비교하여 투자안의 우선순위를 결정하는 방법

❸ 투자안 평가시 이자율의 기간구조와 인플레이션 고려방법

자본예산에서는 흔히 투자기간 동안의 할인율은 일정하다고 가정하는 것이 일반적이다. 그러나 현실적으로는 경제상황에 따라 투자기간 동안 매기마다 할인율(시장이자율)이 변동하는 경우가 많다. 따라서 투자기간 전체를 통하여 할인율을 일정하게 적용할 수 없는 경우에는 시장이자

율(또는 할인율)의 기간구조를 자본예산에 이용하여야 한다. 매기의 현금흐름을 각 기간의 선도이자율을 반영한 할인율로 할인하여 순현가를 계산할 수 있다.

자본예산에서 인플레이션을 적용할 때는 인플레이션율을 현금흐름과 할인율에 모두 반영시키든지 그렇지 않으면 모두 반영시키지 않아야 한다.

$$NPV = \sum_{t=0}^{n} \frac{NOCF_t}{(1+k_N)^t} = \sum_{t=0}^{n} \frac{RNOCF_t[1+E(inf)]^t}{(1+k_R)^t[1+E(inf)]^t} = \sum_{t=0}^{n} \frac{RNOCF_t}{(1+k_R)^t}$$

❹ 투자안의 포기가치 고려방법

투자안이 선택되어 투자가 실행되는 과정에 있을지라도 이 투자안의 실행을 포기하고 처분하는 것이 유리한 경우가 있다. 실행중인 투자안을 일정시점에서 중단하고 처분할 때에는 이 투자안의 포기가치를 고려하여야 한다. 포기가치는 투자안을 계속해서 수행해 나갈 때에 투자수명이 끝나기 전 어느 한 시점에서 투자안을 처분할 수 있는 가치, 즉 청산가치를 의미한다.

투자안 평가에 있어 포기가치는 투자안을 계속 수행하기 위한 투자비용으로 인식한다. 왜냐하면 각 시점에서 투자안을 처분하지 않고 투자사업을 계속 수행해 나갈 경우 포기가치는 현금으로 유입되지 않기 때문이다.

$$NPV_t = -\text{포기가치}_t + \sum_{n=t+1}^{N} \text{현금흐름의 현가}$$

이처럼 포기가치를 이용하여 순차적으로 각 단위기간 말에서 순현가를 구해 나갈 때 순현가가 처음으로 부(−)의 값을 갖는 곳에서 투자안을 중단하는 것이 가장 효과적이다.

❺ 조정현가법의 이용 방법

조정현가법(adjusted present value approach)은 자본예산에서 투자비용의 조달방법, 즉 자본조달의 방법이 현금흐름에 미치는 효과를 고려하여 순현가를 산출하는 방법이다. 조정현가법에서 투자안의 순현가는 ① 자기자본만으로 자본을 구성하고 있는 기업의 현금흐름으로 산출한 순현가와, ② 부채조달의 효과로 발생되는 현금흐름의 현가의 합이 된다.

$$APV = \left[-\sum_{t=0}^{N} \frac{CO_t}{(1+k_U)^t} + \sum_{t=1}^{N} \frac{NOCF_t}{(1+k_U)^t} \right] + \sum_{t=1}^{N} \frac{FRCF_t}{(1+k_b)^t}$$

1 다음 용어를 설명하라.

　① 최소공배투자기간　　② 포기가치　　③ 조정현가법
　④ 순영업현금흐름　　⑤ 피셔효과

2 투자안의 평가에 있어서 순현가법과 내부수익률법의 우선순위가 반대로 나타나는 경우가 있다. 이유를 설명하라.

3 순현가법과 내부수익률법의 우월성을 논하라.

4 투자기간이 서로 다른 투자안의 우선순위를 결정하기 위하여 사용되는 자본예산의 기법을 구분하여 열거하고, 각 기법의 의미를 서술하라.

5 조정현가법은 어떠한 경우에 효과적인 투자안의 평가방법으로 사용될 수 있는지를 설명하라.

6 자본예산에서 이자율의 기간구조를 적용하여 순현가를 산출하는 경우가 있는데, 그 이론적 타당성을 설명하라.

7 인플레이션을 자본예산에 적용시키는 방법은 크게 두 가지로 구분할 수 있다. 간단히 설명하라.

8 한국기업에서는 상호배반관계에 있고 투자기간이 서로 다른 A투자안과 B투자안 중 어느 한

투자안을 선택하고자 한다. 이들의 분석에 필요한 자료는 아래와 같다.

연도	A투자안 현금흐름	B투자안 현금흐름
0	−35,000(천원)	−35,000(천원)
1	21,000	14,000
2	21,000	14,000
3		16,626
할인율	10%	10%
순현가	1,446.28	1,788.88

투자기간이 다른 투자안에 대한 세 가지 분석방법을 이용하여 어느 투자안이 선택될 것인지 판단하라.

9 강원기업은 최근에 신기계를 450만원에 매입하였다. 이 기계의 가동으로 발생될 법인세비용후 현금흐름과 투자기간 중 이 기계의 처분으로 발생될 현금흐름, 즉 포기가치가 아래와 같다고 하자. 법인세비용후 현금흐름은 감가상각비를 포함하며, 포기가치는 세조정 후 잔존가치이다. 투자기간은 5년이고, 이 투자안의 자본비용은 10%이다.

연도	현금흐름	포기가치
0	−4,500,000(원)	4,500,000(원)
1	1,250,000	3,500,000
2	1,250,000	2,800,000
3	1,250,000	2,200,000
4	1,250,000	1,000,000
5	1,250,000	0

강원기업은 이 기계를 5년간 가동시키는 것이 유익한지를 검토하라. 또 이 투자안의 경제적 투자기간을 산출하라.

10 서울기업은 신규투자안의 선택을 고려하고 있다. 이 투자안의 기초투자비용은 580만원이며, 4년의 투자기간 중 매년말에 188만원의 현금흐름이 발생할 것으로 예상된다. 이 투자안의 투자비용은 75%의 부채와 25%의 자기자본으로 조달될 것이며, 부채비용은 연간 9%이다. 만약 이 기업이 투자비용으로 부채를 조달하지 않는다면, 자기자본비용은 12%가 되며, 법인세율은 20%이다. 이 투자안에 대한 조정현가(APV)를 산출하라.

11 A투자안과 B투자안은 동일하게 투자기간이 3년이다. 이 두 투자안의 현금흐름과 각 연도의 선도이자율(forward rate)이 아래와 같다고 하자.

연도	A투자안의 현금흐름	B투자안의 현금흐름	선도이자율	현가계수 (선도이자율 이용)
0	−200,000원	−200,000원		
1	124,000	96,000	21.00%	0.8264
2	100,000	104,000	15.07	0.7182
3	56,000	88,000	12.10	0.6407

두 투자안에 대하여 16%의 할인율로 각 기의 현금흐름을 일정하게 할인한 순현가와 각 기의 선도이자율을 반영한 할인율로 할인한 순현가를 산출하고, 이들의 결과를 서로 비교하여 설명하라.

◈ 해답 ⎯⎯

8 ① 최소공배기간 투자: $NPV_A(N=2, P=3) = 3,629.38$, $NPV_B(N=3, P=2) = 3,132.89$(A안 채택)

② 무한반복투자 $NPV_A(N=2, P=\infty) = 8,333.33$, $NPV_B(N=3, P=\infty) = 7,193.35$(A안 채택)

③ 연간균등연금 $A_A = 833.33$, $A_B = 719.34$(A안 채택)

9 ① 포기가치이용 투자안 평가 $NPV_{1a} = 462,331.81$, $NPV_{2a} = 308,564.99$, $NPV_{3a} = -30,578.51$(3년만에 중단),

② 경제적 수명 $NPV_5 = 238,483.46$, $NPV_4 = 145,345.26$, $NPV_3 = 261,457.55$, $NPV_2 = -16,528.93$, $NPV_1 = -181,818.18$(경제적 수명은 3년)

10 $APV = 163,886.84$

11 ① 할인율 16%일 경우: $NPV_A = 17,089.67$, $NPV_B = 16,425.44$ ② 기간구조 적용: $NPV_A = 10,179.07$, $NPV_B = 10,413.45$

Part

3

위험과 투자결정 이론

Part

3

Financial Management

8
Chapter

위험의 개념과 포트폴리오 이론

들어가면서

이 장에서는 자본시장이론과 관련하여 포트폴리오이론을 설명한다. 포트폴리오의 수익률과 위험 측정방법, 포트폴리오의 선택 기준 등을 설명하고 있다. 포트폴리오(portfolio)는 여러 종목으로 구성되는 증권의 집단 또는 자산의 집합을 의미한다. 포트폴리오를 수익과 위험을 중심으로 관리하는 것을 포트폴리오관리라고 한다.

위험은 미래의 수익률이 기대수익률에 미달하거나 투자손실로 나타날 수 있는 가능성 내지 수익률의 변동성을 의미한다. 투자위험은 확률분포의 표준편차나 분산으로 측정할 수 있다. 포트폴리오의 기대수익률은 이를 구성하고 있는 각 개별증권의 수익률을 가중평균하여 계산한다. 포트폴리오의 위험은 포트폴리오를 구성하는 개별증권의 비중, 개별증권 수익률의 표준편차, 개별증권 수익률 상호간의 공분산 등의 세 가지 요인에 의해 영향을 받는다.

포트폴리오의 위험은 포트폴리오에 포함되는 개별증권들의 위험이 분산투자로 인하여 축소될 수 있는 부분과 축소될 수 없는 부분으로 구분된다. 포트폴리오의 구성을 통하여 축소가 가능한 위험을 비체계적 위험, 다양화가능위험, 잔여위험 또는 고유위험이라 하고, 축소될 수 없는 위험을 체계적 위험, 다양화불능위험, 또는 시장위험이라고 한다. 포트폴리오를 구성하는 증권의 종목수를 계속 증가시켜 다양화가 광범위하게 실현되면, 개별증권의 비체계적 위험은 계속 축소되어 결국 0에 접근하므로 포트폴리오의 총위험은 개별증권의 체계적 위험 내지 시장위험으로만 측정되는 수준에 근접하게 된다.

투자가능 포트폴리오 중에서 투자자의 포트폴리오 선택은 우월성(지배)원리와 분리정리에 따라 이루어진다. 우월성원리는 모든 투자가능 포트폴리오의 위험과 기대수익률의 관계에서 상대적으로 최소의 위험과 최대의 기대수익률을 갖는 포트폴리오를 선택하는 원리이다. 분리정리는 객관적으로 우월한 포트폴리오의 선택이 투자자들의 효용과 무관하게 결정된다는 원리이다. 최적포트폴리오의 선택은 객관적으로 우월한 포트폴리오 중에서 투자자의 효용을 최대화하도록 하는 무차별곡선에 의해 결정된다. 포트폴리오가 위험증권과 무위험증권으로 구성된 경우에 자본시장선과 투자자의 무차별곡선이 접점을 이루는 포트폴리오가 최적포트폴리오가 된다.

위험과 수익률

은행, 보험회사, 투자신탁회사 등의 기관투자자(institutional investor)가 증권을 자본자산으로 보유할 때는 수익성과 위험을 고려하여 여러 종목의 증권에 분산투자하는 것이 일반적이다. 포트폴리오(portfolio)는 여러 종목으로 구성되는 증권의 집단 혹은 자산의 집합을 의미한다. 이것을 수익률과 위험을 중심으로 관리하는 것을 포트폴리오 관리라고 한다. 포트폴리오 이론은 1952년에 발표된 Markowitz의 포트폴리오 선택이론을 효시로 하여 수많은 학자들이 다양한 연구를 수행하여 왔다.[1]

여기에서는 포트폴리오 이론의 전개에 필요한 자산의 기대수익률과 위험을 정의하고, 측정하는 방법에 대하여 설명한다.

1.1 위험의 개념

미래에 실현될 수익률을 예측할 때에 흔히 미래상황을 확실성(certainty), 위험(risk), 불확실성(uncertainty)으로 구분하는 경우가 많다.

확실성은 미래의 예상수익률이 정확하게 실현되는 상황을 의미한다. 엄격하게 말하면 현실세계에서 이러한 확실성이 존재한다고 단정하기는 어렵다. 그러나 이론적으로는 확실성 하에서 투자결정이 가능하다고 충분히 가정할 수 있다.

위험은 미래의 수익률이 기대수익률이나 목표수익률에 미달하거나, 투자손실로 나타날 수 있는 가능성 내지 수익률의 변동성(variability)을 의미한다. 일반적으로 위험은 과거의 자료를 기초로 산출한 수익률의 확률분포를 이용하여 측정된다.

불확실성은 미래수익률의 예측에 있어서 판단의 기초로 삼을 자료나 제반 상황이 충분히 형성되지 않은 상태이다. 그러므로 불확실성 하에서 미래수익률을 예측할 때에는 부득이 주관적 확률에 의존하게 된다. 그러나 위험과 불확실성은 객관적 확률이든 혹은 주관적 확률이든, 결국 확률을 이용하여 미래의 수익률을 예측한다는 점에서는 동일할 뿐만 아니라, 특히 실제의 의사결정에 영향을 주는

---

1) H. Markowitz(1952), "Portfolio Selection," *Journal of Finance*, 7(1), 77–91.

두 확률의 한계수준에서는 별로 차이가 없다. 그러므로 앞으로는 위험과 불확실성, 이 두 개념을 일괄하여 위험으로 사용하기로 한다.[2]

자산을 보유하게 되면 수익이 발생한다. 특히 투자자가 자본자산(capital assets)[3]에 투자를 할 때에는 일정한 수준의 수익을 기대하게 된다. 그러나 미래의 수익, 즉 투자자의 기대수익은 위험을 항상 내포하고 있다. 다시 말해서 투자의 결과로 실현될 수익은 기대수준에 미달하거나 손실로 나타날 수도 있다는 것이다. 위험은 이러한 투자손실의 가능성 또는 그 확률을 의미한다.

자산은 위험의 유무에 따라서 무위험자산(riskless assets)과 위험자산(risky assets)으로 구분할 수 있다. 무위험자산은 정기예금이나 국공채와 같이 투자수익이 명확히 발생하는 자산을 의미한다. 위험자산은 사채와 주식 등과 같이 투자수익이 변동할 수 있는 자산을 의미한다. 엄밀한 의미에서는 국공채도 위험을 내포하고 있으나, 다른 자산에 비하여 투자수익이 비교적 명확하므로 무위험자산으로 분류할 수 있다.

1.2 기대수익률과 위험의 측정

기대수익률과 위험을 구체적으로 어떻게 측정할 것인가? 일반적인 측정방법은 미래의 수익률에 확률분포를 곱하여 위험의 측정치로 이용하는 것이다. 다시 말해서 미래의 각 예상수익률에 확률을 곱하여 가중평균치(weighted average)를 산출하고, 이 가중평균치를 기대수익률이라고 한다.

수익률의 확률분포가 기대치에 밀집되어 있을 때에는 수익률의 편차가 작기 때문에 위험이 낮다고 하며, 그 반대의 경우에는 위험이 높다고 한다. 그리고 이 확률분포를 정규확률분포(normal probability distribution)로 가정하면, 투자위험은 당연히 이 확률분포의 표준편차나 분산(variance)으로 측정할 수 있다. 자본자산인 증권의 기대수익률과 수익률의 표준편차는 다음의 식으로 산출한다.

---

2) Simon의 정형적, 비정형적 의사결정에는 객관적 확률(objective probability)과 주관적 또는 개성적 확률(subjective or personalistic probability)을 구분해서 사용하고 있다. 객관적 확률은 고전적 확률의 개념으로서, 반복시행을 통하여 선험적으로 명확히 도출될 수 있는 확률이며, 주로 균등분포(uniform distribution)를 가정하여 상대도수(relative frequency)를 이용한다. 주관적 또는 개성적 확률은 특정한 사상의 확률을 합리적인 개인의 판단에 의존하고 있다. 이는 비반복적인 미래 사상에 대하여 합리적으로 할당된 가중치를 확률로 이용한다. H. A. Simon(1955), "A Behavioral Model of Rational Choice," *Quarterly Journal of Economics*, 69, 99-188.

3) 자본자산(capital assets)은 수명이 1년 이상의 자산으로서 기업의 통상적인 영업활동에서는 거래되지 않는다. 자본자산의 전형적인 예로서 증권을 들 수 있다.

$$E(R_i) = \sum_{s=1}^{s} R_{is} p_s \qquad\qquad (8-1)$$

단, $E(R_i) = i$증권의 기대수익률

$R_{is} =$ 상태 s에서의 i증권의 수익률

$p_s =$ 상태 s가 발생할 확률

$$\sigma_i = \sqrt{\sigma_i^2} = \sqrt{\sum_{s=1}^{s} [R_{is} - E(R_i)]^2 p_s} \qquad\qquad (8-2)$$

단, $\sigma_i = i$증권수익률의 표준편차

(8-2)식에서 자산의 위험은 수익률의 표준편차(σ_i) 또는 분산(σ_i^2)으로 표현한다.

예 8-1

미래의 경기변동에 따른 한국기업의 수익률의 확률분포가 〈표 8-1〉과 같다면, 기대수익률과 위험은 다음과 같이 각각 20%와 54.22%로 측정된다.

표 8-1 한국기업의 수익률의 확률분포

상 태 (s)	수익률(R_i)	확률(p_s)
호 경 기	90%	0.3
정 상	20	0.4
불 경 기	−50	0.3

기대수익률: $E(R_i) = \sum_{s=1}^{s} R_{is} p_s$

$= (90)(0.3) + (20)(0.4) + (-50)(0.3)$

$= 20\%$

수익률의 표준편차: $\sigma_i = \sqrt{\sigma_i^2} = \sqrt{\sum_{s=1}^{s} [R_{is} - E(R_i)]^2 p_s}$

$= \sqrt{(90-20)^2(0.3) + (20-20)^2(0.4) + (-50-20)^2(0.30)}$

$= 54.22\%$

수익률의 확률분포가 기대치를 중심으로 대칭분포 또는 정규분포(normal dis-

그림 8-1 비대칭확률분포

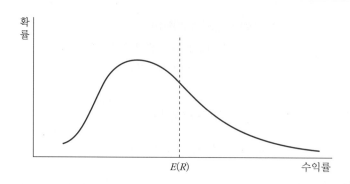

tribution)를 이루고 있을 때에는 수익률의 표준편차나 분산을 위험의 척도로 사용할 수 있다.[4] 그러나 수익률의 확률분포가 대칭분포가 아닌 경우에는 비대칭성을 고려하여 위험을 조정하여야 한다.

예를 들어, [그림 8-1]에서 기대수익률에 미달하는 위험의 영역, 즉 $E(R)$의 좌측 면적이 우측 면적보다 크게 나타나는 분포의 비대칭성이 존재한다. 이러한 경우에는 위험의 척도로 수익률의 표준편차보다는 수익률분포의 비대칭성을 고려할 수 있는 위험의 척도를 이용해야 한다. 그러나 현실적으로 자산수익률의 비대칭분포와 정규분포 사이에 큰 차이가 없으므로 수익률의 표준편차를 위험의 측정치로 사용하는 것이 일반적이다.

제2절 포트폴리오의 위험과 수익률

Financial Management

2.1 포트폴리오의 기대수익률

포트폴리오의 기대수익률은 개별증권의 수익률을 가중평균하여 계산되므로,

---

4) H. Markowitz는 위험을 기대치에 미달하는 반분산(semi-variance) 대신에 분산을 사용하고 있다. 그러나 수익률의 분포가 좌우대칭이 아닐 경우에는 위험의 척도로 반분산이 이용되기도 한다.

포트폴리오의 기대수익률은 개별증권 수익률의 선형함수(linear function)이다. 따라서 포트폴리오를 구성하고 있는 개별증권의 가중치가 변동하게 되면 포트폴리오의 기대수익률과 위험이 동시에 변동하게 되므로 포트폴리오의 구성에서 개별증권의 선택과 개별증권이 차지하는 비중을 결정하는 것이 매우 중요하다.

A, B 두 개의 증권으로 포트폴리오를 구성할 때, 포트폴리오의 기대수익률은 다음의 (8-3)식과 같이 개별증권의 기대수익률을 가중평균한 것과 동일하게 된다.

$$E(R_P) = xE(R_A) + (1-x)E(R_B) \qquad (8-3)$$

단, $E(R_P)$ = 포트폴리오의 기대수익률

$E(R_A)$ = A증권의 기대수익률

$E(R_B)$ = B증권의 기대수익률

x = A증권에 대한 투자비중

예 8-2

A증권과 B증권이 각각 50%를 차지하는 포트폴리오가 있다. A증권의 비중을 x라 하면, B증권의 비중은 $(1-x)$가 된다. 이 경우 A증권의 기대수익률$[E(R_A)]$이 5%, B증권의 수익률$[E(R_B)]$이 8%라고 하면, 포트폴리오의 기대수익률$[E(R_P)]$은 6.5%가 된다.

$E(R_P) = xE(R_A) + (1-x)E(R_B)$

$= (0.5)(5\%) + (0.5)(8\%)$

$= 6.5\%$

(예 8-2)에서 포트폴리오를 구성하는 A증권과 B증권의 비중이 각각 50%일 때 그 수익률은 6.5%가 된다. 이제 포트폴리오에 포함되는 개별증권의 투자비율을 변경하여 보자. 이 포트폴리오에서 A증권과 B증권의 구성비율을 각각 100%와 0%에서 시작하여 0%와 100%에 이르기까지 점차로 B증권의 비중을 증가시켜 가면서 포트폴리오 수익률의 변동상황을 그래프에 옮겨 놓으면 [그림 8-2]와 같이 선형을 이루게 된다.

이 그림에서 포트폴리오의 기대수익률인 $E(R_P)$는 5%에서 8%를 잇는 직선의 궤적을 나타낸다. 이 선상의 P점(P포트폴리오)의 수익률은 A, B증권이 각각 50%로 구성된 포트폴리오의 수익률로서 두 증권의 가중평균치인 6.5%를 나타내고 있다.

그림 8-2 투자비중에 따른 포트폴리오의 기대수익률

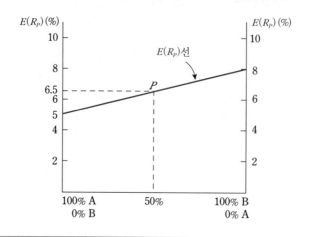

마찬가지로 포트폴리오를 N개 증권으로 구성한다면 $E(R_P)$는 다음과 같은 선형함수로 표현된다.

$$E(R_P) = x_1 E(R_1) + x_2 E(R_2) + \cdots + x_N E(R_N)$$

$$= \sum_{i=1}^{N} x_i E(R_i) \tag{8-4}$$

단, $E(R_P)$ = 포트폴리오의 기대수익률

$E(R_i)$ = i증권의 기대수익률

x_i = i증권의 비중 $\left(\sum_{i=1}^{N} x_i = 1 \right)$

예 8-3

3개 주식의 기대수익률이 각각 10%, 7%, 5%이고, 이들 주식이 각각 0.3, 0.4, 0.3의 비중을 차지하는 포트폴리오를 구성한다. 포트폴리오의 기대수익률을 산출하여 보자.

$$E(R_P) = x_1 E(R_1) + x_2 E(R_2) + x_3 E(R_3)$$
$$= (0.3)(10) + (0.4)(7) + (0.3)(5)$$
$$= 7.3\%$$

2.2 포트폴리오의 위험

1) 포트폴리오 위험의 측정

포트폴리오의 위험은 측정방법에 따라 두 가지로 분류할 수 있다. 첫째, 포트폴리오의 구성이 고정되어 있는 경우이다. 이러한 포트폴리오는 개별증권처럼 간주하여 위험을 측정할 수 있다. 즉 각각의 증권에 대한 투자비중이 고정되어 있는 포트폴리오의 위험을 측정하는 방법은 개별증권의 위험을 측정하는 방법과 동일하다. 그러므로 이러한 포트폴리오의 위험은 다음의 (8-5)식으로 산출할 수 있다.

$$\sigma_P = \sqrt{\sum_{s=1}^{S} [R_{Ps} - E(R_P)]^2 p_s} \qquad (8-5)$$

단, σ_p = 포트폴리오 수익률의 표준편차
$E(R_P)$ = 포트폴리오의 기대수익률
R_{Ps} = 포트폴리오의 상태 s에서의 수익률
p_s = 상태 s가 발생할 확률

둘째, 포트폴리오를 어떻게 구성하느냐에 따라 포트폴리오의 위험이 달라지는 경우이다. 이러한 포트폴리오의 위험에 대해서는 투자자들이 포트폴리오를 구성하는 종목은 고정시켜두고 각 종목에 대한 투자비중을 조정하여 다양화(diversi-fication)효과를 얻을 수 있다.

이러한 포트폴리오의 위험은 포트폴리오를 구성하는 개별증권의 비중, 개별증권 수익률의 표준편차, 개별증권 수익률 상호간의 공분산(covariance) 등의 세 가지 요인에 의해 영향을 받게 된다.

2) 두 자산으로 구성된 포트폴리오 위험의 측정

포트폴리오는 종목과 각 종목의 투자비중이 어떻게 구성되느냐에 따라 위험이 달라진다. 포트폴리오의 구성여하에 따라 변동하는 위험을 어떻게 측정할 것인가에 대하여 살펴보자. 포트폴리오가 A, B의 두 증권으로 구성되어 있으면, 포트폴리오의 위험은 다음 (8-6)식과 (8-7)식으로 측정한다.[5]

$$\sigma_P = \sqrt{x^2\sigma_A^2 + (1-x)^2\sigma_B^2 + 2x(1-x)\sigma_{AB}} \qquad (8-6)$$

---

5) (8-7)식은 공분산과 상관계수간의 관계식인 $\sigma_{AB} = \sigma_A\sigma_B\rho_{AB}$를 이용하여 포트폴리오의 위험을 나타낸 것이다.

$$\sigma_P = \sqrt{x^2\sigma_A^2 + (1-x)^2\sigma_B^2 + 2x(1-x)\sigma_A\sigma_B\rho_{AB}} \qquad (8-7)$$

단, σ_p = 포트폴리오 수익률의 표준편차

x = A증권이 포트폴리오에서 차지하는 비중

σ_A = A증권수익률의 표준편차

σ_B = B증권수익률의 표준편차

σ_{AB} = A증권수익률과 B증권수익률의 공분산

ρ_{AB} = A증권수익률과 B증권수익률의 상관계수

(8-7)식에서 σ_P는 포트폴리오의 구성에 따라 변동하는 변수 x, σ_A, σ_B, ρ_{AB}의 함수이다. 이 함수에서 σ_A와 σ_B는 항상 정(+)의 값을 가지며, 상관계수 ρ_{AB}의 범위는 $-1 \le \rho_{AB} \le +1$에 있다. 상관계수인 ρ_{AB}의 값이 변동하면 포트폴리오의 위험인 σ_P의 값도 달라진다.

예 8-4

A증권과 B증권으로 구성된 포트폴리오에서 개별증권의 기대수익률과 표준편차는 다음과 같다.

A증권의 기대수익률 $E(R_A) = 5\%$, A증권의 표준편차 $\sigma_A = 4\%$

B증권의 기대수익률 $E(R_B) = 8\%$, B증권의 표준편차 $\sigma_B = 10\%$

A증권의 비중(x_A)은 50%이고, 상관계수(ρ_{AB})는 0이다. 포트폴리오의 기대수익률 $E(R_p)$와 수익률의 표준편차 σ_P를 구하라.

$$E(R_P) = xE(R_A) + (1-x)E(R_B)$$
$$= (0.5)(5) + (0.5)(8) = 6.5\%$$

$$\sigma_P = \sqrt{x^2\sigma_A^2 + (1-x)^2\sigma_B^2 + 2x(1-x)\sigma_A\sigma_B\rho_{AB}}$$
$$= \sqrt{(0.5)^2(4)^2 + (0.5)^2(10)^2 + 2(0.5)(0.5)(4)(10)(0)}$$
$$= 5.4\%$$

3) N개 자산으로 구성된 포트폴리오 위험의 측정

포트폴리오가 N개의 증권으로 구성될 때는 어떻게 위험(σ_P)을 산출할 것인가? N개 증권으로 구성된 포트폴리오의 위험을 (8-8)식에 의하여 구할 수 있다.

$$\sigma_P = \sqrt{\sum_{i=1}^{N} x_i^2 \sigma_i^2 + 2 \sum_{i=1}^{N-1} \sum_{j=i+1}^{N} x_i x_j \sigma_i \sigma_j \rho_{ij}} \qquad (8-8)$$

단, x_i＝포트폴리오에서 i증권의 투자비중

x_j＝포트폴리오에서 j증권의 투자비중

σ_i＝i증권수익률의 표준편차

σ_j＝j증권수익률의 표준편차

ρ_{ij}＝i증권수익률과 j증권수익률 간의 상관관계

N＝포트폴리오를 구성하는 증권의 수

이 (8-8)식은 포트폴리오 수익률의 분산과 개별증권 수익률의 분산과 공분산의 관계를 나타내고 있다. 그리고 포트폴리오를 구성하고 있는 개별증권의 수가 적은 경우에는 이 모형의 활용도가 높다. 그러나 많은 종목의 증권으로 구성된 포트폴리오의 위험을 이 모형으로 산출할 경우에는 산출과정이 복잡하다는 한계가 있다.

예 8-5

3개 주식의 수익률의 표준편차와 수익률간의 상관계수가 〈표 8-2〉와 같이 주어져 있고, 각 증권에 대한 투자비중이 각각 0.3, 0.4, 0.3의 비중을 차지하는 포트폴리오를 구성한다. 포트폴리오의 위험을 산출하여 보자.

표 8-2 증권수익률의 표준편차와 상관계수

	수익률의 표준편차 (%)	수익률간의 상관계수		
		증권 1	증권 2	증권 3
증권 1	20	1.0	0.2	0.5
증권 2	15	0.2	1.0	0.6
증권 3	10	0.5	0.6	1.0

$\sigma_P^2 = \sum_{i=1}^{3} x_i^2 \sigma_i^2 + 2 \sum_{i=1}^{2} \sum_{j=i+1}^{3} x_i x_j \sigma_i \sigma_j \rho_{ij}$

$= x_1^2 \sigma_1^2 + x_2^2 \sigma_2^2 + x_3^2 \sigma_3^2 + 2x_1 x_2 \sigma_1 \sigma_2 \rho_{1,2} + 2x_1 x_3 \sigma_1 \sigma_3 \rho_{1,3} + 2x_2 x_3 \sigma_2 \sigma_3 \rho_{2,3}$

$= (0.3)^2 (20)^2 + (0.4)^2 (15)^2 + (0.3)^2 (10)^2$

$\quad + 2(0.3)(0.4)(20)(15)(0.2) + 2(0.3)(0.3)(20)(10)(0.5) + 2(0.4)(0.3)(15)(10)(0.6)$

$= 135$

$\sigma_P = \sqrt{\sigma_P^2} = \sqrt{135} = 11.62\%$

2.3 포트폴리오의 다양화효과

투자자가 포트폴리오를 구성하는 이유는 투자위험을 축소시킬 수 있고, 유동성관리에 있어서도 융통성을 발휘할 수 있기 때문이다. 다시 말해서, 투자대상을 분산시키면 포트폴리오의 기대수익률은 감소시키지 아니하고 위험을 축소시킬 수 있다.

그러나 위험축소의 효과는 포트폴리오를 구성하는 각 개별증권의 수익률이 완전히 동일한 방향과 동일한 폭으로 움직이지 않는다는 조건이 성립될 때에만 발생한다. 왜냐하면, 각 종목의 수익률이 완전한 정(+)의 상관관계를 유지할 때에는 포트폴리오의 위험 축소현상은 전혀 발생하지 않기 때문이다. 따라서 각 종목의 수익률이 서로 완전한 정의 상관관계를 유지하지 않는다면, 투자의 다양화(diversification) 내지 분산투자는 항상 위험을 축소시키는 것으로 나타난다고 할 수 있다.[6]

포트폴리오의 위험이 축소되는 현상은 포트폴리오를 구성하고 있는 종목의 수를 증가시킬 때 더욱 잘 나타난다. Wagner and Lau(1971)는 뉴욕증권거래소(New York Stock Exchange, NYSE)의 상장주식에서 200종목을 선택하여 이들을 6개 등급으로 나눈 다음, 그 중 A$^+$등급에 속하는 증권을 1에서 20종목까지 차례대로 증가시켜 가면서 포트폴리오를 구성하였다.[7]

이 연구는 증권의 종목수가 증가하면 포트폴리오의 위험인 표준편차는 〈표 8-3〉과 같이 점차 감소한다는 것을 보여준다. 특히 포트폴리오를 구성하는 종목수가 10개를 넘어서게 되면 종목수를 계속 증가시켜도 위험은 근소한 비율로 감소한다. 그리고 포트폴리오의 위험은 일정한 수준 이하(체계적 위험의 수준 이하)로는 축소되지 않는다.

〈표 8-3〉에 나타난 포트폴리오 위험의 축소현상을 그래프에 나타낸 것이 [그림 8-3]이다. 이 그림에서 포트폴리오의 위험은 포트폴리오에 포함되는 개별증권들의 위험이 분산투자로 인하여 축소될 수 있는 부분과 축소될 수 없는 부분으로 구분되어 계산되어지고 있음을 알 수 있다.

---

6) 각 종목의 수익률이 서로 완전 정의 상관($\rho = +1.0$)이면 포트폴리오의 위험(σ_P)이 전혀 축소되지 않지만, 적어도 $\rho < +1.0$이면 σ_P가 축소된다.

7) W. H. Wagner and S. C. Lau(1971), "The Effects of Diversification on Risk," *Financial Analysis Journal*, 27(6), 48-53.

표 **8-3** 다양화와 위험의 축소

증권 종목의 수	포트폴리오 수익률의 표준편차(월, %)
1	7.0
2	5.0
3	4.8
4	4.6
5	4.6
10	4.2
15	4.0
20	3.9

그림 **8-3** 체계적 위험과 비체계적 위험

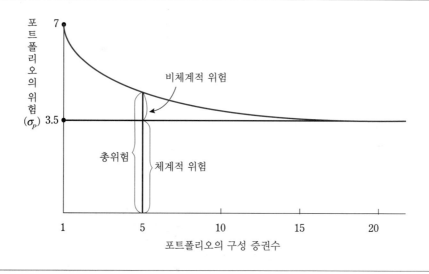

개별증권의 위험 중에서 포트폴리오의 구성을 통하여 축소가 가능한 위험을 비체계적 위험(unsystematic risk), 다양화가능위험(diversifiable risk), 잔여위험(residual risk) 또는 고유위험(unique risk)이라 한다. 축소될 수 없는 위험은 체계적 위험(systematic risk), 다양화불능위험(non-diversifiable risk), 또는 시장위험(market related risk)이라고 한다.

그리고 포트폴리오를 구성하는 증권의 종목수를 계속 증가시켜 다양화가 광범위하게 실현되면, 개별증권의 비체계적 위험은 계속 축소되어 결국 0에 접근하므로 포트폴리오의 총위험은 개별증권의 체계적 위험 내지 시장위험으로만 측정되는 수준에 근접하게 된다. 따라서 광범위하게 다양화된 포트폴리오의 위험은 시장지수[8]의 변동성과도 거의 일치하게 된다.

2.4 투자기회집합

1) 투자기회집합의 도출

이제, 두 개의 증권으로 포트폴리오를 구성하는 경우의 투자기회집합을 도출하여 보자. 투자기회집합을 도출하기 위해서는 포트폴리오의 기대수익률을 (8-3)식으로 투자비중의 함수로 나타내고, 포트폴리오 수익률의 표준편차를 (8-7)식으로 투자비중의 함수로 나타내어야 한다. 그리고 (8-3)식과 (8-7)식에서 투자비중을 소거하여 정리하면, 포트폴리오의 기대수익률과 위험의 관계를 구할 수 있다.

두 개 증권으로 구성한 투자기회집합을 그림으로 나타내면 [그림 8-4]와 같이 된다. 이 그림에서는 상관계수(ρ)를 +1, 0, -1로 구분하여 각기 달리 나타나는 위험과 수익률의 관계를 보여주고 있다. 다시 말해서, 포트폴리오를 구성하고 있는 개별증권의 수익률의 상관계수가 낮을수록 우월한 포트폴리오(dominating

그림 8-4 상관계수별 투자기회집합

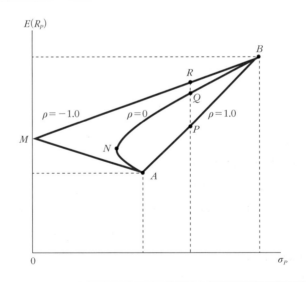

---

8) 이곳에서 시장지수(market index)라고 하는 것은 주가지수를 의미한다.

portfolio)가 구성된다는 것을 보여주고 있다. 그리고 N점은 상관계수가 0인 경우의 최소분산 포트폴리오를 나타낸다. 상관계수가 −1.0인 경우의 최소분산 포트폴리오는 M점이 되며, 이 M포트폴리오의 위험은 0이 된다.

[그림 8-4]에서 포트폴리오의 위험을 일정한 수준으로 고정시켜 놓고 상관계수를 1, 0, −1로 감소시켜 가면, 포트폴리오의 기대수익률은 각기 P점, Q점, R점으로 점차 높게 나타난다. 따라서 상관계수가 낮은 증권들로 포트폴리오를 구성할수록 동일한 위험수준에서 포트폴리오의 기대수익률이 높아진다는 것을 알 수 있다.

이제, 포트폴리오의 기대수익률과 위험의 관계를 나타내는 투자기회집합이 상관계수에 의하여 영향을 받는다는 것을 알았다. 포트폴리오의 기대수익률과 위험의 관계를 나타내는 투자기회집합은 다음과 같이 ①기대수익률, ②위험, ③위험−수익률의 세 가지 측면에서 검토되어야 한다.

첫째, 포트폴리오의 기대수익률은 포트폴리오를 구성하는 증권들의 수익률 상관계수와 관계가 없으므로 다양화에 의하여 감소되지 않는다.

둘째, 포트폴리오의 위험은 상관계수에 따라 달라진다. 상관계수가 낮을수록 포트폴리오의 위험은 다양화에 의하여 감소되고, 또 상관계수가 완전한 부(−)의 값을 가질 때에는 위험이 완전히 제거될 수 있다.

셋째, 위험−수익률의 관계에서 상관계수가 낮은 증권으로 구성된 포트폴리오는 높은 상관계수를 가지고 있는 증권으로 구성된 포트폴리오에 비하여 우월하다.

예 8−6

A증권과 B증권으로 구성된 포트폴리오에서 개별증권의 기대수익률과 표준편차는 다음과 같다.

A증권의 기대수익률 $E(R_A) =$ 5%, A증권의 표준편차 $\sigma_A = 4\%$
B증권의 기대수익률 $E(R_B) =$ 8%, B증권의 표준편차 $\sigma_B = 10\%$

두 증권수익률간의 상관계수가 ① $\rho_{AB} = +1$, ② $\rho_{AB} = 0$, ③ $\rho_{AB} = -1$인 경우로 구분하여 투자기회집합을 도출하라.

포트폴리오의 기대수익률은 상관계수에 의하여 영향을 받지 않기 때문에 다음과 같이 상관계수와 무관하게 산출할 수 있다.

$$E(R_p) = xE(R_A) + (1-x)E(R_B)$$
$$= 5x + 8(1-x) = 8 - 3x \tag{8-9}$$

다음으로 포트폴리오 수익률의 표준편차는 다음과 같이 산출되는데, 상관계수에 의하여 영향을 받게된다.

$$\sigma_P = \sqrt{x^2\sigma_A^2 + (1-x)^2\sigma_B^2 + 2x(1-x)\sigma_A\sigma_B\rho_{AB}}$$

$$= \sqrt{(4)^2x^2 + (10)^2(1-x)^2 + 2(4)(10)x(1-x)(\rho_{AB})} \tag{8-10}$$

이제, (8-9)식과 (8-10)식에서 투자비중을 변화시키면서 포트폴리오의 기대수익률과 위험이 어떻게 변동하는지를 나타내어 보자. 〈표 8-4〉는 상관계수의 크기에 따라 포트폴리오의 기대수익률과 위험이 어떻게 변동하는지를 나타내고 있다. 이를 그림으로 나타내면 [그림 8-4]와 같이 될 것이다.

표 8-4 상관계수 차이에 따른 포트폴리오의 위험과 수익률 변동

A증권의 비중(x)	B증권의 비중($1-x$)	$\rho_{AB}=+1$		$\rho_{AB}=0$		$\rho_{AB}=-1$	
		$E(R_P)$	σ_P	$E(R_P)$	σ_P	$E(R_P)$	σ_P
100%	0%	5.00%	4.0%	5.00%	4.0%	5.00%	4.0%
86	14	5.42	4.8	5.42	3.7	5.42	2.0
75	25	5.75	5.5	5.75	3.9	5.75	0.5
71	29	5.87	5.7	5.87	4.1	5.87	0.0
50	50	6.50	7.0	6.50	5.4	6.50	3.0
25	75	7.25	8.5	7.25	7.6	7.25	6.5
0	100	8.00	10.0	8.00	10.0	10.00	10.0

2) 최소분산 포트폴리오

포트폴리오를 구성하면 위험이 축소된다는 것을 알아보았다. 특히 포트폴리오의 구성으로 인하여 축소할 수 있는 위험의 크기는 증권수익률간의 상관계수에 의하여 영향을 받는다. 상관계수의 크기에 따라서 축소할 수 있는 분산의 크기가 어느 정도 되는지 살펴보기 위하여 최소분산 포트폴리오(minimum variance portfolio, MVP)를 도출하여 보자.

두 개의 증권으로 구성한 포트폴리오의 위험을 최소로 하는 포트폴리오인 최소분산 포트폴리오를 구성하기 위한 투자비중은 다음과 같이 산출할 수 있다. 이러한 최소분산 포트폴리오는 (8-7)식을 x로 미분한 결과를 0으로 두어, x를 산출하면 다음의 (8-11)식이 된다.[9]

---

9) 최소분산 포트폴리오를 구성하기 위한 투자비중을 도출하는 과정을 살펴보자. 먼저 (8-8)식의 포

$$x = \frac{\sigma_B(\sigma_B - \rho_{AB}\sigma_A)}{\sigma_A^2 + \sigma_B^2 - 2\rho_{AB}\sigma_A\sigma_B} \qquad (8-11)$$

이 (8-11)식은 최소 σ_P가 존재할 경우에 이 최소 σ_P를 실현시키는 A증권의 비중 x를 산출하는 식이다.

예 8-7

A증권과 B증권으로 구성된 포트폴리오에서 개별증권의 기대수익률과 표준편차는 다음과 같다. 두 증권으로 포트폴리오를 구성할 경우의 최소분산 포트폴리오를 구하여 보자.

A증권의 기대수익률 $E(R_A) = 5\%$, A증권의 표준편차 $\sigma_A = 4\%$
B증권의 기대수익률 $E(R_B) = 8\%$, B증권의 표준편차 $\sigma_B = 10\%$
A증권과 B증권의 수익률간의 상관계수 $\rho_{AB} = 0.2$

(1) 최소분산 포트폴리오 구성을 위한 투자비중은 다음과 같이 0.92가 된다.

$$x = \frac{\sigma_B(\sigma_B - \rho_{AB}\sigma_A)}{\sigma_A^2 + \sigma_B^2 - 2\rho_{AB}\sigma_A\sigma_B}$$

$$= \frac{(10)[10 - (0.2)(4)]}{(4)^2 + (10)^2 - 2(0.2)(4)(10)} = 0.92$$

(2) 최소분산 포트폴리오의 기대수익률은 다음과 같이 5.24%가 된다.

$$E(R_P) = xE(R_A) + (1-x)E(R_B)$$

$$= (0.92)(5) + (0.08)(8) = 5.24\%$$

(3) 최소분산 포트폴리오 수익률의 표준편차는 다음과 같이 3.92%가 된다.

$$\sigma_P = \sqrt{x^2\sigma_A^2 + (1-x)^2\sigma_B^2 + 2x(1-x)\rho_{AB}\sigma_A\sigma_B}$$

트폴리오 수익률의 표준편차를 제곱한 분산을 나타내는 식을 투자비중(x)에 대하여 미분한 결과를 0으로 두자. 이처럼 분산이 최소화되면, 표준편차도 당연히 최소가 될 것이다.

$$\sigma_P^2 = x^2\sigma_A^2 + (1-x)^2\sigma_B^2 + 2x(1-x)\rho_{AB}\sigma_A\sigma_B$$

$$\frac{d\sigma_P^2}{dx} = 2x\sigma_A^2 - 2\sigma_B^2 + 2x\sigma_B^2 + 2\rho_{AB}\sigma_A\sigma_B - 4x\rho_{AB}\sigma_A\sigma_B = 0$$

$$x = \frac{\sigma_B(\sigma_B - \rho_{AB}\sigma_A)}{\sigma_A^2 + \sigma_B^2 - 2\rho_{AB}\sigma_A\sigma_B}$$

이러한 x의 값이 최소분산 포트폴리오를 구성하기 위한 투자비중이다. 그리고 x의 값이 1을 초과할 경우가 있다. 이 경우는 기존의 투자자금에 추가하여 B증권을 공매하여 조달한 자금까지 합하여 A증권에 투자한 것이다.

$$= \sqrt{(0.92)^2 (4)^2 + (0.08)^2 (10)^2 + 2 (0.92) (0.08) (0.2) (4) (10)}$$

$$= 3.92\%$$

제 3 절 포트폴리오의 선택

Financial Management

3.1 무차별곡선

투자자들은 투자기회집합에 속해 있는 많은 포트폴리오 중에서 자신의 효용을 최대화하는 포트폴리오를 선택하고자 할 것이다. 이러한 포트폴리오의 선택은 투자자의 위험과 기대수익률에 대한 선호태도에 의하여 결정된다. 그러나 투자자의 선호태도는 제각기 다르다. 일반적으로 개인의 투자태도는 무차별곡선 (indifference curve)으로 표현된다. 무차별곡선은 위험과 수익의 관계에서 효용이 동일한, 즉 효용이 무차별한 포트폴리오가 위치한 점들을 연결한 선이다.

위험회피형인 방어적 투자자(defensive investor)의 무차별곡선은 위험이 증가하면 수익이 증가하는 형태를 나타낸다. 위험선호형인 공격적 투자자(aggressive investor)의 무차별곡선은 위험의 증가에 대하여 수익이 감소하는 형태를 나타낸다. 그리고 위험중립형 투자자의 무차별곡선은 위험의 변화에 대하여 수익이 영향을 받지 않는 형태, 즉 수평의 무차별곡선을 나타낸다.

투자자는 일반적으로 위험회피형이다. 그리고 투자자는 제각기 고유한 위험과 수익의 무차별곡선에 의존하여 투자결정을 수행한다. 일단 투자자의 무차별곡선의 형태에 변동이 생기면 위험에 대하여 요구되는 투자자의 기대수익률이 변동하게 된다.

예를 들어, [그림 8-5]와 같이 무차별곡선의 기울기가 서로 다른 A, B 투자자를 가정해 보자. 위험의 측정치인 수익률의 표준편차 σ_p가 3.3%인 경우에 무위험수익률 5%와 동일한 효용수준을 제공하기 위해서 각 투자자가 원하는 기대수익률 수준을 살펴보자. 투자자 A는 6%의 기대수익률을 원하는데 비하여, 투자자 B

그림 8-5 위험과 기대수익률의 무차별곡선

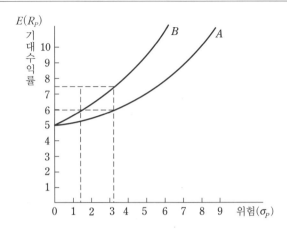

는 7.5%의 기대수익률을 원하고 있다는 것을 알 수 있다.[10]

〈표 8-5〉는 이처럼 무차별곡선의 형태가 변함에 따라 포트폴리오의 위험프리미엄과 기대수익률이 달라지는 현상을 표현하고 있다.

개인의 무차별곡선은 무위험수익률에서부터 출발한다. 무위험수익률은 국공채의 실질수익률(real rate of return)과 인플레이션프리미엄의 합으로 구성된다. 따라서 실질수익률이나 인플레이션프리미엄 또는 양자에 변동이 생기면 무위험수익률이 변동하고, 이에 따라 무차별곡선도 이동하게 된다.

예를 들어, [그림 8-6]에서 무위험수익률이 5%에서 6%, 7%로 증가하게 되면 무차별곡선 A_1은 A_2, A_3로 상향 이동한다. 투자자별로 각 무위험수익률 수준에 상응하는 무차별곡선이 무수히 존재한다. 투자자들은 투자가능 포트폴리오 중에서

표 8-5 동일한 무차별곡선상의 위험-기대수익률의 조합

투자자 A			투자자 B		
위험 (σ_p)	기대수익률 $[E(R_i)]$	위험 프리미엄	위험 (σ_p)	기대수익률 $[E(R_p)]$	위험 프리미엄
0.0	5.0	0.0	0.0	5.0	0.0
1.4	5.3	0.3	1.4	6.0	1.0
3.3	6.0	1.0	3.3	7.5	2.5

10) 기대수익률은 무위험수익률과 위험프리미엄의 합으로 구성된다. 무위험수익률은 무위험실질수익률과 인플레이션프리미엄으로 구성된다. 즉, 기대수익률=무위험수익률+위험프리미엄=무위험실질수익률+인플레이션프리미엄+위험프리미엄이 된다.

그림 8-6 무차별곡선의 이동

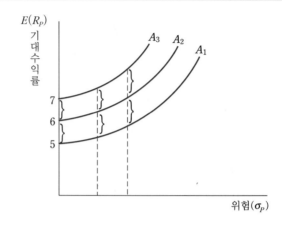

무위험수익률이 가장 높은 무차별곡선상에 위치하는 포트폴리오를 최적 포트폴리오로 선택하게 될 것이다.

3.2 효율적 포트폴리오

자본시장에는 많은 투자대상이 있다. 다양한 투자대상이 제각기 다른 위험과 기대수익률을 가지고 투자기회집합(opportunity set)을 구성하고 있다.[11] 투자자들은 투자기회집합에 속한 모든 포트폴리오를 모두 검토할 필요가 없고, 그 중에서 일부만 고려해도 된다. 이처럼 투자기회집합에 속한 포트폴리오 중에서 검토대상이 되는 포트폴리오를 선정하도록 해주는 것이 우월성원리(dominance principle) 또는 지배원리이다.

Markowitz는 포트폴리오의 선택과정이 우월성원리와 분리정리(separation theorem)에 따라 이루어진다고 한다.[12] 우월성원리는 투자가능 포트폴리오 또는 투자기회집합 중에서 객관적으로 우월한 모든 포트폴리오를 선별하는 데에 기준이 되는 원리이다. 분리정리는 객관적으로 우월한 포트폴리오를 선별하는 것은 투자자들의 위험에 대한 태도와 무관하다는 원리이다.[13]

우월성원리는 모든 투자가능 포트폴리오의 위험과 기대수익률의 관계에서 상대적으로 최소의 위험과 최대의 기대수익률을 갖는 포트폴리오, 즉 효율적 포트

---

11) 투자기회집합을 투자가능 포트폴리오(feasible or attainable portfolio)라고도 한다.
12) H. Markowitz(1952), "Portfolio Selection," *Journal of Finance*, 7(1), 77-91.
13) 이에 대해서는 후술하는 최적 포트폴리오의 선택에서 다시 설명할 것이다.

폴리오(efficient portfolio)를 선택하는 원리이다. 다시 말해서, 동일한 위험수준에 있는 모든 포트폴리오 중에서 최대의 기대수익률을 갖는 포트폴리오가 가장 우월하고, 동일한 기대수익률을 갖는 포트폴리오 중에서 최소의 위험을 가진 포트폴리오가 가장 우월하다는 것이다.

[그림 8-7]에서는 포트폴리오 위험과 기대수익률의 직교 좌표상에 투자가능 포트폴리오를 나타내고 있다. 투자가능 포트폴리오 중에서 임의의 Q포트폴리오를 선정하고, 이 포트폴리오를 투자가능 포트폴리오 집합의 왼쪽과 위쪽의 경계선에 있는 D, E포트폴리오와 비교해 보자.

D포트폴리오는 Q포트폴리오에 비하여 기대수익률은 동일하지만, 상대적으로 낮은 위험을 가지고 있다. E포트폴리오는 Q포트폴리오에 비하여 위험은 동일하지만, 상대적으로 높은 기대수익률을 나타낸다. 따라서 D포트폴리오와 E포트폴리오는 Q포트폴리오보다 우월한 포트폴리오이다.

마찬가지 방법으로 투자기회집합의 왼쪽에서 우상향하는 경계선상에 존재하는 포트폴리오는 다른 모든 투자가능 포트폴리오보다 우월하다. 그래서 투자기회집합의 우상향 경계선을 효율적 프론티어(efficient frontier)라고 하고, 이 효율적 프론티어에 위치하는 포트폴리오를 효율적 포트폴리오라고 한다. [그림 8-7]에서 효율적 프론티어는 $ADEB$를 연결하는 곡선이 된다.

우월성원리에 따라 효율적 포트폴리오를 선정하는 과정은 포트폴리오 선택의 제1단계이다. 그리고 포트폴리오 선택의 제2단계는 투자자가 자신의 효용을 최대화하는 최적 포트폴리오를 최종적으로 선택하는 과정이다. 분리정리(separa-

그림 8-7 투자가능 포트폴리오의 위험과 기대수익률

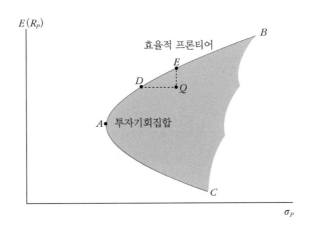

tion theorem)의 초점은 이러한 두 가지 단계에 따른 포트폴리오의 선택과정이 분리된다는 것이다.

3.3 최적 포트폴리오의 선택

1) 무위험자산의 존재와 투자기회집합

위험자산으로 구성한 최적 투자기회집합은 [그림 8-7]과 같은 효율적 프론티어로 나타난다. 투자자가 무위험자산을 포트폴리오에 포함시킨다면, [그림 8-8]과 같이 최적 투자기회집합이 달라진다.

이제 [그림 8-8]에서 효율적 프론티어상에 존재하는 효율적 포트폴리오 M점에 투자비중 y를 부여하고, 무위험자산에 투자비중 $(1-y)$를 부여하여 포트폴리오를 구성하여 보자. 이러한 포트폴리오의 기대수익률과 위험은 각각 (8-12)식과 (8-13)식과 같이 된다.

$$E(R_p) = yE(R_M) + (1-y)R_f \qquad (8-12)$$

단, $E(R_p)$ = 포트폴리오의 기대수익률
$E(R_M)$ = M위험자산의 수익률
R_f = 무위험자산의 수익률
y = M위험자산에 대한 투자비중

그림 8-8 무위험자산과 시장포트폴리오의 결합

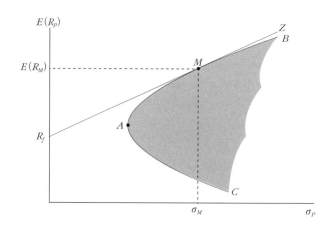

$$\sigma_P = \sqrt{y^2\sigma_M^2 + (1-y)^2\sigma_f^2 + 2y(1-y)\sigma_M\sigma_f\rho_{fM}}\tag{8-13}$$

단, σ_P = 포트폴리오의 위험

σ_f = 무위험자산수익률의 표준편차

σ_M = 위험자산(M)수익률의 표준편차

ρ_{fM} = 무위험수익률과 위험수익률의 상관계수

(8-13)식에서 무위험자산은 수익률의 변동성이 0이 되어야 하므로, $\sigma_f = 0$, $\sigma_f^2 = 0$ 이다. 따라서 이 식에서 제2항과 제3항의 값은 0이 되므로 σ_P는 다음과 같이 표현된다.

$$\sigma_P = \sqrt{y^2\sigma_M^2} = y\sigma_M \tag{8-14}$$

이 (8-14)식을 (8-12)식에 대입하여 정리하면, 다음과 같은 관계식이 나타난다.

$$\begin{aligned}E(R_P) &= yE(R_M) + (1-y)R_f \\ &= R_f + [E(R_M) - R_f]y \\ &= R_f + \left[\frac{E(R_M) - R_f}{\sigma_M}\right]\sigma_P\end{aligned}\tag{8-15}$$

이 (8-15)식이 무위험자산과 위험자산(M)으로 구성한 포트폴리오로 구성된 투자기회집합이며, 이러한 관계식을 자본시장선(capital market line, CML)이라고 한다. 이러한 CML을 그림으로 나타내면 [그림 8-8]의 R_fMZ를 연결하는 직선이 된다. 이러한 CML은 무위험자산이 존재하는 경우의 효율적 투자기회집합이 된다. 그리고 위험자산 M을 시장포트폴리오(market portfolio)라고 한다.[14]

예 8-8

무위험수익률(R_f)이 6%이고, 위험자산(M)의 기대수익률[$E(R_M)$]이 12%, 위험(σ_M)이 10%라고 하자. 무위험자산과 위험자산(M)의 포트폴리오로 이루어진 투자기회집합인 자본시장선(CML)을 구하여 보자.

$$\begin{aligned}E(R_P) &= 6 + \left(\frac{12-6}{10}\right)\sigma_P \\ &= 6 + 0.6\sigma_P\end{aligned}$$

---

14) 자본시장선(CML)과 시장포트폴리오에 대해서는 다음 장에서 자세히 다룰 것이다.

2) 최적 포트폴리오의 선택

이제 최적 포트폴리오의 선택에 대하여 살펴보자. [그림 8-9]에서 무위험수익률은 R_f이며, 곡선 AB는 위험자산으로 구성된 효율적 프론티어이다. 그리고 U_1, U_2, U_3는 개인투자자의 위험과 기대수익률에 대한 무차별곡선이다. 무위험수익률에서 효율적 프론티어에 대하여 그은 접선의 접점을 M이라 하자. 이러한 경우에 직선 선상에 위치한 모든 포트폴리오는 무위험자산과 위험자산(M)으로 구성된다. 그리고 무위험자산이 존재하는 경우에 효율적 투자기회집합인 직선 $R_f MZ$를 자본시장선(capital market line, CML)이라고 한다.

위험자산의 효율적 프론티어 AB와 무차별곡선 U_1의 접점인 N포트폴리오는 위험자산만으로 투자기회집합을 도출한 Markowitz의 최적 포트폴리오이다. 그러나 포트폴리오가 무위험자산을 포함하고 있을 경우에는 최적 포트폴리오의 선택방법이 달라진다.

자본시장선인 $R_f M$선상의 모든 포트폴리오는 무위험자산과 효율적 포트폴리오(M)가 결합되어 구성된 포트폴리오이다. 만약, 투자자의 무차별곡선이 이 $R_f M$선과 접점을 이루게 되면, 이 접점에서의 포트폴리오는 Markowitz의 최적 포트폴리오와는 다른 새로운 포트폴리오이다. 그리고 새로운 접점인 P포트폴리오는 Markowitz의 최적 포트폴리오인 N보다 높은 효용을 제공한다. 즉 무위험자산이 존재하는 경우에 투자자의 효용을 최대화하는 최적 포트폴리오는 P포트폴리오가 된다.

그림 8-9 최적 포트폴리오의 선택

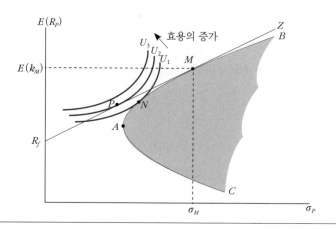

포트폴리오 선택과정에서 투자자들은 자신의 포트폴리오를 가장 효율적인 투자기회집합인 자본시장선(CML)상에 두어야 한다. 포트폴리오가 자본시장선(CML)상에 위치하도록 하기 위해서 투자자들은 위험자산을 M포트폴리오만 가져야 한다. 즉 투자자가 위험자산 M포트폴리오와 무위험자산의 두 종류의 자산만으로 포트폴리오를 구성하면, 가장 효율적인 포트폴리오가 된다.

투자자들은 자신의 무차별곡선의 형태와 무관하게 객관적으로 우월한 M포트폴리오를 결정할 수 있다. 즉 모든 투자자들은 자신의 무차별곡선의 형태와 무관하게 동일한 위험자산 포트폴리오를 보유하게 될 것이다. 다만, 투자자들 간의 포트폴리오 선택에서 유일한 차이점은 위험회피의 정도가 강한 투자자들은 무위험자산에 대한 투자비중을 높일 것이며, 위험회피의 정도가 약한 투자자들은 위험자산에 대한 투자비중을 높일 것이라는 점이다. 이러한 포트폴리오의 선택원리를 분리정리(separation theorem)라고 한다.

포트폴리오 선택문제는 두 개의 단계로 분리할 수 있다. 첫째 단계는 최적의 위험포트폴리오를 선택하는 것이며, 이는 순수하게 기술적인 작업이다. 즉 선택 가능한 위험자산에 관한 자료가 주어지면 최적 위험포트폴리오는 투자자의 위험에 대한 태도와 무관하게 동일하다는 것이다. 두 번째 단계는 무위험자산과 최적 위험포트폴리오 간에 자본을 배분하는 과정이며, 이는 투자자들의 위험에 대한 태도에 따라 달라진다.

3) 차입과 대출에 따른 최적 포트폴리오의 선택

모든 투자자가 언제나 무위험자산에 투자(lending)할 수 있고, 또 무위험이자율로 자유로이 차입(borrowing)할 수도 있다고 가정하는 경우에 있어 최적 포트폴리오의 선택은 [그림 8-10]을 이용하여 설명할 수 있다.

[그림 8-10]에서 비교적 높은 위험회피형 투자자의 무차별곡선은 U이며, 이러한 투자자에게는 P가 최적 포트폴리오이다. 하지만 비교적 낮은 위험회피형 투자자의 무차별곡선은 A이며, Q가 최적 포트폴리오이다. 이와 같이 자본시장선(CML)선상에 위치하는 모든 포트폴리오는 M점을 중심으로 두 부분으로 구분된다.

첫 부분은 $R_f M$선에 속해 있는 포트폴리오로서 P포트폴리오와 같이 무위험자산과 위험자산으로 구성되어 있는 부분이다. 투자자의 입장에서는 P포트폴리오에 속해 있는 무위험자산을 매입한다는 것은, 무위험이자율로서 대출(lending)해 주는 것으로 이해할 수 있기 때문에, $R_f M$선에 속해 있는 포트폴리오를 대출

그림 8-10 차입·대출이 자유로운 경우 최적 포트폴리오의 선택

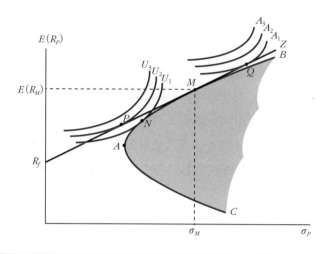

포트폴리오(lending portfolio)라고 한다.

둘째 부분은 MZ선상에 속한 포트폴리오를 말하며, Q포트폴리오가 그 중의 하나이다. 이 부분은 비교적 낮은 위험회피형 투자자가 자기 소유의 투자자금과 무위험이자율로 차입한 자금을 합하여 M포트폴리오에 투자할 때 형성되는 포트폴리오이다. 이 경우에 MZ선상에 속한 포트폴리오를 차입포트폴리오(borrowing portfolio)라고 한다.

이제, 투자자들이 대출포트폴리오와 차입포트폴리오로 구성된 자본시장선상의 모든 포트폴리오 중에서 어떻게 최적 포트폴리오를 선택하는지에 대하여 살펴보자. 이 선택은 투자자의 위험회피도, 즉 무차별곡선의 형태에 영향을 받게 된다.

M포트폴리오는 시장포트폴리오(market portfolio)라고 한다. 위험자산 포트폴리오와 무위험자산이 결합하여 포트폴리오를 구성할 때 시장이 균형상태에 도달하게 되면, M포트폴리오는 시장의 모든 위험증권을 포함하는 시장포트폴리오가 된다. 시장에 참여하는 모든 투자자가 보유하고 있는 포트폴리오에 대하여 전혀 종목변경을 원하지 않을 정도로 시장이 균형상태를 이루고 있으면, 모든 투자자는 분리정리에 따라 위험자산 포트폴리오로 시장포트폴리오인 M포트폴리오를 보유하게 될 것이다.

요 약

❶ 기대수익률과 위험의 측정

위험은 미래의 수익률이 기대수익률에 미달하거나 투자손실로 나타날 수 있는 가능성 내지 수익률의 변동성을 의미한다. 위험은 일반적으로 과거의 자료를 기초로 산출한 수익률의 확률분포를 이용하여 계산한다. 투자위험은 확률분포의 표준편차나 분산으로 측정할 수 있다.

$$\text{기대수익률: } E(R_i) = \sum_{s=1}^{S} R_{is} p_s$$

$$\text{위험: } \sigma = \sqrt{\sigma^2} = \sqrt{\sum_{s=1}^{S} [R_{is} - E(R_i)]^2 p_s}$$

❷ 포트폴리오의 기대수익률 계산방법

포트폴리오의 기대수익률은 이를 구성하고 있는 각 개별증권의 수익률을 가중평균하여 계산한다.

$$E(R_p) = \sum_{i=1}^{N} x_i E(R_i)$$

❸ 포트폴리오의 위험 측정방법

포트폴리오의 위험은 포트폴리오를 구성하는 개별증권의 비중, 개별증권 수익률의 표준편차, 개별증권 수익률 상호간의 공분산 등의 세 가지 요인에 의해 영향을 받는다.

$$\sigma_P = \sqrt{\sum_{i=1}^{N} x_i^2 \sigma_i^2 + 2\sum_{i=1}^{N-1} \sum_{j=i+1}^{N} x_i x_j \sigma_i \sigma_j \rho_{ij}}$$

❹ 분산투자와 포트폴리오 위험의 관계

투자자가 투자대상을 분산시키면 포트폴리오의 기대수익률은 감소시키지 않고, 위험을 축소시킬 수 있다. 이러한 위험축소의 효과는 포트폴리오를 구성하는 각 개별증권의 수익률이 완전히 동일한 방향과 동일한 변동폭으로 움직이지 않는다는 조건이 성립될 때 발생한다. 따라서 각 종목의 수익률이 서로 완전한 정의 상관관계를 유지하지 않는다면, 투자의 다양화 내지 분산투자는 항상 위험을 축소시키게 된다.

포트폴리오의 위험은 포트폴리오에 포함되는 개별증권들의 위험이 분산투자로 인하여 축소될 수 있는 부분과 축소될 수 없는 부분으로 구분된다. 포트폴리오의 구성을 통하여 축소가 가능한 위험을 비체계적 위험(unsystematic risk), 다양화가능위험(diversifiable risk), 잔여위험(residual risk) 또는 고유위험(unique risk)이라 한다. 축소될 수 없는 위험을 체계적 위험(systematic risk), 다양화불능위험(non-diversifiable risk), 또는 시장위험(market related risk)이라고 한다.

포트폴리오를 구성하는 증권의 종목수를 계속 증가시켜 다양화가 광범위하게 실현되면, 개별증권의 비체계적 위험은 계속 축소되어 결국 0에 접근하므로 포트폴리오의 총위험은 개별증권의 체계적 위험 내지 시장위험으로만 측정되는 수준에 근접하게 된다.

❺ 최적 포트폴리오의 선택방법

투자가능 포트폴리오(feasible or attainable portfolio) 중에서 투자자의 포트폴리오 선택은 우월성(지배)원리(dominance principle)와 분리정리(separation theorem)에 따라 이루어진다. 우월성원리는 모든 투자가능 포트폴리오의 위험과 기대수익률의 관계에서 상대적으로 최소의 위험과 최대의 기대수익률을 갖는 포트폴리오를 선택하는 원리이다. 동일한 위험수준에 있는 모든 포트폴리오 중에서 최대의 기대수익률을 갖는 포트폴리오가 가장 우월하고, 동일한 기대수익률을 갖는 포트폴리오 중에서 최소의 위험을 가진 포트폴리오가 가장 우월하다(효율적 프론티어에 위치한 모든 포트폴리오). 분리정리는 객관적으로 우월한 포트폴리오의 선택이 투자자들의 효용과 무관하게 결정된다는 원리이다. 최적 포트폴리오의 선택은 객관적으로 우월한 포트폴리오 중에서 투자자의 효용을 최대화하도록 하는 무차별곡선에 의해 결정된다.

포트폴리오가 위험증권으로만 구성된 경우 효율적 프론티어와 무차별곡선의 접점에서 구성되는 포트폴리오가 최적 포트폴리오가 된다. 위험증권과 무위험증권으로 포트폴리오가 구성된 경우에는 자본시장선과 투자자의 무차별곡선이 접점을 이루는 포트폴리오가 최적 포트폴리오가 된다.

연·습·문·제

1 다음의 용어를 설명하라.

① 위험   ② 불확실성   ③ 체계적 위험과 비체계적 위험

④ 다양화효과   ⑤ 베타계수   ⑥ 적정위험

⑦ 우월성원리 또는 지배원리   ⑧ 효율적 포트폴리오

⑨ 분리정리   ⑩ 효율적 프론티어

⑪ 대출포트폴리오와 차입포트폴리오

2 A, B 두 주식의 수익률은 다음과 같은 확률분포를 가지고 있다.

확률	수익률	
	A주식	B주식
0.1	−10%	−30%
0.2	5	0
0.4	10	12
0.2	15	24
0.1	30	54

(1) A, B주식의 기대수익률과 수익률의 표준편차를 구하라.

(2) A, B 두 주식 중 어느 것이 위험이 큰 자산인가?

3 A증권과 B증권으로 포트폴리오를 구성하고자 한다. 이 두 증권의 기대수익률과 표준편차는 다음과 같다.

구분	기대수익률	표준편차
A증권	4%	6%
B증권	8%	12%

(1) 이 포트폴리오에서 차지하는 A증권의 비중을 x라고 하면, 이 포트폴리오의 기대수익률과 x는 어떤 관계에 있는가?

(2) A증권수익률과 B증권수익률의 상관계수가 ① $\rho_{AB}=0$, ② $\rho_{AB}=-1$일 경우에 포트폴리오가 최소위험(표준편차)을 갖는 A증권의 비중은 얼마이며, 그 때의 최소위험은 몇

%인가?

4 연리 6%의 정기예금과 연간 기대수익률이 10%인 시장포트폴리오에 투자하고자 한다. 시장 포트폴리오의 수익률의 표준편차는 12%이다. 30%의 정기예금과 70%의 시장포트폴리오로 서 포트폴리오를 구성하고자 한다. 이 포트폴리오의 ① 기대수익률과 ② 위험을 산출하라.

5 세 개의 증권의 기대수익률, 수익률의 표준편차, 수익률간의 상관계수에 관한 자료가 다음 과 같다.

	기대수익률 (%)	수익률의 표준편차 (%)	수익률간의 상관계수		
			증권1	증권2	증권3
증권1	10	20	1.0	0.6	0.3
증권2	15	25	0.6	1.0	0.8
증권3	20	40	0.3	0.8	1.0

(1) 각 증권에 대한 투자비중을 동일하게 하여 포트폴리오를 구성하였다. 포트폴리오의 기대수익률과 수익률의 표준편차를 산출하라.

(2) 각 증권에 대한 투자비중을 20:30:50으로 한 포트폴리오를 구성하였다. 포트폴리오 의 기대수익률과 수익률의 표준편차를 산출하라.

6 두 증권의 기대수익률, 수익률의 분산, 수익률간의 상관계수에 관한 자료가 다음과 같다. 그 리고 무위험수익률은 6%이다.

종목	기대수익률(%)	수익률의 표준편차(%)	수익률 간의 상관계수	
			A	B
A	10	20	1.0	0.5
B	20	30	0.5	1.0

(1) A, B 두 종목의 증권으로 구성한 투자기회집합을 수식으로 도출하라.

(2) A, B 두 종목으로 포트폴리오를 구성할 때 최소분산 포트폴리오(MVP)를 구하라. 포 트폴리오를 구성하기 위한 투자비중, 그리고 포트폴리오의 기대수익률과 수익률의 표 준편차를 구하라.

(3) 효율적 프론티어상에 존재하는 M포트폴리오의 기대수익률과 수익률의 표준편차는 각각 21.58%, 33.27%이다. 자본시장선(CML)을 구하라.

(4) 어떤 투자자의 무차별곡선이 다음과 같이 주어져 있다. 이 투자자는 자신의 효용을 최대화하기 위하여 어떤 포트폴리오를 보유해야 하겠는가? 최적 포트폴리오를 구성하기 위한 투자비중, 포트폴리오의 기대수익률과 수익률의 표준편차를 제시하라.

$$U_P = E(R_P) - 2\sigma_P^2$$

단, U_P = 포트폴리오의 효용가치

(5) 위의 문제(1)에서 (4)까지의 포트폴리오 선택과정을 그림으로 제시하라.

7 기대수익률이 12%이고, 수익률의 표준편차가 20%인 펀드가 있다. 무위험자산에 대한 수익률은 6%이다. 아래 물음에 답하라.

(1) 귀하는 펀드에 60% 투자하고, 나머지는 무위험자산에 투자하려고 한다. 귀하가 보유하게 될 포트폴리오의 기대수익률과 수익률의 표준편차는 몇 %인가?

(2) 펀드는 세 종류의 개별자산으로 구성되어 있으며, 각 개별자산에 대한 투자비중은 다음과 같다.

> 펀드의 구성비중: A주식 20%, B주식 40%, C주식 40%

귀하는 펀드에 60%, 나머지를 무위험자산에 투자한 포트폴리오를 보유하려고 한다. 귀하가 실질적으로 보유하게 될 개별자산별 투자비중을 산출하여 보라.

(3) 귀하가 보유할 포트폴리오의 수익률의 표준편차가 10%를 넘지 않게 하려고 한다. 귀하가 얻을 수 있는 최대의 기대수익률은 몇 %가 되겠는가?

(4) 귀하의 목표수익률은 10%로 설정하였다. 귀하가 보유하게 될 포트폴리오의 수익률 표준편차의 최소값을 구하라.

◉ **해답** ────────────────────────────────────

2 (1) $E(R_A) = 10\%$, $\sigma = 9.49\%$ (2) $E(R_A) = 12\%$, $\sigma = 20.26\%$

3 (1) $E(R_P) = 8 - 4x$ (2) ① 상관계수 0인 경우: 투자비중 0.8, 표준편차 5.37% ② 상관계수 -1인 경우: 투자비중 0.6667, 표준편차 0

4 기대수익률 8.8%, 표준편차 8.4%

5 (1) 기대수익률 15%, 표준편차 24.28% (2) 기대수익률 16.5%, 표준편차 28.22%

6 (1) $\sigma_p^2 = 7[E(R_p)]^2 + 268 E(R_p) + 3,460$ (2) 투자비중 0.8571, 기대수익률 11.43%, 표준편차 19.64% (3) $E(R_p) = 6 + 0.4683\sigma$ (4) 투자비중 0.1170, 기대수익률 18.83%, 표준편차 27.73% (5) 생략

7 (1) 기대수익률 9.6%, 표준편차 12% (2) A주식 12%, B주식 24%, C주식 24%, 무위험자산 40% (3) 9% (4) 13.33%

9 Chapter

자본시장의 균형이론

들어가면서

이 장에서는 자본시장이 균형상태인 경우에 있어 위험자산의 기대수익률을 결정하는 이론을 설명한다. 포트폴리오의 기대수익률을 설명하는 자본시장선과 개별위험자산의 기대수익률을 설명하는 단일지수모형, 자본자산가격결정모형(CAPM), 차익가격결정이론(APT)을 살펴본다.

자본시장선은 무위험자산과 효율적 프론티어선상에 있는 시장포트폴리오가 결합되어 구성되는 포트폴리오의 기대수익률을 포트폴리오의 위험으로 추정하는 모형이다.

샤프(Sharpe)의 단일지수모형은 증권수익률의 변동은 시장상황의 변동과 밀접한 상관성을 갖는 것으로 가정한다. 단일지수모형에서 증권수익률은 시장지수와의 회귀관계로 나타낼 수 있다. 단일지수모형의 기울기인 베타계수는 시장민감도지수라고도 하며, 체계적인 위험의 측정지수로 사용된다.

자본자산가격결정모형(CAPM)은 개별증권의 수익률을 무위험수익률과 위험프리미엄의 합으로 추정하는 모형이다. 자본자산가격결정모형을 그래프로 표현한 것을 증권시장선이라고 한다.

APT는 다수의 공통요인으로 증권의 수익률을 설명하는 모형이다. 다수의 공통요인에 의하여 증권의 수익률이 생성되고, 증권의 기대수익률은 공통요인에 대한 민감도와 선형관계를 가진다고 한다. GDP수준, 인플레이션, 이자율 등이 다수의 공통요인에 해당한다.

이들 이론에 의해 추정된 수익률은 투자자의 입장에서는 위험자산인 주식에 투자함으로써 기대할 수 있는 투자수익률이 된다. 기업의 입장에서는 주식발행을 통해 자금을 조달할 때 부담하는 자본비용이 된다.

1.1 단일지수모형의 의미

Markowitz의 분산–공분산모형(variance-covariance model)은 이론적인 면에서는 매우 합리적이다. 그리고 포트폴리오를 구성하고 있는 개별증권의 수가 적을 때에는 이 모형의 활용도가 매우 높다. 그러나 많은 종목의 증권으로 포트폴리오를 구성할 때는 이 분산–공분산모형의 값을 산출함에 있어 투입자료가 너무 방대하다는 약점이 있다.

이와 같은 Markowitz 모형의 한계점을 보완한 것이 Sharpe의 단일지수모형(single index model)이다. Sharpe는 증권수익률의 변동이 시장상황의 변동과 밀접한 상관성을 갖는 것으로 가정한다. 단일지수모형은 개별증권의 수익률을 종속변수로 하고, 시장지수(market index)의 수익률을 독립변수로 하는 단순회귀모형의 형태를 취한다. 단일지수모형은 (9–1)식과 같이 표현된다. 그리고 이러한 모형을 증권특성선(security characteristic line, SCL), 혹은 시장모형(market model)이라고도 한다. 이때 모형의 기울기 계수를 베타계수라고 한다.[1]

$$R_{it} = \alpha_i + \beta_i R_{Mt} + e_{it} \tag{9-1}$$

단, R_{it} = i증권의 t시점에서의 수익률

R_{Mt} = 시장지수(혹은 시장포트폴리오)의 t시점에서의 수익률

α_i = 알파계수, 절편

β_i = 베타계수

e_{it} = i증권수익률의 추정오차, 고유요인

이 (9–1)식에서 α_i는 시장지수(market index)의 변동에 전혀 영향을 받지 않는 독립관계에 있는 상수이며, R_{Mt}와 e_{it}는 확률변수(random variable)이다. 이 모형은 다음과 같은 가정을 기초로 하고 있다.

---

1) W. F. Sharpe(1964), "Capital Asset Prices: A Theory of Market Equilibrium Under Conditions of Risk," *Journal of Finance*, 19(3), 425-442.

① $E(e_i) = 0$

② $E(e_i, e_j) = 0$

③ $Cov(e_i, R_M) = 0$

각 증권의 고유요인(e_i)의 기대치는 0이며, 모든 i증권과 j증권의 고유요인은 독립관계(independent)에 있고, 고유요인(e_i)은 시장포트폴리오 수익률(R_M)과 무상관이라는 것이다.

증권특성선의 기울기인 베타계수는 시장민감도지수(market sensitivity index)라고도 한다. 그 이유는 베타계수가 시장지수의 수익률에 대한 개별증권 수익률의 상대적 변동성(relative volatility)을 나타내고 있기 때문이다. 다시 말해서, [그림 9-1]에서 보는 것과 같이 이 베타계수는 시장지수의 수익률이 한 단위 변동할 때 개별증권의 수익률이 변동하는 정도를 나타낸다.[2]

그림 **9-1** 증권특성선

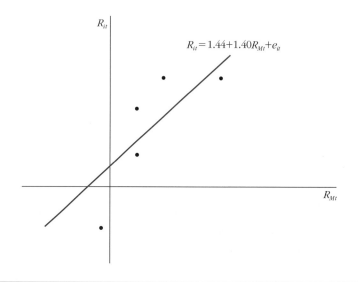

$$R_{it} = 1.44 + 1.40R_{Mt} + e_{it}$$

---

2) [그림 9-1]의 자료는 아래와 같다. MS Excel이나 여러 가지 통계프로그램을 이용하면 회귀계수를 쉽게 추정할 수 있다.

시점(t)	i 주식수익률(R_i) (%)	시장지수 수익률(R_M) (%)
1	22.51	8.78
2	14.96	4.06
3	−10.05	−3.99
4	26.46	20.70
5	5.12	7.45

(9-1)식에서 베타계수인 β_i의 값이 1.0인 경우에는 시장지수 수익률의 변동상황과 개별증권 수익률의 변동상황이 완전히 일치한다. 즉 시장지수가 10% 상승하면 개별증권의 가격도 10% 상승한다. 베타계수의 값이 1.0보다 클 경우에는 시장지수의 수익률변동이 개별증권의 수익률에 미치는 효과가 베타계수가 1.0인 경우에 비하여 높게 나타난다. 즉 시장지수가 10% 상승하면 개별증권의 가격은 10%보다 크게 상승한다. 또 베타계수가 1.0보다 작을 경우에는 이러한 현상이 반대로 나타난다. 즉 시장지수가 10% 상승하면 개별증권의 가격은 10% 이하로 상승한다.

개별증권의 베타계수를 기준으로 하여 증권을 세 가지로 구분하기도 한다. 즉 $\beta > 1.0$인 증권은 수익률의 변동이 시장지수 수익률의 변동보다 크게 작용하기 때문에 공격적 증권(aggressive security)이라고 한다. $\beta < 1.0$인 증권은 수익률의 변동이 시장지수 수익률의 변동보다 작게 작용하기 때문에 방어적 증권(defensive security)이라고 한다. 그리고 $\beta = 1.0$인 증권은 중립적 증권이라고 한다.

분산투자(다양화)로 인하여 비체계적 위험이 완전히 제거되고 포트폴리오의 총위험이 개별증권들의 체계적 위험만으로 구성되었을 때, 이 총위험을 적정위험(relevant risk)이라고 한다. 체계적인 위험의 측정지수로 흔히 베타계수를 사용하고 있다. 대체로 개별증권의 수익률이 변동하는 추세는 시장지수 수익률의 변동추세와 같은 방향으로 움직이고 있으므로 베타계수는 정(+)의 값을 갖는 것이 일반적이다.

1.2 체계적 위험과 비체계적 위험

1) 시장모형의 이용

시장모형을 이용하면 개별증권의 특성인 기대수익률, 분산, 공분산 등을 산출할 수 있다. 즉 시장모형의 계수 추정치에 관한 정보를 알고 있으면, 이러한 계수와 시장포트폴리오의 특성을 이용하여 개별증권들의 기대수익률, 분산, 공분산 등을 산출할 수 있다. 이처럼 시장모형은 Markowitz의 분산−공분산모형이 지닌 약점인 과다한 투입자료의 문제를 해결해 준다.

먼저, 시장모형으로부터 개별증권의 기대수익률을 산출하여 보자. (9-1)식의 양변에 기대치를 취하여 정리하면, 개별증권의 기대수익률은 다음과 같이 산출된다.

$$E(R_i) = \alpha_i + \beta_i E(R_M)$$ (9-2)

(9-2)식은 개별증권의 기대수익률은 회귀계수인 α_i와 β_i, 그리고 시장포트폴리오의 기대수익률인 $E(R_M)$에 관한 정보만 알고 있으면 산출될 수 있다는 것을 보여주고 있다.

다음으로, 시장모형으로부터 개별증권의 수익률의 분산을 산출하여 보자. 개별증권 수익률의 분산을 구하기 위해 (9-1)식의 양변에 분산을 취하여 수식을 정리하면 다음과 같이 된다.

$$\sigma_i^2 = \beta_i^2 \sigma_M^2 + \sigma_{e_i}^2$$ (9-3)

단, $\sigma_i^2 =$ 개별증권 i의 수익률의 분산

$\sigma_M^2 =$ 시장포트폴리오 수익률의 분산

$\beta_i =$ 개별증권 i의 베타계수

$\sigma_{e_i}^2 =$ 개별증권 i의 고유요인의 분산, 비체계적 위험

(9-3)식은 개별증권 수익률의 분산으로 표현되는 총위험이 체계적 위험인 β_i^2, σ_M^2과 비체계적 위험인 $\sigma_{e_i}^2$로 분해될 수 있다는 것을 보여주고 있다. 그리고 개별증권의 베타계수(β_i), 비체계적 위험인 잔차분산($\sigma_{e_i}^2$), 그리고 시장포트폴리오 수익률의 분산(σ_M^2)에 관한 정보를 알고 있으면, 개별증권 수익률의 분산을 계산할 수 있다는 것을 보여주고 있다.

마지막으로, 시장모형으로부터 개별증권 수익률간의 공분산을 산출하여 보자. 개별증권 수익률간의 공분산을 산출하는 수식에서 개별증권 수익률 대신에 (9-1)식을 대입하여 정리하면 다음과 같이 된다.

$$\sigma_{ij} = \beta_i \beta_j \sigma_M^2$$ (9-4)

단, $\sigma_{ij} =$ 개별증권 i와 개별증권 j의 수익률간의 공분산

$\beta_i =$ 개별증권 i의 베타계수

$\beta_j =$ 개별증권 j의 베타계수

$\sigma_M^2 =$ 시장포트폴리오 수익률의 분산

(9-4)식은 개별증권의 수익률간의 공분산은 개별증권의 베타계수와 시장포트폴리오 수익률의 분산(σ_M^2)에 관한 정보만 알면 산출할 수 있다는 것을 보여주고 있다.

A, B 두 증권에 대한 시장모형의 계수 추정결과가 다음의 〈표 9-1〉과 같이 주어져 있다. 시장포트폴리오의 기대수익률은 16.06%이고, 수익률의 분산은 989.66이다.

표 9-1 시장모형의 계수 추정결과

증권	알파계수	베타계수	잔차분산
A	0.663	0.894	578.03
B	-2.348	1.391	201.13

(1) 각 증권의 기대수익률을 산출하여 보자.

$$E(R_i) = \alpha_i + \beta_i E(R_M)$$
$$E(R_A) = 0.663 + (0.894)(16.06) = 15.02\%$$
$$E(R_B) = -2.348 + (1.391)(16.06) = 19.99\%$$

(2) 각 증권수익률의 분산을 산출하여 보자.

$$\sigma_i^2 = \beta_i^2 \sigma_M^2 + \sigma_{e_i}^2$$
$$\sigma_A^2 = (0.894)^2 (989.66) + 578.03 = 1,369.00$$
$$\sigma_B^2 = (1.391)^2 (989.66) + 201.13 = 2,116.00$$

(3) 두 증권수익률간의 공분산을 산출하여 보자.

$$\sigma_{ij} = \beta_i \beta_j \sigma_M^2$$
$$\sigma_{AB} = (0.894)(1.391)(989.66) = 1,230.69$$

이 예는 개별증권의 특성치인 기대수익률, 분산, 공분산을 산출하기 위하여 개별증권에 대하여 알아야 하는 정보는 알파계수, 베타계수, 잔차분산 이외에는 없다는 것을 확인시켜 준다.

2) 포트폴리오의 베타계수

포트폴리오의 베타계수는 포트폴리오를 구성하는 개별증권 베타계수의 가중평균으로서 (9-5)식에 의하여 산출된다.

$$\beta_P = \sum_{j=1}^{N} x_j \beta_j \tag{9-5}$$

단, β_P = 포트폴리오의 베타계수
x_j = j증권에 대한 투자비중
β_j = j증권의 베타계수

예 9-2

세 개의 주식의 베타계수가 각각 2.5, 1.2, 0.7이고, 이들 주식이 각각 0.3, 0.4, 0.3의 비중을 차지하는 포트폴리오를 구성한다. 이 포트폴리오의 베타계수를 산출하여 보자.

$$\beta_P = x_1\beta_1 + x_2\beta_2 + x_3\beta_3$$
$$= (0.3)(2.5) + (0.4)(1.2) + (0.3)(0.7)$$
$$= 1.44$$

베타계수를 이용하여 개별증권 또는 포트폴리오의 상대적 변동성(relative volatility)을 측정할 때는 다음의 세 가지 점을 유의해야 한다. 첫째, 1.0을 크게 초과하거나 미달한 베타계수는 시간이 경과함에 따라 안정된 수준($\beta = 1.0$)에 접근하려는 경향이 있다. 둘째, 개별증권의 베타계수는 비교적 비안정적인데 반하여 포트폴리오의 베타계수는 안정적이다. 셋째, 효율적인 포트폴리오의 베타계수는 위험에 대한 좋은 추정치가 될 수 있지만, 비효율적인 포트폴리오의 베타계수는 그렇지 못하다.

자본시장선

제 2 절

Financial Management

투자자가 무위험이자율로 차입 또는 대출을 할 수 있는 무위험자산이 존재하고, 이 무위험자산을 위험증권의 포트폴리오에 결합시켜 포트폴리오를 구성하는 경우에 효율적 투자기회집합이 [그림 9-2]의 $R_f MZ$선으로 표현되는데, 이것을 자본시장선(capital market line, CML)이라고 한다. 이 그림에서 곡선 AMB는 위험자산의 효율적 프론티어이며, 자본시장선(CML)은 효율적 프론티어와 M점에서 접한다.

자본시장선(CML)은 위험자산의 효율적 포트폴리오인 M포트폴리오와 무위험자산을 결합하여 포트폴리오를 구성하여 만든 투자기회집합이다. 그리고 위험자산 포트폴리오의 효율적 프론티어에 위치하는 M포트폴리오는 시장포트폴리오(market portfolio)라고 한다.

다시 말해서, 위험자산 또는 위험증권 포트폴리오와 무위험자산이 결합하여

그림 9-2 자본시장선

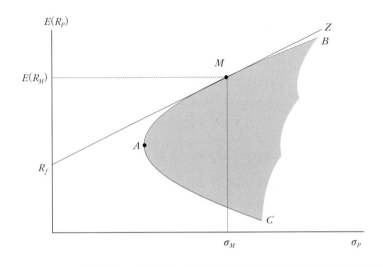

포트폴리오를 구성할 때, 시장이 균형상태에 있으면 M포트폴리오는 시장의 모든 위험증권을 포함하는 시장포트폴리오가 된다. 이러한 M포트폴리오는 모든 투자자에게 최적의 위험포트폴리오가 된다.

그리고 시장에 참가하는 모든 투자자는 지배원리에 따라 최적의 위험자산으로 시장포트폴리오인 M포트폴리오에 투자하게 될 것이다. 이러한 경우에 M포트폴리오 중에서 i개별증권이 차지하는 비중 w_i는 다음과 같이 산출된다.

$$w_i = \frac{i증권의\ 시장가치}{시장의\ 전체증권의\ 시장가치} \tag{9-6}$$

평균−분산의 기준에서 볼 때 [그림 9-2]의 $R_f MZ$선상에 위치한 포트폴리오는 AMB선상에 위치한 포트폴리오보다 우월하다. 즉 자본시장선상에 존재하는 포트폴리오는 위험자산의 효율적 프론티어상에 위치하는 포트폴리오보다 효율적이라고 할 수 있다. 자본시장선은 무위험자산과 시장포트폴리오인 M포트폴리오를 결합하여 만든 투자기회집합으로 (9-7)식과 같이 나타낼 수 있다.[3]

---

3) 자본시장선(CML)을 유도하는 과정은 제8장을 참고하라.

$$E(R_P) = R_f + \left[\frac{E(R_M) - R_f}{\sigma_M} \right] \sigma_P \qquad (9-7)$$

단, $E(R_P)$ = 포트폴리오의 기대수익률

σ_P = 포트폴리오 수익률의 표준편차

R_f = 무위험수익률

$E(R_M)$ = M시장포트폴리오의 기대수익률

σ_M = M시장포트폴리오 수익률의 표준편차

이 (9-7)식에서 제1항인 무위험이자율 R_f는 확실성하에서 화폐의 시간적 가치이며, 제2항의 기울기 $[E(R_M) - R_f]/\sigma_M$은 자본시장선상에 위치한 모든 효율적 포트폴리오에 대한 위험의 시장가격(market price of risk)으로 포트폴리오의 위험 단위당 기대수익률의 크기를 나타낸다. 그리고 σ_P는 포트폴리오의 위험을 나타낸다. 그러므로 포트폴리오의 위험의 시장가격에 위험의 크기를 곱한 제2항은 위험 프리미엄(risk premium)이 된다. 이처럼 자본시장선상에 위치한 포트폴리오의 기대수익률은 ① 확실성하의 무위험수익률과 ② 위험프리미엄의 합으로 구성된다고 할 수 있다.

예 9-3

무위험이자율이 3%이고, 시장포트폴리오의 기대수익률과 표준편차가 각각 8%와 20%이다. 다음의 물음에 답하여 보자.

(1) 자본시장선상에 있는 포트폴리오의 위험의 시장가격은 얼마가 되겠는가?

$$\frac{E(R_M) - R_f}{\sigma_M} = \frac{8 - 3}{20} = 0.25$$

(2) 자본시장선을 제시하라.

$$E(R_P) = R_f + \left[\frac{E(R_M) - R_f}{\sigma_M} \right] \sigma_P$$

$$E(R_P) = 3 + 0.25\sigma_P$$

(3) 어떤 투자자가 부담하려고 하는 위험(수익률의 표준편차)의 최대치가 10%이다. 이 투자자가 얻을 수 있는 기대수익률의 최대치는 얼마인가?

$$E(R_P) = 3 + 0.25\sigma_P = 3 + (0.25)(10) = 5.5\%$$

자본자산가격결정모형

3.1 자본자산가격결정모형의 의미

자본자산가격결정모형(capital asset pricing model, CAPM)은 Sharpe, Lintner, Mossin 등에 의하여 개발된 모형이다. 이 모형은 평균－분산의 기준하에서 도출된 Markowitz와 Tobin의 포트폴리오선택모형을 기초로 하여 개별증권의 수익률을 체계적 위험의 지수인 베타계수로 설명하고 있다.[4] 즉 증권의 기대수익률을 추정하는 자본자산가격결정모형(CAPM)은 다음과 같이 표현된다.

$$E(R_i) = R_f + [E(R_M) - R_f]\beta_i \qquad\qquad (9\text{-}8)$$

단, $E(R_i) = i$증권의 기대수익률

$R_f =$ 무위험수익률

$E(R_M) =$ 시장포트폴리오의 기대수익률

$\beta_i = i$증권의 베타계수

다시 말해서, CAPM에서 i증권의 기대수익률은 무위험수익률과 위험프리미엄인 $[E(R_M) - R_f]\beta_i$의 합으로 결정된다는 것이다. 여기에서 시장포트폴리오의 수익률과 무위험수익률의 차이인 $[E(R_M) - R_f]$는 위험의 시장가격(market price of risk)이라고 한다. 위험의 시장가격을 체계적 위험의 척도인 베타계수 β_i에 곱한 값을 i증권의 위험프리미엄이라고 한다.

3.2 기본가정

Sharpe, Lintner, Mossin 등에 의하여 도출된 CAPM은 다음과 같은 기본가정을

---

4) W. F. Sharpe(1964), "Capital Asset Prices: A Theory of Market Equilibrium Under Conditions of Risk," *Journal of Finance*, 19(3), 425-442; J. Lintner(1965a), "The Valuation of Risk Assets and the Selection of Risky Investments in Stock Portfolios and Capital Budgets," *Review of Economics and Statistics*, 47(1), 13-37; J. Lintner(1965b), "Security Prices, Risk, and Maximal Gains from Diversification," *Journal of Finance*, 20(4), 587-615; J. Mossin(1966), "Equilibrium in a Capital Asset Market," *Econometrica*, 34(4), 768-783.

전제로 하고 있다.

---

① 투자자는 단일기간의 기말부(end-of-period wealth)에 대한 기대효용을 최대화하려는 위험회피형 투자자이다.

② 투자자는 가격순응자(price taker)이며, 결합정규분포를 갖는 자산의 수익률에 대하여 동질적 예측(homogeneous expectation)을 한다.

③ 투자자가 무위험이자율로 차입 또는 대출할 수 있는 무위험자산은 무한히 존재한다.

④ 자산의 양은 고정되어 있고, 모든 자산은 시장성이 있을 뿐만 아니라 완전히 분할가능하다.

⑤ 자산의 시장은 마찰이 없다(frictionless). 따라서 거래비용과 정보비용은 없고, 정보는 모든 투자자에게 즉시 전달된다.

⑥ 시장의 불완전성은 존재하지 않는다(no market imperfections). 일체의 세금과 공매(short sale) 등에 대한 불완전성이 존재하지 않는다.

---

*CAPM*은 이상과 같은 비현실적인 엄격한 가정 위에서 도출되었기 때문에 현실적인 자본시장에 모형을 적용할 때는 약간의 한계가 있다. 따라서 이러한 가정을 완화하여 모형의 설명력을 높이고자 하는 노력이 진행되고 있다.

3.3 자본자산가격결정모형의 도출

자본자산가격결정모형은 Sharpe에 의하여 처음으로 제시되었지만, Sharpe, Fama, Lintner 등은 제각기 다른 방법으로 이 모형을 도출하였다. 여기서는 Fama의 방법에 따라 자본자산가격결정모형(*CAPM*)의 도출과정을 설명하기로 한다.

[그림 9-3]은 포트폴리오의 기대수익률과 표준편차의 차원에서 시장포트폴리오(*M*), 무위험자산(*R_f*), 비효율적 위험자산(*I*)을 나타내고 있다. 무위험자산과 시장포트폴리오를 연결하는 직선 *R_fMZ*은 자본시장선(*CML*)이다. 그리고 모든 자산의 공급과 수요가 일치되는 점에서 자산의 모든 가격이 결정되며, 균형상태 하에서는 초과수요(excess demand)가 전혀 발생하지 않는다고 하자.

이제 [그림 9-3]에서 *I*자산에 투자한 비중이 x이고, *M*시장포트폴리오에 투자한 비중이 $(1-x)$인 포트폴리오를 구성하자. 이러한 포트폴리오의 기대수익률 $E(R_p)$와 표준편차 σ_P는 다음과 같이 된다.

$$E(R_p) = xE(R_i) + (1-x)E(R_M) \tag{9-9}$$

그림 9-3 개별자산(I)와 시장포트폴리오로 구성한 투자기회집합

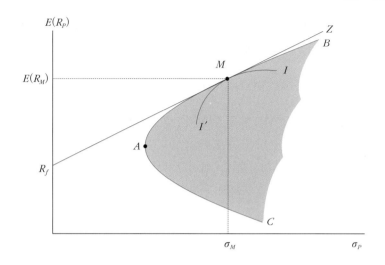

$$\sigma_P = [x^2\sigma_i^2 + (1-x)^2\sigma_M^2 + 2x(1-x)\sigma_{iM}]^{1/2} \tag{9-10}$$

단, $E(R_i)$ = I자산의 기대수익률

$E(R_M)$ = M시장포트폴리오의 기대수익률

σ_i^2 = I자산의 분산

σ_M^2 = M시장포트폴리오의 분산

σ_{iM} = I자산과 시장포트폴리오의 공분산

그런데 시장포트폴리오와 비효율적인 I위험자산으로 구성된 투자기회집합(opportunity set)은 [그림 9-3]에서 곡선 IMB로 표현할 수 있다. 이 곡선의 M점에서의 기울기는 자본시장선의 기울기와 동일해야 한다. 즉 곡선 IMB는 자본시장선과 접해야 한다. 그리고 M점에서의 자본시장선의 기울기는 $[E(R_M) - R_f]/\sigma_M$이다.

따라서 M점에서의 곡선 IMB의 기울기와 자본시장선의 기울기가 동일하다는 조건을 수식으로 나타내면 (9-11)식이 된다.

$$\frac{E(R_M) - R_f}{\sigma_M} = \frac{E(R_i) - E(R_M)}{(\sigma_{iM} - \sigma_M^2)/\sigma_M} \tag{9-11}$$

이 식에서 I위험자산의 기대수익률 $E(R_i)$에 대하여 식을 정리하면, 다음과 같

이 자본자산가격결정모형 또는 증권시장선(security market line, SML)의 모형이
된다.

$$E(R_i) = R_f + [E(R_M) - R_f] \frac{\sigma_{iM}}{\sigma_M^2} \tag{9-12}$$

$$= R_f + [E(R_M) - R_f]\beta_i \tag{9-8}$$

자본자산가격결정모형은 위험자산의 수익률이 무위험수익률(제1항)에 위험
프리미엄(제2항)을 합한 값으로 결정되고 있음을 의미한다. 그리고 (9-12)식에서
제2항의 σ_{iM}/σ_M^2은 위험프리미엄이 I자산 수익률과 시장포트폴리오 수익률의 공
분산 또는 베타계수에 의하여 영향을 받고 있음을 의미한다.

3.4 증권시장선의 성격

자본자산가격결정모형을 그래프로 표현할 때는 대체로 증권시장선(SML)이라
고 하지만, 양자는 흔히 같이 사용되고 있다. 이론적으로는 개별증권(주로 위험
자산인 주식을 의미함)의 기대수익률이 체계적 위험지수인 베타계수와의 관계에
서 증권시장선에 위치하게 된다고 한다. 그러나 현실의 시장에서는 개별증권의
시장가격이 투자자에 의하여 과소평가(underpriced) 또는 과대평가(overpriced)
되어 개별증권의 기대수익률과 위험간의 관계가 증권시장선을 벗어나도록 결정
되는 경우도 있다.

예를 들어, [그림 9-4]에서 U증권과 O증권이 있다고 하자. U증권의 기대수익
률 $E(R_U)$는 증권시장선을 이탈하여 동일한 체계적 위험(β_A)을 가지고 있고 증권
시장선상에 위치한 A증권의 기대수익률 $E(R_A)$보다 높게 나타나고 있다. 그 이유
는 U증권의 위험은 변화하지 않는데 시장에서 형성된 이 증권의 가격은 동일한
위험(β_A)을 가진 A증권의 가격에 비하여 낮기 때문이다.[5]

이 경우에는 상대적으로 가격이 낮은 U증권의 수요가 증가할 것이다. 따라서
이 증권의 가격이 상승하게 되고, 이에 따라 U증권의 기대수익률 $E(R_U)$는 증권시
장선상에 있는 A증권의 기대수익률 $E(R_A)$에 접근하게 되어 수요와 공급의 균형
가격이 형성된다.

한편, 시장가격이 과대평가된 O증권의 경우에는 모든 현상이 U증권과 반대로

---

5) 이 곳에서 기대수익률은 기대이익을 현재의 가격으로 나눈 비율로 이해한다. 그러므로 현재의 증
권가격이 낮게 평가(과소평가)되면 기대수익률은 상승한다.

그림 9-4 증권시장선과 증권의 과소평가 및 과대평가

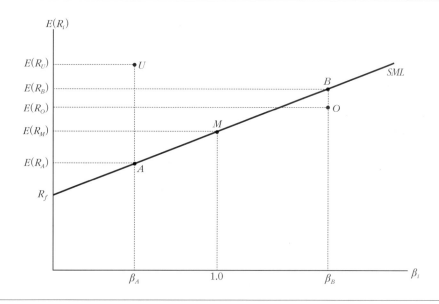

나타난다. 따라서 균형상태에 도달하면 모든 증권의 기대수익률은 결국 증권시장선 위에 위치하게 된다.

증권시장선의 모형을 베타계수를 산출하는 공식을 적용하여 (9-8)식으로부터 단계적으로 변형시켜 나가면 아래와 같다.

$$E(R_i) = R_f + [E(R_M) - R_f]\beta_i \tag{9-8}$$

$$E(R_i) = R_f + [E(R_M) - R_f]\frac{\sigma_{iM}}{\sigma_M^2} \tag{9-12}$$

$$E(R_i) = R_f + \left[\frac{E(R_M) - R_f}{\sigma_M^2}\right]\sigma_{iM} \tag{9-13}$$

$$E(R_i) = R_f + \left[\frac{E(R_M) - R_f}{\sigma_M^2}\right]\sigma_i\sigma_M\rho_{iM} \tag{9-13a}$$

단, $E(R_i) = i$증권의 기대수익률

$E(R_M) =$ 시장포트폴리오의 기대수익률

$R_f =$ 무위험이자율

$\beta_i = i$증권의 베타계수

$\sigma_i = i$증권 수익률의 표준편차

$$\sigma_M = \text{시장포트폴리오 수익률의 표준편차}$$
$$\sigma_M^2 = \text{시장포트폴리오 수익률의 분산}$$
$$\sigma_{iM} = i\text{증권 수익률과 시장포트폴리오 수익률간의 공분산}$$
$$\rho_{iM} = i\text{증권 수익률과 시장포트폴리오 수익률의 상관계수}$$

예 9-4

무위험이자율이 5%이고, 시장포트폴리오의 기대수익률과 표준편차가 각각 8%와 20%이다. 다음의 물음에 답하여 보자.

(1) 증권시장선을 기대수익률과 베타계수간의 관계식으로 제시하라.

$$E(R_i) = R_f + [E(R_M) - R_f]\beta_i$$
$$E(R_i) = 5 + (8 - 5)\beta_i = 5 + 3\beta_i$$

(2) 증권시장선을 기대수익률과 공분산간의 관계식으로 제시하라.

$$E(R_i) = R_f + \left[\frac{E(R_M) - R_f}{\sigma_M^2}\right]\sigma_{iM}$$

$$E(R_i) = 5 + \left[\frac{8 - 5}{(20)^2}\right]\sigma_{iM} = 5 + 0.0075\sigma_{iM}$$

(3) 베타계수가 1.5인 A증권이 있다. A증권의 균형상태에서의 기대수익률은 몇 %가 되겠는가?

$$E(R_A) = 5 + 3\beta_A = 5 + (3)(1.5) = 9.5\%$$

(4) 시장포트폴리오 수익률과의 공분산이 600인 B증권이 있다. B증권의 균형상태에서의 기대수익률은 몇 %가 되겠는가?

$$E(R_B) = 5 + 0.0075\,\sigma_{BM} = 5 + (0.0075)(600) = 9.5\%$$

이 경우 B증권의 베타계수는 다음과 같이 1.5가 되어, A증권과 B증권의 균형상태에서의 기대수익률은 동일하게 된다.

$$\beta_B = \frac{cov(R_B, R_M)}{var(R_M)} = \frac{\sigma_{BM}}{\sigma_M^2} = \frac{600}{(20)^2} = 1.5$$

이와 같이 변형된 증권시장선의 모형인 (9–13)식과 (9–13a)식은 다음과 같은 의미를 갖는다.

첫째, $[E(R_M) - R_f]/\sigma_M^2$은 공분산($\sigma_{iM}$)이 변동할 때 나타나는 개별증권 기대수익률 $E(R_i)$의 민감도(sensitivity)이다. 바꾸어 표현하면 위험의 단위가 공분산인

σ_{iM}이며, $[E(R_M) - R_f]/\sigma_M^2$은 위험의 시장가격(market price of risk)으로 이 양자를 곱하면 위험프리미엄이 된다.

둘째, 개별증권의 기대수익률은 오직 공분산 σ_{iM}에 의하여 영향을 받는다는 것이다. 왜냐하면 시장상황이 변동하지 않는 한, 위험의 가격은 고정되어 있기 때문에 공분산이 증가하면 개별증권의 기대수익률은 공분산의 $[E(R_M) - R_f]/\sigma_M^2$의 비율만큼 증가하게 된다.

셋째, 개별증권의 기대수익률이 시장포트폴리오의 기대수익률과 무상관($\rho_{iM} = 0$)의 관계에 있을 경우이다. 이때에는 위험프리미엄 $[\{E(R_M) - R_f/\sigma_M^2]$ $\sigma_i \sigma_M \rho_{iM}$의 값이 0이므로 개별증권의 기대수익률은 무위험수익률과 완전히 동일해진다. 그리고, 위험의 측면에서 증권시장선을 자본시장선과 비교하여 보면 다음과 같은 두 가지 차이점을 발견할 수 있다.

첫째, 위험의 측정단위가 서로 다르다는 것이다. 자본시장선에서는 위험의 단위를 포트폴리오 수익률의 표준편차(σ_P)로 나타내고 있지만, 증권시장선에서는 위험의 단위를 개별증권의 베타계수로 표현하고 있다. 그런데 이 베타계수는 개별증권 수익률과 시장포트폴리오 수익률의 공분산(σ_{iM})에 의하여 영향을 받기 때문에 개별증권의 위험이 시장포트폴리오의 위험과 분리되어 고려되어서는 안

그림　9-5　자본시장선과 증권시장선에서 시장포트폴리오와의 관계

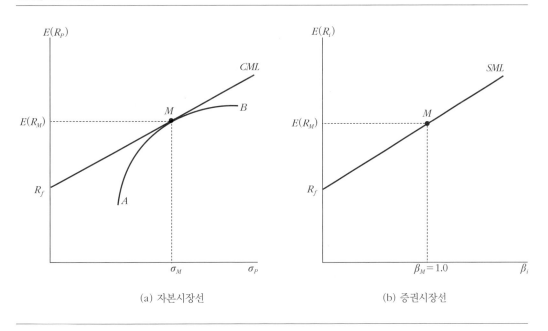

(a) 자본시장선　　　　　　　(b) 증권시장선

된다는 것이다. 다시 말해서, 개별증권의 위험은 이 증권을 포함하고 있는 시장 포트폴리오의 위험과의 관계에서 찾아야 한다는 것이다.

둘째, 시장포트폴리오의 위험에 대한 표현의 차이이다. [그림 9-5(a)]의 자본 시장선에서는 M시장포트폴리오의 위험을 수익률의 표준편차인 σ_M으로 표현하고 있지만, [그림 9-5(b)]의 증권시장선에서는 M시장포트폴리오의 위험을 베타 계수인 β_M으로 표현하고 있다. 시장포트폴리오의 베타계수 β_M은 1.0의 값을 갖는다. 그 이유는 균형상태에서 시장포트폴리오와 동일한 체계적 위험을 갖는 개별 증권의 기대수익률은 $E(R_M)$이 되어야 하기 때문이다.

예 9-5

무위험이자율이 5%이고, 시장포트폴리오의 기대수익률과 표준편차가 각각 8%와 20%이다. 다음의 물음에 답하여 보자. 베타계수가 1.5인 A증권의 수익률이 12%로 예상된다고 하자. 향후 A증권의 가격은 어떻게 변동하겠는가?

$$SML: E(R_i) = 5 + 3\beta_i$$
$$SML에 \text{ 의한 A증권의 균형수익률}: E(R_A) = 5 + 3\beta_A = 5 + (3)(1.5) = 9.5\%$$

A증권으로부터 예상되는 수익률은 12%로, SML에 의한 균형수익률 9.5%보다 높게 나타나고 있다. 따라서 이 종목의 주가는 향후에 상승하게 될 것이고, 이러한 주가상승은 이 종목의 예상수익률이 9.5%가 될 때까지 진행될 것이다.

마지막으로, 증권시장선이 개별증권의 기대수익률을 추정하는 모형이라고 할 때, 개별증권의 위험프리미엄을 구성하는 주요 요인인 베타계수에 기업측의 노력이 어떠한 영향을 미칠 수 있을 것인가? 만약 기업이 경영정책의 변동에 의하여 베타계수를 조정할 수 있고, 또 이 조정의 결과에 따라 주가가 변동될 수 있다면 경영자는 자사주식의 베타계수를 경영목표에 따라 맞도록 조정할 필요가 있다. 이를 알아보기 위해 베타계수를 아래의 식으로 표현을 바꾸어 나타내어 보자.

$$\beta_i = \frac{\sigma_{iM}}{\sigma_M^2} = \frac{\sigma_i \sigma_M \rho_{iM}}{\sigma_M^2} = \frac{\sigma_i \rho_{iM}}{\sigma_M} \tag{9-14}$$

이 (9-14)식은 개별증권의 베타계수를 구성하는 변수가 σ_M, σ_i, ρ_{iM}이라는 것을 나타낸다. 이들 변수 중에서 시장포트폴리오의 위험인 σ_M은 기업이 통제할 수 없는 요인이지만, 자기주식의 수익률과 시장포트폴리오 수익률의 상관계수인 ρ_{iM}과 자기주식 수익률의 표준편차인 σ_i는 기업이 경영정책을 조정함으로써 통제할 수 있다. 그러므로 기업은 자기주식의 베타계수에 영향을 미칠 수 있고, 그렇게 되면 자기주식의 기대수익률 $E(R_i)$가 변동하게 되므로 결국 기업은 주가에 영향을 미칠 수도 있다.

3.5 제로베타 CAPM

자본자산가격결정모형($CAPM$)을 도출할 때 여러 가지 가정을 전제로 하고 있다. 현실적인 자본시장에서 이러한 가정이 정확하게 적용된다면, 자본자산가격결정모형은 증권의 균형가격을 완전하게 설명할 수 있을 것이다.

그러나 이러한 가정들은 이론의 도출을 위하여 현실세계를 너무 단순화하고 있으므로 이 모형이 증권의 균형수익률을 충분히 설명한다고 하기 어렵다. 다시 말해서, 자본자산가격결정모형이 전제로 하고 있는 몇 가지 기본적인 가정이 비현실적이기 때문에 이 모형 자체가 의미가 없다는 것은 아니지만, 적어도 비현실적인 가정들을 완화 또는 수정하여 모형을 확장할 필요가 있다.

자본자산가격결정모형에서 무위험이자율로 무한히 대출 또는 차입할 수 있다고 가정하였으며, 무위험자산은 정부가 발행하는 채권을 의미한다고 하였다. 그러나 국공채가 비록 채무불이행위험(default risk)을 가지고 있지는 않지만, 채권가격이나 시장이자율이 변동하면 채권수익률에도 위험이 발생하므로 엄밀한 의미에서는 국공채도 무위험자산이라고 단정하기 어렵다.

Black은 자본시장에서 오직 위험자산이 존재할 경우에 시장포트폴리오의 기대수익률 $E(R_M)$과 상관관계가 없는(uncorrelated) 포트폴리오가 [그림 9-6(a)]에서 AB선상에 무수히 존재한다고 가정하였다. 이러한 포트폴리오의 시장위험지수인 베타계수는 0이 된다. AB선상에 위치하는 모든 포트폴리오를 제로베타 포트폴리오(zero-beta portfolio)라고 한다. 이 제로베타 포트폴리오의 수익률과 시장포트폴리오의 수익률의 공분산(covariance)은 0이 된다.

그리고 제로베타 포트폴리오의 기대수익률을 $E(R_Z)$라고 한다면, AB선상에 무수히 존재하는 제로베타 포트폴리오 중에서 A포트폴리오가 평균-분산의 기준에서 최소분산(또는 최소표준편차)을 갖는 포트폴리오가 된다. 이 A포트폴리오를 최소분산 제로베타 포트폴리오(minimum variance zero-beta portfolio)라고 한

그림 9-6 제로베타 포트폴리오와 자본시장이론의 모형

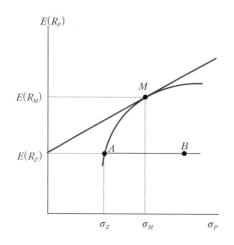

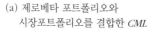

(a) 제로베타 포트폴리오와
   시장포트폴리오를 결합한 *CML*

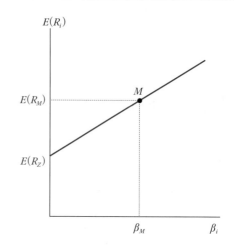

(b) 2요인 제로베타 *CAPM*

다.[6]

　자본시장에서 무위험자산이 존재하지 않는다고 하더라도 [그림 9-6(a)]에서 보면 효율적 프론티어상에 시장포트폴리오(*M*)와 이에 대한 최소분산 제로베타 포트폴리오(*A*)는 존재하게 된다. 이처럼 최소분산 제로베타 포트폴리오가 존재하면, 개별증권의 기대수익률은 효율적 포트폴리오(*M*)와 이에 대한 제로베타 포트폴리오로부터 도출할 수 있다. 이를 2요인 제로베타 *CAPM*(two-factor zero-beta CAPM) 또는 2요인모형(two-factor model)이라고 한다. 그림으로 나타내면 [그림 9-6(b)]의 $E(R_Z)$와 *M*점을 연결한 선이 된다.

$$E(R_i) = E(R_Z) + [E(R_M) - E(R_Z)] \, \beta_i \qquad (9\text{-}15)$$

단, $E(R_i) =$ *i*증권의 기대수익률
　　$E(R_M) =$ 시장포트폴리오의 기대수익률
　　$E(R_Z) =$ 제로베타 포트폴리오의 기대수익률
　　$\beta_i =$ *i*증권의 베타계수

6) F. Black(1972), "Capital Market Equilibrium with Restricted Borrowing," *Journal of Business*, 45(3), 444-455.

4.1　APT의 의의와 가정

1) APT의 의의

균형자본시장의 이론으로 제시된 Sharpe, Lintner, Mossin 등의 전통적 *CAPM*
과 Black의 제로베타 *CAPM*은 여러 학자의 경험적 검증을 통하여 많은 한계점이
지적되어 왔으므로 1970년대 중반 이후 이들에 대한 이론적 보완이 절실히 요청
되어 왔다. Ross[7]는 이러한 요청에 부응하여 *CAPM*에 비하여 검증의 가능성이 높
은 대체이론으로 차익거래가격결정이론[8](arbitrage pricing theory, APT)을 제시
하였다.

*CAPM*에서는 증권의 수익률을 단일공통요인(single common factor)의 선형관
계로 설명하고 있지만, 현실적으로는 증권의 수익률에 영향을 미치는 요인은 여
러 가지가 있을 수 있다. 단일요인만으로 증권의 수익률을 설명하는 *CAPM*과는
달리 *APT*는 다수의 공통요인(common factor)으로 증권의 수익률을 설명할 수
있도록 이론을 확장하고 있다.

다시 말해서, *CAPM*에서는 증권수익률을 하나의 시장포트폴리오 수익률로서
설명하고 있음에 비하여 *APT*에서는 증권수익률을 GDP, 인플레이션, 이자율 등
의 다수의 공통요인으로 설명하려고 하고 있다.

2) APT의 가정

증권의 균형수익률 모형을 도출하는데 있어서 *CAPM*은 많은 엄격하고 비현실
적인 가정을 필요로 하는 데 비하여, *APT*는 간단한 형태의 가정만을 필요로 한
다. *APT*에서는 다음과 같은 세 가지를 기본가정으로 하고 있다.

---

7) S. A. Ross(1974), "Return, Risk and Arbitrage," in Friend and Bicksler, eds., *Risk and Return in
Finance*, New York: Health Lexington; S. A. Ross(1976), "The Arbitrage Theory of Capital Asset
Pricing," *Journal of Economic Theory*, 13, 341-360.

8) 저자에 따라서는 재정가격결정이론이라는 용어를 사용하기도 한다. 이 책에서는 차익거래가격결
정이론이라는 용어를 사용한다.

첫째, 완전경쟁적이고 마찰요인이 없는 자본시장(perfectly competitive and frictionless capital markets)이 존재한다. 그러므로 투자자는 차익거래이익(arbitrage profit)을 달성할 수 없다.

둘째, 투자자는 확실성하에서 더 많은 부(wealth)를 선호한다.

셋째, 투자자는 자산 또는 증권의 확률적 수익률(stochastic rate of return)에 대하여 동질적 예측을 한다.

3) 수익생성모형

APT에서는 개별증권의 수익률이 다수의 공통요인에 의하여 생성되는 것으로 본다. 다시 말해서, i증권의 확률적 수익생성모형은 아래 (9–16)식과 같이 k공통요인과의 선형관계로 설명된다는 것이다.

$$R_{it} = E(R_i) + b_{1i}F_{1t} + b_{2i}F_{2t} + \cdots\cdots + b_{ki}F_{kt} + \varepsilon_{it} \tag{9–16}$$

단, R_{it} = i증권의 t시점에서의 수익률
$E(R_i)$ = i증권의 기대수익률
F_{kt} = t시점에서의 k번째 공통요인의 값
b_{ki} = i증권 수익률의 k번째 공통요인에 대한 민감도(sensitivity)
ε_{it} = 평균이 0인 잔차항

표본을 구성하고 있는 증권의 수는 반드시 요인의 수(k)보다 많아야 하며, 비체계적 위험(unsystematic risk)을 표현하고 있는 잔차(ε_i)는 모든 공통요인 및 다른 증권의 수익생성모형의 잔차와 독립관계에 있어야 한다. 그리고 이 잔차항은 표본을 구성하는 증권의 수가 증가함에 따라 축소 내지 제거될 수 있다.

4.2 APT의 의미

1) APT 모형

Ross는 균형상태하에서 차익거래포트폴리오(arbitrage portfolio)의 개념을 이용하여 차익거래가격결정이론(APT)을 도출하였다.

차익거래포트폴리오는 포트폴리오의 구성을 변동시켜도 변동된 부의 합은 항상 0이 되고, 이 포트폴리오의 체계적 위험과 비체계적 위험 등 모든 위험이 0이

되는 포트폴리오이다.[9] 따라서 시장이 균형상태에 있으면, 이러한 차익거래포트폴리오의 기대수익률이 0이 되어야 한다.

이처럼 자본시장이 균형상태에 있어서 차익거래포트폴리오의 기대수익률이 0이 되어야 한다는 조건하에서 도출된 증권의 균형수익률을 결정하기 위한 모형이 바로 차익거래가격결정이론의 모형이다. 이 모형은 i증권의 기대수익률이 (9-17)식과 같이 결정된다는 것이다.

$$E(R_i) = \lambda_0 + \lambda_1 b_{1i} + \lambda_2 b_{2i} + \cdots\cdots + \lambda_k b_{ki} \qquad (9-17)$$

이 (9-17)식을 차익거래가격결정이론(APT)의 모형이라고 한다. 여기에서 b_{ki}는 k번째 공통요인에 대한 민감도이며, 균형상태에서는 i증권의 기대수익률이 b_{ki}의 선형함수로 표현되고 있음을 알 수 있다.

2) 모형계수의 의미

이제, APT 모형의 계수(λ_0, λ_1, $\cdots$, λ_k)가 지닌 경제적 의미를 살펴보자. 모형의 계수 λ_0는 무위험수익률이 되고, 모형의 계수 λ_k는 k요인에 대한 위험프리미엄(risk premium)이 된다.

먼저, 무위험자산의 수익률을 (9-17)식으로 산출하여 보자. 그러면 모든 요인민감도는 0이 되고, 기대수익률은 무위험수익률이 된다. 따라서 다음과 같은 관계식이 성립하게 된다.

$$\lambda_0 = R_f \qquad (9-18)$$

이러한 (9-18)식을 (9-17)식에 대입하여 정리하면, (9-17)식은 아래와 같이 초과수익률(excess return)의 형태로도 표현할 수 있다.

$$E(R_i) - R_f = \lambda_1 b_{1i} + \lambda_2 b_{2i} + \cdots\cdots + \lambda_k b_{ki} \qquad (9-19)$$

이 식에서 λ_k는 i증권과 k요인에 대한 위험프리미엄(risk premium), 즉 위험의 가격(price of risk)이다. k번째 요인에 대한 민감도가 1($b_k = 1$)이고 다른 요인에 대한 민감도는 0인 포트폴리오를 구성하여 보자. 이러한 포트폴리오를 순수요인포트폴리오(pure factor portfolio)라고 한다. 이러한 포트폴리오의 기대수익률을 δ_k로 나타내자. 순수요인 포트폴리오의 기대수익률을 (9-17)식으로 산출하면 다

---

9) 저자에 따라서는 재정포트폴리오라는 용어를 사용하기도 한다.

음과 같은 관계식을 얻을 수 있다.

$$\lambda_k = \delta_k - R_f \qquad\qquad (9\text{–}20)$$

단, δ_k = k번째 공통요인에 대한 순수요인 포트폴리오의 기대수익률

(9–20)식에서 λ_k는 오직 k요인의 체계적 위험만 표현하고 있는 포트폴리오의
시장위험프리미엄(market risk premium) 또는 초과수익률(excess return)로 해
석된다. 그리고 이러한 (9–20)식을 (9–19)식의 각 요인항에 대응시키면 APT 모형
은 (9–21)식과 같이 나타낼 수 있다.

$$E(R_i) - R_f = (\delta_1 - R_f)b_{1i} + (\delta_2 - R_f)b_{2i} + \cdots + (\delta_k - R_f)b_{ki} \qquad (9\text{–}21)$$

(9–21)식을 보면, $CAPM$은 APT 모형의 한 특정한 경우라고 할 수 있다. 왜냐하
면 $CAPM$은 증권의 수익률을 단일요인인 시장포트폴리오의 위험(체계적 위험)
만으로 설명하고자 하는 것으로, 다수요인모형인 APT 모형의 한 특정한 경우이
기 때문이다.

3) 공통요인의 경제적 의미

APT와 관련된 가장 중요한 문제점 중의 하나는 증권수익률을 결정하는 공통
요인의 경제적 의미에 대한 설명이 없다는 것이다. APT는 다수의 공통요인에 의
하여 증권수익률이 생성된다고 하지만, 구체적으로 공통요인의 내용에 대해서는
언급이 없다. 따라서 증권수익률에 영향을 주는 공통요인의 경제적 의미를 확인
하고자 하는 실증적 연구가 많이 진행되어 왔다.

증권수익률에 영향을 주는 경제적 영향요인을 확인하기 위한 실증적 연구는
다음과 같은 절차를 따른다. ① 증권수익률에 체계적인 영향을 미칠 것으로 보이
는 주요 경제변수들을 정의하고 측정한다. ② 각 경제변수에 대한 개별주식 혹은
포트폴리오 수익률의 민감도를 측정한다. ③ 증권의 평균수익률을 민감도에 대
하여 회귀시켜서 위험프리미엄을 산출한다. 그리고 유의적인 위험프리미엄을 가
지는 공통요인을 선별한다.

Chen, Roll, and Ross(1986) 등은 이러한 방법으로 실증적 연구를 통하여 체계
적 위험의 원천이 되는 공통요인의 경제적 의미를 밝히고 있다.[10] 이들은 주식수

---

10) N. Chen, R. Roll, and S. A. Ross(1986), "Economic Forces and the Stock Market," *Journal of Business*, 59(3), 383-403.

익률에 체계적인 영향을 주는 경제적 영향요인은 다음과 같은 것으로 제시하고 있다.

① 산업생산성 증가율
② 기대 인플레이션(단기국채 이자율변화로 측정)
③ 예상하지 못한 인플레이션(실제 인플레이션과 기대 인플레이션의 차이로 측정)
④ 이자율의 기간구조(장기국채와 단기국채의 이자율 스프레드로 측정)
⑤ 위험프리미엄 변화(Baa 회사채와 장기국채의 이자율 스프레드로 측정)

증권수익률에 체계적인 영향을 주는 요인으로 경제적 영향요인을 찾는 방법 이외에 또 다른 방법은 기업의 특성을 이용하는 것이다. 이러한 분석방법에서는 기업의 특성이 위험에 대한 대용변수가 될 수 있다는 것이다. 즉 기업의 특성변수 중에서 주식수익률을 잘 예측할 수 있는 것을 찾아내는 방법이다. 이러한 분석방법에 기초하여 제안한 요인모형이 Fama and French(1996)의 3요인 모형이다.[11]

$$R_i = \alpha_i + b_1[R_M - R_f] + b_2\,SMB + b_3\,HML + e_i \qquad (9\text{--}22)$$

단, SMB = 규모요인[12]
HML = 가치요인[13]

이들에 의하면, 두 개의 기업 특성변수에 기초하여 산출한 SMB와 HML이 공통요인이 된다. 이는 주식의 수익률을 예측하는데 유용한 기업의 특성변수가 기업규모와 (BE/ME)비율이라는 관찰에 근거하고 있다.

4) APT의 유효성

위험자산의 평가이론인 APT는 $CAPM$의 한계점을 보완한 것이지만, 이러한 두 이론모형을 비교하면 다음과 같다.

첫째, $CAPM$에 있어서는 수익률의 다변량정규분포(multivariate normal distribution)와 투자자의 2차효용함수(quardratic preference function)를 가정하고 있

---

11) E. Fama and K. R. French(1996), "Multifactor Explanation of Asset Pricing Anomalies," *Journal of Finance*, 51, 55-84.
12) 규모요인은 소형주 수익률에서 대형주 수익률을 차감하여 산출한다.
13) 가치요인은 (BE/ME)비율이 높은 포트폴리오 수익률에서 낮은 포트폴리오 수익률을 차감하여 산출한다. 여기에서 (BE/ME)는 자기자본의 시장가치에 대한 장부가치의 비율이다.

지만, *APT*는 이러한 가정을 필요로 하지 않는다. 둘째, *APT*에서는 자산의 균형수익률을 *CAPM*에서처럼 단일요인으로 설명하는 것이 아니라 다수의 요인으로 설명하므로 설명력이 높다. 셋째, *APT*에서는 모형의 추정과 검증에 있어 *CAPM*과는 달리 시장포트폴리오를 이용할 필요가 없다. 비교적 소규모의 포트폴리오에 대해서도 *APT*를 적용할 수 있다. 넷째, *CAPM*에서는 평균−분산의 기준에서 시장포트폴리오의 수익률이나 대용지수가 효율적이라는 가정을 하고 있으나, *APT*에서는 이러한 가정이 필요없다.

이처럼 *APT*는 *CAPM*의 근본적인 한계점인 시장포트폴리오의 고려 및 그 효율성의 문제를 제거하여 모형의 추정과 검증의 일반성이 높은 모형이라고 할 수 있다.

그러나 *APT*에 있어서도 다수의 베타계수에 대한 추정방법과 검증의 문제는 남아 있다. *APT*의 사후적 유효성에 대한 일반적인 비판을 요약해 보면 다음과 같다.

첫째, 포트폴리오를 재구성함으로써 공통요인의 수가 달라질 수 있다. 둘째, 소표본과 대표본 사이에는 공통요인의 수가 달리 나타나기도 한다. 다시 말해서 표본을 구성하는 증권의 수가 증가함에 따라 요인의 수도 증가하는 경향이 있다. 셋째, 요인의 경제적 의미를 명확하게 밝히기가 쉽지 않다. 넷째, 요인은 단순히 수익률의 분산−공분산으로 산출한 통계적 결과이지, 수익생성과는 무관하다.

*APT*가 일반적으로 *CAPM*보다 우월한 이론임에는 틀림없다. 그러나 *APT*의 사후적 유효성에 대한 많은 비판이 제기되기도 한다. 이 이론이 자본시장의 성격을 더 명확히 설명할 수 있는 이론으로 성숙되기 위해서 계속적인 이론의 보완 및 개발이 진행되고 있다.

요 약

❶ Sharpe의 단일지수모형

Sharpe의 단일지수모형은 Markowitz의 분산-공분산모형의 한계점을 보완한 것으로, 증권수익률의 변동은 시장상황의 변동과 밀접한 상관성을 갖는 것으로 가정한다. 단일지수모형에서 증권수익률은 시장지수와의 회귀관계로 나타낼 수 있다.

$$R_{it} = \alpha_i + \beta_i R_{Mt} + e_{it}$$

단일지수모형의 기울기인 베타계수는 시장민감도지수(market sensitivity index)라고도 하며, 체계적인 위험의 측정지수로 사용된다.

❷ 자본시장선(CML)

자본시장선은 무위험자산과 효율적 프론티어선상에 있는 시장포트폴리오가 결합되어 구성되는 포트폴리오의 기대수익률을 포트폴리오의 위험으로 추정하는 모형이다.

$$E(R_P) = R_f + \left[\frac{E(R_M) - R_f}{\sigma_M} \right] \sigma_P$$

❸ 자본자산가격결정모형(CAPM)과 증권시장선의 관계

자본자산가격결정모형($CAPM$)은 무위험수익률(R_f)과 위험프리미엄($[E(R_M) - R_f]\beta_i$)의 합으로 개별증권의 수익률을 추정하는 모형이다. 자본자산가격결정모형을 그래프로 표현한 것을 증권시장선이라고 한다.

$$E(R_i) = R_f + [E(R_M) - R_f]\beta_i$$

❹ 차익거래가격결정이론(APT)

$CAPM$에서는 증권의 수익률을 평균-분산하에서 단일공통요인 즉 단일 대용지수와의 선형관계로 설명하지만, 현실적으로는 증권의 수익률에 영향을 미치는 요인은 여러 가지가 있다. 단일지수만으로 증권의 수익률을 설명하는 $CAPM$과는 달리 APT는 다수의 공통요인(common factor)으로 증권의 수익률을 설명한다. GDP수준, 인플레이션, 이자율 등 다수의 공통요인이 증권의 수익률에 영향을 주는 것으로 설명한다. APT에 의하면, 다수의 공통요인에 의하여 증권의 수익률이 생성되고, 증권의 기대수익률은 공통요인에 대한 민감도와 선형관계를 가진다고 한다.

수익생성모형:　$R_{it} = E(R_i) + b_{1i}F_{1t} + b_{2i}F_{2t} + \cdots\cdots + b_{ki}F_{kt} + \varepsilon_{it}$

균형수익률모형: $E(R_i) = \lambda_0 + \lambda_1 b_{1i} + \lambda_2 b_{2i} + \cdots\cdots + \lambda_k b_{ki}$

❺ CAPM과 APT의 차이

위험자산의 평가모형인 *APT*는 *CAPM*의 한계점을 보완한 모형이다. 이 두 모형의 차이점은 다음과 같다.

① *CAPM*은 수익률의 다변량정규분포와 투자자의 2차효용함수를 가정하지만, *APT*는 이러한 가정이 필요하지 않다.

② 자산의 균형수익률을 *CAPM*에서는 단일요인에 의해 설명하지만, *APT*에서는 다수의 요인으로 설명하기 때문에 설명력이 높다.

③ 모형의 추정과 검증에 있어 *APT*모형은 *CAPM*과 달리 시장포트폴리오를 이용할 필요가 없다. 비교적 소규모의 포트폴리오에 대해서도 *APT*를 적용할 수 있다.

④ *CAPM*에서는 평균−분산의 기준에서 시장포트폴리오의 수익률이나 대용지수가 효율적이라는 가정을 하고 있지만, *APT*에서는 이러한 가정이 필요없다.

1 다음의 용어를 설명하라

① 단일지수모형　　② 제로베타 포트폴리오　　③ 최소분산 제로베타 포트폴리오
④ APT　　　　　　⑤ 자본자산가격결정모형　　⑥ 자본시장선

2 자본시장선과 증권시장선을 비교하여 설명하라. 특히 두 모형에서 시장포트폴리오가 어떻게 표현되고 있는가를 그래프에 표현하면서 설명하라.

3 증권시장선과 관련하여 기업의 경영자가 경영정책에 따라 자기기업의 주가 및 증권시장선에 영향을 미칠 수 있는 것인가를 설명하라.

4 차익거래가격결정모형과 자본자산가격결정모형을 비교하여 차익거래가격결정모형의 장점을 기술하라.

5 i증권 수익률의 표준편차는 9%, 무위험수익률은 3%이다. 그리고 시장포트폴리오의 기대수익률과 표준편차는 각각 9%, 10%이며, i증권의 수익률과 시장포트폴리오 수익률의 상관계수는 0.5이다.

(1) i증권의 수익률과 시장포트폴리오 수익률의 공분산을 구하라.
(2) i증권의 베타계수를 구하라.
(3) i증권의 기대수익률을 구하라.

6 개별증권(i)의 위험은 시장모형을 이용하면 다음과 같이 표현할 수 있다.

$$Var(R_i) = \sigma_i^2 = (\beta_i \sigma_M)^2 + (\sigma_{e_i})^2$$

미래기업의 주식의 표준편차는 20%, 시장포트폴리오의 표준편차는 24%이며, 미래기업의

베타계수는 0.5이다.

(1) 미래기업의 총위험을 체계적인 위험과 비체계적인 위험으로 구분해보라.

(2) 미래기업의 총위험중 체계적인 위험이 차지하는 비율은 얼마인가?

7 개별증권 j의 수익률과 시장지수에 관한 자료가 다음과 같이 주어져 있다. 그리고 시장지수의 기대수익률은 7%이고, 무위험수익률은 4%이다.

(단위 : %)

시점(t)	j주식수익률(R_{jt})	시장지수 수익률(R_{Mt})
1	−8.05	−5.20
2	25.48	22.54
3	14.96	8.06
4	−10.05	−8.99
5	13.46	9.70
6	15.12	5.45

(1) 단일지수모형의 계수를 추정하라.

(2) j증권의 체계적 위험과 비체계적 위험을 산출하라.

(3) SML에 의한 j증권의 기대수익률을 산출하여 보라.

(4) j증권의 이 기간 평균수익률이 균형상태에 있다고 할 수 있는가? 만약 균형상태에 있지 않다면 향후에 j증권의 가격에 어떠한 변화가 발생하겠는가?

🔷 해답

5 (1) 45 (2) 0.45 (3) 5.7%

6 (1) 체계적 위험 144, 비체계적 위험 256 (2) 36%

7 (1) 베타계수 1.21, 알파계수 2.13 (2) 체계적 위험 186.95, 비체계적 위험 16.40 (3) 7.63% (4) 균형상태가 아님. j증권의 가격이 과대평가되어 있음.

10
Chapter

위험과 자본예산

들어가면서

제2부의 자본예산에서는 확실성을 가정하여 화폐의 시간적 가치만을 고려하여 투자안을 평가하였다. 그러나 위험이 존재하는 경우에는 위험요소를 적절히 고려하여 자본예산에 반영하여야 한다. 이 장에서는 위험이 존재하는 경우에 있어 자본예산 방법을 설명한다.

투자안의 위험분석에서는 두 가지 형태의 위험이 이용된다. 하나는 투자안의 총위험(total risk) 또는 기업위험(corporate risk)이고, 다른 하나는 체계적 위험인 시장위험(market risk) 또는 베타위험(beta risk)의 분석이다. 투자안의 총위험 또는 기업위험은 투자자인 주주의 분산투자효과를 전혀 고려하지 않고 당해 투자안이 실현할 이익의 변동성 또는 기업이익의 변동성을 의미한다. 투자안의 시장위험 또는 베타위험은 효율적으로 분산된 투자안의 위험으로서 베타계수로 측정된다.

투자안의 위험을 조정하는 방법으로 위험조정할인율법과 확실성등가법이 있다. 위험요소를 고려한 투자안 평가방법으로는 민감도분석과 시나리오분석, 시뮬레이션분석 방법이 있다.

위험조정할인율법은 투자안의 현가를 산출할 때 투자안의 위험에 따라 할인율을 조정하는 방법이다. 현금흐름의 위험이 높으면 이에 따라 할인율이 커지고, 그 결과 현금흐름의 현가는 작아진다. 확실성등가법은 현금흐름에 위험을 조정한 확실성등가를 산출하고, 이 확실성등가인 현금흐름을 무위험수익률로 할인하여 투자안의 순현가를 산출하는 방법이다.

민감도분석은 투입과 산출의 관계를 분석하는 방법으로 다른 모든 투입변수가 일정하다고 가정할 때 투입변수의 변동이 산출치를 얼마나 민감하게 변동시키는가를 분석하는 방법이다. 시나리오분석은 미래의 양호한 상태와 불량한 상태가 발생할 확률을 예측하고, 이러한 상태들이 발생했을 때 나타나는 주요 변수들의 변동폭을 예상하여 순현가를 산출하고, 이들을 정상상태의 경우와 비교하여 투자안의 위험을 분석하는 방법이다. 시뮬레이션분석은 투자안의 현금흐름에 영향을 주는 변수의 값을 난수표를 이용하여 추출하고, 이를 반복적으로 변화시키는 모의실험을 통하여 순현가의 확률분포를 추정하는 방법이다.

투자안의 평가에서도 미래에 실현될 현금흐름의 행태에 따라 위험과 불확실성의 상황을 엄밀하게 구분할 수 있다. 그러나 현실적으로 미래 현금흐름의 측정에는 위험이나 불확실성의 상황에 공통적으로 확률개념을 이용하고 있고, 또 한계수준에 있어서는 양자 사이에 큰 차이가 발생하지 않는다.[1]

기업위험(corporate risk) 또는 기업의 총위험(total risk)은 체계적 위험과 비체계적 위험으로 구성된다. 체계적 위험은 베타위험(beta risk)이라고도 하며, 비체계적 위험은 개별기업의 특성으로 발생되기 때문에 고유위험이라고도 한다.

이와 같은 기업의 총위험, 체계적 위험, 비체계적 위험의 관계는 투자안의 위험분석에서도 그대로 적용된다. 투자안의 위험분석에서는 주로 두가지 형태의 위험이 이용되고 있다. 하나는 투자안의 총위험(total risk) 또는 기업위험(corporate risk)이고, 다른 하나는 체계적 위험인 시장위험(market risk) 또는 베타위험(beta risk)의 분석이다.

투자안의 총위험 또는 기업위험은 투자자인 주주의 분산투자효과를 전혀 고려하지 않고, 투자안이 실현할 이익의 변동성 또는 기업이익의 변동성(firm's earning's variability)을 의미한다. 투자안의 시장위험 또는 베타위험은 베타계수로 측정된다.

총위험이 높은 투자안이 반드시 베타위험도 높은 것은 아니다. 그러나 투자안의 수익률 실현이 극히 불확실하고, 또 투자안의 수익률 실현의 변동상황이 시장상황과 높은 상관관계를 유지하고 있을 때에는 이 투자안의 총위험과 베타위험은 모두 높은 수준에 있게 된다.

예를 들어, 태양열로 가동되는 자동차를 생산할 투자안의 경우를 예로 든다면, 생산결과는 극히 불확실할 수 있고, 또 제품이 대량생산된다 할지라도 가격이 높을 것이므로 이 투자안의 수익률은 경기변동과 밀접한 관련을 가질 것이다. 다시 말해서, 이 투자안(기업)은 총위험과 베타위험이 모두 높게 나타난다는 것이다.

투자안의 위험분석에는 기업의 자본비용과 주가에 직접적인 영향을 미치는 베타위험의 중요성을 강조하는 경우가 많다. 그러나 투자안의 총위험도 다음과 같

---

1) 일반적으로 위험의 측정에서는 객관적 확률을, 그리고 불확실성의 측정에는 주관적 확률을 이용한다.

은 이유를 감안한다면 중요하다고 하겠다.

첫째, 투자를 분산시키지 않고 하나의 자산에 집중시키고 있는 주주는 베타위험보다는 총위험에 더 많은 관심을 가지고 있다.

둘째, 투자자가 요구수익률(required rate of return)을 결정할 때는 시장위험(베타위험)과 다른 많은 요인들까지도 고려하게 되므로 시장위험과 총위험은 모두 중요하다.

셋째, 기업의 안정성과 수익성의 변동상황은 총위험으로 측정된다. 분산투자를 하고 있는 주주까지도 기업의 수익성이 저조하거나 파산의 가능성이 있는 기업, 즉 총위험이 높은 기업에 대해서는 투자를 꺼리는 경향이 많다.

제2절 위험조정 방법
Financial Management

투자안에 영향을 미치는 요인은 전반적인 경제상황, 자금의 수급상태, 기업의 경쟁상태, 기술수준, 소비자의 기호, 노동조건 등 무수히 많고, 투자안에 대하여 제각기 다른 영향을 미치고 있다. 그리고 이들 요인은 시간이 흐름에 따라 항상 변동하므로 이들이 투자안에 미치는 영향을 정확히 예측하기도 어렵다. 따라서 이들 요인과 밀접하게 관련되어 있는 모든 투자안은 위험을 내포하고 있다.

일반적으로 투자안의 위험조정 방법으로는 두 가지를 들 수 있다. 하나는 위험조정할인율법(risk-adjusted discount rate method)이고, 다른 하나는 확실성등가법(certainty equivalent method)이다.

위험조정할인율법은 투자안의 현가를 산출할 때 투자안의 위험에 따라 할인율을 조정하는 방법이다. 즉 현금흐름의 위험이 높으면 이에 따라 할인율이 커지고, 그 결과 현금흐름의 현가가 작아진다. 확실성등가법은 현금흐름에 위험을 조정한 확실성등가(certainty equivalent)를 산출하고, 이 확실성등가인 현금흐름을 무위험수익률(riskless rate of return)로 할인하여 투자안의 순현가를 산출하는 방법이다.

이러한 두 가지 방법은 투자안의 총위험과 베타위험의 분석에서 모두 위험조정의 방법으로 이용된다.

2.1 위험조정할인율법

자본예산에서 투자안의 위험은 제각기 다르게 나타나기 때문에 투자안의 순현가를 계산할 때에는 위험수준에 따라 할인율을 조정하여 투자안을 평가할 수 있다. 이 평가방법은 위험조정할인율법(risk-adjusted discount rate method)이라고 한다. 이 방법에서는 투자안의 위험이 높으면 할인율을 높게 결정하고, 반대로 투자안의 위험이 낮으면 할인율을 낮게 결정한다.

다시 말해서, 위험조정할인율은 투자안의 위험을 고려하여 결정된 할인율이며, 무위험수익률(R_f)에 위험프리미엄이 가산된 최저요구수익률이다. 이를 식으로 표현하면 (10-1)식과 같다.

$$위험조정할인율 = 무위험수익률 + 위험프리미엄$$
$$k = R_f + \text{risk premium} \tag{10-1}$$

(10-1)식에서 위험프리미엄은 단순히 수익률의 표준편차 또는 분산계수(coefficient of variation)와 할인율 사이의 트레이드 오프관계를 나타낸 시장무차별곡선으로부터 산출할 수도 있고, 또 효율적인 분산투자의 경우에는 $CAPM$에서 위험프리미엄인 $[E(R_M) - R_f]\beta$를 이용하여 산출할 수도 있다.

$$k = R_f + [E(R_M) - R_f]\beta \tag{10-2}$$

따라서 위험조정할인율법에 의하여 투자안의 순현가를 산출하는 식을 나타내면 아래와 같다.

$$NPV = \sum_{t=0}^{n} \frac{E(NCF_t)}{(1+k)^t} \tag{10-3}$$

또는

$$NPV = \sum_{t=0}^{n} \frac{E(NCF_t)}{[1+R_f+[E(R_M) - R_f]\beta]^t} \tag{10-4}$$

예 10-1

삼일기업의 A투자안과 B투자안의 현금흐름의 기대치가 아래의 표와 같이 동일하지만, A안과 B안의 위험조정할인율은 각각 5%와 10%라고 하자.

기간	t_0	t_1	t_2	t_3
현금흐름의 기대치(원)	-10,000	4,000	4,000	4,000

위험조정할인율을 각기 달리하는 A안과 B안의 순현가를 구하고 투자안을 평가해 보자.

$$NPV_A = -10,000 + \frac{4,000}{(1+0.05)} + \frac{4,000}{(1+0.05)^2} + \frac{4,000}{(1+0.05)^3}$$

$$= 893원$$

$$NPV_B = -10,000 + \frac{4,000}{(1+0.1)} + \frac{4,000}{(1+0.1)^2} + \frac{4,000}{(1+0.1)^3}$$

$$= -53원$$

따라서 위험이 낮아서 할인율이 5%인 A투자안의 순현가는 893원으로 투자할 가치가 있는 것으로 평가되지만, 위험이 높아서 할인율이 10%인 B투자안의 순현가는 −53원으로 투자할 가치가 없는 것으로 평가된다.

그리고 내부수익률법을 이용하여 투자안을 평가할 때에는 내부수익률과 위험조정할인율을 비교하여 내부수익률이 위험조정할인율보다 큰 투자안을 선택한다.

이 위험조정할인율법은 위험투자의 평가방법 중 가장 일반적인 것이지만, 다음과 같은 적용상의 단점을 가지고 있다.

첫째, 구체적인 할인율의 결정이 다소 주관적이라는 점이다. *CAPM*이나 시장무차별곡선으로부터 할인율을 도출할 수도 있으나, 이들 역시 투자안마다 명확하게 산출하기가 어렵고 대부분의 경영자가 자의적으로 할인율을 결정한다.

둘째, 이 방법은 투자안의 현금흐름에 대하여 확률분포를 이용하지 않기 때문에 위험분석에 한계가 있다.

셋째, 투자기간중에 현금흐름은 변동할 수도 있는데, 이 방법에 따르면 할인율을 고정시켜 투자안을 잘못 평가할 위험을 안고 있다.

2.2 확실성등가법

위험조정할인율법에서는 할인율 k가 ① 화폐의 시간적 가치(time value of money)와 ② 위험프리미엄이라는 두 가지 요소를 함께 포함하고 있다. 그러나 화폐의 시간적 가치를 표현하는 무위험수익률(R_f) 또는 순수이자율(pure interest rate)과 위험프리미엄은 논리적으로 차원이 다른 변수이다.[2]

차원이 다른 시간성과 위험을 합하여 하나의 할인율 k로 사용하는 경우는 양자가 반드시 동일하게 작용한다는 가정하에서만 가능하다. 그러나 투자위험을 반영하고 있는 미래의 현금흐름이 반드시 시간성과 동일한 비례로 변동하는 것은 아니므로, 위험은 오직 현금흐름에만 적용하는 것이 합리적이라는 주장이 있다.

확실성등가(certainty equivalent)는 다음과 같은 예를 들어 쉽게 설명할 수 있다. 동전을 던져서 앞면이 나오면 1백만원을 받고 뒷면이 나오면 전혀 돈을 받지 못하는 게임이 있다고 하자. 이 동전게임에서 기대현금흐름은 아래와 같이 50만원이다. 그리고 이 게임의 실제 결과는 1백만원의 현금흐름과 0원의 현금흐름의 두 가지로 발생하므로 이 현금흐름은 위험을 내포하고 있다.

$$(0.5)(1,000,000) + (0.5)(0) = 500,000원$$

그러나 이 동전게임을 택하지 않으면 정확하게 30만원을 받는다고 하자. 투자자가 이 30만원과 기대현금흐름 50만원에 대하여 효용을 무차별하게 느낀다면, 위험이 전혀 없는 30만원의 현금흐름은 위험을 내포한 기대현금흐름 50만원에 대한 확실성등가가 된다.

확실성등가법(certainty equivalent method)은 불확실한 미래의 현금흐름에 확실성등가계수(certainty equivalent coefficient)를 곱하여 확실성등가를 산출한 다음, 이 확실성등가의 현금흐름을 무위험수익률(R_f)로 할인하여 투자안의 순현가를 산출하는 방법을 말한다. 이를 수식으로 표현하면, (10–5)식과 같다.

$$NPV = \sum_{t=0}^{n} \frac{\alpha_t E(NCF_t)}{(1+R_f)^t} = \sum_{t=0}^{n} \frac{CEQ_t}{(1+R_f)^t} \tag{10-5}$$

단, $\alpha_t = t$기의 현금흐름에 대한 확실성등가계수

[2] A. A. Robicheck and S. C. Myers(1966), "Conceptual Problems in the Use of Risk-Adjusted Discount Rates," *Journal of Finance*, 21(4), 727-730.

$$E(NCF_t) = t\text{기의 현금흐름의 기대치}$$

$$R_f = \text{무위험수익률}$$

$$CEQ_t = t\text{기 현금흐름의 확실성등가}$$

이 식에서 확실성등가계수(α_t)는 미래의 t기에서 1원의 현금흐름을 위험이 없는 확실한 현금흐름으로 표현한다면 얼마에 해당하는가를 나타낸다.

그리고 이 α_t의 범위는 $0 \leq \alpha_t \leq 1$이 된다. 즉 위험이 작은 현금흐름의 α_t는 1에 가깝고, 위험이 큰 현금흐름의 α_t는 0에 가깝다. 이 α_t의 값은 다음과 같이 산출된다.

$$\alpha_t = \frac{t\text{기의 확실한 현금흐름}}{t\text{기의 불확실한 현금흐름}} = \frac{CEQ_t}{E(NCF_t)} \tag{10-6}$$

또는

$$\alpha_t = \frac{(1+R_f)^t}{(1+k)^t} \tag{10-7}$$

$$\left[\because \frac{CEQ_t}{(1+R_f)^t} = \frac{\alpha_t E(NCF_t)}{(1+R_f)^t} = \frac{E(NCF_t)}{(1+k)^t} \right]$$

그리고, 현금흐름의 위험은 기간이 경과함에 따라 일정하게 증가한다고 가정하면, α_{t+1}은 (10-7)식에 의하여, (10-8)식이 된다.

$$\alpha_{t+1} = \frac{(1+R_f)^{t+1}}{(1+k)^{t+1}} = \frac{(1+R_f)^t(1+R_f)}{(1+k)^t(1+k)} = \alpha_t \frac{(1+R_f)}{(1+k)} = \alpha_t \, \alpha_1 \tag{10-8}$$

따라서 α_{t+1}은 전기의 확실성등가계수인 α_t에 $\alpha_1 = (1+R_f)/(1+k)$를 곱하여 산출한다.

예 10-2

(예 10-1)의 삼일기업 예에서 위험조정할인율법을 이용하여 A안과 B안의 순현가를 산출할 때 A안의 k를 5%, B안의 k를 10%라고 하였다. 이제 무위험수익률(R_f)을 3%라고 하고, A안과 B안의 확실성등가계수 α_1을 각각 98%, 94%라고 할 때, 두 투자안의 순현가를 구해 보자.

① 확실성등가법에 의한 A투자안의 순현가

기간	$E(NCF_t)$	α_t	CEQ_t	현가계수 $R_f=3\%$	순현가
0	-10,000원	1.000	-10,000원	1.000	-10,000원
1	4,000	0.981	3,924	0.971	3,810
2	4,000	0.962	3,848	0.943	3,629
3	4,000	0.944	3,776	0.915	3,455
					$NPV=894$원

$$\alpha_1 = \frac{(1+R_f)}{(1+k)} = \frac{(1+0.03)}{(1+0.05)} = 0.981$$

$$\alpha_2 = \alpha_1 \cdot \alpha_1 = (0.981)\,(0.981) = 0.962$$

$$\alpha_3 = \alpha_2 \cdot \alpha_1 = (0.962)\,(0.981) = 0.944$$

$$NPV_A = \sum_{t=0}^{3} \frac{\alpha_t E(NCF_t)}{(1+R_f)^t} = -10,000 + \frac{(0.981)\,(4,000)}{(1+0.03)} + \frac{(0.962)\,(4,000)}{(1+0.03)^2} + \frac{(0.944)\,(4,000)}{(1+0.03)^3}$$

$$= 894원$$

② 확실성등가법에 의한 B투자안의 순현가

기간	$E(NCF_t)$	α_t	CEQ_t	현가계수 $R_f=3\%$	순현가
0	-10,000원	1.000	-10,000원	1.000	-10,000원
1	4,000	0.936	3,744	0.971	3,635
2	4,000	0.877	3,508	0.943	3,308
3	4,000	0.821	3,284	0.915	3,005
					$NPV=-52$원

$$\alpha_1 = \frac{(1+R_f)}{(1+k)} = \frac{(1+0.03)}{(1+0.1)} = 0.936$$

$$\alpha_2 = \alpha_1 \cdot \alpha_1 = (0.936)\,(0.936) = 0.877$$

$$\alpha_3 = \alpha_2 \cdot \alpha_1 = (0.877)\,(0.936) = 0.821$$

$$NPV_B = \sum_{t=0}^{3} \frac{\alpha_t E(NCF_t)}{(1+R_f)^t} = -10,000 + \frac{(0.936)\,(4,000)}{(1+0.03)} + \frac{(0.877)\,(4,000)}{(1+0.03)^2} + \frac{(0.821)\,(4,000)}{(1+0.03)^3}$$

$$= -52원$$

(예 10-2)에서 A안의 순현가는 894원으로 투자할 가치가 있는 것으로 평가되지만, B안의 순현가는 -52원으로 0원보다 작기 때문에 투자할 가치가 없는 것으로 평가된다. 그리고 이 두 투자안의 순현가를 위험조정할인율법에서 산출한 두 투자안의 순현가와 비교하면 각기 차이가 발생하는데 이 차이는 단지 반올림 오

차이며 이론상으로는 이들이 동일하여야 한다.

투자안의 평가에서 확실성등가법을 아래와 같이 위험조정할인율법과 비교해 보면 확실성등가법이 보다 합리적이라고 할 수 있다.

$$\text{확실성등가법} : NPV = \sum_{t=0}^{n} \frac{\alpha_t E(NCF_t)}{(1+R_f)^t} \tag{10-5}$$

$$\text{위험조정할인율법} : NPV = \sum_{t=0}^{n} \frac{E(NCF_t)}{(1+k)^t} \tag{10-3}$$

다시 말해서, (10-3)식에서는 투자수명 기간 동안 항상 할인율 k가 일정하다는 무리한 가정을 하고 있음에 비하여, (10-5)식에서는 미래의 각 현금흐름마다 확실성등가계수인 α_t를 조정할 수 있으므로 위험투자의 평가방법으로는 확실성등가법이 보다 합리적이라고 할 수 있다.

그러나 확실성등가법에서도 위험조정할인율법과 마찬가지로 적용상의 단점이 있다. 확실성등가계수인 α_t가 이론상으로는 의미가 있겠지만, 구체적으로 산출하기가 매우 어렵기 때문에 α_t의 값은 자연히 분석자의 주관적인 견해가 강하게 작용한다는 것이다.

위험요소를 고려한 투자안 평가

제 3 절

Financial Management

3.1 민감도분석

민감도분석(sensitivity analysis)은 투입(input)과 산출(output)의 관계를 분석하는 방법으로 선형계획법(linear programming), 재고모형, PERT/CPM 등 최적해를 산출하는 모형에 많이 이용되고 있다. 다른 모든 투입변수가 일정하다고 가정할 때 한 투입변수의 변동이 산출치에 어떻게 영향을 미치는가, 즉 투입변수의 일정한 변동이 얼마나 민감하게 산출치를 변동시키는가를 분석하는 것이 민감도분석이다.

그림 10-1 생산량과 법인세비용 차감전 순이익의 관계

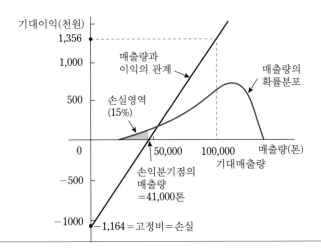

민감도분석을 투자결정에 응용할 때에는 기본적인 투자요인의 변동, 즉 미래의 매출액이나 시장점유율의 변동 등이 투자안의 현금흐름에 얼마나 민감하게 영향을 미치고 있는가를 분석한다. 다시 말해서 투자요인의 변동성(volatility)이 현금흐름에 미치는 영향을 분석하게 된다. 이러한 민감도분석은 현금흐름의 확률분포를 기초로 하여 투자안의 총위험분석에 주로 이용되고 있다.

예를 들어, 어느 철강공장의 생산량과 법인세비용 차감전 순이익의 관계가 [그림 10-1]과 같다고 하자. 이 그림은 철강 매출량의 변동이 기업의 법인세비용 차감전 순이익에 영향을 미치는 효과를 표시하고 있다.

이 기업의 매출량이 기대수준인 10만톤을 달성하면 이익은 1,356,000원이 발생하지만, 만약 철강을 전혀 판매하지 못하게 되면 고정비 1,164,000원은 그대로 손실이 된다.

그리고 손익분기점에서의 매출량은 4만 1천톤이므로 손실확률이 15%, 이익확률이 85%이다. 또 기대매출량이 비록 10만톤이긴 하지만, 이 기대치를 훨씬 넘어설 가능성도 있다.

마찬가지 방법으로 매출가격, 노무비, 기술개발 등 투자결정에 주요하게 영향을 미치는 제반 변수에 대해서도 현금흐름과의 민감도분석을 실시할 수 있다. 투입변수와 산출치의 관계를 나타내는 선의 기울기가 급경사일수록 민감도는 크게 나타난다.

민감도분석은 모든 산업에서 광범위하게 사용할 수 있는 투자위험의 분석방법이 될 수 있다. 따라서 많은 투자자가 투자의 타당성분석(feasibility analysis)에서 민감도분석의 방법을 이용하고 있다. 또 이 방법은 실무적인 분석도구로서 사용하는 데에도 큰 무리가 없으므로 비교적 합리적인 위험투자의 평가방법이라고 할 수 있다.

3.2 시나리오분석

앞에서 설명한 민감도분석은 투자안의 위험분석에서 널리 사용되고 있다. 그러나 이 분석방법은 여러 개의 투입변수 중에서 다른 모든 변수는 고정시키고 단 하나의 투입변수만 변동시킬 때 산출치인 투자안의 순현가가 얼마나 민감하게 변동하는가를 분석하는 방법이므로 현실적으로 다소 한계가 있다.

투자안의 시나리오분석(scenario analysis)은 이러한 한계를 보완한 것으로 투자안의 총위험분석기법(total risk analysis technique)이라고 할 수 있다. 시나리오분석은 ① 투자안의 주요 투입변수들의 민감도와, ② 미래상황이 변동할 확률에 따라 이들 변수의 변동폭을 동시에 고려한 투자안의 위험분석기법이다.

다시 말해서, 시나리오분석에서는 미래의 양호한 상태와 불량한 상태가 발생할 확률을 예측하고, 이러한 상태들이 발생했을 때 나타나는 주요 변수들의 변동폭을 예상하여 순현가를 산출하고, 이들을 정상상태의 경우와 비교하여 투자안의 위험을 분석한다.

예를 들어, 한국기업에서 첨단전자제품에 대한 투자를 계획한다고 하자. 이 투자안의 경우에는 〈표 10-1〉에 요약된 것과 같이 미래의 상태가 최악의 상태, 정상상태, 최선의 상태로 나타날 확률과 이러한 상태가 발생할 경우 두 개의 투입변수인 매출량과 가격이 달리 나타나고, 또 이들에 따라 순현가도 달리 산출된다.

표 10-1 투자안의 시나리오분석의 요약

시나리오	확률	매출량(개)	가격(원)	순현가(원)
최악의 상태	0.25	5,000	3,400	-49,800
정상 상태	0.50	25,000	4,400	26,012
최선의 상태	0.25	40,000	5,400	112,444

$$E(NPV) = 28,667원$$
$$\sigma_{NPV} = 57,423원$$

주: 이 표에서 매출량과 가격이 아닌 모든 변수는 기대치를 사용하였음.

이 표에서 보면 투자안의 기대순현가는 아래와 같이 28,667원으로 산출된다.

$$E(NPV) = 0.25(-49,800) + 0.50(26,012) + 0.25(112,444)$$
$$= 28,667원$$

이 기대순현가는 정상상태하에서의 순현가 26,012원과 일치하지 않는다. 그 이유는 정상상태하에서의 순현가 26,012원은 모든 투입변수의 기대치를 기초로 하여 산출된 순현가임에 비하여, 기대순현가 28,667원은 두 개의 투입변수, 즉 매출량과 가격이 변동할 상황의 확률을 적용하여 투자안의 기대순현가를 산출했기 때문이다. 그리고 순현가의 표준편차는 아래와 같이 57,423원이 된다.

$$\sigma_{NPV} = \sqrt{0.25(-49,800-28,667)^2 + 0.50(26,012-28,667)^2 + 0.25(112,444-28,667)^2}$$
$$= 57,423원$$

시나리오분석은 투자안의 총위험에 관한 정보를 확률에 근거하여 명백하게 제공하고 있다. 이 분석방법은 투자안의 순현가가 달리 산출될 상황을 몇 개의 이산형 확률로 표현하고 있다. 그러나 현실적으로 순현가가 다르게 나타날 상황은 무한하다.

3.3 시뮬레이션분석

시뮬레이션(simulation)은 몬테카를로 시뮬레이션(Monte Carlo simulation)이라고도 한다. 시뮬레이션은 현상을 축소시켜 모형을 만들고, 이 모형을 구성하고 있는 각 변수에 대하여 확률분포를 미리 설정한 다음, 이 확률분포에 난수(random number)를 부여함과 동시에 이들의 반복적인 모의실험을 통하여 모형의 확률분포를 추정하는 기법을 말한다.

투자안의 위험분석에서는 순현가의 확률분포를 추정하기 위하여 시뮬레이션이 이용되기도 한다. 다시 말해서, 투자안의 순현가를 산출하는 모형의 경우, 현금흐름에 영향을 주는 변수의 값을 난수표를 이용하여 추출하고, 이를 반복적으로 변화시키는 모의실험을 통하여 순현가의 확률분포를 추정한다.

투자안에 대한 순현가의 확률분포를 추정하는 시뮬레이션의 과정을 요약하면 다음과 같다.

첫째, 순현가모형에서 현금흐름에 영향을 주는 변수를 밝혀내고, 이들 중에서 확률변수를 확인한다. 예를 들어, 제6장 (6-2)식의 현금흐름모형은 다음과 같다.

$$CF = E + D_{ep} = (S_a - C - D_{ep})(1 - T_c) + D_{ep} \qquad (6\text{-}2)$$

이 모형에서 감가상각비 D_{ep}와 법인세율 T_c는 확률변수가 아니므로 제외하면, 확률변수는 현금유입인 S_a와 현금지출인 C가 된다. 그리고 이곳에서는 자료를 단순화하기 위하여 S_a를 매출액, C를 영업비로 가정하기로 한다.

둘째, 확인된 변수에 대하여 과거의 자료나 주관적인 판단에 의하여 확률을 추정하고 이 확률에 따라 난수를 부여한다.

셋째, 난수를 추출하고, 추출된 난수에 해당하는 변수들의 값을 이용하여 순현가를 산출한다.

넷째, 순현가의 연속적인 확률분포를 산출하기에 충분할 만큼 세번째 과정을 계속 반복하여 순현가의 값을 산출한다.

다섯째, 산출된 순현가의 값을 자료로 하여 순현가의 확률분포를 추정한다.

이제 투자안의 위험분석에 시뮬레이션을 이용하는 예를 들면 다음과 같다.

한성기업은 신제품의 생산에 투자하고자 하는데, 〈표 10-2〉에 나타난 바와 같이 예상매출액의 변동액 및 확률은 1열 및 2열과 같고, 예상영업비의 변동액 및 확률은 4열 및 5열과 같다고 하자. 그리고 3열과 6열에 제시된 난수의 범위는 해당되는 확률에 관련하여 부여된 것이다.

예를 들어, 매출액이 3,400,000원이 될 확률은 0.05이므로 난수의 범위는 00에서부터 04까지 5개의 수를 부여했으며, 매출액이 4,000,000원이 될 확률은 0.20이므로 난수의 범위는 05에서부터 24까지 20개의 수를 부여하였다. 마찬가지 방법으로 〈표 10-2〉에서 3열과 6열의 난수범위가 부여되었다.

표 10-2 변수의 확률분포와 난수범위

매출액 (천원) (1)	확률 (2)	부여된 난수 범위 (3)	영업비 (천원) (4)	확률 (5)	부여된 난수 범위 (6)
3,400	0.05	00-04	2,400	0.10	00-09
4,000	0.20	05-24	3,000	0.20	10-29
4,400	0.50	25-74	3,400	0.40	30-69
4,800	0.20	75-94	3,600	0.20	70-89
5,400	0.05	95-99	4,000	0.10	90-99

다음 단계는 난수의 추출과 변수의 값을 정하는 것이다.[3] 첫번째 난수의 추출에서 03과 15가 추출되었다면 매출액과 영업비는 이 두 난수에 해당되는 값인 3,400,000원과 3,000,000원이 되며, 이 두 값을 순현가모형에 대입하여 투자안의 순현가를 산출한다. 두번째 난수의 추출에서 97과 82가 추출되었다면, 매출액은 5,400,000원이고 영업비는 3,600,000원이 되며, 이 두 값을 이용하여 투자안의 순현가가 산출된다. 그리고 이러한 과정이 수없이 반복됨에 따라 순현가도 수없이 산출된다.

투자안의 분석에서 이상과 같은 시뮬레이션을 이용하면 투자안의 순현가에 대한 확률분포와 표준편차를 찾아낼 수 있으며, 이들은 불확실성하에서 투자안을 평가하는 데에 유용한 정보를 제공해 준다.

그러나 투자안의 위험분석에 시뮬레이션을 이용하는 데에도 다음과 같은 한계가 있다.

첫째, 순현가를 결정하는 변수를 정확하게 확인하고 이들의 확률을 결정하는 것이 쉽지 않다.

둘째, 시뮬레이션과정에서는 모든 변수가 각각 독립적이라고 가정하고 있으나, 현실적으로는 순현가를 결정해 주는 변수들이 서로 관련성을 가지고 있다.

셋째, 시뮬레이션분석은 시나리오분석이나 민감도분석과 같이 투자안의 총위험분석에는 적절히 이용될 수 있다. 그러나 분산투자의 효과는 무시하고 있다.

---

3) EXCEL을 이용하여 난수를 추출하기 위해서는 'RAND( )'함수를 사용하면 된다.

요 약

❶ 투자안의 위험

투자안의 위험분석에서는 두 가지 형태의 위험이 이용된다. 하나는 투자안의 총위험(total risk) 또는 기업위험(corporate risk)이고, 다른 하나는 체계적 위험인 시장위험(market risk) 또는 베타위험(beta risk)의 분석이다. 투자안의 총위험 또는 기업위험은 투자자인 주주의 분산투자효과를 전혀 고려하지 않고, 투자안이 실현할 이익의 변동성 또는 기업이익의 변동성을 의미한다. 투자안의 시장위험 또는 베타위험은 효율적으로 분산된 투자안의 위험으로서 베타계수로 측정된다.

총위험이 높은 투자안이 반드시 베타위험이 높다고 단정하기는 어렵다. 그러나 투자안이 실현할 수익률이 극히 불확실하고, 또 투자안의 성격상 수익률의 변동상황이 시장상황과 높은 상관관계를 유지하고 있을 때에는 투자안의 총위험과 베타위험이 모두 높은 특징이 있다.

❷ 투자안의 위험조정 방법

투자안의 위험조정 방법으로는 위험조정할인율법(risk-adjusted discount rate method)과 확실성등가법(certainty equivalent method)이 있다. 위험조정할인율법은 투자안의 현가를 산출할 때 투자안의 위험에 따라 할인율을 조정하는 방법이다. 현금흐름의 위험이 높으면 이에 따라 할인율이 커지고, 그 결과 현금흐름의 현가는 작아진다. 확실성등가법은 현금흐름에 위험을 조정한 확실성등가를 산출하고, 이 확실성등가인 현금흐름을 무위험수익률로 할인하여 투자안의 순현가를 산출하는 방법이다.

- 위험조정할인율법: $NPV = \sum_{t=0}^{n} \frac{E(NCF_t)}{(1+k)^t} = \sum_{t=0}^{n} \frac{E(NCF_t)}{[1+R_f+[E(R_M)-R_f]\beta]^t}$

- 확실성등가법 : $NPV = \sum_{t=0}^{n} \frac{\alpha_t E(NCF_t)}{(1+R_f)^t} = \sum_{t=0}^{n} \frac{CEQ_t}{(1+R_f)^t}$

  $\alpha_t = \frac{(1+R_f)^t}{(1+k)^t}$

❸ 위험요소를 고려한 투자안 평가방법

위험요소를 고려한 투자안 평가방법으로는 민감도분석(sensitivity analysis), 시나리오분석(scenario analysis), 시뮬레이션분석(simulation analysis)이 있다. 민감도분석은 투입과 산출의 관계를 분석하는 방법으로 다른 모든 투입변수가 일정하다고 가정할 때 투입변수의 변동이 얼마나 민감하게 산출치를 변동시키는가를 분석하는 방법이다. 시나리오분석은 미래의 양호한 상태와 불량한 상태가 발생할 확률을 예측하고, 이러한 상태들이 발생했을 때 나타나는 주요 변수들의 변동폭을 예상하여 순현가를 산출하고, 이들을 정상상태의 경우와 비교하여 투자안의 위험을 분석하는 방법이다. 시뮬레이션분석은 투자안의 현금흐름에 영향을 주는 변수의 값을 난수표를 이용하여 추출하고, 이를 반복적으로 변화시키는 모의실험을 통하여 순현가의 확률분포를 추정하는 방법이다.

연·습·문·제

1 다음 용어를 설명하라.

① 투자안의 총위험 또는 기업위험 　　② 시장위험 또는 베타위험

③ 위험조정할인율법 　　　　　　　　④ 확실성등가계수

⑤ 민감도분석 　　　　　　　　　　　⑥ 시나리오분석

⑦ 몬테카를로 시뮬레이션

2 투자안의 총위험과 베타위험이 다같이 높은 경우를 가정하여 설명하라.

3 일반적으로 투자안의 위험분석에는 체계적 위험이 많이 사용되고 있다. 그러나 투자안의 총위험도 강조되는 경우가 많은데, 그 이유를 설명하라.

4 체계적 위험으로 조정된 위험조정할인율에 의하여 투자안의 순현가를 구하는 식을 제시하고 설명하라.

5 투자안의 위험분석에서 민감도분석과 시나리오분석의 차이를 설명하라.

6 시뮬레이션을 진행시키는 방법을 각 단계에 따라 설명하고, 시뮬레이션방법의 한계점을 설명하라.

7 기업의 평균자본비용이 10%인 한일기업은 현재 상호배반관계에 있는 A, B투자안을 분석하고자 한다. B투자안은 투자비용이 2천만원, 투자수명은 5년, 기대연간현금유입액이 588만 7천원으로 예측되며, 투자위험은 평균수준이다. 그러나 A투자안의 위험은 평균수준보다 높기 때문에 자본비용을 12%로 결정하였다. 그리고 A투자안의 투자비용이 2천만원, 투자수명

이 10년이며, 기대연간현금유입액이 375만 2천원이라고 한다.

(1) 위험조정할인율법에 의하여 두 투자안의 순현가를 산출하고, 최적안을 선택하라.

(2) 위험조정할인율법에 의하여 A안과 B안의 순현가를 일치시키는 A안의 할인율을 산출하라(B안의 자본비용은 10%로 고정되어 있다).

(3) 무위험수익률이 6%, 확실성등가계수가 95%일 때 확실성등가법에 의하여 B투자안의 순현가를 산출하라.

◈ 해답

7 (1) A투자안의 NPV 1,199,636.8원, B투자안의 NPV 2,316,361.7원

(2) 10.76%

(3) 1,444,552.3원

Part

4

자본구조와 배당정책

Financial Management

11
Chapter

효율적 자본시장과 재무의사결정

들어가면서

이 장에서는 효율적 자본시장의 의미를 살펴보고, 자본시장이 효율적인 경우에 재무의사결정이 주가에 미치는 영향을 설명한다.

효율적 자본시장이란 주가가 유용한 정보를 완전히 반영하는 자본시장, 즉 정보효율성을 갖는 자본시장을 말한다. 파마(Fama)는 자본시장의 효율성을 정의함에 있어 정보의 강도에 따라 약형, 준강형, 강형 효율적 시장 등 세 가지 형태로 분류하였다.

약형 효율적 시장은 과거의 주가 또는 수익률과 과거의 거래량에 관한 모든 정보가 현재의 주가에 완전히 반영되어 있는 시장을 의미한다. 따라서 과거의 주가나 거래량 자료에 의존하여 매수·보유의 주식투자전략을 수행한다면 시장평균 이상의 초과수익을 달성할 수 없는 시장이다.

준강형 효율적 시장은 과거의 주가자료를 포함하여 투자자가 이용할 수 있는 모든 공개된 정보는 현재의 주가에 전부 반영되어 있는 시장을 의미한다. 공개된 정보가 공개와 동시에 주가에 반영되기 때문에 이 정보에 근거하여 주식투자를 할 때에는 시장평균 이상의 초과수익을 달성할 수 없게 된다.

강형 효율적 시장은 공표된 정보는 물론, 공표되지 않은 내부정보까지도 완전히 주가에 반영되어 있는 시장을 의미한다. 강형 효율적 시장가설 하에서는 일반투자자는 물론 내부정보를 가지고 있는 기관투자자도 중요한 새로운 정보를 독점할 수 없으며, 모든 정보는 즉시 투자자에게 유포된다. 따라서 어떠한 투자자도 주식투자에서 시장평균 이상의 초과수익을 달성할 수 없게 된다.

자본시장이 효율적이라면 현재의 시장가격으로 증권을 매입하거나 매도하는 경우에는 시장수익률 이상의 초과수익률을 얻을 수 없게 된다. 또한 자본시장이 효율적인 경우에는 기업이 재무의사결정을 달리하더라도 기업이 발행하는 증권의 가격에는 영향을 미칠 수 없게 된다. 회계처리방법 변경, 자본조달 시점 및 주식매도규모 등과 같은 재무의사결정을 달리 선택하더라도 시장에서는 관련 정보의 가치를 정확히 반영하기 때문에 증권은 항상 기업가치에 상응하는 가격을 형성하게 된다.

1.1 효율적 자본시장의 의의

1) 효율적 자본시장의 의미

자본시장은 대출자와 차입자 사이에 자금을 효율적으로 배분 또는 이전시키는 기능을 한다. 이러한 기능이 바람직하게 수행될 때 자본시장은 효율적이라고 한다. 자본시장의 효율성은 시장의 기능을 어느 측면에서 파악하느냐에 따라 ① 배분효율성, ② 운영효율성, ③ 정보효율성 등으로 구분할 수 있다.[1]

첫째, 배분효율성(allocational efficiency)은 자금의 수요자와 공급자 모두의 한계수익률이 동일하도록 자산의 가격이 형성되는 경우를 말한다. 따라서 배분효율적 자본시장에서는 각 생산자의 최종 투자안, 즉 선택한 모든 투자안 중에서 수익성이 가장 낮은 투자안의 수익률이 자본의 기회비용과 일치할 것이다. 이러한 배분효율적 자본시장에서 자금의 공급자와 수요자는 모두 혜택을 얻게 될 것이다.

둘째, 운영효율성(operational efficiency)은 완전자본시장을 형성하는 여러 조건 중에서 거래비용(transaction costs)에 관련된 조건이 성립되는 경우이다. 예를 들어, 증권거래에서 발생되는 비용은 ① 발행비용과 ② 거래수수료 등이 있는데, 이러한 비용이 0에 접근할 때, 시장은 운영효율성을 가진다고 할 수 있다.

셋째, 정보효율성(informational efficiency)은 자본시장에서 자산의 가격이 이용할 수 있는 정보를 모두 반영하고 있는 것을 의미한다. 정보효율성을 충족시키는 시장조건은 다음과 같다.[2]

> ① 증권의 거래비용은 낮다.

---

1) T. E. Copeland and J. F. Weston(1989), *Financial Theory and Corporate Policy*, 3rd ed., Reading, Mass.: Addison−Wesley Publishing Co., 330−349.

2) E. F. Fama(1970), "Efficient Capital Market: A Review of Theory and Empirical Work," *Journal of Finance*, 25(2), 383−417.

일반적으로 효율적 자본시장은 주가가 유용한 정보를 완전히 반영하는 자본시장, 즉 정보효율성을 갖는 자본시장을 말한다. 자본시장효율성에 관한 최초의 연구는 1900년 Bachelier의 랜덤워크모형(random walk model)에 대한 연구를 들 수 있다.[3] 그 후 많은 학자들이 이론 및 실증연구를 다양하게 전개하여 왔다.

랜덤워크모형은 주가의 변동이 과거의 주가변동과 상관없이 무작위로 움직인다는 의미이며, 주가변동을 술 취한 사람의 걸음걸이에 비유하고 있다. 랜덤워크모형은 ① 연속적인 주가변동은 서로 독립관계에 있으며, ② 주가변동의 각 분포는 동일한 확률분포를 갖는다고 주장한다.

만약 이용 가능한 정보집합이 주어져 있을 때, 주가가 이를 충분히 반영하여 공정한 수준으로 즉각적으로 움직인다면, 주가는 오직 새로운 정보에 대해서만 반응해야 한다. 그리고 자본시장에 새로운 정보의 도착은 확률적이다. 즉 자본시장에서 정보의 도착이 예측 불가능하고, 주가는 이러한 정보에 즉각적으로 반응한다면, 주가는 예측 불가능하게 될 것이다.

이것이 주가가 랜덤워크모형을 따른다는 주장의 핵심이다. 즉 주가의 행태는 확률적이고 예측 불가능하다는 것이다. 확률적으로 움직이는 주가는 자본시장에서 투자자들의 비합리성을 증명하는 것이 아니라, 오히려 합리적인 투자자들이 다른 투자자들보다 관련정보를 투자전략에 반영하고자 경쟁하는 데 따른 필연적인 결과라는 것이다.

주가가 무작위적으로 변동한다는 것과 투자자들의 합리성은 서로 상치되는 개념이 아니다. 투자자들이 주가를 합리적으로 결정하는 경우에는 정보만이 주가를 움직인다. 그러므로 랜덤워크모형은 주가가 항상 어떤 시점에서의 모든 정보를 모두 반영한데 따른 자연적인 결과이다. 반대로 주가를 예측할 수 있다는 것은 이용 가능한 정보가 주가에 완전히 반영되어 있지 않다는 것을 의미하며, 이러한 경우 자본시장은 비효율적인 시장이 된다.[4]

---

3) L. Bachelier(1900), Theorie de la Speculation, Paris: Gauthier-Villars, reprinted in English in Paul Cootner ed.(1964), *The Random Character of Stock Market Prices*, Cambridge: MIT, 17-78.

4) Z. Bodie, A. Kane, and A. J. Markus(1996), *Investments*, 3rd ed., Irwin, 338-341.

2) 효율적 자본시장과 완전자본시장

효율적 자본시장(efficient capital market)은 완전자본시장(perfect capital market)과 비교하여 그 개념을 명확히 할 필요가 있다. 먼저 완전자본시장에서는 다음과 같은 시장조건을 가정하고 있다.

> ① 시장에 마찰적 요인(friction)이 존재하지 않는다. 다시 말해서, 거래비용과 세금이 존재하지 않으며, 모든 자산이 완전히 분할될 수 있고, 완전한 시장성을 가지고 있으며, 거래에 대한 제한이 전혀 없다.
> ② 제품시장과 자본시장 모두에 완전경쟁이 존재한다. 즉 제품시장에서는 모든 생산자가 재화와 용역을 최저 평균비용으로 공급하며, 자본시장에서는 모든 시장참가자가 가격순응자(price-taker)이다.
> ③ 시장은 정보효율성을 갖는다. 따라서 정보비용은 없고, 모든 시장참가자가 모든 정보를 동시에 제공받는다.
> ④ 개인은 이성적으로 행동하며 최대 기대효용을 추구한다.

완전자본시장은 배분효율성과 운영효율성, 정보효율성을 갖는다고 할 수 있다. 그러나 효율적 자본시장은 완전자본시장에 비하여 약간 완화된 조건을 필요로 한다. 예를 들면, 자본시장은 약간의 거래비용이 존재하고, 분할이 불가능한 자산이 존재하더라도 효율적인 시장이 될 수 있다.

또 제품시장에서 배분효율성이 달성되지 못한 경우에도 증권시장은 효율적일 수 있다. 왜냐하면 제품시장에서 어느 기업이 이윤을 독점하여 계속 달성할 경우에도, 이 기업의 미래 기대독점이익을 현가로 산출하여 주가에 완전하게 반영하는 효율적 자본시장은 존재할 수 있기 때문이다.

1.2 효율적 자본시장 가설

Fama는 자본시장의 효율성을 정의함에 있어 정보의 강도에 따라 세 가지 형태로 분류하고, 이들을 이용하여 약형 효율적 시장가설, 준강형 효율적 시장가설, 강형 효율적 시장가설을 제시하였다.[5]

---

5) E. F. Fama(1965), "The Behavior of Stock Market Prices," *Journal of Business*, 38(1), 34-105; E. F. Fama(1970), "Efficient Capital Markets: A Review of Theory and Empirical Work," *Journal of Finance*, 25(2), 383-417.

1) 약형 효율적 시장가설

(1) 약형 효율적 시장가설의 의의

약형 효율적 시장가설(weak form efficient market hypothesis)은 과거의 주가 또는 수익률과 과거의 거래량에 관한 모든 정보가 현재의 주가에 완전히 반영되어 있다고 가정한다. 따라서 과거의 주가나 거래량 자료에 의존하여 주식투자전략을 수행한다면 시장평균 이상의 초과수익은 달성할 수 없다는 것이다.

다시 말해서, 주가의 변동은 시계열적으로 상호 독립적이고 무작위적이기 때문에, 과거의 주가 및 거래량의 정보는 현재와 미래의 주가예측에 전혀 도움을 주지 못한다는 것이다.

이에 따라 약형 효율적 시장가설에서는 기술적 분석의 유효성을 배제하고 있다. 그리고 주가변동이 무작위적이라는 점은 랜덤워크모형(random walk model)과 연결된다.

(2) 약형 효율적 시장가설의 검증

약형 효율적 시장가설에 대한 검증은 시계열상관분석(serial correlation analysis), 연(run)의 검증, 필터기법(filter rules) 등이 사용되고 있다.

시계열상관분석은 연속되는 여러 기간 동안 어느 변수의 시계열변동이 추세나 주기의 변동성과 갖는 상관관계를 분석하는 것으로 시계열상관계수로 측정하여 분석한다. 시계열 상관계수의 값이 0에 접근하면 과거수익률의 정보가 현재의 수익률의 형성에 독립적인 관계에 있으며, 이러한 현상은 약형 효율적 시장가설을 지지한다는 것을 의미한다.

연의 검증(run test)은 시계열상관분석과 함께 주가변동의 독립성을 검증하는 통계방법이다. 연(run)은 시계열 자료에서 상이한 사건(occurrences)들이 교대로 발생될 때 지속적으로 동일사건이 발생되는 흐름을 의미한다. 한 번 지속되는 사건의 흐름을 하나의 연이라고 한다. 이 연의 검증은 교대로 발생하는 어떤 사건의 시계열현상이 추세나 주기에 따르지 않고 무작위적으로 나타나는가를 판단하는 데에 사용된다.

주가의 시계열 자료에서 주가의 상승을 (+)로, 그리고 주가의 하락을 (−)로 표현한다면, 일정한 기간 동안 주가의 상승 또는 하락현상이 (++)(−)(+)(−−)(+++)로 나타날 경우 이 자료는 5개의 연을 갖는다고 한다. 주가의 시계열 자료가 무작위성을 가지는가를 검증하기 위해서는 일정한 기간 중에 실제로 관찰한 연의 수와 이론적으로 무작위적으로 추출한 연의 수 사이에 통계적으로 유의적인 차이가 있는가를 검증하면 된다.

필터기법은 약형 효율적 시장가설이나 랜덤워크가설의 검증을 위하여 기술적 분석의 투자기법 중에서 널리 사용되는 방법이다. 필터기법에서는 주식의 매수·매도를 판단할 때 기준이 되는 최고 주가수준과 최저 주가수준을 미리 정해 놓고 있다.

주가변동이 최저수준으로부터 일정한 비율 이상으로 상승하면 주식을 매수하여 보유하다가, 주가가 최고 수준으로부터 일정한 비율 이하로 하락하면 보유주식을 매도할 뿐만 아니라 주가가 다시 일정한 비율로 상승할 때까지 공매(short sales)하는 기법이다.

약형 효율적 시장가설을 검증한 연구결과에 의하면, 주가변동이 대체로 시계열적인 독립성을 갖고, 기술적 분석의 투자전략으로는 시장평균 이상의 초과수익을 달성할 수 없는 것으로 나타나서 약형 효율적 시장가설을 뒷받침하는 것으로 평가되고 있다. [6]

2) 준강형 효율적 시장가설

(1) 준강형 효율적 시장가설의 의의

준강형 효율적 시장가설(semi-strong form efficient market hypothesis)은 과거의 주가자료를 포함하여 투자자가 이용할 수 있는 모든 공개된 정보(publicly available information)는 현재의 주가에 전부 반영되어 있다고 가정한다. 투자자가 이용할 수 있는 공개정보는 수없이 많다. 예를 들면, 주식분할, 신주발행, 배당의 공표, 영업이익 또는 당기순이익의 변동, 매출액의 변동 등 주식과 발행기업에 관련된 정보뿐만 아니라 정부의 경기예측 및 정책변동에 관한 발표 등 경제적·정치적인 비시장정보도 이 가설에서는 공개정보에 해당한다.

준강형 효율적 시장가설에서는 공개된 정보가 공개와 동시에 주가에 반영되기 때문에 이 정보에 근거하여 주식투자를 할 때에는 시장평균 이상의 초과수익을 달성할 수 없다고 한다. 그리고 이 효율적 시장가설이 성립되면 과거의 주가변동 및 거래량의 변동 등 시장자료에 기초를 두고 있는 약형 효율적 시장가설은 당연

---

6) E. F. Fama(1965), "The Behavior of Stock Market Price," *Journal of Business*, 38(1), 34-105; E. F. Fama and J. MacBeth(1973), "Risk, Return and Equilibrium: Empirical Tests," *Journal of Political Economy*, 81(3), 607-636; G. Pinches(1970), "The Random Walk Hypothesis and Technical Analysis," *Financial Analysis Journal*, 26(2), 104-110.

히 성립한다.

(2) 준강형 효율적 시장가설의 검증

준강형 효율적 시장가설이 성립하는가를 검토하기 위해서는 다음의 두 가지 현상 중 어느 한 가지나 또는 두 가지 모두를 검증한다.

첫째, 중요한 정보의 공표와 관련하여 주가조정이 공표시점을 중심으로 해서 언제 발생하는가를 검증한다. 효율적 시장가설에 따르면 주가조정은 정보가 공표되는 기간 중이나 또는 공표되기 이전에도 이미 발생할 수 있다고 한다.

둘째, 투자자가 공개정보에 의존하여 투자결정을 내린다고 가정할 경우, 시장평균 이상의 투자수익률이 달성될 수 있는가에 대한 검증이다. 다시 말해서 거래비용을 모두 포함했을 때, 공개정보에 의한 투자결정의 성과가 단순한 매수·보유전략(buy and hold strategy)에 의한 성과보다 높게 나타나는가에 대한 검증이다.

준강형 시장효율성을 검증하기 위해 개발된 연구방법 중의 하나가 사건연구(event study)이다. 자본시장이 준강형 효율적 시장이라고 한다면, 증권의 가격변화는 오직 공개된 새로운 정보에 대해서만 반응해야 한다. 사건연구는 정보의 공시 전후의 증권의 가격변화를 관찰하여 정보가 증권의 가격에 반영되는 패턴을 밝혀준다.

사건연구에서 증권의 가격변화 중에서 특정한 사건으로 인하여 변동부분을 분리하는 것은 쉬운 일이 아니다. 왜냐하면, 증권의 가격은 다양한 거시경제에 관련되거나 정보나 기업의 경영활동에 관련된 많은 뉴스에 반응하여 변동하기 때문이다. 따라서 많은 뉴스 중에서 특정한 사건으로 인한 증권가격 변동부분만을 분리하여 측정하는 일은 쉽지 않다.

사건연구는 특정 사건이 발생하지 않았을 경우의 주가수준을 결정해 주는 균형수익률모형을 필요로 한다. 그리고 실제의 증권의 수익률과 균형모형에 의해 산출한 수익률 간의 차이를 특정 사건으로 인한 비정상수익률(abnormal return, AR)이라고 한다. 이러한 특정 사건으로 인한 비정상수익률을 산출하기 위해서는 *CAPM*이나 Fama and French의 3요인 모형 등의 다양한 균형수익률모형이 이용될 수 있다.

일반적으로 많은 연구에서 사건연구를 위하여 시장모형이 주로 이용된다. 시장모형에 의한 비정상수익률은 다음과 같이 산출된다.

$$AR_{it} = R_{it} - \alpha_i - \beta_i R_{Mt} \tag{11-1}$$

단, AR_{it} = t시점에서의 i증권의 비정상수익률

R_{it} = t시점에서의 i증권의 수익률

R_{Mt} = t시점에서의 시장지수의 수익률

α_i = i증권의 알파계수

β_i = i증권의 베타계수

위 식에서의 비정상수익률 AR_{it}는 회귀모형에서의 잔차항에 해당한다. 따라서 이 항은 통계적으로 평균이 0이고 확률적으로 변동하는 항이 된다. 따라서 이러한 비정상수익률에서 일정한 패턴을 발견하는 것은 불가능하다.

사건연구에서 특정한 사건으로 인하여 증권의 가격이 변동한 부분을 분리하는 기본적인 방법은 동일한 사건에 노출된 기업들의 비정상수익률을 사건일을 중심으로 하여 평균하는 것이다. 즉 표본에 포함된 동일한 사건이 증권의 수익률에 주는 영향은 평균을 취하더라도 없어지지 않지만, 다른 사건들의 영향은 평균하는 과정에서 소멸하여 없어질 것이다. 따라서 특정한 사건으로 인한 증권가격의 평균적인 변화는 다음과 같은 평균비정상수익률(average abnormal return, AAR)로 측정할 수 있다.

$$AAR_t = \frac{1}{N} \sum_{i=1}^{N} AR_{it} \qquad (11-2)$$

단, AR_{it} = i기업의 t일에서의 비정상수익률

AAR_t = t일에서의 평균비정상수익률

어떤 사건에 관한 정보가 시장에 주어질 때, 증권의 가격변화는 위에서 산출한 비정상수익률(AR)이나 평균비정상수익률(AAR)로 측정할 수 있다. 예를 들어, 합병으로 인하여 피합병 기업의 주가변동을 분석한다고 하자. 사건일은 합병에 관한 정보가 일반투자자들에게 공시되는 날이다. 이러한 공시일을 전후하여 피합병 기업의 비정상수익률을 산출하여 합병으로 인한 주가변동의 크기를 측정하게 된다.

사건연구를 어렵게 하는 또 하나의 문제는 정보의 유출과 관련된 문제이다. 정보의 유출은 특정 사건에 관련된 뉴스가 공시되기 이전에 일부의 투자자에게만 정보가 전달될 때 발생한다. 이러한 경우에는 정보공시 이전부터 주가가 반응하기 시작한다. 정보가 유출된 경우에 공시일의 주가반응은 이러한 정보가 주가에 미치는 영향의 크기에 대한 정확한 척도가 될 수 없다. 이와 같은 상황에서 이용할 수 있는 척도가 누적비정상수익률(cumulative abnormal return, CAR)이다.

누적비정상수익률은 평균비정상수익률을 관심의 대상이 되는 기간 동안 누적한 것이다.

$$CAR_{(t_1, t_2)} = \sum_{t=t_1}^{t_2} AAR_t \tag{11-3}$$

이 방법을 이용하여 준강형 효율적 시장가설을 검증한 결과를 보면, 일반적으로 주식분할, 회계처리방법의 변경, 연차보고서 등 공표된 정보에 의하여 주식투자를 할 경우 초과수익률을 달성할 수 없는 것으로 나타나고 있다.

3) 강형 효율적 시장가설

(1) 강형 효율적 시장가설의 의의

강형 효율적 시장가설(strong form efficient market hypothesis)은 공표된 정보는 주가에 당연히 반영되고, 공표되지 않은 내부정보(inside information)까지도 완전히 주가에 반영된다고 한다. 이 강형 가설이 성립되면 약형 및 준강형가설은 저절로 성립되는 결과가 된다.

강형 효율적 시장가설하에서는 일반투자자는 물론 내부정보를 가지고 있는 기관투자자까지도 중요한 새로운 정보를 독점할 수 없으며 모든 정보는 즉시 모든 투자자에게 유포된다는 것이다. 따라서 어떠한 투자자도 주식투자에서 시장평균 이상의 초과수익을 달성할 수 없다고 한다.

(2) 강형 효율적 시장가설의 검증

강형 효율적 시장가설의 검증에서는 어느 특정한 집단이나 투자자의 투자성과가 지속해서 시장평균 이상의 수익률을 달성할 수 있는지를 밝혀야 한다. 만약 어느 투자집단이 주식투자에서 지속적으로 시장평균 이상의 초과수익률을 달성할 수 있다면, 그것은 다음의 두 가지 경우에 해당될 것이다.

첫째는 이 집단이 중요한 신규정보를 독점하는 경우이고, 둘째는 이 집단이 다른 투자자가 새로운 주요 정보를 이용하기 전에 이를 먼저 입수하여 투자결정에 이용할 수 있는 경우이다.

이러한 관점에서 볼 때, 강형 효율적 시장가설의 검증대상이 되는 특정한 투자집단은 ① 기업내부자(corporate insiders), ② 거래소의 전문거래원(stock exchange specialists), ③ 투자신탁의 경영자 또는 직업적인 자금관리자(professional money managers) 등이라고 할 수 있다. 그리고 이들의 투자성과를 분석함으로써 강형 효율적 시장가설의 검증은 가능해진다.

기업내부자와 전문거래인에 의한 주식투자 성과를 분석한 연구결과에 의하면, 그들만이 획득할 수 있는 내부정보나 신규정보를 이용하여 주식에 투자하는 경우에는 시장평균 이상의 초과수익을 지속적으로 획득할 수 있는 것으로 분석되고 있어 강형 효율적 자본시장을 부정하는 결과를 보이고 있다.[7] 그러나 주식시장에서 중요한 비중을 차지하고 있는 투자신탁의 투자성과를 분석한 결과에서는 시장평균 이상의 초과수익을 달성하지 못하는 것으로 분석되어 강형 효율적 시장가설이 성립되는 것으로 나타나고 있다.[8]

1.3 자본시장의 이상현상

많은 연구자들은 자본시장이 효율적이며, 효율적 자본시장에서는 어떠한 정보를 이용하여 투자전략을 수립한다 하더라도 초과수익률을 얻을 수 없다는 연구결과를 제시하고 있다. 한편으로 다양한 자본시장의 이상현상(anomaly)이 발견되면서, 자본시장이 효율적이지 않다는 증거를 제시하는 연구도 있다.

자본시장에서 나타나는 이상현상은 크게 세 가지로 분류할 수 있다. 첫째, 월별, 일별, 요일별 등 계절적으로 나타나는 계절적 이상현상이 있다. 둘째, 기업규모, 주가수익비율효과(P/E effect), 소외기업효과, 최초공모발행(initial public offering, IPO) 효과 등의 기업특성에 따른 이상현상이 있다. 셋째, 과잉반응(overreaction)현상, 과잉변동성, 평균회귀현상, 뮤추얼펀드 퍼즐, 거품 프리미엄 등의 투자자들의 투자심리에 따른 이상현상이 있다. 이러한 다양한 자본시장의 이상현상을 간략히 요약하여 설명하면 〈표 11−1〉과 같다.

---

7) S. P. Pratt and C. W. Devers(1972), "Relationship between Insider Trading and Rates of Return for NYSE Stocks, 1960~1966," in J. H. Lorie and R. Brealey(eds.), *Modern Development in Investment Management*, New York: Praeger Publishers, 268-279; J. Jaffe(1974), "Special Information and Insider Trading," *Journal of Business*, 47(3), 410-428; V. Niederhoffer and M. F. M. Osborne(1966), "Market-Making and Reversal on the Stock Exchange," *Journal of American Statistical Association*, 61(316), 897-916.

8) M. Jensen(1967), "The Performance of Mutual Funds in the Period 1945~1964," *Journal of Finance*, 23(2), 389-416; J. Treynor(1965), "How to Rate Management of Investment Funds," *Harvard Business Review*, 43, 63-75.

표 11-1 자본시장의 이상현상

구분		내용
계절적 이상현상	1월효과	1월의 수익률이 다른 달의 주식수익률과 차이가 나고, 이러한 차이가 지속적으로 나타나는 현상
	요일효과	일주일 중에 특정 요일에 가장 낮은 수익률이 발생하는 현상(예: 월요일효과)
	일중효과	하루 중의 수익률에 어떤 형태의 패턴이 나타나는 현상
기업특성적 이상현상	규모효과	소기업의 수익률이 대기업의 수익률보다 높은 현상
	주가수익비율 효과	PER가 낮은 기업의 수익률이 PER가 높은 기업의 수익률보다 높게 나타나는 현상
	IPO효과	주식을 최초공모하는 경우 상장초기에 저평가되어 양(+)의 초과수익률이 발생하는 현상
	소외기업효과	주식에 대한 정보를 생산하는 증권분석가 또는 기관투자자들이 관심을 많이 가지는 관심종목에 비해 관심을 끌지 못하는 소외종목의 수익률이 더 높은 현상
	가치주 프리미엄	주식의 시장가치에 비해 장부가치의 비율이 높은 종목의 수익률이 높게 나타나는 현상
투자심리적 이상현상	과잉반응	시장에 정보가 부족하고 개인투자자의 비중이 높은 경우 예상치 못한 정보의 출현에 증권가격이 비정상적으로 반응하는 현상
	과잉변동성	주가의 변동성이 이론적으로 정당화될 수 있는 변동성의 수준보다 크게 나타나는 현상
	평균회귀	주식의 기대수익률이 시간의 흐름에 따라 주기적 순환과정을 거치면서 장기평균치로 되돌아가려는 현상
	뮤추얼펀드 퍼즐	뮤추얼펀드의 주가가 펀드의 순자산가치(net asset value, NAV)보다 낮게 형성되는 현상
	거품 프리미엄	주식의 시장가격이 기본적 요인에 기초한 내재가치보다 현저하게 높게 형성되는 현상

제 2 절 자본시장의 효율성과 재무의사결정

Financial Management

자본시장이 효율적이라면 현재의 시장가격으로 증권을 매입하거나 매도하는 경우에 초과수익을 얻을 수 없다고 하였다. 그러면 효율적 자본시장에서 기업이 재무의사결정의 변경을 통하여 그 기업이 발행한 증권의 가격에 영향을 미칠 수 없는 것인가? 이러한 의문을 해결하기 위하여 기업의 의사결정자가 회계처리방법을 변경하는 경우와 자본조달 시점 및 주식 매도규모를 달리하는 경우를 살펴보자.

2.1 회계처리방법의 변경

회계처리방법에는 여러 가지가 있다. 그 중에서 인플레이션이 발생하는 기간 중에 재고평가방법을 변경한다는 공표가 주가에 어떠한 영향을 미치는가를 살펴보자.

인플레이션 기간 중에 회계처리방법을 선입선출법(FIFO)에서 후입선출법(LIFO)으로 변경하게 되면 기업의 순이익 또는 주당이익은 감소하겠지만, 주당현금흐름이 증가한다. 따라서 회계처리방법을 FIFO에서 LIFO로 변경하면 기업의 주가에 영향을 미칠 수 있다.

그러나 다음과 같은 상황에서는 회계처리방법의 변경으로 주가에 영향을 미칠 수 없게 된다.

첫째, 연차보고서(annual report)에 충분한 정보가 제공되어 있어 증권분석가들이 회계방법의 선택에 따른 이익의 변동을 정확히 분석해 낼 수 있는 상황이다. 예를 들어, 회계처리방법을 FIFO에서 LIFO로 변경한 기업이 있다고 하자. 이 경우에 증권분석가들이 FIFO를 기준으로 한 재무제표를 정확히 추정할 수 있다면 회계처리방법의 변경이 주가에 영향을 주지 못하게 된다.

둘째, 시장이 준강형 혹은 강형 효율적 시장인 경우이다. 이 경우에는 시장은 주가에 영향을 미칠 수 있는 모든 회계적 정보(accounting information)를 적절하게 사용할 수 있다는 것을 전제하고 있기 때문이다.

2.2 자본조달 시점의 결정

주식발행을 통해 언제 자금을 조달할 것인가 하는 의사결정은 재무의사결정에서 중요하다. 자금의 필요시점과 발행가격이 동시에 고려되어야 하기 때문이다. 이와 같이 증권을 발행하는 시점을 결정하는 의사결정을 발행시점 의사결정(timing decision)이라고 한다.

경영자는 현재 자사의 주가가 과대평가(overpriced)되어 있다고 판단한다면 주식을 즉각 발행하고자 할 것이다. 이렇게 하면 적정가격 이상으로 주식을 발행할 수 있기 때문에 현재의 주주입장에서는 추가적인 가치를 얻게 된다. 역으로

그림 11-1 신주발행 후의 주가움직임

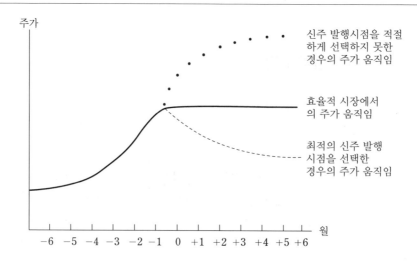

주가가 과소평가(underpriced)되어 있다고 판단한다면, 주가가 기업의 내재적 가치수준으로 상승할 때까지 주식발행 시점을 늦추고자 할 것이다.

그렇지만 만약 시장이 효율적이라면 증권은 항상 기업가치에 상응하는 가격을 형성할 것이므로 주식발행시점 의사결정은 별다른 의미가 없게 된다.

[그림 11-1]은 신주가 발행된 이후에 주가가 조정되는 세 가지 가능성을 보여 주고 있다. 시장이 효율적이라면 신주발행 후에 주가는 일정한 수준에서 움직일 것이다.

그러나 시장이 비효율적이라면 주식발행 시점에 따라 주가의 움직임이 달라진 다. 경영자가 주식발행 시점을 적절하게 선택하였다면 신주발행 후 주가는 하락 할 것이다. 기업가치 이상의 가격으로 신주를 발행하였기 때문에 주가는 적정수 준까지 하락하게 된다. 경영자가 주식발행 시점을 적절하게 선택하지 못한 경우 에는 주가의 움직임이 반대로 나타날 것이다.

2.3 주식 매도규모와 가격압박효과

대규모의 주식(large block of stock)을 매도하고자 하는 기업이 있다고 하자. 주가에 과도한 압박을 주지 않으면서 대량매도가 가능할 것인가? 만약 자본시장 이 효율적이라면 기업은 주가의 과도한 하락 없이 주식의 매도가 가능하다. 시장 에서는 기업가치에 상응하는 주가가 형성되기 때문에 매도물량에 영향을 받지

그림 11-2 대량거래의 가격 충격

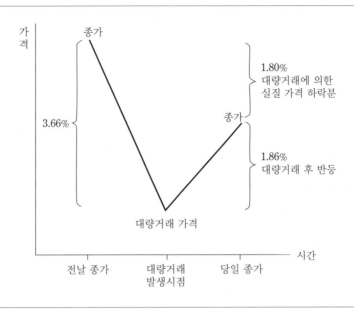

않기 때문이다.

그러나 시장이 효율적이지 못한 경우에는 주식의 대량 매도가 주가를 압박(depress)하여 적정가격 이하로 가격을 하락시키는 결과를 가져올 수 있다. 주식의 대량 매도를 즉각 성사시키고자 한다면 적정가격 이하의 가격으로 매도해야만 가능할 것이기 때문이다.

Keim and Madhavan(1996)이 뉴욕증권거래소와 미국증권거래소에 상장된 주식을 대상으로 분석한 결과에 의하면 대량거래(block trade)가 발생하는 시점에서는 주가가 전날 종가에 비하여 평균적으로 약 3.66% 하락하는 것으로 나타났다.[9] 그러나 대량거래가 발생한 당일 종가에서는 다시 약 1.86%가 회복되어 1.80%만 하락한 상태가 지속되는 것으로 나타났다. 즉 당일 즉시 회복된 1.86%는 대량거래에 의해 일시적으로 주가가 과도하게 하락한 부분이라고 할 수 있다.

---

9) D. Keim and A. Madhavan(1996), "The Upstairs Market for Larger Block Transaction: Analysis and Measurement of Price Effects," *Review of Financial Studies*, 9(1), 1-36.

요 약

❶ 효율적 자본시장의 의미

효율적 자본시장이란 주가가 유용한 정보를 완전히 반영하는 자본시장, 즉 정보효율성을 갖는 자본시장을 말한다. 정보효율성을 충족시키는 시장조건은 다음과 같다. ① 증권의 거래비용이 낮다. ② 유용한 정보의 수집비용은 시장참여자 누구에게도 발생하지 않는다. ③ 모든 투자자는 각 증권의 현재주가와 미래주가의 분포에 대한 현재의 정보를 동일하게 해석한다.

❷ 효율적 자본시장 가설

Fama는 자본시장의 효율성을 정의함에 있어 정보의 강도에 따라 약형, 준강형, 강형 효율적 시장 등 세 가지 형태로 분류하고, 이들을 이용하여 약형 효율적 시장가설(weak form efficient market hypothesis), 준강형 효율적 시장가설(semi-strong form efficient market hypothesis), 강형 효율적 시장가설(strong form efficient market hypothesis)을 제시하였다.

① 약형 효율적 시장가설: 과거의 주가 또는 수익률과 과거의 거래량에 관한 모든 정보가 현재의 주가에 완전히 반영되어 있다고 가정한다. 따라서 과거의 주가나 거래량 자료에 의존하여 주식투자전략을 수행한다면 시장평균 이상의 초과수익을 달성할 수 없게 된다.

② 준강형 효율적 시장가설: 과거의 주가자료를 포함하여 투자자가 이용할 수 있는 모든 공개된 정보는 현재의 주가에 전부 반영되어 있다고 가정한다. 공개된 정보가 공개와 동시에 주가에 반영되기 때문에 이 정보에 근거하여 주식투자를 할 때에는 시장평균 이상의 초과수익을 달성할 수 없게 된다.

③ 강형 효율적 시장가설: 공표된 정보는 물론, 공표되지 않은 내부정보까지도 완전히 주가에 반영된다고 가정한다. 강형 효율적 시장가설하에서는 일반투자자는 물론 내부정보를 가지고 있는 기관투자자도 중요한 새로운 정보를 독점할 수 없으며, 모든 정보는 즉시 투자자에게 유포된다. 따라서 어떠한 투자자도 주식투자에서 시장평균 이상의 초과수익을 달성할 수 없게 된다.

❸ 자본시장의 이상현상

효율적 자본시장에서는 어떠한 정보를 이용하여 투자전략을 수립하더라도 주식의 내재가치에 근거한 정상수익 이상의 초과수익률을 얻을 수 없다는 것이다. 그러나 현실의 자본시장에서는 효율적 자본시장에 반하는 여러 현상이 발생하는데, 이를 자본시장의 이상현상(anomaly)이라고 한다.

자본시장에서 나타나는 이상현상은 계절적 이상현상, 기업특성적 이상현상, 투자심리적 이상현상 등으로 구분할 수 있다. 계절적 이상현상에는 1월효과, 요일효과, 일중효과 등이 있다. 기업특성적 이상현상에는 규모효과, 주가수익비율효과, IPO효과, 소외기업효과, 가치주 프리미엄 등이 있다. 투자심리적 이상현상에는 과잉반응, 과잉변동성, 평균회귀, 뮤추얼펀드 퍼즐, 거품 프리미엄 등이 있다.

❹ 자본시장의 효율성과 재무의사결정의 관계

자본시장이 효율적인 경우에는 기업이 재무의사결정을 변경하더라도 기업이 발행하는 증권의 가격에는 영향을 미칠 수 없게 된다. 회계처리방법의 변경, 자본조달 시점 및 주식 매도규모 등과 같은 재무의사결정을 달리 선택하더라도 시장에서는 관련 정보의 가치를 정확히 반영하기 때문에 증권은 항상 기업가치에 상응하는 가격을 형성하게 된다.

1 다음 용어를 설명하라.

① 배분효율성   ② 운영효율성   ③ 정보효율성

④ 효율적 자본시장   ⑤ 랜덤워크모형   ⑥ 사건연구(event study)

⑦ 연의 검정   ⑧ 필터기법   ⑨ 1월효과

⑩ 규모효과   ⑪ 평균회귀   ⑫ 가치주 프리미엄

⑬ 과잉반응   ⑭ 소외기업효과

2 정보효율성을 충족시키는 시장조건에는 어떤 것이 있는가?

3 효율적 자본시장과 랜덤워크모형의 관련성에 대하여 설명하라.

4 효율적 자본시장과 완전자본시장의 관계를 설명하라.

5 자본시장의 이상현상을 간략히 설명하라.

6 효율적 자본시장하에서 재무의사결정이 기업가치에 영향을 미칠 수 있는가를 설명하라.

12
Chapter

장기자금 조달과 재무의사결정

들어가면서

이 장에서는 기업이 장기자금을 조달할 수 있는 원천을 설명하고, 장기자금을 조달하는 우선순위와 장기자금 조달수단으로서 장기차입금, 사채, 주식 등에 대해서 살펴본다.

기업은 자본적 지출과 순운전자본 등을 충당하기 위해 기업에서 창출되는 현금흐름을 사용한다. 현금흐름은 기업의 내부와 외부에서 발생할 수 있다. 기업 내부에서 창출되는 현금흐름은 당기순이익과 감가상각비를 더한 영업성과와 투자자산 매각 등으로 발생한다. 기업 외부에서 조달되는 현금흐름은 신규 부채나 신규 주식 등의 발행을 통해 이루어질 수 있다.

기업이 장기자금을 조달하기 위해서는 부채에 의한 방법과 자기자본에 의한 방법이 있다. 부채에 의한 장기자금조달 수단은 금융기관으로부터의 차입(장기차입금, 텀론 등)과 회사채 발행(정규사채, 신주인수권부사채, 전환사채 등) 등이 있다. 자기자본에 의한 장기자금조달은 보통주와 우선주 등의 주식 발행에 의해 이루어지는 것이 일반적이다.

일반적으로 기업은 투자자금조달에 있어 외부금융보다는 내부금융을 선호하고, 내부금융을 초과하여 자금이 필요한 경우에는 주식을 발행하여 자금을 조달하기보다는 부채를 이용하여 자금을 조달하는 것을 선호하는 경향이 있다. 즉 기업은 투자소요자금을 유보이익, 부채, 우선주, 보통주 순으로 조달하고자 하는 유인을 가지고 있다. 이처럼 기업이 투자소요자금을 조달할 때 어떠한 자금을 먼저 조달하는가를 설명하는 이론을 자본조달순위이론(pecking-order theory)이라고 한다.

장기자금의 조달

제 **1** 절 | Financial Management

1.1 장기자금의 조달 원천

기업은 자본적 지출(capital spending)과 순운전자본(net working capital)을 충당하기 위해 현금흐름을 사용하고 있다. 현금흐름은 기업의 내부와 외부에서 발생할 수 있다. 기업 내부에서 창출되는 현금흐름은 당기순이익(net income)과 감가상각비(depreciation)를 더한 영업성과와 투자자산 매각 등으로 발생한다. 외부에서 조달되는 현금흐름은 신규 부채나 신규 주식의 발행을 통해 이루어질 수 있다.

〈표 12-1〉은 한국 제조기업의 현금흐름 사용과 창출을 보여주고 있다. 이 표

표 12-1 한국 제조기업의 현금흐름 사용과 창출 (단위: %)

	2009	2011	2013	2015	2017	2019	2021
현금흐름의 사용							
자본적 지출	13.3	16.7	15.4	18.4	19.3	14.6	15.0
순운전자본	4.7	7.5	2.8	1.5	6.7	4.3	8.2
기타자산 매입	32.1	24.9	26.1	25.5	26.3	31.0	34.7
부채상환	44.3	47.4	52.2	51.0	42.7	44.4	35.2
배당금 지급	2.1	2.7	2.6	3.5	4.8	5.6	6.4
기타	3.4	0.8	0.8	0.1	0.2	0.1	0.5
현금흐름의 창출							
내부금융	57.4	49.9	48.9	54.0	60.3	53.3	63.1
영업성과	35.3	30.4	32.3	35.4	41.0	28.2	36.5
투자자산 매각	22.1	19.5	16.5	18.6	19.3	25.1	26.6
외부금융	42.5	50.0	50.5	45.9	39.6	46.6	34.1
신규 부채	40.4	47.7	49.1	44.2	38.2	44.9	33.7
신규 주식	2.0	2.3	1.4	1.7	1.4	1.7	0.4
기타	0.1	0.1	0.6	0.1	0.1	0.1	2.8

자료: 한국은행, 기업경영분석, 각호.

에서 2021년을 보면, 한국 제조기업은 현금흐름의 15.0%를 자본적 지출로 사용하고, 8.2%를 순운전자본으로 사용하고 있다. 부채상환 비중이 35.2%로 가장 높다.

현금흐름의 창출에서는 내부금융이 63.1%를 차지하여, 외부금융비율인 34.1%보다 높게 나타나고 있다. 다른 연도에서도 대체로 내부금융의 비중이 외부금융의 비중보다 높게 나타나고 있다. 내부금융을 초과하는 자금을 충당하기 위해 외부금융을 이용하는 데 있어서는 부채조달이 선호되고, 신규 주식의 발행에 의한 자금조달은 매우 낮은 것으로 나타나고 있다.

이와 같이 한국 제조기업에 나타나고 있는 장기자금조달전략(long-term financing strategy)상의 특징은 자본조달순위이론(pecking-order theory)에 의해 설명될 수 있다.

1.2 자본조달순위이론

자본조달순위이론(pecking-order theory)은 기업이 투자소요자금을 조달할 때 어떠한 자금을 먼저 조달하는가 하는 투자자금의 조달 우선순위를 설명하는 이론을 말한다. 일반적으로 기업은 투자자금조달에 있어 외부금융(external financing)보다는 내부금융(internal equity)을 선호하고, 내부금융을 초과하여 자금이 필요한 경우에는 주식을 발행(equity issues)하여 자금을 조달하기보다는 부채를 이용하여 자금을 조달(debt issues)하는 것을 선호한다는 것이다.

Myers and Majluf(1984)는 기업은 투자소요자금을 유보이익(retained earnings), 부채(debt), 우선주(preferred stock), 보통주(common stock) 순으로 조달한다고 주장하였다.[1]

이러한 자본조달과 관련한 우선순위이론은 다음의 두 가지 요소에 의해 설명될 수 있다. 첫째, 외부금융은 자금조달 주선 금융기관에 지불해야 하는 자금조달 수수료가 많기 때문에 자금조달비용이 높다. 둘째, 주주(shareholders)들이 경영자(manager)보다 기업에 대한 정보를 적게 보유하고 있는 상황(asymmetric information)이라면 주주는 투자로 얻는 성과의 일부가 외부로 유출되는 것을 우려하여 외부금융을 통해 자금을 조달하는 것을 꺼리게 된다.

이와 동일한 이유로 내부금융이 부족하여 외부금융을 이용하여야 하는 경우에

---

1) S. C. Myers and N. S. Majluf(1984), "Corporate Financing and Investment Decisions When Firms Have Information That Investors Do Not Have," *Journal of Financial Economics*, 13(2), 187–221.

도 주식보다는 부채를, 보통주보다는 우선주를 선호하게 된다.

제2절 장기자금 조달수단
Financial Management

2.1 차입금

1) 장기차입금

기업의 장기차입금은 일반적으로 만기가 1년 이상인 차입금을 말한다. 기업의 장기차입금은 단기차입금에 비하여 자금의 용도, 차입이자율, 차입금의 상환방법에서 다음과 같은 특징을 가지고 있다.

첫째, 장기차입금의 용도는 주로 설비자금과 장기운전자금으로 사용된다.

둘째, 설비나 장기운전자금의 투자효과는 미래의 장기간에 걸쳐 실현되므로 대출자인 금융기관의 입장에서 보면 위험이 크다. 따라서 장기차입금의 이자율은 변동금리인 경우가 많다. 변동금리는 1년만기 정기예금 이자율 또는 우대금리 (prime rate) 등에 연동되어 변동하는 이자율을 말한다. 고정금리는 이자율의 변동이 비교적 안정적일 때에는 번거로움을 피할 수 있는 장점이 있으나, 최근에 들어 이자율의 변동폭이 커짐에 따라 금융기관이나 차입기업 모두가 이자율위험을 회피하기 위하여 종래의 고정금리에서 변동금리로 전환해 가는 추세에 있다.

셋째, 장기차입금은 분할상환되는 것이 일반적이다. 분할상환은 원금을 정기적으로 분할하여 상환하는 것으로, 만기에 원금을 일시에 상환하는 일시상환에 대응되는 개념이다. 우리나라 금융기관의 경우 장기차입금은 원칙적으로 분할상환방법으로 취급하고 있다.

2) 텀 론

텀론(term loan)은 기업의 측면에서 보면 장기차입금의 일종이다. 텀론은 차입자가 정해진 날짜에 부채의 연속적인 이자와 원금을 대출자에게 지급하기로 한계약으로 차입기업과 대출자인 금융기관간에 직접 협약한 계약을 말한다.

텀론의 차입기간은 일반적으로 3년 내지 5년이다. 그리고 텀론의 상환방법은 원칙적으로 분할상환이지만 만기에 일시상환할 수도 있다. 텀론의 분할상환방법에는 일정금액씩 정기적으로 상환하는 방법과 만기에 많은 금액을 상환하는 풍선형 상환방법(balloon payment)이 있다.

텀론의 약정서에는 은행의 채권보전조치가 강하게 규정되어 있다. 다시 말해서 텀론의 약정사항은 분할상환이 가능한 시설자금대출(installment equipment loan)보다 제한적이고 차입자에게 부과되는 의무의 정도도 강하다. 그러나 시설자금대출은 주로 특정한 시설의 구입 또는 설치자금이지만, 텀론은 시설자금뿐만 아니라 장기운전자금, 기업인수 자금 등 그 용도가 매우 다양하다.

기업의 장기부채 조달방법으로서 텀론은 사채(corporate bond)의 발행과 비교할 때 다음과 같은 차이가 있다.

첫째, 텀론은 사채에 비하여 자금수급 사정에 맞추어 자금의 차입 및 상환시기를 신축적으로 조정할 수 있다. 텀론은 기업의 영업활동 또는 다른 이유로 자금에 여유가 생겼을 경우 조기상환에 따른 불이익을 감수하면 조기상환이 가능하다. 이에 반하여 사채는 일단 발행되면 기업의 자금사정이 호전되어 더 이상 자금이 필요 없게 된 경우에도 쉽게 상환할 수가 없다.

둘째, 텀론은 수일 이내에 결정되지만, 사채는 발행과정에서 보통 수개월이 소요된다.

셋째, 텀론의 부채비용은 사채로 조달된 부채비용보다 낮아질 수 있다. 사채는 이자비용 이외에도 제반 발행비용이 추가되기 때문이다. 특히 텀론의 이자율이 시장이자율의 변동에 연동되는 경우에는 사채로 조달한 부채비용보다 낮아지는 경향이 있다. 왜냐하면 시장이자율이 하락하더라도 사채의 액면이자율은 고정되어 있는 데 비하여, 텀론의 이자율은 시장이자율에 따라 하락하기 때문이다. 또 시장이자율이 상승할 경우에도 보통 텀론 약정에 따라 이자율의 상한(ceiling)과 하한(floor)이 설정되어 있으므로 상한 이상으로 텀론 이자율이 상승하지는 않는다.

이밖에도 기업이 텀론을 활용하면 은행과의 장기적인 거래관계를 가짐으로써 은행으로부터 전문적인 경영지도를 받을 수 있다는 점도 기업이 텀론을 선호하는 이유가 된다.

은행의 입장에서도 장기대출의 수단으로 텀론을 선호하는 이유는 다음과 같다.

첫째, 텀론은 장기성 대출로서 단기성 대출보다 금리가 높기 때문에 일반적으로 대출 수익성이 높다.

둘째, 텀론의 약정내용이 다른 대출에 비하여 정교하므로 텀론 약정을 통하여 차입기업의 경영상태를 항상 파악할 수 있고, 필요한 경우에 경영개선조치나 채권보전조치를 쉽게 취할 수 있다.

셋째, 텀론은 은행의 효율적인 자금관리 수단이 된다. 텀론은 장기 대출금의 상환일정을 비교적 정확하게 예측할 수 있기 때문에 은행의 장기자금 수요계획에 따라 자산과 부채의 만기조정을 용이하게 할 수 있다.

2.2 사 채

1) 정규사채

(1) 사채의 의의 및 성격

사채(corporate bond)는 주식회사가 장기간에 걸쳐 거액의 자금을 일반대중으로부터 차입하고, 이를 입증하기 위하여 약정서(indenture)에 나타난 계약에 따라 확정이자를 지불함과 동시에 일정시기에 원금을 상환할 것을 약정한 채무증서로서 사채권을 말한다. 이 사채권의 소유자를 사채권자라고 한다.

기업이 장기자금을 조달할 때에 금융기관으로부터의 차입은 조건이 까다롭고, 신주의 발행 역시 주주의 배당률을 저하시키는 결과를 초래하므로 여의치 못할 경우가 많다. 이러한 상황에서는 기업이 비교적 저렴한 자본비용으로 장기간 동안 타인자본을 이용할 수 있는 사채발행을 선택하게 된다.

사채발행에는 일반적으로 담보(mortgage)를 설정해야 한다. 담보의 설정을 위해서는 기채회사(위탁회사)[2]와 수탁회사(trustee)간에 신탁계약이 필요하다. 수탁회사는 사채권자를 위하여 신탁업무를 인수하고 기채회사에 대하여 담보권을 설정, 보전, 실행한다. 또한 수탁회사는 사채모집도 수탁받는데, 이 업무는 주로 은행이나 신탁회사가 담당한다.

사채는 유통이 가능한 유가증권이므로 기업의 입장에서는 필요시에 이미 발행한 자기회사의 사채를 매입하여 채무를 상환할 수가 있다. 그리고 채권자의 입장에서도 필요하면 장기채권인 사채를 매도하고, 그 자금으로 단기투자를 함으로써 투자기간을 쉽게 전환시킬 수 있다. 이러한 사채의 높은 시장성이 결국 기업의 장기자금조달을 용이하게 해준다.

사채는 주식과 마찬가지로 기업의 장기자금 조달의 중요한 원천이 되지만 법

---

2) 기채회사는 사채를 발행하는 회사를 말한다.

적 성격으로 구분하면 양자에는 다음과 같은 차이가 있다.

> ① 주식은 회사에 대한 소유권임에 반하여, 사채는 회사에 대한 채권이므로 기업은 영업성과에 관계없이 사채의 확정이자와 원금을 채권자에게 약정한 시일 내에 지급하여야 한다.
> ② 회사가 해산될 때 사채권자는 잔여재산의 분배에 있어 주주에 대하여 우선권이 있다.
> ③ 사채권자는 단순히 채권자이므로 경영에 참가하거나 또는 주주총회에서 의결권을 갖지 못한다.
> ④ 사채는 채무이므로 상환의무가 있으나 주식에는 상환의무가 없다.

(2) 사채의 특성

사채의 발행자인 기업의 입장과 투자자인 채권자의 입장을 비교해보면 양자의 이해관계가 서로 달리 나타난다.

사채발행자의 입장에서 유리한 점은 첫째, 이자지급액이 법인세 감세대상(tax deductible)이 된다는 점 이외에도 부채비용은 일반적으로 자기자본비용보다 낮다. 둘째, 부채비용은 재무고정비이므로 기업의 수익이 증가한 경우라도 추가지출이 발행하지 않는다. 셋째, 사채의 약정서에 수의상환조항을 삽입함으로써 부채의 조달 및 상환에 탄력성(flexibility)을 발휘할 수 있다.

한편, 사채발행자 입장에서 불리한 점은 첫째, 사채는 주식과는 달리 원금을 반드시 상환해야 하는 만기를 가지고 있다. 둘째, 재무레버리지가 높아짐에 따라 기업의 위험이 증가한다. 셋째, 간접금융과는 달리 사채의 발행에는 흔히 제한조항(restrictive covenant)이 요구되므로 경영자의 장기적 의사결정이 제한을 받는 경우가 있다.

사채권자인 투자자의 입장에서 보면, 사채는 다음과 같은 특성이 있다.

첫째, 투자대상 수단으로서 위험과 관련하여 살펴보면, 약정서에 제한조항을 명시할 수 있으므로 사채권자가 보호될 뿐만 아니라, 발행기업이 청산될 경우에도 사채권자는 원금상환에 대해 우선권을 가지므로 사채는 주식보다 위험이 적은 투자수단이다. 그러나 사채는 이자 또는 원금에 대한 지급불능위험(default risk), 수의상환사채일 경우 만기 이전에 상환될 수 있는 상환위험(risk of call), 시장이자율이 상승할 때 사채가격이 하락하는 이자율위험(interest rate risk), 인플레이션으로 인하여 사채가치가 하락하는 구매력위험(purchasing power risk) 등이 발생할 수 있다.

둘째, 사채는 고정수익증권이므로 사채권자는 이자소득이라는 고정수익을 얻을 수 있고, 이것에 대한 재투자 및 소비를 위한 안정적인 계획을 수립할 수 있다.

셋째, 원칙적으로 사채권자는 기업에 대하여 지배권이 없다. 그러나 기업의 지급불능상태로부터 사채권자를 보호하기 위하여 약정서에 제한조항을 강화함으로써 간접적으로 경영자를 통제할 수 있다.

2) 신주인수권부사채

(1) 신주인수권부사채의 의의

신주인수권에 관련된 증권으로는 ① 신주인수권부사채(bond with warrants), ② 신주인수권증권(warrant), ③ 주주의 신주인수권(stock holders' preemptive rights)증서를 들 수 있다. 이 중에서 신주인수권부사채와 신주인수권증권은 용어상의 혼돈이 발생할 가능성이 있으므로 먼저 그 개념을 명확하게 할 필요가 있다.

신주인수권부사채는 사채를 발행할 때 사채발행의 조건으로 사채권자에게 신주인수권을 부여한 사채이다. 이 사채는 사채권자가 신주인수권을 행사하여도 사채권자의 지위를 상실하지 아니한다.

신주인수권부사채에는 분리형과 비분리형이 있다. 분리형 신주인수권부사채는 사채권을 표시하는 채권과 신주인수권(warrants)을 표시하는 신주인수권증권을 분리하여 양도할 수 있게 한 것이다. 비분리형 신주인수권부사채는 사채권과 신주인수권을 분리하여 양도할 수 없게 한 것이다.

신주인수권증권은 분리형 신주인수권부사채에서 신주인수권만을 표현하는 유가증권이다. 우리나라의 신주인수권증권은 무기명증권이며 신주인수권의 행사(exercise)나 양도는 반드시 증권에 의하여야 한다.

신주인수권부사채권자의 신주인수권은 특정한 기간(행사기간)에 미리 정해진 가격으로 일정한 수의 보통주를 인수할 수 있는 선택권(option)을 의미한다. 이 신주인수권을 행사할 수 있는 기간은 일반적으로 수년간으로 유한하며, 행사가격(exercise price)은 기간이 경과할수록 점차로 상승하는 경향이 있다. 앞으로 신주인수권이라고 할 때는 신주인수권부사채권자의 신주인수권을 지칭하기로 한다.

기업에서 신주인수권부사채를 발행하면 이 사채의 수요를 촉진시킬 수 있다. 현재는 기업의 수익성이 저조하지만 미래에 성장이 기대되는 기업이 이자율이 낮은 사채를 발행할 때 신주인수권을 첨부시키면, 발행시장에서 이 신주인수권부사채의 수요를 촉진시킬 수 있다. 따라서 성장기업에서 신규 사채에 대한 수요가 극히 저조할 것으로 예상된다면, 사채에 신주인수권을 첨부시키는 것이 바람직하다.

(2) 신주인수권부사채의 장점

신주인수권부사채의 장점으로는 첫째, 앞에서 설명한 것처럼 기업의 사채 발행을 촉진시키는 역할을 한다. 평상시에는 특정회사의 사채에 대해 투자를 원하지 않거나 또는 그 기업의 보통주를 매수하지 않던 투자자도 일단 신주인수권이 사채에 첨부되고 또 그 기업이 성장성이 있는 기업으로 판명되면, 미래에 그 기업의 주식을 소유할 목적으로 이 신주인수권부사채를 매수하는 경향이 있다.

둘째, 신주인수권의 소유자가 신주인수권을 행사하게 되면 발행기업에서는 자생적으로 추가자본을 조달하는 결과가 된다. 바꾸어 말하면, 발행기업은 추가로 보통주를 발행한 것이 되므로 자기자본이 확충되고 단순히 사채만 발행한 경우보다 기업의 부채비중이 축소되어 자본구조가 개선된다. 이에 따라 기업은 투자결정에서도 유리한 입장에 있게 된다.

3) 전환사채

(1) 전환사채의 의의

전환사채(convertible bond)는 사채의 소유자가 자기의 선택에 따라 특정기간(전환청구기간)에 이 사채를 발행기업의 보통주로 전환시킬 수 있는 증권을 말한다. 물론 전환사채가 우선주로 전환되는 사례가 있기는 하지만, 그것은 매우 특별한 경우이다. 전환사채가 보통주로 전환된 이후 이 보통주가 다시 전환사채로 재전환되지는 않는다.

기업에서 전환사채를 발행하는 동기로는 ① 보통주발행의 연기, ② 사채 발행 촉진, ③ 낮은 자본비용으로 자본조달, ④ 합병촉진의 수단 등을 들 수 있다.

먼저, 기업이 전환사채를 발행할 때에는 미래의 어느 시점에서 이 전환사채를 보통주로 전환시킬 것을 계획하고 있다. 다시 말해서, 전환사채를 발행하여 보통주로 전환하도록 유도할 수 있다. 그리고 투자자가 전환사채를 매수하는 목적도 주로 미래에 보통주를 소유하고자 하는 데에 있다. 그러나 전환사채의 발행시점에서는 기업에 유리한 전환프리미엄이 존재하므로 투자자에게는 전환의 의미가 없어진다.

둘째, 보통주로의 전환성을 투자자에게 매력으로 이용하자는 것이다. 즉 발행기업이 성장기업일 경우에는 비록 전환사채의 수익성이 현재는 보통사채의 수익성보다 낮을지라도 투자자는 미래에 수익성이 높아질 발행기업의 보통주를 소유할 목적으로 전환사채를 매입할 수 있다.

셋째, 전환사채를 발행하여 조달한 자본비용은 보통주의 비용보다 낮기 때문에, 비용이 낮은 자본을 일시적으로 이용하자는 목적이 있다.

끝으로, 전환사채는 기업합병을 용이하게 실행시키는 수단으로 발행되기도 한다. 왜냐하면, 기업합병에서 피합병기업의 주주에게 자기회사 주식에 대한 교환조건으로 합병기업의 전환사채를 제공할 수도 있기 때문이다.

그리고 이와 같은 전환사채의 성격을 명확하게 이해하기 위해서는 다음과 같은 전환사채와 관련된 기본용어를 정리할 필요가 있다.

① 전환비율

전환비율(conversion ratio)은 전환사채가 보통주로 전환될 때 1개의 전환사채와 교환되는 보통주의 수를 말한다. 예를 들어, 전환비율이 8이라고 한다면 1개의 전환사채가 8주의 보통주로 전환된다는 의미이다.

② 전환가격

전환가격(conversion price)은 전환사채가 보통주로 전환될 때 정해지는 보통주의 가격을 의미한다. 이 전환가격은 전환사채의 액면가를 전환비율로 나눈 값이다.

예 12-1

전환사채의 액면가가 10만원이고 전환비율이 8주라고 한다면 전환가격(전환된 보통주의 가격)은 12,500원이 된다.

전환가격＝100,000원/8주＝12,500원

③ 전환패리티가격

전환사채의 발행가격이나 시장가격은 반드시 액면가와 일치하지는 않는다. 일반적으로 전환사채의 가격이 액면가보다는 낮다. 전환패리티가격(conversion parity price)은 전환사채의 매입가격(purchase price)을 전환비율로 나눈 값이다. 전환패리티가격은 투자자가 전환사채를 매입하고 이것을 보통주로 전환시킴으로써 실질적으로 지불하는 보통주 1주의 가격이다.

예 12-2

어느 투자자가 액면가가 10만원인 전환사채를 9만 5천원에 매입하여 8주의 전환비율에 따라 보통주로 전환시켰다면, 이 보통주의 전환패리티가격은 11,875원이 된다.

전환패리티가격 = 95,000원/8주 = 11,875원

④ 전환가치

전환사채의 전환가치(conversion value)는 보통주로 전환시켰을 경우에 보통주의 시가로 산출한 전환사채의 가치이다. 전환가치는 보통주의 시가에 전환비율을 곱하여 산출한다.

예 12-3

전환시점에서 보통주의 주가가 1만원이고 전환비율이 8주라고 하면 전환사채의 전환가치는 8만원이 된다.

전환가치 = 10,000원 × 8주 = 80,000원

⑤ 투자가치

전환사채의 투자가치(investment value)는 전환사채의 만기수익률(yield to maturity)이 위험과 만기가 같은 정규사채의 수익률과 일치할 때 산출되는 전환사채의 이론적 가치를 말한다. 전환사채의 액면이자율은 동일한 위험과 만기를 갖는 정규사채의 액면이자율보다 낮기 때문에 전환사채의 투자가치는 정규사채의 시장가격보다 낮다.

예 12-4

만기까지의 기간이 5년 남아 있고, 시장할인율이 8%, 액면가가 10만원인 정규사채의 액면이자율이 8%일 때 동일한 조건에 있는 전환사채의 액면이자율이 6%라고 하면, 전환사채의 투자가치는 정규사채의 가격보다 낮다.

① 정규사채의 가격 :

$$P_0 = \sum_{t=1}^{5} \frac{8,000}{(1+0.08)^t} + \frac{100,000}{(1+0.08)^5}$$
$$= 8,000(3.993) + 100,000(0.681)$$
$$= 100,000원$$

② 전환사채의 투자가치 :

$$P_0 = \sum_{t=1}^{5} \frac{6,000}{(1+0.08)^t} + \frac{100,000}{(1+0.08)^5}$$
$$= 6,000(3.993) + 100,000(0.681)$$
$$= 92,058원$$

또 전환사채의 투자가치는 발행시점에서 가장 낮고, 만기에 가까워질수록 점차로 상승하며, 만기의 시점에는 사채의 액면가와 동일해진다.

⑥ 전환프리미엄

전환사채의 시장가격이 전환가치(conversion value)와 투자가치(investment value)를 초과하였을 때, 전환가치와 투자가치를 서로 비교하여 양자 중 높은 값과 전환사채의 시장가격과의 차이를 전환프리미엄(conversion premium)이라고 한다. 일반적으로 투자자의 입장에서는 기초증권인 보통주의 주가가 상승하여 전환가치가 투자가치를 초과할 때에는 보통주로 전환하는 것이 유익하므로, 전환사채의 시장가격이 전환가치를 초과한 금액을 전환프리미엄이라고 하는 경우도 있다.

그러나 엄격하게 구별할 경우에는, 전환프리미엄은 전환가치를 초과한 프리미엄(premium over conversion value) 또는 투자가치를 초과한 프리미엄(premium over investment value)이라는 표현을 사용한다.

예 12-5

현재 전환사채의 시장가격이 95,000원인데 전환가치가 80,000원이고 투자가치가 92,058원이라고 하자. 투자가치를 초과한 프리미엄과 전환가치를 초과한 프리미엄을 구해 보자.

투자가치를 초과한 프리미엄 = 95,000 − 92,058 = 2,942원
전환가치를 초과한 프리미엄 = 95,000 − 80,000 = 15,000원

이와 같이 전환프리미엄, 즉 전환가치를 초과한 전환사채의 프리미엄이 존재하는 이유는 다음과 같은 요인이 투자자에게 고려되기 때문이다.[3]

---

[3] R. Weil, J. Segall, and D. Green(1968), "Premium on Convertible Bonds," *Journal of Finance*, 23(3), 445–463.

첫째, 저렴한 거래비용(transaction costs)의 고려이다. 일반적으로 동일한 투자액에서 사채에 대한 거래비용은 보통주에 대한 거래비용보다 낮기 때문에, 전환사채를 매수하여 보통주로 전환하는 것이 보통주를 직접 매수하는 것보다 거래비용의 지출을 경감시킬 수 있다.

둘째, 소득차이(income differences)의 고려이다. 일반적으로 사채의 이자소득은 전환된 보통주의 배당소득보다는 높다.

셋째, 전환사채를 발행한 기업의 성장잠재력(growth potential)에 대한 투자자의 높은 기대이다.

넷째, 희석화방지조항(antidilution clause)의 고려이다. 전환사채의 약정서(indenture)에는 일반적으로 발행기업이 주식을 발행함으로써 야기되는 채권자 권익의 희석화를 방지하는 조항이 명시된 경우가 많다.

다섯째, 최저가격(floor price)의 고려이다. 전환사채는 사채의 가치와 보통주의 가치를 동시에 포함하고 있으므로, 전환사채의 소유자는 보통주가가 하락할 경우에도 사채권자로서 투자가치를 보호받을 수 있다.

(2) 전환사채와 신주인수권부사채의 비교

전환사채와 신주인수권부사채는 모두 보통주를 취득할 수 있는 선택권을 포함하고 있는데, 이 두 증권의 성격을 비교하면 다음과 같다.

첫째, 신주인수권부사채는 대개의 경우 비공개적으로 발행된다. 다시 말해서, 신주인수권부사채(bond with warrants)는 대중에게 공개되지 않고 발행하는 데에 비하여, 전환사채는 공개적으로 발행되는 것이 일반적이다.

둘째, 분리형 신주인수권부사채는 사채와 신주인수권증권으로 분리되어 각기 따로 거래될 수 있다. 그러나 전환사채의 경우에는 전환권을 사채와 분리하여 거래할 수 없다. 따라서 투자자가 투자의 유동성을 더욱 강조하는 경우에는 신주인수권부사채를 선호하는 경향이 있다.

셋째, 신주인수권부사채는 신주인수권이 행사된 이후에도 사채권은 그대로 지속되고 있으나, 전환사채는 보통주로 전환됨과 동시에 사채권이 소멸된다.

넷째, 투자자가 신주인수권을 행사하게 되면 기업에 현금유입이 발생한다. 그러나 전환사채의 경우에는 투자자가 행사할 수 있는 선택권은 보통주로 전환하는 것뿐이다. 따라서, 신주인수권과 전환권이 기업의 현금흐름이나 자본구조에 미치는 영향은 서로 다르다.

다섯째, 신주인수권은 상환이 불가능하다. 기업이 신주인수권부사채를 발행한 후, 자본구조를 개선하고자 할 때에는 오직 사채만 상환할 수 있을 뿐, 신주인수권은 상환할 수 없다. 그러나 전환사채는 기업이 필요로 할 때에 이 사채를 상환함으로써 전환권을 기업이 회수할 수 있다.

2.3 주 식

1) 보통주

보통주(common stock)는 주식회사에서 자본조달을 위하여 발행하는 증권으로, 기업의 소유권을 표현하고 있다. 주식회사는 법인체(legal person)이므로 기업 스스로가 자산을 소유하고 있는 것이지 보통주주가 기업의 자산을 직접 소유하고 있는 것은 아니다. 다시 말해서, 주주의 소유권은 주식의 가치 또는 소유주식의 수로 표현된 권리로서 청구권을 소유하는 것이다.

보통주주는 기업의 소유권을 바탕으로 하여 이익배당의 참여권, 주주총회에서의 의결권 또는 경영참가권, 신주인수권, 청산시에 잔여재산에 대한 청구권 등을 가지고 있다.[4]

이익배당의 참여권은 이자 및 우선주 배당금을 지급한 이후의 이익에서 기업의 배당정책에 따라 배당금을 지급받을 수 있는 권리이다. 배당은 현금배당이 일반적이지만, 배당금에 상당하는 주식배당을 하는 경우도 있고, 기업이 성장을 위한 자금수요에 대처하기 위하여 배당금을 전혀 지급하지 않는 경우도 있다. 그러나 배당금을 지급하지 않는 경우에도 배당금은 사내에 유보되므로 결과적으로 배당이익을 주가에 축적하는 셈이 된다.

경영참가권은 주주가 소유주식수에 따라 주주총회에서 의결권을 행사하여 경영에 참가하는 권리를 말한다. 그러나 대부분의 상장기업에서는 주주가 분산되어 있으므로, 일반주주가 투자목적 이외에 의결권을 행사하여 경영에 참가한다는 것은 그 의미를 상실해 가고 있다.

신주인수권은 정관에 특별한 규정이 없는 한, 기존주주가 소유주식수에 따라 신주를 배정받는 권리를 의미한다.

잔여재산청구권은 기업이 청산될 때 주주가 소유주식수에 비례하여 잔여재산

---

4) 우리나라 상법에서는 보통주식을 기준으로 소정의 권리에 특수한 내용을 부여한 종류주식의 발행을 허용하고 있다. 상법에서 인정하는 종류주식은 이익배당이나 잔여재산 분배에 관한 종류주식(344조 1항, 345조), 의결권의 행사에 관한 종류주식(344조 1항, 344조의 3), 상환에 관한 종류주식(344조 1항, 345조), 전환에 관한 종류주식(344조 1항, 346조) 등이 있다.

에 대하여 분배를 받을 수 있는 권리를 말한다. 이 권리는 잔여재산에 대한 최종의 청구권이므로 청산시에 부채액이 자산액을 초과하게 될 경우에는 보통주주는 잔여재산의 청구권을 포기하여야 한다. 따라서 보통주는 사채나 우선주에 비하여 위험이 높은 증권이다.

보통주는 원래 회사 설립시에 납입자본(paid-in capital)으로 발행되고, 주주의 지분(owners' equity)을 표현하고 있다. 그러나 이 보통주는 회사 설립 때에 발행되는 것 이외에도 증자, 주식분할, 주식합병, 신주인수권부사채의 신주인수권행사, 전환증권(convertible securities)의 전환 등에 의해서도 발행된다.

2) 우선주

(1) 우선주의 의의

우선주(preferred stock)는 사채와 보통주의 중간형태로서 이익을 배당할 때, 또는 청산시에 잔여재산의 분배에 있어서 보통주보다 우선권을 갖는 주식을 말한다.[5] 그러나 우선주는 사채에 비하여 재산청구권의 우선순위가 하위에 속한다.

우선주도 보통주와 마찬가지로 기업의 소유권을 표현하는 주식이므로 만기는 없고, 이사회나 주주총회의 배당결정에 따라 배당금이 지급된다. 따라서 연말 결산에서 손실이 발생하거나 기업의 급성장으로 인하여 거액의 내부자금이 필요할 때에는 배당금을 지급받지 못할 수도 있다. 그러나 우선주주는 배당금을 지급받지 못하였다고 하여 기업을 법적으로 청산시킬 수는 없다.

우선주의 배당률은 일반적으로 기업의 정관에 표시되며, 우선주의 액면가를 기초로 하여 배당금이 지급된다. 우선주는 일반적으로 주주총회에서 의결권을 갖지 않기 때문에 배당률은 보통주보다 높다.

그러나 보통주주 및 경영자의 입장에서는 우선주를 일종의 부채로 보는 경향이 많다. 왜냐하면, 기업에서는 특별한 사유가 없는 한 우선주의 배당금은 사채이자와 마찬가지로 반드시 지급해야 할 고정비의 성격을 가지고 있기 때문이다. 그리고 우선주의 배당금은 법인세비용 차감후 순이익에서 지급되며 사채에 비하여 자본비용도 높기 때문에 최종적인 보통주주의 이익에 대하여 손익확대효과(trading on equity)가 작용하고 있다.[6]

---

5) 우선주에 정반대되는 개념으로 후배주(deferred stock)가 있다. 이것은 이익배당이나 잔여재산 분배에 있어서 보통주보다 우선순위가 하위에 있다.

6) 손익확대효과는 높은 재무레버리지로 인하여 과다하게 재무고정비가 지출될 때에 매출액의 증감현상이 기업의 당기순이익 및 손실에 미치는 효과가 확대된다는 뜻이다.

(2) 우선주의 특성

① 이익배당의 참가

우선주에는 이익배당의 방법에 따라 참가적 우선주(participating preferred stock)와 비참가적 우선주(non-participating preferred stock)로 분류할 수 있다. 참가적 우선주는 보통주에 우선하여 배당금을 지급받지만 만약 보통주 배당가능이익에서 보통주의 배당금을 지급한 이후에 잔여 배당가능이익이 있을 경우에는 이에 대하여 보통주와 동일하게 잔여이익의 배당에 참가하는 우선주를 말한다. 일반적으로 그 수가 적다.

비참가적 우선주는 보통주의 배당금이 지급된 이후에도 아직 잔여 배당가능이익이 있을 경우에 보통주주와 함께 이익배당에 참가할 수 없는 우선주이다.

② 배당의 누적성

경영성과가 불량한 기업에서는 예정된 배당금을 지급하지 못하거나, 또는 이에 미달하는 배당금을 지급하는 수가 있다. 이러한 경우에 지급하지 못한 배당금을 다음 연도에 이월, 누적하여 지급한다는 조항이 첨가된 우선주가 있다. 이를 누적적 우선주(cumulative preferred stock)라고 한다. 이에 반하여, 비누적적 우선주(non-cumulative preferred stock)는 어떤 연도에 배당금이 지급되지 못하여도 다음 결산기로 미지급 배당금이 이월되지 않는 우선주이다.

③ 상 환

우선주에는 상환조항을 두는 경우가 있다. 이를 특별히 상환우선주라고 한다. 원칙적으로 우선주에는 상환 만기가 없는 것이지만, 우선주는 보통주와 달리 보통주의 이익에 대하여 손익확대효과가 있기 때문에, 기업에서는 이를 영구적인 자금조달원으로 보지 않는 경우가 있다.

또 우선주의 시장가격이 발행시점에 비하여 하락할 때에는 기업가치가 저하되는 결과가 된다. 그러므로 기업에서는 우선주를 발행한 후 일정한 기간이 경과되면 일정한 상환프리미엄을 지불하고 이를 상환하거나, 또는 유통시장에서 자기회사의 우선주를 매입하여 소각할 수도 있다. 우선주의 상환규정인 상환프리미엄, 상환시기, 상환방법 등은 회사의 정관에 기재되며 임의상환과 강제상환이 있다.

④ 투표권

우선주에는 주주총회에서 의결권이 있는 것과 없는 것이 있다. 의결권이 없는 우선주도 기업이 여러 결산기간 동안 계속해서 배당금을 지급하지 못할 때에는 의결권이 부여되는 것이 일반적이다. 또한 기업의 유동비율과 부채비율이 악화되어 지급불능의 위험이 가중되면 우선주의 보호방법으로 의결권을 부여하기도 한다.

⑤ 전환권

전환증권(convertible securities)은 일반적으로 보통주로 전환할 수 있는 사채나 우선주를 말한다. 이러한 전환증권이 일단 보통주로 전환되면 다시 사채나 우선주로의 재전환은 불가능하며, 이 전환증권은 일정한 기간내에 전환의 선택권(option)이 부여된다.

우선주를 보통주로 전환할 때에는 양자 사이에 일정한 전환비율(conversion ratio)에 따른다. 그리고 보통주가에 이 전환비율을 곱하면 우선주의 전환가치(conversion value)가 산출된다.

(3) 우선주발행의 장단점

기업의 재무관리 측면에서 보면 우선주의 발행은 사채발행과 비교하여 다음과 같은 장단점을 가지고 있다.

장점으로는 첫째, 기업의 법인세비용 차감후 이익이 우선주 배당금을 초과하게 되면 이 이익이 증가할수록 기업의 순이익이 확대되는 효과가 발생한다. 둘째, 우선주의 발행에는 담보를 요구하지 않기 때문에 기업이 미래에 자산을 담보로 하여 부채를 조달하는 데에 영향을 받지 않는다. 셋째, 우선주에도 수의상환이 가능하므로 기업은 필요시에 이를 적절히 행사할 수 있다.

단점으로는 높은 우선주의 비용이다. 기업의 입장에서 보면 우선주의 배당금은 사채의 이자와 같이 재무고정비의 성격을 가지고 있으나, 이 배당금의 지급은 사채이자와는 달리 법인세비용 차감후 순이익에서 지급되어야 한다. 따라서 법인세율이 20%라고 가정하면, 100원의 우선주 배당금은 125원의 법인세비용 차감전 순이익이 된다. 다시 말해서, 우선주비용은 사채비용보다도 높다는 것이 큰 단점이다.

요 약

❶ 장기자금 조달의 원천

기업은 자본적 지출과 순운전자본 등을 충당하기 위해 기업에서 창출되는 현금흐름을 사용한다. 현금흐름은 기업의 내부와 외부에서 발생할 수 있다. 기업 내부에서 창출되는 현금흐름은 당기순이익과 감가상각비를 더한 영업성과와 투자자산 매각 등으로 발생한다. 기업 외부에서 조달되는 현금흐름은 신규 부채나 신규 주식 등의 발행을 통해 이루어질 수 있다.

❷ 자본조달순위이론

자본조달순위이론(pecking-order theory)은 기업이 투자소요자금을 조달할 때 어떠한 자금을 먼저 조달하는가 하는 투자자금의 조달 우선순위를 설명하는 이론이다. 일반적으로 기업은 투자자금조달에 있어 외부금융(external financing)보다는 내부금융(internal equity)을 선호하고, 내부금융을 초과하여 자금이 필요한 경우에는 주식을 발행하여 자금을 조달하기보다는 부채를 이용하여 자금을 조달하는 것을 선호한다는 것이다.

❸ 장기자금 조달수단

기업이 장기자금을 조달하기 위해서는 부채에 의한 방법과 자기자본에 의한 방법이 있다. 부채에 의한 장기자금조달 수단은 금융기관으로부터의 차입(장기차입금, 텀론 등)과 사채 발행(보통사채, 신주인수권부사채, 전환사채 등) 등이 있다. 자기자본에 의한 장기자금조달은 보통주와 우선주 등의 주식 발행에 의해 이루어지는 것이 일반적이다.

1 다음 용어를 설명하라.

① 자본조달순위이론 　　　　　　　② 팀론
③ 신주인수권부사채 　　　　　　　④ 전환사채
⑤ 전환비율과 전환가격 　　　　　　⑥ 전환가치 또는 전환패리티가격

2 기업의 입장에서 사채발행의 장점과 단점을 설명하라.

3 자금조달 수단으로서 사채와 우선주 발행의 장단점을 비교하여 설명하라.

4 전환사채와 신주인수권부사채의 차이점을 설명하라.

5 제일기업에서 액면가가 20만원인 전환사채를 발행하여 현재 전환청구기간이 도래하였다. 전환가격은 8천원이며, 현재의 보통주가는 1만원이다. 전환사채의 시장가격은 180,000원이다.

(1) 전환비율과 전환가치를 산출하라.
(2) 보통주가가 6천원이라고 하면, 보통주와 전환사채의 전환프리미엄은 각각 얼마인가?
(3) 보통주가가 7천원이라고 하면 전환사채를 보통주로 전환하는 것이 바람직한가?

◉ 해답

5 (1) 전환비율 25, 전환가치 250,000원
　 (2) 0
　 (3) 전환권을 행사하지 않음

13
Chapter

레버리지분석

들어가면서

이 장에서는 경영위험 및 재무위험과 연관하여 영업레버리지와 재무레버리지의 개념을 설명하고, 재무의사결정에서 레버리지의 활용방안을 살펴본다.

경영위험은 기업의 자산구성, 즉 투자결정의 결과로 나타나는 미래의 영업이익 또는 이자 및 법인세비용 차감전 이익(EBIT)이 기대수준에 미달하거나 손실로 나타날 수 있는 가능성을 의미한다. 재무위험은 자본구조가 변동함에 따라 달리 나타나는 주주이익의 불안정성을 의미한다. 자본구조의 결과로 발생하는 재무고정비의 크기는 영업이익의 변동 여하에 따라 주당이익을 더 크게 변동시키게 된다. 따라서 경영위험과 재무위험은 각각 매출액변동과 영업이익의 변동 그리고 영업이익과 주당이익의 변동과 관련되어 있다.

영업레버리지(operating leverage)는 영업비에서 차지하는 고정비, 즉 영업고정비의 비중을 의미한다. 영업레버리지효과는 영업레버리지에 의해 매출액의 변동이 영업이익에 미치는 손익확대효과를 말한다. 따라서 영업레버리지가 높은 기업은 경영위험도 높다.

재무레버리지(financial leverage)는 기업의 부채가 총자본에서 차지하는 비중으로서 부채/총자본의 비율을 의미한다. 재무레버리지가 높아지면 이자비용인 재무고정비가 증가한다. 높은 재무레버리지로 인하여 재무고정비가 커지면, 영업이익의 증감에 따라 보통주의 주당이익에 손익확대효과가 발생하게 된다. 이러한 현상을 재무레버리지효과라고 한다.

자본조달 분기점(financing break-even point)은 현재의 자본구조가 다른 자본구조로 변동할 때, 자본구조의 변동 전과 변동 후에 같은 값의 주당이익을 발생시키는 영업이익의 수준을 의미한다. 자본구조를 변동시킬 때 자본조달 분기점을 상회하는 영업이익이 예상될 때는 부채의 구성비가 높아지는 자본구조를 선택하는 것이 주당이익을 증가시킬 수 있다. 그러나 회사채의 발행은 재무위험을 증가시키게 되므로 경영환경을 신중히 고려하여야 한다.

경영위험과 재무위험

기업의 위험은 크게 경영위험(business risk)과 재무위험(financial risk)으로 분류된다. 경영위험은 영업위험이라고도 하며, 기업의 자산구성, 즉 투자결정의 결과로 나타나는 미래의 영업이익(operating income) 또는 이자 및 법인세비용 차감전 순이익(earnings before interests and taxes, EBIT)이 기대수준에 미달하거나 손실로 나타날 수 있는 가능성을 의미한다.

재무위험(financial risk)은 자본구조(capital structure)가 변동함에 따라 달리 나타나는 주주이익의 불안정성을 의미한다. 기업이 장기자본을 오직 보통주를 발행하여 조달하는 경우에는 재무고정비의 부담이 발생하지 않는다. 그러나 기업이 타인자본을 조달하게 되면, 재무고정비로서 부채비용인 이자가 발생한다. 이 경우에 기업의 영업상태가 원활하지 못할 때에는 재무고정비가 기업의 유동성을 저해하고, 그 정도가 심해지면 기업이 단기적 지불불능(technical insolvency) 또는 파산(bankruptcy)에 이르게 된다. 따라서 기업에서는 이러한 지불불능의 상태에 이르지 않는 수준으로 자본구조를 구성하려고 노력한다.

투자결정의 결과로 형성되는 자산의 형태는 경영활동에서 발생하는 비용구성 즉 고정비와 변동비의 구성에 영향을 준다. 기업이 운용하는 자산의 특성에 의해 결정되는 고정비와 변동비의 수준에 따라 기업 매출액의 변동비율이 영업이익의 변동비율에 미치는 영향은 달라진다.

한편, 자본구조의 결과로 발생하는 재무고정비의 크기는 영업이익의 변동여하에 따라 주당이익에 더 큰 변동을 주게 된다. 따라서 경영위험과 재무위험은 매출액변동과 영업이익의 변동 그리고 영업이익과 주당이익의 변동과 각각 관련되어 있다고 할 수 있다.

2.1 손익분기점

1) 손익분기점의 의의

손익분기점(break-even point, BEP)은 이익과 손실이 발생하지 않는 매출액의 수준을 의미한다. 즉 손익분기점에서는 총매출액과 총비용이 완전히 동일하며, 매출액이 이 점을 초과하면 이익이 발생하고,[1] 이 점에 미달하면 손실이 발생한다. 손익분기점분석(break-even point analysis)은 매출액과 총비용 및 영업이익간의 관계를 분석하는 기법으로, 비용 · 매출량 · 이익분석(cost-volume-profit relationship analysis) 또는 CVP분석이라고 한다.

2) 손익분기점의 결정요소

손익분기점을 결정하는 요소로는 매출액, 고정비, 변동비, 매출량 또는 생산량, 공헌이익 등이 있다.

매출액은 예상 매출량에 단위당 판매가격을 곱하여 산출한다. 고정비(fixed cost, FC)는 생산량 또는 매출량의 증감에 상관없이 고정적으로 발생하는 비용을 말한다. 고정비에는 감가상각비, 종업원 급여, 보험료, 재산세, 임차료 등이 포함된다. 변동비(variable cost, VC)는 생산량 또는 매출량의 증감에 따라 일정한 비율로 증감하는 비용을 말한다. 변동비에는 재료비, 노무비, 판매수당, 포장비, 연료비 등이 포함된다.

공헌이익(contribution margin)은 단위당 판매가격에서 단위당 변동비를 차감한 것이다. 총공헌이익 중에서 고정비를 차감하면 나머지가 기업의 이익이 된다. 공헌이익을 단위당 판매가격으로 나누면 공헌이익률(contribution margin ratio)이 된다.

---

1) 손익분기점분석에서 사용되는 이익의 개념은 일반적으로 영업이익(*EBIT*)을 의미한다.

3) 손익분기점의 산출

어느 기업의 총매출액을 S_a, 매출량을 Q, 판매단가를 P, 총고정비를 FC, 단위당 변동비를 V, 총변동비를 VC라고 하자. 손익분기점에서는 총매출액과 총비용이 같으므로 (13-1)식이 성립한다.

$$S_a = FC + VC \qquad\qquad (13\text{-}1)$$

(13-1)식을 이용하여 손익분기점 매출량(Q^*)을 구하면 (13-2)식과 같이 된다.

$$P \cdot Q = FC + V \cdot Q$$
$$P \cdot Q - V \cdot Q = FC$$
$$Q^* = \frac{FC}{P-V} \qquad\qquad (13\text{-}2)$$

(13-2)식에서 $P-V$는 판매단가에서 단위당 변동비를 차감한 것으로 단위당 공헌이익(unit contribution margin)이라고 한다. 단위당 공헌이익은 상품 한 단위를 판매할 때 발생하는 이익의 효과를 의미한다. 매출액이 손익분기점에 도달하기 이전에는 고정비를 보상하고, 손익분기점을 초과한 이후에는 이익의 확대에 기여한다.

(13-2)식은 손익분기점을 매출량으로 산출한 것이다. 손익분기점 매출액(S_a^*)을 산출하려면 다음과 같이 (13-2)식의 양변에 판매단가인 P를 곱하면 된다.

$$S_a^* = P \cdot Q^* = P \times \frac{FC}{P-V}$$
$$= \frac{FC}{1 - \dfrac{V}{P}} \qquad\qquad (13\text{-}3)$$

(13-3)식에서 V/P를 변동비율이라 하고, $1-V/P$가 공헌이익률이다. 매출액에 변동비율과 공헌이익률을 각각 곱하면 총변동비와 총공헌이익이 산출된다.

예 13-1

K기업은 어린이 장난감을 생산하여 판매하고 있다. K기업의 매출액은 200,000원이고, 장난감 하나의 판매가격은 1,000원이다. 단위당 변동비가 600원, 고정비는 40,000원이다.

① 손익분기점에서의 매출량과 매출액은 얼마인가?

$$Q^* = \frac{FC}{P-V} = \frac{40,000}{1,000-600} = 100개$$

$$S_a^* = \frac{FC}{1-\dfrac{V}{P}} = \frac{40,000}{1-\dfrac{600}{1,000}} = 100,000원$$

② 공헌이익률과 총공헌이익은 얼마인가?

$$공헌이익률 = 1 - \frac{V}{P} = 1-0.6 = 0.4$$

$$총공헌이익 = 매출액 \times 공헌이익률 = 200,000 \times 0.4 = 80,000원$$

③ 현재의 매출액 수준에서 영업이익은 얼마인가?

$$영업이익 = 매출액 - 변동비 - 고정비$$
$$= 200,000 - 200 \times 600 - 40,000 = 40,000원$$

또는

$$영업이익 = 총공헌이익 - 고정비$$
$$= 80,000 - 40,000 = 40,000원$$

④ 목표이익을 60,000원으로 할 경우 K기업이 달성해야 할 목표매출량과 매출액은 얼마인가?

목표이익을 X라 하면, 이는 공헌이익으로 반드시 충당해야 할 금액이므로 고정비와 같은 성격으로 간주하여 다음과 같이 계산한다.

$$Q_X = \frac{FC+X}{P-V} = \frac{40,000+60,000}{1,000-600} = 250개$$

$$S_{aX} = \frac{FC+X}{1-\dfrac{V}{P}} = \frac{40,000+60,000}{1-\dfrac{600}{1,000}} = 250,000원$$

2.2 영업레버리지와 영업이익

경영위험은 영업이익($EBIT$)의 변동성으로 측정할 수 있다. 그런데 영업비 중에서 고정비의 비중이 높을수록 매출액 변동에 따른 영업손익의 확대효과가 크게 나타난다. 이러한 현상은 일반적으로 고정비의 비중이 높은 기업이 높은 공헌이익률을 나타내기 때문이다.

영업레버리지(operating leverage)는 영업비에서 차지하는 고정비, 즉 영업고정비의 비중을 의미한다. 영업레버리지효과는 영업레버리지에 의해 매출액의 변동이 영업이익의 변동에 미치는 손익확대효과를 말한다. 따라서 영업레버리지가 높은 기업은 경영위험도 높다.

예를 들어, [그림 13-1]에서 각기 다른 영업레버리지를 나타내는 A, B기업의 손익분기점 및 매출액의 변동에 대한 영업손익의 확대효과를 살펴보자.

A기업은 B기업에 비해 비교적 오래된 구식설비를 운용하고 있는데 그 기능이 단순하여 고정비가 400만원으로 적게 발생한다. 반면에 단위변동비는 300원으로 B기업의 200원에 비해 높다. 따라서 A기업의 총비용선 기울기는 B기업의 총비용선 기울기보다 크게 되고, 손익분기점은 B기업보다 낮은 매출량에서 형성된다. 그리고 A기업의 경우 단위당 공헌이익이 100원(400원-300원=100원)이 되어 B기업의 단위당 공헌이익 200원(400원-200원=200원)보다 작기 때문에 매출액의 변동에 따른 A기업의 손익확대효과는 B기업보다 작게 나타난다.

B기업은 기능이 뛰어난 최신 설비를 갖추고 있어 이를 운용하는데 고정비가 1,200만원이나 발생한다. 이에 따라 손익분기점은 A기업의 손익분기점 매출량에 비하여 훨씬 높은 곳에서 형성된다. 그렇지만 B기업은 최신 설비의 혜택으로 단위당 변동비가 절감되어 단위당 공헌이익이 A기업보다 높다. 따라서 B기업의 경우에는 매출액의 변동에 따른 손익확대효과가 크게 나타난다.

이러한 현상은 손익분기점에서 A기업과 B기업의 매출액은 각각 1,600만원과 2,400만원이지만 매출액이 4,800만원에서 5,600만원으로 증가한 경우를 서로 비교해 보면 쉽게 알 수 있다. 동일한 800만원의 매출액 증가에 대하여 A기업에서는 영업이익의 증가가 200만원이다. 그러나 B기업의 경우에는 영업이익의 차이가 400만원이 되어 이익의 증가폭이 훨씬 크다는 것을 알 수 있다.

그림 13-1 영업레버리지

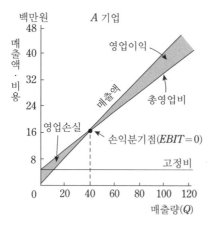

단위가격＝400원
단위당 변동비＝300원
고정비＝400만원

(a) A기업

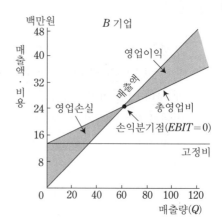

단위가격＝400원
단위당 변동비＝200원
고정비＝1,200만원

(a) B기업

(단위 : 만원)

매출량(개)	매출액	총영업비	영업이익 ($EBIT$)
20,000	800	1,000	-200
40,000	1,600	1,600	0
60,000	2,400	2,200	200
80,000	3,200	2,800	400
100,000	4,000	3,400	600
110,000	4,800	4,000	800
120,000	5,600	4,600	1,000

(단위 : 만원)

매출량(개)	매출액	총영업비	영업이익 ($EBIT$)
20,000	800	1,600	-800
40,000	1,600	2,000	-400
60,000	2,400	2,400	0
80,000	3,200	2,800	400
100,000	4,000	3,200	800
110,000	4,800	3,600	1,200
120,000	5,600	4,000	1,600

재무레버리지

제**3**절

Financial Management

3.1 재무레버리지의 의의

재무레버리지(financial leverage)는 기업의 부채가 총자본에서 차지하는 비중, 즉 부채/총자본의 비율을 의미하며, 부채비율(＝타인자본/자기자본)을 말하는 경우도 있다. 그리고 재무레버리지가 높아지면 이자인 재무고정비도 증가한다. 높은 재무레버리지로 인하여 재무고정비의 비중이 커지면, 영업이익의 증감에 따라 보통주의 주당이익에 손익확대효과가 발생하게 되는데, 이러한 현상을 재무레버리지효과(effect of financial leverage)라고 한다.

3.2 재무레버리지와 주당이익

기업의 매출액이 손익분기점을 초과하여, 영업이익이 급성장하게 되면, 재무레버리지가 높은 기업일수록 총자본에서 자기자본의 비중이 줄어들고 발행주식수가 감소하므로 주당이익(보통주 주당이익)의 증가현상이 확대된다. 반대로 영업이익이 축소되면 오히려 주당이익의 감소현상이 확대된다. 이러한 현상은 총자본순이익률(return on asset, ROA)과 자기자본순이익률(return on equity, ROE)의 관계에서도 마찬가지로 나타난다.

기업의 총자본이익률이 지속적으로 성장하는 기업에서는 재무레버리지를 증가시키면 총자본에서 차지하는 자기자본의 비중이 감소하여 자기자본이익률의 성장속도가 가속화된다. 반대로 총자본이익률이 낮아지는 기업에서는 재무레버리지를 증가시킴에 따라 자기자본이익률의 감소 속도도 빨라진다.

기업에서 재무레버리지를 증가시킬 때 총자본에서 차지하는 부채의 비중이 증가하여 부채비용인 이자금액은 증가하지만 발행주식수는 부채의 증가와는 반대로 감소한다. 이때 이자금액은 영업이익의 변동과 관계없이 고정되어 있어 주당이익의 변동은 감소된 발행주식수에 의하여 영업이익의 변동보다 더 크게 발생하는 현상이 나타난다.

이제, 재무레버리지의 변동이 주당이익에 미치는 영향을 분석하기 위하여 〈표 13-1〉에 표시된 미래기업의 재무제표를 이용하기로 한다.

20×6년말 현재 미래기업의 자본금은 10억원으로 시가와 발행가가 동일하게 1만원인 보통주를 10만주 발행하여 조달한 것이다. 현재 이 기업은 부채를 전혀 사용하고 있지 않다.

이 기업의 순이익은 2억원으로 주당이익이 2,000원이며, 이 순이익을 모두 배당금으로 지급하고자 한다. 그리고 주가수익비율(price/earnings per share ratio, PER)은 5배이며, 배당수익률(dividend per share/price, DPR)은 20%이다.

Ⅰ. 재무상태표(20×6.12.31)

유동자산	500	부채	0
비유동자산	500	자본금(10만주)	1,000
총자산	1,000	총부채·자본	1,000

Ⅱ. 손익계산서(20×6.1.1~20×6.12.31)

매출액		1,250
고정영업비	625	
변동영업비(매출액의 30%)	375	1,000
영업이익(*EBIT*)		250
이자비용		0
법인세비용 차감전 순이익		250
법인세비용(20%)		50
순이익		200

Ⅲ. 기타자료

① 주당순이익(EPS) = 200,000,000 ÷ 100,000주 = 2,000원

② 주당배당금(DPS) = 200,000,000 ÷ 100,000주 = 2,000원
  (순이익을 전액 배당함)

③ 발행가 = 시가 = 10,000원

④ 주가수익비율(PER) = 10,000 ÷ 2,000 = 5배

⑤ 배당수익률(DPR) = 2,000 ÷ 10,000 = 0.2

이 기업의 재무관리자는 자본구조와 주가 사이에 밀접한 관련이 있다고 가정하고, 주가를 최대화시킬 수 있는 자본구조를 구성하기 위하여 재무레버리지를 높이기로 하였다. 다시 말해서, 자기주식 5만주를 매입, 소각함으로써 자기자본 5억원을 부채로 대체하고자 하였다.

그리고 재무관리자는 다시 영업이익과 재무레버리지에 따라 주당이익이 어떻게 변동하는가를 보기 위하여 세 부분으로 구분되는 〈표 13-2〉를 작성하였다.

이 표의 상단 첫 부분은 매출액이 변동함에 따라 영업레버리지의 효과로 인해 달리 나타나는 영업이익의 분포를 산출한 것이다. 중간부분은 5억원의 자본금을 이자율 13%인 부채로 대체하여 50%의 재무레버리지를 구성한 경우에 영업이익이 변동함에 따라 재무고정비(이자)의 영향으로 주당이익이 어떻게 산출되는가를 나타내고 있다. 이 경우의 기대주당이익(expected *EPS*)은 2,960원, 표준편차(위험)는 3,067원이다. 마지막 부분은 부채를 전혀 조달하지 않았기 때문에 재무고정비의 영향이 없다. 이 경우의 기대주당이익은 2,000원, 표준편차는 1,534원이다.

표 13-2 미래기업의 재무레버리지와 주당이익

(단위 : 백만원)

매출액의 확률	0.10	0.20	0.40	0.20	0.10
매출액	750	1,000	1,250	1,500	1,750
고정비	625	625	625	625	625
변동비(매출액의 30%)	225	300	375	450	525
총영업비	850	925	1,000	1,075	1,150
영업이익($EBIT$)	-100	75	250	425	600
5억원의 자본금을 부채로 대체(부채/총자산=50%) :					
이자비용(=0.13×5억원)	65	65	65	65	65
법인세비용 차감전 순이익	-165	10	185	360	535
법인세비용(20%)	-33	2	37	72	107
순이익	-132	8	148	288	428
5만주에 대한 주당이익(EPS)*	-2,640원	160원	2,960원	5,760원	8,560원
기대주당이익(expected EPS)	2,960원				
주당이익의 표준편차	3,067원				
10억원의 자본금을 자기자본으로 조달(부채/총자산=0%) :					
이자비용(=0.13×0억원)	0	0	0	0	0
법인세비용 차감전 순이익	-100	75	250	425	600
법인세비용(20%)	-20	15	50	85	120
순이익	-80	60	200	340	480
10만주에 대한 주당이익(EPS)*	-800원	600원	2,000원	3,400원	4,800원
기대주당이익(expected EPS)	2,000원				
주당이익의 표준편차	1,534원				

*주당이익(EPS)은 분자에 손익계산서의 주요 항목을 요약한 다음의 산식으로 산출할 수 있다.

$$EPS = \frac{(매출액-고정비-변동비-이자비용)(1-법인세율)}{발행주식수}$$

$$= \frac{(EBIT-I)(1-T_c)}{발행주식수}$$

제**4**절

4.1 영업레버리지도

앞에서 살펴본 영업레버리지와 재무레버리지의 효과는 레버리지도를 분석해 보면 더욱 명확해진다. 영업레버리지도(degree of operating leverage, DOL)는 매출액 또는 매출량의 변동률에 대한 영업이익의 변동률의 비율로서, 일정한 매출수준에서 영업레버리지의 효과를 측정해 준다. 고정비를 FC, 매출량을 Q, 단위당 변동비를 V, 단위당 가격을 P, 매출액을 S_a, 총변동비를 VC라고 하면, 영업레버리지도(DOL)는 다음과 같이 산출된다.

$$DOL = \frac{\dfrac{\Delta EBIT}{EBIT}}{\dfrac{\Delta Q}{Q}} = \frac{\Delta EBIT}{EBIT} \times \frac{Q}{\Delta Q}$$

$$= \frac{\Delta Q(P-V)}{Q(P-V)-FC} \times \frac{Q}{\Delta Q} = \frac{Q(P-V)}{Q(P-V)-FC} \qquad (13-4)$$

또는

$$DOL = \frac{S_a - VC}{S_a - VC - FC} \qquad (13-4a)$$

이 두 식에서, 고정비 FC는 분모에서 감소요인으로 작용한다. 그러므로 매출액이 손익분기점을 초과하여 충분히 상승한 경우에는 고정비를 증가시키면 DOL은 증가한다. 또 고정비가 증가할 때에는 일반적으로 변동비율이 감소하므로 DOL의 증가효과가 더욱 확대된다.

예 13-2

한국기업의 손익계산서의 주요 내용은 다음과 같다. 이 때 법인세는 없는 것으로 한다.

표 13-3 손익계산서   (단위: 만원)

매출액	125,000
변동비	37,500
고정비	62,500
영업이익	25,000
이자비용	6,500
순이익	18,500

① 이 경우 영업레버리지도는 얼마인가?

$$DOL = \frac{1,250,000,000 - 375,000,000}{1,250,000,000 - 375,000,000 - 625,000,000} = 3.5$$

② 매출액이 10% 증가하는 경우 영업이익은 몇 % 증가하는가?

영업이익증가율 $= 3.5 \times 10\% = 35\%$

③ 이 기업이 설비를 현대화하기 위하여 투자를 증가시킨 결과 고정비가 8억원이 발생하고, 변동비는 감소하여 매출액의 20%가 발생하는 경우 동일한 매출액수준에서 영업레버리지도는 얼마가 될까?

$$DOL = \frac{1,250,000,000 - 250,000,000}{1,250,000,000 - 250,000,000 - 800,000,000} = 5.0$$

4.2 재무레버리지도

재무레버리지도(degree of financial leverage, DFL)는 영업이익의 변동률에 대한 주당이익 변동률의 비율을 말한다. 재무고정비를 I_{nt}, 발행주식수를 N이라고 할 때 (13-5)식으로 산출된다.

$$DFL = \frac{\dfrac{\Delta EPS}{EPS}}{\dfrac{\Delta EBIT}{EBIT}} = \frac{\Delta EPS}{EPS} \times \frac{EBIT}{\Delta EBIT}$$

$$= \frac{\dfrac{\Delta EBIT(1-T_c)}{N}}{\dfrac{(EBIT-I_{nt})\,(1-T_c)}{N}} \times \frac{EBIT}{\Delta EBIT}$$

$$(\because I_{nt}\text{는 고정이므로 } \Delta EPS = \frac{\Delta EBIT(1-T_c)}{N}\text{임})$$

$$= \frac{\Delta EBIT}{EBIT-I_{nt}} \times \frac{EBIT}{\Delta EBIT} = \frac{EBIT}{EBIT-I_{nt}} \qquad (13\text{-}5)$$

이 식에서 재무고정비 I_{nt}는 DOL식 (13-4a)의 FC와 마찬가지로 분모에서 감소요인이다. 따라서 영업이익이 높은 수준에서는 재무레버리지가 증가하여 I_{nt}가 커지게 되면 DFL의 증가효과도 확대된다.

예 13-3

(예 13-2)의 〈표 13-3〉과 같은 한국기업의 손익계산서를 가정한다.

① 이 경우 재무레버리지도는 얼마인가?

$$DFL = \frac{250,000,0000}{250,000,000 - 65,000,000} = 1.35$$

② 영업이익이 20% 증가하면 주당이익은 몇 % 증가하는가?

주당이익 증가율 $= 1.35 \times 20\% = 27\%$

③ 이 기업이 설비를 현대화하기 위하여 투자를 증가시킨 결과 고정비가 8억원이 발생하고, 변동비는 감소하여 매출액의 20%가 발생한다. 매출액은 12억 5천만원으로 동일하다. 이 경우 재무레버리지도는 얼마가 될까?

영업이익($EBIT$) $= 1,250,000,000 - 250,000,000 - 800,000,000 = 200,000,000$원

$$DFL = \frac{200,000,0000}{200,000,000 - 65,000,000} = 1.48$$

4.3 결합레버리지도

영업레버리지의 효과는 영업이익에, 재무레버리지의 효과는 주당이익에 영향을 미친다고 하였다. 그러므로 〈표 13-2〉의 미래기업에서 영업레버리지의 주요변수인 영업고정비를 6억 2천 5백만원 이상으로 증가시키면 변동비율은 30%이

그림 **13-2** 영업레버리지와 재무레버리지의 효과

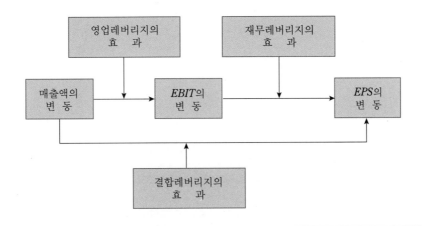

하로 감소될 것이므로 공헌이익률은 높아지게 된다. 이에 따라 매출액의 변동에 대한 영업이익의 변동폭도 훨씬 커지게 된다. 또 재무레버리지의 효과는 이러한 영업이익의 변동폭을 재무고정비의 영향으로 더욱 확대시킨다.

따라서 일정한 매출액의 변동이 주당이익에 미치는 영향은 두 레버리지의 효과로 더욱 가중되게 된다. 이러한 의미에서 영업레버리지를 제1단계 레버리지, 재무레버리지를 제2단계 레버리지라고도 한다. 매출액의 변동이 영업레버리지의 효과에 의하여 영업이익의 변동을 확대시키고, 다시 영업이익의 변동이 재무레버리지의 효과에 의하여 주당이익을 확대시키는 효과를 요약하면 [그림 13-2]와 같다. 따라서 결합레버리지는 영업레버리지와 재무레버리지의 효과가 동시에 작용하여, 매출액의 변화가 주당이익의 변화에 미치는 확대효과를 의미한다.

매출액의 변화가 주당이익의 변화에 미치는 확대효과를 직접 측정하는 척도로는 결합레버리지도(degree of combined leverage, DCL)가 사용된다. 결합레버리지는 DOL과 DFL을 곱한 (13-6)식으로 산출된다.

$$DCL = DOL \times DFL = \frac{Q(P-V)}{Q(P-V)-FC} \times \frac{EBIT}{EBIT-I_{nt}}$$

$$= \frac{Q(P-V)}{Q(P-V)-FC} \times \frac{Q(P-V)-FC}{Q(P-V)-FC-I_{nt}}$$

$$= \frac{Q(P-V)}{Q(P-V)-FC-I_{nt}} \qquad (13-6)$$

또는

$$DCL = \frac{S_a - VC}{S_a - VC - FC - I_{nt}} \qquad (13-6a)$$

예 13-4

(예 13-2)의 〈표 13-3〉과 같은 한국기업의 손익계산서를 가정한다.

① 이 경우 결합레버리지도는 얼마인가?

$$DCL = \frac{1,250,000,000 - 375,000,000}{1,250,000,000 - 375,000,000 - 625,000,000 - 65,000,000} = 4.73$$

② 매출액이 20% 증가하면 주당이익은 몇 % 증가하는가?

주당이익 증가율 $= 4.73 \times 20\% = 94.6\%$

③ 이 기업이 설비를 현대화하기 위하여 투자를 조정한 결과 고정비는 8억원이 발생하고, 변동비는 감소하여 매출액의 20%가 발생한다. 이 경우 결합레버리지도는 얼마가 될까?

$$DCL = \frac{1,250,000,000 - 250,000,000}{1,250,000,000 - 250,000,000 - 800,000,000 - 65,000,000} = 7.41$$

제 5 절 자본조달분기점
Financial Management

5.1 자본조달분기점의 산출

재무레버리지가 변동하면 주당이익도 달라지므로 일반적으로 최대의 주당이익을 달성하는 자본구조를 고려하게 된다. 그러나 재무관리자는 주주의 이익을 보호하기 위하여 재무레버리지에 상관없이 일정한 주당이익이 달성되는 매출수준 또는 영업이익의 수준을 산출할 경우가 있다.

자본조달분기점(financing break-even point)은 자본구조의 변동에 상관없는, 즉 자본구조의 변동 후에 변동 전과 같은 값의 주당이익을 발생시키는 영업이익의 수준을 의미한다. 자본조달분기점은 재무레버리지의 무차별점(debt/equity indifference point), 영업이익의 무차별점(indifference point in EBIT), 주당이익의 무차별점(EPS indifference point), 주당이익의 분기점(EPS break-even point)이라고도 한다.

자본조달분기점은 (13-7)식과 같이 보통주만으로 자본조달한 경우의 주당이익과 보통주와 사채를 병용하여 자본조달한 경우의 주당이익을 동일한 금액이 되도록 등식으로 놓고, 이 식에서 영업이익을 산출하면 된다.[2]

$$\frac{EBIT(1-T_c)}{N_1} = \frac{(EBIT-I_{nt})(1-T_c)}{N_2}$$

$$EBIT^* = \frac{I_{nt} \times N_1}{N_1 - N_2} \tag{13-7}$$

단, $EBIT^*$ = 자본조달분기점

N_1 = 보통주만으로 자본조달할 경우의 발행주식수

N_2 = 사채와 보통주를 함께 자본조달할 경우의 발행주식수

I_{nt} = 사채이자

T_c = 법인세율

(13-7)식에서 알 수 있는 것과 같이 자본조달분기점은 이자율이 감소하면 자본조달분기점이 낮아진다.

예 13-5

한일기업에서 5억원의 자본을 조달해야 하는데 선택할 수 있는 자본구조는 다음의 A, B 두 안이 있으며, 법인세율은 20%라고 하자.

---

2) 기업이 타인자본과 자기자본을 이미 조달한 상태에서 다른 수준의 재무레버리지를 선택할 경우 자본조달분기점은 다음과 같이 계산된다.

$$\frac{(EBIT-I_{nt1})(1-T_c)}{N_1} = \frac{(EBIT-I_{nt2})(1-T_c)}{N_2}$$

$$EBIT^* = \frac{I_{nt2} \times N_1 - I_{nt1} \times N_2}{N_1 - N_2}$$

A안 : 보통주(10만주, 발행가격 5천원)

B안 : 사채 3억원(이자율 10%)+보통주(4만주, 발행가격 5천원)

① 이 경우 자본조달분기점은 5천만원이 된다. 그리고 주당이익은 400원이다.

$$\frac{EBIT(1-0.2)}{100,000} = \frac{(EBIT-30,000,000)(1-0.2)}{40,000}$$

$$EBIT^* = 50,000,000원$$

$$EPS = \frac{50,000,000(1-0.2)}{100,000} = 400원$$

② B안의 이자율이 8%라고 하면, 자본조달분기점은 4천만원이 된다. 그리고 이때의 주당이익은 320원이다.

$$EBIT = \frac{I_{nt} \times N_1}{N_1 - N_2} = \frac{24,000,000 \times 100,000}{100,000 - 40,000} = 40,000,000원$$

$$EPS_{B(8\%)} = \frac{(40,000,000-24,000,000)(1-0.2)}{40,000} = 320원$$

이런 자본구조를 선택한 가운데 영업이익이 5천만원으로 증가하면 주당이익은 520원이 된다.

$$EPS_{B(8\%)} = \frac{(50,000,000-24,000,000)(1-0.2)}{40,000} = 520원$$

③ 이자율이 각각 10%와 8%인 경우에 영업이익으로 6천만원을 달성했을 때 A안과 B안의 주당이익은 다음과 같이 변동한다.

　A안: 이자비용과 관계가 없으므로 아래와 같이 계산된다.

$$EPS_A = \frac{60,000,000(1-0.2)}{100,000} = 480원$$

　B안 : 이자율 10%인 경우,

$$EPS_{B(10\%)} = \frac{(60,000,000-30,000,000)(1-0.2)}{40,000} = 600원$$

　B안 : 이자율 8%인 경우,

$$EPS_{B(8\%)} = \frac{(60,000,000-24,000,000)(1-0.2)}{40,000} = 720원$$

5.2 재무계획과 자본조달분기점

기업이 자본구조를 선택하는 의사결정을 하는 경우에는 대부분 자본조달분기점을 고려한다. 기업의 미래 영업이익이 자본조달분기점을 초과할 것이 확실한 경우에는 보통주를 발행하여 자금을 조달하는 것보다는 부채로 자금을 조달하는 것이 주당이익을 증가시킬 수 있기 때문에 유리하다. 따라서 재무관리자는 영업이익이 자본조달분기점을 초과할 것으로 예상될 때는 사채를 발행하여 추가 자본을 조달하는 것이 바람직하다. 반대로 자본조달분기점에 미달할 것으로 예상될 때는 보통주로 추가 자본을 조달하여 재무고정비의 부담을 감소시키는 것이 바람직하다.

그런데 재무관리자는 사채발행을 통해 추가 자본을 조달하는 경우에는 자본시장에서 투자자의 반응, 즉 재무위험에 대한 반응을 반드시 고려하여야 한다.

첫째는 자본시장이 기업의 사채발행에 대해 부정적인 반응을 보이는 경우이다. 이러한 상황은 기업의 사채발행이 투자자의 재무위험을 가중시킨다고 인식하는 경우에 발생한다. 이때에는 사채발행으로 PER(price earning ratio)의 감소율이 EPS의 증가율보다 커지므로, 주가가 하락함과 동시에 기업가치도 하락한다. 이와 같은 상황에서는 사채발행이 바람직하지 않다.

둘째는 투자자들이 기업의 사채발행에 대하여 비교적 재무위험을 덜 느끼고 긍정적으로 반응을 보이는 경우이다. 이 경우는 투자자가 기업의 사채발행으로 EPS가 더욱 성장할 것이라고 기대하는 상황이다. 이러한 상황에서는 PER가 증가하고, 이에 따라 주가와 기업가치도 증가하므로 사채발행이 바람직하다.

요 약

❶ 매출액변동과 경영위험 및 재무위험의 관계

경영위험은 기업의 자산구성, 즉 투자결정의 결과로 나타나는 미래의 영업이익 또는 이자 및 법인세비용 차감전 순이익($EBIT$)이 기대수준에 미달하거나 손실로 나타날 수 있는 가능성을 의미한다. 재무위험(financial risk)은 자본구조(capital structure)가 변동함에 따라 달리 나타나는 주주이익의 불안정성을 의미한다.

기업이 운용하는 자산의 특성에 의해 결정되는 고정비와 변동비의 수준에 따라 기업 매출액의 변동비율이 영업이익의 변동비율에 더 큰 영향을 미칠 수 있다. 한편, 자본구조의 결과로 발생하는 재무고정비의 크기는 영업이익의 변동여하에 따라 주당이익을 더 크게 변동시키게 된다. 따라서 경영위험과 재무위험은 각각 매출액변동과 영업이익의 변동 그리고 영업이익과 주당이익의 변동과 관련되어 있다고 할 수 있다.

❷ 손익분기점의 개념과 활용

손익분기점(BEP)은 이익과 손실이 발생하지 않는 매출액의 수준을 의미한다. 즉 손익분기점에서는 총매출액과 총비용이 완전히 동일하며, 매출액이 이 점을 초과하면 영업이익이 발생하고, 이 점에 미달하면 손실이 발생한다.

손익분기점분석은 자산구성의 내용에 따른 고정비와 변동비의 발생행태가 기업의 매출액수준에 의하여 영업이익이 변동하는 특성을 확인하는데 유용하게 활용할 수 있다. 또한 기업이 목표로 하는 영업이익을 달성하기 위하여 시장에서 달성해야 할 매출액의 수준을 결정하는 데에도 활용된다. 특히 고정비의 수준에 따라 공헌이익률이 변동하고 손익분기점이 달라지고 영업이익과 손실이 확대되어 발생하는 경영위험의 크기를 확인하는 데에도 손익분기점분석이 이용된다.

❸ 영업레버리지와 비용구성과의 관계

영업레버리지(operating leverage)는 영업비에서 차지하는 고정비, 즉 영업고정비의 비중을 의미한다. 영업레버리지효과는 영업레버리지에 의해 매출액의 변동이 영업이익에 미치는 손익확대효과를 말한다. 따라서 영업레버리지가 높은 기업은 경영위험도 높다.

영업레버리지효과는 영업레버리지도(DOL)를 계산하는 공식으로 측정되는데 고정비가 DOL 공식에서 분모를 감소시키게 되므로 고정비가 클수록 영업레버리지도가 증가하게 된다. 변동비에 비하여 고정비 구성이 높은 기업은 매출액의 증가 속도에 비하여 영업이익의 증가 속도가 매우 크게 나타난다.

❹ 재무레버리지와 재무고정비의 역할

재무레버리지(financial leverage)는 기업의 부채가 총자본에서 차지하는 비중으로서 부채/총 자본의 비율을 의미한다. 경우에 따라서는 부채비율(＝타인자본/자기자본)을 말하기도 한다. 재 무레버리지가 높아지면 이자비용인 재무고정비가 증가한다. 높은 재무레버리지로 인하여 재무고 정비가 커지면, 영업이익의 증감에 따라 보통주의 주당이익에 손익확대효과가 발생하게 된다. 이 러한 현상을 재무레버리지효과(effect of financial leverage)라 하고 재무레버리지도로 측정한다.

재무레버리지도(*DFL*)는 영업이익의 변동률에 대한 주당이익 변동률의 비율을 말한다. 재무고 정비는 *DFL*공식의 분모를 감소시키는 역할을 한다. 동일한 수준의 영업이익에서도 재무레버리지 가 증가하여 이자비용이 커지게 되면 *DFL*은 더욱 증대한다. 이때 영업이익이 증가하게 되면 주당 이익은 증대된 *DFL*과 영업이익의 증가율을 곱한 만큼의 비율로 확대된다.

❺ 자본조달분기점과 자본조달방안

자본조달분기점(financing break-even point)은 현재의 자본구조가 다른 자본구조로 변동할 때, 자본구조의 변동전과 변동후에 같은 값의 주당이익을 발생시키는 영업이익의 수준을 의미한 다. 자본구조를 변동시킬 때 자본조달분기점을 상회하는 영업이익이 예상될 때는 부채의 구성비 가 높아지는 자본구조를 선택하는 것이 주당이익을 증가시킬 수 있다. 그러나 사채의 발행은 재 무위험을 증가시키게 되므로 경영환경을 신중히 고려하여야 한다.

1 다음 용어를 설명하라.

① 경영위험   ② 재무위험   ③ 공헌이익률

④ 손익분기점   ⑤ 영업레버리지   ⑥ 재무레버리지

⑦ 결합레버리지   ⑧ 자본조달분기점

2 영업이익, 고정재무비, 주당이익의 관계를 재무레버리지로 설명하라.

3 영업레버리지, 재무레버리지, 결합레버리지의 관계를 설명하라.

4 재무계획에서 자본조달분기점은 어떻게 활용되고 있는가를 설명하라.

5 신세계기업은 어린이 장난감을 생산하고 있다. 장난감의 가격은 500원이고, 단위당 변동비는 400원이다. 500만원의 영업이익을 달성하기 위해서는 10만개의 장난감을 팔아야 한다.

(1) 이 기업의 고정비는 얼마인가?

(2) 목표매출액 수준에서 영업레버리지도는 얼마인가?

(3) 목표매출액수준에서 매출액이 40% 증가할 때 영업이익은 몇 % 증가할까?

6 세기기업의 손익계산서의 주요 내용은 다음과 같다. 이때 법인세는 없는 것으로 한다.

	(단위: 원)
매출액(단위당 가격 1,000원)	1,000,000
변동비	400,000
고정비	300,000
영업이익	300,000
이자비용	180,000
순 이 익	120,000

(1) 손익분기점에서의 매출액을 산출하라.

(2) 목표영업이익이 450,000원이라면, 목표매출액은 얼마인가?

(3) 현재의 매출액수준에서 영업레버리지도, 재무레버리지도, 결합레버리지도를 각각 산출하라.

7 한국기업에서는 현재 10억원의 자본을 조달하고자 하는데, 다음과 같은 두 가지의 선택안이 있다. 법인세율은 20%이다.

   A안 : 보통주(20만주, 발행가격 5천원)
   B안 : 사채 6억원(이자율 8%)+보통주(8만주, 발행가격 5천원)

(1) 위의 두 자본조달방법에 대하여 자본조달분기점을 구하라.

(2) 영업이익이 자본조달분기점을 상회할 경우 어느 방법을 선택하는 것이 유리한가?

(3) 매출액이 증가하여 영업이익이 1억원일 경우 A안과 B안의 자본구조에서 계산되는 주당이익은 각각 얼마인가?

◈ 해답

5 (1) 5,000,000원 (2) 2 (3) 80%

6 (1) 500,000원 (2) 1,250,000원 (3) DOL=2, DFL=2.5, DCL=5

7 (1) 80,000,000원 (2) B안 (3) A안: 400원, B안: 520원

14
Chapter

자본구조이론

들어가면서

기업은 경영활동을 수행하기 위하여 필요한 자본을 다양한 원천에서 조달한다. 기업의 자본구조는 회사채발행, 은행차입금 등으로 조달된 타인자본과 주식발행을 통한 자기자본의 두 가지로 구성된다. 기업은 기업의 가치 최대화라는 경영목표를 수립하여 활동하고 있다. 현실적으로 기업들마다 자본구조는 매우 다르게 구성되어 있다. 자본구조는 기업이 선택하는 자본조달의 수단에 따라 자본비용과 세금 등에 의해 현금흐름을 변화시키고, 위험에 영향을 미칠 수 있다. 자본구조의 변경으로 인한 현금흐름과 위험의 변화는 기업가치에 영향을 줄 수 있는 가능성이 있다.

자본구조이론은 기업의 자본구조가 기업가치와 평균자본비용 또는 전반자본비용에 미치는 영향을 분석하는 이론이다. 자본구조이론에서는 대조되는 두 가지 견해가 있다. 하나는 재무레버리지가 증가하면 기업가치도 증가한다는 견해이고, 다른 하나는 재무레버리지가 증가하더라도 기업가치는 항상 일정하다는 견해이다.

이 장에서는 자본구조가 기업가치에 미치는 영향을 다룬다. 특히 자본구조이론을 처음 제기하였던 MM의 이론을 중심으로 자본구조와 기업가치 간의 관계를 살펴보고, 그 이론의 한계를 제시한다. 또한 기업의 위험이 일정하다는 가정에서 성립된 MM이론이 제시하고 있는 명제에 대하여 위험자산의 가격결정모형인 자본자산가격결정모형(CAPM)을 적용하여 동일한 결과가 도출되는 과정을 살펴본다.

독자들은 기업의 자본구조 변경이 기업, 특히 주주에게로의 현금흐름에 영향을 주는 구조에 대하여 잘 이해하여야 한다. 또한 독자들은 자본구조의 변경이 자본공급자의 위험에 영향을 주어 각각의 요구수익률을 변경시키고, 이것이 기업의 자본비용의 변화로 이어진다는 것을 잘 이해할 필요가 있다.

1.1 자본구조이론의 의의

기업가치는 미래의 기대수익과 할인율인 자본비용으로부터 영향을 받는다. 그리고 자본구조가 기업가치에 영향을 미친다면, 이는 자본구조가 기대수익이나 자본비용 또는 양자에 모두 영향을 미친다는 것이다. 자본구조이론은 기업의 자본구조가 기업가치와 평균자본비용 또는 전반자본비용에 미치는 영향을 분석하는 이론이라고 할 수 있다.

자본구조가 기업가치에 미치는 영향에 대해서는 학계에서 오랫동안 논쟁이 계속되어 왔다. 기업이 최소자본비용을 달성하는 자본구조를 형성하였을 때, 과연 이 자본구조가 최적자본구조인가 하는 점이다.

다시 말해서, Dean이 1951년 자본예산론(Capital Budgeting)에서 자본비용의 개념을 정립한 이후 Durand, Solomon, Modigliani and Miller(이하에서는 약자로 MM이라고 함)와 그 이후의 여러 학자를 거쳐 현재에 이르기까지 자본비용과 기업가치에 대한 재무레버리지의 효과에 관한 논쟁이 실증적 연구와 더불어 아직도 계속되고 있다.

자본구조이론에서는 대조되는 두 가지 견해가 있다. 하나는 재무레버리지가 증가하면 기업가치도 증가한다는 견해이고, 다른 하나는 재무레버리지가 증가하여도 기업가치는 항상 일정하다는 견해이다. 그러므로 만약 전자가 옳다면 재무레버리지의 변동, 즉 자본구조의 변동은 기업가치에 매우 중요한 영향을 준다. 그러나 만약 후자가 옳다고 하면 자본구조의 변동은 기업가치와 아무런 관련이 없게 된다.

1.2 기본가정과 의의

자본구조이론에서는 이론을 단순화하고 초점을 명확하게 파악하기 위하여 다음과 같은 기본가정을 설정해 놓고 있다.

① 자본은 무위험장기부채와 보통주만으로 구성한다. 기업의 총자본은 일정하고, 사채를 발행한 자금으로 자기주식을 매입하여 소각하거나 또는 주식을 발행한 자금으로 부채를 상환한 경우에 한하여 자본구조가 변동한다.
② 순이익은 모두 배당금으로 지급한다.
③ 기업의 영업이익 또는 이자 및 법인세비용 차감전 순이익(earnings before interests and taxes, EBIT)은 성장하지 않고 일정하다. 그리고 기업의 경영위험도 항상 일정하며 자본구조와 재무위험에 관련이 없다.
④ 모든 투자자는 미래의 기대영업이익과 영업위험(경영위험)에 대하여 동일한 주관적 확률을 가지고 있다. 즉 투자자는 기대수익성에 대하여 동질적 예측(homogeneous expectation)을 한다.
⑤ 법인세는 고려하지 않는다.

앞으로는 자본구조이론의 전개에서 용어의 기호를 다음과 같이 정하여 사용한다.

S = 자기자본(보통주의 시장가치)
B = 타인자본(부채의 시장가치)
$V = S + B$ = 기업가치(시장가치)
$EBIT$ = 영업이익

MM의 무관련이론

제2절

Financial Management

2.1 MM의 기본가정

Modigliani and Miller(MM)는 자본구조와 자본비용 및 기업가치의 관계에 관하여 1958년과 1963년에 두 편의 중요한 논문을 발표하였다.[1]

---

1) F. Modigliani and M. H. Miller(1958), "The Cost of Capital, Corporation Finance and the Theory of Investment," *American Economic Review*, 48(3), 261-297; F. Modigliani and M. H. Miller(1963), "Corporate Income Taxes and the Cost of Capital: A Correction," *American Economic Review*, 53(3), 433-443.

1958년의 논문에서는 법인세를 고려하지 않는 경우의 이론에 중점을 두어 ① 기업가치, ② 자기자본비용, ③ 거부율로서의 가중평균자본비용에 관한 3개의 명제를 제시하였다. 이 세 가지 명제를 자본구조이론의 기초로 삼아 기업가치와 기업의 자본비용은 자본구조에 아무런 상관이 없다고 하였다. 그러므로 기업가치를 최대로 하는 자본구조는 존재하지 않는다고 하였다.

1963년 논문에서는 3개의 명제에 대하여 법인세의 효과를 조정하고, 불완전자본시장을 가정하여 자본구조와 기업가치는 서로 밀접하게 관련되어 있다고 이론을 수정하였다. 1963년 논문과 관련된 것은 제3절에서 자세히 설명하고 있다.

MM은 자본구조이론의 출발점에서 이론을 단순화하기 위하여 다음과 같은 몇 가지 기본가정을 설정해 두고, 점차로 이들 가정을 완화하면서 이론을 수정해 가고 있다.

① 완전자본시장(perfect capital market)이 존재한다. 자본시장에서 모든 정보는 즉시 공개되며, 투자자는 이성적으로 행동하고, 거래비용은 발생하지 않는다.
② 주주는 보통주를 담보로 하여 부채를 자유로이 조달할 수 있다.
③ 기업의 부채비용과 개인의 부채비용은 동일하다. 따라서, 기업의 재무레버리지와 개인의 재무레버리지는 완전히 대체할 수 있다.
④ 경영위험에 따라 기업을 동질적 위험집단(homogeneous risk class)으로 분류할 수 있다.

2.2 MM의 명제

이상과 같은 가정을 전제로 하여 MM이 제시한 세 가지 명제(proposition)를 설명하면 다음과 같다.

1) 명제 Ⅰ

기업의 시장가치는 자본구조와 무관하다.

$$V_U = V_L$$

기업의 시장가치는 자본구조와 무관하다. 그리고 기업의 시장가치는 기대영업이익을 동일한 위험집단에 속하는 기업의 평균자본비용(k_w)으로 자본환원시킨 값이다. 다시 말해서, 기업의 평균자본비용은 자본구조와 아무런 관련이 없으며,

동시에 자기자본만으로 자본을 조달한 기업의 자본환원율과 같다. 이 [명제 I]을
식으로 표현하면 (14−1)식과 같다.

$$V_L = V_U = \frac{EBIT}{k_w} = \frac{EBIT}{k_U} \qquad (14-1)$$

단, V_U=자기자본만으로 자본을 조달한 U기업의 가치

V_L=자기자본과 부채로 자본을 조달한 L기업의 가치

k_U=U기업의 (자기)자본비용

 이러한 [명제 I]은 동일한 위험등급에 속해 있는 어떠한 기업에도 일정하게 적
용된다는 것이다.[2] 만약 동일한 위험등급에 속해 있는 두 기업에서 (14−1)식으로
표현된 [명제 I]이 성립되지 않을 때에는 자본시장에서 차익거래(arbitrage pro-
cess)가 발생하여 결국은 [명제 I]이 성립한다는 것이다.[3]

 다시 말해서, 동일한 위험등급에 속해 있는 기업 중에서 주가가 낮거나 또는
높은 기업이 존재한다면, 이들 기업의 기대영업이익은 동일하므로 주가가 높은
기업의 주식을 소유하고 있는 투자자는 이를 매각하고 낮은 주가의 주식을 매입
하고자 할 것이다. 이에 따라 과대평가된 주가는 하락하고 과소평가된 주가는 상
승하여 결국 두 주가가 동일한 균형상태에 도달하게 된다는 것이다. 따라서 MM
은 동일위험수준의 기업에서는 항상 [명제 I]이 성립한다고 한다.

예 14−1

 L기업과 U기업은 자본구조 이외에는 모든 조건이 동일하며, *EBIT*가 1,000,000원으로 일정하게 영구
히 발생할 것으로 예상된다. 이자율은 5%이다. 그리고 이 두 기업에 관한 자료는 다음과 같다. L기업의
지분 10%를 보유하고 있는 투자자가 차익거래를 통하여 이익을 얻을 수 있는 방법을 알아보자.

(단위: 원)

	U 기업	L 기업
EBIT	1,000,000	1,000,000
이자비용(k_bB)	0	150,000
순이익(*NI*)	1,000,000	850,000
자기자본비용(k_U, k_L)	16%	20%
자기자본(S)	6,250,000	4,250,000

---

2) 자기자본만으로 자본을 조달한 기업의 가중자본비용 k_w는 그 기업의 자기자본비용 k_U와 동일하다.

3) 도출과정은 [부록 14A] 참조.

부채(B)	0	3,000,000
기업가치(V)	6,250,000	7,250,000
가중평균자본비용(k_w)	16%	13.79%
부채비율	0	70.59%

동일한 영업위험집단에 속하고 $EBIT$가 동일한 두 기업의 가치가 서로 다르므로, MM의 [명제 Ⅰ]이 위배되고 있다는 것을 알 수 있다. 차익거래를 다음의 절차에 따라 수행하여 보자.

(1) 보유하고 있는 L기업의 지분을 425,000원으로 처분한다.
(2) L기업의 부채비율을 대체하기 위하여 300,000원을 차입한다.
      425,000 × 0.7059 = 300,000원
(3) 보유현금으로 U기업의 지분 11.6%를 취득한다.
      (425,000+300,000)/6,250,000 = 11.6%
(4) 차익거래를 통한 손익계산:
      U기업 지분보유로 인한 투자수익(=1,000,000×0.116):   116,000
      이자지급액(=300,000×0.05):   -15,000
      L기업 지분을 보유시 투자수익(=850,000×0.1):   -85,000
      차익거래이익   16,000원

2) 명제 Ⅱ

> 부채를 조달한 기업의 자기자본비용 k_L은 부채비율(B/S)이 증가함에 따라 증가하며 상대적으로 저렴한 타인자본의 사용으로 얻을 수 있는 이점을 완전히 상쇄시킨다.

부채를 조달한 기업의 보통주비용, 즉 자기자본비용 k_L은 B/S의 선형함수이다. 다시 말해서, 보통주비용은 ① 부채를 조달하지 않은 기업의 자본환원율(k_U)과, ② k_U와 부채비용(k_b)의 차이를 B/S에 곱한 재무위험프리미엄과의 합이라는 것이다. 이 [명제 Ⅱ]를 식으로 표현하면 선형함수인 (14-2)식이 된다.[4]

$$k_L = k_U + (k_U - k_b)\frac{B}{S} \qquad (14-2)$$

이리하여 MM은 자본구조의 변동에 따라 k_U, k_b, k_L의 변동상황을 밝힌 셈이다. 다시 말해서 k_U와 k_b는 자본구조에 영향을 받지 않고, k_L은 k_U에서 출발하여 B/S가 증가함에 따라 $(k_U - k_b)$의 비율로 증가한다는 것이다.

---

4) 도출과정은 [부록 14B] 참조

3) 명제 Ⅲ

> 투자결정의 지표(cut-off point)가 되는 것은 항상 k_w 또는 k_U이며, 이것은 그 기업의 자본조달방법과 무관하다.

기업의 투자결정 지표(cut-off point)가 되는 것은 k_w 또는 k_U이며, 이것은 투자비용을 조달하는 증권의 형태가 보통주이거나 또는 사채라는 점에 의해서는 아무런 영향을 받지 않는다. 그리고 투자결정에서는 자본조달의 방법에 상관없이 기업의 한계자본비용은 가중평균자본비용과 동일하고, 이것은 다시 부채를 조달하지 않은 기업의 자본환원율 k_U와도 같다.

따라서 투자안의 수익률, 즉 내부수익률이 k_U보다 크거나 같다고 하면, 이 투자안은 기업가치를 증대시킬 것이므로 선택되어야 한다. 이 명제를 식으로 나타내면 (14-3)식과 같다.[5]

$$IRR \geq k_w = k_U \qquad\qquad (14-3)$$

(14-3)식은 기업의 투자의사결정에서 거부율(cut-off rate)은 가중평균자본비용이 되어야 한다는 것을 보여주고 있다.

제 3 절   MM의 수정이론

Financial Management

3.1 MM의 무관련이론과 수정이론

MM의 무관련이론에서는 완전자본시장을 기본가정으로 하고 있다. 그러나 자본시장이 불완전하다면 자본구조의 변경이 기업의 가치에 영향을 줄 수 있을 것이다.

---

5) 도출과정은 [부록 14C] 참조

MM은 1963년의 논문에서 기업의 법인세가 존재하는 불완전자본시장을 가정하고, 3개 명제가 어떻게 달라지는가를 분석하였는데, 이를 MM의 수정이론이라 한다.

3.2 수정된 MM의 명제

1) 명제 I

> 타인자본을 사용한 기업의 가치는 타인자본을 전혀 사용하지 않은 기업의 가치에 이자비용의 법인세절감액의 현가를 합한 것과 같다.

부채를 조달한 L기업의 가치는 자기자본만으로 자본을 조달한 U기업의 가치에 이자에 대한 감세액의 현가, 즉 법인세율에 부채를 곱한 값의 합과 같으며, (14-4)식으로 표현된다.

$$V_L = V_U + T_c B \qquad\qquad (14-4)$$

이 명제의 의미는, L기업의 가치(V_L)는 U기업의 가치(V_U)에서 시작하여 부채 B를 증가시킴에 따라 이자($I_{nt} = k_b \times B$)에 대한 법인세감세액 $T_c \times k_b \times B$를 부채비용으로 자본환원시킨 $T_c \times B$만큼 증가한다는 것이다.

이 명제는 L기업의 현금흐름 CF_L로부터 다음과 같이 유도된다.

$$CF_L = \underbrace{(EBIT - k_b B)(1 - T_c)}_{\substack{\text{주주에 대한} \\ \text{현금흐름}}} + \underbrace{k_b B}_{\substack{\text{채권자에 대한} \\ \text{현금흐름}}}$$

$$= EBIT(1 - T_c) - k_b \times B(1 - T_c) + k_b B$$

$$= EBIT(1 - T_c) + T_c \cdot k_b \cdot B$$

이 식에서 1항은 U기업의 현금흐름이므로 k_U로 자본환원시키고, 2항은 부채비용 k_b로 자본환원시키면 아래와 같이 L기업의 가치를 표현하는 식이 유도된다.

$$V_L = \frac{EBIT(1 - T_c)}{k_U} + \frac{T_c \cdot k_b \cdot B}{k_b} \qquad\qquad (14-4)$$

$$= V_U + T_c B$$

예 14-2

한미기업의 *EBIT*는 현재 1백만원이며, 법인세율은 20%라고 하자. 이 기업의 자기자본비용(k_U)은 10%이고, 부채비용은 8%이다. 이러한 조건하에서 한미기업이 ① 자기자본만으로 자본을 조달한 경우와 ② 2백만원의 부채를 조달한 경우의 기업가치를 비교해 보자.

① 자기자본만으로 자본을 조달한 경우

$$V_U = \frac{EBIT(1-T_c)}{k_U} = \frac{1,000,000(1-0.2)}{0.1}$$

$$= 8,000,000원$$

② 부채로 2백만원을 조달한 경우

$$V_L = V_U + T_c B = 8,000,000 + (0.2)(2,000,000)$$

$$= 8,400,000원$$

〈예 14-2〉에서 이 기업의 재무레버리지를 0%에서 점차로 증가시켜 가면서 기업가치의 변동상황을 살펴보면 〈표 14-1〉과 같다.

MM은 (14-4)식의 수정이론 [명제 I]이 성립하는 것을 〈예 14-3〉과 같은 차익거래의 원리를 이용하여 증명하고 있다.[6] 〈예 14-3〉에서와 같이 $V_L > V_U + T_c B$의 상태로 기업의 가치가 결정된다면, L기업의 주식에 대해서는 매도하고자 하는 투자자가 많아져서 주가가 하락하게 될 것이고, U기업의 주식에 대해서는 매수하고자 하는 투자자가 많아져서 주가가 상승하게 될 것이다. 결국 (14-4)식의 조건이 충족될 때, 시장은 균형상태에 도달하게 된다. 그리고 기업가치가 $V_L < V_U + T_c B$의 상태가 되는 경우에도 역시 차익거래가 발생하여 결국 (14-4)식의 균형조건이 충족되게 될 것이다.

표 14-1 법인세를 고려한 재무레버리지의 효과
(단위: 만원)

B	0	200	300	500	700
$S(=V-B)$	800	640	560	400	240
$V(V_L=V_U+T_c B)$	800	840	860	900	940

---

6) 도출과정은 [부록 14D] 참조.

예 14-3

L기업과 U기업은 자본구조 이외에는 모든 조건이 동일하며, *EBIT*가 1,000,000원으로 일정하게 영구히 발생할 것으로 예상된다. 이자율은 5%이고, 법인세율은 30%이다. 그리고 이 두 기업에 관한 자료는 다음과 같다. L기업의 지분 10%를 보유하고 있는 투자자가 차익거래를 통하여 이익을 얻을 수 있는 방법을 알아보자.

(단위: 원)

	U 기업	L 기업
EBIT	1,000,000	1,000,000
이자비용($k_b B$)	0	150,000
법인세비용	300,000	255,000
순이익(*NI*)	700,000	595,000
자기자본비용(k_U, k_L)	16%	20%
자기자본(*S*)	4,375,000	2,975,000
부채(*B*)	0	3,000,000
기업가치(*V*)	4,375,000	5,975,000

(1) 보유하고 있는 L기업의 지분을 297,500원으로 처분한다.

(2) $B(1-T_c)$의 10%에 해당하는 210,000원을 차입한다.

(3) U기업의 지분 10%를 437,500원에 취득한다.

(4) L기업의 지분 10%를 그대로 보유하고 있는 경우와 L기업지분을 처분하고, 추가로 차입한 자금으로 U기업의 지분 10%를 매입한 경우의 기말 투자수익이 59,500원으로 동일하다는 것을 확인할 수 있다.

L기업지분 보유시 투자수익(= 595,000 × 0.1):   59,500

U기업 지분보유로 인한 투자수익(= 700,000 × 0.1):   70,000

이자지급액(= 210,000 × 0.05)   −10,500

   59,500

(5) 이 투자자는 L기업지분 처분대금 297,500원과 차입한 금액 210,000원 중에서 437,500원만 지출하고, 70,000원의 현금을 보유하게 된다. 따라서 현가로 70,000원의 차익거래이익을 얻게 된다.

2) 명제 II

자기자본비용은 부채비율이 증가함에 따라 증가하지만 상대적으로 저렴한 타인자본비용을 사용함으로써 얻을 수 있는 이점을 완전히 상쇄하지는 못한다.

법인세를 고려한 경우에 L기업의 자기자본비용은 법인세를 고려하지 않은 경우의 [명제 Ⅱ]의 모형에서 위험프리미엄을 나타내는 제2항에 법인세율을 조정해야 한다는 것이다. 이것을 식으로 표현하면 (14-5)식과 같다.[7]

$$k_L = k_U + (k_U - k_b)(1 - T_c)\frac{B}{S} \qquad (14-5)$$

즉 L기업의 자기자본비용 k_L은 k_U에서 시작하여 부채의 비중이 증가함에 따라 상승한다는 것이다. 그러나 이 식에서 보면, $(1 - T_c)$는 1.0보다 작기 때문에 부채의 비중이 증가함에 따라 나타나는 k_L의 상승 속도는 법인세를 고려하지 않은 경우보다 완만하다.

예 14-4

(예 14-2)에서 한미기업이 부채 2백만원을 조달함에 따라 자기자본비용은 어떻게 변동하는가?

① 자기자본의 가치

$$S = V_L - B = 8,400,000 - 2,000,000 = 6,400,000원$$

② 자기자본비용

$$k_L = k_U + (k_U - k_b)(1 - T_c)\frac{B}{S}$$

$$= 0.10 + (0.10 - 0.08)(1 - 0.2)\frac{2,000,000}{6,400,000}$$

$$= 0.105 \text{ 또는 } 10.5\%$$

3) 명제 Ⅲ

투자안의 절사율인 가중평균자본비용은 부채비율이 증가함에 따라 점점 감소한다.

기업은 투자안의 내부수익률이 아래의 조건을 충족시킬 때 투자안을 선택해야 하며, 이러한 투자결정에 한하여 기업가치가 증대된다.[8]

---

7) 도출과정은 [부록 14E] 참조
8) 도출과정은 [부록 14F] 참조.

$$IRR \geq k_w = k_U\left[1 - T_c\left(\frac{B}{V_L}\right)\right] \tag{14-6}$$

이 경우에 $k_U[1 - T_c(B/V_L)]$ 는 가중평균자본비용과 동일하며 신규투자안의 절사율(cut-off rate)이 된다.

예 14-5

(예 14-4)에서 한미기업이 부채 2백만원을 조달함에 따라 투자안의 절사율은 어떻게 변동하는가?

$$
\begin{aligned}
k_w &= k_U\left[1 - T_c\left(\frac{B}{V_L}\right)\right] \\
&= 0.1\left[1 - (0.2)\left(\frac{2,000,000}{8,400,000}\right)\right] \\
&= 0.0953 \ \text{또는} \ 9.53\%
\end{aligned}
$$

이상에서 살펴본 MM의 명제를 종합해 보면 〈표 14-2〉와 같다.

3.3 MM이론의 한계

1958년 MM의 논문이 처음 발표된 이후 자본구조이론에 관한 많은 논쟁이 계속되었다. MM이론은 비현실적인 가정 위에서 출발하였으므로, 이 이론을 액면 그대로 수용하는 학자는 별로 없다. MM이론에 관한 비평 중에서 중요한 몇 가지를 제시하면 다음과 같다.

첫째, 현실적으로 완전자본시장은 존재하지 않고, 투자자도 항상 이성적으로 판단을 내리지는 못한다.

둘째, MM의 주장대로 기업의 재무레버리지와 개인의 재무레버리지는 일치할

표 14-2 MM의 명제 모형

구분	법인세의 비고려	법인세의 고려
명제 I	$V_L = V_U = \dfrac{EBIT}{k_w} = \dfrac{EBIT}{k_U}$	$V_L = V_U + T_c B = \dfrac{EBIT(1-T_c)}{k_U} + T_c B$
명제 II	$k_L = k_U + (k_U - k_b)\dfrac{B}{S}$	$k_L = k_U + (k_U - k_b)(1-T_c)\dfrac{B}{S}$
명제 III	$IRR \geq k_w = k_U$	$IRR \geq k_w = k_U\left[1 - T_c\left(\dfrac{B}{V_L}\right)\right]$

수가 없다. 특히 부채조달에 대한 개인의 한계는 기업의 한계보다 훨씬 낮고, 개인의 파산위험(bankruptcy risk)도 기업의 파산위험보다 높기 때문에 개인의 부채비용을 기업의 부채비용과 대체할 수 없다.

셋째, 파산위험의 문제이다. MM의 이론은 기업의 매출수준을 고려하지 않고 자본구조만 단편적으로 취급하고 있음에 반하여, 파산위험은 재무레버리지의 함수이기 때문이다. 다시 말해서, 경기가 침체되면 기업이 재무고정비(부채비용)를 지급하지 못하여 파산할 수도 있는데, 만약 기업이 높은 재무레버리지로 인하여 파산하게 되면 호황기에 나타나는 재무레버리지의 이점도 무효가 되기 때문이다.

또한 법인세를 고려한 MM의 모형에서는 부채가 증가할수록 가중평균자본비용이 감소되어 기업가치가 증가한다고 하였다. 이러한 현상은 기업의 자본이 부채만으로 구성된 경우에 법인세비용 차감후 가중평균자본비용이 최소가 되어 기업가치가 최대가 된다. 그러나 기업은 자본의 100%를 부채로 조달하는 경우도 없고, 또 이 경우에는 주주도 존재하지 않으므로 MM의 모형과 가정은 현실성에 문제가 있다.

넷째, MM이론에서는 부채비용이 무위험이자율로서 재무레버리지에 전혀 영향을 받지 않고 항상 일정하다고 가정하고 있다. 그러나 현실적으로 정책금융의 경우를 제외하고는 재무레버리지가 일정한 수준을 초과하면 부채비용도 함께 증가하는 것이 일반적이다. 또 재무레버리지가 높은 한계수준을 초과했을 때 부채조달이 전혀 불가능한 경우도 있다.

끝으로, 기업의 자본비용은 반드시 재무레버리지에만 의존한다고 할 수 없다. 기업의 자본비용은 개인소득세의 변동 및 거래비용의 존재 등 여러 가지 요인에 의하여 영향을 받고 있음은 이미 많은 실증적 연구의 결과가 밝혀내고 있기 때문이다.

MM의 자본구조이론이 이처럼 여러 면에서 비판을 받고 있는 이유는 이론정립의 제반 가정이 비현실적인 경우가 많기 때문이다. 그러므로 이러한 가정을 점진적으로 수정 보완하고 현실적인 상황을 고려하여 이론을 더욱 확장해 나갈 필요가 있다.

MM이론과 CAPM의 통합

Financial Management

MM이론에서는 기업의 영업위험이 일정하다고 가정하여 이론을 전개하고 있다. 그러므로 기업이 검토하고 있는 새로운 투자안의 위험이 기업의 기존 영업위험과 다른 경우에는 투자안 평가를 위한 자본비용으로 가중평균자본비용(k_w)을 이용할 수 없게 된다. 이러한 문제점은 MM이론에 *CAPM*을 적용하여 확장하면 해결될 수 있다. 이러한 접근방법은 Hamada에 의하여 제안되었으며, Rubinstein에 의하여 통합되었다.[9]

[그림 14–1]은 MM이론에 의한 투자안 평가 의사결정과 *CAPM*에 의한 의사결정의 차이를 보여주고 있다. 이 그림에서 기업의 체계적 위험은 β_{Firm}이며, 이에 상응하는 가중평균자본비용은 $E(k_{Firm})$이다. 이제 [그림 14–1]에서 투자안 A와 투자안 B의 채택여부를 알아보자. MM이론에 의하면, 기업의 투자의사결정에서 절사율(cut-off rate)은 가중평균자본비용이기 때문에 투자안 A는 기각되고 투자

그림 14-1 MM이론과 CAPM의 비교

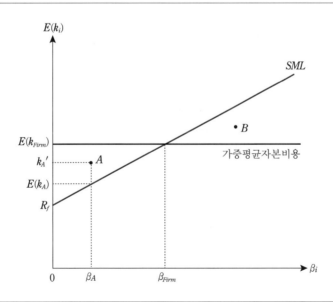

---

9) R. S, Hamada(1969), "Portfolio Analysis, Market Equilibrium, and Corporate Finance," *Journal of Finance*, 24(1), 13-31; M. E. Rubinstein(1973), "A Mean-Variance Synthesis of Corporate Financial Theory," *Journal of Finance*, 28(1), 167-181.

안 B는 채택될 것이다.

그러나 투자안 A의 위험(β_A)은 기업 전체의 위험(β_{Firm})보다 작기 때문에, 기업 전체의 위험보다 작은 위험을 가진 투자안 A를 평가할 때, 기업의 가중평균자본비용을 적용하는 것은 적절하지 못하다. 따라서 투자안을 평가할 때, MM이론에 의한 가중평균자본비용 대신에 $CAPM$을 적용하는 것이 바람직할 것이다.

이제, MM이론에 $CAPM$을 통합하여 기업 전체의 위험과 상이한 위험을 가진 투자안을 평가하는 과정을 개략적으로 살펴보자. 만약 자본시장이 효율적이고 $CAPM$이 타당하다면, 균형상태에서 모든 위험자산의 수익률은 증권시장선(SML) 위에 정확하게 위치되도록 위험자산의 가격이 결정되어야 한다. 그러므로 어떤 자산의 위험을 알고 있다면, 그 자산에 대한 요구수익률도 정확하게 알 수 있게 된다. 이러한 원리를 이용하면 특정 수준의 영업위험과 재무레버리지를 가진 투자안의 자본비용을 추정할 수 있게 된다.

부채를 가진 L기업의 자기자본에 대한 체계적 위험이 β_L이라고 한다면, $CAPM$을 적용하여 이러한 기업의 자본비용은 다음과 같이 구할 수 있다.

$$k_L = R_f + [E(k_M) - R_f]\beta_L \qquad (14-7)$$

$$= R_f + \frac{[E(k_M) - R_f]}{var(k_M)} cov(k_M, k_L) \qquad (14-7a)$$

$$= R_f + \lambda\, cov(k_M, k_L) \qquad (14-7b)$$

단, k_L = L기업의 자기자본비용
$E(k_M)$ = 시장포트폴리오의 기대수익률
R_f = 무위험수익률
β_L = L기업 자기자본의 체계적 위험
λ = 양의 상수($= [E(k_M) - R_f]/var(k_M)$)

완전자본시장이 성립하지만 법인세가 존재한다고 가정하자. 그리고 L기업의 타인자본비용이 k_b라고 한다면, L기업의 가중평균자본비용(k_w)은 다음과 같이 산출할 수 있다.

$$k_w = k_L \frac{S}{S+B} + k_b(1-T_c)\frac{B}{S+B} \qquad (14-8)$$

위의 (14-7)식과 (14-8)식은 기업의 자본비용을 산출하는 데 있어서 매우 중요한 관계식이다. 그러나 이러한 두 개의 식만으로는 MM이론과 *CAPM*과의 관계를 명확하게 설명하지 못한다. 즉 기업이 자본구조를 변경하는 경우, 이러한 결정으로 인하여 기업의 자기자본비용이 어떠한 영향을 받게 되는지, 그리고 결과적으로 기업의 가중평균자본비용은 어떠한 영향을 받는지를 명확하게 알 수 없다.

이제 Rubinstein 모형을 통하여 MM이론과 *CAPM* 간의 관계를 살펴보자.[10]

4.1 기업의 가치

기업의 영업위험이 일정하다는 가정을 완화하더라도, MM이론에 *CAPM*을 통합하면, 다음과 같은 MM 수정이론의 [명제 I]이 성립한다.

> 타인자본을 사용한 기업의 가치(V_L)는 타인자본을 전혀 사용하지 않은 기업의 가치(V_U)에 이자비용의 법인세절감액의 현가(T_cB)를 합한 것과 같다.
>
> $$V_L = V_U + T_cB \tag{14-9}$$

위의 (14-9)식을 증명하기 위하여 타인자본을 사용한 기업(L기업)과 부채를 사용하지 않은 기업(U기업)의 *EBIT*가 *X*라고 할 때, 각 기업의 자기자본비용을 정의하면 다음과 같다.

$$k_U = \frac{X(1-T_c)}{V_U} \tag{14-10a}$$

$$k_L = \frac{(X-k_bB)(1-T_c)}{S} \tag{14-10b}$$

그리고 *CAPM*을 이용하여 L기업과 U기업의 자기자본비용을 정의하면 다음과 같다.

$$k_U = R_f + \lambda cov(k_M, k_U) \tag{14-11a}$$
$$k_L = R_f + \lambda cov(k_M, k_L) \tag{14-11b}$$

*CAPM*이론에 의하면, 위의 (14-11a)식과 (14-11b)식에서 양의 상수 λ는 동일해

---

10) 이하의 수식유도 과정은 T. E. Copeland and J. F. Weston(1988), *Financial Theory and Corporate Policy*, 3rd ed., Addison-Wesley Publishing Company, 462-464를 참고할 것.

야 한다. 그러므로 다음의 식이 성립한다.

$$\lambda = \frac{k_U - R_f}{cov(k_M, k_U)} = \frac{k_L - R_f}{cov(k_M, k_L)} \tag{14-12}$$

(14-12)식에 (14-10a)식과 (14-10b)식에서 정의한 k_U와 k_L을 대입하면 다음과 같은 식을 얻을 수 있다.

$$\frac{\left[\dfrac{X(1-T_c)}{V_U}\right] - R_f}{cov\left[k_M, \dfrac{X(1-T_c)}{V_U}\right]} = \frac{\left[\dfrac{(X-k_bB)(1-T_c)}{S}\right] - R_f}{cov\left[k_M, \dfrac{(X-k_bB)(1-T_c)}{S}\right]} \tag{14-13}$$

(14-13)식은 다음과 같이 간단하게 정리될 수 있다.[11]

$$\frac{\left[\dfrac{X(1-T_c)}{V_U}\right] - R_f}{\left[\dfrac{(1-T_c)}{V_U}\right] cov(k_M, X)} = \frac{\left[\dfrac{(X-k_bB)(1-T_c)}{S}\right] - R_f}{\left[\dfrac{(1-T_c)}{S}\right] cov(k_M, X)} \tag{14-13a}$$

$$X(1-T_c) - R_f V_U = (X-k_bB)(1-T_c) - R_f S \tag{14-13b}$$

(14-13b)식에서 기업이 무위험부채를 조달하였다고 가정하여 $k_b = R_f$라고 두고, 부채를 조달한 기업의 가치는 자기자본과 타인자본의 합이므로 $V_L = S+B$라고 두어 정리하면 다음과 같은 (14-9)식을 얻을 수 있다.[12]

$$V_L = V_U + T_c B \tag{14-9}$$

이와 같이 기업이 무위험부채를 조달하고, 법인세 이외에는 완전자본시장이 성립한다는 가정하에 $CAPM$이 성립한다면, 기업의 영업위험이 일정하다는 가정 없이도 MM의 수정이론의 [명제 Ⅰ]이 성립한다고 할 수 있다. 즉 부채를 조달한 기업의 가치(V_L)는 타인자본을 전혀 사용하지 않은 기업의 가치(V_U)에 이자비용의 법인세비용절감액의 현가($T_c B$)를 합한 것과 같게 된다.

---

11) X, Y를 확률변수라고 하고, a, b를 상수라고 할 때, 다음의 식이 성립한다는 원리를 이용하여 수식을 전개하면 된다.

$$cov(a+bX, Y) = b \cdot cov(X, Y)$$

12) 기업의 부채가 위험부채인 경우에도 (14-9)식은 성립한다.

4.2 자기자본비용

기업의 영업위험이 일정하다는 가정을 완화하더라도, MM이론에 *CAPM*을 통합하면, 다음과 같은 MM의 수정이론의 [명제 Ⅱ]가 성립한다.

> 자기자본비용은 부채비율이 증가함에 따라 증가하지만 상대적으로 저렴한 타인자본비용을 사용함으로써 얻을 수 있는 이점을 완전히 상쇄하지는 못한다. 부채를 조달한 기업의 자기자본비용(k_L)은 부채비율(B/S)의 선형함수로 나타낼 수 있다.
>
> $$k_L = k_U + (k_U - k_b)(1 - T_c)\frac{B}{S} \tag{14-14}$$

(14-14)식이 성립하는지 알아보기 위해 (14-10a)식과 (14-10b)식을 이용하여 부채를 조달한 기업의 자기자본비용의 표준편차와 부채를 조달하지 않은 기업의 표준편차를 구하면 다음과 같이 된다.

$$\sigma(k_U) = \frac{(1 - T_c)}{V_U}\sigma(X) \tag{14-15a}$$

$$\sigma(k_L) = \frac{(1 - T_c)}{S}\sigma(X) \tag{14-15b}$$

위의 (14-15a)식과 (14-15b)식에서 $\sigma(X)$가 동일하다는 점을 이용하여 수식을 정리하면 다음과 같아진다.

$$\sigma(k_L) = \frac{V_U}{S}\sigma(k_U) = \frac{S + B - BT_c}{S}\sigma(k_U)$$

$$= \left[1 + (1 - T_c)\frac{B}{S}\right]\sigma(k_U) \tag{14-16}$$

그리고 *CAPM*으로부터 도출한 (14-12)식으로부터 다음과 같은 관계식을 얻을 수 있다.[13]

---

13) (14-17b)식은 $corr(k_M, k_U) = corr(k_M, k_L)$이라는 식을 이용하여 구한 것이다. 이 식은 다음과 같이 증명된다.

$$corr(k_M, k_U) = \frac{cov(k_M, k_U)}{\sigma(k_M)\sigma(k_U)}$$

$$\frac{k_U - R_f}{\sigma(k_M)\sigma(k_U)corr(k_M, k_U)} = \frac{k_L - R_f}{\sigma(k_M)\sigma(k_L)corr(k_M, k_L)} \qquad (14-17a)$$

$$\frac{k_U - R_f}{\sigma(k_U)} = \frac{k_L - R_f}{\sigma(k_L)} \qquad (14-17b)$$

그리고 (14-17b)식에 (14-16)식을 대입하여 정리하면, 다음과 같은 식을 얻을 수 있다.

$$\frac{E(k_U) - R_f}{\sigma(k_U)} = \frac{E(k_L) - R_f}{\left[1 + (1-T_c)\dfrac{B}{S}\right]\sigma(k_U)} \qquad (14-18)$$

다음으로 (14-18)식에서 기업이 무위험부채를 조달한다고 가정하여 $k_b = R_f$라고 두어 정리하면 다음과 같은 부채를 조달한 기업의 자기자본비용을 나타내는 식을 얻을 수 있다.

$$k_L = k_U + (k_U - k_b)(1-T_c)\frac{B}{S} \qquad (14-14)$$

4.3 가중평균자본비용

MM의 수정이론에서 도출한 가중평균자본비용은 *CAPM*으로부터 도출할 수 있다. 즉 MM의 수정이론의 [명제 Ⅲ]도 영업위험이 일정하다는 가정을 이용하지 않고도 도출할 수 있다.

$$= \frac{cov\left(k_M, \dfrac{X(1-T_c)}{V_U}\right)}{\sigma(k_M)\sigma\left(\dfrac{X(1-T_c)}{V_U}\right)} = \frac{cov(k_M, X)}{\sigma(k_M)\sigma(X)} = corr(k_M, X)$$

$$corr(k_M, k_L) = \frac{cov(k_M, k_L)}{\sigma(k_M)\sigma(k_L)}$$

$$= \frac{cov\left(k_M, \dfrac{(X-k_b B)(1-T_c)}{V_U}\right)}{\sigma(k_M)\sigma\left(\dfrac{(X-k_b B)(1-T_c)}{V_U}\right)} = \frac{cov(k_M, X)}{\sigma(k_M)\sigma(X)} = corr(k_M, X)$$

투자안의 거부율인 가중평균자본비용은 부채비율이 증가함에 따라 점점 감소한다. 즉 기업은 투자안의 내부수익률이 아래의 조건을 충족시킬 때 투자안을 선택해야 하며, 이러한 투자결정에 한하여 기업가치가 증대된다.

$$IRR \geqq k_w = k_U \left[1 - T_c \left(\frac{B}{S+B} \right) \right] \tag{14-19}$$

(14−19)식의 가중평균자본비용을 도출하는 관계식이 성립하는 것을 알아보기 위하여 다음과 같은 가중평균자본비용의 정의식을 이용하자.

$$k_w = R_f (1 - T_c) \frac{B}{S+B} + k_L \frac{S}{S+B}$$

이러한 식에 (14−11b)식과 (14−16)식을 대입하면 다음과 같이 된다.

$$k_w = R_f (1 - T_c) \frac{B}{S+B} + \left(\frac{S}{S+B} \right) [R_f + \lambda \sigma(k_M) \sigma(k_L) corr(k_M,\ k_L)]$$

$$= R_f (1 - T_c) \frac{B}{S+B} + \left(\frac{S}{S+B} \right) \left[R_f + \lambda \sigma(k_M) \left\{ 1 + (1 - T_c) \frac{B}{S} \right\} \sigma(k_U) corr(k_M,\ k_L) \right]$$

그리고 $corr(k_M,\ k_U) = corr(k_M,\ k_L)$이 성립한다는 사실을 이용하여 위 수식을 정리하면, (14−19)식을 얻을 수 있다.

$$k_w = R_f (1 - T_c) \frac{B}{S+B}$$

$$+ \left(\frac{S}{S+B} \right) [R_f + \lambda \sigma(k_M) \sigma(k_U) corr(k_M,\ k_U)]$$

$$+ \left(\frac{S}{S+B} \right) \left[\lambda \sigma(k_M) \left\{ (1 - T_c) \frac{B}{S} \right\} \sigma(k_U) corr(k_M,\ k_U) \right]$$

$$= \left(\frac{S}{S+B} \right) [R_f + \lambda \sigma(k_M) \sigma(k_U) corr(k_M,\ k_U)]$$

$$+ \left(\frac{B}{S+B} \right) (1 - T_c) [R_f + \lambda \sigma(k_M) \sigma(k_U) corr(k_M,\ k_U)]$$

$$= \left(\frac{S}{S+B} \right) k_U + \left(\frac{B}{S+B} \right) (1 - T_c) k_U$$

$$= \left[1 - T_c \left(\frac{B}{S+B} \right) \right] k_U \qquad (14-19)$$

이와 같이 MM이론에 *CAPM*을 통합하면, 기업의 위험이 일정하다는 가정을 이용하지 않아도 MM의 수정이론의 3가지 명제가 성립한다는 사실을 확인할 수 있다.

4.4 자본구조와 베타계수간의 관계

1) 자산 베타계수와 보통주 베타계수

법인세가 존재하는 경우에는 자본구조에 의하여 기업의 베타계수가 영향을 받게 된다. 그러므로 투자안 평가 의사결정에서 기업의 베타계수가 자본구조에 상관없이 고정되어 있다고 가정하고, 이를 *CAPM*에 대입하여 위험조정수익률을 추정하면 오류가 발생할 수 있다. 이제 자본구조가 기업의 베타계수에 어떠한 영향을 미치는가를 알아보자.

*CAPM*에 의하면 포트폴리오의 베타계수는 개별증권 베타계수를 투자비중으로 가중한 가중평균이다.[14] 기업의 자본은 보통주와 부채로 구성되어 있다고 볼 수 있으므로 기업의 총자본에 대한 베타계수는 보통주 베타계수와 부채 베타계수의 가중평균으로 나타낼 수 있다.

$$\beta_A = \left(\frac{S}{S+B} \right) \beta_S + \left(\frac{B}{S+B} \right) \beta_B \qquad (14-20)$$

MM의 수정이론의 [명제 I]에 의하여 부채를 가진 기업의 가치(V_L)는 부채가 없는 기업의 가치(V_U)에 법인세효과(T_cB)를 합한 것이므로, 부채를 가진 기업의 총자본에 대한 베타계수는 다음과 같이 나타낼 수 있다.

$$\beta_A = \left(\frac{V_U}{V_U + T_cB} \right) \beta_U + \left(\frac{T_cB}{V_U + T_cB} \right) \beta_B$$

---

14) 포트폴리오의 베타계수(β_P)는 다음과 같이 투자비중(x_i)을 가중치로 한 개별증권 베타계수(β_i)의 가중평균치이다.

$$\beta_P = \sum_{i=1}^{N} x_i \beta_i$$

$$= \left(\frac{S+(1-T_c)B}{S+B} \right)\beta_U + \left(\frac{T_cB}{S+B} \right)\beta_B \qquad\qquad (14-21)$$

(14-20)식과 (14-21)식으로 산출한 기업의 총자본에 대한 베타계수는 동일하여야 하므로, 다음과 같은 관계식을 얻을 수 있다.

$$\left(\frac{S}{S+B} \right)\beta_S + \left(\frac{B}{S+B} \right)\beta_B = \left(\frac{S+(1-T_c)B}{S+B} \right)\beta_U + \left(\frac{T_cB}{S+B} \right)\beta_B$$

위 식을 정리하면, 다음과 같은 기업의 보통주 베타계수와 자본구조간의 관계를 나타내는 식을 얻을 수 있다.

$$\beta_S = \beta_U + [\beta_U - \beta_B](1-T_c)\frac{B}{S} \qquad\qquad (14-22)$$

이와 같이 기업의 보통주 베타계수는 기업의 영업위험을 나타내는 β_U와 재무위험을 나타내는 $[\beta_U - \beta_B](1-T_c)(B/S)$의 두 항의 합으로 나타낼 수 있다. 여기에서 β_U는 부채를 조달하지 않은 기업(U기업)의 보통주 베타계수이며 또한 U기업의 자산 베타계수가 된다. 이 기업은 부채가 없기 때문에 재무위험은 0이고, 영업위험만을 보유하고 있기 때문에 β_U는 기업의 영업위험을 측정하는 지표라고 할 수 있다. 그리고 $[\beta_U - \beta_B](1-T_c)(B/S)$는 기업의 자본구조에 의하여 영향을 받는 항이므로 기업의 재무위험을 나타내는 지표라고 할 수 있다.

2) 대용베타의 이용

투자안 분석에서 대용베타(proxy beta)를 이용하여 투자의사결정의 기준인 가중평균자본비용을 산출하는 방법이 있다. 이 방법에서는 기업이 자기의 투자안과 동일하거나 매우 유사한 내용을 가진 여러 상장기업을 선택하고, 이들 기업의 베타계수를 평균한 다음, 그 값을 자기 기업의 투자안에 대한 베타계수를 산출하기 위한 기초로 삼는 방법이다. 이 경우 유사한 상장기업으로 선택된 기업을 대용회사(proxy company)라고 하고, 대용회사의 평균베타를 대용베타라고 한다.

그러나 대용회사의 자본구조나 법인세율이 투자대상이 되는 기업과 일치하지 않는 경우에는 대용베타를 바로 이용할 수 없다. 이러한 경우에는 자본구조와 베타계수 간의 관계를 나타내는 (14-22)식을 이용하여 베타계수를 조정한 후에 투자안에 적용할 가중평균자본비용을 산출하게 된다. 이러한 투자결정의 기준을 산출하는 과정은 다음과 같이 된다.

첫째, 여러 대용회사를 선정한다.

둘째, 대용회사들의 보통주 베타계수, 부채비율(B/S), 법인세율의 평균을 산출한다.

셋째, (14-22)식을 이용하여 부채를 이용하지 않고 투자했을 경우의 자산베타(β_U)를 산출한다.

넷째, $CAPM$을 이용하여 부채를 이용하지 않은 기업의 자본비용(k_U)을 산출하고, (14-19)식을 이용하여 투자의사결정의 기준인 가중평균자본비용을 산출한다.

예 14-6

부원기업은 대용베타를 이용하여 투자안의 위험조정수익률을 산출하고자 한다. 부원기업의 부채비율(B/S)은 (0.5/0.5)이며, 부채비용은 무위험수익률인 4%이고, 법인세율은 20%를 적용받는다. 시장지수 수익률의 평균은 9%이다. 그리고 이 기업은 3개의 대용회사를 선정하여 이들의 대용베타, 평균부채비율, 평균법인세율을 각각 1.8, 73.3%, 28%로 산출하였다. 부원기업이 검토하는 투자안의 위험조정수익률은 몇 %인가?

부원기업이 부채를 이용하지 않고 투자했을 경우의 베타계수는 다음과 같이 산출된다.

$$\beta_S = \beta_U + [\beta_U - \beta_B](1 - T_c)\left(\frac{B}{S}\right) \qquad (14-22)$$

$$1.8 = \beta_U + [\beta_U - 0](1 - 0.28)(0.733)$$

$$\beta_U = 1.1782$$

부원기업이 부채를 이용하지 않고 투자안을 실행할 경우의 자본비용을 $CAPM$을 이용하여 산출하면 다음과 같다.

$$k_U = 4 + (9 - 4)(1.1782) = 9.89\%$$

이 회사의 가중평균자본비용은 다음과 같다.

$$k_w = [1 - (0.2)(0.5)](9.89) = 8.90\%$$

4.5 **자본구조와 베타계수간의 관계에 관한 사례**

이상에서 논의한 이론적 관계가 얼마나 유용한가를 알아보기 위하여 다음과 같은 사례를 이용해보자.

부일기업은 현재 15%의 부채구성비율[$B/(S+B)$]을 가지고 있다. 그리고 이 회사는 무위험수익률인 4%로 부채구성비율을 35%에 이를 때까지 부채를 조달할 수 있을 것으로 판단하고 있다. 이 회사의 법인세율은 20%이다. 이 회사의 보통주에 대한 베타계수는 0.8이며, 시장지수의 기대수익률은 10%로 예상하고 있다.

(1) 부일기업의 자기자본비용과 가중평균자본비용은 얼마인가?

(2) 부일기업의 목표 자본구성비율을 35%로 변경한다면, 이 회사의 가중평균자본비용은 얼마가 되겠는가?

(3) 투자안의 체계적 위험이 이 회사의 체계적 위험과 동일하다면, 기대수익률 7%의 투자안이 채택되어야 하겠는가?

1) 자본비용의 추정

부일기업은 자기자본비용을 추정하기 위하여 *CAPM*을 이용할 수 있다.

$$k_L = R_f + [E(k_M) - R_f]\beta_L$$
$$= 4 + [10-4](0.8) = 8.8\%$$

이 회사의 가중평균자본비용은 다음과 같이 가중평균자본비용을 구하는 식을 이용하여 추정할 수 있다.

$$k_w = \left(\frac{S}{S+B}\right)k_L + \left(\frac{B}{S+B}\right)(1-T_c)k_b$$

$$= (1-0.15)(8.8\%) + (0.15)(1-0.2)(4\%) = 7.96\%$$

따라서 이 회사가 자본구조를 변경하지 않고, 새로운 투자안의 체계적 위험이 기업의 체계적 위험과 동일하다면, 가중평균자본비용인 7.96%를 위험조정할인율로 이용할 수 있다. 따라서 기대수익률 7%인 새로운 투자안은 기각될 것이다.

2) 새로운 자본구조 하에서 자본비용추정

자본구조가 변경되면, 기업의 체계적 위험이 변경된다는 사실을 알고 있으므로, 만약 이 회사가 부채를 사용하지 않고 기업을 운영했을 경우의 자본비용(k_U)을 MM의 수정이론 [명제 Ⅲ]을 이용하여 추정할 수 있다.

$$k_w = \left(1 - T_c \frac{B}{S+B}\right) k_U$$

$$7.96 = (1 - (0.2)(0.15)) k_U$$

$$k_U = 8.21\%$$

그리고 자본구조변경 이후의 가중평균자본비용은 다음과 같이 7.64%로 산출되고, 기대수익률 7%의 새로운 투자안은 여전히 기각될 것이다.

$$k_w = \left(1 - T_c \frac{B}{S+B}\right) k_U = [1 - (0.2)(0.35)](8.21) = 7.64\%$$

일반적으로 많이 범할 수 있는 오류는 기업의 자본구조 변경으로 인하여 자기자본비용이 변동한다는 사실을 무시하고, 자본구조변경 이전의 자기자본비용인 8.8%를 적용하여 가중평균자본비용을 산출하는 것이다.

$$k_w = \left(\frac{S}{S+B}\right) k_L + \frac{B}{S+B} (1 - T_c) k_b$$

$$= (1 - 0.35)(8.8\%) + (0.35)(1 - 0.2)(4\%) = 6.84\%$$

이와 같은 경우 기업의 투자의사결정의 기준이 되는 가중평균자본비용을 너무 낮게 추정하여 기대수익률 7%인 새로운 투자안을 채택하는 잘못된 의사결정을 할 수 있다.

요 약

❶ 자본구조이론의 의미

자본구조이론은 기업의 자본구조가 기업가치와 평균자본비용 또는 전반자본비용에 미치는 영향을 분석하는 이론이다. 자본구조이론에서는 대조되는 두 가지 견해가 있다. 하나는 재무레버리지가 증가하면 기업가치도 증가한다는 견해이고, 다른 하나는 재무레버리지가 증가하더라도 기업가치는 항상 일정하다는 견해이다. 만약 전자가 옳다면 재무레버리지의 변동, 즉 자본구조의 변동은 기업가치에 중요한 영향을 주게 된다. 그러나 후자가 옳다면 자본구조의 변동은 기업가치와 아무런 관련이 없게 된다.

❷ MM의 무관련이론

MM은 1958년 논문에서 법인세 등을 고려하지 않는 완전자본시장을 가정하여 ① 기업가치, ② 자기자본비용, ③ 거부율로서의 가중평균자본비용에 관한 3개의 명제를 제시하였다. 이 세 가지 명제를 자본구조이론의 기초로 삼아 기업가치와 기업의 자본비용은 자본구조와 아무런 상관이 없다고 하였다. 그러므로 기업가치를 최대로 하는 자본구조는 존재하지 않는다고 하였다.

❸ MM의 수정이론

MM은 1963년 논문에서는 3개 명제에 대하여 법인세 효과를 조정하고, 불완전자본시장을 가정하여 자본구조와 기업가치는 서로 밀접하게 관련되어 있다고 이론을 수정하였다. 즉 타인자본을 사용한 기업의 가치는 타인자본을 전혀 사용하지 않은 기업의 가치에 이자비용의 법인세절감액의 현가를 더한 것과 같다고 하였다.

❹ MM이론의 한계

1958년 MM의 논문이 처음 발표된 이후 자본구조이론에 관한 많은 논쟁이 계속되었다. MM이론의 한계를 제시하면 다음과 같다.

① 현실적으로 완전자본시장은 존재하지 않고, 투자자도 항상 이성적으로 판단을 내리지는 못한다.

② 기업의 재무레버리지와 개인의 재무레버리지는 일치할 수 없다. 따라서 개인의 부채비용을 기업의 부채비용과 대체할 수 없다.

③ 파산위험은 재무레버리지의 함수이기 때문에 부채가 증가할수록 가중평균자본비용이 감소

되어 기업가치가 증가한다는 것은 현실적이지 못하다. 또한 자본의 100%를 부채로 조달하는 경우에 기업가치가 가장 높게 된다는 것도 현실성에 문제가 있다.

④ 부채비용이 무위험이자율로서 재무레버리지에 영향을 받지 않고 일정하다고 가정하지만, 현실적으로 재무레버리지가 일정한 수준을 초과하면 부채비용도 함께 증가한다.

⑤ 기업의 자본비용은 재무레버리지에만 의존하는 것이 아니고, 개인소득세의 변동, 거래비용의 존재 등에도 영향을 받는다.

❺ MM이론과 CAPM의 통합

MM이론에서는 기업의 영업위험이 일정하다고 가정하고 있다. 그러므로 기업이 검토하고 있는 새로운 투자안의 위험이 기업의 기존 영업위험과 다른 경우에는 투자안 평가를 위한 자본비용으로 가중평균자본비용을 이용할 수 없게 된다. 이러한 문제점을 해결하기 위해서는 투자안을 평가할 때, MM이론에 의한 가중평균자본비용 대신에 *CAPM*을 적용하는 것이 바람직하다. MM이론에 *CAPM*을 통합하면, 기업의 위험이 일정하다는 가정을 이용하지 않아도 MM의 수정이론의 3가지 명제가 성립한다는 것을 확인할 수 있다.

❻ 자본구조와 베타계수의 관계

법인세가 존재하는 경우에는 자본구조에 의하여 기업의 베타계수가 영향을 받게 된다. 그러므로 투자안 평가 의사결정에서 기업의 베타계수가 자본구조에 상관없이 고정되어 있다고 가정하고, 이를 *CAPM*에 대입하여 위험조정수익률을 추정하면 오류가 발생할 수 있다. 따라서 이 경우에는 자본구조와 베타계수 간의 관계를 나타내는 (14-22)식과 (14-19)식을 이용하여 베타계수를 조정한 후에 투자안에 적용할 가중평균자본비용을 산출한다.

$$\beta_S = \beta_U + [\beta_U - \beta_B](1 - T_c)\frac{B}{S} \tag{14-22}$$

$$k_w = \left[1 - T_c\left(\frac{B}{S+B}\right)\right]k_U \tag{14-19}$$

연·습·문·제

1 다음 용어를 설명하라.

① 자본구조   ② MM의 무관련이론   ③ 차익거래

④ 절사율(ctu-off rate)   ⑤ MM의 수정이론   ⑥ 대용베타

2 MM의 무관련이론과 수정이론을 비교하여 설명하라.

3 MM의 무관련이론을 도출하기 위하여 이용한 가정이 무엇인지 설명하라.

4 MM의 자본구조이론이 갖는 한계점을 설명하라.

5 기존 기업의 영업위험과 위험수준이 다른 투자안을 평가할 때 기업이 현재 갖고 있는 기존의 가중평균자본비용을 절사율로 이용한다면 어떠한 오류가 발생할 수 있는지에 대하여 설명하라.

6 기업의 자본구조 변경이 투자의사결정에 어떠한 영향을 미치게 되는지 설명하라.

7 부채를 보유하고 있는 L기업과 부채를 보유하지 않은 U기업은 자본구조의 차이를 제외하고는 모든 것이 동일하다. 두 기업의 법인세율은 20%, *EBIT*는 2백만원, k_U는 8%, k_L은 10%이다. L기업은 현재 부채를 1천만원 조달하였는데 k_b는 5%이다. MM의 모든 가정을 인정할 때에 다음 물음에 답하라.

(1) 두 기업의 가치를 평가하라.

(2) U기업의 가치는 2천만원, L기업의 가치는 2천 1백만원이라고 가정하면, MM의 이론에서 두 기업의 가치가 균형상태에 있는가를 설명하라.

(3) L기업의 자기자본비용을 산출하라. 그리고 자본구조가 변경됨에 따라 자기자본비용이 어떻게 변동하는지 그림으로 나타내어라.

(4) L기업의 투자의사결정의 지표로 이용될 절사율(cut-off rate)을 산출하라.

8 부일기업은 현재의 영업활동과 위험수준이 다른 분야에 진출하기 위하여 새로운 투자안을 검토하고 있다. 이 회사의 부채비율(B/S)은 100%이고, 무위험부채를 이용하고 있다. 무위험수익률은 5%이며 시장지수 수익률은 15%로 예상된다. 이 회사에 적용되는 법인세율은 25%이다. 이 회사의 재무담당자는 대용기업을 선정하여 이 회사들의 평균 베타계수, 법인세율, 부채비율을 조사하는데, 각각 1.8, 30%, 50%로 조사되었다. 대용기업들의 부채도 무위험부채라고 가정하고, 아래의 물음에 답하라.

(1) 부일기업의 새로운 투자안에 적용할 위험조정수익률을 산출하라.

(2) 만약 부일기업이 부채비율을 100%에서 120%로 변경하였을 때, 새로운 투자안에 적용할 위험조정수익률을 산출하라.

9 신원기업의 *EBIT*는 100억원으로 일정하며 향후 영구적으로 발생할 것으로 예상되고 있다. 이 회사는 이자율 5%인 부채 500억원을 이용하고 있으며, 법인세율은 30%이다. 이 회사의 자기자본의 시장가치는 500억원이다. 한성기업은 신원기업과 완전히 동일한 영업활동을 하고 있으나, 다만 부채비율은 0%이다. 이 회사의 가치는 700억원으로 평가되고 있다. 아래 물음에 답하라.

(1) 신원기업의 지분 1%를 가지고 있는 투자자의 경우 어떠한 차익거래를 할 수 있는가? 그리고 차익거래를 통하여 얻을 수 있는 이익은 얼마인지 산출하라.

(2) 한성기업의 가치가 정확하게 평가되고 있다고 가정할 때, 신원기업의 균형상태에서의 가치를 산출하라.

(3) 한성기업의 자기자본비용과 가중평균자본비용을 산출하라.

(4) 신원기업의 자기자본비용과 가중평균자본비용을 산출하라.

🔘 **해답**

7 (1) V_U = 20,000,000원, V_L = 22,000,000원 (2) L기업의 가치가 과소평가되어 있음 (3) 10% (4) 7.27%
8 (1) 16.04% (2) 15.83%
9 (1) 신원주식 5억원에 매도, 차입 3.5억원, 한성주식 7억원 매입; 차익거래이익 1.5억원
  (2) 850억원 (3) 10%, 10% (4) 10.5%, 7.75%

부록 14A MM의 무관련이론 [명제 Ⅰ] 도출

차익거래의 기본원리는 부채비율 이외의 다른 모든 조건이 동일한 기업의 가치가 서로 다른 경우에는 차익거래가 발생하기 때문에 차익거래이익이 0이 되는 수준으로 기업가치가 조정된다는 것이다.

*EBIT*가 X인 U기업(부채를 이용하지 않은 기업)과 L기업(부채를 사용하는 기업)이 있다고 하자. 그리고 $V_L > V_U$인 경우를 고려하여 보자. L기업의 지분율 a_L을 보유한 투자자가 있다고 할 때 자본시장이 완전자본시장이고, 차익거래를 통하여 이익을 얻을 수 없는 균형상태에서는 $V_L = V_U$가 성립함을 증명해 보면 다음과 같다.

이 투자자가 L기업의 주식을 그대로 보유하고 있을 경우의 투자수익은 다음과 같다.

$$Y_L = (X - k_b B) a_L \tag{14A-1}$$

이 투자자가 L주식을 처분하면, $a_L S$을 받게 될 것이다. 그리고 L기업의 레버리지를 개인투자자의 레버리지로 대체하기 위하여 $(a_L S) \times (B/S)$ 만큼 차입하여, 이 자금으로 U기업의 주식을 매입한다. 이 경우 투자자가 보유하게 되는 U기업의 지분율은 다음과 같다.

$$a_U = \frac{a_L(S+B)}{V_U} = a_L \frac{V_L}{V_U} \tag{14A-2}$$

L기업의 지분을 처분하고 U기업의 지분을 취득한 이후의 투자수익은 다음과 같이 된다.

$$Y_U = X \left(a_L \frac{V_L}{V_U} \right) - (a_L B) k_b = a_L \left(X \frac{V_L}{V_U} - k_b B \right) \tag{14A-3}$$

차익거래이익은 $(Y_U - Y_L)$로 정의되고, 이 값이 0이 되어야 균형상태가 된다. 그러므로 (14A-1)식과 (14A-3)식을 등식으로 두면 (14A-4)식과 같이 된다.

$$a_L(X - k_b B) = a_L \left(X \frac{V_L}{V_U} - k_b B \right) \qquad (14A-4)$$

(14A-4)식을 정리하면 다음과 같은 (14A-5)식을 얻을 수 있다.

$$V_L = V_U \qquad\qquad (14A-5)$$

(14A-5)식은 자본시장이 완전자본시장이고, 차익거래를 통하여 이익을 얻을 수 없는 균형상태에서는 자본구조가 기업의 가치에 영향을 주지 못한다는 것을 보여주는 것이다.

MM의 무관련이론 [명제 II] 도출

자산으로 부터의 현금흐름($V_U\,k_U$)은 주주에 대한 현금흐름(Sk_L)과 채권자에 대한 현금흐름(Bk_b)과 동일하여야 한다.[15] 즉 (14B-1)식이 성립하여야 한다.

$$V_U\,k_U = Sk_L + Bk_b \qquad\qquad (14B-1)$$

(14B-1)식에 ($V_U = V_L = S + B$)를 대입하여 정리하면, 다음과 같이 (14B-2)식을 얻을 수 있다.

$$(S+B)k_U = Sk_L + Bk_b$$

$$k_L = k_U + (k_U - k_b)\frac{B}{S} \qquad\qquad (14B-2)$$

(14B-2)식의 [명제 II]는 기업의 자기자본비용이 부채비율에 대해 선형으로 증가하는 형태를 보인다는 것을 나타낸다.

---

15) 현금흐름을 할인율로 자본환원하면 가치를 산출할 수 있으므로, 가치와 할인율을 곱하면 현금흐름을 구할 수 있다.

MM의 무관련이론 [명제 Ⅲ] 도출

새로운 투자안이 채택되기 위해서는 추가적인 투자(ΔI)보다 이로 인한 기업가치 증가분(ΔV)이 커야 한다. 즉, (14C–1)식이 성립하여야 한다.

$$\Delta V - \Delta I \geq 0 \tag{14C–1}$$

그리고 [명제 Ⅰ]로부터 (14C–2)식과 같은 관계식을 얻을 수 있다.

$$\Delta V = \frac{\Delta X}{k_U} \tag{14C–2}$$

(14C–2)식을 (14C–1)식에 대입하여 정리하면, (14C–3)식과 같은 [명제 Ⅲ]을 얻을 수 있다.

$$\frac{\Delta X}{\Delta I}\,(=IRR) \geq k_U \tag{14C–3}$$

이제 부채를 조달하지 않은 기업(U기업)의 자본비용(k_U)이 부채를 조달한 기업(L기업)의 가중평균자본비용(k_w)과 동일한지에 대하여 알아보자.

가중평균자본비용을 구하는 정의식에 [명제 Ⅱ]의 관계식을 대입하여 정리하면 (14C–4)식과 같아진다.

$$k_w = \frac{B}{S+B}k_b + \frac{S}{S+B}k_L$$

$$= \frac{B}{S+B}k_b + \frac{S}{S+B}\left[k_U + (k_U - k_b)\frac{B}{S}\right] = k_U \tag{14C–4}$$

MM의 수정이론 [명제 I] 도출

$EBIT$가 동일하게 X인 U기업(부채를 이용하지 않은 기업)과 L기업(부채를 사용하는 기업)이 있다고 하자. 그리고 $V_L > V_U + T_c B$인 경우를 고려하여 보자. L기업의 지분율 a_L을 보유한 투자자가 있다고 할 때 차익거래에 의해 (14-4)식이 성립함을 증명해 보면 다음과 같다.

이 투자자가 L기업의 주식을 그대로 보유하고 있을 경우의 투자수익은 (14D-1)식과 같이 된다.

$$Y_L = a_L(X - k_b B)(1 - T_c) \tag{14D-1}$$

이 투자자가 L주식을 처분하면, $a_L S$을 받게 될 것이다. 그리고 (14D-1)식만큼의 투자수익을 얻기 위하여 U기업의 주식을 $a_L V_U$만큼 매입하고, 부채를 $a_L(1-T_c)B$만큼 차입하자. 그러면 U기업의 주식매입과 차입하여 구성한 포트폴리오의 투자수익은 (14D-2)식과 같다.

$$Y_U = a_L X(1 - T_c) - a_L k_b (1 - T_c)B = a_L(X - k_b B)(1 - T_c) \tag{14D-2}$$

그러므로 차익거래의 원리에 의하여 (14D-1)식의 투자수익과 (14D-2)식의 투자수익이 동일하기 때문에, 투자원금도 동일하여야 한다. 따라서 (14D-3)식이 성립해야 한다.

$$a_L S = a_L V_U - a_L(1 - T_c)B \tag{14D-3}$$

그리고 $V_L = S + B$ 이므로, 다음의 (14D-4)식이 성립해야 한다.

$$V_L = V_U + T_c B \tag{14D-4}$$

MM의 수정이론 [명제 II] 도출

자산으로 부터의 현금흐름($V_U k_U + k_b T_c B$)은 주주에 대한 현금흐름(Sk_L)과 채권자에 대한 현금흐름(Bk_b)과 동일하여야 한다는 원리를 이용하면 (14E-1)식을 얻을 수 있다.

$$V_U k_U + k_b T_c B = Sk_L + Bk_b \tag{14E-1}$$

(14E-1)식에 ($V_U = V_L - T_c B = S + B - T_c B$)를 대입하여 정리하면, 다음과 같이 (14E-2)식을 얻을 수 있다.

$$(S + B - T_c B)k_U + k_b T_c B = Sk_L + Bk_b$$

$$k_L = k_U + (k_U - k_b)(1 - T_c)\frac{B}{S} \tag{14E-2}$$

(14E-2)식의 [명제 II]는 법인세가 존재하는 경우에도 법인세가 존재하지 않는 경우와 마찬가지로 기업의 자기자본비용이 부채비율에 대해 선형으로 증가하는 형태를 보인다는 것을 나타낸다.

MM의 수정이론 [명제 Ⅲ] 도출

새로운 투자안이 채택되기 위해서는 추가적인 투자(ΔI)보다 이로 인한 기업 가치 증가분(ΔV)이 커야 한다. 즉 (14F-1)식이 성립하여야 한다.

$$\Delta V - \Delta I \geq 0 \tag{14F-1}$$

그리고 MM의 수정이론 [명제Ⅰ]로부터 다음과 같은 관계식을 얻을 수 있다.

$$\Delta V = \frac{\Delta X(1-T_c)}{k_U} + T_c\Delta B \tag{14F-2}$$

(14F-2)식을 (14F-1)식에 대입하여 정리하면, (14F-3)식과 같이 된다.

$$\frac{\Delta X(1-T_c)}{\Delta I}(=IRR) \geq k_U\left(1-T_c\frac{\Delta B}{\Delta I}\right) \tag{14F-3}$$

(14F-3)식에서의 ($\Delta B/\Delta I$)는 새로운 투자안에 소요되는 총자금 중에서 부채로 조달되는 비율을 나타낸다. 기업이 목표 자본구조를 가지고 있으며, 추가적인 자본조달은 이러한 목표 자본구조에 따라 조달되어야 한다고 가정하면, 다음과 같은 (14F-4)식의 수정이론 [명제Ⅲ]을 얻을 수 있다.

$$\frac{\Delta X(1-T_c)}{\Delta I}(=IRR) \geq k_U\left[1-T_c\frac{B}{S+B}\right] = k_U\left[1-T_c\left(\frac{B}{V_L}\right)\right] \tag{14F-4}$$

여기서 $k_U[1-T_c(B/V_L)]$가 가중평균자본비용(k_w)과 동일한지에 대해 확인해 보면 다음과 같다. 가중평균자본비용을 구하는 정의식에 수정이론 [명제Ⅱ]의 관계식을 대입하여 정리하면 (14F-5)식과 같이 된다.

$$\begin{aligned}
k_w &= \frac{B}{S+B}(1-T_c)k_b + \frac{S}{S+B}k_L \\
&= \frac{B}{S+B}(1-T_c)k_b + \frac{S}{S+B}\left[k_U+(k_U-k_b)(1-T_c)\frac{B}{S}\right] \\
&= k_U\left(1-T_c\frac{B}{S+B}\right) = k_U\left[1-T_c\left(\frac{B}{V_L}\right)\right] \tag{14F-5}
\end{aligned}$$

15
Chapter

자본구조의 현실적 문제

들어가면서

현실적으로 기업이 속하고 있는 산업의 특성, 자산구성과 경영활동의 차이 만큼 기업의 부채비율은 서로 다르다. MM의 자본구조이론은 법인세를 무시한 경우 자본구조는 기업가치와 무관하고, 법인세를 고려할 경우 레버리지가 증가하게 되면 부채에 대한 이자의 법인세 절감액의 현재가치 만큼 기업가치가 계속 증가한다는 것이다. 이러한 주장은 현실적으로 기업이 구성하고 있는 자본구조와 차이가 많다. 현실과의 이러한 차이의 원인은 주로 MM이 설정한 가정에 근거하고 있다.

이 장에서는 제14장에서 설명한 자본구조이론을 더욱 실제적인 상황에서 살펴본다. MM의 자본구조이론은 비현실적인 가정에 기초하고 있기 때문에 이 장에서는 가정을 보다 완화하여, 개인소득세, 재무적 곤경비용, 대리인비용 등이 존재하는 경우에 있어 최적자본구조의 존재 여부에 대해 설명한다.

Miller는 투자자의 개인소득세를 감안할 경우 자본구조는 기업가치와 무관하다고 하였다. 그러나 기업의 부채비율이 증가하여 발생하는 재무적 지급부담은 미래의 경제상황에 따라 기업에 여러 가지 위험을 초래하게 된다.

현실적으로 재무레버리지가 계속 증가하게 되면, 부채비용의 증가뿐만 아니라 경제상황의 악화에 따른 파산비용이 증가하게 된다. 또한 기업의 경영악화에 대한 영업중단의 가능성은 매출액의 감소와 영업이익의 감소로 이어져 재무위험은 더욱 가중될 수 있다. 이러한 재무레버리지의 증가로 인하여 발생하는 재무적 곤경비용과 대리인비용은 재무레버리지로 인한 기업가치의 증대효과를 감소시키게 된다. 따라서 일반적으로 기업가치가 최대가 되는 최적자본구조가 존재하는 것으로 알려져 있다.

독자들은 기업의 최적자본구조가 존재하는 타당한 근거에 대하여 충분히 공부하여야 한다. 그렇게 되면 독자들은 최적자본구조에 대한 개념을 확립하여 효과적으로 자본구조 의사결정을 할 수 있고, 자본조달시장에서 이루어지고 있는 기업의 자본조달 행태에 대한 이해력을 높일 수 있다.

제1절

1.1 개인소득세와 기업가치

1) 개인소득세를 고려한 기업가치모형

MM은 1958년의 논문에서 법인세를 전혀 고려하지 않은 상태를 가정하여 기업가치는 자본구조에 아무런 영향을 받지 않는다고 하였다. 1963년의 논문에서 MM은 기업가치가 부채를 조달할수록 $T_c \times B$만큼 증가한다고 주장하였다. 따라서 기업가치는 재무레버리지가 100%일 때 최대가 된다는 것이며, 이 관계를 제14장에서 (14-4)식으로 표현하였다.

그러나 기업가치를 최대화하기 위하여 자본을 부채로만 조달한다는 것은 이미 주식회사가 아니므로 지극히 비현실적이다. 일반적으로 기업에 대한 자본공급자로서 주주와 채권자가 존재한다. 따라서 기업의 현금흐름을 주주와 채권자에 대한 현금흐름으로 분리하여 각 현금흐름에 대한 투자자의 개인소득세(personal tax)를 고려할 필요가 있다. 왜냐하면, 주주와 채권자에 대한 현금흐름은 각기 합당한 개인소득세가 차감되지 않고는 각 투자자에게 가처분현금흐름(가처분소득)으로 유입될 수 없기 때문이다.

그러면 법인세와 주주 및 채권자의 개인소득세를 동시에 고려하는 경우에 재무레버리지가 증가함에 따라 기업가치가 어떻게 변동할 것인가? 개인소득세를 감안할 경우의 기업가치모형은 근본적으로 MM의 자본구조이론을 부정하는 것이 아니라 오히려 이를 뒷받침하고 있다.

법인세와 개인소득세를 함께 고려하여 부채를 조달한 L기업의 현금흐름을 주주에 대한 현금흐름과 채권자에 대한 현금흐름으로 분류한 다음, 이를 기초로 하여 L기업의 기업가치모형을 도출하기로 하자.

L기업의 세후현금흐름(after-tax cash flow)은 (15-1)식과 (15-1a)식으로 표현할 수 있다.

$$CF_{LP} = \underbrace{(EBIT - I_{nt})(1 - T_c)(1 - T_{PS})}_{\substack{\text{주주에 대한} \\ \text{현금흐름}}} + \underbrace{I(1 - T_{PB})}_{\substack{\text{채권자에 대한} \\ \text{현금흐름}}} \qquad (15-1)$$

$$= \underbrace{EBIT(1-T_c)(1-T_{PS}) - I_{nt}(1-T_c)(1-T_{PS})}_{k_U \text{로 자본환원}} + \underbrace{I_{nt}(1-T_{PB})}_{k_b \text{로 자본환원}} \quad (15\text{-}1a)$$

단, CF_{LP} = L기업의 법인세와 개인소득세 차감후 현금흐름

$EBIT$ = 영업이익(이것은 U기업과 L기업이 동일함)

I_{nt} = 부채이자

T_c = 법인세율

T_{PS} = 주주의 개인소득세율

T_{PB} = 채권자의 개인소득세율

이 (15-1a)식에서 제1항은 자기자본만으로 자본을 조달한 U기업의 주주에 대한 현금흐름이므로 이것을 자기자본비용 k_U로 나누어 자본환원시키고, 제2항과 제3항의 이자는 채권자에 대한 현금흐름이므로 이들을 자본환원시키기 위하여 부채비용 k_b로 나누어 식을 정리하면, 법인세와 개인소득세 차감후 L기업가치는 다음과 같이 표현된다.

$$V_{LP} = V_{UP} + \left[1 - \frac{(1-T_c)(1-T_{PS})}{(1-T_{PB})}\right]\frac{I_{nt}(1-T_{PB})}{k_b} \quad (15\text{-}2)$$

단, V_{LP} = 법인세와 개인소득세 차감후 L기업가치

$$V_{UP} = \frac{EBIT(1-T_c)(1-T_{PS})}{k_U}$$

= 법인세와 개인소득세 차감후 U기업가치

이 식에서 제2항의 $I_{nt}(1-T_{PB})/k_b$는 채권자의 개인소득세가 차감된 이자소득을 부채비용 k_b로 자본환원시킨 것으로 L기업의 부채 B_P로 표현한다면, 법인세와 주주 및 채권자의 개인소득세를 동시에 고려할 경우 L기업의 가치는 (15-3)식과 같이 표현할 수 있다.[1]

$$V_{LP} = \frac{EBIT(1-T_c)(1-T_{PS})}{k_U} + \left[1 - \frac{(1-T_c)(1-T_{PS})}{(1-T_{PB})}\right]B_P$$

$$= V_{UP} + \left[1 - \frac{(1-T_c)(1-T_{PS})}{(1-T_{PB})}\right]B_P \quad (15\text{-}3)$$

---

1) E. F. Brigham and L. C. Gapenski(1987), *Intermediate Financial Management*, 2nd ed., Hinsdale, Ⅲ: The Dryden Press, 161-164.

2) 개인소득세를 고려하기 전후의 기업가치 비교

개인소득세를 고려한 기업가치와 개인소득세를 고려하지 않은 기업가치를 대응시켜 비교하면 다음과 같다.

첫째, 일체의 세금을 고려하지 않는다면($T=T_{PS}=T_{PB}=0$), (15-3)식은 아래와 같이 MM의 [명제 I], 즉 "기업의 시장가치는 자본구조와 무관하다"는 내용과 일치하게 된다.

$$V_{LP}=V_{UP}+\left[1-\frac{(1-T_c)(1-T_{PS})}{(1-T_{PB})}\right]B_P \qquad (15-3)$$

$$=V_{UP}+\left[1-\frac{(1-0)(1-0)}{(1-0)}\right]B_P$$

$$=V_{UP}$$

$$=\frac{EBIT(1-T_c)(1-T_{PS})}{k_U}$$

$$=\frac{EBIT(1-0)(1-0)}{k_U}$$

$$=V_U$$

$$V_{LP}=V_{UP}=V_U=V_L \text{(MM의 법인세 비고려시 [명제 I])}$$

둘째, 법인세만 고려하고 개인소득세를 고려하지 않은 경우($T_{PS}=T_{PB}=0$)에, (15-3)식은 (14-4)식과 일치한다.

$$V_{LP}=V_{UP}+\left[1-\frac{(1-T_c)(1-T_{PS})}{(1-T_{PB})}\right]B_P \qquad (15-3)$$

$$=\frac{EBIT(1-T_c)(1-T_{PS})}{k_U}+\left[1-\frac{(1-T_c)(1-T_{PS})}{(1-T_{PB})}\right]\frac{I_{nt}(1-T_{PB})}{k_b}$$

$$=\frac{EBIT(1-T_c)(1-0)}{k_U}+\left[1-\frac{(1-T_c)(1-0)}{(1-0)}\right]\frac{I_{nt}(1-0)}{k_b}$$

$$=V_U+T_cB$$

$$V_L = V_U + T_c B \text{(MM의 법인세 고려시 [명제 I])} \qquad (14\text{-}4)$$
$$V_{LP} = V_L$$

셋째, 주주의 개인소득세율과 채권자의 개인소득세율이 동일한 경우($T_{PS} = T_{PB} \neq 0$)이다. 이 때에는 (15-3)식의 제1항에서 분자인 주주에 대한 현금흐름은 개인소득세를 차감한 것이므로 이 현금흐름을 자본환원한 U기업의 가치 V_{UP}는 법인세만 고려한 (14-4)식의 U기업가치 V_U보다 작고, 제2항의 B_P도 이자에서 채권자의 개인소득세를 차감한 현금흐름을 자본환원시킨 것이므로 이자를 바로 자본환원시킨 B보다 작다.

따라서 V_{LP}는 V_L보다 작아진다. 이러한 현상을 밝히기 위하여 두 모형을 대응시키면 아래와 같다.

$$V_{LP} = \frac{EBIT(1-T_c)(1-T_{PS})}{k_U} + \left[1 - \frac{(1-T_c)(1-T_{PS})}{(1-T_{PB})}\right]\frac{I_{nt}(1-T_{PB})}{k_b} \quad (15\text{-}3)$$
$$= V_{UP} + (1-1+T_c)B_P$$
$$= V_{UP} + T_c B_P$$
$$V_L = V_U + T_c B \qquad\qquad (14\text{-}4)$$

① $V_{LP} < V_L$
② $B_P < B$
③ $V_{LP} < V_L$

넷째, 주주의 배당소득은 법인세 차감후의 현금흐름이지만 채권자의 이자소득은 법인세 차감전의 현금흐름이므로, 주주의 개인소득세율이 채권자의 개인소득세율보다 낮은 경우($T_{PS} < T_{PB}$)가 많다.[2]

이때에는 Miller모형인 (15-3)식의 제2항에 있는 [ ] 속의 값이 법인세율(T_c)보다 작아지므로 부채조달로 인한 Miller모형의 제2항의 값은 MM모형의 것($T_c \times B$)보다 작다.

---

2) 주주의 개인소득세율을 무시하는 이유로는 아래의 요인들을 들 수 있다. ① 기업의 이익이 계속 유보되며, 주주는 소유주식을 계속 보유하고 있을 경우에는 개인소득세율이 0이다. ② 효율적 분산투자에서는 이익과 손실이 상쇄되어 자본이득이 0에 접근할 수 있다. ③ 소액주주의 배당소득은 면세되는 경우가 많다. ④ 사채 등은 흔히 면세채권이다.

그리고 앞에서 살펴본 바와 같이 V_{UP}는 V_U보다 작기 때문에 법인세와 개인소득세를 동시에 고려한 L기업의 가치 V_{LP}는 법인세만 고려한 L기업의 가치보다 작아진다. 이와 같은 재무레버리지와 기업가치의 관계를 두 모형을 비교함으로써 밝혀보면 아래와 같다.

$$V_{LP} = V_{UP} + \left[1 - \frac{(1-T_c)(1-T_{PS})}{(1-T_{PB})}\right]B_P \qquad (15\text{-}3)$$

$$V_L = V_U + T_c B \qquad (14\text{-}4)$$

① $V_{UP} < V_U$

② $\left[1 - \dfrac{(1-T_c)(1-T_{PS})}{(1-T_{PB})}\right]B_P < T_c B$

③ $V_{LP} < V_L$

다섯째, $(1-T_{PB}) = (1-T_c)(1-T_{PS})$인 특정한 경우를 가정한다면 (15-3)식의 제2항 [ ] 속의 값이 0이 된다.

Miller는 이 경우에 부채이자의 감세효과가 자기자본의 비감세효과를 상쇄하므로 1958년 MM논문의 [명제 I], 즉 자본구조와 기업가치가 독립적이라는 것이 성립된다고 주장하고 있다. 다시 말해서, 주주와 채권자의 개인소득세를 동시에 고려하더라도 기업가치는 아래와 같이 자본구조와 무관하다는 것이다.

$$V_{LP} = V_{UP} + \left[1 - \frac{(1-T_c)(1-T_{PS})}{(1-T_{PB})}\right]B_P \qquad (15\text{-}3)$$

$$= V_{UP} + (1-1)B_P = V_{UP}$$

① $V_{LP} = V_{UP}$
② $V_L = V_U$ (MM의 법인세 비고려시 [명제 I])

1.2 사채시장의 균형과 최적자본구조

Miller는 주주의 개인소득세율이 극히 낮거나 0이라고 가정한다면 (15-3)식의 제2항, 즉 부채조달의 이득(레버리지 이득)은 아래와 같이 (15-4)식으로 표현된다고 하였다.[3]

$$G = \left[1 - \frac{(1-T_c)}{(1-T_{PB})}\right]B_P \tag{15-4}$$

그리고 Miller는 사채시장에서 형성되는 사채의 총공급과 총수요의 균형, 즉 사채시장의 균형(equilibrium of market for corporate bonds)을 이용하여 거시적인 관점에서는 (15-4)식의 레버리지 이득이 0이 된다고 하였다. 다시 말해서, 거시적 국민경제의 관점에서 보면 레버리지 이득이 0이 되므로 기업가치는 자본구조와 무관하다는 것이다. 이러한 Miller의 주장을 균형부채이론이라고 하며, [그림 15-1]을 이용하면 이 이론을 쉽게 이해할 수 있다.

이 그림에서 r_0를 이자소득에 대하여 일체의 세금이 면제되는 채권, 즉 면세채권(fully tax-exempt bonds)의 이자율이라고 하자. 이 r_0는 채권공급자(발행자)

그림 15-1 사채시장의 균형

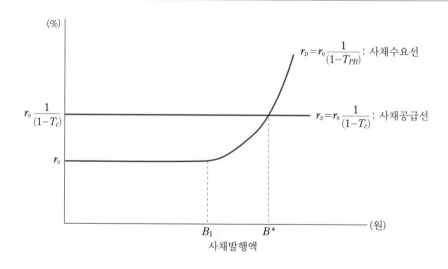

3) M. H. Miller(1977), "Debt and Taxes," *Journal of Finance*, 32(2), 261-275.

의 이자율임과 동시에 채권수요자(투자자)의 요구수익률이 된다. 그리고 면세채권의 이자율 r_0은 세금이 면제된 것이므로 세후이자율과 동일하다.

기업에서 공급(발행)하는 채권의 이자는 법인세를 차감하기 전에 지급된다. 따라서 사채의 세전공급이자율 r_s는 r_0을 $(1-T_c)$로 나누어 산출한다.

$$r_s = r_0 \frac{1}{(1-T_c)} \tag{15-5}$$

단, r_s = 사채의 세전공급이자율

그리고 모든 기업의 법인세율 T_c가 일정하다고 가정한다면, 기업이 공급한 사채의 세전이자율선, 즉 사채공급선은 [그림 15-1]에서 y축의 $r_0 \frac{1}{(1-T_c)}$인 점에서 우측으로 수평인 직선이 된다. 다시 말해서, 사채의 세전공급이자율은 채권시장에서 사채의 발행액과는 상관없이 항상 일정하다.

한편, 채권자의 요구수익률선, 즉 사채수요선은 [그림 15-1]의 r_0에서 시작하여 한동안 수평을 지속하다가 우상향하는 곡선이 된다. 다시 말해서, 사채발행액이 비교적 적은 경우에는 한계개인소득세율(T_{PB})이 0인 면세투자자(면세대상 채권자)가 사채에 투자함으로써 사채수요선은 면세요구수익률 r_0로부터 사채발행액이 B_1(면세투자자의 사채수요액)에 이를 때까지 수평인 직선으로 나타난다.

그러나 사채의 수요가 증가하여 사채발행액이 B_1을 초과하게 되면 사채수요선은 점진적으로 상향하게 되는데, 이러한 현상은 추가적인 사채수요자의 한계개인소득세율이 누진세율(progressive rate)이고, 또한 이들의 요구수익률(세전요구수익률) r_D는 $r_0 \frac{1}{(1-T_{PB})}$이기 때문이다.

그리고 사채의 발행액이 계속 증가하면 사채수요선은 사채공급선과 교차하게 되며, 그 이후에도 사채발행액이 계속 증가하면 사채수요선의 우상향 속도는 가속화된다. Miller는 이 교차점에서의 사채발행액 B^*를 시장 전체에서 본 사채의 균형발행액(equilibrium quantity of bonds)이라고 한다.

사채가 이 균형발행액을 초과하여 발행되면 투자자(채권수요자)의 요구수익률이 공급이자율을 초과하게 되므로 기업들은 B^*를 초과하여 사채를 발행하지 않을 것이다. 사채발행액이 B^*에 미달할 때는 투자자의 요구수익률이 사채의 공급이자율보다 낮기 때문에 투자자는 계속해서 B^*점에 이를 때까지 투자를 할 것이다. 따라서 사채시장 전체로 볼 때 B^*는 사채의 수요와 공급이 균형을 이루는 발행액이 되며, 이것이 최적 사채발행액이다.

사채시장이 이처럼 균형상태에 도달하면 아래와 같이 사채의 공급이자율과 사채수요자(투자자)의 요구수익률이 동일해지며, 이에 따라 채권자의 한계개인소득세율은 법인세율과 일치하게 된다.

$$\frac{r_0}{(1-T_c)} = \frac{r_0}{(1-T_{PB})}$$

$$(1-T_c) = (1-T_{PB})$$

$$\therefore \ T_c = T_{PB}$$

따라서 자본시장 전체에서 보면 균형상태에서 전체기업의 최적 부채수준은 존재하게 된다. 그러나 이 경우는 $T_c = T_{PB}$인 상태에 있기 때문에 개별기업의 자본구조를 변경하여도 기업가치는 (15-4)식에 의하여 증가되지 않는다는 것이다. 즉 자본구조는 기업가치와 무관하다고 한다.

그러나 이상과 같이 Miller가 투자자의 개인소득세를 감안할 경우 자본구조는 기업가치와 무관하다는 내용의 논문을 발표한 이후에도 DeAngelo and Masulis(1980)는 감가상각비, 감가상각충당금(depletion allowances), 투자세액공제 등 비현금비용의 감세효과(effect of tax shields)를 분석함으로써 기업의 최적자본구조는 존재한다고 주장하고 있다.[4]

재무적 곤경비용

제 2 절

2.1 재무적 곤경비용의 의의

기업이 부채를 과중하게 조달하면 재무상태가 악화되고 기업가치가 잠식되는 현상이 발생한다. ① 파산비용(bankruptcy cost)의 증가, ② 부채비용의 증가, ③ 영업이익(*EBIT*)의 감소 등 재무적 곤경(financial distress)으로 발생되는 제반요

---

4) H. DeAngelo and R. Masulis(1980), "Optimal Capital Structure under Corporate and Personal Taxation," *Journal of Financial Economics*, 8, 3-29.

인이 기업가치를 감소시키게 된다.

그리고 기업가치를 평가할 때 이러한 요인은 모두 차감효과를 나타내는 일종의 비용적 성격을 가지고 있으므로 이들을 포괄하여 재무적 곤경비용(cost of financial distress)이라고 한다.[5] 재무적 곤경비용의 주요부분을 차지하는 것은 파산비용이다.

1) 파산비용의 발생

파산(bankruptcy, corporate failure)이 법률적 용어로 사용될 때에는 그 정의가 매우 명확하다. 재무적 곤경에 처한 기업이 자발적(voluntary)이거나 또는 비자발적(involuntary)으로 자기기업을 청산(liquidation)하거나 재조직(reorganization)하는 상황을 법률적 파산(legal bankruptcy)이라고 한다.

그러나 일반적인 의미로는 ① 기업의 총비용이 수익을 초과하는 상태, ② 채권자에게 최종적인 손실을 주고 사업을 종료시키는 상태, ③ 기술적 지급불능(technical insolvency)상태, ④ 총부채가 자산가치를 초과하는 상태 등 모두를 포함하는 기업의 부실(business failure)을 파산이라고 하는 경우가 있다.[6]

기업이 파산하거나 미래에 파산할 징조가 보이면 이와 관련하여 여러가지 비용이 발생하는데, 이를 파산비용(bankruptcy cost)이라고 한다. 기업의 파산비용은 부채의 비중과 밀접히 관련되어 있다. 다시 말해서, 기업에서 부채의 비중이 증가하면, 이에 따라 고정이자의 부담이 증가되고 수익성을 감소시킴과 동시에 기업을 파산시킬 가능성이 높아진다.[7] 파산기업이나 파산에 직면해 있는 기업이 지출해야 할 파산비용은 다음과 같은 기업 내외의 여러 문제로 인하여 발생한다.

첫째, 파산기업은 흔히 시세보다 낮은 가격으로 자산을 매각하여 파산을 종결시켜야 할 상황에 놓인다. 이러한 현상은 기업가치를 감소시키는 결과를 초래하게 된다.

둘째, 자산의 청산에 대하여 채권자 사이에 의견이 일치하지 않는 경우가 있다. 이때에는 자연히 청산시기가 지연되고, 이 지연되는 기간 중에 재고자산, 고정자산, 건물 등이 진부화(obsolescence), 구식화 또는 파괴됨으로써 이들의 가

---

5) S. A. Ross, R. W. Westerfield, and J. F. Jaffe(1990), *Corporate Finance*, 2nd ed., Richard D. Irwin, Inc., Homewood, IL, 417-424.

6) E. F. Brigham and L. C. Gapenski(1985), *Intermediate Financial Management*, Hinsdale, Ⅲ : The Dryden Press, 877-878.

7) E. I. Altman(1984), "A Further Empirical Investigation of the Bankruptcy Cost Question," *Journal of Finance*, 39(4), 1067-1089.

치가 잠식될 가능성이 높아진다.

셋째, 기업이 파산에 직면하면 이를 해결하기 위한 제반 비용, 즉 변호사의 고용비, 소송비, 파산에 관련된 일반관리비 등이 발생하게 되는데 이들은 기업가치를 잠식하게 된다.

넷째, 기업이 파산하면 흔히 경영자와 종업원이 직업을 잃게 된다. 따라서 파산하게 될 기업의 경영자는 기업을 소생시키기 위한 단기적인 조치를 취하는 경우가 있다. 바꾸어 말해서, 기계류의 유지 및 보수 기간을 지연시켜 현금지출을 억제하고, 단기자금의 조달을 위하여 자산을 헐값에 경매하거나 또는 생산원가를 지나치게 절감하여 제품의 품질을 저하시키는 등 단기적인 측면에서 재무상태를 개선하려는 조치를 경영자가 취하는 경우가 있는데, 장기적인 측면에서 보면 이러한 상황이 기업의 재무상태를 더욱 악화시키는 결과를 초래하게 된다.

다섯째, 파산에 직면해 있는 기업에 대한 공급자나 수요자는 종종 이 기업과의 거래를 지연시키거나 회피하려는 경향이 있다. 그리고 이 기업에서는 금융기관으로부터 자금조달이 어려워지고, 애프터서비스의 단절을 염려하는 고객의 불신으로 인하여 매출액이 감소될 뿐만 아니라, 양질의 노동력을 확보하는 데에도 어려움이 발생하여, 기업의 수익성은 급격히 하락하게 된다.

2) 이자율의 상승과 영업이익의 감소

MM은 기업의 부채비용인 이자율이 자본구조에 상관없이 항상 일정하다고 가정하였으나 이러한 가정은 비현실적이다. 부채의 비중이 일정한 수준을 초과하면 이자율(k_b)도 상승하는 것이 일반적이다.

물론 상승하는 이자율 자체가 영업이익($EBIT$)에 직접 영향을 미치는 것은 아니지만, 이는 ① 자기자본비용(k_e)의 상승과 자기자본가치(S)의 축소, ② 가중평균자본비용의 상승과 기업가치의 감소를 유발시킨다.

MM은 영업이익도 재무레버리지에 상관없이 일정하다고 가정하였다. 그러나 이 가정은 부채비중이 비교적 낮은 수준에서만 가능할 뿐이고, 부채가 과다한 상태에서는 기대영업이익을 축소시키는 결과를 가져온다.

그 이유로서는 첫째, 경기가 침체되고 긴축재정으로 시중에 자금사정이 악화되면 부채비율이 높은 기업은 자금을 조달하는 것이 극히 어렵게 되어 수익성이 높은 투자기회를 포기하게 된다. 둘째, 과다한 부채로 인하여 재무적 곤경에 처한 기업의 경영자는 효율적인 기업경영보다 존립을 위한 유동성 확보에만 치중하게 되므로 영업성과(영업이익)가 저하되고 궁극적으로는 기업가치를 감소시키는 결과를 초래한다.

2.2 재무적 곤경비용과 최적자본구조

이처럼 재무레버리지가 증가하면 재무적 곤경비용도 지속적으로 발생하므로 기업가치와 자본비용에 영향을 미친다고 하였다. 그러면 재무레버리지가 증가함에 따라 자본구조와 자본비용은 어떻게 변동하며, 최적자본구조가 존재하는가를 살펴보기 위하여 제14장의 (예 14-2)를 확대하여 설명하기로 한다.

한미기업에서는 앞으로 발생할 재무적 곤경비용이 300만원이며 그 현가는 200만원, 법인세율은 20%라고 하자. 이제 부채가 0원에서 700만원까지 가중됨에 따라 각 부채수준에서 재무적 곤경비용이 발생할 가능성이 〈표 15-1〉의 3열과 같다면, 재무레버리지의 변동에 따른 기대재무적 곤경비용의 현가(present value of expected bankruptcy value)는 제4열과 같이 점차로 확대된다.

그리고 이처럼 확대되는 재무적 곤경비용의 현가는 한미기업(L기업)의 가치, 즉 법인세만 고려한 MM의 기업가치($V_L = V_U + T_c B$)를 가속적으로 잠식하게 되므로 결국 $0.0 < B/V < 1.0$의 재무레버리지 범위 내의 어느 수준에서 최대의 기업가치를 달성해주는 최적자본구조(optimum capital structure)가 존재할 수 있음을 6열에서 보여 준다.

표 15-1 부채의 증가와 재무적 곤경비용을 고려한 기업가치

(단위: 만원)

(1) 재무적 곤경비용 총액의 현가	(2) 부채(B)	(3) 재무적 곤경비용의 발생 가능성 (확률)	(4) 기대재무적 곤경비용의 현가 (1)×(3)	(5) MM의 기업가치 $(V_L = V_U + T_c B)$	(6) 재무적 곤경비용을 고려한 기업가치 (5)−(4)
	0	0.00	0	800	800
	200	0.04	8	840	832
200	300	0.08	16	860	844
	500	0.15	30	900	870[*]
	700	0.50	100	940	840

그림 15-2 부채의 증가와 법인세 및 재무적 곤경비용을 고려한 기업가치

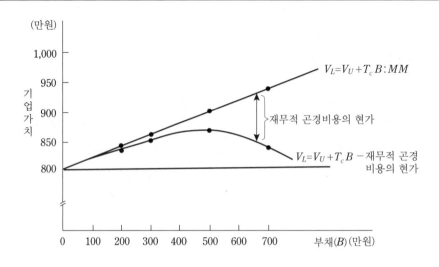

이러한 현상을 그래프로 표시하면 [그림 15-2]와 같다.

제**3**절
Financial Management

대리인비용

3.1 대리인비용의 의의

조직에는 대리인관계(agency relationship)가 존재한다. Jensen and Meck-ling(1976)은 대리인관계를 한 사람 또는 다수의 소유주(principals)가 다른 사람, 즉 대리인(agents)에게 다소의 의사결정권을 위양하는 계약(contracts)이라고 정의하고 있다.[8]

---

8) M. C. Jensen and W. H. Meckling(1976), "Theory of the Firm: Managerial Behavior, Agency Costs, and Ownership Structure," *Journal of Financial Economics*, 3(4), 305-360. 대리인관계에 대한 Jensen과 Meckling의 정의는 제1장에서 이미 제시하였다. 그러나 이 관계는 채권자의 대리인

기업경영의 과정에서는 주주, 채권자, 경영자는 각기 자기의 효용을 극대화하려는 경향이 있기 때문에 이들 사이에 흔히 이해관계가 상충되는 문제가 발생되는데, 이를 대리인문제(agency problem)라고 한다. 그리고 이러한 대리인문제를 해결하기 위해서는 추가적인 비용이 발생되며 이 비용을 대리인비용(agency cost)이라고 한다.

기업을 100% 소유하면서 자신이 경영도 하는 소유경영자가 주식의 일부 또는 전부를 외부주주에게 매도한 후에 자신이 계속해서 기업을 경영하는 경우가 있다. 이 경우에 외부주주, 즉 주주와 경영자 사이에는 대리인관계(agency relationship)가 존재한다.

외부주주와 내부주주인 경영자 사이의 대리인관계에서 보면, 경영자가 대리권의 행사에서 기업가치의 최대화보다는 자신의 개인적 효용을 더 높이고자 하는 경우가 있다. 즉 경영자는 호화로운 사무실과 그 운영비, 과도한 판공비, 그리고 빈번한 사치여행 등 과다한 경영자의 특권적 소비(job perquisite consumption)를 향유함으로써 주주부의 최대화와 관계없는 지출을 초래하여 외부주주와 경영자(대리인) 사이에 갈등이 발행하는 경우가 있다.

이 때에는 외부주주가 경영자의 행동을 규제하기 위하여 여러 형태의 감시비용(monitoring cost)을 지출하게 되는데, 이를 자기자본의 대리인비용(agency cost of equity capital) 또는 주주의 대리인비용(stockholder agency cost)이라고 한다.

주주와 채권자 사이에도 대리인관계가 존재하며, 채권자와 주주의 대리인관계에서도 비용이 발생한다. 채권자가 기업에 채권의 형태로 자금을 공급할 때에는 ① 현재의 자산에 대한 위험과 미래의 추가적인 자산에 대한 기대위험, ② 현재의 자본구조와 변동될 미래의 자본구조를 기초로 채권을 평가한다. 왜냐하면, 이러한 것들은 기업의 현금흐름과 부채의 요구수익률(required rate of return)에 많은 영향을 미치기 때문이다.

그런데 만약 경영자가 주주의 부를 증대시키기 위하여 신규부채를 조달해서 채권자의 기대수준 이상으로 위험이 높은 신규투자안을 채택한다면, 기존부채의 위험과 요구수익률은 자연히 증가될 것이고, 이에 따라 기존부채의 가치도 하락하게 된다. 또 위험이 높은 투자안이 성공적으로 수행된다 할지라도 그 이득은 주로 주주에게 귀속되고 채권자에게는 확정이자 이상의 혜택은 없다. 그리고 위

비용에 기초가 되므로 이곳에서 다시 반복된다.

험이 높은 신규투자안이 실패할 경우에는 채권자도 심각한 손실을 입게 된다.

또 기업이 과중한 신규부채를 조달하는 경우에는 파산과 관련시켜 생각할 수도 있다. 신규부채를 조달하여 재무레버리지를 확대하면, 기업의 파산방어력(bankruptcy protection)이 약화되어 기업가치가 점차로 하락하게 된다.

따라서 채권자는 주주와의 대리인관계에서 일정한 수준 이상의 부채를 조달하지 못하게 하는 등 채권자 자신을 보호하기 위한 제한조항(restrictive covenants)을 제시하고, 기업측이 이 제한조항을 잘 이행하는가를 감시하기 위하여 법률비용, 인건비 등의 감시비용을 지출하게 된다. 이처럼 신규부채가 증가함에 따라 추가되는 감시비용을 채권자의 대리인비용(bondholder agency cost) 또는 부채의 대리인비용(agency cost of debt)이라고 한다.

3.2 대리인비용과 최적자본구조

기업이 외부로부터 자본을 조달할 때 자기자본만으로 조달할 경우에는 부채의 대리인비용은 발생하지 않는다. 그러나 자기자본의 비중을 줄이고 부채로 자본을 조달할 경우에는 부채의 대리인비용이 발생한다. 그리고 자기자본의 대리인비용은 부채를 많이 조달할수록 감소한다.

그림 15-3 대리인비용과 부채비율

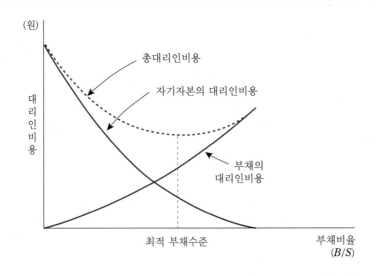

부채가 증가함에 따라 상반되게 나타나는 자기자본의 대리인비용과 부채의 대리인비용의 증감현상은 [그림 15-3]과 같다.

이 그림에서 보면, 총대리인비용이 최소가 되는 부채비율 또는 부채의 규모가 존재한다. 따라서 모든 다른 조건은 고정시키고 오직 대리인비용의 측면에서만 보면, 총대리인비용이 최소일 때 기업가치는 최대가 된다. 그러나 부채비중이 가중되면 이에 따라 총대리인비용도 가속적으로 증가하므로 재무레버리지가 확대될수록 기업가치는 점진적으로 축소된다.

따라서 재무적 곤경비용에 추가하여 대리인비용을 고려하게 되면, 이 비용도 기업가치를 잠식하므로 기업가치의 최대화는 재무적 곤경비용만 고려하는 경우보다 낮은 수준에서 결정된다. 기업가치의 전환점을 제시하는 부채조달액의 크기도 작아진다.

이제, 법인세와 동시에 재무적 곤경비용과 대리인비용을 종합적으로 고려하여 L기업의 가치를 식으로 표현하면 (15-6)식과 같다.

$$V_L = V_U + T_c B - PFD - PAC \qquad\qquad (15-6)$$

단, V_L = L기업의 가치

V_U = U기업의 가치

$T_c B$ = 이자의 감세액

PFD = 재무적 곤경비용의 현가

PAC = 대리인비용의 현가

이러한 현상은 가중자본비용으로도 설명할 수 있다. 재무레버리지에 따라 계속 감소하는 MM의 법인세비용 차감후 가중평균자본비용은 재무적 곤경비용과 대리인비용이 결합될 때에 $0.0 < B/V < 1.0$의 범위 내에서 최소값을 갖는다.

즉 법인세와 재무적 곤경비용과 대리인비용을 동시에 고려한 기업의 가중평균자본비용은 재무레버리지의 증가에 따라 처음에는 다소 감소하지만, 재무레버리지가 일정한 수준에 이르게 되면 이 두 비용의 합이 이자의 감세액을 초과하여 가중평균자본비용은 오히려 상승하기 시작한다. 이 전환점에서의 가중평균자본비용이 바로 기업의 최소자본비용이 되며, 이것을 실현시켜 주는 자본구조가 최적자본구조가 된다.

물론 단순히 재무적 곤경비용만 고려할 경우에는 채권자의 대리인비용과 함께 고려하는 경우보다는 높은 재무레버리지의 수준에서 가중평균자본비용이 변곡하여 상승하고 최적자본구조도 이에 상응한 재무레버리지의 수준에서 결정된다.

이러한 현상을 그래프로 나타내면 [그림 15-4]와 같다.

그림 15-4 법인세, 재무적 곤경비용, 대리인비용의 고려와 최적자본구조

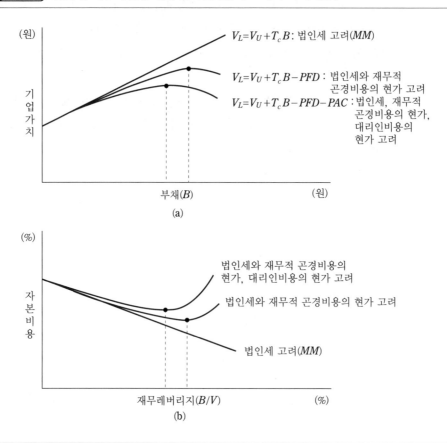

(a)

(b)

요 약

❶ 개인소득세가 존재하는 경우 최적자본구조

일반적으로 기업에 대한 자본공급자로서 주주와 채권자가 존재한다. 따라서 기업의 현금흐름을 주주와 채권자에 대한 현금흐름으로 분리하여 각 현금흐름에 대한 투자자의 개인소득세를 고려할 필요가 있다. 법인세와 개인소득세를 함께 고려하여 부채를 조달한 L기업의 가치는 다음과 같다.

$$V_{LP} = V_{UP} + \left[1 - \frac{(1-T_c)(1-T_{PS})}{(1-T_{PB})}\right]B_P$$

Miller는 사채시장에서 형성되는 사채의 총공급과 총수요의 균형, 즉 사채시장이 균형인 경우 거시적 관점에서 위 식의 두 번째 항인 레버리지 이득이 0이 된다고 하였다. 거시적 국민경제 관점에서 보면 레버리지 이득이 0이 되므로 기업가치는 자본구조와 무관하다고 하였다.

❷ 재무적 곤경비용이 발생하는 경우 최적자본구조

기업이 부채를 과중하게 조달하면 재무상태가 악화되고, 기업가치가 잠식되는 현상이 발생한다. 파산비용의 증가, 부채비용의 증가, 영업이익의 감소 등 재무적 곤경(financial distress)으로 발생되는 제반요인이 기업가치를 감소시키게 된다. 기업가치를 평가할 때 이러한 요인은 모두 차감효과를 나타내는 비용적 성격을 가지므로 이들을 포괄하여 재무적 곤경비용(financial distress cost)이라 한다.

재무적 곤경비용은 재무레버리지가 증가하면 지속적으로 발생하고 확대되므로 기업가치와 자본비용에 영향을 미친다. 이처럼 확대되는 재무적 곤경비용은 법인세만 고려한 MM의 기업가치 ($V_L = V_U + T_cB$)를 가속적으로 잠식하게 되므로 $0.0 < B/V < 1.0$의 재무레버리지 범위 내의 어느 수준에서 최대의 기업가치를 달성해 주는 최적자본구조가 존재하게 된다.

❸ 대리인비용이 발생하는 경우 최적자본구조

기업경영의 과정에서는 주주, 채권자, 경영자는 각기 자기의 효용을 극대화하려는 경향이 있기 때문에 이들 사이에 이해관계가 상충되는 문제가 발생되는데, 이를 대리인문제(agency problem)라고 한다. 그리고 이러한 대리인문제를 해결하기 위해서는 추가적인 비용이 발생되며 이 비용을 대리인비용(agency cost)이라고 한다. 외부주주와 경영자 사이에 발생하는 대리인비용을 자기자본의 대리인비용이라고 하고, 주주와 채권자 사이에 발생하는 대리인비용을 부채의 대리인비용이라 한다.

기업이 외부로부터 자본을 조달할 때 자기자본만으로 조달할 경우에는 부채의 대리인비용이 발생하지 않는다. 그러나 자기자본의 비중을 줄이고 부채로 자본을 조달할 경우에는 부채의 대리인비용이 발생한다. 즉 부채에 의한 자본조달 비중이 증가하면 자기자본의 대리인비용은 감소하고 부채의 대리인비용은 증가한다. 따라서 자기자본의 대리인비용과 부채의 대리인비용의 합 즉 총대리인비용이 최소가 되는 부채수준이 존재하게 된다. 대리인비용은 기업가치를 감소시키는 요인이므로 총대리인비용이 최소가 될 때 기업가치는 최대가 된다. 즉 총대리인비용이 최소가 되는 레버리지 수준이 최적자본구조가 된다.

재무적 곤경비용에 추가하여 대리인비용을 고려하게 되면, 기업가치의 최대화는 재무적 곤경비용만 고려하는 경우보다 낮은 수준에 결정된다. 최적자본구조도 더 낮은 재무레버리지 수준에서 결정된다.

연·습·문·제

1 다음 용어를 설명하라.

① 재무적 곤경비용   ② 파산비용

③ 채권자의 대리인비용   ④ 주주의 대리인비용

2 Miller의 기업가치모형과 MM의 기업가치모형을 비교하라.

3 재무적 곤경비용과 자본구조의 관계를 설명하라.

4 개인소득세를 고려한 기업가치와 개인소득세를 고려하지 않은 기업가치를 비교하여 설명하라.

5 Miller가 주장한 균형부채이론이 맞다고 가정하는 경우에 개별기업의 자본구조 변경이 기업가치에 미치는 영향을 설명하라.

16

Chapter

배당정책

들어가면서

배당(dividend)은 기업의 영업성과 중에서 강제적인 지출항목인 이자비용과 법인세비용을 차감하고 남은 순이익에서 주주에게 지급되는 이익의 배분을 말한다. 일반적으로 배당은 현금배당을 원칙으로 한다. 그러나 기업은 투자여건과 자본사정에 따라 주식배당, 자사주 매입 혹은 전혀 배당을 하지 않고 이익을 사내에 유보시키는 경우도 있다.

일반적으로 기업의 배당지급은 기업의 성장을 이끄는 미래 투자를 위한 자본조달의 필요성과 주식시장에서 배당이 가지는 정보효과, 주주의 현금배당에 대한 선호 등으로 기업경영활동과 주식가치에 영향을 미치게 된다.

배당은 기업의 경영성과를 주주에게 배분하는 것이므로 주주부의 최대화를 고려하여 결정되어야 한다. 따라서 기업이 수익성 높은 투자안을 수행하기 위하여 투자자금을 조달할 때에, 기업가치를 최대화하는 최적자본구조를 유지하는 데에 필요한 자기자본을 배당가능이익 즉 순이익에서 먼저 유보시키고 난 후 순이익이 남아 있을 경우에는 이 잔여이익을 배당금으로 지급할 수 있다.

이와 같이 최대주가의 궁극적인 목표를 달성하기 위하여 내부유보 이후의 잔여이익을 배당으로 지급한다는 이론을 잔여배당이론(residual theory of dividend)이라고 한다. 이 외에도 배당정책에 영향을 주는 여러 요인이 있다. 배당지급에 대한 법률상의 제한, 기업의 유동성과 자금수요, 기업의 이익 안정성 정도, 채무계약으로 인한 제약, 자본시장에의 접근능력과 기업통제권, 주주의 개인소득세 수준 등이 배당성향의 결정에 영향을 미칠 수 있다.

기업의 배당정책은 다른 재무의사결정과 마찬가지로 기업가치 또는 주주의 부를 최대화시킬 수 있도록 결정되어야 한다. 이 장에서는 배당정책의 의미와 배당정책이 기업가치에 미치는 영향에 대한 기본적인 이론을 살펴보고, 현실적인 정책결정의 요인들을 제시한다.

1.1 배당과 배당정책

배당은 출자자에게 출자자본의 보수로 지급되는 이익의 배분을 말한다. 그러므로 배당은 주식회사가 주주에게 지급하는 순이익의 배분뿐만 아니라 출자액의 비율에 따라 조합원에게 지급되는 조합의 이익배분, 보험회사가 보험가입자에게 지급하는 보험이익의 배분 등 모든 출자자금에 대한 보수를 포함한다.

일반적으로 배당이라고 할 때에는 주주에게 지급되는 이익의 정기적인 배분을 의미한다. 다시 말해서, 주식회사의 영업성과 중에서 강제적인 지출항목인 이자비용과 법인세비용을 차감하고 남은 순이익에서 우선주주와 보통주주에게 지급되는 이익의 배분을 배당(dividend)이라고 한다. 그리고 우선주의 배당은 확정된 배당액이 미리 정해져 있지만 보통주의 배당은 확정된 배당액이 없다.

보통주의 배당은 현금배당을 원칙으로 한다. 그러나 기업의 투자여건과 자본사정에 따라 보통주의 배당을 현금배당, 주식배당 또는 양자를 겸하기도 하고, 전혀 배당을 하지 않고 이익을 사내에 유보시키는 수도 있다.

배당정책(dividend policy)은 투자결정, 자본조달결정과 함께 재무관리의 주요한 기능 중의 하나로서 기업가치의 최대화 목표가 효과적으로 달성되도록 수행되어야 한다. 배당정책에서는 법인세비용 차감후 순이익, 즉 배당가능이익에서 차지하는 배당액의 비율을 주로 결정하고 있다. 이 비율을 배당성향(dividend payout ratio) 또는 배당지급률이라고도 하며 다음의 수식으로 표현한다.[1]

$$\frac{TD}{NI} = \frac{D}{EPS} = (1-b) \tag{16-1}$$

단, TD＝총배당액

NI＝순이익, 배당가능이익

---

[1] 배당과 관련된 비율로서 배당수익률(dividend yield)과 배당률의 개념이 있다. 배당수익률은 배당주가율이라고도 하며, 주당배당액을 주가로 나눈 비율(D/P ratio)이고, 배당률은 주당배당액을 주식의 액면가로 나눈 비율이다.

$$D = 주당배당액$$
$$EPS = 주당이익$$
$$b = 유보율$$

배당성향의 결정은 동시에 유보율(b)의 결정을 의미한다. 배당성향을 높여 배당액을 많이 지급하면 주주의 현금수익은 증가하지만, 기업의 유보이익(retained earnings)은 감소한다. 그러므로 배당성향이 기업가치 또는 주가에 미치는 영향은 아래의 Gordon의 주가모형에서 분자와 분모로 설명할 수 있다.

$$P_0 = \frac{D_1}{k_e - g}$$

단, P_0 = 현재시점의 주가
D_1 = 기말시점의 주당배당금액
k_e = 자기자본비용
g = 주당이익의 성장률

배당성향을 증가시키면 Gordon모형에서 분자인 기말 배당액 D_1이 증가한다. 그러나 한편으로는 유보이익이 감소하여 재투자의 규모가 축소되므로 결과적으로 기말에 주당이익의 성장률 g가 축소되고 자기자본비용 k_e가 증가하여 Gordon모형의 분모 ($k_e - g$)도 증가한다.

따라서 배당성향을 증가시키면 Gordon모형에서 분자와 분모가 모두 증가하므로 양자의 조화 있는 조정이 필요하다. 다시 말하면, 배당정책은 현재 지급되는 배당수준에 대한 주주의 기대와 유보이익의 성장에 대한 주주의 기대 사이에 적절한 균형점을 찾아 주가가 최대화될 수 있도록 수립되어야 한다. 그 이유는 배당의 성장목표와 유보이익에 의한 기업의 성장목표가 주가에 미치는 영향은 서로 상반되므로 이들의 균형점을 찾는 것이 매우 중요한 재무정책이기 때문이다.

1.2 배당의 중요성

배당과 유보이익은 모두 주가에 영향을 미친다고 하였다. 그러나 일반적으로 투자자는 기업의 유보이익보다 배당에 대하여 많은 관심을 가지고 있다. 또 배당에 대한 투자자의 태도는 주가에도 민감하게 반영되므로 기업의 가치평가에서도 배당이 중요한 요인이 된다. 그 이유를 들면 다음과 같다.

첫째, 현금배당은 현재 확정된 수입이므로 위험이 없다는 것이다. 기업이 이익을 배당하지 않고 유보시키면 대체로 유보이익이 주가에 반영된다. 그러나 미래의 수익은 불확실하므로 명확한 예측이 어려울 뿐만 아니라 또 기업이 여러 회계기간 동안 이익을 계속해서 유보시키면 기간이 경과함에 따라 투자위험이 점차로 가중되므로 결과적으로는 투자자의 요구수익률이 증가하고 주가는 하락하게 된다.

따라서 투자자들은 미래의 투자위험을 짧은 기간 내에 제거할 목적으로 배당성향이 높은 기업의 주식을 선호하는 경향이 있다.

둘째, 배당의 정보효과(informational content of dividend)를 들 수 있다. 적어도 배당을 지급한 기업은 배당지급 능력이 있는 건전한 기업으로 인식되고, 장기간 동안 일정한 배당수준을 유지하고 있는 기업은 위험이 작은 우량기업으로 평가된다. 그리고 배당을 지급하는 기업은 투자를 위한 자본조달 능력도 충분하다는 정보가 된다. 따라서 투자자는 배당수준이 높은 기업의 주식을 높게 평가하는 경향이 있다.

셋째, 현재의 수익을 선호하는 투자자의 현금선호의 태도이다. 왜냐하면, 주주가 현금이 필요할 때 소유주식을 매각하여 현금수요에 대처할 수도 있지만, 주식의 매매활동은 번거로울 뿐만 아니라 필요한 시기에 주가가 변동하면 원하는 가격으로 주식을 매도하기도 어렵기 때문이다.

넷째, 주식매매과정에서 발생하는 거래비용의 문제이다. 주식거래에는 반드시 비용이 발생하는데 현금배당의 수입에는 거래비용이 발생하지 않는다. 다시 말해서, 주주의 입장에서는 현금수입이 필요할 경우에 소유주식에 대한 배당금이 전혀 지급되지 않거나 또는 불충분하게 지급되면 소유주식을 매각하여 현금을 마련하게 된다. 그러나 주식거래에는 반드시 비용이 발생하게 되고, 또 매매할 주식의 양이 작을 때에는 상대적으로 거래비용의 비중이 커지게 된다.

2.1 배당의 잔여이론

기업에서 지향하는 최적 배당정책의 목표는 최대주가의 실현이고, 최대주가의 실현은 가중평균자본비용 또는 한계자본비용이 최소가 되는 자본구조, 즉 최적자본구조가 형성될 때에 가능하다고 했다. 따라서 최적 배당결정은 최적자본구조를 실현하여 투자의 수익성을 높이고 아울러 기업가치의 최대화 또는 주가의 최대화를 달성하는 것이라고 하겠다.

기업의 영업활동이 양호하여 유보이익의 재투자수익률이 주주의 기회비용인 최저요구수익률을 초과하게 되면, 주주는 현금배당을 지급받는 대신에 배당금이 기업에 유보되어 재투자되기를 원한다. 기업이 수익성이 높은 투자안을 성공적으로 수행하기 위하여 투자자금(투자비용)을 조달할 때에, 최적자본구조를 유지하는 데에 필요한 자기자본을 배당가능이익에서 먼저 유보시킨 다음, 유보되지 않은 이익이 남아 있을 경우에는 이 잔여이익을 배당금으로 지급하는 수가 있다.

이와 같이 최대주가의 궁극적인 목표를 달성하기 위하여 내부유보 이후의 잔여이익을 배당으로 지급한다는 이론을 배당의 잔여이론(residual theory of dividend) 또는 잔여배당이론이라고 한다.

이 잔여배당이론에서는 항상 최적자본구조를 유지하기 위하여 총투자비용에서 차지하는 자기자본의 수요를 먼저 유보이익에서 조달한다. 그러나 만약 이 유보이익으로 조달한 자기자본이 목표자본구조를 달성하는데 부족할 경우에는 이 부족한 자본을 신주발행으로 조달해야 하는데, 이 경우에는 한계자본비용이 상승한다.

예를 들어, 삼우기업의 최적자본구조, 한계자본비용, 투자규모의 관계가 [그림 16-1]과 같을 경우 잔여배당이론이 어떻게 적용되고 있는지를 살펴보기로 하자.

삼우기업의 최적 재무레버리지(B/V)는 [그림 16-1](a)와 같이 40%이며, 항상 이 자본구조를 유지하는 것이 주가를 최대로 유지한다고 하자. 배당가능이익은 6천만원이며, 이 금액을 모두 신규투자를 위한 추가자본으로 유보시킨다면 최

그림 16-1 최적자본구조, 한계자본비용, 투자규모의 관계

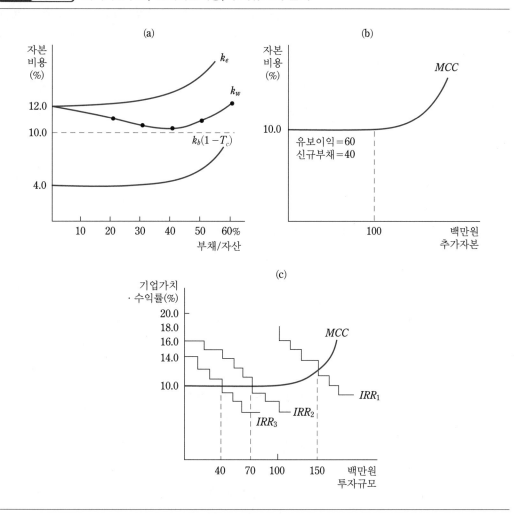

적재무레버리지를 유지하기 위하여 4천만원의 신규부채를 조달하여야 한다.

이 경우에는 [그림 16-1](b)와 같이 추가자본이 1억원, 한계자본비용(*MCC*)은 10%가 된다. 그리고 추가자본이 1억원을 초과하게 되면 비용이 높은 신주를 발행해야 하므로 한계자본비용은 증가한다. 또 이 기업에서 만약 이익의 일부인 3천만원만 유보시키면 최적재무레버리지 40%를 유지하기 위하여 조달해야 할 추가자본은 5천만원(＝유보이익 3천만원＋신규부채 2천만원)이 된다.

[그림 16-1](c)에서 이 기업의 투자기회의 한계투자수익률선, 즉 내부수익률선이 경기변동에 따라 *IRR*₁, *IRR*₂, *IRR*₃선으로 달리 나타난다고 하면, 불경기하에

서의 내부수익률선인 IRR_3선은 투자비용이 4천만원인 점에서 한계비용(MCC)선과 교차한다. 다시 말해서, 불경기하에서는 기업가치를 최대화하기 위하여 필요한 투자비용이 4천만원이므로 이 중에서 유보이익으로부터 조달해야 할 자기자본은 2천 4백만원(=4천만×0.6)이 된다.

마찬가지 방법으로 정상경기하에서의 내부수익률선인 IRR_2선의 경우에는 투자비용이 7천만원, 호경기하에서의 내부수익률선인 IRR_1선의 경우에는 투자비용이 1억 5천만원이 된다.

잔여배당이론에 따르면 IRR_1선의 투자기회를 가지는 호경기인 경우에는 투자비용이 1억 5천만원이므로 이 중에서 60%를 차지하는 자기자본 신규조달액은 9천만원이 된다. 따라서 40%의 재무레버리지를 계속 유지하기 위해서는 배당가능이익 6천만원은 모두 유보되어야 할 뿐만 아니라 3천만원의 신주발행까지 필요하므로 배당을 지급할 수 없다.

그러나 IRR_2선과 IRR_3선의 경우에는 배당가능이익을 모두 유보시킬 필요는 없다. 만약 경제상황이 정상적이어서 삼우기업이 IRR_2선의 투자기회를 선택할 수 있게 되면 투자규모가 7천만원이므로 이 중에서 60%에 해당하는 4천 2백만원만 자기자본으로 배당가능이익을 유보시키면 된다. 배당가능이익 6천만원을 모두 유보시킬 경우에는 40%의 최적재무레버리지를 유지할 수 없다. 따라서 이 경우 최적자본구조를 유지하기 위해서는 유보이익 4천 2백만원과 신규부채 2천 8백만원으로 투자비용 7천만원을 조달해야 한다. 유보되지 않은 배당가능이익 1천 8백만원(=6천만원−4천 2백만원)은 배당금으로 지급되어 배당성향은 30%(=1천 8백만원/6천만원)가 된다.

그리고 이 기업의 발행주식수를 10만주라고 하면 주당배당액(D)은 180원(=1천 8백만원÷10만주), 주당이익(EPS)은 600원(=6천만원÷10만주)이 된다.

마찬가지 방법으로 이 기업이 IRR_3선의 투자기회를 선택해야 되는 경제상황에서는 투자비용이 4천만원, 유보이익이 2천 4백만원, 배당성향이 60%, 주당배당액이 360원이 된다.

2.2 기타요인

잔여배당이론은 배당정책을 수립하는 데에 기초가 되지만, 그 이외에도 배당정책에 영향을 주는 요인은 여러 가지가 있다. 이 중에서 중요한 것을 열거하면 다음과 같다.

1) 법률상의 제한

일반적으로 주주의 주요 관심은 투자수익에 있다. 배당의 청구권은 주주의 기본권리이며 동시에 기업과 주주간의 법적 관계를 의미하고 있다. 기업에는 주주이외의 청구권자로서 채권자가 존재하며, 주주와 채권자의 이해관계는 배당을 중심으로 대립된다. 즉 주주는 많은 배당을 원하지만 채권자는 배당에 의한 현금유출을 축소시키고자 한다.

따라서 상법에서는 양자의 이해관계를 조정하기 위하여 다음과 같은 원칙을 세우고 있다.

첫째, 자본유지의 원칙에 의한 채권자의 보호이다. 즉 상법 제462조에서는 자본 및 법정준비금의 유지와 배당가능이익의 개념을 제시하고 있다.

둘째, 배당확보의 원칙으로 주주권익의 보호이다. 즉 상법 제449조에서는 재무제표의 승인 및 재무제표의 공고를 요구하므로 주주총회의 이익처분권이 반영되고 있다.

이에 대하여 미국에서는 ① 배당금은 반드시 과거와 현재의 순이익으로만 지급하여야 한다는 순이익규칙(net profit rule), ② 자본금으로 배당금을 지급할 수 없다는 자본보호규칙, ③ 부채가 자산을 초과할 때에는 배당금을 지급할 수 없다는 지급불능규칙을 시행하고 있다.[2]

2) 기업의 유동성과 자금수요

기업의 유동성은 배당정책에 중요한 영향을 미치고 있다. 투자기회를 많이 가지고 있는 성장기업의 경우에는 자금수요의 압박이 크기 때문에 배당지급을 축소하고 유보이익을 확대하여 유동성을 증가시키고자 한다. 특히 장기차입금의 만기가 도래하거나 감채기금의 부담이 커질 때에는 배당지급을 억제하여 내부금융의 조달을 확장하고자 한다.

3) 이익의 안정성

장기간 동안 순이익이 안정되어 있는 기업의 경우에는 미래의 기업 이익도 거의 정확하게 예측할 수 있다. 따라서 안정적인 이익을 실현하는 기업의 배당성향은 비교적 높고, 이익의 변동이 심한 기업의 배당성향은 낮다.

---

2) J. E. Weston and E. F Brigham(1981), *Managerial Finance*, Hinsdale, III: The Dryden Press, 674-675.

4) 채무계약으로 인한 제약

기업이 사채를 발행하거나 또는 금융기관으로부터 장기차입금을 조달할 경우에 채권보전을 위하여 채무약정서(bond indenture or loan agreement)에 배당에 대한 제한조건을 추가하는 경우가 있다. 예를 들어, 이월잉여금으로는 배당을 지급할 수 없다거나 또는 순운전자본이 일정한 수준 이하로 하락할 때에는 배당을 지급할 수 없다는 것 등이다.

5) 자본시장에의 접근능력과 기업통제

일반적으로 역사가 길고 기반이 튼튼한 대기업은 자본시장에서 외부자금을 비교적 용이하게 조달할 수 있으므로 유보이익을 많이 확보할 이유가 별로 없지만, 소규모의 신규기업은 경영위험이 높기 때문에 배당성향을 낮추어 유보이익을 자금 원천으로 확보할 필요가 있다.

그리고 기업이 많은 배당금을 지급하고 신규투자를 위한 자본을 신주를 발행하여 조달하면, 기존 주주의 통제권이 자동적으로 약화된다. 따라서 기업통제의 목적으로 내부금융을 강조하는 경향이 있다.

6) 주주의 개인소득세 수준

기업이 배당정책을 설정할 때 주주들의 개인적인 입장을 정확하게 종합적으로 고려한다는 것은 거의 불가능하다. 그러나 소규모 기업의 주식이 소수의 대주주에 의하여 소유되고 있을 때에는 배당정책의 결정에서 주주의 입장이 고려될 가능성이 높다. 다시 말해서, 이러한 소규모 기업의 주주들은 가능한 한 이익을 유보시켜서 주가의 변동으로 인한 자본이득을 기대하게 된다.

그리고 대기업의 주주를 개인소득세 수준을 중심으로 두 집단으로 분류한다면, 개인소득세가 낮은 수준에 있는 주주는 높은 배당을 원하고, 개인소득세의 수준이 높은 주주는 낮은 배당을 원하는 경향이 있다.

배당정책(dividend policy)이 보통주의 가치에 영향을 주는가에 대한 논쟁은 오랫동안 계속되어 왔다. Graham and Dodd, Gordon, Lintner, Walter, Solomon 등은 각각 정도의 차이가 있기는 하지만 보통주의 가치 또는 주가가 배당정책과 관련이 있다고 주장한다. 반면에 MM은 잔여배당의 이론을 기초로 하여 배당정책은 주가와 아무런 관계가 없다고 주장한다.

3.1 배당의 무관련성이론

MM은 배당정책이 보통주의 가치 또는 주가와 아무런 관련이 없다고 주장하였다.[3] MM은 ① 완전자본시장(perfect capital market)이 존재하고, ② 투자자는 이성적으로 행동(rational behavior)하며, ③ 투자자는 기업의 모든 투자계획과 미래의 이익에 대하여 확실하게 알고 있다는 가정(perfect certainty)을 설정한 다음, 잔여배당이론을 기초로 하여 배당정책과 주가의 무관련성(irrelevance of dividend)을 주장하였다.

기업이 일단 투자결정을 내리면 이에 따라 자본조달의 방법을 결정하여야 하는데, 주주의 부는 자본조달의 방법에 상관없이 동일하다는 것이다. 다시 말해서, 기업은 현금배당을 하였기 때문에 자금압박을 받아서 투자활동에 필요한 자본을 외부로부터 조달해야 하는 경우가 있는데, 이때에는 주가도 하락한다. 그러나 주주의 입장에서는 비록 주가가 하락하더라도 이미 현금배당을 지급받았기 때문에 그들의 부(wealth)에는 아무런 변동이 없다는 것이다.

MM은 이와 같은 배당정책과 주가 사이의 무관련성을 다음과 같이 설명하고 있다.

보통주의 기대수익률, 즉 자기자본환원율은 (16-2)식과 같이 배당과 자본이득을 기초의 주가(P_0)로 나눈 것이므로, 이 식으로부터 기초의 주가를 산출하면 (16-3)식이 된다.

---

3) M. H. Miller and F. Modigliani(1961), "Dividend Policy, Growth, and the Valuation of Shares," *Journal of Business*, 34(4), 411-433.

$$k_e = \frac{D_1 + (P_1 - P_0)}{P_0} \tag{16-2}$$

또는

$$P_0 = \frac{1}{1+k_e}(D_1 + P_1) \tag{16-3}$$

단, k_e = 자기자본환원율

P_1 = 기말시점의 주가

이제 n을 기초의 발행주식수, m을 배당결정 이후의 발행주식수, 즉 배당락 발행주식수라고 하면 기초 주식의 총가치는 다음과 같이 표현할 수 있다.

$$nP_0 = \frac{1}{1+k_e}\{nD_1 + (n+m)P_1 - mP_1\} \tag{16-3a}$$

이 식에 따르면, 기초 주식의 총가치(nP_0)는 기말의 총배당액(nD_1)과 기말 주식의 총가치 $[(n+m)P_1]$를 합한 값에서 배당락 신주의 총가치(mP_1)를 차감한 다음, 그 값을 현가로 산출한 것이다.

그런데 기간중에 유보이익으로 자본을 조달하지 않는다면, 기업의 총현금지출(=투자액+기말배당액)은 기중에 달성한 순이익과 발행한 신주의 총액(mP_1)으로 조달된다. 이 관계를 식으로 나타내면 (16-4)식과 같다.

$$I + nD_1 = X + mP_1 \tag{16-4}$$

단, I = 기중의 총신규투자액

X = 기중의 기업의 순이익

이 (16-4)식으로부터 mP_1을 유도하면 (16-4a)식이 된다.

$$mP_1 = I - (X - nD_1) \tag{16-4a}$$

이제 (16-4a)식을 (16-3a)식에 대입하여 정리하면 다음과 같이 MM의 배당의 무관련성모형이 된다.

$$nP_0 = \frac{1}{1+k_e}\{(n+m)P_1 - I + X\} \tag{16-5}$$

MM은 (16-5)식에서 D_1이 제거되었고, X, I, $(n+m)P_1$, k_e가 모두 D_1과 상관없이 표현되고 있으므로, 현시점에서의 기업가치는 현재의 배당정책과 무관하다고 주장한다.

또 주주의 입장에서 보면 현금배당으로 인하여 증가된 주주의 부는 주식의 종가(terminal value of stock)가 하락함으로써 상쇄된다는 것이다. 그리고 완전한 확실성의 가정에 따라 매기의 주가가 (16-5)식에 의하여 결정되므로 배당정책은 주가와 관계가 없다는 것이다.

따라서 주주의 부는 현재 및 미래의 배당결정에 영향을 받지 않고, 오직 기업의 기대이익에 의하여 좌우된다고 한다. 결론적으로 배당성향 이외의 모든 조건이 동일한 두 기업의 시장가치와 현재의 배당액을 합계한 가치는 차익거래와 완전 확실성의 가정에 의하여 완전히 동일하다고 주장하였다.

3.2 배당의 무관련성이론에 대한 비판

MM이 주장한 배당의 무관련성이론이 현실의 문제를 완전히 설명한다고 할 수 없다. 왜냐하면, 현실적으로 보통주의 투자에 있어서는 ① 불확실성의 존재, ② 배당의 정보효과(information effect of dividend), ③ 자본시장의 불완전성 등이 존재하여 투자자들이 고배당이나 저배당을 선호하는 유인이 발생할 수 있기 때문이다.

1) 불확실성의 존재

MM은 자본구조이론에서 투자자가 개인의 레버리지(homemade leverage)를 구성한다면 기업의 자본구조와 기업의 가치는 무관하다고 하였는데, 이와 동일한 논리를 배당정책에서도 전개하고 있다. 즉 투자자가 자기 개인의 배당(homemade dividend)을 조작할 수 있을 경우에는 기업의 배당정책에 영향을 받지 않는다는 것이다.

투자자는 배당액이 요구수준에 미달할 때에는 소유주식의 일부를 매각하고, 반대로 과잉배당을 받았을 때에는 배당금의 일부로 당해 기업의 주식을 다시 매수할 수 있으므로, 투자자는 기업의 배당정책에 대하여 무차별하다고 한다. 따라서 배당정책의 변동만으로는 기업이 가치를 창출할 수 없다는 것이다.

그러나 Gordon은 MM과 반대의 입장을 취하고 있다. 투자자는 손안의 새

(bird-in-the-hand)와 같이 현재의 확실한 배당을 불확실한 미래의 증가될 배당보다 선호한다는 것이다.

투자자의 입장에서는 불확실성의 정도가 보통주의 가치평가모형에 적용되는 적정할인율에 영향을 미치게 될 것이며, 또 이 불확실성의 정도는 미래의 예상배당기까지의 기간이 길수록 높아진다는 것이다. 다시 말해서, 투자자는 불확실성을 인식하고 가장 빠른 기간 내에 이 불확실성을 제거하고자 할 것이므로 배당정책이 결코 무차별할 수는 없다고 한다.

2) 배당의 정보효과

MM은 배당의 변동은 배당 자체에 관한 정보일 뿐, 주가에 영향을 미치지 않는다고 한다. 다시 말해서, 배당은 가치를 창출할 수 없기 때문에 오직 미래의 수익성에 대한 예측지표의 역할을 할 수는 있어도 주가에는 영향을 미칠 수 없는 것이며, 주가는 오직 이익에 의하여 좌우된다고 하였다.

이에 반하여 배당의 정보효과(information effect of dividend)는 배당의 변동이 기업이익의 변동에 관한 정보를 제공하고, 이 정보는 주가에 영향을 미친다는 것이다. 즉 안정배당을 해오던 기업이 갑자기 배당성향이나 배당액을 축소시키면 기업의 내부경영을 잘 알지 못하는 일반투자자는 그 기업의 수익성에 차질이 생긴 것으로 이해하기 쉽다.

따라서 배당수준은 그 자체가 바로 주가변동을 야기시키는 정보가 된다는 것이다. 그리고 많은 실증분석의 결과도 정도의 차이는 있지만 배당에 관한 정보가 주가에 영향을 미치는 것으로 나타나고 있다.

3) 시장의 불완전성

MM은 세금과 거래비용이 발생하지 않는 완전자본시장 하에서 배당정책과 주가의 무관련성을 주장하고 있다. 그러나 현실적으로 이러한 완전자본시장의 존재는 거의 불가능하다.

(1) 세금의 존재

투자자에게 부과되는 개인소득세율은 소득원천이나 소득금액에 따라 달라진다. 이를테면 이자소득, 배당소득, 자본이득 등 투자자의 각 소득원천에 부과되는 개인소득세율은 다를 수 있고, 소득금액에 따라 세율이 달라지는 누진세가 적용될 수도 있다.

현재 우리나라에서는 자본이득에 대해서는 과세를 하지 않지만 이자소득과 배당소득에 대하여는 소득세를 부과하고 있다. 또한 금융종합과세제도가 시행되고 있으며 소득금액에 따라 누진세가 적용되고 있다.

따라서 투자자는 종합소득수준에 따라 배당의 선호도를 달리할 수 있으며, 또 세율의 변동은 투자자의 배당선호도를 변동시켜 궁극적으로는 주가에 영향을 미치게 할 수도 있다.

(2) 고객이론

MM은 고객이론(clientele arguement)을 인용하여 배당과 주가의 무관련성을 주장하였다. 이 이론에서는 만약 대집단의 투자자가 어느 특정한 배당정책을 선호하게 되면 모든 기업들이 이들에게 배당정책을 맞추게 되므로 결과적으로 배당이 주가에 영향을 미치지 못한다는 것이다.

그러나 기업이 배당에 대한 투자자의 선호현상을 완전히 파악할 수 없고, 신주발행비용 등 완전자본시장의 저해요인이 존재하고 있을 때에는 고객이론의 설득력에 한계가 있다. 그리고 일정한 배당성향을 가지고 있는 주식의 수요와 공급에 불균형이 발생하면, 현실적으로 당해 기업의 배당성향을 알맞게 조정한다는 것도 어려운 점이 있다.

(3) 신주발행비와 거래비용

MM은 기업이 일단 투자정책을 수립하여 자본이 필요하게 되면 이미 지급한 배당액에 상당하는 신주를 발행하는 등 외부금융을 자금원으로 대체시킨다고 한다. 그러나 이때에도 신주발행비용이 발생하고, 또 발행규모가 작을 때에는 주당발행비(floatation costs of new issues)가 증가하여 주식의 수익성을 감소시킨다.

이러한 경우에는 기업이 이익을 배당으로 지출하는 것보다 유보시켜 내부금융을 활용하는 것이 유익하다. 그 결과 배당성향의 변동과 아울러 주가도 변동하게 된다.

그리고 거래비용(transaction cost)도 주가에 영향을 미친다. 특히 소액거래는 그 비용을 상대적으로 증가시키므로 소액주주는 오히려 배당을 선호하는 경향이 있다.

배당의 특수형태

4.1 주식배당

주식배당(stock dividend)은 보통주주에게 현금배당금 대신에 보통주를 무상으로 지급하는 것을 의미하며, 배당되는 주식을 무상주라고도 한다. 주식배당은 유보이익 또는 이익잉여금을 기초로 하여 무상주를 발행하는 것이므로 형식적인 배당에 불과하며, 이론적으로는 기업가치에 아무런 변동을 주지 않는다.

다시 말해서, 주식배당은 유보이익의 일부가 보통주 자본금으로 이월된 것이므로 자기자본의 구성비에만 변동이 생길 뿐 기업가치는 주식배당 전과 동일하다. 주주의 입장에서도 주식배당이 단순한 주식수의 증가에 불과하므로 각 주주의 소유주식비율에는 아무런 변동이 없다.

예를 들어, 삼호기업의 보통주 액면가는 5천원이고, 발행주식수는 2천주라고 하면 보통주 자본금이 1천만원이 된다. 그리고 자본잉여금이 1천만원, 유보이익이 8천만원으로 자기자본이 1억원이며, 현재의 주가는 11,000원이라고 하자. 이 기업이 20%의 주식배당을 결정하였을 때 주식배당 전과 후의 자기자본구조는 〈표 16-1〉과 같다.

표 16-1 삼호기업 주식배당 전후의 자기자본구조

(단위: 만원)

주식배당 전		주식배당 후	
보통주 (액면가 5천원, 2천주)	1,000	보통주 (액면가 5천원, 2천 4백주)*	1,200
자본잉여금	1,000	자본잉여금	1,000
유보이익	8,000	유보이익**	7,800
자기자본	10,000	자기자본	10,000

주: * 20%의 주식배당으로 발행주식수가 400주 증가하였음.
　** 400주의 액면가액 200만원이 유보이익으로부터 보통주 자본금으로 이월되었음.

이 〈표 16-1〉에서 나타난 바와 같이 총발행주식수의 20%인 400주를 주식배당하게 되면, 이에 대한 액면가액 2백만원(=5,000원×400주)이 유보이익에서 보

통주 자본금으로 대체됨으로써 자기자본 총액에는 주식배당 이후에도 아무런 변동이 없다.[4]

그러나 주식배당을 한 이후에는 주가가 하락한다. 따라서 삼호기업의 경우 주식배당 이후의 주가는 11,000원에서 9,167원(=11,000원/1.2)으로 하락한다. 그리고 배당가능이익이 일정하다면 주식배당 이후의 주당이익(EPS)도 발행주식수의 증가로 인하여 하락하게 된다. 즉 삼호기업의 주식배당 전 주당이익이 1,500원이었다면 주식배당 이후의 주당이익은 1,250원(=1,500원/1.2)이 된다.

4.2 자사주 매입

자사주(treasury stock)는 발행기업이 자기 기업의 주식, 즉 자사주식을 매입하여 사내에 보유하고 있는 주식을 의미한다. 기업이 배당금 지급의 대체안으로 자사주를 보유하는 수가 있다. 즉 배당으로 지급할 현금으로 자사주식을 매입하여 소각하면 결과적으로 발행주식수가 감소하므로, 주당이익과 주당배당액이 증가하고 주가도 상승하게 된다. 따라서 기업이 자사주를 보유하게 되면 그만큼 주주의 수익성을 높여주는 결과가 된다.

자사주식의 매입은 대체로 세 가지로 방법으로 할 수 있다.

첫째, 기존의 발행주식(outstanding stocks)이 일반투자자에게 광범위하게 분산되어 있는 기업에서는 유통시장을 통하여 자사주식을 매입할 수 있다.

둘째, 발행기업이 주주들에게 공개매수(tender offer)를 제시할 수 있다. 공개매수는 발행기업이 특정한 기간내에 특정한 수의 주식을 현재의 주가에 일정한 프리미엄을 가산한 값으로 매입하는 것을 의미한다.

셋째, 기업이 특정한 대주주와 일정한 계약을 맺고 그 주주의 주식을 대량으로 매입하는 경우이다. 이때에는 자사주식의 매입이 다른 주주들의 이해관계를 침해하지 않도록 주의하여야 한다.

예를 들어, 부일기업의 20×7년도 순이익이 2억 2천만원이며, 이 중에서 50%인 1억 1천만원을 배당하기로 결정했다고 하자. 현재 발행주식수는 22만주이며 주가는 5천원이다.

---

4) 유보이익의 이월액(RET)은 다음과 같이 산출한다.

$$RET = (발행주식수) \times (주식배당비율) \times (액면가) = 2,000 \times 0.20 \times 5,000 = 2,000,000원$$

이 금액이 보통주 자본금으로 이월된다.

부일기업에서 공개매수로서 주가 5,500원에 2만주의 자사주식을 매입하는 방법과 단순히 주당배당액을 500원 지급하는 방법을 비교하면, 주주의 이해관계에 어떤 차이가 발생하는가를 살펴보자.

자사주식의 매입 이전과 이후에 남아 있는 발행주식의 주당이익(EPS)과 주가에 나타나는 차이를 산출해 보면 다음과 같다.

$$① \text{ 현재의 } EPS = \frac{\text{순이익}}{\text{발행주식수}} = \frac{220,000,000원}{220,000주} = 1,000원$$

$$② \text{ 현재의 } PER = \frac{\text{주가}}{EPS} = \frac{5,000원}{1,000주} = 5배$$

$$③ \text{ 자사주식 매입 후의 } EPS = \frac{\text{순이익}}{\text{잔여발행주식수}} = \frac{220,000,000원}{200,000주}$$
$$= 1,100원$$

$$④ \text{ 자사주식 매입 후의 기대주가} = PER \times EPS$$
$$= 5 \times 1,100 = 5,500원$$

이상과 같이 부일기업의 주주에게는 현금배당을 받는 경우와 주가가 상승하는 경우에 동일하게 주당 500원의 이익이 발생된다. 이러한 현상은 ① 공개매수의 주가가 명확하게 5,500원이고, ② PER가 일정할 때에는 항상 가능하다. 그리고 만약 공개매수의 주가가 5,500원 이상이 되면 기존주주에게는 더욱 유리하게 된다.

요 약

❶ 배당과 배당정책의 의미

배당(dividend)은 기업의 영업성과 중에서 강제적인 지출항목인 이자비용과 법인세비용을 차감하고 남은 순이익에서 주주에게 지급되는 이익의 배분을 말한다. 일반적으로 배당은 현금배당을 원칙으로 한다. 그러나 기업의 투자여건과 자본사정에 따라 주식배당, 자사주 매입 등의 방법으로도 이루어진다.

배당정책(dividend policy)은 법인세비용 차감후 순이익, 즉 배당가능이익에서 차지하는 배당액의 비율을 결정하는 의사결정이다. 이 비율을 배당성향(dividend payout ratio) 또는 배당지급률이라고 한다. 배당정책은 투자결정, 자본조달결정과 함께 재무관리의 주요한 기능 중의 하나로서 기업가치의 최대화 목표가 효과적으로 달성되도록 수행되어야 한다.

❷ 배당정책의 결정요인

기업이 수익성 높은 투자안을 성공적으로 수행하기 위하여 투자자금을 조달할 때에, 최적자본구조를 유지하는 데에 필요한 자기자본을 배당가능이익에서 먼저 유보시킨 다음, 유보되지 않은 이익이 남아 있을 경우에는 이 잔여이익을 배당금으로 지급할 수 있다. 이와 같이 최대주가의 궁극적인 목표를 달성하기 위하여 내부유보 이후의 잔여이익을 배당으로 지급한다는 이론을 잔여배당이론(residual theory of dividend)이라고 한다.

잔여배당이론은 배당정책을 수립하는 데에 기초가 되지만, 그 외에도 배당정책에 영향을 주는 여러 요인이 있다. 배당지급에 대한 법률상의 제한, 기업의 유동성과 자금수요, 기업의 이익 안정성 정도, 채무계약으로 인한 제약, 자본시장에의 접근능력과 기업통제권, 주주의 개인소득세 수준 등이 영향을 미칠 수 있다.

❸ 배당이 기업가치에 미치는 영향

배당정책이 주가에 영향을 주는가에 대한 논쟁은 오랫동안 계속되고 있다. MM은 잔여배당이론을 기초로 하여 배당정책은 주가와 아무런 관계가 없다고 주장한다. 기업이 일단 투자결정을 내리게 되면 이에 따라 자본조달의 방법을 결정하여야 하는데, 주가는 자본조달의 방법에 상관없이 동일하다는 것이다.

예를 들어, 기업이 현금배당을 하여 자금압박을 받는다면 투자활동에 필요한 자본을 외부로부터 조달해야 하는데, 이때에는 주가도 하락하게 된다. 그러나 주주의 입장에서는 비록 주가가 하락하더라도 이미 현금배당을 지급받았기 때문에 그들의 부(wealth)에는 아무런 변동이 없게 된다. 또 주주의 입장에서 보면 현금배당으로 인하여 증가된 주주의 부는 주식의 가격이 하락함으로써 상쇄되게 된다. 따라서 주주의 부는 현재 및 미래의 배당결정에 의해 영향을 받지 않고, 오직 기업의 기대이익에 의하여 좌우된다는 것이다.

이러한 MM의 배당의 무관련성이론은 현실의 문제를 완전히 설명한다고 할 수 없다. 현실적으로는 현재와 미래의 배당에는 불확실성이 존재하고, 배당의 정보효과, 시장의 불완전성 등이 존재하기 때문에 배당정책이 주가에 영향을 미칠 수 있다. 이러한 이유로 Grahama and Dodd, Gordon, Lintner, Walter, Solomon 등은 배당정책이 주가에 영향을 미친다고 주장하였다.

❹ 배당의 특수형태

배당지급은 현금배당 외에 주식배당(stock dividend), 자사주 매입(treasury stock) 등의 방법으로도 이루어질 수 있다. 주식배당은 주주에게 현금배당금 대신에 주식을 무상으로 지급하는 것을 의미한다. 배당되는 주식을 무상주라고 한다. 주식배당은 유보이익 또는 이익잉여금을 기초로 하여 무상주를 발행하는 것이므로 형식적인 배당에 불과하며, 이론적으로는 기업가치에 아무런 변동을 주지 않는다.

자사주는 발행기업이 자기 기업의 주식을 매입하여 사내에 보유하고 있는 주식을 의미한다. 기업은 배당으로 지급할 현금으로 자사주식을 매입하여 소각하면 발행주식수가 감소하므로, 주당이익과 주당배당액이 증가하고 주가도 상승하게 된다. 따라서 기업이 자사주를 보유하게 되면 그만큼 주주의 수익성을 높여주는 결과가 된다.

연·습·문·제

1 다음 용어를 설명하라.

① 배당과 배당정책　　　② 배당의 정보효과　　　③ 주식배당

④ 자사주　　　　　　　⑤ 고객이론

2 배당의 잔여이론(residual theory of dividend)을 설명하라.

3 안정배당의 장점을 기술하라.

4 주식배당이 주가에 미치는 영향을 설명하라.

5 배당정책에 있어서 MM의 무관련성이론이 갖는 한계점을 설명하라.

6 자사주 매입이 기존 주주의 부에 미치는 영향을 설명하라.

Part

5

운전자본관리와 기업평가

Financial Management

17
Chapter

운전자본관리

들어가면서

기업의 자산은 유동자산과 비유동자산 즉 고정자산으로 구성되어 있다. 운전자본은 유동자산에 투자되어 일상적인 영업활동을 원활히 유지하게 하고, 기업의 고정자산을 효과적으로 운용하게 하는 등 경영활동의 핵심적 자원이다. 따라서 적정 수준의 운전자본의 관리는 기업의 재무활동에서 매우 중요하다.

운전자본(working capital)의 개념은 두 가지로 사용되고 있다. 첫째는 총운전자본(gross working capital)으로 현금, 시장성 유가증권, 외상매출금, 재고자산, 선급금 등 포괄적인 유동자산을 의미한다. 일반적으로 운전자본이라고 할 때는 총운전자본인 유동자산을 지칭한다. 둘째는 순운전자본(net working capital)의 개념으로 유동자산에서 유동부채를 차감한 단기지불능력을 말한다. 이것은 일상적인 영업활동에서 충분한 유동성의 유지가 매우 중요하다는 것을 나타낸다고 할 수 있다.

운전자본관리의 기본목표는 기업의 영업활동에 필요한 적정수준의 유동성을 유지하는 것이다. 이 목표를 달성하기 위해서는 유동자산과 유동부채를 적정수준으로 구성하고, 이들을 관리하여야 한다. 즉, 유동자산에 얼마를 투자하고 이 투자액을 어떤 방법으로 조달하여 기술적 지불불능의 상태를 회피할 수 있을 것인가를 결정한 다음, 수익성과의 관계를 종합적으로 검토하는 것이 운전자본관리의 기본목표이다.

이 장에서는 운전자본관리의 의미를 파악하고, 구체적인 운전자본의 관리방법에 대해 항목별로 살펴본다. 현금과 시장성 유가증권은 기업이 유동성을 확보하는 주요한 수단이 된다. 그러나 과도한 현금과 시장성 유가증권의 보유는 투자자금의 수익성을 저하시킬 수 있으므로 적정수준의 판단이 관리의 핵심이 된다.

또한 대부분의 기업은 제품이나 서비스를 현금 또는 외상으로 거래하고 있다. 외상으로 판매한 것을 매출채권이라 하고, 외상으로 매입한 것을 매입채무라고 한다. 매출채권과 매입채무는 기업의 유동성에 중요한 영향을 미치므로 그 관리에는 전략적 판단이 필요하다.

운전자본관리의 의의와 목표

1.1 운전자본관리의 개념과 중요성

1) 운전자본관리의 개념

운전자본(working capital)의 개념은 두 가지로 사용되고 있다. 첫째는 총운전자본(gross working capital)의 개념으로 현금, 시장성 유가증권, 외상매출금, 재고자산, 선급금 등 포괄적인 유동자산을 의미한다. 일반적으로 운전자본이라고 할 때는 총운전자본인 유동자산을 지칭한다. 둘째는 순운전자본(net working capital)의 개념으로 유동자산에서 유동부채를 차감한 단기지불능력을 말한다.

그러므로 운전자본관리도 단순히 유동자산을 대상으로 하는 경우와 유동자산의 관리에서 시작하여 유동부채의 관리까지 포함하는 경우가 있다. 유동부채의 조달은 유동자산의 수준과 밀접히 관련되므로 최적 유동자산을 유지하는 것이 운전자본관리의 주요 부분을 이루고 있다.

2) 운전자본관리의 중요성

운전자본관리는 기업의 일상적인 영업활동과 직접적으로 관련을 가지고 있으므로 오래 전부터 재무관리에서 강조되어 왔다. 재무관리에서 운전자본관리가 특히 강조되고 있는 이유는 다음과 같은 경영상의 요인 때문이다.

첫째, 구매, 생산, 판매, 재고자산의 관리 등 기업의 일상적인 영업활동을 담당하고 있는 여러 부문의 경영실무자가 대부분의 시간을 운전자본관리에 사용하고 있다. 이는 운전자본관리가 기업경영에서 매우 중요한 역할을 하고 있다는 것을 의미한다.

둘째, 대부분의 산업에서는 운전자본이 총자산에서 높은 비중을 차지하고 있다. [그림 17-1]과 같이 제조업, 건설업, 도매업 등과 같은 주요 산업에서 유동자산이 총자산에서 높은 비중을 차지하고 있다. 이와 같이 높은 비중을 차지하고 있는 유동자산은 경영활동의 변동, 즉 매출액의 변동에 민감하게 반응하기 때문에 이에 대한 관리의 중요성이 강조되고 있다.

그림 17-1 산업과 운전자본비중의 관계

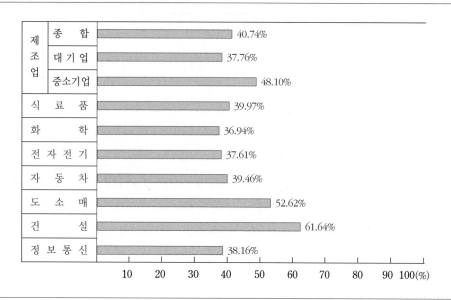

자료: 한국은행(2019), 2018년 기업경영분석(통계편).

셋째, 유동자산관리는 중소기업경영에서 특히 중요하다. 중소기업에서 자금사정이 어려울 때 고정자산에 대한 투자자금은 고정시설을 임차 또는 리스(lease)함으로써 축소시킬 수도 있지만, 현금, 외상매출금, 재고자산 등의 유동자산은 영업과정에서 항상 변동할 뿐만 아니라 이들을 감소시키기도 어렵다.

특히 중소기업의 경우에는 자본시장에서 장기자금(long-term funds)을 조달하는 것이 대기업에 비해 어렵기 때문에 운영자금을 단기부채에 의존하는 경우가 많다. 이렇게 되면 순운전자본이 감소되고 유동성도 낮아지게 되므로 재무위험이 높아진다. 따라서 최적 유동자산의 수준을 유지시키는 운전자본의 관리는 중소기업에서 더욱 중요하다.

1.2 운전자본관리의 목표

기업이 현금흐름을 완전하게 예측할 수만 있다면 운전자본관리는 큰 문제가 되지 않는다. 다시 말해서, 정확하게 현금흐름을 예측할 수 있으면 지불증서(payment bill)를 충분히 정산할 수 있는 현금수준을 유지하고 경쟁기업의 매출전략에 완벽하게 대처할 수 있는 외상매출금관리가 가능해진다. 그리고 이 예측이 가능해지면, 생산과 판매활동에 차질이 없을 정도로 재고자산을 축소시킬 수 있다. 그렇게 되면 기업활동이 순조롭게 진행될 수 있는 최저수준의 유동자산을 보유할 수가 있다. 그리고 유동자산의 투자에 필요한 자금수요도 최소화할 수 있다.

그러나 기업은 미래의 현금흐름에 대한 정확한 예측을 하기 어렵기 때문에 운전자본관리에 대한 적정한 의사결정을 필요로 한다. 만약 기업이 유동성(liquidity)부족으로 단기채무를 지불할 능력을 상실한 기술적 지불불능(technical insolvency)의 상태에 있거나, 엄격한 외상매출금 회수정책으로 인하여 매출액이 감소되는 경우, 또는 재고부족으로 생산활동이 중단되는 경우에는 기업활동에 중대한 차질이 발생한다. 반대로 기업이 유동자산을 과다하게 보유하고 있으면 기업의 수익성(profitability)이 감소될 뿐만 아니라 유동자산에 대한 투자자금을 어떻게 조달할 것인가 하는 문제가 발생한다.

운전자본관리의 기본목표는 적정수준의 유동성을 유지하는 것이다. 이 목표를 달성하기 위해서는 유동자산과 유동부채를 적정수준으로 구성하고, 이들을 관리하여야 한다. 즉 유동자산에 얼마를 투자하고 이 투자액을 어떤 방법으로 조달하여 기술적 지불불능의 상태를 피할 수 있을 것인가를 결정한 다음, 수익성과의 관계를 종합적으로 검토하는 것이 운전자본관리의 기본목표이다.

그러나 재무관리자의 이와 같은 운전자본관리의 목표는 주주의 목표와 서로 상반될 수도 있다. 재무관리자는 기업의 계속적인 영업활동을 원활하게 수행하기 위하여 유동성 목표를 강조하지만, 주주는 수익성 목표를 강조하는 경우가 많다. 이를테면, 위험과 수익의 트레이드 오프(risk-return trade-off) 문제가 발생할 수 있다.

예를 들어, 단기부채의 비용이 장기부채의 비용보다 저렴하고 유동자산순이익률(rate of return on current assets)은 비유동자산순이익률(rate of return on fixed assets)보다 일반적으로 낮기 때문에 유동자산에 대한 투자는 상대적으로 위험이 낮아진다. 그러므로 만약 재무관리자가 위험은 고려하지 않고 수익성만을 높이기 위하여 유동자산을 감축하고 많은 유동부채를 조달한다면 결국 기업이 파산(bankruptcy)에 이르게 될 가능성이 높아진다.

유동자산의 규모는 일반적으로 기업의 판매전략에 따라 달라지므로 마케팅부문이 유동자산규모를 결정하는 데 큰 영향을 미친다. 마케팅부문에서 일단 예상매출액이 결정되면 다른 부문에서는 이에 준하여 유동자산의 안전한계(margin of safety)를 결정하게 된다. 안전한계는 기업이 미래의 불확실성에 대비하기 위하여 항상 보유하는 자산의 수준을 의미한다.

따라서 안전한계에 속한 자산은 영구적 자산(permanent assets)의 성격을 가지고 있으므로 이 자산에 투자할 자금은 장기자금으로 조달하는 것이 일반적이다. 그러나 유동자산의 안전한계가 높아지면 그만큼 수익성이 낮아지는 결과를 초래한다.

제2절 운전자본의 투자와 자금조달

Financial Management

운전자본정책은 유동자산에 대한 투자와 자금조달의 양면으로 구분해서 생각할 수 있다. 운전자본의 투자정책은 유동자산의 최적구성과 투자액의 결정에 대한 재무정책을 의미한다. 자금조달정책은 유동자산에 대한 투자자금을 단기자금과 장기자금으로 구분한 다음, 두 자금의 조달방법을 적합하게 적용하는 재무정책을 의미한다.

이러한 운전자본의 투자정책과 조달정책은 다 같이 불확실성에 대한 기업의 경영방침, 즉 위험과 수익의 트레이드 오프에 대한 기업의 경영방침에 따라 각기 달리 나타난다. 미래의 기술적 지불불능과 수익의 관계에서 지불불능에 중점을 두는 재무정책에서는 보수적인 운전자본관리를 하게 된다. 그리고 수익에 중점을 두면 공격적인 운전자본관리를 하게 된다. 그리고 중립적인 입장에서는 중간적 운전자본관리를 한다.

2.1 운전자본의 투자정책

운전자본의 투자정책에 영향을 미치는 요인으로는 매출액, 산업의 성격, 매출조건, 경영정책 등을 들 수 있다. 기업의 매출액 성장추세가 미래에도 계속되거나 가속화될 것으로 예상된다면 유동자산은 자생적으로 증가할 것이다. 산업의 성격상 매출액의 변동이 순환하거나 계절적이면 유동자산도 이에 연동하여 변동하게 된다.

그리고 영업활동에 있어서 거래선과의 신용조건이 양호하면 유동자산을 적게 보유하여도 재무위기에 쉽게 대처할 수 있다. 또한 기업의 경영규모(scale of operation)와 신용, 구매, 생산, 판매부문에 대한 경영정책에 따라서도 유동자산의 규모와 구성내용이 달라진다.

그러나 이러한 요인들은 어디까지나 운전자본의 투자결정에서 반드시 고려하여야 할 상황변수일 뿐이다. 한 기업의 운전자본이 동일수준의 경쟁기업에 비하여 차이를 나타낼 때에는 그 이유가 위험과 수익의 관계에서 기업이 취하는 재무정책 때문인 경우가 많다. 다시 말해서, 보수적인 운전자본정책을 사용하는 기업에서는 유동자산을 충분히 보유하여 지불불능의 상태를 회피하고자 하지만, 반대로 공격적인 운전자본정책을 사용하는 기업에서는 가능한 한 유동자산을 축소시켜 수익성을 높이고자 할 것이다.

이러한 현상은 [그림 17-2]와 같이 매출액과 유동자산의 관계에서도 마찬가지로 나타난다. 공격적인 운전자본관리는 동일한 매출수준에 대하여 유동자산을 가능한 한 적게 보유하고 적극적으로 관리하지만, 보수적인 운전자본관리는 높은 수준의 유동자산을 보유하여 매출액 변동에 대한 위험을 최소화하려고 한다. 이러한 현상은 유동자산 중에서 영구적 유동자산(permanent current assets)을 제외한 변동적 유동자산이 매출액에서 차지하는 비율로도 확인할 수 있다.[1] [그림 17-2]에서 변동적 유동자산비율이 높은 CA_1은 보수적인 운전자본관리정책에 해당하고, 변동적 유동자산비율이 낮은 CA_3은 공격적 운전자본관리정책에 해당

그림 17-2 매출액과 운전자본정책

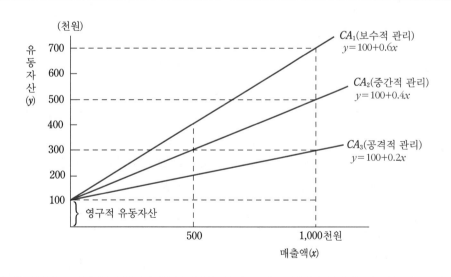

---

1) 매출액의 증감에 구애받지 않고 기업이 항상 보유하는 최저수준의 유동자산을 영구적 유동자산이라고 하고, 매출액의 증감에 따라 변동하는 유동자산을 변동적 유동자산이라고 한다.

한다고 할 수 있다.

운전자본의 조달정책

1) 운전자본의 조달

유동자산에 투자할 자금을 조달하는 방법으로는 ① 단기자금으로 조달하는 방법과, ② 단기자금에 장기자금을 병용하여 조달하는 방법이 있다. 기업이 단기자금을 조달하면 장기자금에 비하여 자금조달비용이 낮고, 탄력성(flexibility)이 높다는 장점이 있다. 자금조달비용은 이자율의 기간구조(term structure of interest rates)와 관련이 있으므로 차입금의 만기가 길어지면 그만큼 이자율도 높아지는 경향이 있다.

기업이 단기자금을 사용하게 되면 비용이 낮은 자금을 필요로 하는 기간 동안만 조달함으로써 효율적으로 자금을 이용할 수 있다. 그러나 기업이 유동성위기(liquidity crisis)에 봉착해 있을 때에는 단기자금의 조달이 매우 어려워질 뿐만 아니라 재무위험도 가중되므로, 단기자금에 대한 이자율의 변동폭이 장기자금의 경우보다 높아지는 경우가 있다.

장기자금은 계약된 장기간 동안 일정한 비용으로 자금을 사용할 수 있으므로 단기자금에 비하여 재무위험을 감소시킬 수 있는 장점이 있다. 특히 불확실성을 고려하게 되면 장기자금이 더욱 유리하다. 그러나 이론적으로 장기부채는 자본비용이 높고, 또 장기간 동안 이자를 일정하게 지불해야 하는 단점이 있다.

그러므로 운전자본의 조달정책은 위험과 수익에 대한 기업의 정책에 따라 보수적 정책, 중간적 정책, 공격적 정책으로 구분할 수 있다.

이러한 구분은 유동자산에 대한 투자자금, 즉 단기자금과 장기자금을 어떻게 배합(mix of funds)하느냐에 따라 달라진다. 다시 말해서 [그림 17-3](b)와 같이 영구적 유동자산(permanent current assets)과 비유동자산은 장기자금[2]으로 조달하고, 변동적 유동자산(fluctuating current assets)은 단기자금으로 조달하여 자산과 부채의 기간적 성격을 서로 일치시키는 방법을 중간적 정책(moderate policy)이라 한다.

그리고 [그림 17-3](a)와 같이 비유동자산과 영구적 유동자산에 부가하여 일시적인 유휴현상을 나타내는 변동적 유동자산, 즉 시장성 유가증권까지도 장기

---

2) 여기에서 장기자금은 자기자본과 장기부채를 의미한다.

그림 17-3 운전자본과 자금조달

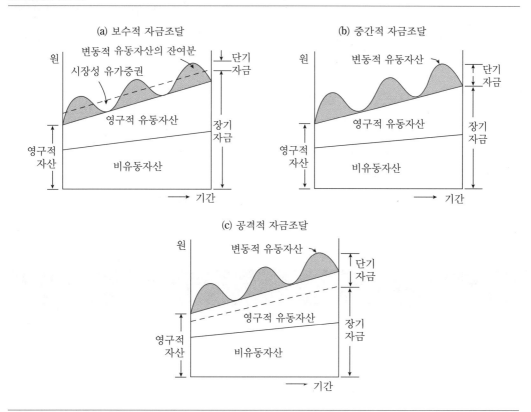

자금으로 조달하고, 계절적 수요에 의하여 증가되는 변동적 유동자산의 잔여분은 단기자금으로 조달하는 방법을 보수적 정책(conservative policy)이라고 한다.

또 [그림 17-3](c)와 같이 변동적 유동자산뿐만 아니라 영구적 유동자산의 일부를 단기자금으로 조달하여 자금비용을 감소시키려는 방법을 공격적 정책(aggressive policy)이라고 한다.

그러므로 장기자금의 상대적 비중이 높은 보수적 정책은 부채비용이 가중되어 수익성이 낮긴 하지만 재무위험이 낮은 정책임에 반하여, 공격적 정책은 수익성이 높은 대신 재무위험도 높은 정책이라고 할 수 있다.

그러면 위험과 수익성의 관계에서 달리 적용되고 있는 운전자본정책의 예를 들어 보기로 하자.

성일기업은 운전자본에 대한 투자와 조달에서 보수적, 중간적, 공격적 정책을 〈표 17-1〉과 같이 분석하였다. 이 기업의 정상적인 부채비율은 1.0이며 유동자산의 수준에 따라 총자산규모가 달라진다. 이 표에서 보수적, 중간적, 공격적 운전자본의 관리를 순서대로 비교해 보면, 유동비율이 각각 3.5, 2.0, 1.0으로 점차로 낮아져 재무위험이 증가하지만, 수익성을 나타내는 자기자본순이익률은 36.8%, 48.0%, 64.8%로 높아지고 있으므로 운전자본정책에 따른 위험과 수익의 트레이드 오프 관계가 잘 표현되고 있다.

2) 운전자본관리의 일반원칙

운전자본관리는 이와 같이 경영정책에 따라 달라질 수도 있지만 일반적으로 다음과 같은 세 가지 원칙이 운전자본관리에 적용되고 있다.

첫째는 중간적 정책에 나타난 것처럼 운전자본의 투자와 자금조달의 기간적 성격을 일치(time matching of financial sources)시킨다는 것이다. 이는 헤징방법

표 17-1 성일기업의 운전자본정책과 수익성   (단위: 천원)

항목	보 수 적 관리(CA_1)	중 간 적 관리(CA_2)	공 격 적 관리(CA_3)
재무상태표			
유동자산*	700	500	300
비유동자산	500	500	500
총자산	1,200	1,000	800
유동부채(이자율＝18%)	200	250	300**
장기부채(이자율＝22%)	400	250	100
자기자본	600	500	400
총부채 · 자본	1,200	1,000	800
손익계산서			
매출액	1,000	1,000	1,000
영업이익($EBIT$)	400	400	400
이자비용	124	100	76
법인세비용 차감전 순이익(EBT)	276	300	324
법인세비용(20%)	55.2	60	64.8
당기순이익	220.8	240	259.2
총자산영업이익률	33.3%	40.0%	50.0%
유동비율	3.5	2.0	1.0
자기자본순이익률	36.8%	48.0%	64.8%

주: * 영구적 유동자산과 변동적 유동자산은 각각 50%임.

　　** 유동자산을 전부 단기자금으로 조달하였음.

(hedging approach)이라고도 하며, 변동적 유동자산은 단기자금으로, 영구적 유동자산은 장기자금으로 조달한다는 원칙이다.

둘째는, 유동자산의 수준을 한계비용(marginal cost)과 한계수익(marginal revenue)이 일치하는 점에서 결정한다. 예를 들어, 유동자산 중 재고자산의 경우를 든다면 재고자산의 수준은 한 단위의 재고자산을 증가시킬 때 나타나는 단위비용과 단위수익이 일치하는 점에서 결정한다는 것이다.

셋째는, 불확실성의 고려이다. 예상매출액의 추정에 따라 유동자산이 변동하고, 이자율의 변동폭이 불확실하므로 확률분포를 이용한 기대치(expected value)를 산출하여 운전자본의 의사결정에 대한 자료로 삼는다.

제 3 절
Financial Management

현금관리

3.1 현금관리의 필요성과 현금 보유동기

현금은 통화와 요구불예금(demand deposit)을 의미한다. 기업은 계속되는 영업활동을 원활하게 수행하기 위하여 현금을 보유하게 되는데, 이러한 현금의 수입액과 지출액을 완전히 동일하게 일치시킬 수는 없다. 그리고 만약 현금의 지출액이 수입액을 초과하게 되면 지불불능(insolvency)의 상태가 발생하여 기업활동에 차질이 발생하므로 차입금의 조달 등 현금관리(cash management)가 필요하게 된다.

현금을 과다하게 보유하면 기업의 유동성이 높아지긴 하지만, 현금 자체는 수익을 생성시키는 자산이 아니므로 과다한 현금이 오히려 기업의 이익을 감소시키는 요인이 된다. 그러므로 재무관리자는 기업의 유동성과 수익성의 관계, 즉 위험과 수익의 트레이드 오프와 보유현금의 기회비용(opportunity cost)을 종합적으로 고려하여 적정수준의 현금잔액(cash balance)이 유지되도록 현금관리를 수행하여야 한다.

기업에서 현금을 보유하는 이유는 개인의 현금 보유동기와 마찬가지로, ① 거래동기(transaction motive), ② 예비동기(precautionary motive), ③ 투기동기(speculative motive), ④ 보상현금잔액(compensating balance)의 보유동기 등을 들 수 있다.

1) 거래동기

거래동기는 기업이 일상적인 거래활동, 즉 매입과 매출을 원활하게 수행하기 위하여 현금을 보유하는 동기를 말한다. 이것은 상품과 재료의 구입, 노무비의 지급, 세금과 배당금의 지급 등을 위하여 현금을 보유하는 동기이다. 일반적으로 도·소매업, 서비스업에서는 거래동기에 의한 현금보유액이 많다. 운수업, 가스 및 기타 용역업에서는 이 동기에 의한 현금보유액이 상대적으로 적다. 계절산업의 경우엔 영업활동의 계절적 성격에 따라 현금보유액이 변동한다.

2) 예비동기

기업경영에서 현금의 유출입(cash inflow and outflow)을 명확하게 예측하기는 쉽지 않을 뿐만 아니라, 예측의 정확성 역시 기업과 산업에 따라 달라진다. 예비동기는 비상사태와 예기치 않은 현금유출에 대비하기 위하여 현금을 보유하는 동기이다. 따라서 예측이 어려우면 그만큼 예비현금잔액(precautionary cash balance)이 많아진다. 그러나 기업의 신용상태가 양호하여 필요시에 쉽게 단기차입금을 조달할 수 있는 경우에는 예비적 현금수준이 낮아진다.

그러므로 예비적 현금이 많이 필요 없는 기업에서는 유동성이 높은 유가증권을 보유하여 현금보유의 목적에 대신하고, 유가증권의 수익성을 이용하는 것이 바람직하다.

3) 투기동기

일정한 현금을 항상 보유하고 있으면 알맞은 투기기회(speculative opportunity)를 포착하여 유리한 가격조건으로 재고자산 등을 매입함으로써 매입원가를 감소시킬 수 있다. 그러나 투기적 현금잔액을 일정하게 보유하기보다는 시장성 유가증권으로 포트폴리오를 구성하거나 금융기관과 신용관계를 개선하는 것이 더욱 바람직한 경우도 있다.

4) 보상현금잔액의 보유동기

은행은 기업에 제공하는 당좌업무 및 기타 서비스에 대한 비용으로 미리 정해 놓은 일정 수준의 현금을 기업이 은행에 예금하도록 요구하는 경우가 있다. 이러한 예금을 위한 기업의 현금잔액을 보상현금잔액(compensating balance)이라고 한다. 또 자금사정이 어려우면 은행은 대출조건으로 보상현금잔액을 요구하기도 한다.

기업은 이상과 같은 여러 동기에서 현금을 보유하지만, 일반적으로 미래의 불확실성이 높고, 수입의 과대평가 및 지출의 과소평가의 가능성이 높을수록 기업의 현금보유액은 많아진다. 그리고 기업이 실제로 충분한 현금을 보유하고 있으면, ① 할인의 혜택 및 유리한 투자기회의 포착 등으로 수익을 높일 수 있고, ② 유동성비율을 높여 금융기관과의 신용관계를 개선함으로써 지불불능 및 예기치 않은 긴박한 자금사정에 대비하여 자금조달을 원활하게 수행할 수 있다는 장점이 있다.

그러나 이러한 현금관리의 목표도 재무관리의 기본목표인 기업가치의 최대화와 일치한다는 점을 잊어서는 안된다.

3.2 현금관리 방안

기업이 충분한 현금잔액(cash balance)을 보유하고 있으면 영업활동이 순조롭게 진행되는 장점이 있다. 그러나 현금은 수익성 자산이 아니므로 과잉으로 현금자산을 보유하고 있을 경우에는 기업의 총자산회전율(total asset turnover)을 둔화시킬 뿐만 아니라 자기자본순이익률을 감소시킨다.

그러므로 기업은 ① 현금예산, ② 현금유출입의 기간관리의 방법을 통하여 효율적인 현금관리를 수행해 나가야 한다.

1) 현금예산

(1) 현금예산의 의의

현금관리에 있어서 가장 중요한 것은 현금예산(cash budget)이다. 현금예산은 일정기간 동안 현금의 유출입을 추정한 예산으로, 기간별로 현금수입과 현금지출을 대응시켜 기업의 현금상태를 나타낸다.

현금예산에는 〈표 17-2〉에 나타난 현금의 수입항목과 지출항목만 포함하며, 감가상각비, 무형자산 상각비와 같이 현금의 유출입이 없는 항목은 제외된다. 물론 자산의 상각비도 법인세효과로 인하여 기업의 현금흐름에 영향을 미치는 것은 사실이지만, 현금예산에서는 이를 제외한다.

표 17-2 현금수지항목

현금수입 항목	현금지출 항목
현금매출	직접노무비
외상매출금 회수	현금매입(재료, 상품 등)
이자수익	외상매입금 지급
비유동자산의 매각	일반관리비, 판매비
부채조달	임차료
주식발행	이자비용
배당수입 등	부채상환
	비유동자산 매입
	법인세비용
	자기주식 매입
	배당금 지급 등

현금예산은 단기예산을 원칙으로 하고 있다. 작성기간에 따라 일별, 주별, 월별, 분기별, 반기별 예산이 작성되고 있으나 일반적으로 월별예산이 많이 이용된다.

또 현금예산은 통제목적에 따라 단일현금예산(appropriate cash budget)과 변동현금예산(variable or flexible cash budget)으로 구분할 수가 있다. 단일현금예산은 일정기간 동안 하나의 예상매출액을 기초로 현금의 유출입을 예측하여 작성하는 예산을 말한다. 변동현금예산은 미래의 불확실성을 감안하여 예상매출액을 여러 수준으로 산출하고, 이에 따라 현금흐름을 각기 달리 대응시켜 작성하는 예산이다.

(2) 현금예산의 작성단계

현금예산은 3단계에 걸쳐 작성된다. 제1단계는 현금수입액의 예측, 제2단계는 현금지출액의 예측, 제3단계는 수입과 지출의 대응 및 차입현금과 잉여현금의 산출이다.

현금의 수입과 지출의 예측은 주로 예상매출액에 의하여 민감하게 영향을 받고 있으므로 매출액 예측의 정확성 여하에 따라 현금예산의 신뢰도가 좌우된다.

예 17-1 현금예산의 작성 사례

대성기업의 20×3년도 하반기 현금예산을 작성하는 데에 필요한 자료는 다음과 같다.

① 월별매출액 중 30%는 현금매출, 70%는 외상매출이며, 대손(bad debt)은 없는 것으로 한다. 외상매출금 중 50%는 매출 후 1개월 이내에 회수되며, 나머지 50%는 2개월 이내에 완전히 회수된다.

② 재료와 기타 부품의 매입액은 다음달 예상매출액의 80%에 해당하며 전부 외상매입한다. 그리고 외상매입금은 매입 후 1개월 이내에 지급하여야 한다.

③ 노무비는 매월 250만원을 지급하며, 1월, 4월, 7월, 10월에 단기차입금의 이자 22만 5천원을 지급하여야 한다.

④ 7월에 3백만원의 비유동자산을 현금매입할 예정이다.

⑤ 이 기업은 재무정책상 최저현금보유액(minimum cash balance)을 5백만원으로 책정하였다.

이 기업의 20×3년도 하반기의 경기별 예상매출액이 〈표 17-3〉과 같다고 할 경우 현금예산을 작성해 보자.

표 17-3 대성기업의 20×3년도 하반기 경기별 예상매출액 (단위: 천원)

	월별	정상	호경기	불경기
실제매출액	5	20,000		
	6	18,000		
예상매출액	7	15,000	15,000	15,000
	8	12,000	12,000	12,000
	9	8,000	18,000	4,800
	10	10,000	20,000	6,000
	11	15,000	25,000	9,000
	12	20,000	30,000	10,000
	1	22,000	32,000	12,000

(1) 정상 경기하의 단일현금예산

대성기업의 현금예산은 〈표 17-4〉에 나타난 바와 같이 3단계에 걸쳐 작성한다.

〈제1단계: 현금수입표〉

7월의 현금수입액 1,780만원은 ① 7월 매출액 1,500만원 중 30%에 해당하는 현금매출액 450만원과, ② 전달인 6월 외상매출금 1,260만원 중 50%에 해당하는 회수금 630만원, 그리고 ③ 2개월 전인 5월의 외상매출금 140만원 중 6월 회수한 50%의 잔여분인 700만원(50%)의 합계이다. 마찬가지 방법으로 월별 현금수입액이 12월까지 산출된다.

〈제2단계: 현금지출표〉

월별 외상매입액은 다음 달 예상매출액의 80%이며, 이것은 1개월 후에 현금으로 지불한다. 노무비는 매월 250만원, 단기차입금 이자 22만 5천원은 7월과 10월에 지급하며, 7월에 신규 유형자산을 현금 300만원으로 매입할 예정이다.

표 17-4 대성기업의 현금예산								(단위: 천원)
	5월	6월	7월	8월	9월	10월	11월	12월
Ⅰ. 현금수입표								
매출액	20,000	18,000	15,000	12,000	8,000	10,000	15,000	20,000
현금매출(30%)	6,000	5,400	4,500	3,600	2,400	3,000	4,500	6,000
외상매출(70%)	14,000	12,600	10,500	8,400	5,600	7,000	10,500	14,000
외상매출금 회수								
1개월 이내(50%)		7,000	6,300	5,250	4,200	2,800	3,500	5,250
2개월 이내(50%)			7,000	6,300	5,250	5,250	4,200	2,800	3,500
총현금수입액			17,800	15,150	11,850	10,000	10,800	14,750
Ⅱ. 현금지출표								
외상매입(80%)*		12,000	9,600	6,400	8,000	12,000	16,000	17,600
현금지출			12,000	9,600	6,400	8,000	12,000	16,000
노무비			2,500	2,500	2,500	2,500	2,500	2,500
이자비용			225			225		
유형자산 매입			3,000					
총현금지출액			17,725	12,100	8,900	10,725	14,500	18,500
Ⅲ. 현금예산								
총현금수입액			17,800	15,150	11,850	10,000	10,800	14,750
총현금지출액			17,725	12,100	8,900	10,725	14,500	18,500
순현금흐름			75	3,050	2,950	-725	-3,700	-3,750
월초 현금잔액			5,400**	5,475	8,525	11,475	10,750	7,050
월말 현금잔액			5,475	8,525	11,475	10,750	7,050	3,300
최저현금보유액			5,000	5,000	5,000	5,000	5,000	5,000
차입현금								1,700
잉여현금			475	3,525	6,475	5,750	2,050	

주: * 다음 달 매출액의 80%에 해당하는 재료를 외상매입함.

　　** 이것은 6월말 현금잔액임.

<제3단계: 주현금예산>

7월의 경우, 현금수입액 1,780만원에서 지출액 1,772만 5천원을 차감하면 7월 중 순현금흐름이 7만 5천원이 된다. 7월초에 현금잔액이 이미 540만원이 있었으므로, 이것을 7월 중 순현금흐름과 합하면 7월말 현금잔액은 547만 5천원이다.

이 7월말 현금잔액은 8월초 현금잔액이 되므로 이를 다시 8월 중 순현금흐름 305만원에 합계하면 8월말 현금잔액 852만 5천원이 산출된다. 월말 현금잔액은 이 과정을 반복함으로써 모두 산출할 수 있다.

그리고 이 기업에서는 최저현금보유액을 500만원으로 책정하고 있으므로, 만약 월말 현금잔액이 최저현금보유액을 초과하면 초과금이 바로 잉여현금(surplus cash)이 된다.

재무관리자는 유동성과 수익성을 동시에 고려하여 잉여현금을 시장성이 높은 단기유가증권에 투자하는 것이 일반적이다. 반대로 월말 현금잔액이 최저현금보유액에 미달하면 일정한 최저 현금보유액 5백만원을 유지하기 위하여 미달액을 은행으로부터 차입하는 경우도 있다.

그리고 각 월별 잉여현금은 전월의 잉여현금을 다른 곳에 투자하지 않고 그대로 현금으로 보유하고 있을 경우에 한하여 발생하는 잉여현금이다. 만약 전월의 잉여현금을 다른 곳에 투자하였으면 그 달의 잉여현금 내지 차입현금은 그 달 중의 순현금흐름을 의미한다. 예를 들어, 9월의 경우, 8월의 잉여현금 352만 5천원을 유가증권에 투자하였다면 9월초 현금잔액은 최저현금보유액인 5백만원이 되므로 9월의 잉여현금은 순현금흐름인 295만원이 된다.

(2) 경기별 현금예산

경기별 현금예산은 <표 17-3>에 나타난 호경기와 불경기 하에서 매출액의 변동에 따른 현금예산을 작성하는 것이다.

호경기에서는 9월이 매출액 감소추세의 전환기가 되고, 또 이때부터 노무비가 150만원 증가하였다. 그리고 불경기에서는 9월부터 매출액이 급감함에 따라 노무비를 100만원 감소시켰다.

이제, 현금수입표와 현금지출표는 생략하고, 호경기와 불경기하에서 대성기업의 현금예산표를 작성하면 <표 17-5>와 같다.

불경기하에서는 매출액의 축소와 병행하여 비용이 감소되므로 오히려 7월부터 12월까지 잉여현금이 발생하여 현금상태가 양호하게 나타난다. 그러나 호경기하에서는 10월부터 현금부족 현상이 나타난다. 따라서 현금수준과 수익성은 서로 상반되는 관계에 있다.

호경기하에서 나타난 현금부족의 상태를 해결하기 위해서는 ① 단기차입금 조달, ② 현금순환 촉진, ③ 지불연기, ④ 자산의 유동화 등의 방법을 강구해야 된다.

표 17-5 경기별 현금예산

	7월	8월	9월	10월	11월	12월
Ⅰ. 호경기						
총현금수입액	17,800	15,150	14,850	16,500	20,800	24,750
총현금지출액	17,725	12,100	16,900	18,725	22,500	26,500
순현금흐름	75	3,050	−2,050	−2,225	−1,700	−1,750
월초 현금잔액	5,400	5,475	8,525	6,475	4,250	2,550
월말 현금잔액	5,475	8,525	6,475	4,250	2,550	800
최저현금보유액	5,000	5,000	5,000	5,000	5,000	5,000
차입현금				750	2,450	4,200
잉여현금	475	3,525	1,475			
Ⅱ. 불경기						
총현금수입액	17,800	15,150	10,890	7,680	6,480	8,250
총현금지출액	17,725	12,100	6,340	7,525	9,700	10,500
순현금흐름	75	3,050	4,550	155	−3,220	−2,250
월초 현금잔액	5,400	5,475	8,525	13,075	13,230	10,010
월말 현금잔액	5,475	8,525	13,075	13,230	10,010	7,760
최저현금보유액	5,000	5,000	5,000	5,000	5,000	5,000
차입현금						
잉여현금	475	3,525	8,075	8,230	5,010	2,760

(예 17-1)에서 작성한 현금예산은 미래의 불확실성에 대한 확률분포를 적용하지 않고 있다. 그러나 현금수입 항목과 현금지출 항목에 확률분포를 적용하여 기대치를 산출하면 현금관리에 더욱 유효한 현금예산이 될 수 있다.

2) 현금유출입의 통제

기업의 현금관리에서는 명확한 현금예산을 작성하여 차입현금과 잉여현금에 대한 대책을 수립하는 것이 중요하다. 그러나 현금예산은 각 수입항목과 지출항목의 예측이 정확할 경우에 한하여 그 유용성이 인정될 수 있으므로, 현금계획의 수립에서는 수입항목과 지출항목의 기간관리 및 불확실성을 종합적으로 고려하여 예측방법을 항상 개선할 필요가 있다.

현금유출입의 통제방법으로는 ① 현금유출입의 동시화(synchronization), ②

회수촉진(expediting collection)과 지출연기(slowing down expenditure), ③ 부동기간(float)과 당좌차월의 이용 등을 들 수 있다.

(1) 현금유출입의 동시화

현금유출입의 동시화(synchronization)는 기업의 거래활동을 진행시킬 수 있는 최소한의 거래잔액(transaction balance)을 유지하기 위하여 현금수입의 시점과 현금지출의 시점을 일치시키는 방법이다. 이 통제방법을 사용하면 일정시점에서 현금지출액이 현금수입액을 초과하더라도 이 초과액만 거래현금잔액으로 조달하면 되므로 최저현금잔액을 축소시킬 수 있다.

예를 들어, (예 17-1)에서 외상매출금의 회수기간이 결정되면, 이 기간에 맞추어 현금을 지출할 수 있도록 매입시기를 조정하여 거래현금잔액을 축소시킬 수 있다. 특히 수입과 지출기간 사이에 장부처리를 위한 시간적 격차를 둘 수 있으면 더욱 효과적이다.

현금유출입의 동시화의 방법은 현금수입의 시기가 일정한 가스 용역업회사나 할부판매업 등에서는 널리 이용될 수 있는 방법이다.

(2) 회수촉진과 지출연기

회수촉진(expediting collection)과 지출연기(slowing down expenditure)는 현금회수의 촉진과 지출을 연기함으로써 거래과정에서 가능한 거래잔액의 보유기간을 연장시켜 지불불능의 상태를 방지하는 방법이다. 현금회수 촉진의 방법으로는 ① 종업원에 의한 회수금의 일시적 횡령(lapping) 또는 누출(leakage)의 방지, ② 채무자의 지불촉진 등을 들 수 있다.

기업의 영업상태에 따라서는 종업원이 회수한 외상매출금을 즉시 거래은행이나 기업에 직접 입금하지 않고 외상매출금의 회수보고가 연쇄적으로 연기될 수도 있다. 이와 같이 수금과정 중 종업원의 일시적인 횡령을 방지, 통제하기 위해서는 수금과 회계처리의 책임을 분담시키는 내부통제제도(internal control system)를 활용하는 것이 바람직하다. 그러나 내부통제제도는 기업의 규모와 거래활동에 따라 운용비에 차이가 있으므로 수익과 비용의 관계를 종합적으로 고려하여야 한다.

회수기간의 단축방법으로 외상매출금의 할인정책과 은행으로부터 어음을 할인받는 방법이 있다. 예를 들어, 단기차입금의 이자율과 외상매출금의 할인율을 비교하여 만약 외상매출금의 할인정책이 유익하면 이 정책을 거래처에 제시하여 외상매출금 회수를 촉진시킨다. 거래처의 입장에서는 자기의 자금사정을 고려하여 할인혜택을 얻기 위해서 빠른 기간 내에 현금을 지불할 수도 있기 때문이다. 그리고 회수된 상업어음을 은행에서 현금화할 때에는 할인율이 매우 높기 때문에 긴급한 경우를 제외하고는 이를 이용하지 않는 것이 좋다.

현금유출기간의 지연은 현금회수 촉진방법과 정반대로 생각할 수 있다. 다시 말해서, ① 지급현금이 지출과정에서 종업원에 의하여 일시적인 누출(leakage)이 발생하지 않고 정확하게 고객에게 도착하도록 하여야 하며, ② 가능한 한 현금지출을 지연시켜야 한다.

현금지급과정에서 일시적인 현금누출이 발생하지 않도록 하기 위해서는 현금회수의 촉진방법과 마찬가지로 현금지급과정을 분담하는 내부통제제도를 구축할 수 있다. 그리고 지출지연의 방법에는 외상매입금의 지불기일을 연장하거나 어음을 발행하는 방법이 있다.

(3) 부동기간과 당좌차월의 활용

기업에서 발행한 당좌수표가 당일 거래은행의 당좌계정에서 청산되는 수도 있지만, 한동안 거래과정에서 중복으로 유통되어 뒤늦게 은행의 당좌계정에서 청산되는 수도 있다. 이와 같이 회사의 당좌수표의 발행시점과 은행의 당좌계정에서 청산되는 시점과의 기간차이를 부동기간(float)이라고 한다.

따라서 기업에서는 이러한 부동기간의 통계를 분석하여 상한(upper limit)과 하한(lower limit)을 결정하여 두면 이 부동기간 중 유지할 현금잔액을 축소시킬 수 있다.

예를 들어, 어느 기업이 1일 평균 10만원의 당좌수표를 발행하고 부동기간이 6일이라고 하면 부동수표의 액수가 총 60만원이므로 이 금액을 현금보유액에서 축소시킬 수가 있다.

당좌차월은 은행에 당좌거래를 하고 있는 기업이 일정액을 한도로 차월계약을 은행과 체결하고, 평상시의 거래에서 당좌예금의 잔액만으로 자금이 부족할 때 당좌수표의 초과발행액을 차입하는 것을 말한다.

3.3 현금수준의 결정

기업에서 현금이 필요한 정도는 ① 영업활동의 수준, ② 현금흐름에 대한 예측의 정확도, ③ 단기차입금의 유용성 및 비용, ④ 보유현금의 기회비용 등에 의해 영향을 받는다. 다시 말해서, 매출액이 증가하여 영업활동이 점차로 활발해지거나, 현금흐름에 대한 예측이 불확실하거나, 단기차입금의 비용이 높거나, 보유현금의 기회비용이 낮을 경우, 또는 이러한 현상이 복합적으로 발생할 때 기업은 높은 수준의 현금을 보유하게 된다.

일반적으로 보유현금의 수준은 주로 거래잔액과 예비잔액 혹은 보상현금잔액의 수준에 의하여 결정된다. 투기적 현금잔액은 영업활동 이외의 투기요인에 따라 달라질 것이다.

기업은 최적 현금잔액을 위험과 수익의 관계를 고려하여 영업활동이 순조롭게 진행될 수 있는 수준에서 결정하고, 이를 유지할 수 있도록 잉여현금과 차입금을 관리하여야 한다. 잉여현금을 시장성이 높은 유가증권에 투자하면 거래비용이 발생하고, 자금을 차입하면 부채비용이 발생하므로, 최적 현금수준은 항상 이러한 현금관리의 비용이 최소화되는 수준에서 결정되어야 한다.

시장성 유가증권관리

제4절 Financial Management

4.1 시장성 유가증권의 보유

시장성 유가증권(marketable security)의 수익률이 일반적으로 영업자산(operating assets)의 수익률보다 높지 않은데도 기업은 시장성 유가증권을 보유하고 있다. 그 이유는 시장성 유가증권이 ① 현금대용의 역할, ② 일시적인 투자수단이라는 두 가지 성격을 가지고 있기 때문이다.

1) 현금의 대용

기업은 높은 수준의 현금잔액을 보유하는 대신에 시장성 유가증권에 투자하면, 현금지출액이 수입액을 초과할 때 시장성 유가증권의 일부를 매각하여 현금잔액을 조정할 수 있다. 이러한 상황에서는 시장성 유가증권이 현금의 거래잔액, 예비잔액, 투기잔액 혹은 이 세 가지의 대용역할을 한다.

대체로 기업은 시장성 유가증권을 예비적 목적으로 보유하는 경우가 많으며,

거래목적이나 투기목적을 위한 자금조달은 주로 은행의 대출에 의존하는 경향이 있다. 그러나 기업은 은행의 신용조건이 악화될 경우에 대비하여 유동자산으로서 시장성 유가증권을 보유하는 경우도 있다.

2) 일시적 투자수단

기업은 다음과 같은 세 가지 이유로 인하여 일시적으로 시장성 유가증권을 보유하는 경우가 있다.

(1) 계절적 · 순환적 경영활동

기업의 매출액이 계절적으로 변동할 때에는 1년 중 잉여현금이 발생하는 기간과 현금부족이 발생하는 기간이 있다. 이 경우에 기업은 잉여현금을 시장성 유가증권에 일시적으로 투자하였다가 현금이 부족한 기간에 이들을 매도하여 현금잔액을 조정할 목적으로 유가증권을 보유한다.

(2) 계획된 자금수요에 대비

계획된 공장확장이나 사채의 만기상환에 대비하여 자금을 지출시까지 시장성 유가증권의 포트폴리오에 투자하여 두거나, 또는 당기의 법인세 지출액을 납세일까지 시장성 유가증권으로 보유하였다가 필요시에 이들을 매도하여 지출액에 충당한다.

(3) 장기증권 매출액의 일시적 보유

성장기업은 정기적으로 주식과 사채 등 장기증권을 발행하게 된다. 기업은 이러한 장기증권을 매각한 금액을 일시적으로 시장성 유가증권에 투자하였다가 영구적으로 영업자산에 투자를 해야 할 때, 이 시장성 유가증권을 매각하여 자금을 조달한다.

4.2 시장성 유가증권의 보유전략

기업의 매출액이 계절적으로 변동하면서 계속 성장하게 되면, 기업은 자금수요를 차입금에만 의존하는 대신에 시장성 유가증권을 보유하였다가 필요시에 이를 현금화할 수 있다고 하였다.

예를 들어, [그림 17-4]는 어느 기업의 계절적 현금수요에 대한 유가증권의 보유전략을 나타내고 있다고 하자.

그림 17-4 계절적 현금수요와 시장성 유가증권의 전략

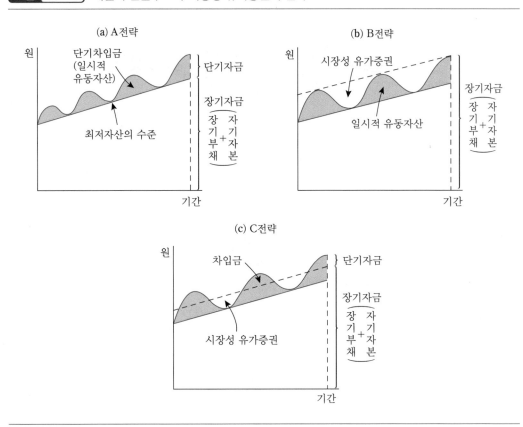

(a) A전략

(b) B전략

(c) C전략

A전략에서는 경영활동에 필요한 자금의 안정적인 부분을 장기자금으로 조달하고, 계절적 현금 수요를 완전히 은행의 차입금에 의존하고, 시장성 유가증권을 전혀 보유하지 않는다. B전략에서는 경영에 필요한 최대한의 자금을 장기자금으로 조달하여 경영활동이 저조한 시기에는 잉여현금을 시장성 유가증권에 투자하였다가 필요시에 이들을 매도하는 전략이다. 그리고 C전략은 A전략과 B전략의 절충형이다. C전략에서는 현금이 가장 필요한 시기에 소요현금의 일부분만 시장성 유가증권을 매도하여 조달하고 나머지는 은행의 차입금으로 조달하는 방법이다.

이러한 현금조달 방법은 각기 장단점이 있다. A전략의 경우는 B전략에 비하여 유동비율이 항상 낮고, 또 적시에 현금의 차입, 혹은 반환이 원활하지 못할 경우가 있으므로 위험이 가장 높은 방법이다. 그렇지만 수익률이 낮은 시장성 유가증권을 보유하지 않기 때문에 상대적으로 총자산순이익률과 자기자본순이익률이 높게 나타날 수 있다.

그림 17-5 성장 중인 기업의 현금조달전략

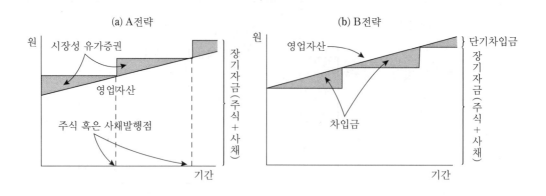

시장성 유가증권의 보유전략으로 또 다른 예를 들 수 있다. 현대기업은 성장 중인 건설회사라고 하자. 현대기업의 현금조달전략으로는 [그림 17-5]의 A, B 두 전략을 생각해 볼 수 있다.

[그림 17-5](a)의 A전략에서는 계속되는 자금수요를 장기증권의 발행으로 조달하고 있다. 다시 말해서, 장기증권을 매도한 금액을 시장성 유가증권에 일시적으로 투자하였다가 영업자산을 증가시킬 필요가 있을 때마다 이를 매도하여 현금수요에 충당한다.

[그림 17-5](b)의 B전략에서는 차입금만으로 현금수요에 충당한다는 전략이다. 이 전략에서는 원칙적으로 단기차입금의 비용이 장기차입금의 비용보다 저렴하므로 일정한 한계수준까지는 단기차입금으로 현금수요에 충당하고, 이 한계를 초과하면 이를 장기차입금으로 전환시킨 다음 다시 현금수요가 발생하면 단기차입금으로 자금수요에 대처하고 있다.

B전략에 비하여 A전략은 보수적이고 위험이 작은 전략이라고 할 수 있다. A전략은 단기부채를 조달하지 않으므로 유동비율이 높을 뿐만 아니라 적시에 자금수요에 대응할 수 있다는 장점이 있다. 반면에 이 전략은 [그림 17-5](b)의 B전략에 비하여 기업의 수익성, 즉 총자산순이익률 또는 자기자본순이익률을 감소시키므로, A, B 두 전략 중 어느 하나가 반드시 우월하다고 할 수 없다.

따라서 기업의 성격과 자금 사정, 그리고 경영자의 위험에 대한 태도에 따라 시장성 유가증권의 보유전략, 또는 차입금의 조달전략, 또는 이 양자의 절충형이 결정된다.[3]

---

3) 최근에 기업의 적정한 현금보유수준과 이에 영향을 미치는 기업의 특정한 요인에 대한 연구가 많

　기업의 단기적인 투자대상인 시장성 유가증권은 대체로 국공채, 사채, 보통주, 우선주 등으로 나눌 수 있다.[4] 이러한 시장성 유가증권은 제각기 ① 채무불이행위험(default risk), ② 이자율위험(interest risk), ③ 유동성 또는 시장성위험(liquidity or marketability risk), ④ 수익률(return on security) 등에 차이가 있다. 기업은 단기투자의 대상을 선택함에 있어 이러한 개별증권의 특성을 반드시 고려하여야 한다.

　첫째, 채무불이행위험은 유가증권의 발행자가 계약상의 지불의무를 이행할 수 없는 상태가 발생할 확률을 의미한다. 국공채는 채무불이행위험이 거의 없는 반면에 이자율이 낮고, 사채는 채무불이행위험이 있지만 상대적으로 이자율이 높다. 다시 말해서, 사채는 발행기업의 위험등급에 따라서 위험프리미엄이 제각기 달리 나타나고 있다.

　둘째, 사채의 액면이자율(coupon rate)은 만기까지의 기간 동안 일정하므로, 시장이자율이 상승하면 사채의 가격이 하락하는데, 이를 이자율위험이라고 한다. 일반적으로 장기사채가 단기사채보다 이자율위험이 높다.

　셋째, 유동성 또는 시장성은 짧은 기간에 많은 양의 유가증권이 시장가격으로 거래될 수 있는 증권의 성격을 의미한다. 시장성 유가증권은 주로 단기투자의 대상이 되므로, 유동성이 매우 강조되고 있다.

　넷째, 기업이 시장성 유가증권을 보유하는 것은 주로 미래에 대한 예비적 목적을 위한 것이지만, 동시에 수익률도 고려하고 있다. 증권의 수익률은 위험과의 관계에서 결정되므로, 반드시 채무불이행위험, 이자율위험, 유동성위험 등을 고려하여야 한다. 일반적으로 기업에서는 유동성과 안정성(최소위험)이 높은 유가증권을 단기투자대상으로 선택함으로써 수익성을 다소 희생하는 경우가 많다.

이 이루어지고 있다.

4) 이 외에도 양도성 예금증서(negotiable certificate of deposit, CD), 기업어음(commercial paper, CP), 전자단기사채 등이 단기금융시장에서 유통되고 있다.

매출채권관리

제 5 절

Financial Management

5.1 매출채권관리의 의의

매출채권은 신용매출(credit sales)에 의하여 발생되는 단기채권으로 외상매출금과 받을어음 등을 의미한다. 매출채권은 기업활동의 기본이 되는 판매촉진의 방법으로 이용되고 있지만, 기업이 매출채권을 과다하게 보유하고 있으면 오히려 수익성을 저해하는 결과가 된다. 그러므로 매출채권관리는 유동성, 수익성, 매출신장의 상호관계에서 고려하여야 한다.

일반적으로 매출채권의 신용기간(credit period)을 연장하면 매출액은 증가한다. 그러나 이 경우에 매출채권 수준도 매출액에 비례하여 높아지므로 매출채권회전율(account receivables turnover)로 매출채권관리의 효율성을 측정하는 경우가 많다. 그 이유는 기업에서 적정 매출채권수준을 유지한다는 것은 적정 매출채권회전율을 유지한다는 기업의 경영목표와도 일치하기 때문이다.[5]

기업이 매출채권회전율을 너무 높게 유지하거나 또는 매출채권을 매우 낮은 수준으로 유지하게 되면, 매출액이 감소되므로 기업의 수익성이 낮아질 수 있다. 그리고 기업이 엄격한 신용조건(credit terms)을 고수하면 현금회수비용이 증가할 가능성도 높다.

반대로 기업에서 매출채권회전율을 너무 낮추거나 또는 매출채권을 상대적으로 높은 수준으로 유지하게 되면 단기적 지불불능(technical insolvency)의 상태가 발생하기 쉽고, 또 매출채권의 대손율(bad debt rate)도 높아지기 쉽다.

따라서 매출채권의 적정수준은 신용확장(credit expansion)에 따른 비용과 수익의 관계에서 결정되어야 한다. 다시 말해서, 신용확장으로 인하여 발생하는 제반 추가비용, 즉 ① 매출채권의 기회비용, ② 고객의 신용도(credit worthiness)에 대한 분석비용, ③ 현금회수비용, ④ 할인율 등의 추가비용과 추가수익이 동일한 점까지 신용을 확장하는 것이 바람직하다. 즉 신용확장에 의한 한계비용과 한계수익이 동일한 점에서 매출채권 수준을 결정하는 것이 기업의 가치를 최대화한

---

5) E. F. Brigham and L. C. Gapenski(1997), *Financial Management Theory and Practice*, The Dryden Press, 878-886.

다고 할 수 있다.

이와 같이 비용과 수익의 관계에서 결정되는 매출채권의 수준은 ① 신용매출의 양(volume of credit sales), ② 매출채권의 평균회수기간(average collection period)의 두 가지 요인에 의하여 좌우되고 있다. 그리고 이 두 요인은 ① 신용기준(credit standard), ② 신용조건, ③ 현금회수정책 등 기업의 신용정책(credit policy)에 의하여 적절히 조정, 통제됨으로써 효율적인 매출채권의 관리가 실현될 수 있다.

5.2 매출채권금융

1) 주요 매출채권금융

(1) 팩토링

팩토링(factoring)은 상품의 매출자가 외상매출금을 은행이나 금융회사에게 할인하여 판매하는 것을 말한다. 이 경우 은행이나 금융회사를 팩터(factor)라고 한다.

팩터는 매입한 외상매출금의 대손에 대하여 상환청구권이 없기 때문에 대손은 팩터의 손실이 된다. 따라서 팩터는 신용조사과를 회사내에 두고 상품매입자의 신용을 철저히 조사하게 된다. 상품매출자는 팩터가 신뢰하는 상품매입자에 한하여 상품을 판매하게 된다. 그리고 상품매입자는 팩토링의 통고를 받으면 지불기일이 도래한 외상매입금을 팩터에게 지불하여야 한다.

팩터는 고객인 외상매출금의 매출자를 대신해서 세 가지 기능을 수행한다. 첫째는 회사내에 신용조사과를 두어 상품매입자의 신용상태를 조사한다. 둘째는 외상매출금을 회수하며, 셋째는 외상매출금의 대손위험을 부담한다.

이 중에서 첫째의 기능은 매출자에게 큰 도움을 주고 있다. 다시 말해서, 상품매출자가 소기업일 때에는 자기의 부담으로 고객의 신용도를 조사한다는 것은 많은 경비가 소요되므로, 이 부담을 팩터가 대신함으로써 매출자에게 큰 도움을 주는 것이다.

팩토링에 의하여 매출자가 팩터로부터 실제로 지급받는 금액은 외상매출금의 액면가에서 ① 팩토링 커미션, ② 외상매출금 회수기간까지의 선급이자(할인이자), ③ 일정액의 적립금을 차감한 금액이다.

그리고 팩토링 커미션에는 팩터의 신용조사비, 외상매출금 회수비 및 대손위험부담을 위한 비용이 포함된다. 팩토링 커미션은 일반적으로 외상매출금 액면가의 일정 비율을 부가하지만, 상품매입자의 신용상태, 외상매출금의 규모, 그리고 외상매출금의 최종 회수일까지의 기간에 따라 다소 차이가 있다.

외상매출금 회수일까지의 선이자율은 기본이자율(연리)에 3%p를 전후하여 추가되는 것이 일반적이다. 그리고 상품매출자는 일정한 금액을 팩터에게 적립하는데 그 이유는 매출상품의 파손 및 반송에 대비하기 위한 것이다. 외상매출금이 성공적으로 회수되면 팩터는 이 적립금을 다시 상품매출자에게 환불한다.

예 17-2

팩토링을 한 외상매출금의 액면가가 1만원, 팩토링 커미션이 3%, 기본이자율이 9%, 적립금이 500원이다. 상품매출자가 팩터에게 받을 금액을 산출하여 보자(단, 신용조건은 「net 30」이다.).

외상매출금 액면가		10,000원
팩토링 커미션(3%)	300	
이자비용[(9+3)÷12=1%], net 30	100	
적립금	500	900
매출자의 실제인수금		9,100원

이러한 팩토링은 매년 갱신될 수도 있지만 큰 변동이 없는 한 지속되는 것이 관례이다. 따라서 팩터는 항상 신규 외상매출금계정의 신용조사를 실시하여 상품매출자의 단기자금조달을 도와주고 있다.

그러나 상황이 변동하여 더 이상 팩토링을 지속할 수 없을 경우에는 팩터가 이를 상품매출자에게 일방적으로 통고함으로써 팩토링을 중지시킬 수도 있다. 이러한 외상매출금 팩토링의 주요 진행과정을 요약하면 다음과 같다.

① 매출자와 팩터간에 계약체결을 한다.

② 매출자가 주문을 받으면 신용승인전표(factoring approval slip)를 작성하고, 이를 팩터에게 송부하여 매입자의 신용조사에 착수하게 한다.

③ 팩터가 신용조사를 한 결과, 특정한 외상매출금의 인수를 거절하면 매출자는 이것에 대한 주문을 받지 않는다.

④ 팩터가 고객(매입자)을 승인하면 매출자는 고객에게 상품을 발송함과 동시에 송장에는 팩터에게 지급할 것을 명시한다.

(2) 플레징

플레징(pledging)은 은행이나 금융회사가 외상매출금을 담보로 하여 단기자금을 매출자에게 융자해 주는 것을 말한다. 외상매출금대출(accounts receivable loans) 또는 외상매출금의 할인(accounts receivable discounting)이라고도 한다.

외상매출금의 플레징에 있어서는 일반적으로 금융회사가 대출자가 된다. 금융회사는 담보가 된 외상매출금 액면가의 일정한 비율(예: 60~80%)에 해당하는 금액을 매출자 또는 매출기업에 대출한다. 그러나 매출자(차입자)의 신용상태가 변동하면 쌍방의 합의에 따라 플레징 약정을 변경할 수 있다.

플레징 약정은 상품매입자에게 통고하지 않은 것이 관례이기 때문에 매입자는 매출자와 금융회사가 체결한 플레징 약정에 상관하지 않고 외상매입금을 매출자에게 계속해서 지불하지만, 이 회수된 외상매출금의 전액은 매출자로부터 다시 금융회사로 보내진다.

만약 금융회사에 회수된 외상매출금이 매출자가 금융회사로부터 차입한 금액을 초과하면, 초과금액이 매출자에게 다시 반송된다. 예를 들어, 금융회사가 담보로 제공된 외상매출금의 75%에 해당하는 금액을 매출자에게 대출하였는데 담보된 외상매출금 전액이 회수되었다면, 25%의 회수금이 다시 매출자에게 반송되어야 한다.

플레징의 특징은 대출자인 금융회사가 외상매출금에 대한 유치권(lien)을 확보하거나 또는 차입자에 대하여 상환청구권을 가지고 있으므로, 비록 외상매출금의 대손이 발생하더라도 결국은 매출자(차입자)가 손실을 보게 된다는 것이다.

그러나 대손의 가능성이 높은 외상매출금을 담보로 한다는 것은 바람직하지 않기 때문에 금융회사는 담보로 제공된 외상매출금에 대하여 계속해서 충분한 신용조사를 실시한다. 다시 말해서, 플레징 약정이 성립되면 매출자는 정기적으로 송장을 금융회사에 보내어 신용평가를 받게 되는데 금융회사는 이 중에서 신용상태가 양호한 송장만 선택하여 담보의 대상으로 삼는다.

플레징 약정에서는 대출자인 금융기관에 따라 다소 차이는 있지만 플레징으로 발생되는 비용을 차입자에게 부담시킨다. ① 차입금의 이자, ② 사무비, ③ 신용조사비를 차입자에게 부담시킨다. 이 중에서 비교적 큰 비중을 차지하고 있는 것은 차입금의 이자이다.

2) 매출채권금융의 장단점

기업의 입장에서는 단기자금원으로 매출채권금융을 이용하는 것을 한마디로 유리하다거나 또는 불리하다고 결론을 내릴 수는 없다. 기업의 자금사정에 따라 매출채권금융을 이용하는 데에는 각기 장점과 단점이 따르기 마련이다.

매출채권금융의 장점은 다음과 같다.

첫째, 자금원의 융통성(flexibility)을 들 수 있다. 기업의 매출액이 증가하고 자금수요가 늘어나면 송장의 양과 금액도 매출액에 따라 증가하게 되므로 매출채권에 의한 자금조달이 용이하기 때문이다.

둘째, 금융기관으로부터 달리 단기차입금을 조달할 수 없을 경우에 매출채권이나 송장은 담보(security)의 역할을 할 수가 있다.

셋째, 중소기업에서 경비 부담이 과중하여 고객의 신용조사가 어려울 경우에 팩토링을 이용하면 팩터의 신용조사과로부터 신용정보에 대해 도움을 받을 수 있다.

매출채권금융의 단점은 다음과 같다.

첫째, 송장의 종류가 많고, 각 송장의 금액이 비교적 소액일 때에 매출채권의 관리비용이 높아지므로 결과적으로 자금조달비용이 높아진다.

둘째, 외상매출금은 유동성이 높은 자산인데, 플레징의 경우 이를 담보로 사용하는 것은 부적합하다는 것이다.

셋째, 매출채권금융은 기업의 자금사정이 긴박함을 표현하는 경우가 많으므로 기업의 약점을 노출시키는 결과가 될 수 있다. 그리고 팩토링이나 플레징은 모두 자산의 유동성을 감소시키는 결과가 되므로 채권자의 불만을 초래할 수 있다.

제6절

Financial Management

6.1 신용거래의 의미

신용거래(trade credit)는 상품거래에서 신용매입으로 인하여 지급이 연기된 매입상품의 대금으로 매입채무(payables)를 의미한다. 신용거래의 형태로는 외상매입금(accounts payable)과 지급어음(notes payable)을 들 수 있다. 외상매입금은 매출자와 매입자 사이에 상거래의 신뢰를 토대로 한 것이므로 채권과 채무의 법적인 계약이 성립된 것은 아니다.

지급어음에 있어서는 매입자가 지급일자, 지급장소, 지급금액을 명시한 약속어음(promissory note)을 발행하여 상품을 인수할 때 이들을 교환하는 경우와 대출자가 어음을 발행하여 이를 송장과 함께 매입자에게 송부하여 매입자의 인수를 받음과 동시에 상품을 인도하는 경우가 있다. 매출자는 인수된 받을어음을 금융기관에 제시하여 할인을 받을 수 있으며 약속어음은 법적인 구속력이 있다.

일반적으로 이러한 신용거래는 유동부채 중 가장 큰 비중을 차지하고 있다. 특히 금융기관으로부터 단기차입금의 조달이 어려운 중소기업에서는 더욱 그러하다. 아울러, 신용거래는 정상적인 상품매매활동에서 나타나는 자생적인 자본조달원(spontaneous source of financing)이기도 하다.

예를 들어, 어느 기업에서 「net 30」의 신용조건으로 매일 2만원의 상품을 매입한다면, 평균 60만원의 단기자금이 자생적으로 조달되는 결과가 된다. 마찬가지로 신용기간이 연장되거나 또는 매입량이 증가하면 이에 따라 단기자금이 추가로 조달된 것과 같다.

이러한 신용거래는 매출자의 입장에서 보면 단기채권, 즉 단기자금의 운용이 된다. 그러므로 기업의 단기자금관리에 있어서는 항상 매입채무와 매출채권의 조정이 있어야 한다.

6.2 신용거래의 조건

단기자금의 조달원으로서 신용거래를 효과적으로 활용하기 위해서는 신용거래의 조건과 이들에게 영향을 미치는 주요 요인들을 명확히 이해할 필요가 있다.

먼저 신용거래의 신용조건으로는 ① 매입금액의 할인기간과 할인율,[6] ② 최종 지급기간이 있다. 예를 들어, 「2/10, net 30」의 조건은 10일 이내에 상품의 매입대금을 지불하면 2%의 현금할인을 받고, 10일 경과하고 나면 늦어도 30일까지는 상품매입대금의 전액을 반드시 지불해야 된다는 것이다.

원칙적으로 신용거래는 신뢰를 토대로 한 상품거래의 채무이므로 비용이 발생하지 않는 단기자금의 조달원이지만, 할인혜택을 고려하면 자금조달비용이 문제가 된다. 할인기간이 길고 할인율이 높아지면, 할인기간이 지난 후부터 매입금 전액을 지급하는 기간 동안의 자금비용이 커지는 경향이 있다. 또 최종 할인기간과 매입금 전액의 최종 지불기간 사이에 시간적 격차가 길면 길수록 그 시간 동안의 자금비용이 낮아진다.

다시 말해서, 할인기회를 택하지 않는 기업의 신용거래 비용은 (17-1)식에 의하여 산출할 수 있다.

$$\text{이자율} = \frac{\text{할인율}}{100\% - \text{할인율}} \times \frac{360\text{일}}{\text{지급일} - \text{할인기간}} \tag{17-1}$$

예 17-3

「2/10, net 30」의 조건에 따라 10일 이후 30일까지의 20일간 사용한 단기자금의 연간비용을 산출하면 36.73%가 된다.

$$\text{이자율} = \frac{\text{할인율}}{100\% - \text{할인율}} \times \frac{360\text{일}}{\text{지급일} - \text{할인기간}}$$

$$= \frac{2\%}{100\% - 2\%} \times \frac{360\text{일}}{30\text{일} - 10\text{일}}$$

$$= \frac{2}{98} \times \frac{360}{20} = 36.73\%$$

(예 17-3)에서 신용조건을 변경시킴에 따라 달리 나타나는 거래신용의 연이자율을 표시하면 〈표 17-6〉과 같다.

---

6) 할인에는 현금할인(cash discount), 수량할인(quantity discount), 거래할인(trade discount)이 있다. 현금할인은 지급일 이전에 대금을 지불하여 받는 할인이고, 수량할인은 대량 매입에 의한 가격 할인이며, 거래할인은 특정산업 group에만 제공하는 할인이다.

표 17-6 신용조건별 연이자율

신용조건	연이자율
1/10, net 30	18.18%
1/10, net 60	7.27%
2/10, net 30	36.73%
2/10, net 40	24.48%
2/10, net 60	14.69%

따라서 재무관리자는 기업의 단기자금의 비용과 할인을 받지 않는 기간 동안 거래신용의 비용을 비교하여 기업측에 유리한 자금조달의 방법을 택하여야 한다.

그러나 매출자의 입장에서 보면 그들이 제시하는 신용조건을 매입자가 반드시 준수한다는 보장은 없다. 그리고 신용조건은 매출자의 매출신장의 한 방법으로 이용되기도 한다. 이러한 신용조건은 여러 가지 요인에 따라 변동되며 그 주요 요인을 밝히면 다음과 같다.

1) 경제적 상황

국가의 금융긴축정책으로 인하여 자금의 공급이 수요에 미치지 못하고 또 시장이자율도 높아지게 되면 매출자는 신용기간을 단축하고, 외상매출금의 보유비를 보전하기 위하여 상품가격을 인상하는 경우가 있다. 그리고 이러한 상황이 긴박해지면 매출자는 신용조건을 완전히 철폐하고 COD(cash on delivery)[7]로 상품을 매출하게 된다.

2) 상대적 재무상태

일반적으로 신용조건은 매출자와 매입자간의 상대적 재무상태의 강도(relative financial strength)에 의하여 영향을 받는 경우가 많다.

예를 들어, 재무상태가 양호한 대기업에서는 판매전략의 하나로서 신용기간을 확장하여 고객인 중소기업에 재고를 기꺼이 공급하는 수가 있다. 이와는 대조적으로 재무상태가 양호하지 못한 중소기업에서는 고객에게 신용기간을 단축하여 외상매출금의 수준을 최소한으로 단축시킬 필요가 있다.

그러나 현실적으로는 매출자와 매입자간의 신용조건의 타협에는 쌍방간에 많

---

7) cash on delivery(COD)는 상품인수와 동시에 현금을 지불하는 방법이다.

은 이해관계가 얽혀 있으므로 어려운 점이 많다.

3) 상품회전율

신용기간의 장단은 일반적으로 상품회전율과 밀접히 관련되어 있다. 오랜 기간 동안 보관이 어려운 과일이나 야채와 같은 상품의 신용기간은 짧고, 반대로 서적 이나 철제품과 같이 오랫동안 재고를 보관할 수 있는 상품의 신용기간은 길다.

그리고 일정한 회전율을 가진 상품에 대하여 신용기간을 연장한다는 것은 매출자가 매입자에게 재고자산에 투자되는 자금을 추가로 공급하는 결과가 된다. 예를 들어, 어느 기업의 상품회전기간이 30일이고, 이에 대한 신용기간이 역시 30일이면, 이 기업의 재고자산을 매출자가 완전히 조달해 주는 것이 된다. 만약 신용기간을 다시 15일 더 연장해 준다면 재고액의 1/2에 해당하는 자금을 매출자가 이 기업에 추가로 공급해 주는 것이 된다.

그러나 이처럼 신용거래를 통해서 단기자금을 조달하는 경우에는 반드시 비용을 고려하여야 한다.

6.3 신용거래의 비용

매출자가 외상매출금을 보유하는 데에는 비용이 발생한다. 신용매출에서 매출자가 결정해 놓은 상품의 가격에는 매출자의 외상매출금 보유비가 이미 포함되어 있다. 따라서 매출자가 신용기간 동안 매입자의 재고자산에 대한 투자자금만을 조달해 준다고는 할 수 없다. 왜냐하면, 신용거래에 의하여 조달된 자금에는 매입자에게 명확하게 나타나지 않는 암묵적 비용(implicit cost)이 포함되어 있기 때문이다.

이러한 신용거래의 비용관계를 다시 설명하면 아래와 같다.

첫째, 매입자에게 발생하는 신용거래의 암묵적 비용이 반드시 매입자에게 불리한 것만은 아니다. 신용거래의 공급자는 재무상태가 양호한 대기업으로 매입자에 비하여 대체로 낮은 비용으로 자금을 조달할 수 있다. 따라서 비록 신용거래의 공급자가 외상매출금의 보유비를 상품가격을 통하여 매입자에게 전가시켰다 할지라도, 매입자의 입장에선 자기의 신용상태로서는 금융기관으로부터 조달할 수 없는 낮은 자금비용으로 재고자산을 조달하는 결과가 된다.

다시 말해서, 신용거래의 공급자는 자기의 신용을 토대로 하여 고객인 중소기업에게 비용이 낮은 단기자금을 조달할 수 있게 하는 교량 역할을 맡고 있는 것이다.

둘째, 공급자가 제공하는 현금할인정책을 감안하면 신용거래의 비용이 다소 달라진다.

예를 들어, 「2/10, net 30」의 경우, 매입자가 현금할인을 받을 수 없는 입장이 되면 거래신용을 20일 연장하기 위하여 송장금액의 2%를 더 지불하게 된다. 1년(360일)에는 20일이 18회 있으므로 20일간 거래신용을 연장하는 비용은 36%($=18 \times 2\%$)로서 매우 높다. 그러므로 대개의 경우 매입자는 연리 36%에는 미달하지만 그래도 비용이 높은 단기자금을 다시 조달하여 2%의 현금할인을 받고자 한다.

끝으로, 신용거래에 있어서는 현금할인가격과 지급연장으로 할인을 받지 못한 비할인가격간의 차액에 또 다른 암묵적 비용이 포함될 수 있다는 것이다.

경쟁적 시장상황에서는 일반적으로 비할인가격이 두 개의 요인, 즉 ① 할인가격과, ② 지급이 지연된 기간 동안 매출자에게 발생되는 외상매출금 보유비의 합으로 결정될 수 있다. 그러나 독점적 시장상황에서는 비할인가격이 ① 할인가격과, ② 지급이 지연된 기간 동안 매출자에게 발생되는 외상매출금 보유비의 합에 추가하여 ③ 매출자의 추가이익을 암묵적 비용으로 포함할 수도 있다는 것이다.

6.4 신용거래의 이용성

대개의 기업에 있어서는 신용거래가 단기자금의 조달원 중에서 가장 큰 비중을 차지하고 있다. 이러한 신용거래의 비중은 할인혜택을 받지 못하고 궁극에 가서는 높은 이자율을 감수해야 하는 기업에서 더욱 뚜렷하게 나타나고 있다. 신용거래가 거래과정에서 널리 이용되고 있는 이유를 들면 다음과 같다.

1) 유용성(availability)

상품거래에서 신용제공자인 매출자와 다소라도 신뢰관계를 유지하고 있는 기업에서는 사실상 신용거래가 가장 일반적이고 유용하게 이용할 수 있는 단기자금원이다. 특히 중소기업에서는 신용거래가 이용할 수 있는 유일한 무담보 단기자금원인 경우가 많다.

2) 관대한 태도(tolerant attitude)

매출자는 마케팅전략으로 신용거래의 조건을 이용하는 수가 많다. 그리고 매출자는 자기 회사의 상품에 대한 고객의 제품충성도(brand royalty)를 확장하려고 하기 때문에 비록 매입자의 지불기간이 신용거래기간의 최장 한계를 초과할 경우에도 관대하게 기다리게 된다.

또한 매입자의 태도로 보아 제품충성도의 확장이 어려울 때에는 매출자는 지불기간을 고의적으로 더욱 연장해 주거나 또는 신용조건을 조정해 주는 관대한 태도를 취한다.

3) 편리성(convenience)

일단 매출자와 매입자간에 신용거래의 관계가 성립되면 주문량의 증감에 상관없이 이 관계가 지속된다. 그러므로 달리 신용관계를 평가받을 필요도 없고, 특히 주문량이 크게 변동할 경우에도 판매담당자가 즉석에서 편리하게 처리할 수 있다.

요 약

❶ 운전자본의 개념 및 운전자본관리 정책

운전자본(working capital)의 개념은 두 가지로 사용되고 있다. 첫째는 총운전자본(gross working capital)으로 현금, 시장성 유가증권, 외상매출금, 재고자산, 선급금 등 포괄적인 유동자산을 의미한다. 일반적으로 운전자본이라고 할 때는 총운전자본인 유동자산을 지칭한다. 둘째는 순운전자본(net working capital)의 개념으로 유동자산에서 유동부채를 차감한 단기지불능력을 말한다.

운전자본관리의 기본목표는 적정수준의 유동성을 유지하는 것이다. 이 목표를 달성하기 위해서는 유동자산과 유동부채를 적정수준으로 구성하고, 이들을 관리하여야 한다. 즉, 유동자산에 얼마를 투자하고 이 투자액을 어떤 방법으로 조달하여 기술적 지불불능의 상태를 회피할 수 있을 것인가를 결정한 다음, 수익성과의 관계를 종합적으로 검토하는 것이 운전자본관리의 기본목표이다.

❷ 현금관리 방안

현금을 과다하게 보유하면 기업의 유동성이 높아지긴 하지만, 현금 자체는 수익을 생성시키는 자산이 아니므로 과다한 현금이 오히려 기업의 이익을 감소시키는 요인이 된다. 그러므로 재무관리자는 기업의 유동성과 수익성의 관계, 즉 위험과 수익의 트레이드 오프와 보유현금의 기회비용(opportunity cost)을 종합적으로 고려하여 적정수준의 현금잔액(cash balance)이 유지되도록 현금관리를 수행하여야 한다.

기업이 충분한 현금잔액(cash balance)을 보유하고 있으면 영업활동이 순조롭게 진행되는 장점이 있다. 그러나 현금은 수익성 자산이 아니므로 과잉으로 현금자산을 보유하고 있을 경우에는 오히려 기업의 총자산회전율(total asset turnover)을 둔화시킬 뿐만 아니라 자기자본순이익률을 감소시킨다. 그러므로 기업은 ① 현금예산, ② 현금유출입의 기간관리의 방법을 통하여 효율적인 현금관리를 수행해 나가야 한다.

❸ 시장성 유가증권관리 방안

기업의 단기적인 투자대상인 시장성 유가증권은 대체로 국공채, 사채, 보통주, 우선주, 어음 등으로 나눌 수 있다. 그러나 이러한 시장성 유가증권은 제각기 ① 채무불이행위험(default risk), ② 이자율위험(interest risk), ③ 유동성 또는 시장성위험(liquidity or marketability risk), ④ 수익률

(return on security) 등에 차이가 있으므로 기업은 단기투자의 대상을 선택함에 있어 이러한 개별증권의 특성을 반드시 고려하여야 한다.

기업의 성격과 자금 사정, 그리고 경영자의 위험과 수익의 트레이드 오프에 대한 태도에 따라 시장성 유가증권의 보유전략, 또는 차입금의 조달전략, 또는 이 양자의 절충형이 결정된다.

❹ 매출채권관리 방안

매출채권은 신용매출(credit sales)에 의하여 발생되는 단기채권으로 외상매출금과 받을어음 등을 의미한다. 매출채권의 관리는 기업활동의 기본이 되는 판매촉진의 방법으로 이용되고 있지만, 기업이 매출채권을 과다하게 보유하고 있으면 오히려 기업의 수익성을 저해하는 결과가 된다. 그러므로 매출채권관리는 반드시 유동성, 수익성, 매출신장의 상호관계를 고려하여야 한다.

매출채권의 수준은 ① 신용매출의 양(volume of credit sales), ② 매출채권의 평균회수기간 (average collection period)의 두 가지 요인에 의하여 좌우된다. 그리고 이 두 요인은 ① 신용기준(credit standard), ② 신용조건, ③ 현금회수정책 등 기업의 신용정책(credit policy)에 의하여 적절히 조정, 통제됨으로써 효율적인 외상매출금의 관리가 실현될 수 있다.

❺ 매입채무관리 방안

신용거래(trade credit)는 상품거래에서 신용매입으로 인하여 지급이 연기된 매입상품의 대금으로 매입채무(payables)를 의미한다. 우리나라에서 사용하고 있는 신용거래의 형태로는 외상매입금(accounts payable)과 지급어음(notes payable)을 들 수 있다.

원칙적으로 신용거래는 신뢰를 토대로 한 상품거래의 채무이므로 비용이 발생하지 않는 단기자금의 조달원이지만, 할인혜택을 고려하면 자금조달비용이 문제가 된다. 할인기간이 길고 할인율이 높아지면, 할인기간이 지난 후부터 매입금 전액을 지급하는 기간 동안의 자금비용이 커지는 경향이 있다. 또 최종 할인기간과 매입금 전액의 최종 지불기간 사이에 시간적 격차가 길면 길수록 그 시간 동안의 자금비용이 낮아진다.

연·습·문·제

1 다음 용어를 설명하라.

① 변동적 유동자산과 영구적 유동자산　② 기술적 지불불능(technical insolvency)

③ 유동자산의 안전한계(margin of safety)　④ 운전자본의 헤징(hedging)

⑤ 보상현금잔액(compensating balance)　⑥ 변동현금예산

⑦ 현금관리의 동시화(synchronization)　⑧ 부동기간(float)

⑨ COD　⑩ 팩토링

⑪ 플레징　⑫ 펙터

2 운전자본관리에 있어서 위험과 수익의 트레이드 오프(risk-return trade-off)를 설명하라.

3 운전자본관리의 일반원칙을 설명하라.

4 운전자본관리의 중요성과 목표를 설명하라.

5 현대기업의 매출액 500,000원에 대한 법인세비용 차감전 순이익률은 15%이며, 총자산 200,000원은 유동자산 50%와 비유동자산 50%로 구성되어 있다. 그리고 법인세율은 20%이며 유동부채는 100,000원이다.

(1) 이 기업의 자기자본순이익률을 구하라.

(2) 이 기업에서 공격적 운전자본정책을 수립하여 유동자산을 25,000원 감소시킨다면 자기자본순이익률은 얼마인가?

(3) 만약 이 기업에서 유동자산을 150,000원 증가시켜 이를 단기자금으로 조달하는 보수적 정책을 사용할 경우, 자기자본순이익률과 유동비율을 산출하라.

(4) (2)와 (3)을 근거로 하여 유동자산의 변동과 운전자본정책의 관계를 설명하라.

6 현금관리의 방안을 항목별로 간단히 설명하라.

7 기업에서 시장성 유가증권을 보유할 필요가 있으며 기업의 성격에 따라 시장성 유가증권의 보유수준에 차이가 발생하는지를 설명하라.

8 시장성 유가증권의 보유전략을 구분하여 설명하라.

9 현대기업은 판매회사이다. 이 회사는 1월에서 6월까지 호황기를 맞게 될 것이며, 20×3년말 재무상태표와 20×4년도 전반기의 월별 예상매출액 및 노무비는 아래 표와 같다. 그리고 영업조건과 재무조건을 제시하면 다음과 같다.

현대기업의 재무상태표(20X3. 12. 31)

현금		160,000		
외상매출금		100,000		
재고자산		490,000		
비유동자산	300,000		보통주	100,000
감가상각충당금	50,000	250,000	유보이익	900,000
총자산		1,000,000	총부채 · 자본	1,000,000

현대기업의 예상매출액과 예상노무비

월별	예상매출액	예상노무비
1월	200,000	30,000
2월	400,000	50,000
3월	500,000	70,000
4월	600,000	90,000
5월	900,000	110,000
6월	500,000	60,000
7월	100,000	

① 판매비는 매월 매출액의 10%에 해당하고, 감가상각비는 매월 비유동자산의 1%가 발생한다.

② 외상매출하여 30일 이내에 수금하고, 재료 및 기타 매입은 다음달 예상매출액의 60%

를 현금매입한다. 그리고 매출원가는 매출액의 60%를 차지한다.

③ 항상 기본재고를 37만원을 유지해야 하며, 최저 현금보유액은 10만원이다.

④ 3월 1일에 신규 비유동자산 매입금 5만원을 지급해야 하고, 법인세율은 20%이다.

⑤ 이자율이 월 12%인 단기차입금을 1,000원 단위로 조달하고 잉여현금으로 6월말에 차입금을 반환한다. 이자는 6월말에 지급한다.

위의 자료를 바탕으로 20×4년도 1～6월 기간 동안 월별 현금예산을 작성하라.

10 매출채권금융의 장단점을 설명하라.

11 미래기업의 외상매출금은 현재 2천 4백만원이며, 이 외상매출금의 회수기간은 30일이다. 이 기업의 외상매출금 대손율은 월 1%이며, 신용조사비는 매월 2만원이 발생한다. 그러나 이 외상매출금을 팩토링할 경우에는 커미션이 외상매출금에 대하여 3%가 되며, 1개월분의 선급이자(연리 12%)를 팩터에게 지불해야 한다. 아울러 외상매출금의 8%에 해당하는 금액도 팩터에게 적립해야 한다.

(1) 팩토링 금융에 의하여 미래기업이 인수할 수 있는 금액은 얼마인가?

(2) 이 팩토링 금융으로 미래기업이 지출해야 할 기초의 비용은 얼마인가?

(3) 이 팩토링 금융의 실질이자율은 연리 몇 %인가?

(4) 미래기업의 경우에 팩토링 금융을 이용하는 것이 과연 유익한가?

◈ **해답**

5 (1) 60% (2) 80% (3) 60%, 100%

11 (1) 2,080만원 (2) 190만원 (3) 15.38%

18
Chapter

재무분석

들어가면서

경영자는 경영활동목표를 달성하기 위하여 세부적인 활동계획을 수립하고 수행하여야 한다. 이 때 경영자는 기업의 각종 자원이 효율적으로 운용되고 있는가를 분석하여 기업의 강점과 약점을 파악해야 한다. 정확한 경영정보의 분석결과는 기업 이해관계자에게도 매우 중요한 의사결정의 자료로 활용된다.

기업의 경영활동은 모두 수치로 기록되어 여러 형태의 회계자료로 정리된다. 회계자료를 이용한 재무분석(financial analysis)은 양적 자료를 기초로 기업의 경영활동의 결과를 비교적 객관적으로 평가할 수 있는 지표들을 산출한다. 이들 지표들은 개별 기업의 역사적 성과, 경쟁기업과의 비교, 산업내 경쟁력 등 다양한 목적의 평가에 활용된다.

따라서 독자들은 경영활동의 여러 가지 성격에 따른 재무비율의 유형과 구성에 대하여 이해하고, 산출된 재무비율을 다양한 목적의 평가에 활용할 수 있어야 한다.

이 장에서 학습하는 재무분석 방법은 다음 장에서 설명할 기업가치평가 방법에 보완적으로 활용함으로써 기업의 강점과 약점을 더욱 의미 있게 분석할 수 있다.

조금 더 구체적으로 살펴보면, 재무분석의 목적은 재무의사결정에 필요한 자료 및 정보를 작성하기 위하여 수행되는 과거와 현재의 재무상황을 분석하는 것이다. 재무분석의 결과를 필요로 하는 이해관계자는 기업 내부 경영자를 비롯하여 사채권자와 금융기관을 포함하는 장기채권자, 주주, 경제연구기관 등이 있다.

일반적으로 재무비율분석이라고 할 때는 회계자료의 항목들 사이의 관계를 이용하여 비율지표를 산출하는 관계비율분석을 의미하는 경우가 대부분이다. 그리고 재무비율은 비율을 산출하는데 이용되는 항목의 특성에 따라 기업의 여러 가지 능력을 나타내며 ① 유동성비율(liquidity ratio), ② 레버리지비율(leverage ratio), ③ 활동성비율(activity ratio), ④ 수익성비율(profitability ratio), ⑤ 생산성비율(productivity ratio), ⑥ 성장성비율(growth ratio), ⑦ 시장가치비율(market value ratio) 등이 있다.

이러한 재무비율은 회계자료를 이용한 것이므로 자료의 정확성 확보가 매우 중요하다. 또한 재무비율을 이용하여 기업을 비교분석하거나 그 역량을 평가할 때 지표산출의 일관성이 매우 중요하다.

1.1   재무분석의 의의

재무관리의 주요 목표는 기업가치의 최대화라고 하였다. 이는 채권자의 청구권을 보상한 이후에 주주의 부를 최대화할 수 있도록 기업가치를 최대화하는 것으로, 경영성과를 최대수준으로 달성해야 함을 의미한다.

기업이 효율적인 경영성과를 달성하기 위해서는 투자계획과 영업활동이 합리적으로 진행되어야 한다. 다시 말해서, 위험과 수익의 트레이드 오프(risk-return trade-off)에 따라 적정수준의 투자계획과 영업계획이 수립되어야 한다.

재무분석(financial analysis)은 이와 같은 재무의사결정에 필요한 자료 및 정보를 작성하기 위하여 수행되는 과거와 현재의 재무상황에 대한 분석을 의미한다. 재무분석은 기업의 경영목표에 알맞은 재무의사결정을 수행하는 데 필요한 분석도구이다. 재무분석은 일반적으로 비율분석(ratio analysis)을 의미하는 경우가 많으나, 엄밀한 의미에서는 광의의 재무분석과 협의의 재무분석으로 구분할 수가 있다.

광의의 재무분석은 전반적인 재무활동 내지 재무관리기능에 대한 분석을 의미한다. 다시 말해서, 광의의 재무분석은 ① 자산의 최적구성(optimal mix of assets)을 목적으로 이루어지는 투자활동, ② 재무비용의 분석을 포함한 자본조달활동, ③ 영업활동의 전망과 주가에 미치는 영향을 종합적으로 고려한 배당정책의 성과 등 재무활동을 전반적으로 분석, 통합하여 재무관리의 주요 목표가 효과적으로 달성되도록 하는 전반적인 분석이다.

협의의 재무분석은 과거와 현재의 재무제표(financial statements)를 기초로 기업의 재무상황과 영업성과를 분석하는 것으로 재무제표의 분석이 이에 해당한다. 일반적으로 재무분석이라고 할 때에는 좁은 의미로 사용되는 경우가 대부분이므로 여기에서는 협의의 재무분석 입장에서 설명을 한다.

재무분석은 재무비율분석, 재무상태표 및 손익계산서 분석, 생산성분석, 추세분석, 공통형 재무제표분석 등 기업의 재무상황과 경영성과에 영향을 미치는 제반요인을 종합적으로 분석하는 것이지만, 이 중에서 재무비율분석(financial ratio analysis)이 주요 부분을 차지하고 있다.

재무비율분석은 재무제표에 나타난 각 항목간의 비율을 산출하고, 이러한 비율의 의미와 영향력을 파악한 다음, 표준비율과 비교하여 재무의사결정의 기준으로 사용하는 방법이다.

1.2 재무분석의 목적

재무분석은 이용자의 분석목적에 따라 비율의 선택과 강조점이 달라진다.

첫째, 거래처를 포함한 단기채권자는 단기채무의 지불능력인 기업의 유동성(liquidity)에 주로 관심을 가지고 있다. 따라서 단기채권자는 유동성비율을 가장 먼저 산출하며, 다른 비율은 유동성분석의 보완자료로 이용한다.

둘째, 사채권자 및 금융기관 등 장기채권자는 단기채권자의 관심사인 유동성도 분석하지만 기업의 장기적인 현금흐름(cash flow), 즉 장기적인 수익성에 더욱 관심을 갖는다. 따라서 기업의 자본구조를 분석하여 재무고정비용의 부담을 측정하고, 또 자금흐름과 그 주요 변동요인도 분석한다.

셋째, 주주는 현재의 주가에 영향을 주는 미래의 수익성에 관심을 두고 있다. 그러나 주주는 기회비용(opportunity cost)을 고려하여 항상 새로운 투자결정을 내려야 하므로 ① 기업의 현재와 미래의 수익성, ② 수익의 안정적 추세, ③ 투자한 기업의 수익성과 다른 기업의 수익성과의 관계, ④ 배당금의 지급능력과 파산위험 등을 종합적으로 고려하게 된다.

넷째, 채권자와 주주 등 자본공급자와 같은 외부분석자와는 달리 내부분석자인 경영자 스스로가 자기 기업에 대해 재무분석을 하는 경우이다. 경영자가 재무분석을 하는 목적은 ① 경영계획, ② 경영통제, ③ 경영진의 의사결정에 필요한 정보의 작성 등을 위한 것이다. 이들의 재무분석은 주주의 최대 관심사인 기업가치의 최대화와 직결된다. 또한 경영자의 재무분석은 외부의 자금공급자가 기업평가에 이용하는 모든 정보를 분석하여 내부통제에 이용하고, 효율적인 자산관리를 통하여 기업의 투자 수익성(profitability on investment)을 높이는 데에도 중점을 두고 있다.

다섯째, 금융기관이나 연구기관이 경제적인 측면에서 재무분석을 하는 경우이다. 이는 특정기업을 분석대상으로 삼는 것이 아니라, 일정한 분석범주에 속하는 모든 기업을 대상으로 하여 재무상태와 경영성과를 분석하는 것이다. 따라서 규모별, 산업별 재무분석의 결과가 평균치로 산출되고, 이 평균치를 기준으로 하여 경제현상의 변동원인을 분석하게 된다. 이러한 규모별, 산업별 평균치는 재무분석의 표준비율로 이용되고, 이들 표준비율은 개별기업의 재무상황과 경영성과를 분석하는 데 평가기준이 된다.

제2절 재무비율분석

Financial Management

2.1 재무비율분석의 자료

1) 재무분석자료

재무비율분석은 재무제표(financial statements)에 나타난 각 항목간의 비율을 산출하여 그 의미를 파악하고, 이들을 재무의사결정의 기준으로 이용하는 것이라고 하였다. 그러므로 재무제표는 재무비율분석에 필요한 가장 중요한 자료가 된다. 재무제표에는 ① 재무상태표, ② 손익계산서, ③ 자본변동표, ④ 현금흐름표, ⑤ 이익잉여금처분계산서 등이 있다.

재무비율분석의 첫 단계로서는 먼저 재무제표를 구하는 것이다. 경영자가 아닌 외부인의 경우에는 기업의 재무정보를 상세히 얻는다는 것은 그리 쉽지 않다. 일반적으로 재무비율분석의 기본 자료인 재무제표는 금융감독원의 재무정보제공 사이트(http://dart.fss.or.kr)에 접속하여 각 기업의 사업보고서를 획득하거나 혹은 기업의 기획실에 직접 협조를 의뢰함으로써 얻을 수 있다.

또한 각 증권회사나 경제연구소, 신용평가기관, 증권분석 정보제공 사이트 등에서도 개별기업의 재무정보를 얻을 수 있다.

2) 표준비율

한 기업의 과거 및 현재의 재무상태와 경영성과를 분석하기 위하여 산출된 각종의 재무비율은 그 값 자체로서 '우량한' 비율, '불량한' 비율이라고 평가할 수 없다. 산출된 실제비율은 미리 설정한 평가기준치와 비교될 경우에 비로소 '우량하다'거나 '불량하다'는 평가가 가능해진다.

이와 같이 기업의 비율분석에서 비교기준으로 삼는 비율을 표준비율(standard ratio)이라고 한다. 대체로 여러 기업의 재무비율을 단순 평균한 값을 표준비율로 사용하고 있지만, 이용자의 목적에 따라 표준비율은 다음과 같이 여러 가지로 산출되어 사용될 수 있다.

첫째, 과거 수년간 성공적으로 경영활동을 해 오던 기업이 갑자기 경영성과에 차질이 생기면, 기업 자체의 경영분석을 위하여 자기 기업의 과거 재무비율을 표준으로 이용하는 경우가 있다. 이때에는 자기 기업의 재무제표에 나타난 특정 계정과목의 변동원인을 쉽게 발견할 수 있다.

둘째, 금융기관이나 연구기관에서 이미 산출해 놓은 규모별, 산업별 평균재무비율 중에서 자기 기업에 해당되는 평균비율을 표준비율로 삼는다. 이 방법은 일반적으로 가장 많이 이용되고 있는 표준비율의 선택 방법이다. 자기 기업의 목표 재무비율을 결정할 때에 이 표준비율을 기준으로 활용한다.

현재 우리나라에서는 매년 발표되는 한국은행의「기업경영분석」에 규모별, 산업별 평균재무비율이 산출되어 있다.

셋째, 한국은행에서 산출한 산업평균비율은 표본이 너무 많기 때문에 특정한 기업이 경영전략을 세울 때에 부적합한 경우가 있다. 이 경우에는 경쟁기업을 포함하여 경영전략의 수립에 벤치마크(benchmark)가 되는 기업들을 별도로 추출하여 이들의 재무비율을 표준비율로 이용할 수 있다.

2.2 재무비율의 분석방법

재무비율분석은 비교방법과 분석방법에 따라서 두 가지로 분류할 수 있다. 재무비율분석의 방법을 비교방법에 의하여 분류하면 ① 단일 기업의 현재 재무비율을 과거의 비율에 비교하는 방법과, ② 동일시점에서 한 기업의 재무비율을 동일규모의 산업평균 재무비율과 비교하거나 혹은 동종산업에 속해 있고 동일규모인 두 기업의 재무비율을 상호 비교하는 방법이 있다.

분석방법에 의한 재무비율분석의 방법을 분류하면 구성비율법(component ratio method)과 관계비율법(relative ratio method)으로 구분된다.

1) 구성비율법

구성비율법은 재무제표의 각 항목이 총액에서 차지하는 비중을 %로 표시하여 그 대상항목의 크기나 중요성을 결정하는 방법이다. 즉 재무제표를 백분비로 구성하여 공통형 재무제표(common-sized financial statements)로 변형시키면 각 항목이 재무제표에서 차지하는 비중과 중요성을 쉽게 식별할 수 있다.

예를 들어, 공통형 재무상태표(common-sized balance sheet)에서는 자산총액이나 부채 및 자본총액을 100%로 정하고, 이에 대하여 각 항목의 구성비를 산출한다. 공통형 손익계산서(common-sized income statement)에서는 매출액을 100%로 하고 각 비용 및 수익 항목의 구성비율을 산출한다.

2) 관계비율법

관계비율법은 재무제표상의 특정항목을 기준으로 하여 이 항목과 밀접하게 관련되어 있는 다른 항목과의 상호관계를 백분율 또는 회전속도로 표시해서 기업의 재무상태와 경영성과를 측정, 평가하는 방법이다. 이와 같은 관계비율은 비율의 성격이 일정시점을 기준으로 하느냐, 또는 일정기간을 기준으로 하느냐에 따라서 다시 정태비율(static financial ratio)과 동태비율(dynamic financial ratio)로 분류된다.

정태비율은 일정시점에서 기업의 재무상태를 나타낸 재무상태표 항목간의 비율을 말한다. 동태비율은 일정기간 동안 기업의 경영성과를 나타내는 손익계산서 항목간의 비율이다. 그리고 재무상태표의 항목과 손익계산서의 항목이 혼합되어 산출된 비율(예, 회전율)은 내용상 일정기간의 경영성과에 해당되므로 동태비율로 취급한다.

재무비율분석은 주로 관계비율분석에 중점을 두고 있으며, 일반적으로 재무비율분석이라고 할 때는 관계비율분석을 의미하는 경우가 많다.

그리고 재무비율은 학자나 분석기관에 따라 분류기준에 다소 차이는 있으나,[1] 일반적으로 ① 유동성비율(liquidity ratio), ② 레버리지비율(leverage ratio), ③ 활동성비율(activity ratio), ④ 수익성비율(profitability ratio), ⑤ 성장성비율(growth ratio)로 분류하고 있다. 이 분류방법에 생산성비율(productivity ratio)

---

1) Van Horne은 ① 유동성비율, ② 부채비율, ③ 재무비용보상비율, ④ 수익성비율로 분류하고, Brigham은 ① 유동성비율, ② 레버리지비율, ③ 활동성비율, ④ 수익성비율로 분류한다. J. C. Van Horne(1989), *Financial Management and Policy*, Englewood Cliffs, N. J., Prentice Hall, Inc., 755-766; E. F. Brigham(1986), *Fundamentals of Managerial Finance*, Hinsdale, Ⅲ., The Dryden Press, 216-227 참조.
한국은행의 「기업경영분석」에서는 ① 성장에 관한 지표, ② 수익의 관계비율, ③ 자본·자산의 관계비율, ④ 자본·자산의 회전율, ⑤ 생산성에 관한 지표 등으로 분류한다.

과 시장가치비율(market value ratio)을 추가해서 재무비율분석을 설명하고자 한다. 예를 들어, 우리나라 기업을 대상으로 각 항목별 주요 재무비율을 보면 〈표 18-1〉과 같다.

표 18-1 우리나라 전산업의 주요 재무비율[2]

분류	비율명	2016년	2017년	2018년	참고사항
유동성비율(%)	유동비율	131.59	134.03	138.45	
	당좌비율	95.30	96.71	98.58	
레버리지비율(%)	자기자본비율	45.22	46.71	47.37	자기자본/총자본
	부채비율	121.15	114.07	111.12	부채/자기자본
	비유동비율	129.48	125.06	123.64	고정비율
	이자보상비율	442.05	537.36	470.86	
활동성비율(회)	매출채권회전율	6.74	6.92	7.02	
	재고자산회전율	7.23	7.40	7.13	
	비유동자산회전율	1.42	1.46	1.42	고정자산회전율
	총자산회전율	0.83	0.85	0.83	
수익성비율(%)	매출액순이익률	3.69	4.73	3.88	
	총자산순이익률	3.07	4.03	3.23	
	자기자본순이익률	6.87	8.78	6.87	
성장성비율(%)	총자산증가율	6.26	7.59	5.83	
	재고자산증가율	4.87	6.65	5.42	
	자기자본증가율	9.11	11.47	7.34	
	매출액증가율	2.57	9.19	3.99	
생산성비율(%)	부가가치율	31.05	31.51	31.00	부가가치/매출액
	자본생산성	18.19	18.75	18.12	총자본투자효율
	기계투자효율	260.74	269.83	257.32	

자료: 한국은행(2019), 「2018년 기업경영분석」에서 해당 수치를 발췌 정리함.
　　　전산업에 포함된 2018년 기업수: 692,726개.

---

2) 한국은행 홈페이지 「http://www.bok.or.kr/main/korMain.action」의 「조사·연구」에서 각 년도의 「기업경영분석」을 검색할 수 있다.

1) 유동성비율

유동성비율(liquidity ratio)은 레버리지비율(leverage ratio)과 함께 재무위험을 측정하는 비율이다. 특히 유동성비율은 단기채무의 지급능력을 나타내고 있으므로 단기채권자가 가장 많이 관심을 갖는 비율이다.

유동성비율은 현금 또는 1년 이내에 현금화될 수 있는 유동자산과 1년 이내에 지불해야 하는 유동부채간의 비율이다. 그러므로 유동성비율은 운전자본(working capital)의 재무상태를 분석하는 비율이다.

따라서 자산의 현금화속도가 빠르고, 유동부채에 비하여 유동자산의 양이 많으면 기업의 유동성이 높고 또 단기채무지급능력도 양호한 것으로 평가한다.

(1) 유동비율

유동비율(current ratio)은 재무상태표의 유동자산을 유동부채로 나눈 비율로서 %로 나타낸다. 이 비율은 단기채무, 즉 유동부채의 지급능력을 개략적으로 측정하는 비율이다.

$$유동비율 = \frac{유동자산}{유동부채} \times 100$$

유동비율의 일반적인 평가기준으로는 200%가 바람직한 것으로 오래 전부터 알려져 왔다. 그 이유는 청산 등으로 기업을 더 이상 유지할 수 없어서 유동자산을 처분할 경우, 유동자산 장부가액의 50%가 회수될 수 있다고 보는 것이 안전하다는 보수주의적 사고에서 나온 것이다.

그러나 유동비율이 높다고 해서 그 기업의 단기채무지급능력이 반드시 높고 또 유리하다고 단정할 수는 없다. 그 이유는 다음과 같다.

첫째, 유형자산을 리스(lease)한 기업에서는 매년 지급해야 할 리스료(원금과 이자)의 부담이 유동비율에 나타나지 않는다.

둘째, 계절적인 산업인 경우에는 재무상태표의 작성시점에 계상된 매출채권과 재고자산이 연평균수준이라는 보장이 없다. 예를 들어, 겨울에 매출활동이 저조한 어느 빙과류제조기업의 연말결산이 12월 31일이라고 하면, 이 기업의 유동비율은 단기채무의 지급능력을 적절히 나타낸다고 보기는 어렵다.

셋째, 비록 외상매출금이 많다고 하더라도 영업의 성격상 대손율이 높은 기업이라면, 이 기업의 유동비율은 더욱 엄격하게 해석되어야 한다.

넷째, 결산 직전에 일정액의 유동자산으로 유동부채를 변제한다면 순운전자본(단기채무지급능력)은 일정하지만, 유동비율은 변동하게 되어 연중 일정한 비율이라고 단정할 수 없다.

다섯째, 과도하게 높은 유동비율은 단기수익(short-term earnings)을 저하시키는 결과를 가져올 수 있다.

(2) 당좌비율

당좌비율(quick ratio)은 산성시험비율(acid-test ratio)이라고도 한다. 유동자산 중에서 현금화기간이 가장 긴 재고자산을 공제한 당좌자산을 유동부채로 나눈 비율이다. 이는 단기채무의 지급능력을 아주 엄격하게 측정한 비율로서 유동비율의 보조비율로 사용되고 있다.

$$당좌비율 = \frac{유동자산 - 재고자산}{유동부채} \times 100$$

2) 레버리지비율

레버리지비율(leverage ratio)은 자기자본과 타인자본을 비교하는 비율로서, 유동성비율과 함께 재무위험을 측정하는 비율이다. 그러나 유동성비율은 단기채권자의 재무위험을 측정하는 것인데 비하여, 레버리지비율은 장기채권자의 재무위험을 측정하는 경우가 일반적이다. 그리고 레버리지 관련 비율은 기업의 재무적 안정성을 평가하는 데 유용하므로 안정성비율이라고도 한다.

이 비율은 이해관계자의 입장에 따라서 적용하는 관점이 다음과 같이 달라진다.

첫째, 채권자의 입장에서는 기업의 자기자본이 장기부채에 대한 위험을 보장해 줄 수 있는 안전한계(margin of safety)이므로, 레버리지비율에 특히 관심을 가진다. 다시 말해서, 총자본에서 차지하는 자기자본의 비중이 낮게 되면, 채권자의 재무위험이 증가하기 때문이다.

둘째, 주주의 입장에서는 기업의 타인자본, 즉 부채의 비중이 커지게 되면 소액자본을 투자하더라도 기업의 지배권을 유지할 수 있는 혜택이 있다.

셋째, 타인자본의 조달은 재무레버리지효과(financial leverage effect) 또는 손익확대효과(trading on equity)를 발생시킨다. 즉 매출액의 증가로 발생한 영업이익의 증가액이 재무고정비인 지급이자를 초과할 경우에는 자본을 부채로 조달함에 따라 주당이익(EPS)에 이익확대효과가 발생한다.[3] 반대로 매출액이 감소하면 주당이익(EPS)에 손실확대효과가 발생한다. 그러므로 경영자는 경기변수에 맞추어 기업의 레버리지비율을 탄력적으로 조정함으로써 주주의 부를 보호함과 동시에 기업가치를 최대화하는 재무전략을 수립해야 한다.

레버리지비율은 두 가지로 구분할 수 있다. 첫째는 재무상태표를 기초로 하여 산출한 자본구조에 관한 비율이다. 둘째는 손익계산서에 나타난 재무비용에 관한 비율이다. 이들을 각기 재무상태표 레버리지(balance sheet leverage)와 손익계산서 레버리지(income statement leverage)라고 부르기도 한다. 그러나 이 두 비율은 상호 보완관계에 있으므로 재무분석에서는 함께 사용된다.

(1) 부채비율

부채비율(debt ratio, debt to equity ratio)은 일반적으로 타인자본인 총부채를 자기자본으로 나눈 비율을 의미한다.

$$부채비율 = \frac{타인자본}{자기자본} \times 100$$

이 비율은 자본구성의 안정도, 타인자본 의존도, 채무의 보증정도를 나타내므로 채권자, 주주, 경영자가 다 같이 많이 이용하는 비율이다. 또한 부채비율은 총부채 대 총자본의 비율로 표현하여도 측정치의 표현방법만 달리하는 것이므로 현실적인 적용에는 아무 차이가 없다.

일반적으로 부채비율은 100% 이하일 때 양호한 상태라고 한다. 그러나 부채비율이 우량한가의 여부를 판단하기 위해서는 표준비율과 함께 산업의 성격, 수익의 안정성, 영업성장의 추세, 그리고 분석자의 관심도 등을 종합적으로 고려하여야 한다. 채권자의 입장에서 보면, 낮은 부채비율은 부채의 안전한계를 확대시키므로 양호한 재무상태가 되겠지만, 주주의 입장에서 보면 자본비용이 저렴한 부채의 비중이 상대적으로 낮아지는 것이므로 그만큼 기업의 수익력이 저하되는 것으로 볼 수도 있다.

(2) 비유동비율

비유동비율은 고정비율(fixed assets to net worth ratio)이라고도 한다. 비유동자산을 자기자본으로 나눈 비율로서, 자기자본이 비유동자산에 얼마만큼 투하되

---

3) 구체적인 내용은 제13장 레버리지분석 참조.

어 운용되고 있는가를 나타낸다.

$$비유동비율 = \frac{비유동자산}{자기자본} \times 100$$

비유동자산은 기업경영활동에서 장기적으로 계속 사용될 자산이므로 오랜 기간 동안 안심하고 사용할 수 있는 자기자본에서 조달하는 것이 바람직하다. 엄밀한 의미에서는 비유동비율이 재무위험을 측정하는 레버리지비율에 속한다고 할 수 없지만, 이 비율이 기업의 안정성(stability)을 나타낼 뿐만 아니라 자본구성과도 관련이 있으므로 레버리지비율에 포함시키는 것이 일반적이다.

비유동비율은 일반적으로 100% 이하가 양호하다고 한다. 그렇지만 비유동비율은 산업의 성격과 기업의 영업전망에 따라 차이가 나므로, 비유동비율이 높다고 해서 반드시 '불량하다'고 단정할 수는 없다.

예를 들면, 중공업의 경우 자산구성중 비유동자산의 비중이 높은 반면에 서비스업에서는 비유동자산의 비중이 낮아 비유동비율이 산업의 특성을 반영할 수도 있다. 그래서 일반적으로 자본집약산업(capital intensive industry)에서는 비유동비율이 높지만 노동집약산업(labor intensive industry)에서는 상대적으로 낮다. 그리고 영업전망이 밝은 기업에서는 장기투자를 많이 하므로 비유동비율이 높을 수 있다.

(3) 이자보상비율

이자보상비율(times interest earned, interest coverage ratio)은 영업이익(gross income) 또는 이자 및 법인세비용 차감전 순이익(earnings before interest and taxes, EBIT)을 장기부채의 이자비용 또는 이자지급액으로 나눈 배수로 표현한다.

$$이자보상비율 = \frac{영업이익}{이자비용} = \frac{이자 \; 및 \; 법인세비용 \; 차감전 \; 순이익}{이자비용}$$

이 비율은 영업이익으로 이자비용을 몇 배나 지급할 수 있는가를 측정하는 비율이다. 만약 영업이익이 재무고정비인 이자지급액에 미달하면 경영성과는 손실로 나타나고, 이러한 상황이 극한에 이르면 기업은 파산할 수 있다. 다시 말해서, 이자보상비율이 1.0 이하가 되면 당기순손실이 발생한다.

(4) 재무고정비보상비율

영업이익으로부터 지급해야 할 재무고정비는 이자비용 이외에도 장기임차계약(long-term lease contract)에 의한 임차료, 또는 지대가 있다. 이와 같이 지급이자, 임차료, 지대 등의 재무고정비와 법인세비용 차감전 순이익의 합계액을 재무고정비(fixed charge)로 나눈 비율을 재무고정비보상률(times fixed charges earned, fixed charges coverage)이라고 한다. 이 비율은 이자보상률의 보조비율로서 이자비용을 포함한 재무고정비의 부담능력을 나타내 준다.

$$\text{재무고정비보상률} = \frac{\text{재무고정비} + \text{법인세비용 차감전 순이익}}{\text{이자비용}}$$

$$= \frac{(\text{이자비용} + \text{임차료} + \text{지대}) + \text{법인세비용 차감전 순이익}}{(\text{이자비용} + \text{임차료} + \text{지대})}$$

(5) 현금흐름보상률

현금흐름보상률(cash flow coverage)은 재무고정비보상률의 보조비율로서, 기업의 부채성 지급액(debt service)의 부담능력을 측정하는 비율이다. 기업이 타인자본을 조달하게 되면 이자비용 이외에도 만기에 원금을 상환해야 하므로 감채기금(sinking fund)의 적립이 필요하다. 그리고 감채기금은 법인세비용의 차감대상(tax deductible)이 되지 않기 때문에 일정한 감채기금의 재원을 마련하기 위해서는 이에 대하여 [1/(1-법인세율)]의 배수에 해당하는 법인세비용 차감전 순이익이 필요하게 된다.

예를 들어, 법인세율이 20%라고 하면 1원의 원금을 상환하기 위하여 기업은 1.25원(=1/(1-0.2))의 법인세비용 차감전 순이익(earnings before taxes, EBT)이 필요하다. 따라서 타인자본의 조달로 인하여 발생하는 부채성 지급액은 다음과 같이 이자비용과 법인세비용 차감전 감채기금의 합으로 표현된다.

$$\text{부채성 지급액} = I_{nt} + \frac{P}{1 - T_c}$$

$$\begin{aligned} \text{단, } I_{nt} &= \text{이자비용} \\ P &= \text{감채기금} \\ T_c &= \text{법인세율} \end{aligned}$$

이러한 부채성 지급액(debt service)은 기업으로부터 지출되는 현금흐름이다. 따라서 현금흐름보상률은 순영업이익(net operating income, NOI, EBIT)과 감가상각비를 부채성 지급액으로 나눈 배수이며, 다음과 같이 산출된다.

$$현금흐름보상률 = \frac{EBIT + 감가상각비}{부채성\ 지급액}$$

$$= \frac{EBIT + 감가상각비}{I_{nt} + \dfrac{P}{1-T_c}}$$

3) 활동성비율

기업의 영업활동은 영업에 필요한 각 자산을 활용하여 달성한 매출액으로 그 결과가 나타난다. 그러므로 기업의 해당 자산이 영업활동에 얼마나 효율적으로 이용되고 있느냐 하는 점은 각각의 자산가치를 매출액과 비교하여 평가할 수 있다.

활동성비율(activity ratio)은 매출액을 해당 자산의 가치로 나눈 회전율(turnover)로서 자산의 현금화 속도를 의미하며, 자산의 이용도(asset utilization)라고도 한다. 따라서 회전율이 높다는 것은 자산의 활용도가 높다는 것을 의미한다. 주요 활동성비율로서는 매출채권회전율, 재고자산회전율, 비유동자산회전율, 총자산회전율 등을 들 수 있다.

(1) 매출채권회전율과 평균회수기간

매출채권회전율(receivables turnover)은 매출액을 매출채권(＝받을어음＋외상매출금)으로 나눈 회전수로서 기말의 매출채권 잔액이 1년간의 영업활동을 통하여 매출액으로 회전되는 속도를 의미한다.

$$매출채권회전율 = \frac{매출액}{매출채권}$$

매출채권회전율이 높다는 것은 매출채권의 현금화 속도가 빨라서 순조롭게 매출채권이 회수되고 있는 양호한 상태를 의미한다. 반대로 매출액회전율이 낮다면 매출채권의 회수기간(collection period)이 길다는 것을 의미한다.

엄밀한 의미에서는 평균적인 매출채권의 수준은 월별 이동평균치(monthly moving average) 또는 기초잔액과 기말잔액의 평균치를 이용하는 것이 타당하겠지만 편의상 기말잔액을 그대로 사용하는 경우가 많다.

매출채권의 현금화 속도는 회전율 대신에 매출채권의 평균회수기간(average collection period)으로 측정하여 기간개념을 강조하는 경우도 있다. 그러나 이는 회전율에 비하여 단지 평가방법이 바뀌었을 뿐이지 재무분석에서는 양자가 동일한 의미를 나타낸다.

매출채권의 평균회수기간의 산출과정은 두 단계로 나눌 수 있다. 첫 번째 단계에서는 연간매출액을 1년의 365일로 나눈 1일평균매출액을 산출하고, 두번째 단계에서는 매출채권을 1일평균매출액으로 나눈 평균회수기간을 산출한다.

$$1일평균매출액 = \frac{매출액}{365일}$$

$$평균회수기간 = \frac{매출채권}{1일평균매출액}$$

(2) 재고자산회전율

재고자산회전율(inventory turnover)은 판매업의 경우에는 1년 기간 동안에 발생한 상품의 매입·판매의 순환횟수를 의미한다. 그리고 제조업의 경우에는 1년 기간 동안에 발생한 원재료, 재공품, 제품 등 재고자산의 매입·제조·판매의 순환횟수를 개략적으로 나타내는 비율이다. 다시 말해서, 재고자산회전율은 1년 기간 중에 재고자산이 매출액(=현금매출액+외상매출금)으로 전환하는 횟수를 의미한다.

$$재고자산회전율 = \frac{매출액}{기말재고자산}$$

(3) 비유동자산회전율

비유동자산회전율은 고정자산회전율(fixed assets turnover)이라고도 한다. 매출액을 비유동자산으로 나눈 비율로서 비유동자산의 장부가치와 매출액과의 관계를 나타내 준다.

$$비유동자산회전율 = \frac{매출액}{비유동자산}$$

일반적으로 이 회전율이 높을수록 비유동자산이 효율적으로 이용되고 있으며, 유휴시설이 적고 조업도가 높은 것으로 풀이된다. 그러나 오랜 기간 동안의 감가상각으로 인하여 기계와 설비의 장부가치가 낮을 때에는 오히려 비유동자산회전율이 높게 나타날 수도 있다.

(4) 총자산회전율

총자산회전율(total assets turnover)은 매출액을 총자산으로 나눈 비율로 총자본회전율이라고도 한다. 이 회전율은 총자산이 1년 동안에 몇 회 반복해서 운용되었는가를 나타내는 것으로서 총자산의 효율적 이용도 또는 기업의 종합적 활동능력을 표시한다.

$$총자산회전율 = \frac{매출액}{총자산}$$

4) 수익성비율

수익성비율(profitability ratio)은 일정 기간 동안 발생한 경영성과를 측정하는 비율이다. 수익성비율은 장기채권자, 주주, 경영자가 모두 관심을 갖는 재무비율로서 이 비율이 낮아지면 주가가 하락하고 장기적으로는 재무안정성이 저해되어 파산을 초래할 수도 있다.

(1) 매출액순이익률

매출액순이익률(net profit to sales)은 당기순이익을 매출액으로 나눈 비율로서 당기순이익이 매출액에서 몇 %를 차지하는가를 나타낸다. 예를 들어, 매출액순이익률이 20%라고 하면 100원의 매출액이 발생하였을 때 당기순이익은 20원 (=0.2×100)이 발생한다는 의미이다. 따라서 이 비율을 매출마진(profit margin on sales)이라고도 한다.

$$매출액순이익률 = \frac{당기순이익}{매출액} \times 100$$

이 비율이 높으면 기업이 손익분기점에도 쉽게 접근할 수 있음을 의미한다. 이 비율과 비슷한 형태로서, 매출액총이익률(=매출총이익/매출액×100)을 사용하는 경우도 있으나 일반적으로 매출액이익률이라고 할 때는 매출액순이익률을 말한다.

(2) 총자산순이익률

총자산순이익률(return on asset, ROA)은 당기순이익을 총자산 또는 총자본으로 나눈 비율로서, 총자본순이익률 또는 투자수익률(return on investment, ROI)이라고도 한다.

$$총자산순이익률 = \frac{당기순이익}{총자산} \times 100$$

이 비율은 1년 동안의 경영활동을 통하여 투자된 총자산액의 몇 %에 해당하는 당기순이익이 발생하였는가를 측정하는 비율로서 총자산에 대한 투자 수익성을 분석한다. 이 비율은 매출액순이익률과 총자산회전율을 결합한 비율로 나타낼 수 있다.

$$총자산순이익률 = \frac{당기순이익}{매출액} \times \frac{매출액}{총자산}$$

$$= 매출액순이익률 \times 총자산회전율$$

(3) 자기자본순이익률

기업의 소유주인 주주는 경영활동의 성과가 주주부(stockholder's wealth)의 확대로 나타나기를 요구하고 있다. 주주의 입장에서는 당기순이익의 증감이 자기자본의 수익성에 직접적으로 연결되므로 자기자본에 대한 투자수익률, 즉 주가에 바로 영향을 미치는 자기자본순이익률에 대하여 민감한 반응을 보이고 있다.

이러한 자기자본순이익률(return on equity, ROE)은 당기순이익을 자기자본으로 나눈 비율로서, 자기자본의 효율적 이용도를 측정한다. 다시 말해서, 이 비율은 자기자본 1원에 대하여 당기순이익이 차지하는 비중을 나타낸다. 그리고 이 이익률이 감소하게 되면 주주는 기회비용을 감안하여 자기자본순이익률이 낮은 기업의 주식을 매각하고, 다른 기업에 투자하거나 또는 실패한 경영진을 교체시킬 수도 있으므로 이 이익률의 최대화가 주요 재무정책이 된다.

$$자기자본이익률 = \frac{당기순이익}{자기자본} \times 100$$

자기자본순이익률은 총자산순이익률과 레버리지비율을 결합한 비율로 나타낼 수 있다. 이는 또한 매출액순이익률과 총자산회전율, 레버리지비율의 결합으로 나타낼 수도 있다.

$$자기자본순이익률 = \frac{당기순이익}{총자산} \times \frac{총자산}{자기자본}$$

$$= (총자산순이익률) \times (1+부채비율)$$

$$= 매출액순이익률 \times 총자산회전율 \times (1+부채비율)$$

주주가 재무분석을 하는 이유는 주로 자기자본순이익률에 관심이 있기 때문이다. 따라서 이익률이 변동하면 주주는 그 변동원인을 확인하고자 한다. 그러나 회계학이나 재무관리의 전문적인 지식이 없는 주주들에게는 재무상태표와 손익계산서 등 재무제표에 나타난 항목들의 회계학적 정의가 복잡하고, 또 재무제표가 각기 분리되어 작성되므로 이들 표에 나타난 각 항목이 자기자본순이익률에 미치는 영향을 쉽사리 식별하는 데에는 어려움이 많다.

따라서 이러한 문제를 해결하기 위하여 재무분석가들은 듀폰사(Du Pont)가 고안한 ROE차트(ROE chart)를 많이 이용하고 있다. ROE차트는 재무제표상에 나타난 각 항목간의 상호작용이 자기자본순이익률과 총자산순이익률에 미치는 영향을 쉽게 식별할 수 있도록 고안된 도표이다. ROE차트는 재무제표를 기초로 작성되기 때문에 기업에 따라 다소 차이는 있으나 최종적으로 총자산순이익률과 자기자본순이익률에 종합된다는 점에서는 동일하다.

5) 생산성비율

생산성(productivity)은 기업이 생산활동에서 달성하는 산출량(output)을 노동력, 원재료 등 생산요소의 투입량(input)으로 나눈 비율로서 다음과 같이 산출된다.

$$생산성 = \frac{산출량 \ 또는 \ 생산성}{생산요소의 \ 투입량}$$

기업의 생산성을 측정하는 지표 또는 비율에는 노동생산성과 자본생산성 등이 있는데, 이러한 비율을 생산성비율(productivity ratio)이라고 한다. 그리고 생산성비율의 산출에는 부가가치가 이용된다.

(1) 부가가치

부가가치(value added)는 기업이 생산한 총생산가치에서 이 생산에 소비된 다른 기업의 생산가치를 제외한 부분을 말한다. 표현을 달리하면, 부가가치는 기업이 생산활동을 통하여 다른 기업의 생산가치에 새로이 부가시킨 가치를 의미한다. 순생산가치 또는 창조가치라고도 한다. 그러므로 상대적으로 기업의 부가가치가 높다는 것은 생산활동이 능률적으로 수행되고 있음을 의미한다.

부가가치의 산출방법에는 감산법과 가산법이 있다. 감산법은 총생산가치 또는 매출액에서 다른 기업의 생산가치 또는 외부구입가치를 차감하는 방법으로 다음과 같이 산출된다.

$$부가가치 = 총생산가치 - 타기업의 \ 생산가치$$

$$= \text{매출액} - (\text{재료비} + \text{구입품비} + \text{소모품비}$$
$$+ \text{외주가공비} + \text{구입용역비 등})$$

가산법은 부가가치를 기업의 생산활동으로 새로이 창출된 가치라고 하여 모든 요소비용(factor cost)을 합산하는 방법으로 아래와 같이 산출된다.

$$\text{부가가치} = \text{법인세비용 차감전 순이익} + \text{인건비} + \text{금융비용}$$
$$+ \text{임차료} + \text{조세공과} + \text{감가상각비}$$

한편, 부가가치율은 위에서 계산된 부가가치를 매출액으로 나누어 산출한다.

(2) 노동생산성

노동생산성(productivity of labor)은 단위노동력의 성과를 나타내는 지표로 종업원 1인당 부가가치생산액(value added per employee)을 말한다. 즉 노동생산성은 생산요소 중 노동력만을 기준으로 하여 부가가치와 비교하는 것으로, 이 수치가 높으면 노동력이 효율적으로 부가가치를 창출했다는 의미이다. 따라서 노동생산성은 이용 목적에 따라 개별 기업의 경쟁력 또는 국가간의 경쟁력을 비교하는 지표가 될 수 있으며, 아래의 식으로 산출된다.

$$\text{노동생산성} = \frac{\text{부가가치}}{\text{종업원수}}$$
$$= \frac{\text{부가가치}}{\text{매출액}} \times \frac{\text{매출액}}{\text{종업원수}}$$
$$= \text{부가가치율} \times \text{종업원 1인당 매출액}$$

따라서 부가가치율이나 종업원 1인당 매출액이 높은 경우 또는 양자가 모두 높은 경우에는 노동생산성이 증가한다.

(3) 자본생산성

자본생산성(productivity of capital)은 총자본이 1년 동안에 창출한 부가가치가 총자본 중에서 어느 정도의 비중(%)을 차지하는가를 나타내며, 총자본투자효율이라고도 한다. 자본생산성이 높다는 것은 경영에 투자된 자본(특히 유형자산)이 효율적으로 운영되었음을 의미하며, 아래의 식으로 산출된다.

$$\text{자본생산성} = \frac{\text{부가가치}}{\text{총자본}}$$

$$= \frac{부가가치}{매출액} \times \frac{매출액}{총자본}$$

$$= 부가가치율 \times 총자본회전율$$

따라서 부가가치율이나 총자본회전율이 모두 높은 경우에는 자본생산성이 증가한다.

6) 시장가치비율

이상과 같이 전개한 기업의 재무상태와 경영성과에 관한 비율은 투자자가 기업의 시장가치를 평가하는 기본적인 자료로 이용된다. 그리고 투자자가 이러한 비율 및 기업의 전망을 종합적으로 고려하여 평가한 기업의 시장가치는 주식의 시장가격(market price)으로 반영된다.

따라서 기업의 시장가치와 장래성은 주가와의 관계에서 분석할 필요가 있고, 시장가치비율(market value ratio)은 이러한 관계를 분석하는 비율이다.

시장가치비율에는 주가수익비율(price earnings ratio, PER), 주가순자산비율(price book value ratio, PBR), 배당수익률(dividend yield), 시장가치 대 장부가치비율(market-to-book value ratio, MB ratio), 토빈의 q비율(Tobin's q ratio) 등을 들 수 있다.

(1) 주가수익비율

주가수익비율(PER)은 주가를 주당이익(earnings per share, EPS)으로 나눈 것으로 주당이익에 대한 주가의 배수를 의미하며 아래의 식으로 산출한다.

$$주가수익비율 = \frac{주가}{주당이익}$$

이 비율이 산업평균보다 높으면 그만큼 기업의 이익수준에 비하여 주가가 높게 형성되어 있다는 것을 의미한다. 반대로 이 비율이 낮으면 기업의 이익수준에 비하여 상대적으로 주가가 낮게 형성되어 있기 때문에 투자자는 주가수익비율이 낮은 주식을 원하게 될 것이다.

주가수익비율을 산출하기 위해서는 먼저 주당이익을 구해야 한다. 주당이익은 당기순이익에서 우선주배당금을 차감한 금액, 즉 보통주 주주에게 배당 가능한 순이익을 발행주식수로 나눈 것이다.

$$주당이익(EPS) = \frac{당기순이익 - 우선주배당금}{발행주식수}$$

(2) 주가순자산비율

주가순자산비율(PBR)은 주가를 주당순자산(net asset per share)으로 나눈 것으로 주당순자산에 대한 주가의 배수를 의미하며 아래의 식으로 산출한다.

$$주가순자산비율 = \frac{주가}{주당순자산}$$

$$주당순자산 = \frac{총자산 - 부채}{발행주식수}$$

이 비율이 산업평균보다 높으면 그만큼 기업의 순자산 수준에 비하여 주가가 높게 형성되어 있다는 것이다. 반대로 이 비율이 낮으면 기업의 순자산 수준에 비하여 상대적으로 주가가 낮게 형성되어 있기 때문에 투자자는 주가순자산비율이 낮은 주식에 투자하고자 한다.

(3) 배당수익률

배당수익률은 주당배당액(보통주)을 주가로 나눈 비율로서 배당성향(배당지급률, dividend payout ratio)과 함께 배당정책과 밀접하게 관련되어 있다.[4]

$$배당수익률 = \frac{주당배당금}{주가} \times 100$$

배당수익률과 배당성향은 산업의 성격과 기업의 자금사정에 따라 차이가 난다. 다시 말해서, 일반적으로 안정된 산업에서는 배당수익률과 배당성향이 높게 나타나는 반면에, 성장과정에 있는 기업의 경우에는 추가자금을 내부금융으로 조달하므로 이 두 비율이 낮다.

(4) 시장가치 대 장부가치비율

시장가치 대 장부가치비율(MB ratio)은 기업의 시장가치를 장부가치로 나눈 비율이며 아래의 식으로 산출된다.

$$시장가치 \ 대 \ 장부가치비율 = \frac{자기자본의 \ 시장가치 + 부채의 \ 시장가치}{자기자본의 \ 장부가치 + 부채의 \ 장부가치}$$

---

4) 배당성향은 주당배당액(dividend per share, DPS)을 주당이익(EPS)으로 나눈 비율이다.

$$= \frac{주가 \times 발행주식수 + 부채}{총자산}$$

이 비율이 1보다 큰 경우는 기업의 시장가치가 장부가치보다 높다는 것을 의미하고, 1보다 작은 경우에는 시장가치가 장부가치에 미달하여 기업가치가 낮다는 것을 의미한다.

(5) Tobin의 q비율

Tobin의 q비율(Tobin's q ratio)은 기업의 부채와 자기자본의 시장가치, 즉 기업이 보유하고 있는 자산의 시장가치를 그 자산에 대한 대체원가(replacement cost)로 나눈 비율을 말한다. 단순히 q비율(q ratio)이라고도 한다. q비율은 아래의 식으로 산출한다.[5]

$$q비율 = \frac{자산의 \ 시장가치}{자산의 \ 추정대체원가}$$

이 q비율은 시장가치 대 장부가치비율과 같아 보이지만 두 비율 사이에는 중요한 차이가 있다. q비율의 경우에는 분모에 나타나는 모든 자산의 원가가 장부상의 취득원가가 아닌 대체원가라는 점이다. 인플레이션이 발생하는 시기에는 자산의 대체원가가 취득원가를 초과한다.

Tobin의 주장에 따르면 q비율이 1.0을 초과할 때, 즉 자본설비(capital equipment)의 시장가치가 대체원가를 초과할 때는 기업이 투자에 대한 유인(incentive)을 갖게 되며, 이러한 유인은 q비율이 1.0에 이르게 될 때 없어진다고 한다. 따라서 q = 1.0인 수준이 투자결정의 기준치가 되며, 기업활동에서 경쟁력이 강한 기업의 q비율은 높게 나타난다는 것이다.

---

5) J. Tobin(1969), "A General Equilibrium Approach to Monetary Theory," *Journal of Money, Credit and Banking*, 1, 15-29.

다음의 〈표 18-2〉와 〈표 18-3〉은 20×3년도 말에 작성한 대학벤처주식회사의 가상 재무상태표와 손익계산서이다. 대학벤처회사의 20×3년도 말 자산총액은 1조 2천억원이고, 보통주는 액면가 5천원으로 2,500만주를 발행하였다. 당기순이익은 1,416억원이며, 보통주 액면가의 50%를 현금배당으로 결정하였다. 이 기업의 20×3년말 주가는 40,000원이다.

여기에 제시된 재무정보를 이용하여 주요 재무비율을 계산해 보자.

표 18-2 대학벤처(주) 재무상태표

재무상태표

대학벤처(주)   (20×3.12.31)   (단위: 억원)

자 산		부채와 자본	
현금예금	250	지급어음	500
시장성 유가증권	750	외상매입금	300
외상매출금	1,000	미지급비용	50
재고자산	1,500	미지급법인세	650
유동자산 합계	3,500	유동부채 합계	1,500
기계, 건물	11,000	담보사채(이자율＝10%)	2,500
감가상각충당금	(2,500)	무담보사채(이자율＝15%)	3,000
순기계, 건물	8,500	비유동부채 합계	5,500
비유동자산 합계	8,500	보통주	
		(5천원×2,500만주)	1,250
		유보이익	3,750
		자본합계	5,000
자산총계	12,000	부채·자본 총계	12,000

표 18-3 대학벤처(주) 손익계산서

손익계산서

대학벤처(주)	(20×3.1.1~20×3.12.31)	(단위: 억원)
순매출액		16,000
매출원가		12,720
매출총이익		3,280
영업비		
판매비	110	
일반관리비	200	310
총영업이익		2,970
감가상각비		500
순영업이익(EBIT)		2,470
영업외비용		
담보사채 이자비용(이자율=10%)	250	
무담보사채 이자비용(이자율=15%)	450	700
법인세비용 차감전 순이익(EBT)		1,770
법인세비용(법인세율=20%)		354
순이익		1,416
당기배당액(액면가의 50%)		625
유보이익 증가액		791
주당이익(EPS)		5,664원
주당배당액(DPS)		2,500원

표 18-4 대학벤처(주)의 주요 재무비율 계산

구분		재무비율 계산
유동성비율	유동비율	$\dfrac{\text{유동자산}}{\text{유동부채}} \times 100 = \dfrac{3,500}{1,500} \times 100 = 233.3\%$
	당좌비율	$\dfrac{\text{유동자산} - \text{재고자산}}{\text{유동부채}} \times 100 = \dfrac{2,000}{1,500} \times 100 = 133.3\%$
레버리지비율	부채비율	$\dfrac{\text{타인자본}}{\text{자기자본}} \times 100 = \dfrac{7,000}{5,000} \times 100 = 140\%$
	비유동자산비율	$\dfrac{\text{비유동자산}}{\text{자기자본}} \times 100 = \dfrac{8,500}{5,000} \times 100 = 170\%$
	이자보상비율	$\dfrac{\text{영업이익}}{\text{이자비용}} \times 100 = \dfrac{2,470}{700} \times 100 = 3.53\text{배}$
활동성비율	매출채권회전율	$\dfrac{\text{매출액}}{\text{매출채권}} = \dfrac{16,000}{1,000} = 16\text{회}$
	비유동자산회전율	$\dfrac{\text{매출액}}{\text{비유동자산}} = \dfrac{16,000}{8,500} = 1.9\text{회}$
	총자산회전율	$\dfrac{\text{매출액}}{\text{총자산}} = \dfrac{16,000}{12,000} = 1.3\text{회}$
수익성비율	매출액순이익률	$\dfrac{\text{당기순이익}}{\text{매출액}} \times 100 = \dfrac{1,416}{16,000} \times 100 = 8.85\%$
	총자산순이익률	$\dfrac{\text{당기순이익}}{\text{총자산}} \times 100 = \dfrac{1,416}{12,000} \times 100 = 11.8\%$
	자기자본순이익률	$\dfrac{\text{당기순이익}}{\text{자기자본}} \times 100 = \dfrac{1,416}{5,000} \times 100 = 28.32\%$
시장가치비율	EPS	$\dfrac{\text{당기순이익}}{\text{발생주식수}} = \dfrac{141,600,000,000}{25,000,000} = 5,664\text{원}$
	PER	$\dfrac{\text{주가}}{EPS} = \dfrac{40,000}{5,664} = 7.06\text{배}$
	PBR	$\dfrac{\text{주가}}{\text{주당순자산}} = \dfrac{40,000}{42,000} = 0.95\text{배}$
	배당수익률	$\dfrac{\text{주당배당금}}{\text{주가}} \times 100 = \dfrac{2,500}{40,000} = 6.25\%$

2.4 재무비율분석의 한계

이와 같은 재무비율분석은 재무자료의 획득이 용이할 뿐만 아니라 계산방법이 쉽고 간단하다는 장점이 있다. 그러나 이 분석방법에 지나치게 의존하여 기계적으로 재무분석을 실시하는 것은 매우 위험한 태도이기 때문에 신중을 기해야 한다. 그 이유는 재무비율분석이 다음과 같은 한계점을 갖고 있기 때문이다.

첫째, 재무비율은 미래의 재무적 상황을 예측하는 데에 판단의 자료로 이용되고 있는데, 실제는 이 비율이 과거의 자료인 기업의 재무제표를 근거로 한다는 점이다. 미래의 상황은 변화할 수 있기 때문에 과거의 자료에 너무 의존한다는 것은 한계가 있다.

둘째, 기업회계는 계속성이나 일관성이 결여되어 있으므로 비율분석 만으로는 기업간의 비교가 곤란할 경우가 많다.

셋째, 기계적으로 비율을 산출하면 비율 해석이 왜곡될 수 있다. 예를 들어, 재고자산의 경우 계절적인 산업의 재무상태표에 나타난 기말재고자산은 평균재고수준을 표현하지 못할 수 있다. 또 성장기업의 재고수준은 일반적으로 높기 때문에 산출된 비율을 상황에 대한 고려 없이 무조건적으로 해석하면 결과가 왜곡될 가능성이 높다.

넷째, 한 산업에 속해 있는 기업 사이에도 경영방식에 따라 재무비율이 달라질 수 있다. 예를 들어, 대량의 유형자산을 임차(lease)하고 있는 기업에서는 이러한 자산이 재무상태표에 표시되지 않으므로, 자산항목과 관련된 비율은 다른 기업의 것과 동질성이 없다.

다섯째, 대기업에서는 사업부별로 업종이 달라질 수도 있으므로, 대기업의 관계비율의 산출에는 문제점이 있다.

여섯째, 특정한 재무비율은 산업평균과 비교하여 우량·불량을 단정 할 수 없는 경우가 있다. 예를 들어, 한 기업의 유동비율이 산업평균보다 높으면 유동성이 양호한 것으로 평가되나, 현금자산은 그 자체로서 수익을 발생시키지 못한다. 또 높은 회전율은 자산의 활발한 이용을 의미하지만, 한편으로는 생산능률이 높은 신기계의 도입시기를 지연시킨 경우도 있다.

일곱째, 일단 산업평균보다 우위에 있는 기업에서는 동일산업에서 선두 그룹에 속하는 기업들의 평균비율이 없으므로, 높은 수준의 성과달성을 위한 목표비율(target ratio)을 설정하는 데에 애로가 있다.

끝으로 기업의 수익성, 안정성, 유동성에 영향을 미치는 요인으로는 ① 기업의 신용, ② 설비의 우열, ② 경영자의 인격, ④ 종업원의 기술 등이 있다. 그러나 재무제표에는 이와 같은 경영에 참가하는 인간, 기술, 설비의 문제가 표현되지 않고 있으므로 재무비율에는 한계가 있다.

요 약

❶ 재무분석의 목적

재무분석(financial analysis)의 목적은 재무의사결정에 필요한 자료 및 정보를 작성하기 위하여 수행되는 과거와 현재의 재무상황을 분석하는 것이다. 기업 이해관계자의 필요성에 따라 이들 정보를 이용하려는 목적이 다르기 때문에 그에 따른 특정한 재무비율이 더 강조될 수 있다.

먼저 단기채권자는 단기채무의 지불능력인 기업의 유동성(liquidity)에 주로 관심을 가지고 있어 유동성비율을 중요시한다.

둘째, 사채권자 및 금융기관 등 장기채권자는 기업의 장기적 재무안정성과 수익성에 관심을 가지기 때문에 기업의 자본구조를 분석하여 재무고정비용의 부담을 측정하고, 또 자금흐름과 그 주요 변동요인을 분석한다.

셋째, 주주는 부의 최대화가 목적이므로 수익성, 수익의 안정적 추세, 다른 기업의 수익성과의 관계, 배당금의 지급능력과 파산위험 등을 종합적으로 고려하게 되고, 이와 관련되는 재무비율의 생성과 활용에 중점을 둔다.

넷째, 기업내부의 경영자에게는 경영계획, 경영통제 등 최고 경영 의사결정을 위한 정보 등이 필요하다. 따라서 경영자는 수익성, 성장성, 안정성 그리고 활동성 등 기업의 총체적 능력을 파악하기 위하여 재무분석을 하고 이와 관련된 재무비율을 모두 중요시한다.

다섯째, 금융기관이나 연구기관은 경제적인 측면에서 모든 기업을 대상으로 재무상태와 경영성과를 분석한다. 규모별, 산업별 재무분석의 결과가 평균치로 산출되고, 이를 기준으로 하여 경제현상의 변동원인을 분석하게 된다. 이들 평균치는 재무분석의 표준비율로 이용되고, 표준비율은 개별기업의 재무상황과 경영성과를 분석하는 평가기준이 된다.

❷ 재무분석의 자료

협의의 재무분석인 재무비율분석은 재무제표(financial statements)에 나타난 각 항목간의 비율을 산출하여 그 의미를 파악하고, 이들을 재무의사결정의 정보로 이용하는 것이다. 그러므로 재무제표는 재무비율분석에 필요한 가장 중요한 자료로서 ① 재무상태표, ② 손익계산서, ③ 자본변동표, ④ 현금흐름표, ⑤ 이익잉여금처분계산서 등이 있다.

❸ 재무비율의 분류

관계비율분석은 재무제표상의 특정항목을 기준으로 하여 이 항목과 밀접하게 관련되어 있는 다른 항목과의 상호관계를 백분율 또는 회전속도로 표시해서 기업의 재무상태와 경영성과를 측정, 평가하는 방법이다.

일반적으로 재무비율분석이라고 할 때는 관계비율분석을 의미하는 경우가 많다. 그리고 재무비율은 비율을 산출하는데 이용되는 항목의 특성에 따라 기업의 여러 가지 능력을 나타내며 다음과 같이 구분할 수 있다. ① 유동성비율(liquidity ratio), ② 레버리지비율(leverage ratio), ③ 활동성비율(activity ratio), ④ 수익성비율(profitability ratio), ⑤ 생산성비율(productivity ratio), ⑥ 성장성비율(growth ratio), ⑦ 시장가치비율(market value ratio)

❹ 재무비율분석의 한계

재무비율분석은 재무자료를 쉽게 구할 수 있고 계산방법이 간단하여 널리 이용되고 있다. 그러나 재무비율분석은 다음과 같은 한계점을 갖고 있다.

첫째, 재무비율은 변화 가능한 미래의 재무적 상황을 예측하는 데에 기업의 과거 재무제표를 근거로 한다.

둘째, 기업회계는 계속성이나 일관성을 유지하지 못하는 경우, 비율분석 만으로는 기업간 비교를 하기가 곤란하고, 산출된 재무비율을 기업의 개별적인 상황에 대한 고려 없이 수치대로 해석하는 경우 평가결과가 왜곡될 가능성이 있다.

셋째, 기업의 경영방식 차이에 따라 재무비율의 속성이 달라질 수 있어 같은 비율이라도 다른 기업의 것과 동질성이 없는 경우가 있다.

넷째, 산업평균을 기준으로 우량·불량을 단정할 수 없는 재무비율이 있을 수 있고, 산업평균보다 우위에 있는 기업에서는 높은 수준의 성과달성을 위한 목표비율(target ratio)을 설정하는 데에 애로가 있다.

마지막으로 재무제표에는 경영에 참가하는 인간, 기술, 설비 등의 질적 정보가 표현되지 않고 있으므로 재무비율만으로 기업의 강점과 약점을 판단하는 데에 한계가 있다.

1 다음 용어를 설명하라.

① 표준비율과 산업평균 ② 유동성비율과 수익성비율

③ 정태비율과 동태비율 ④ 이자보상비율과 비유동비율

⑤ 매출채권회전율 ⑥ 레버리지비율

⑦ PER ⑧ PBR

⑨ 시장가치 대 장부가치비율 ⑩ q비율

2 재무비율분석에서 산업평균을 표준비율로 사용할 때 발생하는 문제점을 설명하라.

3 유동비율이 높으면 반드시 단기채무의 지급능력이 높고 기업에 유리한 것인가를 설명하라.

4 각각의 산업은 시장상황과 생산방식에 따라 자산구성이 어떤 특성을 가질 수 있다. 각 산업의 특성을 비유동비율을 이용하여 설명하라.

5 매출채권회전율과 평균회수기간의 관계를 설명하라.

6 자기자본순이익률의 변동에 영향을 미치는 경영활동을 분석하려고 한다. 이 때 관련 재무비율을 이용하여 분석하라.

7 재무비율분석의 한계를 열거하라.

8 다음은 20×6년도 샛별주식회사의 재무제표이다. 이 자료를 이용하여 아래에 제시된 재무비율을 구하라.

샛별주식회사 재무상태표(20X6.12.31)

(단위: 천원)

자 산		부채 및 자 본	
현금	110,000	외상매입금	82,500
매출채권	137,500	지급어음	110,000
재고자산	412,500	미지급금	55,000
비유동자산	302,500	회사채(10%)	110,000
		자기자본	605,000
자산총계	962,500	부채 및 자본 총계	962,500

샛별주식회사 손익계산서(20X6.1.1 − 20X6.12.31)

(단위: 천원)

순매출액	1,375,000
매출원가	1,014,750
매출총이익	360,250
일반관리비 및 판매비	295,900
영업이익(EBIT)	64,350
이자비용(10%)	11,000
법인세비용 차감전 순이익	53,350
법인세비용(20%)	10,670
순이익	42,680

(1) 유동비율   (2) 매출채권회전율   (3) 재고자산회전율

(4) 총자산회전율   (5) 매출액순이익률   (6) 총자본순이익률

(7) 자기자본순이익률   (8) 부채비율   (9) 매출채권회수기간

9 대학주식회사의 아래 자료를 이용하여 재무상태표의 빈 칸을 채우라(소수점 이하 단위는 반올림하라).

매출액순이익률	3%
당좌비율	100%
매출채권의 평균회수기간 (1년 360일)	20일
비유동부채 대 자기자본비율	50%
재고자산회전율	9회
총자산회전율	3.1회
매출액총이익률	20%

대학주식회사 재무상태표(20X7.12.31)　　　　　　　　　　(단위: 천원)

현금		외상매입금	200,000
외상매출금		비유동부채	
재고자산		자본금	350,000
비유동자산		유보이익	50,000
자산총계		부채와 자본 총계	

🔷 해답

8 (1) 266.7% (2) 10 (3) 3.3회 (4) 1.43회 (5) 3.1% (6) 4.4% (7) 7.1% (8) 59.1% (9) 36.5일

9 현금 337,778 외상매출금 137,778 재고자산 275,556 비유동자산 48,888 자산총계 800,000 비유동부채 200,000 부채와 자본총계 800,000

기업가치와 가치창조경영

들어가면서

기업은 경제사회에서 소비자에게 필요한 재화와 용역을 생산하여 제공하는 중요한 주체이다. 기업은 이 역할을 효과적으로 수행하여 경제사회의 효용을 증가시킬 때 지속적으로 성장하고 존립할 수 있다. 기업은 경영활동에서 다양한 이해관계자의 요구뿐만 아니라 사회적 책임과 법적 책임을 고려하여야 한다. 따라서 기업은 단순히 회계적인 이익이 아닌 이런 모든 활동을 고려한 기업성과의 목표개념과 그 측정을 필요로 한다.

근래에는 가치창출이라는 명확한 목표를 설정하고 구체적으로 실행해 나갈 수 있는 가치창조경영(Value Based Management)이 기업경영에 있어 매우 중요한 것으로 강조되고 있다. 가치창조경영은 미래 현금흐름의 현재가치를 최대화하려는 전략을 말한다.

다시 말해 기업 내 각 조직 계층의 관리자들은 기업전체의 목표달성을 위하여 개별 부문의 활동계획을 수립하여 수행한다. 이 때 가치창조경영은 기업가치 창출이라는 목표개념에 맞추어 기업의 모든 경영자원 즉 인적, 물적 자원을 이용하고 또한 당해 기업 전체와 관련된 전략적 또는 영업상의 의사결정을 개선하기 위해 고안된 통합적 경영이라고 할 수 있다.

기업가치는 기업이 창출한 미래 현금흐름을 기업의 자본비용으로 할인하여 산출된다. 특히 기업가치는 주가에 바로 반영되어 기업의 전반적인 성과를 평가할 수 있다. 기업의 경영활동에 나타난 가치창조경영의 성과를 경영자원 측면에서 분석하고 그 사용 효율성을 평가하는 것이 또한 중요하다. 이를 위해서 성과의 측정지표가 필요하다.

앞 장의 재무분석에서는 회계적 자료를 이용하여 기업의 경영활동을 분석하는 방법을 살펴보았지만, 이 장에서는 기업을 가치(value) 측면에서 분석하고, 평가하는 방법을 설명한다. 독자들은 가치창조경영을 위한 가치창출요소의 이해는 물론이고 가치의 측정지표로서 투하자본수익률(return on invested capital), 경제적 부가가치(economic value added, EVA) 그리고 시장부가가치(market value added, MVA)의 개념과 측정방법을 학습하여 전략적으로 활용할 줄 알아야 한다.c

1.1 가치의 중요성

가치(value)는 미래 현금흐름을 할인한 현재가치라고 할 수 있다. 그리고 기업의 가치(firm's value)는 기업이 미래에 창출할 현금흐름을 현재가치화한 것이라고 할 수 있다. 따라서 기업의 가치는 당해 기업이 조달한 자본을 자본비용보다 높은 투자수익률을 올릴 수 있는 투자안에 투자하는 경우에 증가될 수 있다.

기업경영에 있어서 가치는 성과를 측정할 수 있는 최선의 척도로 알려져 있다. 왜냐하면, 가치는 완전한 정보를 요구하는 유일한 척도이기 때문이다. 즉 가치창출의 개념을 이해하기 위해서는 기업활동을 장기적 관점에서 이해하여야 하고, 재무제표상의 모든 현금흐름을 관리해야 하며, 위험수준을 감안하여 서로 다른 여러 시점의 현금흐름을 비교하는 방법을 알아야 한다.

완전한 정보가 확보되지 않은 상태에서 올바른 의사결정을 내린다는 것은 거의 불가능한데, 가치 이외의 어떠한 실적평가척도도 완전한 정보를 요구하지 않는다. 예를 들어, 주당순이익(earning per share, EPS), 자기자본순이익률(return on equity, ROE), 매출액영업이익률 등의 지표들은 단기적인 성과를 반영할 뿐이고, 손익계산서의 정보를 이용하는 데에만 초점이 맞추어져 있다. 또한 이들 성과지표들은 현금흐름의 규모나 시기 등에 대한 정보는 전혀 반영하지 않고 있다.

1.2 가치창출요소

가치창출요소(value drivers)는 당해 기업의 가치에 영향을 미치는 모든 변수를 의미한다. 그러나 실제 기업활동에 있어서는 기업가치에 영향을 미치는 핵심적인 변수들이 있다. 이를 핵심가치창출요소(key value drivers)라고 한다.

기업의 경영활동과정에서는 다음의 두 가지 이유 때문에 가치창출요소를 정확하게 이해하는 것이 필요하다. 첫째, 각각의 활동부서들은 직접적으로 가치에 근거하여 활동을 할 수가 없다. 즉 각 부문들은 고객만족, 비용, 설비투자 등 자신이 직접적으로 영향을 줄 수 있는 요소들에 근거하여 활동을 하고 있다. 둘째, 최고경영층은 구체적인 가치창출요소를 통해 조직의 각 부문활동을 이해하고, 어떠한 목표를 달성하여야 할지에 대해 각 부문과 의사소통을 할 수 있다.

가치창출요소들은 각 일선관리자들이 직접 통제할 수 있는 의사결정변수 수준으로 면밀하게 파악되어야 한다. 예를 들어, 매출액증가율, 영업이익, 자본회전율 등과 같은 일반적인 가치창출요소들은 거의 모든 사업단위들에 적용될 수 있지만, 각 사업단위의 하부조직들이 원활하게 사용할 수 있을 정도로 구체적으로 정의될 수 없는 단점이 있다. 그렇지만 가동률, 물품인도비용, 외상매출의 조건 및 회수기간, 통신 1건당 평균처리시간 등과 같은 요소는 직접적으로 관리 가능한 가치창출요소라고 할 수 있다.

[그림 19-1]은 어느 가구 소매업체의 가치창출요소를 가상적으로 제시한 것이다. 이 기업의 가치는 부분적으로 총이익(gross margin), 재고저장비용(warehouse costs), 배달비용(delivery costs)에 의해 좌우되고 있다. 총이익은 거래단위당 총이익과 거래건수에 의해 결정된다. 재고저장비용은 창고 1개가 처리할 수 있는 소매점수와 창고 1개당 비용에 의해 결정된다. 배달비용은 거래당 배달횟수, 배달 1회당 비용, 거래건수에 의해 결정된다. 이때 핵심가치창출요소는 거래단위당 총이익, 창고당 담당 소매점수, 거래당 배달횟수로 분석되었다고 하자.

이러한 분석결과로부터 가구업체가 취할 수 있는 경영전략을 생각해보자. 창

그림 19-1 가상적인 가구 소매업체의 가치창출요소

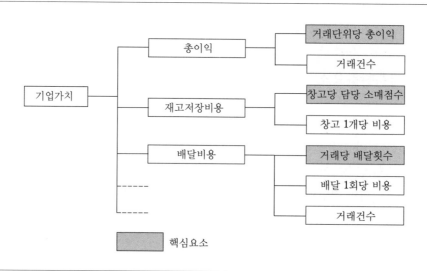

고 1개가 담당하는 소매점수가 창고운용에서 규모의 경제와 직결되므로 거래건당 비용에 큰 영향을 미치는 것으로 분석할 수 있다. 창고 1개가 담당하는 소매점수가 많으면 많을수록 매출액 대비 저장비용은 감소한다. 그러한 효과가 매우 크다면 기업가치 창출 측면에서 볼 때 다수의 대도시에 소매점을 분산시키는 전략보다는 어느 특정 대도시에 소매점을 집중시켜 높은 성장을 추구하는 전략을 선택하는 것이 바람직하다는 것을 알 수 있다.

제2절 가치창조경영의 의의

Financial Management

2.1 가치창조경영의 개념

가치창조경영(value based management, VBM)은 미래 현금흐름의 현재가치를 최대화하려는 전략을 말한다. 즉 기업가치를 창출하는 핵심적인 요소에 초점을 맞추어 당해 기업 전체와 관련된 전략적 또는 영업상의 의사결정을 개선하기 위하여 고안된 통합적 과정이라고 할 수 있다.

가치창조경영은 최고경영층에게 기업전략 수행의 가치를 평가할 수 있도록 해줄 뿐만 아니라 기업의 인수합병, 사업단위의 매각 등과 같이 기업가치에 영향을 미칠 수 있는 주요 의사결정에 대해서 정확히 평가할 수 있도록 도와준다.

일선관리자(line manager)와 감독관리자(supervisor)는 전체 사업단위의 전략 하에서 특정한 상황을 고려하여 목표와 성과지표를 설정할 수 있고, 각 사업단위의 하부조직 또는 기능별 조직들에 의해 각 부문의 장단기 목표가 성공적으로 수행되면 전체 사업단위의 목표가 달성될 수 있도록 구체적인 목표를 설정할 수 있다. 즉 가치창조경영에서는 기업가치(corporate value)라는 명확하고 정확한 성과지표가 제시되므로 가치창조경영의 실행은 조직의 효율성을 향상시키는 핵심요소가 되고 있다.

최근 기업들은 경영혁신의 일환으로 품질관리(total quality management, TQM), 수평적 조직(flatter organization), 의사결정의 위양(empowerment), 리

엔지니어링(reengineering), 팀제조직 구축(team-building) 등 많은 활동들을 전개해 왔다. 그러나 이러한 혁신활동들의 결과는 실패로 끝나는 경우가 많았다. 그 이유는 정확하게 목표가 설정되지 않았거나 달성될 목표와 설정된 목표 간에 부조화가 발생하는 경우가 많았기 때문이다. 이러한 측면에서 보더라도 가치창출이라는 명확한 목표를 설정하고 구체적으로 실행해 나갈 수 있는 가치창조경영은 기업경영에 있어 그 중요성을 더해가고 있다.

기업에서 가치창조경영이 실행되기 위해서는 기업 전 부문에 걸쳐 가치지향적인 사고가 제고되어야 하고, 이러한 사고가 경영과정(management process) 및 시스템에 의해 뒷받침되어야 한다. 즉 기업가치의 최대화가 기업목표가 되고, 경영의 모든 활동들이 가치지향적으로 이루어져야 한다.

예를 들어, 매출액증가율이나 이익을 증가시키는 것이 진정 기업가치를 향상시키는 것인가? 현재 실행하고자 하는 전략이 핵심가치창출요소에 경영자원을 집중시키는 것인가? 이와 같은 끊임없는 의문의 제기와 평가 속에서 기업가치 최대화를 지향하는 의사결정의 틀이 만들어질 수 있다. 이러한 과정 속에서 가치를 중시하는 경영과정(management process)이나 경영시스템(management system)이 구축되면 경영자나 기업의 구성원들은 기업가치의 최대화를 위해 최선을 다하게 된다. 즉 기획, 목표의 설정, 실적평가, 보상체계 등이 기업가치의 창출과 연계될 때 가치창조경영은 보다 효과적으로 실천될 수 있다.

2.2 가치창조경영의 동향

전통적으로 주주의 부를 중시해 온 미국에서는 1980년대에 들어 경쟁적으로 가치창조경영을 도입하였다. 즉 전통적인 이익지향의 경영을 탈피하여 미래 현금흐름을 최대화하는 가치창조경영으로 전환하였다.

세계적인 다국적기업인 AT&T, GE, 코카콜라, 필립 모리스 등 많은 기업들이 가치경영 개념에 입각하여 대규모 인수합병(M&A)과 사업구조조정(business restructuring)을 통해 주력업종 위주로 사업집중화(business focusing)함으로써 생산성과 수익성을 향상시키고 있다.

일본은 1990년대에 들어 거품(bubble)경제가 붕괴하면서 그 동안 일본식 경영의 바탕이 되어오던 종신고용제와 연공서열제를 포기하고 개인업적평가제와 사업부평가제를 도입하고 있다. 사원 개인에게 목표를 할당하고 목표달성 여부에 따라 보상을 결정하는 업적평가시스템을 구축하고, 각 사업부별로 투하자본에 대한 현금흐름을 분석하여 사업부가치와 사업부성과를 평가하는 체제를 구축하고 있다.

기업의 사회적 책임을 강조하던 독일기업도 최근에는 인센티브제도의 도입으로 경영효율화를 추구하면서 미국식 주주중심의 경영제도로 변신하고 있다. 예를 들어, 독일 최대의 자동차회사인 다임러 벤츠사는 1995년 거액의 적자를 기록함에 따라 대규모로 인력을 감축하고, 35개 사업부문 중에서 투자수익률이 자본비용에 미달하는 10여개의 사업부문을 처분하여 4대 사업영역으로 사업구조를 정비하였다. 그 결과 1996년에는 순이익이 흑자로 전환되었다. 2011년에는 순이익이 60억 2,900만유로(약 9조원)로 사상 최고의 실적을 기록하였다.

이 밖에도 바스프, 훼바 등 유럽의 다국적기업들도 주주가치에 입각한 경영이념을 도입하고 가치를 중시하는 경영체제를 구축하고 있다.

우리나라의 많은 기업들도 가치창조경영 체제의 구축에 힘쓰고 있다. 무분별한 사업확장에 의한 외형위주의 경영에서 벗어나 가치중심의 경영으로 전환하고 있다. 삼성그룹의 '주주가치 중심경영', LG그룹의 '고객을 위한 가치창조', GS그룹의 '고객만족' 등 각 기업이나 그룹에서 표방하고 있는 경영방침의 근간에는 가치창조라는 동일한 목표를 가지고 있다.

제3절 창출가치의 측정지표

Financial Management

3.1 ROIC

1) ROIC의 개념

ROIC(return on invested capital)는 세후순영업이익(net operating profit after taxes, NOPAT)을 투하자본(invested capital)으로 나누어 구한 수익률지표로서 투하자본수익률이라고 한다. 여기서 투하자본은 기업 본연의 영업활동에 투자된 금액으로 업무용 운전자본과 순유형자산, 기타 자산의 합계로 구할 수 있다.

$$ROIC = \frac{NOPAT}{IC} \qquad\qquad (19\text{-}1)$$

단, $ROIC$＝투하자본수익률

$NOPAT$＝세후순영업이익

IC＝투하자본

2) ROE, ROA와 ROIC

$ROIC$는 투자된 자본의 수익률을 측정한다는 점에서 자기자본순이익률(return on equity, ROE) 및 총자산순이익률(return on asset, ROA)과 유사한 점이 있다.

그러나 자기자본순이익률(＝당기순이익/자기자본)은 영업실적 뿐만 아니라 재무성과도 함께 포함시켜 분석을 하기 때문에 경쟁사분석(peer group analysis)과 추세분석(trend analysis)을 할 때 분석의 초점을 흐리게 만들 수 있다.

총자산순이익률(＝당기순이익/총자산)은 분자와 분모에 포함되는 요소간의 불일치로 부적합한 지표라고 할 수 있다. 분자에는 주주의 몫인 당기순이익이 사용되고 분모에는 주주와 채권자의 몫을 모두 포함하는 총자산이 사용되기 때문에 산출된 수익률에는 분석의 정합성이 결여된다.

반면에 $ROIC$는 해당 기업의 영업실적에 초점을 맞추고 있어 ROE나 ROA와 같은 다른 수익률지표보다 해당 기업의 실적을 이해하는 데 보다 나은 성과측정지표라고 할 수 있다.

3.2 EVA

1) EVA의 개념

실제 기업의 경영활동에서는 타인자본뿐만 아니라 자기자본도 사용되고 있기 때문에 타인자본에 대한 금융비용뿐만 아니라 자기자본에 대한 금융비용도 고려하여야 한다. 그런데 손익계산서에 나타나는 당기순이익은 그 계산과정에서 타인자본에 대한 금융비용은 고려하지만 자기자본의 사용에 따른 기회비용은 고려하지 않는다. 따라서 당기순이익을 진정한 기업의 이익이라고 할 수 없는 측면이 있다.

EVA(economic value added)는 경제적 부가가치라고 하는데, 손익계산서의 당기순이익과는 달리 그 계산과정에 타인자본비용과 자기자본비용을 모두 고려하

여 기업의 진정한 경영성과를 측정하는 지표라고 할 수 있다.

*EVA*는 세후순영업이익에서 기업의 총자본비용을 차감한 값으로 주주부(stock-holder wealth)의 관점에서 기업가치를 평가하는 지표이다. 다시 말해서 *EVA*는 일정기간 동안 영업활동을 통하여 달성한 영업이익에서 법인세비용 등 세금을 차감한 세후순영업이익으로부터 영업활동을 위해 조달한 타인자본과 자기자본의 비용을 차감한 값으로 (19-2)식과 같이 나타낼 수 있다.

$$EVA = 세후순영업이익 - 총자본비용$$
$$= (영업이익 - 법인세비용) - (타인자본비용 + 자기자본비용)$$
$$= 영업용투하자본 \times (투하자본수익률 - 가중평균자본비용)$$

$$(19-2)$$

예 19-1

100억원을 투자한 결과 세후순영업이익률이 연 5%이고, 자본비용이 7% 발생하는 경우 *EVA*를 구하면 -2억원이 된다.

$$EVA = 100억원 \times (5\% - 7\%) = -2억원$$

(19-2)식에서 기업의 세후순영업이익이 총자본비용을 초과하면 *EVA*는 양(+)의 값을 갖는다. 이 경우에는 투하자본에 대한 세후수익률이 기업의 가중평균자본비용을 초과하기 때문에 기업경영의 결과는 주주의 부를 증가시키게 된다. 반대로 총자본비용이 세후순영업이익을 초과하여 *EVA*가 음(-)의 값을 갖는 경우에는 투하자본의 세후수익률이 채권자와 주주의 요구수익률에 미달하여 기업경영의 결과는 투하자본의 시장가치를 감소시키는 것이 된다.

따라서 *EVA*는 기업경영에서 달성된 진정한 경제적 이익을 표현하는 것으로 재무성과의 척도(financial performance measure)가 된다.

2) EVA성과평가의 유용성

*EVA*성과평가의 유용성을 간단한 예를 들어 살펴보자. 〈표 19-1〉은 4개 기업의 경영성과를 나타내고 있다.

표 19-1 경영성과 비교

구분	A사	B사	C사	D사
영업용투하자본(IC)	100억원	150억원	200억원	300억원
세후순영업이익($NOPAT$)	16억원	21억원	28억원	42억원
투하자본수익률($ROIC$)	16%	14%	14%	14%
자본비용($WACC$)	16%	10%	10%	16%
자본비용액	16억원	15억원	20억원	48억원
EVA	0원	6억원	8억원	−6억원

일반적으로 익숙한 회계적 이익의 절대금액을 기준으로 하면, 〈표 19-1〉의 4개 기업 중에서 세후순영업이익이 가장 큰 D사가 가장 좋게 평가된다.

그러나 각 기업이 투하한 자본의 양이 다르기 때문에 절대금액을 기준으로 평가하는 것은 바람직하지 않다. 어느 정도의 투하자본으로 이를 달성했느냐가 보다 중요하다. 이러한 측면에서 보면 A사의 투하자본수익률이 16%이기 때문에 가장 좋은 평가를 받게 된다. 그렇지만 투하자본수익률은 단지 영업자본의 수익성을 나타내는 척도이기 때문에 A사가 다른 기업에 비해 영업자본의 수익성이 높다는 의미밖에 없다.

기업재무의 목표는 가치창조에 있으므로 어느 기업이 더 많은 가치를 창출하였는가를 평가하는 것이 중요하다. 즉 투하자본수익률이 자본비용을 상회하는 수준까지 충분히 높은 가를 검토하는 것이 본래 의미의 성과평가라고 할 수 있다. 이러한 기준에 적합한 척도가 EVA이다.

4개사 가운데 EVA 규모가 가장 큰 기업은 C사이므로 C사가 가장 양호한 성과를 거두고 있다고 평가할 수 있다. 여기서 B사와 C사는 투하자본수익률과 자본비용이 동일한 수준이기 때문에 이익이 자본비용을 상회하는 정도는 같다. 그 점에서 양자는 같은 평가를 받아야 하지만 C사가 더 좋게 평가받게 되는데 그 이유는 창출된 가치의 절대금액이 더 크기 때문이다.

3.3 MVA

1) MVA의 개념

MVA(market value added)는 시장부가가치라고도 하는데 시장에서 형성된 기업가치에서 주주와 채권자의 실제 투자액을 차감한 금액을 말한다. 즉 기업이 본

연의 영업활동에 필요한 자금을 주주와 채권자로부터 조달하여 여기에 얼마만큼의 가치를 부가시켰느냐 하는 의미이다.

주가는 미래의 예상 현금흐름을 반영하므로 효율적 시장에서는 (19-3)식과 같이 미래 EVA의 현재가치의 합계가 MVA가 된다.

$$MVA = \sum_{t=1}^{\infty} \frac{EVA_t}{(1+WACC)^t} \qquad (19-3)$$

단, $EVA_t = t$기의 EVA
$WACC =$ 할인율 = 가중평균자본비용

MVA가 양(+)의 값을 가지면 당해 기업이 추가적으로 기업가치를 창출한다는 의미이고, 음(−)의 값을 가지면 기업가치를 감소시킨다는 것을 의미한다.

예 19-2

매년 50억원의 EVA가 영구히 발생하는 신규투자사업에 있어 자본비용이 10%라면 MVA는 500억원이 된다.

$MVA = $ 50억원 ÷ 10% = 500억원

2) EVA와 MVA의 관계

EVA와 MVA의 관계를 그림으로 살펴보면 [그림 19-2]와 같다. 기업의 전체가치(entity value)는 자기자본의 시장가치와 부채의 시장가치의 합이 된다. 기업가치에서 투하자본을 차감한 것이 MVA이다. 이 때 MVA는 미래에 발생하는 EVA의 현재가치의 합과 같다.

그림 **19-2** EVA와 MVA의 관계

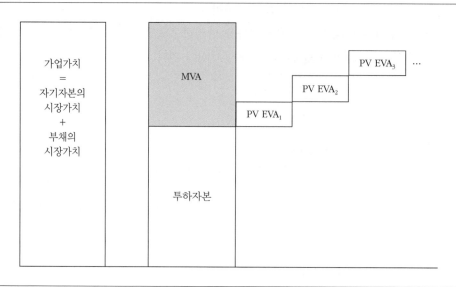

가치창조경영의 실제

Financial Management

4.1 사업부문 성과평가

사업부문은 기업의 하위단위인 보고실체(reporting entity)를 말하며, 다각화 기업의 한 부문, 사업부, 제품단위, 지역단위 등이 될 수 있다. 미국 회계기준에서는 기업전체 매출의 10% 이상을 창출하거나 전체 자산의 10% 이상을 사용할 때, 그리고 사업부문의 영업손익이 전체 영업손익 절대치의 10% 이상일 때 사업부문으로 간주하고 있다.[1]

각 사업부문의 성과를 평가하기 위해서는 (19-4)식에 의해 각 사업부문의 사업가치를 평가하는 것이 필요하다. 각 사업부문의 사업가치는 투하자본에 *MVA*를 더한 것과 같다.

---

1) FASB Statement No. 4, Financial Reporting for Segments of a Business Enterprise.

$$V = IC + \sum_{t=1}^{\infty} \frac{[IC(ROIC - WACC)]_t}{(1+WACC)^t}$$

$$= IC + \sum_{t=1}^{\infty} \frac{EVA_t}{(1+WACC)^t}$$

$$= IC + MVA \qquad\qquad\qquad (19-4)$$

단, V = 사업가치

IC = 투하자본

$WACC$ = 가중평균자본비용

$ROIC$ = 투하자본수익률

EVA = 경제적 부가가치

MVA = 시장부가가치

이 때 사업부문의 단기적 성과는 각 사업부문별 EVA에 의해 평가될 수 있다. 투하자본수익률이 자본비용보다 초과되는 부분이 초과이익(excess earning, EE) 또는 EVA이다. EVA가 양(+)의 값을 가지면 부가가치를 창출한 것으로 평가되고, 그 크기가 클수록 양호한 성과를 올린 것으로 평가할 수 있다.

그러나 장기적인 성과는 MVA에 의해 평가된다. MVA는 미래에 창출되는 EVA의 현재가치를 모두 더한 것이기 때문에 미래의 성과까지 반영하기 때문이다. 단기적으로는 EVA가 음(-)이거나 그 크기가 작아 사업성과가 낮은 것으로 평가받더라도, 미래에 큰 양(+)의 값을 갖는 EVA를 창출할 수 있다면 MVA는 양(+)의 값으로 나타날 수 있다.

4.2 사업구조의 선택과 최적 경영자원배분

사업전략은 기업이 지속적으로 성장, 발전해 나가기 위해 급격한 환경변화에 어떻게 대응하고 적응해 나가야 하는가에 대한 방향 설정과 그 수단에 관한 의사결정 활동이다. 사업전략은 사업의 경영목표를 달성하기 위해 어떻게 경영자원을 배분하고 활용해야 하는지를 나타내는 사업구조의 선택을 가장 중요하게 여긴다.

사업을 선택하고 유망사업에 집중하는 사업전략을 사업구조조정(business re-structuring)이라고 한다. 가치창조가 가능한 사업구조조정이 이루어지기 위해서는 각 사업부문별 가치를 정확히 파악할 수 있어야 한다. 각 사업부문이 기업가치에 미치는 영향을 정확히 평가할 수 있어야만 한정된 경영자원을 최적으로 배분하는 구조조정이 가능하기 때문이다.

그런데 전통적인 회계지표들은 사업가치의 크기를 정확히 측정하지 못하는 한계를 지니고 있기 때문에 사업구조조정의 판단기준으로 사용하는 것은 부적합하다. 사업구조의 선택기준으로는 *MVA*를 사용하는 것이 바람직하다. *MVA*는 가치적 측면에서 미래의 성과까지 반영하는 지표이기 때문이다.

따라서 사업구조의 선택을 위해서는 각 사업부문의 *MVA*를 산출하여 양호한 *MVA*를 달성한 사업부문에는 집중투자하고, *MVA*가 저조하거나 불량한 사업부문은 문제점이 무엇인지 분석하여 문제점을 개선하거나, 개선이 불가능한 경우에는 투하자본을 축소하거나 철수하는 전략을 수립하게 된다.

기업은 사업의 집합체(nexus of businesses)이기 때문에 기업가치의 최대화는 각 사업의 사업가치가 최대화될 때 가능하다. 이를 위해서는 사업가치가 큰 순서대로 투하자본의 투자를 집행하는 것이 필요하다. 그러나 이것만으로는 불충분하다. 즉 사업가치가 크더라도 투하자본량 대비 사업가치가 커야 된다. 사업마다 투하자본의 크기가 다르기 때문에 무조건 사업가치가 큰 순서대로 사업을 선택해서는 안 된다.

따라서 사업의 선택은 다음의 두 가지 기준이 모두 충족되어야 한다.

① 사업가치 > 0

$$② \ VIC = \frac{사업가치}{투하자본} > 1$$

즉 복수의 사업들 중에서 일부 사업만을 선택할 때에는 *VIC*(value of invested capital)가 1보다 큰 사업중에서 *VIC*의 크기에 따라 순차적으로 선택하여야 한다.

4.3 성과보상

성공적인 가치창조경영이 이루어지기 위해서는 성과에 대한 보상이 체계적으로 이루어져야 한다. 공정하고, 합리적인 기준에 의해 성과가 평가되고 그에 따라 적정한 보상이 이루어질 때 가치창조경영이 실현될 수 있다.

1) 성과보상제도의 기본요건

일정기간의 경영실적을 기준으로 임직원에게 보상을 하거나 책임을 묻는 것은 경영관리의 기본이라고 할 수 있다. 최근 들어 기업들은 급여체계에서 연봉제, 스톡옵션(stock option), 이익분배제도(profit sharing), 보너스적립제(bonus bank) 등과 같은 인센티브제도의 도입을 적극적으로 추진하는 것도 이러한 맥락이라고 할 수 있다.[2]

가치창조경영을 위한 동기유발 효과가 큰 성공적인 성과보상제도를 구축하려면 임직원의 보수 중에서 고정급여부분을 줄이고, 변동부분을 확대하는 것이 바람직하다. 또한 이것을 주주가치의 변동과 연계시키는 것이 필요하다. 이때 총실적치 중에서 경기변동과 같이 임직원이 통제할 수 없는 요인에 의해 발생하는 부분은 제외하고 순수하게 임직원의 기여분만을 보상하는 체제를 갖추어야만 임직원은 장기적인 관점에서 가치창조경영에 임할 수 있다.

2) 보상결정기준

기업의 모든 EVA를 현재가치로 환산하여 합산한 것이 기업가치의 순증액인 MVA와 일치하므로, MVA의 원천인 EVA를 기초로 경영성과를 평가하고, 보수를 결정하게 되면 보상과 기업가치가 연동되는 효과를 가져 올 수 있다. 이러한 가치중심의 성과평가 및 보상체계의 구축은 기업 구성원들로 하여금 기업가치 향상을 위해 제반활동들을 집중토록 하는 효과를 거둘 수 있다.

종래의 보상시스템은 자기자본비용이 고려되지 않은 회계적 이익을 기준으로 평가함으로써, 회계적 이익은 발생하였지만 기업가치가 감소한 경우에도 보상을 지불하는 불합리한 결과를 낳을 수 있었다.

그러나 보상결정기준으로 EVA를 활용하면, 경영자는 세후순영업이익 대신에 세후순영업이익에서 자본비용을 차감한 EVA의 최대화를 위해 노력할 것이고, 이는 경영자의 경영활동이 주주의 입장에서 주주부의 최대화를 위해 수행된다는 것을 의미한다.

보상결정기준으로 EVA를 활용하는 방법은 표준비율로 책정한 EVA수준과 달성한 EVA성과를 비교하여 목표를 상회하면 지급한도액 없이 보상수준을 증가시키고, 목표에 미달하였을 경우에는 이에 상응하는 패널티(penalty)를 부과할 수 있다.

---

2) 스톡옵션, 이익분배제도, 보너스적립제에 대한 자세한 설명은 '3) 주요 보상수단'을 참조하고, 옵션에 대한 구체적인 내용은 제20장을 참조하기 바란다.

3) 주요 보상수단

가치창조경영을 위해 활용할 수 있는 주요 보상수단으로는 스톡옵션제, 이익분배제, 보너스적립제 등이 있다.

(1) 스톡옵션제

스톡옵션(stock option)이란 기업이 임직원에게 일정수량의 자기회사의 주식을 일정한 가격으로 매수할 수 있는 권리를 부여하는 제도를 말한다. 주식매입선택권 혹은 주식매수선택권이라고 한다. 이 제도는 자사의 주식을 일정 한도 내에서 액면가 또는 시세보다 낮은 가격으로 매입할 수 있는 권리를 임직원에게 부여한 뒤 일정기간이 지나면 임의대로 처분할 수 있는 권한까지 부여하는 것이다.

해당 기업의 경영성과가 높아져서 주가가 상승하면 자사 주식을 소유한 임직원은 자신의 주식을 매각함으로써 상당한 차익을 남길 수 있기 때문에 경영성과가 좋은 기업일수록 스톡옵션의 매력은 높아진다. 그러므로 벤처기업이나 새로 창업하는 기업들뿐만 아니라 기존 기업들도 임직원의 근로의욕을 진작시킬 수 있는 수단으로 활용하기도 한다.

스톡옵션제도를 운영함에 있어 일반적인 옵션과 다른 점은 옵션의 행사가격(exercise price)이 매년 주가지수의 변동폭이나 또는 소속산업의 평균 주식수익률만큼 조정된다는 것이다. 즉 주가지수가 1년 동안 5% 상승(하락)했다면, 행사가격도 5%만큼 상향(하향) 조정된다. 그렇게 되면 임직원이 가치창출에 직접 기여한 부분에 대해서만 보상을 받게 되기 때문에 공정한 동기부여가 될 수 있다.

(2) 이익분배제

이익분배제(profit sharing)란 기본임금 이외에 각 영업기간마다 결산이익의 일부를 임직원에게 부가적으로 지급하는 제도를 말한다. 이익을 분배하는 방법으로는 ① 기업의 임직원에게 시가보다 낮은 가격으로 주식을 분배하여 매 결산기마다 그 주식에 해당하는 이익을 배당하는 방법, ② 연말, 명절 등에 계약에 의하지 않고 기업측의 자유의사에 따라 이익의 일부를 분배하는 방법, ③ 대리점 또는 판매부서 등에 매출액의 일부를 지급하는 방법, ④ 기업측이 임직원의 복리후생을 위한 공동기금에 이익의 일부를 출연하는 방법 등 다양한 형태로 이루어질 수 있다.

(3) 보너스적립제

보너스적립제(bonus bank)는 당해 연도 지급받을 보너스 중에서 일정부분을 회사내에 적립해 두었다가 다음 평가 연도에 당해 연도와 동일한 수준의 경영성과를 유지하는 경우에 적립된 보너스를 지급하는 제도를 말한다. 이 제도의 취지는 성과가 단기간에 그치는 것을 방지하고 임직원들로 하여금 1년 이상의 장기적인 안목에서 경영활동을 하도록 유도하는 데 있다.

예를 들어, 어느 기업에서 EVA를 기준으로 경영자의 보너스를 지급한다고 하자. 당해 연도의 EVA증가분을 기준으로 산출한 보너스 총액이 10억원이라고 하자. 그런데 당해 기업에서는 보너스적립제에 의해 보너스 총액의 50%는 당해 연도에 지급하고, 50%는 차기에 지급여부를 결정하기 위해 회사 내에 적립을 해 둔다고 하자. 만일 다음 연도에 경영자가 올해와 같은 수준의 경영실적을 유지하지 못한다면 지급이 유보된 보너스 5억원(=10억원×50%)은 지급을 받지 못하게 된다.

요　약

❶ 기업가치와 가치창출요소

가치(value)는 미래 현금흐름을 할인한 현재가치를 말한다. 기업가치(firm value)는 기업이 미래에 창출할 현금흐름을 현재가치화한 것이다. 따라서 기업의 가치는 당해 기업이 조달한 자본을 자본비용보다 높은 투자수익률을 올릴 수 있는 투자안에 투자하는 경우에 증가될 수 있다.

가치창출요소(value drivers)는 당해 기업의 가치에 영향을 미치는 모든 변수를 의미한다. 그 중에서 기업가치에 영향을 미치는 핵심적인 변수들을 핵심가치창출요소(key value drivers)라고 한다. 가치창출요소들은 각 일선관리자들이 직접 통제할 수 있는 의사결정변수 수준으로 파악되어야 한다. 예를 들어, 가동률, 물품인도비용, 외상매출의 조건 및 회수기간, 건당 평균처리시간 등은 직접적으로 관리 가능한 가치창출요소가 된다.

❷ 가치창조경영의 개념

가치창조경영은 미래 현금흐름의 현재가치를 최대화하려는 전략을 말한다. 기업가치를 창출하는 핵심적인 요소에 초점을 맞추어 당해 기업 전체와 관련된 전략적 또는 영업상의 의사결정을 개선하기 위해 고안된 통합적 과정이라고 할 수 있다.

가치창조경영은 최고경영층에게 기업전략 수행의 가치를 평가할 수 있도록 해 줄 뿐만 아니라 기업의 인수합병, 사업단위의 매각 등과 같이 기업가치에 영향을 미칠 수 있는 주요 의사결정에 대해서 정확하게 평가할 수 있도록 도와준다. 가치창조경영에서는 기업가치라는 명확하고 정확한 성과지표가 제시되므로 가치창조경영의 실행은 조직의 효율성을 향상시키는 핵심요소가 되고 있다.

❸ 창출가치의 측정지표

가치창조경영의 위해 창출된 가치를 측정하는 주요 지표로는 *ROIC, EVA, MVA* 등이 있다.

ROIC(return on invested capital): 세후순영업이익을 투하자본으로 나누어 구한 수익률지표로서 투하자본수익률이라고 한다. 투하자본은 기업 본연의 영업활동에 투자된 금액으로 업무용 운전자본과 순유형자산, 기타 자산의 합계이다.

EVA(economic value added): 타인자본비용과 자기자본비용을 모두 고려하여 기업의 진정한 경영성과를 측정하는 지표로 경제적 부가가치라고 한다. 일정기간 동안 영업활동을 통하여

달성한 영업이익에서 법인세비용 등의 세금을 차감한 세후순영업이익으로부터 영업활동을 위해 조달한 타인자본과 자기자본의 비용을 차감하여 계산한다.

MVA(market value added) : 시장에서 형성된 기업가치에서 주주와 채권자의 실제 투자액을 차감한 금액으로 시장부가가치라고 한다. 즉 기업이 본연의 영업활동에 필요한 자금을 주주와 채권자로부터 조달하여 얼마만큼의 가치를 부가시켰느냐 하는 의미이다. 미래에 창출되는 *EVA*의 현재가치의 합계가 *MVA*가 된다.

❹ 가치창조경영의 전략적 활용

가치창조경영은 미래 현금흐름의 현재가치를 최대화하려는 전략이다. 따라서 가치에 초점을 둔 경영활동이 가치창조경영의 핵심이다. 즉 사업부문의 성과평가, 사업구조조정 및 최적 경영자원의 배분, 경영자보상 등이 가치창출 기준에 의해 이루어져야 한다.

각 사업부문이 창출한 *EVA*를 산출하여 사업부문의 성과를 평가하고, 양호한 *EVA*를 달성한 사업부문에 집중투자하고, *EVA*가 저조하거나 불량한 사업부문은 투하자본을 축소하거나 철수하는 전략을 수립할 수 있다. 복수의 사업들 중에서 일부사업만을 선택할 때에는 사업가치가 0보다 크면서, *VIC*(value of invested capital)가 1보다 큰 사업 중에서 *VIC*의 크기에 따라 순차적으로 선택할 수 있다. 경영자 보상결정기준으로 *EVA*를 활용하는 방법은 표준비율로 책정한 *EVA*수준과 달성한 *EVA*를 비교하여 목표 달성도에 따라 보상이나 패널티(penalty)를 부과할 수 있다.

연 · 습 · 문 · 제

1 다음 용어를 설명하라.

① 가치창조경영　　　② EVA　　　　　③ MVA

④ 가치창출요소　　　⑤ ROIC　　　　　⑥ 스톡옵션

⑦ 이익분배제　　　　⑧ 보너스적립제

2 기업경영에 있어 가치의 중요성을 설명하라.

3 EVA가치평가의 유용성을 설명하라.

4 EVA와 MVA의 관계를 설명하라.

5 200억원을 투자한 결과 세후순영업이익률이 연 10%이고, 자본비용이 8% 발생하는 경우 EVA는 얼마인가?

6 매년 100억원의 EVA가 영구히 발생하는 신규투자사업에 있어 자본비용이 7%라면 MVA는 얼마인가?

7 4개 기업의 경영성과가 다음의 표와 같다고 할 때 다음의 물음에 답하라.

구분	A사	B사	C사	D사
영업용투하자본(IC)	100억원	15억원	50억원	100억원
투하자본수익률(ROIC)	13%	9%	9%	11%
자본비용(WACC)	11%	6%	6%	7%

(1) 회계적 이익을 기준으로 할 때 가장 수익성 있는 것으로 평가되는 기업은?

(2) EVA를 기준으로 할 때 가장 수익성이 높은 것으로 평가되는 기업은?

(3) (1)과 (2)의 분석 결과가 달리 나타나는 이유는 무엇인가?

8 성공적인 가치창조경영을 위한 성과보상제도의 구축방안을 설명하여라.

Part

6

파생상품과 재무정책

Financial Management

20
Chapter

옵　션

들어가면서

현재 투자의 결과가 미래에 발생하는 기업경영활동은 불확실성으로 인하여 경영성과를 사전에 확정할 수 없다. 따라서 현재의 투자활동은 기대성과와 위험으로 특징 지어질 수 있다. 경제주체들의 거래는 거래 대상의 가격변동 때문에 잠재적으로 이익을 얻을 가능성도 있지만 손실을 입을 가능성도 함께 존재한다. 이 때 기업을 비롯하여 개인투자자 등 대부분의 경제활동 참여자들은 손실위험을 회피하거나 감소시켜 경제활동의 효용을 증대하려고 한다.

거래대상이 되는 현물 자산을 기초로 사전에 여러 가지 조건을 결합하여 만들어진 선택권 즉 옵션(option)이 이러한 위험회피의 수단으로 이용되고 있다. 거래에서 매우 중요한 거래시기, 거래가격, 수량 등 현물에 대한 거래의 결제조건들을 사전에 확정하여 가격변동의 위험을 방어하려는 것이다. 이러한 옵션의 개념은 경영활동의 여러 측면에 응용될 수 있다.

이 장에서는 옵션의 개념, 옵션의 가치평가 방법, 옵션의 응용 등에 대하여 설명한다. 먼저 옵션의 개념을 파악하고, 옵션의 발행자와 옵션의 소유자 측면에서 만기시점에서의 옵션의 손익을 산출하여 본다. 다음으로 옵션의 가치평가에 대하여 살펴본다. 만기시점에서의 옵션가치를 산출하는 방법에 대하여 알아보고, 옵션의 현재가치를 산출하기 위한 기초개념을 소개한다.

그리고 옵션의 가격결정을 가능하게 하여 옵션이 투자수단이 되는데 결정적으로 기여한 Black-Scholes의 옵션가격결정모형에 대하여 알아본다. 먼저 이 모형을 도출하기 위한 가정을 살펴보고, 가격결정모형을 이용하는 방법에 대하여 알아본다. 다음으로 Cox, Ross, Rubinstein 등에 의하여 제시된 이항분포 옵션가격결정모형을 소개한다. 먼저 단일기간모형을 통하여 옵션의 가치를 산출하여 본 다음에 여러 기간 즉 다기간으로 확장하는 방법을 소개한다.

마지막으로 옵션가격결정모형을 응용하는 방법에 대하여 살펴본다. 옵션은 현물의 미래가격변동에 따른 위험에 따라 가격이 결정되므로, 이런 위험과 관련이 되는 주주청구권의 가치평가, 신주인수권의 가치와 전환사채의 가치평가에 응용할 수 있다. 또한 옵션은 투자안을 평가하는 데에도 적용할 수 있다.

옵션의 의의와 손익선

1.1 옵션의 의의

옵션(option)은 특정한 미래의 기간에 미리 정해진 행사가격(exercise price)으로 지정된 자산을 매수 또는 매도할 수 있는 권리를 옵션의 소유자에게 제공해 주는 계약을 의미한다. 이 경우에 미리 지정된 자산을 기초자산(underlying assets)이라고 한다.

옵션계약은 크게 콜옵션(call option)과 풋옵션(put option)으로 나눌 수 있다. 콜옵션은 기초자산을 매수할 수 있는 선택권을 의미하고, 풋옵션은 기초자산을 매도할 수 있는 선택권을 의미한다.

옵션의 행사를 만기일에만 할 수 있는 것은 유럽옵션(European option)이라 하고, 만기일 이전에 언제라도 옵션을 행사할 수 있는 것을 미국옵션(American option)이라고 한다.

옵션의 소유자(매수자, owner, buyer)는 자신에게 이익이 발생하는 유리한 경우에 권리를 행사(exercise)하고, 불리한 경우에는 권리를 포기함으로써 옵션을 매입할 때 지불한 프리미엄만 손해를 보면 된다. 옵션의 소유자가 권리를 행사하면 옵션의 발행자(매도자, writer, seller)는 계약을 이행해야 하는 의무가 발생한다.

예 20-1

어떤 투자자가 주식을 만기에 행사가격 18,000원에 살 수 있는 콜옵션을 매입하였다고 하자. 만기의 주가가 23,000원일 경우에 이 투자자의 손익을 산출하라. 그리고 만기의 주가가 13,000원일 경우에 이 투자자의 손익을 산출하라.

표 20-1 콜옵션 행사여부에 따른 손익관계

만기의 주가	권리행사 여부	만기시점 손익관계
23,000원	권리행사	옵션 소유자는 옵션발행자로부터 보통주 1주를 행사가격 18,000원에 매입하여 시장에서 23,000원에 매도하면 5,000원(=23,000원-18,000원)의 이익 발생

| 13,000원 | 권리포기 | 옵션 소유자는 권리를 행사하면 시장가격이 13,000원인 보통주 1주를 18,000원에 매입하여 5,000원(=18,000원−13,000원)의 손실이 발생. 이를 피하기 위하여 옵션 행사를 포기함. 따라서 손익은 0원임. |

만기시점의 주가가 23,000원이라고 하면, 콜옵션 소유자는 옵션을 행사함으로써 이익을 얻을 수 있다. 주식을 옵션 매도자로부터 행사가격 18,000원에 구입하여 시장에 23,000원에 매각하면 5,000원의 이익이 발생한다. 만약 만기시점에 보통주의 가격이 13,000원이라면 콜옵션 소유자는 옵션을 행사하지 않는 것이 유리하다. 옵션을 행사하게 되면 5,000원(=13,000원−18,000원)의 손실이 발생하기 때문이다.

1.2 옵션의 손익선

옵션거래에 있어서는 옵션의 발행자와 옵션의 소유자가 얻는 손익은 서로 반대로 나타난다.

1) 콜옵션의 손익선

콜옵션의 손익관계를 설명하기 위하여 기초자산이 주식인 콜옵션(call option)을 예로 들어보자. 주식 콜옵션에 있어서 주가의 변동에 따라 나타나는 옵션의 발행자와 소유자의 손익선을 그림으로 나타내면 [그림 20−1]과 같다.

이 그림에서 AE는 옵션의 발행가격이고, EB는 옵션의 매수가격으로 이 두 값은 완전히 동일하며, 이들 옵션가격을 옵션 프리미엄이라고도 한다. E점은 옵션의 행사가격(exercise price)을 나타내고 있다.

콜옵션의 소유자가 옵션을 행사하여 이득을 보게 되면, 옵션의 발행자는 그 금액만큼 손실을 보게 된다. 다시 말해서 실선으로 표시된 옵션 소유자의 손익선의 경우를 보면, 주가가 0원에서 E점에 도달할 때까지는 옵션을 행사하는 것이 아무런 이득이 없으므로(주가≤행사가격), 옵션 소유자는 옵션을 행사하지 않는다. 주가가 행사가격인 E점에 도달할 때까지는 옵션행사를 포기함으로써 발생하는 옵션 소유자의 손실은 일정하게 옵션 프리미엄인 EB가 되며, 이 금액이 옵션 발행자에게는 이득인 AE가 된다.

그리고 주가가 E점을 초과하여 P점에 이르는 영역에서는 주가가 상승하는 금액만큼이 바로 옵션 프리미엄인 옵션 매입비용 EB를 회수하는 금액이 되므로 BP선은 45의 상향 직선이 된다. P점에서는 옵션행사가 손실도 이익도 발생되지 않

그림 20-1 콜옵션 소유자와 발행자의 손익선

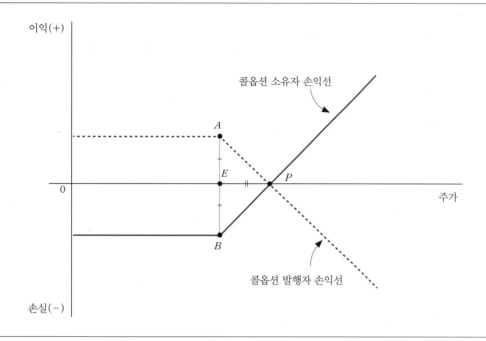

으므로 *P*점의 주가가 손익분기점이 된다.

　주가가 다시 *P*점을 초과하게 되면 이 초과금액은 옵션행사로 인하여 발생하는 옵션 소유자의 이익이 된다. 주가변동에 따라 발생되는 콜옵션 소유자의 손익선은 콜옵션 발행자에게는 완전히 반대로 나타난다.

2) 풋옵션의 손익선

　풋옵션(put option)의 소유자와 발행자의 손익관계를 살펴보기 위해 이번에는 주식을 기초자산으로 하는 주식 풋옵션을 예로 들어보자.

　주식 풋옵션에서는 주가가 하락할수록 풋옵션의 소유자가 유리하고 풋옵션의 발행자는 불리하다. 주가의 변동에 따라 풋옵션의 소유자와 발행자의 손익선도 콜옵션의 경우와 마찬가지로 서로 반대되는 모양을 나타낸다. [그림 20-2]에서 실선은 풋옵션 소유자의 손익선이며, 점선은 발행자의 손익선이다.

　이 그림에서 *EA*와 *BE*는 동일한 옵션의 프리미엄이며 *E*와 같다. 풋옵션 소유자의 입장에서는 행사시점의 주가가 행사가격에서 옵션 매수가격을 차감한 금액 이하로 형성되어야만 옵션을 행사하여 순이득을 보게 된다. 그러나 풋옵션의 소

그림 20-2 풋옵션 소유자와 발행자의 손익선

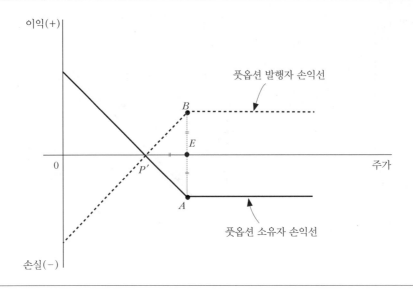

유자는 주가가 E점 이하인 경우(주가≤행사가격)에 옵션을 행사할 것이다. 주가가 행사가격 E점을 하향하여 P'점에 도달할 때까지 주가하락 금액만큼 옵션 소유자의 풋옵션 매입비용이 회수된다. AP'선은 주가선인 횡축에 45°를 이룬다. P'점 이하로 주가가 계속 하락하면 풋옵션 소유자는 하락금액만큼 이익을 얻는다.

반대로 주가가 상승하여 E점에 도달하면 풋옵션 소유자의 손실은 풋옵션 매입비용인 옵션 프리미엄 EA가 된다.

또 주가가 계속 상승하여 행사가격 E점을 초과하게 되면 옵션 소유자는 옵션 프리미엄만 포기할 것이므로, 계속적인 주가의 상승에 상관없이 옵션 소유자의 손실은 옵션 프리미엄에 한정된다. 풋옵션 발행자의 손익은 풋옵션 소유자의 손익과 정반대로 나타난다.

2.1 만기의 옵션가치

옵션이론을 정리한 Smith(1976)의 논문[1]에서는 확실성 하에서 만기(expiration date)에 행사하는 유럽 콜옵션의 가치를 다음의 식으로 표현하고 있다. 그리고 앞으로 설명하는 옵션은 유럽 콜옵션을 이용하여 설명한다.

$$C_T = S_T - E \tag{20-1}$$

단, C_T = 만기일(T)의 옵션가치

S_T = 만기일(T)의 기초자산의 가격

E = 옵션의 행사가격

이 (20-1)식에서는 옵션을 행사할 시점, 즉 만기의 시점에서 기초자산의 가격을 행사가격과 비교하여 옵션가치를 세 가지로 나누어 볼 수 있다. 행사가격은 고정되어 있는 데 비해 기초자산의 가격은 변동하므로 기초자산의 가격이 행사가격보다 ① 높은 경우, ② 낮은 경우, ③ 동일한 경우가 발생할 수 있기 때문이다.

이에 따라 기초자산의 가격이 행사가격보다 높은 경우에는 옵션을 행사하는 것이 투자자에게 유익하므로 이를 내가격 옵션(in-the-money option, ITM)이라 한다. 기초자산의 가격이 행사가격보다 낮은 경우에는 투자자가 옵션을 행사하면 손해를 보므로 이를 외가격 옵션(out-of-the-money option, OTM)이라 한다. 그리고 기초자산의 가격이 행사가격과 동일할 때는 옵션 행사가 투자자의 손익에 영향을 미치지 않으므로 이를 등가격 옵션(at-the-money option, ATM)이라고 한다.

예 20-2

어떤 주식 콜옵션의 행사가격이 8,000원이라고 하자. 현재의 주가가 10,000원이라면 옵션은 어떠한 상태에 있는가? 그리고 주가가 6,000원일 경우에는 옵션이 어떠한 상태에 있는가?

---

1) C. W. Smith, Jr.(1976), "Option Pricing: A Review," *Journal of Financial Economics*, 3, 3-52.

① 주가가 10,000원인 경우

옵션을 행사하면 이익(=10,000원−8,000원=2,000원)을 얻을 수 있는 상태에 있으므로, 이 옵션은 내가격 옵션(*ITM*)이 된다.

② 주가가 6,000원인 경우

옵션을 행사하면 손실(=6,000원−8,000원=−2,000원)을 입을 수 있는 상태에 있으므로, 이 옵션은 외가격 옵션(*OTM*)이 된다.

일반적으로 만기의 콜옵션가치 또는 옵션의 이득을 다음의 식으로 나타낼 수 있다.

$$C_T = max(S_T - E, 0) \qquad\qquad (20\text{-}2)$$

단, C_T = 만기일(T)의 콜옵션가치

이 식에서 *max*는 $(S_T - E)$의 값과 0 중에서 값이 큰 것을 택한다는 의미이다. $(S_T - E)$의 값이 양(+)의 값을 가지면 이 옵션은 내가격 옵션을 의미하고, 이 값이 0 미만이 되면 외가격 옵션이 된다. 투자자는 외가격 옵션의 경우에는 옵션을 행사하지 않는다. 따라서 (20−2)식의 옵션의 가치는 $(S_T - E)$와 0 중에서 큰 값이 된다.

2.2 옵션의 현재가치

만기에서의 옵션가치가 아니라, 앞으로 옵션 만기까지의 기간이 남아 있을 경우에 현재시점에서의 옵션가치가 어떻게 결정되어야 하는지 알아보자.

가장 단순한 형태로 불확실성이 없는 경우의 옵션가치를 구하여 보자. 즉 옵션의 기초자산인 주식이 무위험수익률(R_f)로 일정하게 성장한다고 가정하여 옵션의 현재가치를 산출하여 보자. 옵션의 만기에서의 가치를 나타내는 (20−2)식을 변형하여 주식이 무위험수익률로 일정하게 성장하는 경우의 옵션의 현재가치는 (20−3)식과 같이 나타낼 수 있다.

$$C_0 = max(S_0 - E\,e^{-R_f T}, 0) \qquad\qquad (20\text{-}3)$$

단, C_0 = 콜옵션의 현재가치(시장가치)

S_0 = 현재의 기초자산 가격

E = 행사가격

그림 20-3 콜옵션의 가치선

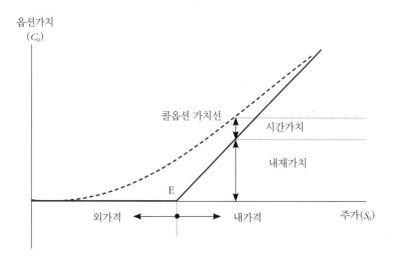

$T =$ 만기까지의 기간

$R_f =$ 무위험수익률

$Ee^{-R_fT} =$ 행사가격의 현가

그리고 콜옵션의 가치를 그림으로 나타내면 [그림 20-3]의 점선이 된다. 이 그림에서 실선은 만기시점에서 옵션가치의 하한을 나타낸다. 옵션이 만기까지의 기간이 남아 있는 경우에는 옵션의 가치는 하한선보다 상위에 위치한 점선이 된다.

만약 다른 조건이 모두 일정하다면, ① 기초자산의 가격이 높아질수록, ② 만기까지의 기간이 길수록, ③ 무위험이자율이 높을수록, ④ 주가의 변동성이 클수록 옵션 가치선인 점선은 옵션가치의 하한선인 실선과 차이가 커지게 된다.

옵션의 가치는 내재가치와 시간가치로 구성된다. 옵션의 내재가치(intrinsic value)는 옵션을 행사하는 경우에 확실히 얻어지는 이익으로서 본질가치 혹은 행사가치라고도 한다. 내가격 옵션의 내재가치는 양(+)의 값이 되며, 등가격 옵션과 외가격 옵션의 내재가치는 0이 된다.

옵션의 시간가치(time value)는 옵션가격이 내재가치를 초과하는 부분을 말한다. 시간가치는 옵션 만기까지의 잔존기간 동안에 옵션 소유자가 얻을 수 있는 이득의 기대치이다. 이러한 옵션의 시간가치는 만기가 가까워질수록 작아진다. 그리고 내재가치가 0인 옵션도 만기일까지 얻을 수 있는 이득의 기대치가 양(+)

이기 때문에 시간가치는 양(+)의 값을 갖는다. 이러한 옵션의 시간가치는 옵션의 만기까지의 기간, 내재가치, 변동성 등 다양한 요소에 의하여 결정되므로 옵션의 이론적 가격을 도출하기 위해서는 복잡한 과정을 거쳐야 한다.

2.3 풋-콜의 등가식

옵션이론에서는 서로 밀접한 관계를 가지고 있는 두 개의 자산, 예를 들어 기초증권인 주식과 옵션의 관계를 이용하여 헤지 포지션(hedged position)을 구축할 수 있다. 왜냐하면, 서로 반대방향으로 가격이 변동하는 두 개의 자산에 동시에 투자하여 양자의 가격 변동효과가 서로 상쇄되게 할 수 있기 때문이다. 옵션시장에서 투자자가 주식을 매입함과 동시에 콜옵션을 매도하였다면, 주가가 상승하는 경우 주가상승으로 인한 이득이 콜옵션 매도에 따른 손실로 인하여 이득과 손실이 상쇄될 수 있다.

기초자산을 매입·보유하고(buy-and-hold) 있는 포지션을 매입 포지션(long position)이라고 하고, 기초자산을 매도하고 있는 포지션을 매도 포지션(short position)이라고 한다. 옵션시장에서는 기초자산이나 옵션을 모두 매입 포지션 또는 매도 포지션으로 보유할 수 있다.

기초자산의 매입 포지션과 콜옵션의 매도 포지션을 최선으로 결합하여 포트폴리오를 구성하면 옵션거래가 완전한 헤지 포지션을 이루게 되므로 투자자는 오직 무위험수익률만을 기대하고 투자를 하게 된다.[2]

동일한 주식을 기초자산으로 하고 만기와 행사가격이 동일한 풋옵션과 콜옵션이 있다고 하자. 기초자산인 주식 1주와 풋옵션 1계약을 매입하고, 콜옵션 1계약을 매도한 포트폴리오를 구성하여 보자.[3]

이러한 포트폴리오의 기말가치는 〈표 20-2〉에서와 같이 항상 행사가격(E)과 일치하게 된다. 만기시점에 주가가 행사가격보다 낮은 경우에는 풋옵션은 행사되고 콜옵션의 행사는 포기될 것이다. 만기시점에 풋옵션의 매도 포지션 소유자는 행사가격으로 매수의무를 이행해야 하기 때문에 포트폴리오의 가치는 행사가격과 일치하게 된다. 반대로 만기시점에 주가가 행사가격보다 높은 경우에는 풋

---

2) 헤지 포트폴리오의 구성에 대하여 관심이 있는 독자는 예와 함께 수식으로 간략하게 설명한 다음 자료를 참고하기 바란다. T. E. Copeland and J. F. Weston(1988), *Financial Theory and Corporate Policy*, 3rd ed., Addison-Wesley Pub. Co., 269-276.

3) 이때 옵션 1계약은 기초자산 1주를 거래단위로 구성한 것으로 본다. 그러나 우리나라 주식옵션은 현재 10주를 1계약의 거래 단위로 정하고 있다.

표 **20-2** 무위험 헤지 포트폴리오의 기말성과

만기의 주가	권리행사 여부	기말에서의 포트폴리오 가치	
$S_T < E$	풋옵션 권리행사 콜옵션 의무해제	보유주식의 가치 풋옵션의 가치 콜옵션의 가치	S_T $E-S_T$ 0
		포트폴리오 가치	E
$S_T \geqq E$	풋옵션 권리포기 콜옵션 의무이행	보유주식의 가치 풋옵션의 가치 콜옵션의 가치	S_T 0 $-(S_T-E)$
		포트폴리오 가치	E

옵션의 행사는 포기되고 콜옵션은 행사될 것이다. 만기시점에 콜옵션의 매도 포지션 소유자는 행사가격으로 매도의무를 이행해야 하기 때문에 포트폴리오의 가치는 행사가격과 일치하게 된다. 이처럼 만기에서의 포트폴리오의 가치는 기초자산인 주가의 수준에 관계없이 항상 행사가격과 일치하게 된다.

예 20-3

기초자산이 동일한 주식에 행사가격이 똑같이 10,000원인 콜옵션과 풋옵션이 발행되어 있다고 하자. 1주의 주식과 풋옵션 1계약을 매입하고, 콜옵션 1계약을 매도하여 포트폴리오를 구성하자. 그리고 옵션의 만기에서의 주가가 8,000원인 경우와 12,000원인 경우로 구분하여 포트폴리오의 가치를 산출하여 보자.

표 **20-3** 무위험 헤지 포트폴리오의 기말성과 산출 예

만기의 주가	권리행사 여부	기말에서의 포트폴리오 가치		
$S_T = 8,000$원 $(S_T < E)$	풋옵션 권리행사 콜옵션 의무해제	보유주식의 가치 풋옵션의 가치 콜옵션의 가치	S_T $E-S_T$ 0	8,000 2,000 0
		포트폴리오 가치	E	10,000
$S_T = 12,000$원 $(S_T \geqq E)$	풋옵션 권리포기 콜옵션 의무이행	보유주식의 가치 풋옵션의 가치 콜옵션의 가치	S_T 0 $-(S_T-E)$	12,000 0 $-2,000$
		포트폴리오 가치	E	10,000

〈표 20-3〉과 같이 포트폴리오의 가치는 만기에서의 주가수준에 상관없이 항상 행사가격과 동일한 10,000원이 된다.

즉 기초자산인 1주의 주식을 매입하고, 1계약의 풋옵션을 매입하고, 1계약의 콜옵션을 매도하여 구성한 투자원금 $S_0+P_0-C_0$인 포트폴리오는 만기에서의 가치가 항상 행사가격 E와 일치한다. 따라서 이러한 포트폴리오는 무위험 헤지 포트폴리오가 되며, 이 포트폴리오의 기대수익률은 무위험수익률과 동일하다. 이러한 무위험 헤지 포트폴리오의 가치는 만기에서의 행사가격(E)을 무위험수익률로 할인한 현재가치와 일치해야 한다.

$$S_0+P_0-C_0=E\,e^{-R_f T} \tag{20-4}$$

$$\text{단, } S_0=\text{현재의 주가}$$
$$P_0=\text{현재의 풋옵션 가치}$$
$$C_0=\text{현재의 콜옵션 가치}$$

이러한 (20-4)식을 풋-콜 등가식(put-call parity formula)이라고 한다. 이 풋-콜의 등가식에 따르면 일단 콜옵션의 가치가 산출될 경우에는 풋옵션의 가치는 자동적으로 산출될 수 있다.

예 20-4

어떤 주식의 현재가격이 10,000원이며, 이 주식을 기초자산으로 한 유럽 콜옵션과 풋옵션의 행사가격이 모두 10,000원이다. 무위험수익률이 10%, 만기까지의 기간이 2년 남아 있다고 할 때, 콜옵션의 가치는 풋옵션의 가치보다 얼마나 클까? 그리고 풋옵션의 가치가 2,000원이라고 하면 콜옵션의 가치는 얼마인가?

① 콜옵션의 가치가 풋옵션의 가치를 초과한 금액 :

$$C_0-P_0=S_0-E\,e^{-R_f T}$$
$$=10,000-10,000\,e^{-(0.1)(2)}$$
$$=1,813원$$

② 콜옵션의 가치 :

$$C_0=S_0+P_0-E\,e^{-R_f T}$$
$$=10,000+2,000-10,000\,e^{-(0.1)(2)}$$
$$=3,813원$$

Black-Scholes의 옵션가격결정모형

옵션가격결정모형(option pricing model, OPM)은 여러 가지 방법으로 도출할 수 있으나, 가장 많이 사용하는 방법은 Black and Scholes(1973)[4]의 옵션가격결정모형과 Cox and Ross(1976)[5], Cox, Ross, and Rubinstein(1979)[6], Rendleman and Bartter(1979)[7] 등이 제시한 이항접근법(binomial approach)을 이용하여 도출한 옵션가격결정모형이다. 여기에서는 Black and Scholes(1973)의 옵션가격결정모형을 중심으로 살펴본다.

3.1 옵션가격결정모형

1) 기본가정

Black and Scholes(1973)는 유럽 콜옵션의 가격결정모형을 도출하기 위하여 다음과 같은 가정을 전제로 하고 있다.

> ① 오직 유럽 콜옵션만을 고려한다.
> ② 거래비용과 정보비용은 없고, 모든 정보는 효율적이다. 그리고 옵션과 주식은 무한히 분리될 수 있다.
> ③ 옵션과 주식의 공매에 관한 시장의 불완전성은 존재하지 않는다.
> ④ 단기 무위험이자율은 미리 알려져 있으며, 옵션계약기간 동안 일정하다. 그리고 무위험이자율로 자유로이 차입하거나 대출할 수 있다.
> ⑤ 주식의 배당은 없다.
> ⑥ 주가의 변동은 연속형 확률과정(stochastic process)을 따른다. 즉 주가는 기하 브라운 운동(geometric Brown motion)에 따라 변동한다.

---

4) F. Black and M. Scholes(1973), "The Pricing of Options and Corporate Liabilities," *Journal of Political Economy*, 81(3), 637-654.

5) J. Cox and S. A. Ross(1976), "Valuation of Options for Alternative Stochastic Process," *Journal of Financial Economics*, 3, 145-166.

6) J. Cox, S. A. Ross, and M. Rubinstein(1979), "Option Pricing: A Simplified Approach," *Journal of Financial Economics*, 7(3), 229-263.

7) R. J. Rendleman, Jr. and B. J. Bartter(1979), "Two-State Option Pricing," *Journal of Finance*, 34(5), 1093-1110.

이들은 기초자산(주식)에 매입 포지션을 취하고 옵션에 매도 포지션을 취하여 완전 헤지 포트폴리오를 구성할 수 있다는 것을 전제로 하고 있다. 그리고 이러한 완전 헤지 포트폴리오의 기대수익률은 무위험수익률과 동일하여야 한다는 것을 전제로 하고 있다.

2) 가격결정모형

Black and Scholes(1973)는 주가가 랜덤워크(random walk)에 따라 변화하는 기하 브라운 운동에 따르는 것으로 가정하여 옵션가격결정모형을 도출하고 있다. 주가변동이 기하 브라운 운동에 따른다는 것은 주가의 변동이 아주 짧은 변동기간마다 각기 독립관계에 있고, 연속적으로 변화하는 확률과정에 따라 움직인다는 것을 의미한다. 이러한 가정 하에서 도출된 Black-Scholes의 옵션가격결정모형은 다음과 같다.[8]

$$C_0 = S_0 N(d_1) - E\, e^{-R_f T} N(d_2) \tag{20-5}$$

$$d_1 = \frac{\ln(S_0/E) + (R_f + \sigma^2/2)\,T}{\sigma\sqrt{T}}$$

$$d_2 = \frac{\ln(S_0/E) + (R_f - \sigma^2/2)\,T}{\sigma\sqrt{T}} = d_1 - \sigma\sqrt{T}$$

단, $C_0 =$ 옵션의 가격

　　$S_0 =$ 기초자산의 가격

　　$R_f =$ 무위험수익률

　　$\sigma =$ 기초자산의 변동성(연단위)

　　$T =$ 옵션의 만기까지의 기간

　　$N(\cdot) =$ 정규분포의 누적확률밀도함수

예 20-5

제일기업의 주식을 매수할 수 있는 콜옵션의 가치를 평가하여 보자. 현재의 주가(S_0)와 행사가격(E)은 각각 8,000원이고, 옵션의 만기까지는 앞으로 4년(T), 무위험수익률(R_f)은 6%, 그리고 연속형 복리 계산한 주식수익률의 단위기간별 분산(σ^2)이 0.09이다. Black-Scholes의 옵션가격결정모형에 의하여 옵션의 가치를 평가하면 얼마일까?

---

8) Black-Scholes의 옵션가격결정모형의 도출과정은 이곳에서는 생략하고, 그 응용방법만 설명하기로 한다. 모형의 도출과정은 F. Black and M. Scholes(1973), "The Pricing Options and Corporate Liabilities," *Journal of Political Economy*, 81(3), 637-654를 참조.

$$C_0 = S_0 N(d_1) - E e^{-R_f T} N(d_2)$$
$$= 8,000 N(d_1) - 8,000 \, e^{-0.06(4)} N(d_2)$$

$$d_1 = \frac{\ln(S_0/E) + (R_f + \sigma^2/2) T}{\sigma \sqrt{T}}$$

$$= \frac{\ln(8,000/8,000) + (0.06 + 0.09/2) 4}{0.3 \sqrt{4}}$$

$$= \frac{0 + (0.105) 4}{0.3(2)} = 0.7$$

$$d_2 = d_1 - \sigma \sqrt{T} = 0.7 - (0.3) \sqrt{4} = 0.1$$

이제 정규분포의 누적확률밀도함수를 구하여 보자. 이 값은 부표의 정규분포표를 이용하면 된다. 그리고 엑셀의 함수 NORMSDIST($\cdot$)를 이용하면 된다.

$$N(d_1) = N(0.7) = 0.758036$$
$$N(d_2) = N(0.1) = 0.539828$$

이 값을 대입하여 옵션의 가격을 산출하면 다음과 같이 된다.

$$C_0 = 8,000 N(d_1) - 8,000 \, e^{-0.06(4)} N(d_2)$$
$$= (8,000)(0.758036) - (8,000)(0.539828) \, e^{-0.06(4)}$$
$$= 2,667.14원$$

3.2 옵션가치의 결정요인

콜옵션의 가치는 ① 기초자산의 가격, ② 행사가격, ③ 기초자산의 변동성, ④ 옵션만기까지의 기간, ⑤ 무위험수익률과의 함수관계로 설명할 수 있다. Black-Scholes의 모형을 (20–6)식의 함수로 표현하고, 이 식을 각 변수로 편미분한 다음, 이들을 0과 비교해 보면 각 변수가 콜옵션의 가치에 미치는 영향을 설명할 수가 있다.

$$C_0 = f(S_0, \ E, \ \sigma, \ T, \ R_f) \tag{20–6}$$

$$① \frac{\partial C_0}{\partial S_0} > 0, \ \ ② \frac{\partial C_0}{\partial E} < 0, \ \ ③ \frac{\partial C_0}{\partial \sigma} > 0, \ \ ④ \frac{\partial C_0}{\partial T} > 0, \ \ ⑤ \frac{\partial C_0}{\partial R_f} > 0$$

따라서 이들 변수의 증가가 콜옵션 가치에 미치는 민감도를 표로 나타내면

〈표 20-4〉와 같다.

표 20-4 변수가 콜옵션 가치에 미치는 민감도

변 수	미분공식	기호*	옵션가치 민감도
기초자산가격(S_0)	① $\partial C_0/\partial S_0$	델타(Delta)	+
행사가격(E)	② $\partial C_0/\partial E$	—	−
기초자산 변동성(σ)	③ $\partial C_0/\partial \sigma$	베가(Vega)	+
만기까지의 기간(T)	④ $\partial C_0/\partial T$	세타(Theta)	+
무위험수익률(R_f)	⑤ $\partial C_0/\partial R_f$	로(Rho)	+
기초자산의 델타(Delta)	$\partial(\text{Delta})/\partial S$	감마(Gamma)	+

자료: R. A. Jarrow And S. M. Turnbull(1996), *Derivative Securities*, South-Western College Publishing, 226-228를 참고함.

다시 말해서 기초자산의 가격(S_0), 기초자산의 변동성(σ), 옵션 만기까지의 기간(T), 무위험이자율(R_f)이 증가하면 옵션의 가치(C_0)는 증가하고, 옵션의 행사가격(E)이 증가하면 옵션의 가치(C_0)는 감소한다는 것이다.

3.3 풋옵션의 가치

앞에서 살펴 본 콜옵션 가격결정모형이 풋옵션에는 어떻게 적용될 수 있는지 알아보자. 풋옵션은 만기에 기초자산을 미리 정한 행사가격으로 매도할 수 있는 선택권이다. 따라서 (20-2)식을 원용하면, 만기의 유럽 풋옵션의 가치는 다음과 같은 식으로 표현할 수 있다.

$$P_T = max(E - S_T, 0) \tag{20-7}$$

단, P_T＝만기의 풋옵션의 가치
S_T＝만기의 기초자산 가격
E＝행사가격

만기에서 유럽 풋옵션의 가치는 만기의 주가가 행사가격보다 낮을 경우에는 그 차이가 되며, 반대의 경우에는 0이 된다. 이러한 관계를 그림으로 나타내면 [그림 20-4]의 굵은 실선이 된다. 엄격한 의미에서는 이 굵은 실선이 풋옵션 가치의 하한을 나타내고 있다.

풋옵션의 가치를 그림으로 나타내면 [그림 20-4]의 점선이 된다. 즉 옵션만기까지의 기간이 남아 있는 경우에는 풋옵션의 가치는 콜옵션과 마찬가지로 풋옵

그림 20-4 풋옵션의 가치선

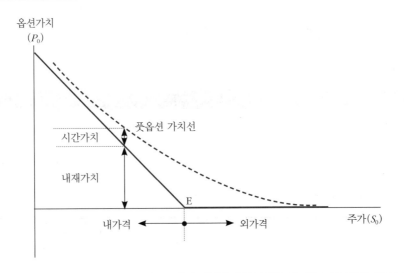

선 가치의 하한선보다 상위에 위치한 점선이 된다.

풋옵션의 가치도 콜옵션과 마찬가지로 내재가치와 시간가치로 구분할 수 있다. 풋옵션의 내재가치는 옵션을 행사하는 경우에 확실히 얻어지는 이익으로서 본질가치를 나타내며, [그림 20-4]에서 실선으로 나타난다. 내가격 옵션의 내재가치는 양(+)의 값이 되며, 등가격 옵션과 외가격 옵션의 내재가치는 0이 된다.

풋옵션의 시간가치는 옵션가치가 내재가치를 초과하는 부분을 말한다. 시간가치는 옵션 만기까지의 잔존기간 동안에 옵션 소유자가 얻을 수 있는 이득의 기대치이다. 이러한 옵션의 시간가치는 만기가 가까워질수록 작아진다. 그리고 내재가치가 0인 옵션도 만기일까지 얻을 수 있는 이득의 기대치가 양(+)이기 때문에 시간가치는 양(+)의 값을 가지게 된다.

유럽 풋옵션의 가치는 Black-Scholes의 옵션가격결정모형으로부터 유도된 다음의 식으로 산출된다.

$$P_0 = E e^{-R_f T} N(-d_2) - S_0 N(-d_1) \tag{20-8}$$

$$d_1 = \frac{\ln(S_0/E) + (R_f + \sigma^2/2)T}{\sigma\sqrt{T}}$$

$$d_2 = d_1 - \sigma\sqrt{T}$$

이 풋옵션의 가치는 콜옵션과 동일한 다섯 가지 변수로부터 영향을 받는다. 그러나, 각 변수의 증가현상이 풋옵션 가치에 미치는 영향은 〈표 20-5〉와 같이 대체로 콜옵션의 경우와 반대로 나타난다.

표 20-5 변수가 풋옵션 가치에 미치는 민감도

변 수	옵션가치의 증가 효과
기초자산가격(S_0)	−
행사가격(E)	+
기초자산 변동성(σ)	+/−[a]
만기까지의 기간(T)	−
무위험수익률(R_f)	+

주: (a) 만기까지의 기간이 증가하면 통상적으로 풋옵션의 가치는 증가한다. 그러나 기초자산의 가격이 행사가격 이하일 때는 만기까지의 기간이 증가함에 따라 오히려 풋옵션의 가치는 감소한다.

예 20-6

(예 20-5)의 기초자산에 대하여 발행한 풋옵션의 가치를 평가하여 보자. 주가(S_0)와 행사가격(E)은 각각 8,000원이고, 옵션의 만기까지는 앞으로 4년(T), 무위험수익률(R_f)은 6%, 그리고 연속형 복리계산한 주식수익률의 단위기간별 분산(σ^2)이 0.09이다. Black-Scholes의 옵션가격결정모형으로 풋옵션의 가치를 평가하면 얼마일까?

$$d_1 = \frac{\ln(S_0/E) + (R_f + \sigma^2/2)T}{\sigma\sqrt{T}}$$

$$= \frac{\ln(8,000/8,000) + (0.06 + 0.09/2)4}{0.3\sqrt{4}}$$

$$= \frac{0 + (0.105)4}{0.3(2)} = 0.7$$

$$d_2 = d_1 - \sigma\sqrt{T} = 0.7 - (0.3)\sqrt{4} = 0.1$$

엑셀의 함수를 이용하여 누적확률밀도함수를 구하자.

$$N(-d_1) = N(-0.7) = 0.241964$$

$$N(-d_2) = N(-0.1) = 0.460172$$

이 값을 대입하여 풋옵션의 가치를 산출하면 다음과 같이 된다.

$$P_0 = E\,e^{-R_f T}N(-d_2) - S_0 N(-d_1)$$

$$P_0 = 8,000 \, e^{-0.06(4)} N(-d_2) - 8,000 N(-d_1)$$
$$= (8,000)(0.460172) \, e^{-0.06(4)} - (8,000)(0.241964)$$
$$= 960.17 \,원$$

이항분포 옵션가격결정모형

제**4**절 Financial Management

이항분포를 이용한 옵션가격결정모형은 기초자산의 가격변화에 대한 간단한 가정에서 출발한다. 먼저 만기에 발생 가능한 기초자산의 가격은 두 가지만 존재한다고 가정한다. 즉 만기에서의 주가는 현재의 주가보다 상승한 경우와 하락한 경우의 두 가지만 있다고 가정한다. 이러한 이항분포를 이용한 옵션가격결정모형은 이처럼 간단한 가정으로부터 출발하지만, 모형을 확장하면 비교적 정확하게 옵션의 가치를 평가를 할 수 있다. 이러한 모형은 Cox, Ross, and Rubinstein(1979) 등에 의하여 개발된 것이다.[9]

4.1 단일기간모형

옵션의 가치는 주로 기초자산의 가격변동에 따라 좌우된다. 옵션의 가격결정에서 이항분포 접근법을 이용한다는 것은 기초자산의 가격이 일정한 가격으로 상승하는 경우와 또 다른 가격으로 하락하는 경우의 두 가지 상황만 발생한다고 가정한다.

여기서는 모형을 단순화하기 위하여 투자기간을 단일기간으로 한정하고, 다음과 같은 기호를 이용하자.

S : 현재의 기초자산의 가격
S_T : 만기에서의 기초자산의 가격

---

9) J. Cox, S. A. Ross, and M. Rubinstein(1979), "Option Pricing: A Simplified Approach," *Journal of Financial Economics*, 7(3), 229-263.

S_u : 상승할 경우의 만기에서의 기초자산의 가격

S_d : 하락할 경우의 만기에서의 기초자산의 가격

C_0 : 현재의 콜옵션의 가치

C_T : 만기에서의 콜옵션의 가치

C_u : 상승할 경우의 만기에서의 콜옵션의 가치

C_d : 하락할 경우의 만기에서의 콜옵션의 가치

R_f : 무위험수익률

u : 주가의 상승배수

d : 주가의 하락배수

h : 헤지비율

    단일기간 이항분포모형에서는 현재의 주가가 만기가 되면 주가가 두 가지 중의 하나로 변할 것이다. 이러한 주가의 변화는 [그림 20-5]에 주어져 있다. 만기에 주가가 상승한 경우에는 현재의 주가에 상승배율(u)을 곱한 값으로 변한다. 그리고 만기에 주가가 하락한 경우에는 현재의 주가에 하락배율(d)을 곱한 값으로 변할 것이다.

    주가는 음($-$)의 값을 가질 수 없기 때문에, 하락배율 d의 값은 어떠한 경우라도 0보다 작아질 수 없다. 비록 투자기간이 무한대의 미래시점까지 연장된다고 하더라도 d값은 0보다 작아질 수 없다. 주가의 상승배율 u의 범위가 $u > e^{R_f T} \geq 0$ 이고, 하락배율 d의 범위가 $0 \leq d < 1.0$이라는 의미는 주가의 상한가는 존재하지 않지만 하한가는 0이 된다는 것이다.

    기초자산의 가격의 분포가 주어지면, 이를 기초로 콜옵션의 만기 시점에서의 가치를 산출할 수 있다. 만기에서의 콜옵션의 가치는 (20-2)식으로 산출하면 된다. 이러한 만기에서의 콜옵션의 가치는 [그림 20-6]에 주어져 있다.

    이제, 기초자산인 주식을 1주 매입하고, h계약의 콜옵션을 매도한 무위험 헤지 포트폴리오를 구성하여 보자. 이 때 h는 무위험 헤지 포트폴리오를 구성하기 위

그림 20-5 단일기간 이항분포모형 (만기에서의 주가변화)

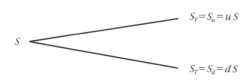

그림 **20-6** 단일기간 이항분포모형 (만기에서의 옵션가치)

하여 매입한 보통주 1주에 대해서 매도하여야 할 옵션 계약의 수를 말하며, 헤지비율(hedge ratio)이라고 한다.

[그림 20-7]에서는 주식을 매입하고 콜옵션을 매도하여 구성한 포트폴리오의 만기에서의 가치를 보여주고 있다. 이 그림에서 $uS-hC_u$ 또는 $dS-hC_d$는 1주의 주식을 매입하고 h계약의 콜옵션을 매도하여 구성한 포트폴리오 $(S-hC_0)$의 옵션 만기일에서의 이득을 나타내고 있다.

이제, 앞에서 구성한 포트폴리오가 무위험 헤지 포트폴리오가 되도록 헤지비율(h)을 결정하자. 무위험 헤지 포트폴리오는 옵션의 만기에서의 포트폴리오 가치가 기초자산의 변동에 상관없이 항상 일정한 값을 가져야 한다. 따라서 무위험 헤지 포트폴리오가 되기 위한 헤지비율 h는 만기에서의 두 가지 포트폴리오 가치가 동일하다는 조건을 충족시켜 주는 값이다.

$$uS-h\,C_u=dS-h\,C_d$$

$$h=\frac{S(u-d)}{C_u-C_d} \tag{20-9}$$

이러한 헤지비율을 가지는 포트폴리오는 무위험하므로, 포트폴리오의 현재가치는 만기에서의 포트폴리오 가치를 무위험수익률로 할인한 값이 될 것이다. 즉 무위험 헤지 포트폴리오에 투자하면, 만기에서의 포트폴리오의 가치는 $(uS-$

그림 **20-7** 단일기간 이항분포모형 (만기에서의 옵션가치)

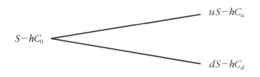

hC_u) 또는 $(dS-hC_d)$가 될 것이고, 무위험수익률만큼 증가할 것이다. 이러한 관계를 등식으로 놓고, 콜옵션의 가치를 구하면 다음과 같이 된다.[10]

$$(S-hC_0) = (uS-hC_u)e^{-R_fT}$$

$$C_0 = \frac{S-(uS-hC_u)e^{-R_fT}}{h} \tag{20-10}$$

이러한 (20-10)식을 이항분포 접근법에 의한 옵션가격결정모형(binomial option pricing model)이라고 한다.

예 20-7

주식을 기초자산으로 하여 발행된 콜옵션이 있다. 콜옵션의 행사가격은 9,000원이고, 만기까지의 기간은 1년이다. 현재의 주가는 10,000원이며, 상승배수는 1.2이고 하락배수는 0.8이다. 그리고 연속복리형 이자율은 10%이다. 단일기간 이항분포 옵션가격결정모형을 이용하여 옵션의 가치를 평가하고자 한다.

① 주가, 상승배수, 하락배수 등에 관한 자료를 이용하여 주가의 분포를 구하고, 만기에서의 옵션의 가치를 산출하라.

주가의 분포:

$$S = 10,000 \begin{cases} S_u = uS = (1.2)(10,000) = 12,000 \\ S_d = dS = (0.8)(10,000) = 8,000 \end{cases}$$

만기에서의 옵션가치:

$$C_0 \begin{cases} C_u = max(12,000-9,000, 0) = 3,000 \\ C_d = max(8,000-9,000, 0) = 0 \end{cases}$$

② 주식 1주를 보유하고, h계약의 콜옵션을 매도하여 무위험 헤지 포트폴리오를 구성하려고 한다.

$$S-hC_0 \begin{cases} uS-hC_u = 12,000-3,000h \\ dS-hC_d = 8,000 \end{cases}$$

---

10) 다음의 식으로부터 콜옵션의 가격을 구해도 된다.

$$(S-hC_0) = (dS-hC_d)e^{-R_fT}$$

$$uS - h\,C_u = dS - h\,C_d$$
$$12{,}000 - 3{,}000h = 8{,}000$$
$$h = 1.3333$$

③ 무위험 헤지 포트폴리오의 기말가치를 이용하여 옵션의 가치를 산출하라.

$$S - hC_0 = (uS - hC_u)e^{-R_f T}$$
$$10{,}000 - (1.3333)\,C_0 = [12{,}000 - (1.3333)\,(3{,}000)]e^{-(0.1)\,(1)}$$
$$C_0 = \frac{10{,}000 - [12{,}000 - (1.3333)\,(3{,}000)]e^{-(0.1)\,(1)}}{1.3333} = 2{,}071.98원$$

앞의 (20-10)식은 먼저 헤지비율(h)을 구하고, 이를 이용하여 콜옵션의 가치를 산출할 수 있다. 그런데 헤지비율을 따로 산출하지 않고 콜옵션의 가치를 산출할 수 있는 방법을 생각해보자. 헤지비율을 (20-10)식에 대입하여 정리하면 다음과 같은 옵션가격결정모형을 얻을 수 있다.

$$C_0 = \left[C_u \left(\frac{e^{R_f T} - d}{u - d} \right) + C_d \left(\frac{u - e^{R_f T}}{u - d} \right) \right] e^{-R_f T} \tag{20-11}$$

(20-11) 식은 표현이 매우 복잡한 감이 있으므로, 수식의 표현을 단순한 형태로 바꾸기 위하여, 다음과 같이 정의하자.

$$p = \left(\frac{e^{R_f T} - d}{u - d} \right), \quad 1 - p = \left(\frac{u - e^{R_f T}}{u - d} \right) \tag{20-12}$$

이러한 방법으로 p를 정의하면, 옵션가격결정모형은 다음과 같이 간단한 형태로 나타낼 수 있다.

$$C_0 = [pC_u + (1-p)\,C_d]e^{-R_f T} \tag{20-13}$$

이 식에서 p를 헤지확률(hedging probability) 혹은 위험중립확률(risk neutral probability)이라고 한다. 그리고 이 헤지확률은 0보다 작은 값을 가질 수 없고, 1을 초과할 수도 없다. 즉 p의 범위는 $0 \le p \le 1$이다.

위의 (20-13)식의 이항분포 옵션가격결정모형을 살펴보면, 옵션의 가격을 결정하는 데 있어서 기초자산의 가격이 상승하거나 하락할 실제의 확률은 전혀 이용되지 않는다는 것을 알 수 있다. 옵션의 가격은 옵션의 만기에서의 이득(C_u, C_d)

에 위험중립확률(p)을 적용하여, 기대이득을 산출한 후, 이를 무위험이자율로 할인하여 산출되고 있다. 이러한 접근방법을 위험중립 가치평가방법(risk neutral valuation)이라고 한다.[11]

예 20-8

앞의 (예 20-7)의 자료에서 위험중립확률을 구하고, 이를 이용하여 단일기간 이항분포모형으로 옵션의 가치를 산출하여 보자.

콜옵션의 기초자산은 주식이다. 콜옵션의 행사가격은 9,000원이고, 만기까지의 기간은 1년이다. 현재의 주가는 10,000원이며, 상승배수는 1.2이고 하락배수는 0.8이다. 그리고 연속복리형 이자율은 10%이다.

① 위험중립확률을 구하라.

$$p = \left(\frac{e^{R_f T} - d}{u - d} \right) = \frac{e^{(0.1)(1.0)} - 0.8}{1.2 - 0.8} = 0.7629$$

② 위험중립확률을 이용하여 단일기간 이항분포모형으로 옵션의 가치를 산출하라.

$$C_0 = [pC_u + (1-p)C_d] \, e^{-R_f T}$$
$$= [(0.7629)(3,000) + (1-0.7629)(0)] \, e^{-(0.1)(1.0)}$$
$$= 2,070.98원$$

4.2 다기간모형

단일기간 이항분포 옵션가격결정모형에서는 옵션의 만기까지 주가가 한 번만 변동한다고 가정하고 옵션의 가치를 도출하였다. 이번에는 옵션의 만기까지 주가가 두 번 변동한다고 가정하고 옵션의 가치를 도출하여 보자. 이러한 경우에 단일기간 이항분포모형에 비하여 단위기간의 길이가 반으로 줄어들게 될 것이다. 즉 만기까지의 기간이 T인 경우에 2기간 이항분포모형에서 단위기간의 길이는 $T/2$가 될 것이다. 여기에서는 단위기간을 ΔT로 나타내자.

2기간 이항분포모형도 단일기간에서와 마찬가지로 먼저 기초자산인 주가의 분포를 도출하여야 한다. 이에는 현재의 주가, 상승배수, 하락배수 등에 관한 자료

---

11) 위험중립 가치평가방법에 대한 자세한 설명은 다음 자료를 참고하기 바람. J. C. Hull(2009), *Options, Futures, and Other Derivative Securities*, 7th ed., Prentice-Hall, 237-258.

그림 20-8 2기간 이항분포모형 (만기에서의 주가변화)

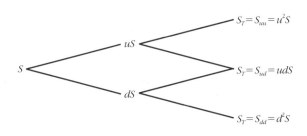

를 이용할 것이다. 다음으로 만기에서의 기초자산의 가격분포를 이용하여 만기에서의 옵션의 가치를 산출한다.

2기간 이항분포 옵션가격결정모형에서의 위험중립확률(p)은 다음과 같이 산출된다.

$$p = \frac{e^{R_f \Delta T} - d}{u - d} \tag{20-14}$$

이와 같이 위험중립확률(p)이 산출되면, 이러한 확률과 만기에서의 옵션가치를 이용하여 다음과 같이 1기말에서의 옵션가치를 산출한다. 그리고 1기말에서의 옵션가치가 산출되면, 이를 이용하여 현재의 옵션가치를 산출하는 절차를 따르면 된다. 이에는 다음과 같은 3가지의 식이 이용될 수 있다.

$$C_u = [pC_{uu} + (1-p)C_{ud}]\, e^{-R_f \Delta T} \tag{20-15a}$$

$$C_d = [pC_{ud} + (1-p)C_{dd}]\, e^{-R_f \Delta T} \tag{20-15b}$$

$$C_0 = [pC_u + (1-p)C_d]\, e^{-R_f \Delta T} \tag{20-15c}$$

위의 (20-15a)식과 (20-15b)식을 (20-15c)식에 대입하여 정리하면, 다음과 같은 일반화된 2기간 이항분포 옵션가격결정모형을 도출할 수 있다.

$$C_0 = [p^2 C_{uu} + 2p(1-p)C_{ud} + (1-p)^2 C_{dd}]\, e^{-2R_f \Delta T} \tag{20-16}$$

이러한 일반화된 2기간 이항분포 옵션가격결정모형에서도 위험중립 가치평가방법(risk neutral valuation)이 적용된다는 것을 알 수 있다. 즉 (20-16)식에서 p^2, $2p(1-p)$, $(1-p)^2$은 [그림 20-9]에서 만기에서의 옵션의 이득이 가장 큰 경우

그림 20-9 2기간 이항분포모형 (만기에서의 옵션가치)

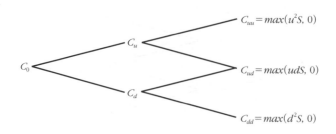

(C_{uu}), 옵션의 이득이 중간이 경우(C_{ud}), 옵션의 이득이 가장 작은 경우(C_{dd})가 나타날 위험중립확률이 된다. 이러한 확률을 이용하여 산출한 기대치를 2기간 할인한 현재가치가 옵션의 현재가치가 된다.

예 20-9

앞의 (예 20-7)의 자료에서 위험중립확률을 구하고, 이를 이용하여 2기간 이항분포모형으로 옵션의 가치를 산출하여 보자.

콜옵션의 기초자산은 주식이다. 콜옵션의 행사가격은 9,000원이고, 만기까지의 기간은 1년이다. 현재의 주가는 10,000원이며, 상승배수는 1.2이고 하락배수는 0.8이다. 그리고 연속복리형 이자율은 10%이다.

① 위험중립확률을 구하라.

$$p = \left(\frac{e^{R_f \Delta T} - d}{u - d} \right) = \frac{e^{(0.1)(0.5)} - 0.8}{1.2 - 0.8} = 0.6282$$

② 2기간 이항분포모형에 따라 주가의 분포를 도출하고, 만기에서의 옵션가치를 산출하라.

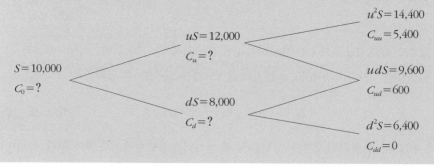

③ 1기말의 옵션가치를 산출하라.

$$C_u = [pC_{uu} - (1-p)C_{ud}] e^{-R_f \Delta T}$$
$$= [(0.6282)(5,400) + (1-0.6282)(600)] e^{-(0.1)(0.5)}$$
$$= 3,439.04원$$

$$C_d = [pC_{ud} - (1-p)C_{dd}] e^{-R_f \Delta T}$$
$$= [(0.6282)(600) + (1-0.6282)(0)] e^{-(0.1)(0.5)}$$
$$= 358.54원$$

③ 1기말의 옵션가치를 이용하여 현재의 옵션가치를 산출하라.

$$C_0 = [pC_u - (1-p)C_d] e^{-R_f \Delta T}$$
$$= [(0.6282)(3,439.04) + (1-0.6282)(358.54)] e^{-(0.1)(0.5)}$$
$$= 2,181.84원$$

이제, 2기간 이항분포모형을 다기간모형으로 확장하여 보자. 앞의 (20-16)식을 일반화하여 다기간 이항분포 옵션가격결정모형으로 콜옵션의 가치를 나타내면 다음과 같이 된다.

$$C_0 = \left[\sum_{j=0}^{N} \frac{N!}{j!(N-j)!} p^j (1-p)^{N-j} max(Su^j d^{(N-j)} - E, 0) \right] e^{-NR_f \Delta T}$$

$$(20-17)$$

이러한 다기간 이항분포 옵션가격결정모형에서 산출한 옵션의 가치는 기간의 수를 충분히 늘이게 되면, Black-Scholes의 옵션가격결정모형에서 산출한 옵션의 가치와 동일하게 된다.

앞의 (20-17)식을 이용하여 3기간 이항분포 옵션가격결정모형을 적용하는 과정을 살펴보자. 다음의 (예 20-10)은 보통주를 기초자산으로 하는 콜옵션의 가치를 3기간 이항분포 옵션가격결정모형을 이용하여 산출한 예이다.

예 20-10

제일기업의 주식을 매입할 수 있는 콜옵션의 가치를 평가하고자 한다. 현재 이 기업의 주가가 10,000원이며, 옵션의 행사가격이 9,000원이다. 옵션의 만기(T)까지는 앞으로 0.6년이며, 무위험수익률(R_f)은 6%이다. 단위기간 동안에 주가가 상승하는 경우 상승배수가 1.1이며, 주가가 하락하는 경우 하락배수가 0.9이다. 3기간 이항분포 옵션가격결정모형을 이용하여 콜옵션의 가치를 산출하면 얼마가 되겠는가?

u, d, 그리고 무위험수익률을 이용하여 위험중립확률(p)를 구하면, 다음과 같이 0.56036이 된다.

$$p = \frac{e^{R_f \Delta T} - d}{u - d} = \frac{e^{(0.06)(0.2)} - 0.9}{1.1 - 0.9} = 0.56036$$

이제 (20-17)식을 계산하기 위하여 다음과 같은 표를 이용하여 계산하자.

j	$\frac{N!}{j!(N-j)!}$ ①	$p^j(1-p)^{N-j}$ ②	S_T ③	C_T ④	①×②×④
0	1	0.17595	13,310	4,310	758.3445
1	3	0.13805	10,890	1,890	782.7435
2	3	0.10831	8,910	0	0
3	1	0.08496	7,290	0	0
합계					1,541.088

따라서 콜옵션의 가치는 다음과 같이 1,486.60원이 된다.

$$C_0 = 1,541.088 \times e^{-(3)(0.06)(0.2)} = 1,486.60원$$

지금까지 옵션의 가치를 산출하기 위하여 주가의 상승배수(u)와 하락배수(d)가 주어져 있다고 가정하였다. 그러나 실제로 u와 d의 값은 주가의 변동성(σ)으로부터 구할 수 있다.[12] 이 경우 단위기간의 길이(ΔT)가 충분히 작아야 한다.

$$u = e^{\sigma \sqrt{\Delta T}} \qquad\qquad (20\text{-}18a)$$

$$d = 1/u \qquad\qquad (20\text{-}18b)$$

지금까지 콜옵션의 가치에 대하여 주로 설명하여 왔지만, 이제 이러한 이항분포 옵션가격결정모형을 이용하여 풋옵션의 가치를 산출할 수 있다. 풋옵션의 경우에는 만기에서의 이득만 콜옵션과 다를 뿐이며 위험중립확률은 동일하다. 다음의 (예 20-11)을 통하여 풋옵션의 가치를 산출하는 과정을 살펴보자.

예 20-11

제일기업의 보통주를 매도할 수 있는 풋옵션의 가치를 평가하고자 한다. 이 기업의 주가가 10,000원이며, 옵션의 행사가격이 11,000원이다. 옵션의 만기까지는 앞으로 0.4년, 무위험수익률은 6%, 그리고 주식수익률의 변동성(σ^2)이 0.09이다. 2기간 이항분포 옵션가격결정모형을 이용하여 풋옵션의 가치를 산출하면 얼마가 되겠는가?

---

12) J. C. Hull(2009), *Options, Futures, and Other Derivative Securities*, 7th ed., Prentice-Hall, 248-251.

먼저 풋옵션의 가치를 산출하기 위하여 주가의 상승배수(u)와 하락배수(d)를 산출하여 보자.

$$u = e^{\sigma\sqrt{\Delta T}} = e^{(0.3)\sqrt{0.2}} = 1.1436$$

$$d = 1/u = 1/1.1436 = 0.8744$$

주가의 상승배수(u)와 하락배수(d)를 이용하여 주가의 분포는 다음과 같이 되며, 풋옵션의 만기일에서의 이득을 계산하면 다음과 같다.

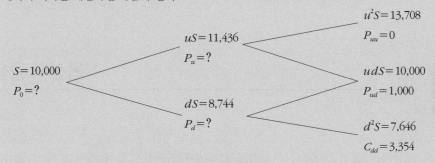

u, d, 그리고 무위험수익률 R_f를 이용하여 위험중립확률(p)를 구하면, 다음과 같이 0.5141이 된다.

$$p = \frac{e^{R_f \Delta T} - d}{u - d} = \frac{e^{(0.06)(0.2)} - 0.8744}{1.1436 - 0.8744} = 0.5141$$

이항분포 옵션가격결정모형을 적용하여 옵션의 가치을 구하면, 다음과 같이 1,260.85원이 된다.

$$P_0 = [(0.5141)^2(0) + 2(0.5141)(0.4859)(1,000) + (0.4859)^2(3,354)] \times e^{-(2)(0.06)(0.02)}$$
$$= 1,260.85원$$

이와 같은 이항분포 옵션가격모형은 다음과 같은 특징을 가지고 있다.[13]

첫째, 옵션가격은 주가변동에 관한 실제 확률과는 무관하며, 단일투자기간에 있어서는 콜옵션가격이 현재의 주가(S), 주가의 상승배수 및 하락배수(u, d), 옵션의 행사가격(E), 만기일까지의 기간(T)과 관련이 있다.

둘째, 옵션의 가격결정모형은 개인의 위험에 대한 태도와 무관하게 도출되었다. 이 모형은 투자자의 불포화만족(nonsatiation)에 의하여 더 많은 부를 선호하고, 그 결과 차익거래이익이 존재하지 않아야 한다는 간단한 가정 하에서 도출되었다.

셋째, 옵션의 가치에 영향을 미치는 유일한 확률변수는 기초자산인 주식의 가

---

13) T. E. Copeland and J. F. Weston(1983), *Financial Theory and Corporate Policy*, 2nd ed., Reading, Mass.: Addison-Wesley Pub. Co., 248-249.

격이며, 시장 포트폴리오의 수익률 등은 옵션의 가치에 영향을 주지 않는다.

그리고 단일기간 이항분포 옵션가격결정모형은 다기간의 모형으로 확장할 수 있을 뿐만 아니라, 주식의 배당지급을 동시에 고려하고 있는 미국 콜옵션(American call option)이나 풋옵션에도 적용할 수 있고, 또 이러한 이항분포모형을 Black-Scholes의 옵션가격결정모형에도 접근시킬 수 있다.

제5절 옵션의 응용
Financial Management

이상에서 설명한 옵션가격결정모형(*OPM*)은 재무관리의 여러 분야에 적용되고 있다. Black-Sholes가 부채를 조달한 기업(levered firm)의 자기자본을 처음으로 콜옵션을 이용하여 해석한 이후, 이 옵션가격결정모형은 신주인수권 및 전환사채의 가격결정, 기업의 투자결정 등에 응용되고 있다.

5.1 주주청구권의 가치평가

제2장에서 설명한 증권의 가치평가에 따르면, 주식과 채권은 미래의 현금흐름을 기초로 하여 가치가 평가되었다. 그러나 그 경우에는 각각을 분리하여 설명하였고, 주식가치와 채권가치간의 상호작용을 동시에 살펴보지 않았다. 옵션의 개념을 이용하면 기업가치를 형성하는 주식가치와 부채가치의 상호작용을 설명할 수 있다.

1) 자기자본의 가치평가

옵션 개념을 이용하여 기업가치에 대한 주주의 청구권과 채권자의 청구권의 관계를 그림으로 나타내면 [그림 20-10]과 같다.

[그림 20-10](a)에서 보면 부채의 만기시점에서 주주의 청구권을 단순히 콜옵션으로 나타내고 있다. 그리고 채권자는 만기에 *E*원의 가치를 가지는 장기부채를 기업에 대출하고 있는데, 이 금액은 기업가치에 대한 고정된 청구권으로 [그림 20-10](b)에 나타나 있다. 만약 부채의 상환시점, 즉 만기에 기업가치가 채권자의 청구권을 초과하면 부채는 상환될 것이고 주주는 부채를 초과한 기업

그림 20-10 주주와 채권자 청구권의 가치

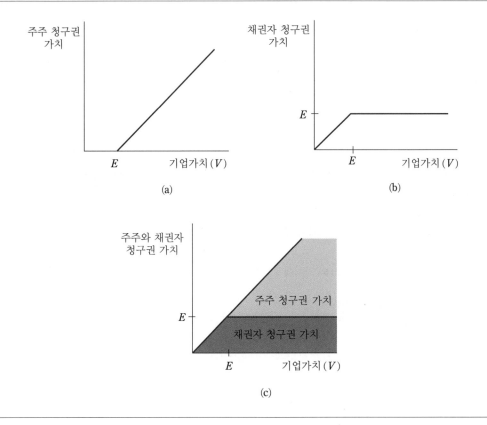

가치를 얻게 된다. [그림 20-10](c)에는 주주와 채권자의 청구권을 다 같이 나타내고 있다.

따라서 기업가치는 다음의 (20-19)식과 같이 표현될 수 있다.

$$기업가치 = 주주\ 청구권 + 채권자\ 청구권$$
$$V = S + B \tag{20-19}$$

그리고 옵션이론에 따라 주주와 채권자의 청구권을 평가할 때는 주주의 청구권을 단순히 기업가치에 대한 콜옵션으로 볼 수 있다. 이 주주의 청구권은 다시 기업가치에서 채권자의 청구권을 차감한 것으로 볼 수 있다.

$$주주의\ 청구권 = 기업자산에\ 대한\ 콜옵션$$
$$= 기업가치 - 채권자의\ 청구권$$
$$S = V - B \tag{20-20}$$

주주의 청구권은 기업의 자산에 대한 콜옵션으로 간주할 수 있다.[14] 이 경우 옵션이 행사되면 기업은 청산되고 채권자에게 부채의 액면가(행사가격)를 지불하게 된다. 만약 기업의 부채가 순수할인채이고,[15] 기업이 주주들에 의하여 언제든지 청산될 수 있다고 가정한다면, 기업의 자산에 대한 콜옵션의 만기는 채권의 만기에 해당하게 된다. 다음의 (예 20-12)는 순수할인채를 발행하여 부채를 조달한 기업의 자기자본의 가치를 옵션가격결정모형을 이용하여 평가한 예이다.

예 20-12

제일기업의 자산의 가치가 100억원이고, 자산가치의 변동성(표준편차)이 40%이다. 이 기업의 부채의 액면가는 60억원이며, 이 부채는 만기 10년이며 순수할인채를 발행하여 조달하였다. 10년 만기 무위험이자율이 10%라고 하자. 제일기업의 자기자본의 가치는 Black-Sholes의 옵션가격결정모형을 이용하여 평가하면 얼마가 되겠는가? 그리고 부채의 이자율은 얼마가 되겠는가?

자기자본의 가치를 S, 기업자산의 가치를 V, 부채의 액면가를 B라고 두면,

$$S = VN(d_1) - B\,e^{R_f T}N(d_2)$$
$$= 100N(d_1) - 60\,e^{-(0.10)(10)}N(d_2)$$

$$d_1 = \frac{\ln(V/B) + (R_f + \sigma^2/2)T}{\sigma\sqrt{T}}$$

$$= \frac{\ln(100/60) + [0.10 + (0.4)^2/2](10)}{(0.4)(\sqrt{10})} = 1.8269$$

$$d_2 = d_1 - \sigma\sqrt{T} = 1.8269 - (0.4)(\sqrt{10}) = 0.5620$$
$$N(d_1) = 0.9661, \quad N(d_2) = 0.7129$$

$$S = (100)(0.9661) - 60\,e^{-(0.10)(10)} \times (0.7129) = 80.8777억원$$

따라서 자기자본의 가치는 80.8777억원이 되고, 기업의 자산가치가 100억원이므로, 부채의 가치는 19.1223억원(=100억원−80.8777억원)이 된다. 그리고 부채의 액면가는 60억원이고 부채의 가치가 19.1223억원이며, 이 부채는 순수할인채를 발행하여 조달한 것이므로, 부채의 이자율(k_b)은 12.1143%이다.

$$k_b = (60/19.1223)^{(1/10)} - 1 = 12.1143\%$$

---

14) 주주 청구권의 가치는 S=$max(V-B, 0)$으로 나타낼 수 있다. 이는 기초자산의 가격이 V이고 행사가격이 B인 콜옵션의 이득이 된다.

15) 순수할인채는 채권의 액면이자율이 0%로서, 채권의 발행시에 할인되어 발행되는 채권을 말한다.

2) 파산기업의 자기자본 가치평가

기업의 자산가치가 부채의 액면가 이하로 하락하는 파산상태에 도달하는 경우에도 기업의 주식은 여전히 가치를 가진다. 이러한 기업은 재무분석가들에 의하여 재무적 곤경에 처한 기업으로 인식되지만, 이 기업이 발행한 주식의 가치는 0보다 높은 값을 가지는 것이 일반적인 현상이다. 이는 외가격 콜옵션(out-of-the-money call option)의 경우에도 기초자산의 가격이 변동하여 행사가격 보다 높아질 가능성이 있으므로 옵션이 가치를 가지는 것과 동일한 원리이다.

자기자본의 가치는 기초자산을 기업의 자산으로 하고 행사가격을 부채의 액면가로 하는 콜옵션의 가치로 산출할 수 있다. 따라서 기업의 자산가치가 부채의 액면가 이하로 되는 경우에도 콜옵션으로 간주할 수 있는 자기자본의 가치는 0보다 높아지게 된다. 다음의 (예 20-13)은 파산상태에 이른 기업의 자기자본 가치를 산출하는 예이다.

예 20-13

앞의 (예 20-12)에서 제일기업의 자산가치가 50억원으로 하락한 경우의 자기자본 가치를 산출하여 보자. 즉 제일기업의 자산의 가치가 50억원이고, 자산가치의 변동성(표준편차)이 40%이다. 이 기업의 부채의 액면가는 60억원이며, 이 부채는 만기 10년이며 순수할인채를 발행하여 조달하였다. 10년 만기 무위험이자율이 10%라고 하자. 제일기업의 자기자본의 가치는 Black-Scholes의 옵션가격결정모형을 이용하여 평가하면 얼마가 되겠는가?

자기자본의 가치를 S, 기업자산의 가치를 V, 부채의 액면가를 B라고 두면,

$$S = VN(d_1) - B\,e^{R_f T}N(d_2)$$
$$= 50N(d_1) - 60\,e^{-(0.10)(10)}N(d_2)$$

$$d_1 = \frac{\ln(V/B) + (R_f + \sigma^2/2)T}{\sigma\sqrt{T}}$$

$$= \frac{\ln(50/60) + [0.10 + (0.4)^2/2](10)}{(0.4)(\sqrt{10})} = 1.2789$$

$$d_2 = d_1 - \sigma\sqrt{T} = 1.8269 - (0.4)(\sqrt{10}) = 0.0140$$

$$N(d_1) = 0.8995, \quad N(d_2) = 0.5056$$

$$S = (50)(0.8995) - 60\,e^{-(0.10)(10)} \times (0.5056) = 33.8171억원$$

따라서 제일기업의 자기자본의 가치는 33.8171억원이 된다.

3) 투자의사결정에서의 대리인문제

주주와 채권자간에 발생하는 대리인문제는 옵션이론을 이용하면 효과적으로 설명이 될 수 있다. 기업의 주주들은 기업자산에 대한 콜옵션을 가지고 있으므로 기업의 위험이 증가할수록 주주의 부는 증가하는 경향을 가지게 된다. 즉 콜옵션의 가치는 기초자산의 변동성이 커질수록 증가하게 된다.

기업이 신규부채를 조달하여 채권자의 기대수준 이상으로 위험이 높은 신규투자안을 채택하게 된다면, 기존 부채의 위험과 요구수익률이 증가하게 될 것이다. 따라서 부채의 가치는 하락하게 된다. 또한 위험이 높은 투자안이 성공적으로 수행된다고 하더라도 그 이득은 주로 주주에게 귀속되고 채권자에게는 확정된 이자 이상의 혜택은 없다. 그리고 위험이 높은 신규투자안이 실패할 경우에는 채권자도 심각한 손실을 입게 된다. 따라서 위험이 높은 신규투자안을 선택하게 되면 채권자의 부가 주주에게로 이전되는 현상이 발생하게 된다.

또한 주식은 기업자산에 대한 콜옵션이므로 기업자산의 변동성 증가는 옵션의 가치를 증가시킨다. 따라서 주주는 위험이 높은 신규투자안을 선택하여 기업자산의 변동성을 증가시키는 대안을 선택하고자 하는 유인을 가지게 된다. 특히 투자안의 순현가가 0보다 작아서 기업의 가치나 채권자 청구권의 가치를 감소시키는 투자안일지라도 주주는 자기자본의 가치를 증가시키기 위하여 그 투자안을 선택할 수 있다.

다음의 (예 20-14)는 위험이 높은 투자안을 선택함으로써 기업의 가치와 채권자의 청구권의 가치는 감소하지만, 자기자본의 가치는 증가되는 경우를 보여주고 있다. 즉 위험이 높은 투자안의 선택으로 채권자의 부가 주주에게로 이전되는 경우를 옵션가격결정모형을 통하여 살펴볼 수 있다.

예 20-14

앞의 (예 20-12)의 제일기업의 예를 재검토하여 보자. 즉 제일기업의 자산의 가치가 100억원이고, 자산가치의 변동성(표준편차)이 40%이다. 이 기업의 부채의 액면가는 60억원이며, 이 부채는 만기 10년이며 순수할인채를 발행하여 조달하였다. 10년 만기 무위험이자율이 10%라고 하자. 이 경우 제일기업의 가치, 자기자본의 가치, 부채의 가치는 다음과 같다.

기업의 가치: 100억원
자기자본의 가치: 80.8777억원
부채의 가치: 19.1223억원

이제 이 기업이 순현가(NPV)가 -1억원인 투자안을 선택하였다고 하자. 그리고 이 투자안의 위험은 매우 높아서 제일기업의 자산가치의 변동성(표준편차)을 50%로 증가시킨다고 하자. 이러한 경우에 제일기업의 자기자본의 가치와 부채의 가치는 각각 얼마가 되겠는가?

$$S = VN(d_1) - B\,e^{R_f T}N(d_2)$$
$$\quad = 99N(d_1) - 60\,e^{-(0.10)(10)}N(d_2)$$

$$d_1 = \frac{\ln(V/B) + (R_f + \sigma^2/2)\,T}{\sigma\sqrt{T}}$$

$$\quad = \frac{\ln(99/60) + [0.10 + (0.5)^2/2](10)}{(0.5)(\sqrt{10})} = 1.7397$$

$$d_2 = d_1 - \sigma\sqrt{T} = 1.7397 - (0.5)(\sqrt{10}) = 0.1586$$

$$N(d_1) = 0.9590, \quad N(d_2) = 0.5630$$

$$S = (99)(0.9590) - 60\,e^{-(0.10)(10)} \times (0.5630) = 82.5186억원$$

따라서 위험이 높은 투자안을 선택한 이후의 제일기업의 가치는 다음과 같이 된다.

기업의 가치: 99억원(= 100억원-1억원)
자기자본의 가치: 82.5186억원
부채의 가치: 16.4814억원(= 99억원-82.5186억원)

제일기업의 부채가치는 19.1223억원에서 16.4814억원으로 2.6409억원 감소하였으나, 자기자본의 가치는 1.6409억원 증가하고 있다. 이러한 자기자본 가치의 증가는 채권자의 손실로부터 나온 것이다.

5.2 신주인수권의 가치평가

1) 신주인수권과 콜옵션

투자자의 입장에서 보면 신주인수권부사채의 신주인수권은 주식을 기초자산으로 하는 콜옵션과 같은 성격을 갖는다. 그러나 신주인수권은 다음과 같은 점에서 주식 콜옵션과 차이가 있다.

첫째, 주식 콜옵션은 행사시점에서 기초자산인 주식을 매입할 수 있는 권리로 투자자가 발행하지만, 신주인수권은 주식의 발행기업이 발행한다. 그리고 기업이 신주인수권을 발행할 때는 발행할 신주인수권의 수, 신주인수권의 만기, 행사가격 등을 결정한다.

둘째, 주식 콜옵션은 행사되더라도 기업의 발행주식수에는 아무런 변동이 없으나, 신주인수권이 행사되면 발행주식수가 증가하고 행사가격이 기업에 납입된다.

그리고 콜옵션의 성격을 갖는 신주인수권의 가치가 행사시점까지의 기간 및 주가의 변동에 대하여 어떠한 관계를 가지는지를 그림으로 나타내면 [그림 20-11]과 같다.

이 그림에서, 행사가격은 발행시점에 이미 고정되어 있으므로 주가가 변동할 때 신주인수권의 시장가치(market value of warrants)는 ① 무위험이자율, ② 만기까지의 기간, ③ 주식수익률의 변동성 등에 따라 점선, 즉 신주인수권의 시장가치선으로 나타난다. 또 만기까지의 기간이 가까워질수록 이 시장가치선은 신주인수권가치의 하한선에 접근하며, 만기시점에서는 시장가치선이 하한선에 일치한다.

따라서 만기일에서의 신주인수권가치는 주가(S_T)에서 행사가격(E)을 차감한 값에 하나의 신주인수권으로 매입할 수 있는 주식의 수(N)를 곱한 값과 0 중에서 큰 값으로 다음과 같이 표현된다.

$$V_T = max\,[(S_T-E)N,\,0] \qquad\qquad (20\text{-}21)$$

단, V_T= 만기에서의 신주인수권의 가치

N= 신주인수권으로 매입할 수 있는 주식의 수

그림 20-11 신주인수권의 가치

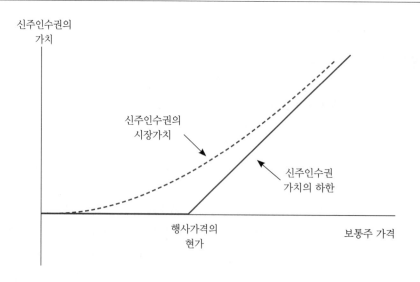

이 식은 미리 정해진 가격으로 N주의 주식을 매입할 수 있는 권리를 나타내는 신주인수권은 N주에 대한 콜옵션의 가치와 동일하게 될 것이라는 점을 나타내고 있다. 따라서 신주인수권의 가치는 Black-Scholes의 옵션가격결정모형을 이용하여 결정할 수 있다.

예 20 – 15

한국기업에서 발행한 신주인수권의 가치를 구하고자 하는데, 관련된 자료가 다음과 같다고 하자.

S_0 : 30,000원 (신주인수권 발행기업의 주가)

E : 36,000원 (신주인수권의 행사가격)

T : 4년 (신주인수권 행사일까지의 기간)

R_f : 8% (연속복리형 무위험이자율)

σ : 0.40 (보통주 수익률의 변동성)

신주인수권으로 매입할 수 있는 주식의 수가 1주이다. 이러한 신주인수권의 가치를 산출하여 보자.

$$d_1 = \frac{\ln(S_0/E) + (R_f + \sigma^2/2)T}{\sigma\sqrt{T}}$$

$$= \frac{\ln(30,000/36,000) + (0.08 + (0.4)^2/2)(4)}{(0.4)(\sqrt{4})} = 0.572$$

$$d_2 = d_1 - \sigma\sqrt{T} = 0.572 - (0.4)(\sqrt{4}) = -0.228$$

$$N(d_1) = 0.716$$

$$N(d_2) = 0.409$$

$$V_0 = S_0 N(d_1) - E e^{-R_f T} N(d_2)$$

$$= 30,000(0.716) - 36,000 e^{-(0.08)(4)}(0.409)$$

$$= 10,790원$$

이러한 경우 신주인수권의 가치는 Black-Scholes의 옵션가격결정모형으로 산출한 콜옵션의 가치와 동일하게 될 것이다. 즉 한국기업의 신주인수권의 가치는 10,790원이 된다.

2) 보통주의 희석화

신주인수권의 가치평가에는 보통주의 희석화 현상을 고려해야 한다. 일단 발행된 신주인수권이 행사되면 기초자산인 보통주의 발행주식수가 증가하여 보통주의 희석화(dilution)현상이 발생한다.[16] 이 경우에는 보통주의 희석화 현상을 신주인수권의 가치에 반영시켜야 한다.

보통주의 희석화 현상을 고려할 때 신주인수권의 가치가 어떻게 변동하는가를 두 단계로 구분하여 보기로 하자.

첫 단계로, 신주인수권이 발행되면 신주인수권 매도수익(warrant financing)이 기업에 유입되므로, 기업의 자기자본이 증가하고 1주의 주가가 상향 조정된다. 왜냐하면 신주인수권이 행사되기 이전에는 기존 주식수에 변화가 없기 때문이다. 이 경우에는 상향 조정된 주가로 인하여 신주인수권의 가치는 높아진다.

두 번째 단계로, 발행된 신주인수권이 행사되면, 주식의 희석화로 신주인수권의 가치가 감소한다. 그러나 이 경우에도 대개 희석화된 신주인수권의 가치는 신주인수권의 발행가격보다는 높게 나타난다. 희석화된 신주인수권의 가치는 다음의 식으로 표현할 수 있다.

$$V_0^D = \left(\frac{1}{1+q} \right) V_0 \qquad (20\text{-}22)$$

$$\text{단, } V_0^D = \text{희석화된 신주인수권의 가치}$$
$$q = \text{기존 주식수에 대한 신주의 비율}$$

다음으로, 신주인수권의 발행으로 발생되는 자본구조의 변화를 고려할 경우 신주인수권의 가치가 어떻게 변동하는지를 보기로 하자.

신주인수권부사채의 신주인수권은 채권에 부여된 선택권이므로, 양자가 분리되어 독립적으로 발행되는 것이 아니라 채권의 발행을 통하여 신주인수권이 발행된다. 따라서 신주인수권이 발행되면 당연히 신주인수권부사채가 발행되었다는 것을 의미한다. 그리고 채권의 발행가격은 신주인수권의 발행가격보다 훨씬 높으므로 신주인수권의 발행으로 기업의 부채가 증가하여 자본구조가 변동할 경우에는 자기자본의 위험이 증가하고, 이에 따라 신주인수권의 가치도 증가하게 된다.

5.3 전환사채의 가치평가

전환사채(convertible bond)를 매수한 투자자는 이 사채를 보통주로 전환시킬

---

16) 기업의 다른 사정은 변동이 없는데 신주인수권의 행사로 주식수만 증가할 경우에는 보통주 1주의 가치가 신주인수권이 행사되기 전보다 낮아지는데 이러한 현상을 보통주의 희석화라고 한다.

수 있는 선택권, 즉 전환권을 전환시점에서 행사할 수 있으므로 이 전환권은 콜옵션과 동일하다. 따라서 전환사채가 갖는 전환권의 가치는 콜옵션의 가치로 산출할 수 있다.

전환사채와 보통주의 관계는 전환비율(conversion ratio)로 나타난다. 어느 전환사채의 전환비율이 10이라고 할 때, 단순히 증권수의 개념만 고려하면 하나의 전환사채가 10주의 보통주와 같다는 의미이다.

전환사채의 전환권가치를 전환비율로 나누면 보통주 1주에 대한 전환권의 가치가 되며, 이 보통주의 전환가치를 다시 전환비율에 곱하면 전환사채의 전환권가치가 된다.

그러므로 콜옵션인 전환사채의 전환권가치를 산출할 때는 먼저 보통주 1주에 대한 전환권가치를 옵션가격결정모형에 의하여 산정한 다음, 그 값을 전환비율에 곱하여 산출할 수 있다. 이 경우에 보통주의 현재가격은 기초증권의 현재가격이 되며, 보통주의 전환가격(conversion price)은 전환시점에서 행사가격이 된다.[17]

예 20 – 16

어느 전환사채의 액면가가 10만원이고, 전환비율은 12.5이며, 전환시점은 앞으로 4년 후라고 하자. 따라서 이 전환사채의 전환가격(=액면가/전환비율)은 8천원이다. 이 회사 주식의 가격은 6천원이고, 주식수익률의 분산은 0.09이며, 무위험수익률은 일정하게 6%라고 하자. 이러한 전환사채의 전환권가치는 얼마인가?

보통주의 전환권가치를 C_0라 두면,

$$C_0 = S_0 N(d_1) - E e^{-R_f T} N(d_2)$$
$$= 6,000 N(d_1) - 8,000 e^{-(0.06)(4)} N(d_2)$$

$$d_1 = \frac{\ln(S_0/E) + (R_f + \sigma^2/2)T}{\sigma\sqrt{T}}$$

$$= \frac{\ln(6,000/8,000) + (0.06 + 0.09/2)4}{(0.3)(\sqrt{4})} = 0.22$$

17) 전환사채의 가치평가에서 이용되는 주요 개념은 다음과 같이 정의할 수 있다.
   ① 보통주 1주에 대한 전환권의 가치 × 전환비율 = 전환사채의 전환권가치(옵션가격결정모형에 의하여 산정)
   ② 기초자산 = 보통주(현재가격)
      행사가격 = 보통주의 전환가격(conversion price)
      만기일 = 전환시점
   ③ 보통주의 전환가격 = 전환사채의 액면가/전환비율

$$d_2 = d_1 - \sigma\sqrt{T} = 0.22 - 0.3(2) = -0.38$$

$$N(d_1) = 0.5871$$

$$N(d_2) = 0.352$$

$$C_0 = 6,000(0.5871) - 8,000(0.78663)(0.352) = 1,307.5원$$

따라서 전환사채의 전환권가치는 다음과 같이 계산된다.

$$
\begin{aligned}
전환사채의\ 전환권가치 &= 보통주의\ 전환권가치 \times 전환비율 \\
&= 1,307.5원 \times 12.5주 \\
&= 16,343.8원
\end{aligned}
$$

5.4 옵션을 이용한 투자안의 평가

현금흐름을 이용한 투자안 평가방법에서는 양(+)의 *NPV*를 가진 투자안을 채택하는 의사결정을 제시하고 있다. 그러나 기업의 전략적 의사결정에 의하면, 특정 투자안의 *NPV*가 음(-)인 경우에도 채택하는 경우가 있고, 반대로 특정 투자안의 *NPV*가 양(+)인 경우에도 투자안을 기각하는 경우가 발생할 수 있다. 즉 현금흐름에 기초한 *NPV*법에 의한 의사결정과 기업의 전략적 의사결정이 상충되는 경우가 발생할 수 있다. 이러한 의사결정의 상충은 주로 특정 투자안의 후속투자기회나 혹은 투자안의 실행을 연기함으로써 기업의 가치를 더욱 증대시킬 수 있는 경우에 발생할 수 있다. 투자안 평가문제에 옵션이론을 도입하면 이러한 두 가지 의사결정방법의 상충을 완화시키거나 해결할 수 있다.

즉 옵션이론을 자본예산분야에 적용하면, 불확실성이 높은 실물자산에 대한 가치평가와 관련하여 효과적인 의사결정을 할 수 있게 된다. 이처럼 옵션의 개념과 가치평가방법을 불확실성이 높은 실물자산의 가치평가에 응용한 것을 실물옵션(real option)이라고 한다. 여기서는 지연옵션, 확장옵션, 포기옵션 등을 소개한다.

1) 지연옵션

투자환경에 따라 지금 당장 투자를 실시하는 것이 유리할 것인지 아니면 일정한 기간 동안 기다렸다가 투자안의 선택 내지 포기를 판단하는 것이 유리한지를 결정해야 할 경우가 있다.

지연옵션(option to defer)은 미국옵션에 속하며, 일정기간을 지연시킨 후 옵션을 행사하는 것을 말한다. 따라서 투자지연옵션(option to delay making the investments)은 투자의 실시여부를 일정기간 지연시킨 다음 결정하는 옵션을 말한다.

일반적으로 투자안의 순현가가 양(+)의 값을 가지면 이 투자안은 선택되지만, 투자를 연기시키는 동안 ① 시장상황의 변동, ② 신기술의 개발, ③ 경쟁상황의 변동, ④ 노사분쟁 등 여러 가지 투자여건이 변동할 수 있으므로, 일단 투자결정을 연기한 다음 투자안의 선택여부를 결정하는 것이 유리할 때도 있다. 이 경우 기업은 투자안의 실행여부에 대한 선택권을 가지므로, 지연옵션은 콜옵션이 된다. 투자안의 선택에서 지연 콜옵션의 가치는 [그림 20-12]와 같다.

그림 20-12 지연 콜옵션의 가치

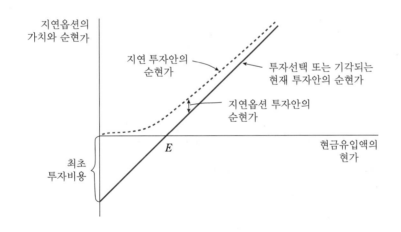

A기업은 새로운 제품에 대한 투자를 계획하고 있다. 이 제품에서 10년 동안 현금흐름을 창출할 것으로 기대되지만, 현재의 시장규모가 만족할만한 수준은 아니라고 판단된다. 초기의 투자비용은 1,000만원이고, 이 공장에서 기대할 수 있는 현금흐름의 현재가치는 700만원이다. 투자안의 현재가치의 연간분산은 0.05이고, 무위험수익률은 8%이다.

새로운 제품사업을 10년간 연기하는 데 대한 옵션의 가치를 구하라.

위의 지연옵션의 기초자산은 현금흐름의 현재가치인 700만원이고, 행사가격은 초기의 투자비용인 1,000만원이 된다.

$$d_1 = \frac{\ln(S_0/E) + (R_f + \sigma^2/2)T}{\sigma\sqrt{T}} = \frac{\ln(700/1,000) + [0.08 + (0.05)/2](10)}{\sqrt{0.05}\sqrt{10}}$$

$$= 0.9805$$

$$d_2 = d_1 - \sigma\sqrt{T} = 0.9805 - \sqrt{0.05}\sqrt{10} = 0.2734$$

$$N(d_1) = N(0.9805) = 0.8365$$

$$N(d_2) = N(0.2734) = 0.6064$$

따라서 지연콜옵션의 가치(C_0)는 313.08만원이 된다.

$$C_0 = S_0\,N(d_1) - Ee^{-R_fT}N(d_2)$$

$$= (700)(0.8365) - (1,000)e^{-(0.08)(10)}(0.6064) = 313.08만원$$

2) 확장옵션

가끔 기업은 향후 다른 사업 또는 시장에 진출하기 위한 기반을 마련할 목적으로 현재시점에서 사업성이 없는 투자안을 채택하기도 한다. 이와 같이 특정한 투자안을 선택한 기업은 후속되는 투자안의 채택여부에 대한 선택권을 가지며, 이러한 선택권을 확장옵션(option to expand)이라고 한다. 이러한 경우 현재시점에서의 투자안은 기업이 다른 사업을 하기 위한 선택권, 즉 콜옵션이라고 할 수 있다.

그런데 이 콜옵션은 최초 투자안과 후속 투자안을 모두 포함한 연속적인 두 투자안의 순현가의 합이 양(+)의 값을 나타낼 때 행사되게 된다. 따라서 투자안을 평가할 때 이와 같이 추가적인 확장(expand) 가능성이 있는 경우에는 후속 투자에 대한 콜옵션의 가치를 고려하여야 한다.

투자안의 순현가 = 최초 투자안의 NPV + 확장투자에 대한 콜옵션가치

투자 확장에 대한 옵션의 만기일 가치 C_T는 다음과 같이 나타낼 수 있다.

$$C_T = max(S_T - E,\ 0) \tag{20-23}$$

단, S_T = 확장 투자안의 실행일(옵션의 만기일)에서의 확장 투자안의 가치
E = 확장 투자안의 초기 투자비용

(20-23)식에서 설명한 투자 확장에 대한 옵션의 가치를 결정하는 요인은 다음

과 같다.

> ① 기초자산의 현재가치 : 확장 투자안을 지금 실행할 경우 얻을 수 있는 현금흐름의 현재가치
> ② 행사가격 : 확장 투자안의 초기 투자비용
> ③ 만기 : 투자 확장에 대한 선택권을 보유하고 있는 기간
> ④ 기초자산의 변동성 : 확장 투자안 현재가치의 변동성

예 20-18

미래기업은 A투자안을 가지고 있는데, 이 A투자안을 채택하면 후속되는 B투자안을 1년 후에 수행할 수 있는 권리를 얻게 된다. 1년 후에 A투자안을 수행한 후에 10만원의 비용을 들여 B투자안을 수행하면 현재가치가 12만원인 현금흐름의 유입이 발생한다. 이 현금흐름의 현재가치의 표준편차는 0.2이다. 미래기업의 자본비용은 15%이고 무위험수익률은 8%이다. A투자안을 수행하지 않으면 B투자안을 수행할 수 없다. 확장 투자에 대한 옵션의 가치를 구해보자.

확장옵션의 기초자산은 B투자안 현금흐름의 현재가치인 12만원이고, 행사가격은 B투자안의 초기의 투자비용인 10만원이다.

$$d_1 = \frac{\ln(S_0/E) + (R_f + \sigma^2/2)T}{\sigma\sqrt{T}} = \frac{\ln(120{,}000/100{,}000) + (0.08 + 0.2^2/2) \times 1}{0.2\sqrt{1}}$$

$$= 1.4116$$

$$d_2 = d_1 - \sigma\sqrt{T} = 1.4116 - 0.2\sqrt{1} = 1.2116$$

$$N(d_1) = N(1.4116) = 0.9207$$

$$N(d_2) = N(1.2116) = 0.8869$$

따라서 확장투자에 대한 콜옵션의 가치(C_0)는 다음과 같이 28,613원이 된다.

$$C_0 = S_0 N(d_1) - Ee^{-R_f T}N(d_2)$$

$$= (120{,}000)(0.9207) - (100{,}000)e^{-(0.08)(1)}(0.8869) = 28{,}613원$$

3) 포기옵션

상황에 따라서는 이미 시작된 투자안이라 하더라도 그 처분가치가 투자안의 잔여기간 동안의 현금흐름의 가치보다 더 클 경우에는 이 투자안을 포기하는 것이 바람직하다. 따라서 중도에 포기할 수 있는 선택권인 포기옵션(abandonment option)을 고려하여야 한다. 즉 포기옵션이 주어진 투자안의 경우 중도 포기

(abandon)에 대한 옵션가치를 고려하여야 한다. 포기옵션은 행사가격인 처분가치(abandonment value)로 투자안을 포기(매도)할 수 있는 권리가 주어진 풋옵션이라고 할 수 있다.

투자안 포기에 대한 옵션의 만기일 가치 P_T는 다음과 같이 나타낼 수 있다.

$$P_T = max(E - S_T, \ 0) \tag{20-24}$$

단, S_T=투자안 포기일(옵션의 만기일)에서의 투자안의 잔여가치

E=투자안의 처분가치

이상에서 설명한 포기옵션의 가치결정요인을 살펴보면 다음과 같다.

① 기초자산의 현재가치 : 투자안으로부터 발생하는 현금흐름의 현재가치
② 행사가격 : 투자안 포기에 따른 처분가치
③ 만기 : 투자안 포기에 대한 선택권을 보유하고 있는 기간, 즉 투자안의 내용년수
④ 기초자산의 변동성 : 투자안 현재가치의 변동성

예 20-19

대산기업은 새로운 회사의 설립을 고려 중이다. 대산기업의 연구조사팀은 새로운 회사의 설립과 관련된 분석자료를 다음과 같이 보고하였다.

이 회사의 설립에 500만원이 소요되며 기대되는 현금흐름의 유입은 650만원이다. 그리고 이 회사는 1년 후에 550만원에 처분할 수 있을 것으로 예상하고 있다.

이 투자안에 적용되는 할인율은 12%이고, 현금흐름의 현재가치의 표준편차는 20%이며, 연속복리 무위험이자율이 8%라고 할때, 이 투자안의 포기옵션의 가치를 구해보자.

$$d_1 = \frac{\ln(S_0/E) + (R_f + \sigma^2/2)T}{\sigma\sqrt{T}} = \frac{\ln(650/550) + (0.08 + 0.2^2/2) \times 1}{0.2\sqrt{1}}$$

$$= 1.3353$$

$$d_2 = d_1 - \sigma\sqrt{T} = 1.3353 - 0.2\sqrt{1} = 1.1353$$

$$N(d_1) = N(1.3353) = 0.9099$$

$$N(d_2) = N(1.1353) = 0.8729$$

따라서 포기기회의 가치(P_0)는 59,654원이 된다.

$$P_0 = C_0 - S_0 + Ee^{-R_f T}$$

$$= S_0 N(d_1) - Ee^{-R_f T} N(d_2) - S_0 + Ee^{-R_f T}$$

$$= 650 \times 0.9099 - 550 \times e^{-(0.08)(1)} \times 0.8729 - 650 + 550 \times e^{-(0.08)(1)}$$

$$= 59,654원$$

요 약

❶ 옵션의 개념과 손익관계

옵션(option)은 특정한 미래의 기간에 미리 정해진 행사가격(exercise price)으로 지정된 자산을 매수 또는 매도할 수 있는 권리를 옵션의 소유자에게 제공해 주는 계약을 의미한다. 이 경우에 미리 지정된 자산을 기초자산(underlying assets)이라고 한다. 옵션계약은 크게 콜옵션(call option)과 풋옵션(put option)으로 나눌 수 있다. 콜옵션은 기초자산을 매수할 수 있는 선택권을 의미하고, 풋옵션은 기초자산을 매도할 수 있는 선택권을 의미한다. 옵션의 행사를 만기일에만 할 수 있는 것은 유럽옵션(European option)이라 하고, 만기일 이전에 언제라도 옵션을 행사할 수 있는 것을 미국옵션(American option)이라고 한다.

옵션의 소유자(혹은 매수자)는 자신에게 이익이 발생하는 유리한 경우에 권리를 행사하고, 불리한 경우에는 권리를 포기하여 옵션을 매입할 때 지불한 옵션가격(혹은 옵션 프리미엄)만의 손해를 보면 된다. 옵션의 소유자가 권리를 행사하면 옵션의 발행자(혹은 매도자)는 계약을 이행해야 할 의무가 발생한다. 옵션거래에 있어서는 옵션의 발행자와 옵션의 소유자가 얻는 손익은 서로 반대로 나타난다.

❷ 옵션의 가치

옵션 투자자가 권리를 행사함으로써 이익을 실현할 수 있는가의 여부에 따라 ① 내가격 옵션, ② 외가격 옵션, ③ 등가격 옵션으로 구분한다. 옵션을 행사하는 것이 투자자에게 유익한 경우는 내가격 옵션(in-the-money option, ITM)이라 한다. 투자자가 옵션을 행사하면 손해를 보는 경우는 외가격 옵션(out-of-the-money option, OTM)이라 하고, 옵션 행사가 투자자의 손익에 영향을 미치지 않는 경우는 등가격 옵션(at-the-money option, ATM)이라 한다.

옵션의 가치는 내재가치와 시간가치로 구성된다. 옵션의 내재가치(intrinsic value)는 옵션을 행사하는 경우에 확실히 얻어지는 이익으로서 본질가치 혹은 행사가치라고도 한다. 내가격 옵션의 내재가치는 양의 값이 되며, 등가격 옵션과 외가격 옵션의 내재가치는 0이 된다. 옵션의 시간가치(time value)는 옵션가격이 내재가치를 초과하는 부분을 말한다. 시간가치는 옵션 만기까지의 잔존기간 동안에 옵션 소유자가 얻을 수 있는 이득의 기대치이다. 이러한 옵션의 시간가치는 만기가 가까워질수록 작아진다. 그리고 내재가치가 0인 옵션도 만기일까지 얻을 수 있는 이득의 기대치가 양(+)이기 때문에 시간가치는 양(+)의 값을 갖는다.

❸ Black-Scholes의 옵션가격결정모형

Black and Scholes(1973)는 주가가 랜덤워크(random walk)에 따라 변화하는 기하 브라운 운동에 따르는 것으로 가정하여 옵션가격결정모형을 도출하였다. 주가변동이 기하 브라운 운동에 따른다는 것은 주가의 변동이 아주 짧은 변동기간마다 각기 독립관계에 있고, 연속적으로 변화하는 확률과정에 따라 움직인다는 것을 의미한다. 이러한 가정 하에서 도출된 Black-Scholes의 옵션가격결정모형은 다음과 같다.

① 유럽 콜옵션의 가치

$$C_0 = S_0 N(d_1) - E e^{-R_f T} N(d_2) \tag{20-5}$$

$$d_1 = \frac{\ln(S_0/E) + (R_f + \sigma^2/2)\,T}{\sigma\sqrt{T}}$$

$$d_2 = \frac{\ln(S_0/E) + (R_f - \sigma^2/2)\,T}{\sigma\sqrt{T}} = d_1 - \sigma\sqrt{T}$$

② 유럽 풋옵션의 가치

$$P_0 = E e^{-R_f T} N(-d_2) - S_0 N(-d_1) \tag{20-8}$$

$$d_1 = \frac{\ln(S_0/E) + (R_f + \sigma^2/2)\,T}{\sigma\sqrt{T}}$$

$$d_2 = d_1 - \sigma\sqrt{T}$$

❹ 이항분포 옵션가격결정모형

옵션의 가치는 주로 기초자산의 가격변동에 따라 좌우된다. 이항분포를 이용한 옵션가격결정모형에서는 기초자산의 가격의 변화가 상승한 경우와 하락한 경우의 두 가지만 있다고 가정한다. 다기간 이항분포 옵션가격결정모형에서 산출한 옵션의 가치는 기간의 수를 충분히 늘이게 되면, Black-Scholes의 옵션가격결정모형에서 산출한 옵션의 가치와 동일하게 된다.

$$C_0 = \left[\sum_{j=0}^{N} \frac{N!}{j!(N-j)!} p^j (1-p)^{N-j} max(S u^j d^{(N-j)} - E,\, 0) \right] e^{-NR_f \Delta T} \tag{20-17}$$

❺ 옵션가격결정모형을 응용한 자산 및 투자안 평가

옵션가격결정모형(OPM)은 재무관리의 여러 분야에 적용되고 있다. Black-Sholes가 부채를 조달한 기업(levered firm)의 자기자본을 처음으로 콜옵션을 이용하여 해석한 이후, 이 옵션가격결정모형은 신주인수권 및 전환사채의 가격결정, 기업의 투자결정 등에 응용되고 있다.

옵션이론에 의하면 주주의 청구권은 기업가치에 대한 콜옵션으로 볼 수 있고, 신주인수권부사채의 신주인수권은 보통주를 기초자산으로 하는 콜옵션과 같은 성격을 갖는다. 전환사채에 있어서는 사채를 주식으로 전환시킬 수 있는 전환권이 콜옵션과 동일하다. 투자결정에 있어서는 지연옵션과 확장옵션은 콜옵션으로, 포기옵션은 풋옵션으로 가치의 평가가 가능하다.

연 · 습 · 문 · 제

1 다음 용어를 설명하라

① 콜옵션　　　　　　② 풋옵션　　　　　　③ 유럽옵션

④ 미국옵션　　　　　⑤ 내가격(ITM) 옵션　⑥ 외가격(OTM) 옵션

⑦ 풋-콜의 등가　　　⑧ 보통주의 희석화　　⑨ 실물옵션

⑩ 확장옵션　　　　　⑪ 지연옵션

2 유럽옵션에서 콜옵션과 풋옵션의 소유자와 발행자의 손익선을 그리고 설명하라.

3 Black-Scholes의 옵션가격결정모형에서 각 변수의 변동이 콜옵션의 가치에 미치는 영향을 설명하라.

4 기초증권인 주식의 현재가격이 12,000원이다. 행사가격이 12,000원이고, 만기까지의 기간 이 4년인 유럽 콜옵션과 풋옵션이 있다. 무위험수익률은 5%이다. 이 기초증권에 대한 콜옵 션의 가치와 풋옵션의 가치를 비교하라(할인 및 복리계산은 연속형을 이용).

5 서울기업의 현재의 주가와 콜옵션의 행사가격은 각각 60,000원이다. 옵션만기까지의 기간 은 앞으로 0.5년이며, 주식수익률의 표준편차는 0.3이고, 무위험수익률은 4%이다. Black-Scholes의 옵션가격결정모형을 이용하여 이 옵션의 가격을 결정하라.

6 대상자산의 가격이 20,000원이고, 풋옵션의 행사가격이 다음과 같은 경우 ITM, ATM, OTM 에 해당하는 것을 구분하여 표시하라.

행사가격(원)	구 분
21,000	
20,500	
20,000	
19,500	
19,000	

7 보통주의 희석화 현상을 고려할 때 신주인수권의 가치는 어떻게 변동하는가? 신주인수권이 발행되는 시점과 신주인수권이 행사되는 시점을 나누어 설명하라.

8 제일기업의 보통주를 매수할 수 있는 콜옵션의 가치를 현재 평가하고자 한다. 현재 이 기업의 주가가 20,000원이며, 옵션의 행사가격이 12,000원이다. 옵션의 만기까지는 앞으로 0.4년, 무위험수익률은 6%, 그리고 주식수익률의 변동성(분산)이 0.09이다. 3기간 이항분포 옵션가격결정모형을 이용하여 콜옵션의 가치를 산출하면 얼마가 되겠는가?

9 위의 (8번 문제)에서 제일기업의 보통주에 대하여 행사가격 21,000원의 풋옵션을 발행하였다고 하자. 3기간 이항분포모형을 이용하여 이 옵션의 가치를 산출하라.

10 한국기업은 신설 공장 설립을 계획하고 있다. 이 건설로 인하여 20년 동안 현금유입이 발생할 것으로 예상된다. 그러나 현재의 경기 상황을 고려할 때, 계획 중인 신설 공장으로부터 창출될 현금흐름이 만족할만한 수준이 아닌 것으로 판단된다. 그런데 이 투자안은 5년간 연기가 가능하다. 초기의 투자비용은 50억원이고, 이 공장에서 기대할 수 있는 현금흐름의 현재가치는 40억원이다. 이 투자안의 현재가치 변동의 연간 분산은 0.16이고, 무위험수익률은 5%이다. 만약 신설 공장의 설립을 5년간 연기하는 경우 이 옵션의 가치를 구하라.

11 다음 자료를 이용하여 아래 물음에 답하라.

> 신창주식회사의 자산의 가치가 10억원이고, 자산가치의 변동성(표준편차)이 0.2이다. 이 회사는 5년 만기 순수할인채를 발행하여 5억원의 부채를 조달하였다. 무위험수익률은 5%이다.

(1) Black-Sholes의 옵션가격결정모형을 이용하여 신창주식회사의 자기자본의 가치를 구하라. 그리고 채권자 청구권의 가치를 구하라.

(2) 2기간 이항분포 옵션가격결정모형을 이용하여 신창주식회사의 자기자본의 가치를 산출하라.

(3) 신창주식회사의 자산의 가치가 4억으로 감소한 경우를 고려하여 보자. 이 경우 신창주식회사의 자기자본의 가치는 0인가? 만약 그렇지 않다면, 그 이유는 무엇인가? 그리고 신창주식회사의 자기자본의 가치를 구하라.

(4) 신창주식회사는 NPV가 -2천만원인 위험한 투자안을 채택하였으며, 이로 인하여 이 회사 자산의 변동성이 0.4로 증가한 경우를 고려하여 보자. 이 경우 자기자본의 가치는 얼마가 되는가?

(5) 위의 (4)의 경우 신창주식회사의 자기자본의 가치가 증가하였는가? 만약 그렇다면, NPV가 음$(-)$인 투자안을 채택하였는데도 불구하고 주주의 청구권의 가치가 증가한 이유는 무엇인가?

◈ 해답 --

4 C-P = 2,175

5 4,859

6 OTM, OTM, ATM, ITM, ITM

8 4,736

9 1,063

10 8.22

11 (1) 6.12, 3.88 (2) 6.63 (3) 0.73 (4) 6.45

21
Chapter

선　물

들어가면서

거래와 동시에 대금을 결제하는 현물거래와는 달리 거래를 실행하거나 실행할 계획이 거래대상물을 사용하는 시기와 차이가 날 경우 가격변동으로 인해 이익이나 손실이 발생할 수 있다. 이 때 거래자들은 거래대상에 대하여 거래시기와 거래가격을 미리 정하여 계약을 하고 약정된 시기에 계약을 이행하여 가격변동위험을 방어할 수 있다. 거래와 관련된 계약의 조건을 미리 정형화하여 시장성을 부여한 것을 선물계약(futures contract)이라고 한다.

현실적으로 생산을 위한 원자재가격이 상승하게 되면, 많은 기업들은 제품의 가격을 인상시켜 매출액의 감소로 이어지거나 또는 제품가격을 유지할 경우 공헌이익이 감소하여 기업의 경영성과가 감소되는 위험을 안게 된다. 또한 기업이 생산한 제품이 잠재적으로 가격이 하락할 경우 이익의 감소로 나타나 영업성과가 저조해질 수 있다. 이때 선물을 이용하여 미래 거래의 가격을 미리 결정해 둠으로서 가격변동의 위험을 방어할 수 있다.

우리나라에는 한국거래소에 설치되어 있는 파생상품시장을 통하여 상품선물, 주가지수선물, 주식선물, 통화선물, 금선물 등 다양한 선물 상품들이 상장되어 거래되고 있다.

이 장에서는 선물의 개념과 선물의 가격결정 방법을 살펴보고, 선물을 이용하여 자산의 가격변동위험을 헤지하는 방법에 대하여 설명한다. 먼저 선물거래와 선도거래의 차이, 선물거래의 종류, 주요 선물상품, 그리고 선물시장의 경제적 기능 등에 대해 설명한다. 다음으로 선물거래제도에 대하여 설명한다. 선물시장의 구조인 거래소, 거래소회원, 청산소 등에 대하여 설명하고, 선물거래에 참가하는 투자자들의 유형을 소개한다. 개시증거금, 유지증거금, 변동증거금 등을 포함한 증거금제도에 대해서도 설명한다.

그리고 선물의 이론적 가격을 설명하기 위한 모형에 대하여 소개한다. 먼저 보유비용모형을 통하여 선물의 이론적 가격을 도출하는 방법을 제시하고, 선물가격과 미래의 기대현물가격 간의 관계에 대하여 설명한다. 여기에서는 순수기대가설, 정상적 백워데이션 가설, 콘탱고 가설, 순헤지 가설 등을 이해하고, 선물가격에 포함된 위험 프리미엄을 산출하는 방법을 이해하는 것이 필요하다.

마지막으로 선물을 이용한 헤지 방법에 대하여 설명한다. 여기에서는 베이시스위험을 이해하고, 최소분산 헤지비율을 산출하고, 이를 이용하는 방법을 이해해야할 것이다.

선물의 기초개념

1.1 선물의 의의

선물거래(futures transaction)는 거래 당사자가 미래의 특정시점에 특정상품을 현재에 약정한 가격으로 인수 또는 인도할 것을 약정하는 거래를 말한다. 선물거래는 매매계약 시점과 상품의 수도 및 대금수수 시점이 서로 다르다는 점에서 거래와 동시에 상품수도와 대금수수가 이루어지는 현물거래(cash or spot transaction)와 차이가 있다.

선물거래에서 거래 당사자가 미래에 교환하기로 약정한 가격을 선물가격(futures price)이라 하며, 거래가 이루어지는 약정된 날짜를 결제일(settlement date) 또는 인도일(delivery date)이라고 한다.

투자자가 선물계약을 매입한 상태를 매입 포지션(long position)이라 하고, 투자자가 선물계약을 매도한 상태를 매도 포지션(short position)이라 한다.

1.2 선물계약과 선도계약

거래 당사자가 미래의 일정 시점에서 특정상품을 현재 결정한 가격으로 인수도하는 계약으로 선물계약(futures contract)과 선도계약(forward contract)이 있다.

선물계약과 선도계약은 미래의 거래가격을 현재의 시점에서 결정한다는 점에서는 유사하지만, 선물계약은 거래장소, 대상상품, 상품의 질, 양, 인도장소 등이 표준화되어 있는 반면에, 선도계약은 거래 당사자간에 거래조건을 편의에 따라 결정한다는 점에서 차이가 있다.

선물계약과 선도계약의 차이점을 요약해 보면 〈표 21-1〉과 같다.

표 21-1 선물계약과 선도계약의 차이

내 용	선물계약	선도계약
거래장소	거래소	장외시장
거래방법	공개입찰방법	당사자 간의 직접계약
시장참가자	다수의 시장참가자	한정된 거래자 중심
거래조건	표준화	당사자 합의에 따라 조정
양도	반대거래로 양도 가능	양도 불가능
가격형성	거래일마다 형성	계약시 단 1회 형성
증거금	증거금의 예치 및 유지	딜러와 신용라인 설정
일일정산	청산소에 의해 일일정산	없음
계약이행의 보증	청산소가 보증	거래 상대방의 신용도
가격변동 제한	1일 가격변동폭 제한	없음

1.3 선물의 종류

선물거래에 이용되는 상품을 크게 두 가지로 나누면 상품선물(commodity futures)과 금융선물(financial futures)이 있다.

상품선물은 초기에는 곡물을 중심으로 발달하였으나 최근에는 에너지, 귀금속, 비철금속 등 광산품이나 가공상품, 저장할 수 없는 상품 등에 대한 선물거래도 발달하고 있다.

금융선물은 1972년에 CME(Chicago Mercantile Exchange)의 부속기관인 IMM(International Monetary Market)에서 통화선물이 처음으로 거래되기 시작하였다. 그 이후 금리선물, 주가지수선물 등이 도입되어 거래되고 있다.

우리나라에서는 한국거래소가 파생상품시장을 개설하여 선물상품이 거래되고 있다. 1996년 5월에 KOSPI 200 지수를 거래대상으로 하여 처음으로 선물거래가 시작되었다. 그리고 1999년 4월에 달러화 선물, 금선물 등의 거래가 시작되었으며, 그 이후로 국채선물, 돈육선물 등의 거래가 추가되었다. 현재 한국거래소에 상장되어 거래되고 있는 선물상품은 다음과 같다.[1]

① 주가지수선물: KOSPI 200, STAR지수선물, KOSPI 200 섹터지수선물
② 개별주식종목: 25개 기업의 개별주식종목

---

1) 각 상품의 거래제도는 한국거래소 홈페이지(http://www.krx.or.kr)를 참조하기 바란다.

표 21-2 세계 주요 선물상품

구분		주요 상품
상품 선물	농산물	밀, 옥수수, 대두, 면화, 설탕, 코코아, 커피 등
	축산물	소, 돼지 등
	임산물	목재, 합판 등
	비철금속	알루미늄, 구리, 아연, 니켈 등
	에너지	원유, 휘발유, 가스 등
	귀금속	금, 은, 백금 등
금융 선물	통화	파운드, 유로, 엔, 캐나다 달러 등
	금리	미국국채, 일본국채, 영국국채, 유로달러 등
	주가지수	S&P 500, Nikkei 225, FTSE 100, KOSPI 200 등

③ 채권(금리)선물: 3년국채, 5년국채, 10년국채

④ 통화선물: 미국달러, 일본엔, 유로

⑤ 상품선물: 금, 미니금, 돈육

⑥ 변동지수: KOSPI 200 변동성지수선물

1.4 선물시장의 경제적 기능

선물시장은 미래의 현물가격을 예시하고, 현물시장의 가격변동위험을 이전시키는 기능을 한다. 또한 재고자산의 시간적 배분을 가능하게 하고, 자본형성을 촉진함으로써 경제의 안정과 활성화에 기여한다. 일반적으로 선물시장은 다음과 같은 네 가지 기능을 수행한다고 본다.

1) 가격예시기능

선물시장은 미래의 현물가격에 대한 가격예시기능(price discovery function)을 수행한다. 선물시장에는 현재와 미래의 시장의 수요와 공급에 관한 각종 정보가 세계 도처로부터 집결되며, 이러한 정보는 선물의 가격결정에 영향을 미친다.

선물가격은 현물시장의 수요와 공급에 관한 수많은 시장참가자들의 예측을 집약하고 있다. 물론 이러한 선물시장의 각종 정보를 기초로 만들어지는 시장참가자들의 예측이 반드시 미래에 실현된다고는 할 수 없지만, 현재의 시점에서 보면 미래의 상황에 대한 공통된 의견의 표출이라고 할 수 있다. 따라서 선물가격은 미래의 현물가격을 예시한다고 할 수 있다. 특히 이 기능은 미래에 형성될 현물시장의 가격을 현재의 선물시장에서 형성된 가격으로 미루어 예측할 수 있으므로 매우 유용하다.

선물시장은 이러한 가격예시기능을 통해서 현물가격을 안정시키는 역할을 한다. 일반적으로 현물가격은 현물시장의 수요와 공급이 변동하면 그에 따라 급격하게 변동하는 경향이 있으나, 선물가격이 미래의 현물가격을 예시해 줌으로써 현물가격의 변동을 안정시킬 수 있다.

2) 위험이전기능

선물시장은 위험이전기능(risk transfer function)을 수행한다. 선물시장에서는 헤지거래(hedge transaction)가 가능하기 때문에 헤지거래자(hedger)들은 가격변동위험을 투기자(speculator)들에게 전가시킬 수 있다. 선물시장의 투기자들은 헤지거래자들로부터 전가되는 가격변동위험을 부담하는 대신에 투기적인 이익을 얻게 된다.

선물시장은 이와 같은 위험이전기능을 통하여 현물시장의 유동성과 안정성을 향상시키고 사회 전체적으로 효용을 증대시킨다.

3) 재고자산의 시간적 배분기능

선물시장은 재고자산의 시간적 배분기능(intertemporal allocation of inventories)을 수행한다. 미국의 경우에는 소맥, 옥수수, 대두 등의 곡물을 기초자산으로 하는 선물계약이 선물거래에서 차지하는 비중이 크다. 곡물류는 1년 작물이면서도 장기보관이 가능하므로 다음 연도로 이월될 수 있다. 기초자산이 곡물인 경우에 선물시장은 재고자산을 헤지하기 위한 시장으로서의 기능을 수행한다. 선물시장은 곡물류의 재고보유를 시간적으로 배분시켜서 장기적으로 곡물류의 수급을 안정시킬 수 있다. 그러므로 경제적인 측면에서 보면 선물시장은 재고자산의 시간적 배분을 통하여 자원배분의 효율성을 증대시킨다고 할 수 있다.

4) 자본형성기능

선물시장은 투기자의 부동자금을 헤지거래자의 산업자금으로 이전시키는 자본형성기능(capital formation function)을 간접적으로 수행한다.

선물거래는 적은 증거금만으로도 큰 금액의 거래가 가능하기 때문에 투자원금에 대한 손익의 레버리지가 매우 크다. 따라서 적은 자금으로 높은 위험을 감수하고서라도 높은 수익을 얻고자 하는 투기자에게는 좋은 투자수단이 된다.

선물거래제도

제**2**절 | Financial Management

2.1 선물시장의 구조

선물시장은 거래소, 거래소회원, 청산소로 구성된다. 여기서는 세 가지 선물시장의 주요 구성기관에 대해 살펴본다.

1) 거래소

선물계약은 선물거래소(futures exchange)에서만 거래된다. 각국의 선물거래소는 차이는 있으나 일반적으로 비영리단체로서 회원제로 운영되고 있다. 최근에는 주식회사 형태로 전환하는 경향을 보이고 있다.

각 거래소는 회원(member)들에게 거래장소를 제공하고 거래소내의 선물거래를 자율적으로 규제하며 회원의 이익을 증진시키는 기능을 수행한다.

일반 고객이나 비회원은 회원을 통해서만 선물거래를 할 수 있으며, 선물거래소 자신은 직접 선물거래에 참여하지 않고 선물계약을 보유하지도 않는다.

2) 거래소회원

선물거래소는 대체로 개인 또는 기관으로 구성된 회원조직이다. 거래소의 회원이 되기 위해서는 거래소의 엄격한 심사를 거쳐 승인을 받은 후 회원권을 직접 취득해야 한다.

회원권의 시세는 최근의 선물거래량과 향후의 예상 선물거래량에 따라 결정되며, 회원권의 수와 종류는 거래소마다 다소 차이가 있다. 회원권을 소지한 개인이나 기관은 선물거래에 관한 여러 가지 권한을 행사한다. 거래소의 회원이 아닌 투자자는 회원을 통해서 선물거래를 할 수 있다.

거래소의 회원은 업무의 측면에서 거래소회원(exchange member)과 청산회원(clearing member)으로 구분할 수 있다. 거래소회원은 거래소 내에서 선물거래 업무를 수행하고, 청산회원은 청산소(clearing house)의 회원으로 선물거래가 체결된 후 결제업무를 수행한다. 거래소회원이 청산회원을 겸하고 있는 경우가 있는데, 이런 회원은 일반적으로 규모가 큰 선물중개회사(futures commission merchant, FCM)이다.

3) 청산소

청산소(clearing house)의 가장 핵심적인 기능은 거래 당사자들이 거래를 이행하도록 보증하는 것이다. 투자자가 선물시장에서 포지션을 취하면 청산소는 반대포지션을 취하여 계약의 이행을 보증한다.

청산소의 존재로 인하여 투자자는 거래상대방의 재정상태나 신용에 대해 걱정할 필요가 없다. 청산소는 모든 매도계약의 매입자로, 모든 매입계약의 매도자로서의 포지션을 취한다. 따라서 투자자는 원래 계약의 상대방을 개입시키거나 거래상대방의 채무불이행에 대해 걱정을 하지 않고 포지션을 마감할 수 있다. 선물계약을 거래 일방과 거래에 관계하는 청산소와의 계약이라고 정의하는 것은 이런 이유 때문이다.

보증기능 이외에도 청산소는 투자자들이 결제일 이전에 손쉽게 포지션을 마감할 수 있도록 한다. 선물매입자가 포지션을 마감하기를 원한다면 매입자가 매도자를 찾아가서 계약을 종료할 필요가 없다. 그 대신 매입자는 동일한 선물계약을 매도하여 포지션을 청산할 수 있다. 이 경우 선물매도자는 결제일에 선물매입자에게 인도하지 않고, 청산소로부터 선물계약을 매입하여 미결제 포지션을 갖고 있는 다른 선물매입자에게 인도하게 된다. 동일한 방법으로 선물매도자가 포지션을 결제일 이전에 청산하고자 한다면 선물계약을 매입하면 된다.

2.2 선물시장의 투자자 유형

선물시장의 투자자는 투기자, 헤지거래자, 차익거래자의 세 가지 유형으로 나눌 수 있다.

1) 투기자

투기자(speculator)는 가격변동위험을 감수하고 투기적 이익을 얻기 위해서 선물거래를 하는 투자자이다. 선물시장에는 다양한 투기자가 참여하고 있다. 투기자는 거래소 밖에서 중개회사를 통하여 투기거래를 하기도 하고, 거래소 내에서 직접 투기거래에 참여하기도 한다.

이 중에서 거래소 내에서 회원권을 가지고 자신의 계정으로 투기거래를 하는 장내거래자(floor trader)를 로컬(local)이라고 한다. 로컬은 다른 시장참가자들에게 유동성을 제공할 뿐만 아니라 선물시장의 효율성을 높이는 역할을 한다. 로컬은 다시 포지션의 보유기간에 따라 스캘퍼(scalper), 일일거래자(day trader), 그리고 포지션거래자(position trader)로 분류된다.

스캘퍼(scalper)는 초단기 동안 포지션을 보유하여 이익을 얻는 투기자를 말한다. 일일거래자(day trader)는 스캘퍼와 같이 행동하는 투기자이긴 하지만, 스캘퍼보다 큰 규모의 포지션을 취하고 하루 동안만 선물 포지션을 보유하는 투기거래자이다. 포지션거래자(position trader)는 상품간의 가격관계가 적정선을 벗어날 경우에 이익을 취하고자 하는 투기자로 적어도 하룻밤 이상 수일 내지 수주 동안 선물 포지션을 보유하는 경우가 많다.

2) 헤지거래자

헤지거래자(hedger)는 상품가격, 증권가격, 환율, 이자율 등 현물가격의 변동으로 야기되는 위험을 축소하기 위하여 선물시장을 이용하는 거래자를 말한다. 헤지거래자는 현재의 현물 포지션과 반대되는 선물 포지션을 취함으로써 가격위험을 헤지한다.

3) 차익거래자

차익거래자(arbitrageur)는 선물가격과 현물가격 간의 차이 또는 여러 선물가격 간의 차이를 이용하여 이익을 얻는 거래자이다.

시장에서 형성되고 있는 선물가격이 이론적 선물가격보다 낮게 형성되고 있는 경우에는 선물을 매입하고 동시에 현물을 매도함으로써 거래에 따른 위험을 부담하지 않고 차익을 얻을 수 있다. 반대로 선물가격이 이론적 선물가격보다 높은 경우에는 선물을 매도하고 현물을 매입함으로써 차익을 얻을 수 있다. 이와 같은 거래를 수행하는 거래자를 차익거래자라고 한다.

2.3 증거금제도

선물거래에서 거래와 관련된 계약은 현재 시점에서 이루어지지만 계약의 이행은 미래 일정시점에 이루어지기 때문에 계약불이행의 가능성이 높다. 선물거래에서는 이러한 위험을 최소화하기 위하여 계약이행을 보증할 수 있는 증거금제도를 두고 있다. 증거금은 개시증거금, 유지증거금, 추가증거금으로 구분할 수 있다.

개시증거금(initial margin)은 선물거래를 개시하기 위해 증거금 계정에 예치해야 하는 최초의 증거금을 말한다. 청산소는 과거의 선물가격 변동의 크기를 참고하여 개시증거금의 크기를 결정한다. 선물가격의 변동성이 이례적으로 증가할 경우 청산소는 개시증거금의 크기를 상향 조정할 수 있다. 보통 개시증거금은 선물가격이 하루 동안에 변동할 수 있는 가격제한폭과 유사한 수준으로 결정된다.

유지증거금(maintenance margin)은 선물증거금 계정에 반드시 유지되어야 하는 증거금의 최소 수준을 말한다. 일반적으로 개시증거금의 75% 수준이 적용되고 있다.

선물가격이 고객에게 불리하게 변동하여 고객의 선물증거금이 유지증거금 이하로 하락하면, 중개회사는 고객에게 개시증거금 수준까지 증거금을 추가로 예치하도록 요구하는데 중개회사의 이런 요구를 증거금요구(margin call)라고 한다. 중개회사의 증거금요구에 따라 고객이 선물증거금 계정에 예치하는 증거금을 추가증거금(additional margin) 또는 변동증거금(variation margin)이라고 한다.

고객이 중개회사로부터 증거금요구를 받은 경우에는 개시증거금 수준까지 추가증거금을 예치하여야 한다. 그렇지 않을 경우에 중개회사는 일방적으로 고객의 포지션을 청산하고, 증거금 계정을 폐쇄할 수 있다.

제3절 선물의 가격결정

Financial Management

3.1 보유비용모형

1) 보유비용

선물시장의 가격구조를 이해하기 위해서는 먼저 보유비용의 개념을 이해할 필요가 있다. 보유비용(carrying cost)은 어떤 자산을 일정한 기간 동안 보유하는데 소요되는 비용을 말한다. 즉 보유비용은 자산보유에 따른 순투자비용을 의미한다.

예를 들어, 자금을 차입하여 면화를 매입하는 투자자를 가정해 보자. 이 경우에 있어 면화 매입자는 차입자금에 대해 이자를 지불하여야 하고, 면화를 보관하거나 운송하는 데에 보험료, 보관료, 운송비 등의 여러 비용을 부담하여야 한다. 이러한 경우에 면화를 매입한 투자자가 지불해야 하는 금융비용과 제반비용을 투자비용이라고 할 수 있다.

다른 예로 자금을 차입하여 채권을 매입하는 투자자를 가정해 보자. 이 투자자의 투자비용은 차입자금에 대해 지급해야 하는 이자비용이라고 할 수 있다. 그런데 이 투자자는 채권을 보유하는 기간 동안 채권의 액면이자를 받을 것이다. 이러한 경우에 채권을 매입한 투자자가 지불해야 하는 순투자비용은 투자비용인 지급이자에서 투자수익인 채권의 액면이자를 차감한 것이 된다.

이렇게 자산을 보유하는 데 발생하는 비용에서 보유기간 동안 발생하는 수익을 차감한 것을 보유비용 혹은 순투자비용이라고 한다.

2) 선물의 가격결정

선물은 미래의 일정한 시점에 상품을 인수도하기로 약정하고 현재시점에 계약을 체결하는 것이라고 하였다. 따라서 이론적으로 볼 때 선물가격은 다음과 같이 현물의 현재가격에 일정한 기간 동안 보유하는 데 소요되는 보유비용을 더한 것이라고 할 수 있다.

$$F_{t,T} = S_t + SC \tag{21-1}$$

단, $F_{t,T} = t$시점에서 만기가 T인 선물의 가격
$S_t = t$시점에서의 현물가격
$SC = $ 선물의 만기까지 소요되는 보유비용

(21-1)식에서 보유비용은 투자수익에서 투자비용을 차감하여 산출한다. 투자비용이 투자수익보다 커서 보유비용이 양(+)인 경우에는 선물가격이 현물가격보다 높아지고, 투자수익이 투자비용보다 커서 보유비용이 음(-)일 때에는 선물가격이 현물가격보다 낮게 형성된다. 일반적으로 보유에 따른 투자비용이 투자수익보다 크므로 보유비용은 양(+)의 값을 가진다.

선물가격의 결정모형을 보다 구체적으로 살펴보자. 거래비용과 세금이 없으며, 차입이자율과 대출이자율이 동일하고 확정적인 경우를 가정해 보자. 이러한 가정 하에서 현물을 매입하고 선물을 매도하는 거래를 수행한 투자자의 손익을 산출하여 보자. 어떤 투자자가 t시점에서 만기가 T인 선물계약을 가격 $F_{t,T}$에 매도하고, 동시에 현물의 매입에 필요한 자금을 이자율 r로 차입하여 현물을 가격 S_t에 구입하는 거래를 한다고 해보자. 이때 현물보유에 따른 수익은 없다고 가정

표 21-3 현물매입·선물매도 거래의 손익

시점 \ 구분	거래별 현금흐름			순이익
	차 입	현 물	선 물	
t	S_t	$-S_t$	0	0
T	$-S_t e^{r(T-t)}$	S_T	$F_{t,T}-S_T$	$F_{t,T}-S_t e^{r(T-t)}$

하자.

계약을 체결하는 t시점에서는 현금흐름이 발생하지 않는다. 그러나 시간이 경과하여 선물의 만기인 T시점이 되면, 이 투자자는 보유하고 있는 현물을 선물매입자에게 인도하고, 자금 $F_{t,T}$를 받게 될 것이다. 그리고 현물을 매입하는 데 소요된 자금 S_t를 이자율 r에 차입하였으므로, 원리금 $S_t e^{r(T-t)}$만큼 상환해야 한다.[2] 따라서 이러한 투자자의 순이익은 〈표 21-3〉과 같이 된다.

이 투자자는 현물 매입자금을 모두 차입하여 투자하였고, 위험을 전혀 부담하지 않고 $F_{t,T}-S_t e^{r(T-t)}$ 만큼의 차익을 얻게 될 것이다. 이러한 차익거래 이익이 발생하면 시장에서는 차익거래가 활발해져 결국 시장은 균형에 이르게 된다. 시장이 균형에 이르게 되면 이러한 투자자의 순이익은 0이 된다. 따라서 이론적인 선물가격은 다음과 같이 나타낼 수 있다.

$$F_{t,T}=S_t e^{r(T-t)} \tag{21-2}$$

단, $F_{t,T}=t$시점에서의 T시점 만기의 선물가격
$S_t=t$시점에서의 현물가격
$r=$차입이자율

(21-2)식은 투자비용은 이자비용만 발생하고 투자수익은 발생하지 않아서 보유비용은 이자비용만 존재하는 경우의 선물의 이론가격 결정모형이라고 할 수 있다.

---

2) 파생상품거래의 경우에 투자기간이 매우 짧기 때문에 이산복리형의 이자계산보다 연속복리형으로 이자를 계산하는 것이 편리하다. 그러나 연간 이자율계산 횟수에 따라 투자기말에 지급할 이자금액이 달라진다. 따라서 연간 m회 이자계산을 하는 이자율 R이 주어진 경우에, 이 이자율을 연속복리형 이자율 r로 환산하여 이자계산을 해야 한다. 이러한 환산에는 다음의 관계식이 이용된다.

$r=\ln(1+R/m)^m$

예를 들어, 연간 2회 이자를 지급하는 이자율 8%는 다음과 같이 연속복리형 이자율 7.8441%가 된다.

$r=\ln(1+R/m)^m=\ln(1+0.08/2)^2=7.8441\%$

예 21-1

금선물의 이론적 가격을 산출하여 보자. 금의 현물에 대해서는 보관비용 등이 발생하지 않으며, 금을 보유하는데 따른 투자수익도 없다고 가정한다. 선물계약의 만기까지의 기간은 3개월이고, 연속복리형 이자율은 8%이고, 금의 현물가격은 60,000원/g이다. 이론적인 선물가격은 얼마가 되는가?

$$F_{t,T} = S_t e^{r(T-t)} = (60,000) e^{(0.08)(3/12)} = 61,212.08원$$

3.2 선물가격과 기대현물가격의 관계

선물가격에는 미래의 현물가격에 대한 시장참가자들의 기대가 중대한 영향을 미친다. 그렇다면 미래의 현물가격에 대한 투자자들의 기대가 현재의 선물가격에 완전히 반영되어 있다고 할 수 있겠는가?

이와 관련하여 현재의 선물가격은 미래의 현물가격을 완전히 예측한다는 견해와 완전히 예측하지 못한다는 견해가 대립되고 있다. 전자는 선물가격결정의 순수기대가설이라고 하고, 후자는 현재의 선물가격과 미래의 현물가격의 차이를 위험 프리미엄으로 설명하므로 위험프리미엄가설이라고 한다.

1) 순수기대가설

순수기대가설은 현재의 선물가격이 만기일에서의 기대선물가격과 평균적으로 일치한다는 주장으로 Telser(1958) 등이 제시한 것이다.[3] 만기일에서의 기대선물가격은 만기일에서의 기대현물가격과 일치하게 되는데 이를 만기일수렴현상(delivery date convergence)이라고 한다. 따라서 순수기대가설은 현재의 선물가격이 다음과 같이 만기일의 기대현물가격과 일치한다는 것이다.

$$F_{t,T} = E(S_T) \tag{21-3}$$

단, $F_{t,T}$ = t시점에서의 T시점 만기의 선물가격

$E(S_T)$ = 선물의 만기일인 T시점에서 현물가격의 기대치

순수기대가설은 현재의 선물가격이 미래의 현물가격에 대한 시장 기대치와 일치한다고 주장한다. 그리고 경제학자들은 현재의 선물가격이 미래의 현물가격에 대한 불편기대치(unbiased expectation)라고 주장하는데, 이러한 가설을 선물가

---

3) L. G. Telser(1958), "Futures Trading and the Storage of Cotton and Wheat," *Journal of Political Economy*, 66, 233–255.

격결정의 순수기대가설이라고 한다. 이 가설에 따르면, 현재의 선물가격이 미래의 현물가격을 정확하게 예측해 준다는 것이다.

그러나 Chang(1985) 등 여러 학자들은 순수기대가설이 실증적으로 지지되는지에 대한 검증을 실시하였는데, 이러한 연구에서 발견된 증거들은 대체로 이 가설을 지지하지 않는 것으로 나타났다.[4] 즉 현재의 선물가격이 미래의 현물가격을 정확하게 예측하지 못하는 것으로 나타났다.

2) 위험프리미엄가설

위험프리미엄가설은 현재의 선물가격이 미래의 기대현물가격과 차이가 나는 이유가 위험프리미엄이 존재하기 때문이라고 설명한다. 선물거래에 위험프리미엄이 존재한다면, 현재의 선물가격과 만기일의 기대선물가격 간에는 다음과 같은 관계가 성립할 것이다.

$$F_{t,T} < E(F_{T,T}) \tag{21-4}$$

위 식은 현재의 선물가격이 만기일에서의 선물가격보다 낮아야 한다는 것을 나타내고 있다. 이러한 관계가 성립해야 현재에 선물에 투자하여 만기까지 보유하는 투자자들이 위험프리미엄을 얻을 수 있을 것이다. 그리고 선물의 만기일에는 만기일수렴현상이 존재하기 때문에 현물가격과 선물가격이 동일할 것이므로, (21-5)식과 같은 관계가 성립할 것이다.

$$F_{t,T} < E(S_T) \tag{21-5}$$

(21-5)식에서 현재의 선물가격은 미래의 기대현물가격보다 낮다. 이러한 경우에 현재의 선물가격은 미래의 현물가격에 대한 기대치와 다르게 된다. 즉 현재의 선물가격은 미래 현물가격의 편의기대치(biased expectation)가 된다.

현재의 선물가격이 미래의 기대현물가격과 차이가 나게 하는 이유는 무엇인가? 여기서는 그 이유를 위험프리미엄으로 설명한다. 이러한 위험프리미엄가설은 정상적 백워데이션가설, 콘탱고가설, 순혜지가설로 구분할 수 있다.

(1) 정상적 백워데이션가설

정상적 백워데이션가설(normal backwardation hypothesis)은 일반적으로 헤

---

4) E. Chang(1985), "Returns to Speculators and the Theory of Normal Backwardation," *Journal of Finance*, 40, 193-208.

지거래자가 매도 포지션을 취하기 때문에 매입 포지션을 취하는 투자자들에게 위험프리미엄이 지급된다는 가설이다. 이 가설에 의하면, 대부분의 헤지거래자는 매도헤지를 위하여 순매도 포지션(net short position)을 취한다. 그리고 이러한 헤지거래자들의 위험을 시장에서 이들과 반대의 포지션을 취하는 투기자들이 부담하게 될 것이다. 따라서 선물시장에서 선물계약의 초과공급이 발생하게 되어 선물가격이 하락하게 될 것이며, 현재의 선물가격이 미래의 기대현물가격보다 낮아진다고 한다.

그리고 투기자는 위험프리미엄을 얻기 위해서 헤지거래자와 반대로 순매입 포지션을 취한다. 이와 같은 상태에서는 선물가격이 기간의 경과에 따라 미래의 기대현물가격을 향하여 상승하는 정상적 백워데이션 현상이 나타난다.[5]

이 때 매입 포지션을 취한 투기자는 헤지거래자로부터 전가된 위험을 감수한 대가로 $E(S_T)-F_{t,T}$의 위험프리미엄을 얻게 된다.

(2) 콘탱고가설

콘탱고가설(contango hypothesis)은 대부분의 헤지거래자가 매입헤지를 위하여 순매입 포지션(net long position)을 취하기 때문에 선물시장에서 선물계약에 대한 초과수요가 발생하여 현재의 선물가격이 미래의 기대현물가격보다 높아진다고 한다.

그리고 투기자는 위험프리미엄을 얻기 위해서 헤지거래자와 반대로 순매도 포지션을 취한다. 이와 같은 상태에서는 선물가격이 기간의 경과에 따라 미래의 기대현물가격을 향하여 하락하는 콘탱고 현상이 나타난다.

이 때 매도 포지션을 취한 투기자는 헤지거래자로부터 전가된 위험을 감수한 대가로 $F_{t,T}-E(S_T)$의 위험프리미엄을 얻게 된다.

(3) 순헤지가설

순헤지가설(net hedge hypothesis)은 헤지거래자의 순포지션이 계약기간의 경과에 따라 변동할 수도 있다는 데 근거하고 있다.

계약기간의 초기에는 헤지거래자가 매도헤지를 위해서 순매도 포지션을 취하고 투기자는 위험프리미엄을 얻기 위해서 순매입 포지션을 취한다고 본다. 따라서 계약기간의 초기에는 선물가격이 미래의 기대현물가격보다 낮게 형성된다.

---

5) 정상적 백워데이션(normal backwardation)을 백워데이션(backwardation)과 구별하여 사용하기도 한다. 어떤 시점에서 현물가격이 선물가격보다 높거나 근월물 선물가격(nearby futures price)이 원월물 선물가격(distant futures price)보다 높은 상태를 백워데이션이라고 한다.

그림 21-1 선물가격의 패턴

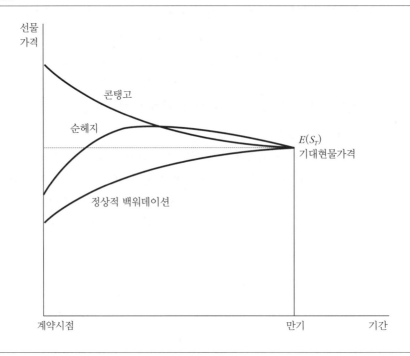

이 상태에서는 선물가격이 정상적 백워데이션의 경우와 같이 계약기간의 초기에는 상승한다.

그러나 계약기간이 조금 더 경과한 후에 헤지거래자가 순 포지션을 변동시켜서 순매입 포지션을 취하고 투기자는 순매도 포지션을 취하게 된다고 본다. 이러한 기간에는 선물가격이 기대현물가격보다 높게 형성된다. 이 상태에서 선물가격은 콘탱고의 경우와 같이 기간의 경과에 따라 미래의 기대현물가격을 향하여 하락한다.

이상에서 설명한 선물가격과 미래의 기대현물가격 간의 관계를 기초로 하여 선물가격의 패턴을 그림으로 나타내면 [그림 21-1]과 같이 된다.

(4) CAPM에 의한 설명

위에서 설명한 여러 가지 가설들은 선물가격이 위험프리미엄 때문에 미래의 기대현물가격과 차이를 보인다고 하였다. 그렇다면, 위험프리미엄의 크기를 어떻게 측정해야 할지에 대해서 이해할 필요가 있다. 선물가격에 포함된 위험프리미엄의 크기는 $CAPM$을 이용하여 설명할 수 있다.

$CAPM$에 의하면 현물가격은 미래의 기대현물가격을 요구수익률로 할인한 현재가치와 동일해야 한다.

$$S_t = E(S_T) e^{-k(T-t)} \qquad (21-6)$$

단, k = 요구수익률

그리고 이론적인 선물가격을 나타내는 (21-2)식을 변형하여 현물가격에 대하여 정리하면, (21-7)식과 같이 나타낼 수 있다.

$$S_t = F_{t,T} e^{-r(T-t)} \qquad (21-7)$$

(21-7)식에서 r은 무위험수익률을 나타내고 있다. 이러한 두 식을 이용하여 선물가격과 미래의 기대현물가격 간의 관계를 나타내면 (21-8)식과 같이 쓸 수 있다.

$$F_{t,T} = E(S_T) e^{(r-k)(T-t)} \qquad (21-8)$$

(21-8)식에 의하면 선물가격과 미래의 기대현물가격의 관계는 무위험수익률과 요구수익률 간의 관계에 따라 달라진다는 것을 알 수 있다. 어떤 자산의 현물가격이 양(+)의 베타계수를 가진다면, 이러한 자산에 대한 요구수익률이 무위험수익률보다 높을 것이다. 따라서 이러한 자산의 선물가격은 미래의 기대현물가격보다 낮아야 한다. 따라서 선물가격은 정상적 백워데이션가설에서 제시한 패턴을 보이게 될 것이다.

그러나 만약 자산의 현물가격이 음(-)의 베타계수를 가진다면, 이러한 자산에 대한 요구수익률은 무위험수익률보다 낮을 것이다. 따라서 이러한 자산의 선물가격은 미래의 기대현물가격보다 높아야 한다. 따라서 선물가격은 콘탱고가설에서 제시한 패턴을 보이게 될 것이다.

예 21-2

어떤 투자자가 만기까지의 기간이 3개월인 금선물에 투자하기 위하여 다음과 같은 자료를 수집하였다. 금현물의 보유로 인한 보관비용이나 투자수익은 발생하지 않으며, 무위험수익률은 8%이다. 금선물의 가격은 61,212.08원이다. 금현물가격의 베타계수가 -0.5이며, 금투자에 대한 투자자들의 요구수익률은 5%이다.

투자자들은 3개월 후에 형성될 금현물의 가격을 얼마로 예측하고 있다고 할 수 있겠는가?

$$F_{t,T} = E(S_T) e^{(r-k)(T-t)}$$
$$E(S_T) = 61,212.08 e^{-(0.08-0.05)(3/12)} = 60,754.71원$$

이러한 경우 선물가격이 기대현물가격보다 높게 형성되며, 시간의 경과에 따라 상대적으로 높은 선물가격은 상대적으로 낮은 미래의 기대현물가격으로 수렴하기 위하여 하락하는 콘탱고가설에 의한 선물가격 패턴을 보일 것이다.

선물을 이용한 위험 헤지

제**4**절
Financial Management

4.1 헤징의 기본원리

1) 헤징의 의의

일반적으로 헤지(hedge)는 상품가격, 주가, 환율, 이자율 등 현물가격의 변동으로 야기되는 위험을 감소 또는 제거시키기 위한 제반거래를 말한다. 이러한 거래를 행하는 사람을 헤지거래자(hedger)라고 한다.

선물거래를 이용한 헤지는 선물포지션의 방향에 따라 매입헤지(long hedge)와 매도헤지(short hedge)로 구분한다. 매입헤지는 미래에 매입할 현물자산의 가격상승 위험을 헤지하기 위하여 선물계약에 매입 포지션을 취하는 것을 말한다. 매도헤지는 이와 반대로 현물자산의 가격하락위험을 헤지하기 위하여 선물계약에 매도 포지션을 취하는 것을 말한다.

그리고 헤지효과(hedge effect)의 정도에 따라 완전 헤지와 불완전 헤지로 분류한다. 완전 헤지(perfect hedge)는 선물계약을 이용하여 가격위험을 완전히 헤지하는 것을 말하고, 불완전 헤지(imperfect hedge)는 가격위험을 부분적으로 헤지하는 것으로 부분 헤지(partial hedge)라고도 한다.

2) 베이시스 위험

베이시스(basis)는 현물가격과 선물가격의 차이를 말한다. 따라서 베이시스는 보유비용의 크기와 동일하고, 다만 그 부호만 반대로 나타난다. 만기일 이전의 시점 t에서의 베이시스는 (21-9)식과 같다.

$$b_t = S_t - F_{t,T} \qquad\qquad (21-9)$$

단, b_t = t시점에서의 베이시스

(21-9)식에서 만기일 이전의 현물가격이 선물가격보다 높을 경우에는 베이시스가 양(+)이 되고, 현물가격이 선물가격보다 낮을 경우에는 베이시스가 음(-)이 된다. 이러한 베이시스는 [그림 21-2]와 같이 만기일에 가까워질수록 점차 감소하며 만기일에는 0이 된다.

현물가격과 선물가격의 차이인 베이시스는 현물시장과 선물시장의 수급관계에 따라 변동하는 데 이를 베이시스 위험(basis risk)이라고 한다. 선물을 이용하여 헤지를 한다는 것은 현물의 가격변동위험을 베이시스의 변동이라는 위험으로 바꾸는 것이라고 할 수 있다.

예를 들어, t_1시점에서 헤징을 시작하고, t_2시점에서 헤징을 종료한다고 하자. 이러한 경우 각 시점에서의 베이시스는 다음과 같이 정의할 수 있다.

$$b_1 = S_1 - F_1$$
$$b_2 = S_2 - F_2$$

현물을 보유하고 있으며, t_2시점에서 보유하고 있는 현물을 처분할 계획을 가진 투자자가 있다고 하자. 이 투자자는 보유하고 있는 현물의 가격변동위험을 헤지하기 위하여 선물에 매도 포지션을 취하는 매도헤지를 해야 할 것이다. 이 투

그림 21-2 현물가격과 선물가격의 만기일수렴현상

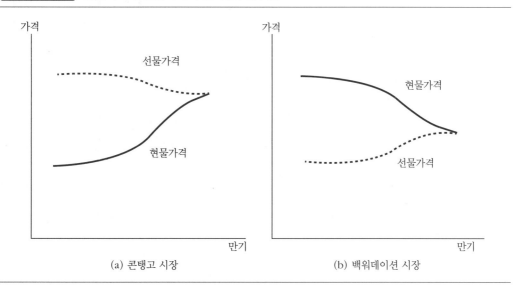

(a) 콘탱고 시장　　　　　　　　　　　(b) 백워데이션 시장

자자는 t_1시점에서 선물에 매도 포지션을 취하고, t_2시점에서 포지션을 청산하고 보유하고 있는 현물을 처분할 것이다. 이러한 투자자가 보유하고 있는 헤지 포트폴리오의 t_2시점에서의 가치는 선물거래를 통한 이득 (F_1-F_2)과 현물처분으로 얻게 될 S_2만큼의 현금으로 구성될 것이다. 따라서 이 투자자가 보유하고 있는 헤지 포트폴리오의 가치(V)는 다음 식과 같이 될 것이다.[6]

$$V = S_2 + F_1 - F_2 = F_1 + b_2 \qquad\qquad (21-10)$$

예 21-3

어떤 투자자가 보유하고 있는 금의 가격변동위험을 선물을 이용하여 헤지하고자 한다. 현재의 금의 현물과 선물가격은 각각 60,000원과 56,000원이다. 헤징을 종료한 시점에서의 금의 현물가격과 선물가격을 각각 55,000원과 53,000원이라고 하자. 각 시점에서의 베이시스를 구하라.

$$b_1 = S_1 - F_1 = 60,000 - 56,000 = 4,000원$$
$$b_2 = S_2 - F_2 = 55,000 - 53,000 = 2,000원$$

이 투자자가 보유하고 있는 금의 가격변동위험을 헤지하기 위하여 매도헤지 포지션을 구축하였다. 헤징을 종료한 시점에서 평가한 이 투자자의 헤지 포트폴리오의 가치를 구하라.

$$V = S_2 + F_1 - F_2 = 55,000 + (56,000 - 53,000) = 58,000원$$

혹은 $V = F_1 + b_2 = 56,000 + 2,000 = 58,000원$

베이시스의 변동은 헤지의 효과에 큰 영향을 미친다. 만약 헤지를 하는 시점의 베이시스와 헤지를 종료하는 시점의 베이시스가 동일하다면 위험이 완전히 상쇄되어 완전 헤지가 이루어졌다고 할 수 있다. 그러나 헤지 종료시점에 베이시스가 축소되거나 확대되었다면 선물거래나 현물거래의 어느 한쪽에서 이익이나 손실이 발생하여 불완전 헤지가 된다.

예를 들어, 현물을 보유하고 있는 어떤 투자자가 현물가격의 하락위험을 헤지하기 위하여 선물을 매도하는 매도헤지를 하였다고 하자. 이 투자자가 예상한대로 현물의 가격이 하락하면 현물시장에서는 손실이 발생하고, 선물시장에서는 선물가격이 하락하므로 이익이 발생한다. 이 때 선물가격의 하락폭이 현물가격의 하락폭보다 커서 베이시스가 당초보다 확대된다면, 선물에서의 이익이 현물

---

6) 미래의 시점에 현물을 매입할 계획을 가진 투자자가 매입헤징전략을 구사할 경우에, 미래의 시점에서의 총지급액의 크기도 (21-10)식과 동일하게 된다.

에서의 손실보다 크게 되어 전체적으로 이익이 발생하게 된다.

이와 같이 헤지의 결과는 현물가격의 등락에 의해 좌우되는 것이 아니라 베이시스의 변동에 의해 영향을 받게 된다. 따라서 효율적인 헤지를 위해서는 베이시스에 영향을 주는 다양한 요인들에 주의를 기울여야 한다.

4.2 최소분산 헤지

일반적으로 현물과 선물의 기초자산 불일치(asset mismatch), 헤지기간과 선물의 만기일 불일치(maturity mismatch) 등으로 완전 헤지는 성립되기 어렵다. 따라서 헤지에서는 불완전 헤지를 전제로 위험을 최소화시키려는 노력이 중요하다고 할 수 있다.

선물거래를 이용하여 위험을 헤지하고자 할 때는 현물 포지션의 크기에 대하여 어느 정도의 선물 포지션을 취할 것인가를 결정하여야 한다. 이를 헤지비율(hedge ratio, HR)이라고 하며, 헤지비율을 다음과 같이 현물 포지션의 수량에 대한 선물 포지션 수량의 비율로 나타낼 수 있다.

$$HR = \frac{\text{선물 포지션의 수량}}{\text{현물 포지션의 수량}} \qquad (21-11)$$

현물을 헤지하기 위해서는 헤지비율에 따라 HR 단위의 선물에 포지션을 취해야 한다. 매입헤지의 경우에는 1단위의 현물자산을 매도하고 HR 단위의 선물에 매입 포지션을 취해야 한다. 매도헤지의 경우에는 1단위의 현물자산을 매입하고 HR 단위의 선물에 매도 포지션을 취해야 한다.

따라서 헤지거래자가 일단 헤지 포지션을 취하면, 현물 포지션 1단위와 선물 포지션 HR 단위로 구성되는 헤지 포트폴리오(hedge portfolio)를 보유하게 된다. 헤지기간 동안 이 헤지 포트폴리오의 가치는 헤지비율에 의해 영향을 받게 된다.

현물 1단위를 보유하고, 선물의 HR 단위의 매도 포지션을 취할 경우에 헤지 포트폴리오의 총가치는 (21-12)식과 같이 된다. 즉 보유하고 있는 현물 1단위를 처분하여 받게 될 S_2, 그리고 HR 단위의 선물 매도 포지션 청산으로 얻게 될 이득 $(HR)(F_1-F_2)$의 합으로 헤지 포트폴리오의 가치가 결정된다.

$$V = S_2 + (HR)(F_1-F_2)$$
$$= S_1 + (S_2-S_1) - (HR)(F_2-F_1)$$

$$= S_1 + (\Delta S) - (HR)(\Delta F) \qquad (21-12)$$

단, $\Delta S =$ 현물가격변동

$\Delta F =$ 선물가격변동

$HR =$ 헤지비율

이 때 최적의 헤지비율은 헤지 포트폴리오의 가치의 분산을 최소화하는 것이다. 이를 위하여 헤지 포트폴리오 가치의 분산을 구하면 다음과 같이 된다.

$$var(V) = var(\Delta S) + (HR)^2 var(\Delta F) - 2(HR)cov(\Delta S, \Delta F) \quad (21-13)$$

(21-13)식에서 헤지 포트폴리오 가치의 분산을 최소화하는 헤지비율은 다음식과 같이 된다.[7]

$$HR = \frac{cov(\Delta S, \Delta F)}{var(\Delta F)} \qquad (21-14)$$

이러한 헤지비율을 최소분산 헤지비율(minimum variance hedge ratio)이라고 한다. 즉 헤지 포트폴리오 가치의 분산을 최소화하는 헤지비율은 선물가격변동의 분산에 대한 현물가격변동과 선물가격변동 간의 공분산의 비율로 산출하면 된다.

이러한 헤지비율을 산출하기 위한 간편한 방법은 선물가격변동을 독립변수로 하고, 현물가격변동을 종속변수로 하는 단순회귀모형을 설정하여 회귀계수를 추정하는 것이다.

$$\Delta S_t = a + b\Delta F_t + e_t \qquad (21-15)$$

단, $\Delta S_t = t$기의 현물가격변동

$\Delta F_t = t$기의 선물가격변동

(21-15)식은 자산 불일치와 만기 불일치가 존재하는 상황에서 t기간의 현물가격변동과 선물가격변동 간의 관계를 단순회귀모형으로 나타낸 것이다. 이 식에서 e_t는 오차항을 나타내며, 회귀계수 b는 최소분산 헤지비율을 나타낸다. 이 모형에서 추정한 회귀계수 b는 (21-14)식에서 구한 값과 동일하다.

---

7) 이 식은 (21-13)식을 헤지비율(HR)에 대하여 1차 미분한 결과를 0으로 두어 도출한 것이다.

$$\frac{dvar(V)}{d(HR)} = 2(HR)var(\Delta F) - 2cov(\Delta S, \Delta F) = 0$$

$$b = \frac{cov(\Delta S, \Delta F)}{var(\Delta F)} = \rho \frac{\sigma_S}{\sigma_F} = (HR)^*$$ (21-16)

단, $\rho = \Delta S$와 ΔF의 상관계수

$\sigma_S =$ 현물가격변동의 표준편차

$\sigma_F =$ 선물가격변동의 표준편차

이제, 이러한 최소분산 헤지비율을 이용하여, 헤지하기 위하여 매매해야 할 선물계약의 수를 계산하여 보자. 최소분산 헤지를 위한 선물계약의 수는 다음과 같이 산출된다.

$$N^* = \frac{(HR)^* V_S}{V_F}$$ (21-17)

단, $N^* =$ 최적 헤지 계약수

$V_F =$ 선물 1계약의 가치(= 선물가격 × 선물 1계약의 크기)

$V_S =$ 헤지되는 포지션의 가치

예 21-4

어떤 항공사가 2개월 후에 항공유 200만 갤런을 구입할 예정이며, 항공유 가격변동위험을 헤지하기 위하여 선물거래를 하고자 한다. 그러나 항공유에 대한 선물거래가 없어서 헤지 목적으로 난방유 선물거래를 이용하려고 한다.

이 항공사는 자료를 수집하여 분석하였는데, 헤징기간 동안의 선물가격변동의 표준편차가 0.045, 항공유 가격변동의 표준편차가 0.030, 두 가격변동 간의 상관계수가 0.95이었다. 최소분산 헤지비율을 산출하라.

$$(HR)^* = \rho \frac{\sigma_S}{\sigma_F} = (0.95)\frac{0.030}{0.045} = 0.6333$$

*CME*의 *NYMEX*에서 난방유 선물의 1계약은 42,000갤런이며, 선물가격은 3.0235($/gal)이다. 그리고 항공유 가격은 3.2530($/gal)이다. 이 항공사는 몇 계약의 선물에 대하여 매입 포지션을 취해야 하는가?

$$N^* = \frac{(HR)^* V_S}{V_F} = \frac{(0.6333)(3.2530)(2,000,000)}{(3.0235)(42,000)} = 32.45 \text{ 계약}$$

4.3 주가지수선물을 이용한 헤지

주가지수선물은 특정 주가지수를 기초자산으로 하여 일정기간 후에 주가지수

에 일정한 배수를 곱한 가치에 상당하는 금액을 인수도하기로 약정한 계약이다. 주가지수선물을 이용한 헤지는 현물시장에서 특정 주식의 주가변동으로 인한 위험을 선물시장에서 지수선물을 이용하여 헤지하려는 것으로 매입헤지와 매도헤지를 통해 이루어질 수 있다.

매입헤지는 일정한 기간 후에 주식을 매입할 계획이 있는 경우에 선물시장에서 매입 포지션을 취함으로써 가격변동위험을 제거하려는 것이다. 매도헤지는 현재 주식 포트폴리오를 보유하고 있지만 일정기간 후에 매도하고자 하는 경우에 선물시장에서 매도 포지션을 취하여 가격변동위험을 제거하려는 것이다.

주가지수선물을 이용하여 주식투자의 위험을 헤지하기 위해서는 먼저 최적 헤지비율을 결정하여야 한다. 주식 포트폴리오의 가격변동위험을 헤지하기 위한 헤지비율은 다음과 같이 주식의 체계적 위험의 척도인 베타계수와 연결지을 수 있다.[8]

$$HR = \beta \frac{S}{F} \qquad (21-18)$$

(21-18)식은 주식 포트폴리오의 가격변동위험을 헤지하기 위한 최적 헤지비율은 주식 포트폴리오의 베타계수와 관련이 있다는 것을 나타내고 있다. 이 식에서 베타계수(β)는 선물지수의 수익률에 대하여 주식 포트폴리오 수익률을 회귀시켜서 구한 회귀계수이다.

$$R_{S,t} = \alpha + \beta R_{F,t} + e_t \qquad (21-19)$$

단, α = 절편
$R_{S,t}$ = t시점에서의 주식 포트폴리오의 수익률
$R_{F,t}$ = t시점에서의 지수선물의 수익률
β = 베타계수(지수선물에 대한 주식 포트폴리오의 민감도)
e_t = 오차항

---

8) (21-18)식은 (21-14)식의 최소분산 헤지비율은 다음과 같이 변형시켜서 얻을 수 있다.

$$HR = \frac{cov(\Delta S, \Delta F)}{var(\Delta F)} = \frac{(S \cdot F) \, cov\left(\frac{\Delta S}{S}, \frac{\Delta F}{F}\right)}{(F^2) \, var\left(\frac{\Delta F}{F}\right)} = \frac{(S \cdot F) \, cov\left(\frac{\Delta S}{S}, \frac{\Delta F}{F}\right)}{(F^2) \, var\left(\frac{\Delta F}{F}\right)} = \frac{S \, cov(R_S, R_F)}{F \, var(R_F)} = \beta \frac{S}{F}$$

여기에서 R_S는 주식 포트폴리오의 수익률이며, R_F는 선물거래대상이 되는 지수의 선물가격으로 산출한 수익률이다. 따라서 베타계수(β)는 R_F에 대하여 산출한 R_S의 베타계수라고 할 수 있다.

(21-19)식에서 헤지비율은 현물변동성과 선물변동성의 상대적 비율을 구하는 것이므로 과거 일정한 기간의 주식포트폴리오 수익률을 선물지수 수익률에 대하여 선형회귀시켜 추정한 것이다. 이때 회귀계수인 베타계수(β)로부터 최적 헤지비율을 산출할 수 있다.

이제, 주식 포트폴리오의 가격변동위험을 헤지하기 위하여 매입 혹은 매도해야 할 선물계약의 수를 산출하여 보자. 최적 선물계약의 수는 (21-18)식의 최적 헤지비율에 주가지수선물 거래승수 및 주식 포트폴리오 가치를 고려하여 조정해야 한다. 주식 포트폴리오에 대하여 매입 혹은 매도해야할 선물계약의 수는 다음과 같이 된다.

$$N^* = \beta \frac{V_S}{V_F} \qquad (21-20)$$

단, N^* = 최적 선물계약 수

β = 베타계수

V_S = 주식 포트폴리오의 가치

V_F = 선물 1계약의 가치

주식 포트폴리오의 위험을 헤지하기 위해서는 (21-20)식에서 산출한 최적 선물계약의 수만큼 현물 포지션과 반대의 선물 포지션을 취해야 한다.

예 21-5

A펀드매니저는 자신이 관리하고 있는 150억원 규모의 주식펀드를 KOSPI 200 주가지수선물을 이용하여 헤지를 하고자 한다. 이러한 주식 포트폴리오의 베타계수는 1.5이다. 현재 KOSPI 200 지수는 250.00포인트이고, 거래승수는 50만원이다. 주식 포트폴리오의 가격변동위험을 제거하기 위해서 매도해야 할 최적의 선물계약의 수는 얼마가 되겠는가?

$$N^* = (1.5) \frac{150억원}{250 \times 50만원} = 180\,계약$$

따라서 펀드매니저는 KOPSI 200 선물 180계약을 매도해야 한다.

요 약

❶ 선물의 개념과 기능 이해

선물거래(futures transaction)는 거래 당사자가 미래의 특정시점에 특정상품을 현재에 약정한 가격으로 인수 또는 인도할 것을 약정하는 거래이다. 선물거래에서 거래 당사자가 미래에 교환하기로 약정한 가격을 선물가격(futures price)이라한다. 거래가 이루어지는 약정된 날짜를 결제월 (settlement date) 또는 인도일(delivery date)이라고 한다.

선물시장은 미래의 현물가격을 예시하고, 현물시장의 가격변동위험을 이전시키는 기능을 한다. 또한 재고자산의 시간적 배분을 가능하게 하고, 자본형성을 촉진함으로써 경제의 안정과 활성화에 기여한다.

❷ 선물거래제도

선물시장은 거래소, 거래소회원, 청산소로 구성된다. 선물거래소는 대체로 개인 또는 기관으로 구성된 회원조직이다. 거래소의 회원이 되기 위해서는 거래소의 엄격한 심사를 거쳐 승인을 받은 후 회원권을 취득하여야 한다. 거래소의 회원은 업무의 측면에서 거래소회원(exchange member)과 청산회원(clearing member)으로 구분된다. 거래소회원은 거래소 내에서 선물거래 업무를 수행하고, 청산회원은 청산소(clearing house)의 회원으로 선물거래가 체결된 후 결제업무를 수행한다.

선물시장의 투자자는 투기자(speculator), 헤지거래자(hedger), 차익거래자(arbitrageur)의 세 가지 유형이 있다. 선물거래에서 계약에 대한 거래는 현재시점에서 이루어지지만 계약의 이행은 미래 일정시점에 이루어지기 때문에 계약불이행의 가능성이 높다. 선물거래에서는 이러한 위험을 최소화하기 위해 계약이행을 보증할 수 있는 증거금제도를 두고 있다. 증거금은 개시증거금 (initial margin), 유지증거금(maintenance margin), 추가증거금(additional margin) 등이 있다.

❸ 선물가격의 결정모형

선물은 미래의 일정한 시점에 상품을 인수도하기로 약정하고 현재시점에 계약을 체결하는 것이다. 따라서 이론적 선물가격은 현물의 현재가격에 일정한 기간 동안 보유하는 데 소요되는 보유비용을 더한 것이 된다.

$$F_{t,T} = S_t + SC = S_t e^{r(T-t)}$$

❹ 선물가격과 기대현물가격의 관계

선물가격은 미래의 현물가격에 대한 시장참가자들의 기대가 중대한 영향을 미친다. 현재의 선물가격은 미래의 현물가격을 완전히 예측한다는 견해와 완전히 예측하지 못한다는 견해가 대립되고 있다. 전자는 선물가격결정의 순수기대가설이라고 한다. 후자는 현재의 선물가격과 미래의 현물가격에 차이가 발생하는 이유는 위험프리미엄 때문이라고 한다. 따라서 이를 위험프리미엄가설이라고 한다. 위험프리미엄가설에서 위험프리미엄의 이유를 설명하는 가설로는 정상적 백워데이션가설과 콘탱고가설, 순헤지가설이 있다.

❺ 선물을 이용한 위험헤지 방법

일반적으로 헤지(hedge)는 상품가격, 주가, 환율, 이자율 등 현물가격의 변동으로 야기되는 위험을 감소 또는 제거시키기 위한 제반거래를 말한다. 선물거래를 이용한 헤지는 선물포지션의 방향에 따라 매입헤지(long hedge)와 매도헤지(short hedge)로 구분한다. 매입헤지는 미래에 매입할 현물자산의 가격상승 위험을 헤지하기 위해 선물계약에 매입 포지션을 취하는 것을 말한다. 매도헤지는 이와 반대로 현물자산의 가격하락 위험을 헤지하기 위하여 선물계약에 매도 포지션을 취하는 방법이다. 이때 가격위험을 완전히 헤지하는 것을 완전 헤지(perfect hedge)라 하고, 가격위험을 부분적으로 헤지하는 것을 부분 헤지(partial hedge)라 한다.

1 다음 용어를 설명하라.

① 선물거래   ② 선도거래

③ 스캘퍼   ④ 베이시스

⑤ 만기일수렴현상   ⑥ 변동증거금

⑦ 콘탱고   ⑧ 정상적 백워데이션

⑨ 완전 헤지   ⑩ 최소분산 헤지비율

2 선물계약과 선도계약의 차이점을 설명하라.

3 선물시장의 경제적 기능을 설명하라.

4 이론적 선물가격을 보유비용모형을 이용하여 설명하라. 그리고 상품선물, 주가지수선물, 금리선물, 통화선물 등의 선물 종류별로 어떠한 보유비용이 발생하는지 조사하여 보자.

5 만기일수렴현상과 베이시스는 어떤 관계가 있는가?

6 콘탱고가설과 정상적 백워데이션가설을 비교하여 설명하라.

7 금의 현물가격은 50,000원/g 이다. 금의 현물을 보관하는데 추가적인 비용은 발생하지 않으며, 금보유로 인한 추가적인 수익도 발생하지 않는다. 연속복리형 무위험이자율이 6%이다. 만기까지의 기간이 78일인 금선물의 이론적 가격을 산출하라.

8 K펀드매니저는 자신이 관리하고 있는 200억원 규모의 주식 포트폴리오를 KOSPI 200 주가지수선물을 이용하여 헤지를 하고자 한다. 현재 KOSPI 200 지수는 200포인트이고, 거래승수는 50만원이다. KOSPI 200 선물지수의 분산은 0.09이고, KOSPI 200 선물지수와 주식 포트폴리오 수익률 간의 공분산은 0.108이다.

(1) 주식 포트폴리오의 베타계수를 구하라.

(2) 주식 포트폴리오의 가치변동에 따른 위험을 헤지하기 위하여 필요한 주가지수선물의 최적 계약 수는 몇 계약인가?

(3) 펀드매니저는 주가지수선물을 이용하여 보유하고 있는 주식 포트폴리오의 베타계수를 0.5로 낮추고 싶어 한다. 선물을 몇 계약 매입 혹은 매도해야 하겠는가? (힌트: 선물지수의 베타계수는 1.0이라는 점을 이용하라.)

9 어떤 상품의 현물가격과 선물가격의 월간 변화가 다음의 표와 같다. 이 자료를 이용하여 최소분산 헤지비율을 계산하라.

선물가격변화	0.52	0.61	−0.22	−0.35	0.79
현물가격변화	0.56	0.70	−0.30	−0.44	0.60
선물가격변화	0.14	0.15	0.70	−0.51	−0.41
현물가격변화	0.20	0.21	0.80	−0.56	−0.46

◈ 해답 ─────────────────────────────

7 50,645원

8 (1) 1.2 (2) 240계약 (3) 140계약 매도

9 1.0157

Part

7

재무관리 특수문제

Financial Management

22
Chapter

M&A와 사업구조조정

들어가면서

기업은 경영자원을 활용하여 재화와 용역을 생산, 판매하여 기업가치를 최대화하는 경영활동을 한다. 기업이 이와 같이 기업의 고유영업활동을 통하여 성장하는 것을 내부적 성장이라고 한다. 나아가 기업은 기업외부의 다른 기업을 이용하여 성장을 추구할 수 있는 데 이를 외부적 성장이라고 한다.

기업은 현재의 영업활동과 관련하여 여러 가지 이유로 다른 기업을 인수하거나 합병하여 경쟁시장에서 경쟁력을 강화할 수 있다. 또는 현재 영업활동과 관계없이 사업을 다양화하여 위험을 축소시키기 위하여 현재 경영되고 있는 다른 기업을 활용할 필요가 있을 때도 있다. 이렇게 할 경우 기업은 시너지 효과, 기업잉여자금의 활용, 다양화 효과, 그리고 신규공장 건설로 인한 높은 대체원가의 회피 등 여러 가지 효과를 누릴 수 있다.

한편 기업은 다른 기업이 적대적 M&A의 표적이 되어 현행 경영자의 경영권이 위태로워지거나 경영권이 박탈될 수도 있기 때문에 이를 방어하기 위한 다양한 전략들을 구사하기도 한다.

이 장에서는 기업의 경쟁력 강화 수단이 되고 있는 M&A와 사업구조조정에 대해 설명한다. M&A는 둘 이상의 기업이 통합하여 하나의 기업이 되는 기업합병(merger)과 인수기업이 인수대상기업의 주식이나 자산의 전부 또는 일부를 매입하여 경영권을 획득하는 기업인수(acquisition)가 결합된 합성개념으로 기업의 인수ㆍ합병이라고 한다. 사업구조조정(business or asset restructuring)은 자원배분의 최적화를 추구하기 위하여 사업영역을 재구축하고, 사업규모를 조정하는 것을 말한다.

M&A와 사업구조조정은 기업구조조정이나 기업경쟁력강화를 위한 수단으로 널리 활용되어 기업의 성장에 매우 중요한 역할을 하고 있다. 독자들은 M&A의 동기와 유형, 평가방법, 방어전략 등에 대하여 이해하고, 전략적 사업구조조정의 과정을 학습하여 기업가치 최대화를 위한 전략의 선택과 실행능력을 향상시킬 수 있어야 할 것이다.

제1절

1.1 M&A의 개념

대개의 기업은 끊임없이 성장을 지향하고 있으며, 그 성장은 실현방법을 기준으로 내부적 성장(internal growth)과 외부적 성장(external growth)으로 구분할 수가 있다. 기업의 내부적 성장은 경영활동, 즉 자본조달과 투자가 성공적으로 수행되어 기업의 규모가 확장될 뿐만 아니라 이익도 지속적으로 성장하는 것을 의미한다. 기업의 외부적 성장은 한 기업이 독립된 다른 기업의 일부 또는 전부를 취득하거나 결합하여 확장되는 것을 의미한다. 외부적 성장의 형태로서는 ① 기업합병(merger), ② 기업인수(acquisition), ③ 지주회사(holding company)의 형성 등을 들 수 있으나 이들 모두를 총칭하여 기업결합(business combination)이라고도 한다.

M&A(Merger and Acquisition)는 둘 이상의 기업이 통합하여 하나의 기업이 되는 기업합병(merger)과 인수기업이 인수대상기업의 주식이나 자산의 전부 또는 일부를 매입하여 경영권을 획득하는 기업인수(acquisition)가 결합된 합성개념으로 기업의 인수·합병이라고 한다.

기업합병과 기업인수는 다음과 같은 특징이 있다. 첫째, 기업합병은 피합병기업과 합병기업이 하나의 기업으로 결합함으로써 피합병기업의 독립성이 상실되고, 피합병기업의 채권, 채무가 합병기업에 귀속된다. 그러나 기업인수에서는 피인수기업이 경영면에서나 법적으로 독립성을 유지하기 때문에 피인수기업의 채권, 채무가 인수기업에 귀속되지 않는다. 둘째, 절차상에 있어 기업합병은 합병기업과 피합병기업의 이사회와 주주총회에서 결의가 이루어져야 하지만, 기업인수에서는 피인수기업의 이사회나 주주총회의 결의는 필요하지 않다. 또한 인수기업이 피인수기업을 지배할 필요가 없어지면 지분을 처분하여 지배관계를 쉽게 청산할 수 있다.

1.2 M&A의 동기

M&A는 ① 시너지효과, ② 세제의 혜택과 잉여자금의 효율적인 이용, ③ 높은 대체원가의 회피, ④ 다양화효과 등을 유발시켜 기업의 경쟁력 강화와 비용절감 및 수익성 향상을 가져올 수 있다. 그러므로 이러한 제반 효과가 각 기업이 직면하고 있는 상황에 따라 M&A의 동기가 된다.

1) 시너지효과

기업의 합병 특히 신설합병의 경우에는 대개 시너지효과(synergistic effect)가 발생하게 된다. A기업과 B기업이 합병하여 C기업을 신설하면, C기업의 기업가치는 A기업과 B기업의 가치의 단순한 합계를 초과한다는 것이다. 그러므로 합병에 의한 시너지효과는 합병 전 각 기업의 주주에게도 그들의 부(wealth)를 증가시키는 결과가 된다.

기업합병이 시너지효과를 나타내는 이유는 다음과 같이 설명할 수 있다. 첫째, 기업합병은 기업의 관리업무, 생산, 또는 마케팅 등 영업활동에서 규모의 경제(economy of scale)를 실현하여 영업이익을 증가시킬 수 있는데, 이를 영업의 경제성(operating economy)이라고 한다. 둘째, 영업의 경제성은 다시 주가수익비율(price earnings ratio, PER)을 증가시킬 뿐만 아니라 연쇄적으로 부채비용을 하락시킴과 동시에 부채조달능력(debt capacity)을 높여 준다. 따라서 기업합병은 자본조달의 성과인 재무의 경제성(financial economy)을 향상시킨다. 셋째, 합병되는 기업 사이에 경영능률의 차이가 존재할 경우에는 합병을 통하여 경영의 효율성(managerial effectiveness)을 높일 수 있다. 넷째, 합병될 기업 사이에 경쟁상태를 축소 또는 제거함으로써 시장영향력(market power)을 향상시킬 수 있다.

2) 세제혜택과 잉여자금의 이용

기업합병은 세제의 혜택을 이용할 수 있다. 우리나라의 현행 세법에서는 손실을 본 일반법인에 대해 손실을 보전해 주기 위하여 향후 10년간 발생한 이익에 대해 법인세 감면 혜택을 주고 있으므로 손실이 발생한 기업을 흡수하면 세제 혜택을 받을 수 있다.

또 기업합병은 기업의 잉여자금(surplus funds)을 효율적으로 이용하기 위하여 수행되기도 한다. 기업의 잉여자금을 관리하는 방법으로는 ① 추가배당의 지급, ② 시장성 유가증권의 매입, ③ 자사주식의 재매입, ④ 타기업의 취득(acqui-sition) 등을 들 수 있다. 앞의 세 가지 방법이 주주의 개인소득세 부담에 불리하거나 또는 주주의 요구수익률(required rate of return)을 만족시킬 수 없을 때에는 기업의 잉여자금으로 타기업을 매수하여 흡수하는 것이 가장 유익하다는 것이다.

3) 높은 대체원가의 회피

기업활동의 중심이 되는 자산의 대체원가(replacement cost)는 흔히 흡수합병의 동기가 된다. 기업의 대체원가가 동일한 산업에 속해 있는 다른 기업을 취득하는 것보다 높을 경우에는 흡수합병을 통하여 이 기업과 결합하는 것이 유익한 경우가 있다. 또 기업이 신규공장을 건설하고자 할 때 신규투자보다 동일한 공장을 소유하고 있는 다른 기업을 흡수하는 것이 비용의 절약을 가져올 수도 있다.

4) 기업합병의 다양화효과

기업이 합병하면 제품라인을 다양화시킬 수 있으므로 계절적 또는 주기적 수요 변동에 적절히 대처하여 기업이익의 흐름(earnings stream)을 안정시킬 수 있다. 기업합병을 통하여 기업이익이 안정되면 당연히 투자위험이 축소되어 종업원은 물론 주주에게도 유익하게 된다.

또 기업합병은 비공개기업(closely held firm)의 소유경영자에게도 유리한 경우가 있다. 소유경영자는 소유주식의 일부를 매각하고, 그 자금으로 다른 주식을 매입함으로써 투자의 다양화(personal diversification)를 달성할 수도 있다. 그러나 비공개기업의 소유경영자가 이처럼 개인투자의 다양화를 이룩하면 자본이득(capital gain)에 대한 세부담이 가중되므로, 오히려 다른 기업을 합병하는 것이 유익할 수도 있다.

1.3 M&A의 유형

M&A의 유형은 일반적으로 거래형태나 결합형태, 거래의사, 결제수단, 결합주체 등에 따라 분류해 볼 수 있다.

1) 거래형태에 의한 분류

기업의 거래형태에 따라 M&A는 합병과 인수로 구분될 수 있다.

(1) 합 병

합병은 기업결합의 가장 강력한 형태로 독립된 둘 이상의 기업이 통합하여 하나가 되는 것으로 합병 후 합병추진기업의 존속여부에 따라 흡수합병(merger)과 신설합병(consolidation)이 있다.

흡수합병은 한 기업이 다른 기업의 모든 영업을 법적으로 양도받아 존속하고, 양도된 기업은 소멸하는 것을 말한다. 다시 말해서, 흡수합병에서는 합병기업이 피합병기업의 자산이나 주식 또는 채무를 취득하여 자기회사의 명의로 통제권을 행사하고 피합병기업은 해산하게 된다. 신설합병은 두 개 이상의 독립된 기업이 완전히 해산되고 하나의 새로운 기업으로 신설되는 것을 말한다.

(2) 인 수

인수는 인수기업이 대상기업의 경영지배권을 획득하기 위하여 대상기업의 주식이나 자산을 취득하는 것으로 대상기업의 인수대상에 따라 자산인수와 주식인수로 나뉜다.

자산인수(asset acquisition)는 대상기업 자산의 일부 또는 전부와 부채를 선택적으로 인수하는 것으로 인수대상은 자산뿐만 아니라 고객관계, 영업비밀 등이 포함된다. 자산인수의 특수한 형태로 자산·부채인수(purchase and assumption, P&A)방법이 있다. 이는 자산과 부채를 함께 인수하되 대상기업의 자산과 부채의 일부만을 인수하는 것을 말한다. 예를 들어, 대상기업의 자산에 우량자산과 불량자산이 혼합되어 있는 경우에 우량자산만을 인수하는 방법이다.

주식인수(stock acquisition)는 인수회사가 인수대상회사의 주식 전부 또는 일부를 주주로부터 취득하거나 새로이 발행되는 주식을 취득하여 경영권을 인수하는 방법이다. 주식인수는 인수대상기업이 보유하고 있는 모든 권리와 의무를 포괄적으로 승계하므로 경영권 취득에 따른 복잡한 절차를 생략할 수 있으나, 부외채무의 존재 및 우발채무의 발생 가능성이 있다는 단점이 있다.

2) 결합형태에 따른 분류

M&A는 기업결합 형태에 따라 수평적 M&A, 수직적 M&A, 다각적 M&A로 분류할 수 있다.

(1) 수평적 M&A

수평적 M&A(horizontal M&A)는 동종의 사업분야에서 활동하고, 경쟁하는 기업 간의 M&A를 말한다. 수평적 M&A는 기업규모의 확대를 통해 규모의 경제

(economy of scale)를 실현함과 동시에 시장에서의 경쟁관계를 완화시켜 시장지배력을 강화시키는데 주목적을 두고 있다.

(2) 수직적 M&A

수직적 M&A(vertical M&A)는 생산공정 또는 판매경로에서 수직적 관계에 있는 기업과 M&A하는 것을 말한다. 수직적 합병에서 원료생산기업과의 M&A는 후방적 M&A(backward vertical M&A)라 하고, 판매담당기업과의 M&A는 전방M&A(forward vertical M&A)라고 한다. 수직적 M&A는 유통비용의 절감과 생산기술의 합리화에 주목적을 두고 있다.

(3) 다각적 M&A

다각적 M&A(conglomerate M&A)는 직접 관련이 없는 산업에 속해 있는 기업들과 다양하게 합병하는 것을 말한다.

다각화 M&A는 다시 ① 시장지역확장 M&A(geographical market extension M&A), ② 제품확장 M&A(product extension M&A), ③ 순수다각화 M&A(pure conglomerate M&A)로 구분할 수 있다.

시장지역확장 M&A는 동일한 제품을 생산하지만 시장지역이 상이한 기업을 M&A하는 것이다. 제품확장 M&A는 제품 자체는 서로 다르지만 상호 밀접하게 관련되어 있는 기업을 M&A하는 것이다. 그리고 순수다각화 M&A는 제품과 시장이 전혀 상관없는 기업을 M&A하는 것을 말한다.

3) 거래의사에 의한 분류

기업 당사자들의 거래의사에 따라 M&A를 분류하면 우호적 M&A와 적대적 M&A로 구분할 수 있다.

(1) 우호적 M&A

우호적 M&A(friendly M&A)는 M&A대상기업의 경영진의 동의하에 M&A가 진행되는 것으로 쌍방의 합의에 의해 M&A가 이루어진다. 이러한 우호적 M&A에서는 쌍방의 협상에 의해 합병비율이나 인수가격이 결정된다.

(2) 적대적 M&A

적대적 M&A(hostile M&A)는 M&A대상기업의 경영진의 동의 없이 강압적인 수단에 의해서 대상기업을 인수합병하는 것으로 주식공개매수(tender offer)나 위임장대결(proxy fight)과 같은 방법을 사용한다. 적대적 M&A의 한 형태로 그린메일(greenmail)도 있다.

① 주식공개매수

주식공개매수(tender offer)는 인수기업이 인수대상기업의 주주에게 직접적으로 공개매수 청약을 하여 주식을 매수하는 것을 말한다. 공개매수에서는 인수대상기업의 주가에 일정한 프리미엄을 가산한 공개매수가격(tender price)이 제시된다. 공개매수의 방법에는 현금공개매수(cash tender offer)와 주식공개매수(stock tender offer)가 있는데, 일반적으로 현금공개매수 방법이 많이 이용되고 있다.

② 위임장대결

위임장대결(proxy fight)은 인수자가 대상기업의 주식 일부만을 확보하고난 후에 기존 주주들로부터 의결권을 위임받아 주주총회에서 투표를 통해 경영권을 확보하는 방법이다.

일반적으로 대상기업의 전직 경영자나 기업내용을 잘 알고 있는 외부투자자가 이 방법을 시도하며, 현재의 경영진은 방어적인 입장에서 주주들의 위임장을 얻으려고 함에 따라 위임장을 놓고 인수자측이 현 경영진과 대결을 하게 된다. 이 방법은 비용이 많이 들고 승산이 적은 경우가 많다.

③ 그린메일

그린메일(greenmail)은 목표대상기업의 경영권에 영향을 미칠 수 있는 수준까지 주식을 매집한 후, 그 기업에게 일정한 프리미엄이 부가된 가격으로 되살 것을 요구하는 방법이다. 그린메일은 목표기업에 대한 경영지배보다는 매집가격 이상의 가격으로 당해 기업에 주식을 매각하여 차익을 얻는 것이 주목적이다.

4) 결제수단에 의한 분류

인수기업이 대상기업의 주주들에게 그 대가를 지급하는 수단에 따라 현금인수, 주식교환인수, 차입인수 등으로 나누어진다.

(1) 현금인수

현금인수(cash offer)는 인수기업이 대상기업의 주식을 현금으로 인수하여 경영권을 확보하는 방법이다. 현금인수방법은 절차가 간단하고, 인수가격결정도 비교적 용이하다. 그러나 인수기업은 많은 현금이 필요하기 때문에 대상기업을 담보로 부채를 조달하고 이 자금으로 대상기업을 인수하는 방법이 사용되기도 한다.

(2) 주식교환인수

주식교환인수(stock exchange offer)는 대상기업의 보통주를 인수기업의 보통주로 일정비율에 따라 교환해 주는 방법이다. 때때로 인수기업의 회사채와 교환되기도 한다. 이 방법을 이용하면 현금의 지급이 없이 인수·합병이 이루어질 수 있다는 장점이 있다.

(3) 차입인수

차입인수(leveraged buyout, LBO)는 기업인수합병을 추진하는데 있어서 M&A 대상기업의 자산을 담보로 제공하거나 신용을 이용하여 자금을 조달함으로써 기업을 매수하는 금융기법이다. 즉 인수합병이 성공할 것을 전제로 하여 대상기업의 자산이나 수익 또는 현금흐름을 담보로 금융기관에서 자금을 조달하여 기업을 매수하고, 매수 후에는 대상기업의 현금흐름에 의하여 채무를 상환하거나 또는 현금흐름이 부족한 경우에는 일부 자산을 매각하여 채무를 변제하는 방법이다.

차입인수는 경영지배보다는 매매차익이 주목적이기 때문에 현재의 기업가치보다 더 높은 가치를 가질 것으로 예상되는 기업을 주 대상으로 하고 있다.

1.4 M&A가치 평가

M&A는 투자의사결정과 관련되기 때문에 M&A의 가치평가는 일반적으로 순현가법에 의해 이루어진다. 예를 들어, A기업이 B기업을 M&A한다고 하자. 이 때 A 기업이 B기업을 M&A함으로써 얻을 수 있는 순현가는 B기업을 M&A함으로써 얻을 수 있는 이득의 현재가치(시너지)에서 B기업을 M&A하면서 지불한 비용(프리미엄)을 차감한 것이 된다.

$$M\&A의 순현가 = 시너지 - 프리미엄 \qquad (22-1)$$
$$= [PV(A+B) - PV(A) - PV(B)] - [B기업의 매수가격 - PV(B)]$$

M&A에 따른 순현가를 M&A기업의 증분가치로 나타내면 (22-2)식과 같다.

$$M\&A의 순현가 = M\&A후 A기업의 가치 - M\&A전 A기업의 가치$$
$$= [PV(A+B) - B기업 매수가격] - PV(A) \qquad (22-2)$$

M&A실행 여부에 대한 평가는 (22-1)식과 (22-2)식으로 나타나는 M&A의 순현가에 의해 결정된다. 만약 순현가가 양(+)의 값을 가지면 M&A를 실행하는 것

이 유리하고, 음(-)의 값을 가지면 M&A를 실행하지 않는 것이 유리하다.

예 22-1

기업의 가치가 각각 500억원과 100억원인 A기업과 B기업이 있다고 하자. 두 기업은 부채조달 없이 자기자본만으로 자본을 조달(all-equity firm)한다고 가정한다. 만약 A기업이 유보이익(retained earning)을 이용하여 B기업을 매수하여 합병하는 경우에 합병 후 결합기업(A+B)의 가치는 100억원의 시너지가 발생하여 700억원이 된다고 가정하자. 피합병 대상인 B기업의 이사회에서 150억원의 현금을 지불한다면 B기업을 매각할 수 있다는 의견을 제시해 왔다면 A기업은 B기업을 합병하는 것이 유리한가를 판단해보자.

① 합병제안에 대한 평가

A기업이 B기업을 합병하는 경우 얻을 수 있는 순현가는 (22-1)식과 (22-2)식에 의해 구할 수 있다.

$$M\&A의 \ 순현가 = [PV(A+B) - PV(A) - PV(B)] - [B기업의 \ 매수가격 - PV(B)]$$
$$= (700억원 - 500억원 - 100억원) - (150억원 - 100억원)$$
$$= 50억원$$

또는

$$M\&A의 \ 순현가 = 합병 \ 후 \ A기업의 \ 가치 - 합병 \ 전 \ A기업의 \ 가치$$
$$= [PV(A+B) - B기업 \ 매수가격] - PV(A)$$
$$= (700억원 - 150억원) - 500억원$$
$$= 50억원$$

따라서 A기업이 B기업의 제안을 받아들여 합병을 추진하는 경우에 순현가가 50억원이 되므로 A기업은 B기업을 합병하는 것이 유리하다.

② 합병 후 주가

이 때 A기업의 발행주식수가 250만주라고 한다면, 〈표 22-1〉에서 보는 바와 같이 합병 전 A기업의 주가는 20,000원(=500억원/250만주)이지만, 합병 후 A기업의 주가는 22,000원(=550억원/250만주)이 된다.

표 22-1 현금에 의한 합병 평가

구 분	합병 전		합병 후
	A기업	B기업	
시장가치	500억원	100억원	550억원
발행주식수	250만주	100만주	250만주
주 가	20,000원	10,000원	22,000원

앞의 (예 22-1)에서 A기업이 현금 대신에 보통주를 발행하여 B기업을 합병하

는 경우를 생각해 보자. 이 경우에는 B기업의 합병대가로 몇 주의 신주를 발행하여 B기업의 주주에게 지급할 것인가를 결정하는 것이 중요하다. 즉 A기업과 B기업의 합병비율을 결정하는 것이 핵심이라고 할 수 있다.

예를 들어, (예 22-1)에서 합병을 할 때 B기업의 주식 100만주를 A기업 주식 75만주로 교환해 준다고 하면, A기업과 B기업의 주식교환비율(exchange rate) 즉 합병비율은 0.75 : 1이 된다. 이러한 경우를 가정한다면 합병 후 A기업의 총발행주식수는 325만주(=250만주+75만주)가 되기 때문에 B기업의 합병 후 합병기업에 대한 지분율은 23.08%(=75만주/325만주)가 된다. 따라서 합병 후 B기업 주주들의 지분가치는 161.56억원(=700억원×23.08%)이 된다. 이 경우 기업의 합병 후 주가는 21,538원(=700억원/325만주)이 된다.

예 22-2

(예 22-1)에서 B기업의 이사회에서 현금 150억원에 상당하는 A기업 주식을 요구하였다면, A기업이 B기업 주주에게 새로이 발행해 주어야 하는 주식수는 몇 주일까?

① 신주발행주식수

B기업 주주들의 합병 후 합병기업에 대한 지분율을 a라고 하면, 합병 후 B기업의 지분가치(value of firm B stockholder after merger)는 (22-3)식과 같이 나타낼 수 있다.

$$
\begin{aligned}
\text{합병 후 B기업 주주들의 지분가치} &= a \times \text{합병 후 기업가치} \\
&= a \times 700\text{억원}
\end{aligned}
\tag{22-3}
$$

(22-3)식을 현금 매수가격인 150억원과 동일하게 놓으면 a는 21.43%가 된다. 이 경우 B기업의 주주에게 발행해 주어야 할 주식수는 (22-4)식과 같이 구할 수 있다.

$$
a = \frac{\text{신주발행수}}{\text{구주식수} + \text{신주발행수}}
\tag{22-4}
$$

(22-4)식을 이용하여 B기업의 주주에게 발행해 주어야 하는 신주발행수를 구하면 681,876주가 된다.

$$
0.2143 = \frac{\text{신주발행수}}{250\text{만주} + \text{신주발행수}}
$$

$$
\text{신주발행수} = \frac{0.2143 \times 250\text{만주}}{1 - 0.2143} = 681,876\text{주}
$$

따라서 합병 후 총발행주식수는 3,181,876주(=250만주+681,876주)가 된다. A기업의 주식 681,876주가 B기업의 주주에게 교부되므로, A기업과 B기업의 공정 주식교환비율은 0.681876 : 1이 된다.

② 합병 후 주가

합병 후 기업의 주가는 〈표 22-2〉와 같이 22,000원(=700억원/3,181,876주)이 된다.

표 22-2 보통주에 의한 합병 평가

구분	합병 전		합병 후
	A기업	B기업	보통주 교환비율 (0.681876:1)
시장가치	500억원	100억원	700억원
발행주식수	250만주	100만주	3,181,876주
주가	20,000원	10,000원	22,000원

1.5 M&A 방어전략

M&A 방어전략으로는 정관변경, 황금낙하산전략, 주요자산 매각전략, 극약처방, 백기사전략, 역공개매수전략, 록업전략 등 다양한 방법이 있다.

1) 정관변경

기업의 정관규정을 변경하여 적대적 M&A를 어렵게 만들 수 있다. 예를 들어, 주주총회에서의 합병승인 요건을 강화하여 주주들의 2/3 이상 찬성요건을 3/4 이상 찬성 등으로 규정(super majority provision)할 수 있다. 또한 이사의 자격이나 선임요건에 제한규정을 둘 수도 있고, 이사의 임기를 시차조정(staggered board provision)하여 매년 일부의 이사만이 임기가 순차적으로 만료되도록 이사회를 구성함으로써 매수자가 한꺼번에 새로운 경영진을 선임할 수 없도록 할 수도 있다.

2) 황금낙하산

황금낙하산(golden parachutes)전략은 경영진이 적대적 M&A로 인하여 임기 전에 퇴직하게 되는 경우에 일반적으로 지급되는 퇴직금 외에 현금과 주식매수권(stock option), 일정한 기간 동안의 보수 등 상당한 액수의 추가보상금이 지불되도록 정관에 규정해 둠으로써 적대적 M&A세력을 견제하는 방어전략이다.

3) 주요자산 매각

주요자산 매각(crown jewel)전략은 인수대상이 되는 기업의 경영진이 매수자에게 매력을 주는 사업부, 자회사, 기타 자산의 중요부분을 처분하여 적대적 M&A를 추진할 동기를 상실하게 만드는 전략이다. 이 방법은 인수대상기업이 보유한 특정한 자산의 가치가 매수자에게 높이 평가된 경우에 효과적인 전략이다.

4) 극약처방

극약처방(poison pill)은 공개매수제의 등 특정한 사건이 발생하는 경우 인수대상기업은 주주들이 행사할 수 있는 특권을 부여함으로써 적대적 M&A를 방어하는 전략을 말한다. 즉 제3자가 적대적 M&A를 시도하는 경우 자동적으로 주주특권의 효력이 발생하고, 그 권리행사로 매수자에게 대상기업의 인수자금을 증대시켜 재정적인 부담 때문에 M&A시도를 중단토록 만드는 전략이다.

이 때 주주에게 부여되는 특권으로는 다음과 같은 것이 있다. 첫째, M&A가 발생하는 경우에 대상이 된 기업의 주주들이 존속회사의 주식을 아주 낮은 가격으로 매수할 수 있는 권리를 가지거나(flip over pill), 둘째, 매수자가 대상기업주식을 일정비율 이상 취득하는 경우에 대상기업 주주들이 대상기업의 주식을 낮은 가격으로 매수할 수 있는 권리를 가질 수 있다(flip in pill). 셋째, 매수자가 대상기업의 주식을 일정비율 이상 취득하면 대상기업의 주주들이 보유하고 있는 주식을 고가로 매수하도록 청구할 수 있는 권리가 부여(back and pill)될 수 있다.

5) 백기사전략

백기사(white knight)전략은 대상기업의 경영진이 적대적 매수자에게 경영권을 넘겨주기보다는 기존 경영진에게 우호적인 제3자를 선정하여 기존 매수자보다 더 좋은 조건으로 기업을 매각하는 것을 말한다. 이는 대상기업이 적대적 M&A에 대하여 방어를 하고자 하였으나 실패하여 결국 매수를 당하게 되었을 때사용하게 된다.

백기사전략과 유사한 것으로 우호적인 구원자를 확보하는 백지주(white squire)전략이 있다. 백기사전략에서는 우호적인 제3자에게 기업을 매도하게 되지만 백지주전략에서는 경영권에는 관심이 없는 안정적인 우호주주를 확보하여 적대적 M&A에 대응하게 된다.

6) 역공개매수전략

역공개매수(pac-man defence, counter tender offer)는 적대적 매수자가 대상

기업에 공개매수를 제의할 경우 대상기업측에서도 매수자 또는 매수 추진 기업을 대상으로 공개매수를 제의하여 적대적 M&A 제의가 무산되도록 유도하는 전략이다. 역공개매수는 매수기업이 대상기업의 경영지배권을 탈취하기 전에 대상기업이 먼저 공개매수기업의 주식을 공개매수하므로 쌍방의 두 기업 가운데 어느 기업이 먼저 상대방의 경영권을 장악하느냐가 관건이 된다.

7) 록업전략

록업(lockup)전략은 적대적 인수시도에 대비하여, 적대적 인수시도가 발생하면 우호적인 인수자(백기사)가 정해진 가격으로 인수대상 기업의 주식이나 특정 자산을 살 수 있는 옵션을 미리 부여해 두는 방법이다.

사업구조조정

제 **2** 절

Financial Management

2.1 사업구조조정의 의의

사업구조란 기업이 전개하고 있는 다양한 사업들의 구성형태(portfolio)를 말한다. 사업구조조정(business or asset restructuring)이란 자원배분의 최적화를 추구하기 위하여 사업영역을 재구축하고, 사업규모를 조정하는 것을 말한다. 이러한 사업구조조정전략의 핵심은 가치를 창출하지 못하거나 가치를 파괴하는 사업을 정리하거나 매각하고 핵심사업을 중심으로 재편하고자 하는 것이다. 그러한 과정을 통해 장기적으로 경쟁우위를 확보할 수 있는 사업에 집중적으로 자원을 배분할 수 있게 된다.

사업구조조정의 목적은 단기적으로는 수익성 압박을 극복하기 위한 것일 수도 있지만, 본질적으로는 장기적으로 기업고유의 경쟁우위를 확보하기 위한 데에 있다. 그러므로 사업구조조정의 기본방향은 시장환경의 변화에 대응할 수 있는 핵심역량을 확보하고 이를 강화시키고 활용하는 데 초점이 두어져야 한다.[1]

---

1) 핵심역량(core competency)이란 경쟁기업과 차별화를 시켜주는 기업고유의 독특한 지식, 기능,

2.2 사업구조조정의 프로세스

사업구조조정은 전략적 관점에서 그 중요성이 매우 큰 경영의사결정이다. 따라서 기업이 현재 보유하고 있는 사업구조의 특성과 미래지향의 핵심역량을 체계적으로 분석하여 구조조정전략을 수립할 필요가 있다. 이를 위해서는 네 단계의 사업구조조정 프로세스가 필요하다.[2]

첫 단계에서는 먼저 사업단위별로 *EVA*와 *MVA* 등을 통해 사업가치를 평가하고, 다양한 사업단위들이 전사 차원에서 어떻게 현재 또는 미래의 기업가치에 기여할 것인가를 평가한다. 사업단위간의 연계성을 분석하고, 사업다각화의 정도, 사업간 재무자원 및 인적자원의 배분 형태, 사업전망에 따른 사업구성 등을 전사 차원의 기업전략관점에서 평가하는 것이다.

두 번째 단계는 기업이 보유하고 있는 내부 경영자원을 분석하여 핵심역량을 찾아내고 새로운 사업구조를 선정하는 단계이다. 여기서는 특히 핵심역량을 이용한 사업간 시너지 확보 여부를 평가하여 앞의 단계에서 간과하기 쉬운 잠재적 기업가치를 찾아내는 것이 중요하다.

세 번째 단계는 사업구조조정의 실행방법에 대한 전략적 선택을 하는 단계이다. 기업의 현재 상황, 장기적 전략방향, M&A시장 동향, 구조조정의 기대효과 등을 종합적으로 고려하여 적합한 실행방법을 선택하는 것이 중요하다.

네 번째 단계는 사후통합의 단계이다. 이는 사업구조 재구축에 따른 회사내 자원을 효과적으로 배분하고 가동할 수 있도록 체계화하고, 시너지효과를 극대화할 수 있도록 조직구조를 개편하고, 새로운 운영시스템을 설계하는 단계이다.

2.3 사업구조조정의 실행전략

사업구조조정을 실행하는 전략은 매우 다양하다. 여기서는 기업분할, MBO, 아웃소싱에 의한 사업구조조정에 대해서 설명한다.

기술의 집합을 말한다. 핵심역량은 단순히 그 기업이 잘하는 활동을 의미하는 것이 아니라 경쟁기업에 비하여 훨씬 우월한 능력, 즉 경쟁우위를 가져다주는 기업의 능력을 의미한다.

2) 강효석 · 권석균 · 이원흠 · 조장연(1998), 기업구조조정론, 홍문사, 76-77.

1) 기업분할을 통한 사업구조조정

기업분할(divestiture)은 기업의 자산이나 사업부, 기타 사업의 일부를 독립적으로 분리하는 것을 말한다. 이러한 기업분할은 M&A 활동의 중요한 부분이라고 할 수 있다. 어떤 회사가 다른 회사의 자산이나 사업부 등을 인수하거나 합병한다면, 상대 회사에서는 자산이나 사업부문의 분할을 의미하기 때문이다.

한편 M&A와 상관없이 기업이 자산이나 사업부문을 분리하는 경우도 있다. 이는 특정 사업부문이나 자산의 수익성이 하락하거나, 전략적으로 평가할 때 사업구조상 적합도가 떨어지는 경우에 발생할 수 있다. 또한 수익성은 높지만 투자현금을 회수하기 위해서 분리하여 매각을 결정하기도 한다. 현금이 부족하여 자금을 마련하기 위해 자산이나 사업부문을 분리하여 매각하기도 한다.

기업분할의 방법으로는 크게 물적분할과 인적분할이 있다. 물적분할은 분할된 신설회사의 주식을 모회사의 기존 주주에게 분배하지 않고 모회사가 보유함으로써 신설회사를 모회사의 100% 자회사 형태로 유지하는 방식을 말한다. 반면 인적분할은 기업분할 시 존속회사 주주들이 지분율대로 신설법인의 주식을 나눠갖는 것을 말한다. 신설회사와 존속회사의 주주가 분할 초기에는 동일하지만 주식거래 등을 통해 지분구조가 달라지므로 독립된 형태를 띠게 된다.

인적분할을 이용한 사업구조조정의 대표적인 방법에는 분리설립, 분리공모, 분할설립, 완전분할 등이 있다.

(1) 분리설립

분리설립(spin-off)은 사업부분을 모회사로부터 분리시켜 독립기업으로 설립하고, 모회사의 주주들에게 자회사의 주식을 보유지분에 비례하여 나누어주는 방식이다. 이는 복합사업을 영위하는 기업이 일부사업을 분할시켜 자산규모와 조직규모를 축소시키고자 할 때 많이 사용된다.

이러한 예로는, 2007년 모건스탠리가 자사의 디스커버(Discover) 신용카드사업부문을 디스커버사로 분리설립하고, 모건스탠리의 주주들에게 신규 설립회사의 주식을 부여한 것을 들 수 있다.

(2) 분리공모

분리공모(carve-out)도 분리설립과 유사하다. 다만, 신규 설립회사의 주식이 기존 주주에게 부여되는 것이 아니라 공모로 매각된다는 점에 차이가 있다. 분리공모방식에서는 먼저 모기업이 지분을 모두 갖는 자회사를 설립하고, 그리고 나서 모기업은 자회사의 기업공개상장(IPO)을 통해 자신이 보유하고 있는 주식 중 일부(일반적으로 20% 내외)를 일반투자자에게 매각하여 공개회사를 만들게 된다.

(3) 분할설립

분할설립(split-off)은 모회사에서 사업부문을 분리하여 신설법인을 만들고, 신설된 자회사의 주식을 자회사 소유를 희망하는 모회사 주주의 주식과 교환하여 자회사를 양도하는 방식이다. 따라서 분리설립의 경우와는 달리 처음부터 별개의 주주그룹이 형성된다.

(4) 완전분할

완전분할(split-up)은 기업이 두 개 이상의 새로운 기업으로 분할되는 것을 말한다. 이 과정에서 모기업은 사라지고, 주주들은 기존의 주식을 새로운 기업의 주식으로 교환하게 된다.

완전분할의 대표적인 예로는 AT&T사를 들 수 있다. AT&T사는 1984년에 미국 법무부의 반독점소송의 결과에 따라 8개의 독립회사로 분할되었다. 즉 장거리 통신사업을 운영하는 AT&T사와 7개의 지역 전화회사(RBOC)로 분할되었다.

2) MBO를 통한 사업구조조정

MBO(Management Buyout)는 기업이 사업구조조정을 위해 매각하는 사업부나 계열사를 매각대상 사업부와 계열사의 현경영진이 중심이 되어 인수하는 M&A의 특수한 형태를 말한다. 일반적으로 인수단에는 현경영진과 종업원을 중심으로 투자은행, 벤처캐피탈 등이 참여한다.

MBO에서는 현경영진이 50% 이상의 지분을 보유하고, 나머지 지분은 투자은행, 벤처캐피탈, 종업원 등에 의해 보유되는 형태로 모기업과 무관한 기업이 되는 경우가 많다.

3) 아웃소싱을 통한 사업구조조정

아웃소싱(outsourcing)은 기업 업무의 일부 프로세스를 경영 효과 및 효율의 극대화를 위한 방안으로 제3자에게 위탁해 처리하는 것을 말한다. 이러한 아웃소싱방법을 이용함으로써 가치를 창출하지 못하는 비핵심역량 분야의 기능이나 사업을 분리하여 독립시키거나 제거함으로써 경영성과를 높일 수 있다.

기업은 핵심역량 분야에 자원을 집중적으로 배분하고, 조직슬림화(slim)를 통해 효율성을 제고시킬 수 있게 된다. 최근 많은 기업들은 자신의 핵심가치 활동이 아닌 분야에 대해서는 적극적으로 외부기업에 외주를 주는 방식으로 사업구조를 재조정하고 있다. 대표적인 기업으로는 애플(Apple), 나이키(Nike), 아디다스(Adidas) 등이 있다.

요 약

❶ M&A의 개념 이해

M&A(Merger and Acquisition)는 둘 이상의 기업이 통합하여 하나의 기업이 되는 기업합병(merger)과 인수기업이 인수대상기업의 주식이나 자산의 전부 또는 일부를 매입하여 경영권을 획득하는 기업인수(acquisition)가 결합된 합성개념으로 기업의 인수 · 합병이라고 한다. 기업합병은 피합병기업과 합병기업이 하나의 기업으로 결합되기 때문에 피합병기업의 독립성이 상실되지만, 기업인수에서는 피인수기업이 경영면에서나 법적으로 독립성을 유지되는 특징이 있다.

❷ M&A의 동기와 유형, 방어전략

M&A는 시너지효과, 세제 혜택과 잉여자금의 효율적인 이용, 높은 대체원가의 회피, 다양화효과 등을 유발시켜 기업의 경쟁력 강화와 비용절감 및 수익성 향상을 가져올 수 있다. 그러므로 이러한 여러 가지의 효과가 각 기업이 직면하고 있는 상황에 따라 M&A의 동기가 된다.

M&A의 유형은 기업의 거래형태에 따라 합병과 인수로 구분할 수 있다. 결합형태에 따라서는 수평적 M&A, 수직적 M&A, 다각적 M&A로 분류할 수 있다. 기업 당사자들의 거래의사에 따라서는 우호적 M&A와 적대적 M&A로 구분할 수 있다. 인수기업이 대상기업의 주주들에게 그 대가를 지급하는 수단에 따라서는 현금인수, 주식교환인수, 차입인수 등이 있다.

M&A의 주요 방어전략으로는 정관변경, 황금낙하산전략, 주요자산 매각전략, 극약처방, 백기사 전략, 역공개매수전략, 록업전략 등이 있다.

❸ M&A가치 평가방법

M&A는 투자의사결정과 관련되기 때문에 M&A의 가치평가는 순현가법에 의해 이루어진다. M&A실행 여부에 대한 평가는 M&A의 순현가가 양(+)의 값을 가지면 M&A를 실행하고, 음(−)의 값을 가지면 M&A를 실행하지 않는 것으로 판단한다.

M&A의 순현가 = 시너지 − 프리미엄

$$\text{M\&A의 순현가} = [PV(A+B) - PV(A) - PV(B)] - [\text{B기업의 매수가격} - PV(B)]$$

❹ 사업구조조정의 개념

사업구조조정(business or asset restructuring)이란 자원배분의 최적화를 추구하기 위하여 사업영역을 재구축하고, 사업규모를 조정하는 것을 말한다. 이러한 사업구조조정전략의 핵심은 가치를 창출하지 못하거나 가치를 파괴하는 사업을 정리하거나 매각하고 핵심사업을 중심으로 재편하고자 하는 것이다.

❺ 사업구조조정 프로세스

사업구조조정은 네 단계의 프로세스에 따라 이루어진다. 첫 단계에서는 사업단위별로 *EVA*와 *MVA* 수준을 평가하고, 이에 기초하여 다양한 사업단위들이 전사 차원에서 어떻게 현재 또는 미래의 기업가치에 기여할 것인가를 평가한다. 두 번째 단계는 기업이 보유하고 있는 내부 경영자원을 분석하여 핵심역량을 찾아내고 새로운 사업구조를 선정하는 단계이다. 세 번째 단계는 사업구조조정의 실행방법에 대한 전략적 선택을 하는 단계이다. 네 번째 단계는 사업구조 재구축에 따른 회사내 자원을 효과적으로 배분하고 가동할 수 있도록 체계화하고, 시너지효과를 극대화할 수 있도록 조직구조를 개편하고, 새로운 운영시스템을 설계하는 단계이다.

❻ 사업구조조정의 실행전략

사업구조조정을 실행하는 전략으로는 기업분할, MBO, 아웃소싱에 의한 사업구조조정 등이 있다. 기업분할(divestiture)은 기업의 자산이나 사업부, 기타 사업의 일부를 제3자에게 매각하는 것을 말한다. 기업분할의 형태로는 분리설립(spin-off), 분리공모(carve-out), 분할설립(split-off), 완전분할(split-up) 등이 있다. MBO(Management Buyout)에 의한 사업구조조정은 사업구조조정을 위해 매각하는 사업부나 계열사를 매각대상 사업부와 계열사의 현경영진이 중심이 되어 인수하는 M&A의 특수한 형태를 말한다. 아웃소싱(outsourcing)에 의한 사업구조조정은 기업 업무의 일부 프로세스를 경영 효과 및 효율의 극대화를 위한 방안으로 제3자에게 위탁해 처리하는 것을 말한다.

연·습·문·제

1 다음 용어를 설명하라.

① 신설합병과 흡수합병 ② 후방적 합병과 전방적 합병 ③ 주식공개매수

④ 그린메일 ⑤ P&A ⑥ LBO

⑦ 황금낙하산전략 ⑧ 인적분할과 물적분할 ⑨ 분리설립(spin-off)

⑩ 분리공모(carve-out) ⑪ 분할설립(split-off) ⑫ 완전분할(split-up)

2 기업합병의 동기를 간단히 열거하라.

3 M&A 방어전략을 열거하고 설명하라.

4 현재 A기업과 B기업의 가치가 각각 600억원과 100억원이며, 두 기업은 모두 부채조달 없이 자기자본에 의해 자본을 조달하고 있다. 만약 A기업이 유보이익을 이용하여 B기업을 인수한다면, 인수 후 인수기업은 100억원의 시너지가 발생하여 800억원의 가치를 갖게 된다.

이러한 조건하에서 B기업은 A기업에 현금으로 180억원을 준다면 매각하겠다는 의사를 보내왔다. A기업의 입장에서 인수여부에 대한 의사결정을 내려 보라.

5 4번문제에서 A기업이 B기업을 현금 대신 보통주를 발행하여 인수하고자 한다고 가정한다. 이 때 A기업의 총발행주식수는 200만주이고, B기업의 총발행주식수는 80만주이다.

(1) B기업의 주주에게 발행해 주어야할 주식수는 몇 주인가?

(2) A, B기업의 공정 주식교환비율을 구하라.

6 사업구조조정의 의미와 사업구조조정 프로세스를 설명하라.

7 사업구조조정의 실행전략으로서 기업분할에 대해 설명하라.

◉ 해답
──────────────────────────────────

4 20억원

5 (1) 580,645주 (2) 0.7258:1

23
Chapter

기업지배구조와 지주회사

들어가면서

일반적으로 주식회사는 주식을 소유한 주주가 그 회사의 소유자가 되지만 소유한 주식의 비율에 따라 주주총회에서의 의사결정권한에 차이가 발생한다. 주주는 주식의 소유비율에 따라 주주총회에 상정되는 의안에 대해 의사결정권한을 행사하여 기업의 주요한 경영자원의 운용결정에 개입한다. 이들 의사결정의 의안으로서 경영자의 임면, 이사회의 구성을 위한 이사 선출, 이익의 배분, 기타 주요 경영활동 등이 포함되어 있으므로 주주의 구성과 그 소유비율은 기업의 경영자원 운용결정에 큰 영향을 미친다.

이 장에서는 기업지배구조와 지주회사에 대해 설명한다. 기업의 지배구조(corporate governance system)는 기업경영에 관한 의사결정을 담당할 기업경영자의 임명과 해임권한을 누가 가지며, 어떻게 그 권한을 행사하는가와 연관된다.

기업의 지배구조는 기업의 소유구조(ownership structure)와 밀접한 관계를 가지면서 형성된다. 기업지배권의 정당성이 기업의 소유권으로부터 나오고, 기업의 지배구조는 소유구조의 차이에 따라 다양하게 발생하는 대리인문제를 효과적으로 통제할 수 있어야 한다.

기업의 주식은 주식시장을 통하여 거래되어 그 가치가 실시간으로 평가되고 이때 기업의 지배구조의 차이에 따른 경영성과도 역시 주가에 반영된다. 따라서 지배구조를 형성하는 여러 가지 요인들이 주가에 미치는 영향력의 방향과 차이는 좋은 지배구조와 나쁜 지배구조를 판단하는 기초를 제공할 것이다.

지주회사(holding company)는 타 회사의 주식을 소유하여 그 회사를 독점적으로 지배하는 것을 목적으로 하는 회사를 말한다. 다시 말해 타 회사의 주식에 투자하여 일정수준의 지분을 획득하고 이를 통하여 기업을 지배하여 여러 가지 목적을 추구하는 독립된 기업이다.

독자들은 기업지배구조의 개념과 구성요소, 유형 등을 학습하고, 지배구조의 차이가 기업가치에 미치는 영향에 대해 이해하는데 중점을 두어야 한다. 또한 지주회사와 관련해서는 지주회사 설립의 장단점과 우리나라 지주회사제도에 대해 잘 알고 있어야 한다.

Financial Management

1.1 지배구조의 의의

1) 지배구조와 소유구조

기업이라는 유기적인 조직이 성공적으로 작동되기 위해서는 각 구성요소간의 조화와 일관된 방향성이 유지되어야 한다. 이는 구체적으로 기업이 어떻게 지배되고 조정되는가의 문제로 귀착될 수 있다. 특히 세계경제의 글로벌화, 디지털화, 개방화가 급속히 진전되어 기업의 경영환경이 급격하게 변화하고 있는 상황에서는 이러한 문제가 더욱 중요할 수 있다.

기업에 있어서 경영자와 주주, 그리고 내부주주와 외부주주 간의 이해상충에 따라 여러 가지 대리인문제(agency problem)가 발생할 수 있다. 기업의 소유구조와 지배구조의 특성에 따라 발생하는 고위험사업에 대한 과소투자문제(underinvestment incentive), 과도한 사업다각화의 추진, 부실사업에 대한 지원(cross-subsidization), 잉여현금흐름(free cash flow)의 과도한 사내유보, 음(−)의 순현재가치를 갖는 사업에 대한 과도한 투자(overinvestment), 대주주 경영자의 자기거래, 전문경영인체제의 도입 지연 등과 같은 형태가 대리인문제 때문에 나타날 수 있다. 이러한 대리인문제를 예방하거나 완화 또는 적절히 해소하기 위해서는 효율적인 지배구조의 형성이 중요하다.

기업의 지배구조(corporate governance system)는 기업경영에 관한 의사결정을 담당할 기업경영자의 임명과 해임권한을 누가 가지며, 어떻게 그 권한을 행사하는가와 연관된다. 기업의 지배구조는 기업의 소유구조(ownership structure)와 밀접한 관계를 가지면서 형성된다.[1] 왜냐하면, 기업지배권의 정당성이 기업의 소유권으로부터 나오고, 기업의 지배구조는 소유구조의 차이에 따라 발생되는 다양한 대리인문제를 효과적으로 통제할 수 있어야 하기 때문이다.

---

[1] 소유구조는 기업의 자본금을 누가 얼마만큼 출자하였는가를 나타낸다. 재무상태표 상의 자기자본 중 자본금의 출자자가 누구이고, 각 출자자가 얼마만큼의 출자를 하였는가에 의해 기업의 소유구조가 결정된다.

기업의 주식소유가 분산되고 소유와 경영이 분리되어 있는 경우에는 소액주주가 스스로 경영자를 감시할 유인이 약화되므로 주주에 대한 경영자의 대리인문제가 발생된다. 주식소유는 분산되어 있더라도 복수의 의결권을 가지는 주식이나 위임장, 의결권신탁, 피라미드 형태의 주식소유 등을 이용하여 통제권을 확보할 수 있는 경우에는 지배주주가 경영자를 통제할 수 있게 되어 지배주주와 소액주주 간에 대리인문제가 발생할 수 있다.

가족기업(family firms) 등과 같이 주식소유가 집중된 경우에는 지배대주주가 경영자 역할을 함으로써 지배대주주와 소액주주 간에 대리인문제가 발생될 수 있다. 만일 소유가 집중되었더라도 지배대주주의 의결권에 제한이 있는 경우에는 경영자에 대한 대주주의 통제가 어렵게 되므로 경영자와 주주 간에 대리인문제가 발생할 수 있다.

이와 같이 소유구조에 따라 대리인문제가 발생하는 유형이 다르기 때문에 그 대리인문제를 해소할 수 있는 다양한 형태의 지배구조가 존재하게 되고, 이에 따라 기업성과도 영향을 받게 된다.

2) 기업지배구조의 정의

기업지배구조의 개념은 연구자에 따라 다양하게 제시되고 있다. Williamson (1984)은 거래비용 경제학적 관점에서 기업지배구조를 이해관계자간의 효율적인 계약이행 메커니즘으로 보고, 경영자의 행위가 적절하게 이루어 질 수 있도록 하는 규율 메커니즘이라고 하였다.[2] Alkhafaji(1989)는 기업지배구조를 조직의 운영에 관련되는 다양한 집단의 권리와 책임을 결정하는 힘의 구조로 보고, 이에는 기업에 대한 합법성의 기대, 기업의 작동방법, 경영자와 이사회의 전반적인 책임이 내포된다고 하였다.[3] Sheridan and Kendall(1992)은 소유자의 장기 전략적 목표, 종업원의 이해관계, 환경과 지역사회의 요구, 고객과 공급자와의 원활한 관계, 법적 규제사항을 효과적으로 고려하여 충족시킬 수 있도록 기업을 통제, 작동, 구조화시키는 시스템이라고 하였다.[4] Charkham(1994)은 기업이 지휘되고 통제되는 시스템을 지배구조라고 하였다.[5] Monks and Minow(1995)는 기업의 지배구조를 기

2) O. E. Williamson(1984), "Corporate Governance," *Yale Law Journal*.

3) A. F. Alkhafaji(1989), *A Stakeholder Approach to Corporate Governance*, Quorum Books.

4) T. Sheridan and N. Kendall(1992), *Corporate Governance: An Action Plan to Profitability and Business Success*, Pitman Publishing.

5) J. Charkham(1994), *Keeping Good Company*, Oxford University Press.

업의 지휘와 성과결정에 참여하는 당사자들 간의 관계구조라고 정의하였다.[6] Shleifer and Vishny(1996)는 기업에 대한 자금공급자가 경영자를 통제하여 적정 투자수익을 얻는 방식을 다루는 구조 전체를 기업지배구조라고 하였다.[7] Keasey, Thompson, and Wright(1997)는 기업지배구조를 좁은 의미로는 주주에 대한 경영자 책임의 공적시스템이고, 넓은 의미로는 기업부문 및 그것이 영향을 주는 사회일반과 관련된 공식적, 비공식적 네트워크라고 하였다.[8]

이상과 같은 논의를 종합해 보면, 기업의 지배구조는 특정의 제도적 환경 하에서 기업을 둘러싸고 있는 이해관계자의 계약적 이해를 원활하게 조정하는 시스템이라고 할 수 있다. 특히 소유와 경영이 분리된 기업에 있어서는 경영자의 대리인문제에 대한 전반적인 규율 메커니즘의 성격을 갖는다고 볼 수 있다.

1.2 기업지배구조의 구성요소

기업의 지배구조는 크게 다음의 두 가지 요소를 포함한다. 첫째, 기업내부 통제기구로서 주주총회, 이사회(이사, 대표이사), 감사(위원회) 등이 있다. 둘째, 기업외부 통제기구로서 주로 시장에 의한 통제기능을 수행하는 외부감사인, 기업지배권시장(corporate control market), 기관투자자, 경영자시장 등이 있다.

1) 기업내부 통제기구

(1) 주주총회

주식회사의 궁극적인 의사결정은 주주총회에서 이루어진다. 주주총회는 이사, 감사에 대한 임면권을 갖는 것은 물론 합병, 영업 양·수도, 정관변경, 신주발행, 청산, 해산 등 회사의 중요한 사항에 대하여 의사결정권을 가지고 있다. 그러므로 주주총회가 그 기능을 제대로 수행할 수 있다면 합리적인 의사결정과 이를 집행하는 기업경영활동에 대한 감시·통제 기능이 효과적으로 이루어질 수 있다.

(2) 이사회

이사회는 회사의 업무집행에 관한 의사결정을 수행하는 기구이고, 대표이사는

---

6) R. G. Monks and N. Minow(1995), *Corporate Governance*, LENS Inc..

7) A. Shleifer and R. Vishny(1997), "A Survey of Corporate Governance," *Journal of Finance*, 52, 737-783.

8) K. Keasey, S. Thompson, and M. Wright(1997), *Corporate Governance: Economic and Financial Issues*, Oxford University Press.

이사회의 결정사항을 집행하는 역할을 한다. 이사회를 구성하는 이사는 주주총회에서 선출되고, 이사회가 대표이사를 선출한다. 이사회는 대표이사의 업무집행을 감독하며, 대표이사가 업무집행을 불성실하게 하거나 부정직하게 한 경우에는 해임할 수 있다.

우리나라의 경우 1998년부터 상장회사에 대해 사외이사를 의무적으로 두도록 하였다.[9] 상장법인(자산총액이 1천억원 미만인 벤처기업은 제외)은 의무적으로 이사총수의 1/4 이상을 사외이사로 선임하여야 한다. 자산규모가 2조원 이상인 상장법인의 경우에는 이사총수의 1/2 이상(3인 이상)을 사외이사로 선임하여야 하며, 사외이사후보추천위원회를 설치(위원총수의 1/2 이상 사외이사로 구성)하여야 한다.[10]

(3) 감사(위원회)

감사는 기업의 회계와 업무를 감사하는 역할을 담당함으로써 이사회의 의사결정이나 경영활동을 감시·통제하는 기능을 수행한다. 우리나라에서는 자산총액 2조원 이상의 대형 상장법인이나 증권회사에 있어서는 감사위원회를 설치하여야 한다. 기타의 회사에 있어서는 정관에 의하여 감사 또는 상근감사를 두어야 한다. 감사위원회는 위원의 2/3 이상을 사외이사로 구성하고, 감사위원회 위원장은 사외이사이어야 한다.

2) 기업외부 통제기구

(1) 외부감사인

외부감사인제도는 기업으로 하여금 회계처리를 적정하게 하도록 함으로써 이해관계인을 보호하고, 기업의 건전한 발전을 도모하기 위해 시행하는 제도이다. 기업의 투명성과 건전성을 제고시키고 기업의 경영활동을 감시하는 데 기여할 수 있다. 우리나라 기업의 경우 상장법인인 주식회사는 회사와 독립된 외부감사인에 의해 외부감사를 받아야 한다.[11]

---

9) 사외이사는 회사의 경영진에 속하지 않는 이사이다. 이사로서 상시적으로 업무에 종사하지 않는 자로 정의되거나 비상임이사라고 지칭되기도 한다. 업무집행기관으로부터의 독립성이라는 면에서 사내이사와 구별된다. 사외이사제도를 두는 이유는 대주주와 관련 없는 외부인사를 이사회에 참가시켜 대주주의 독단경영과 전횡을 사전에 차단하기 위한 목적이다.

10) 상법 제382조 3항 및 상법 제542조의8 제2항

11) 2020년 현재 외부감사 대상기업 선정 기준: (1) 상장법인 또는 상장 예정법인, (2) 자산총액이 500억원 이상, (3) 매출액이 500억원 이상, (4) 다음 중 3개 이상에 해당하지 않는 회사 ① 자산총액 120억원 미만, ② 부채총액 70억원 미만, ③ 매출액 100억원 미만, ④ 종업원 100명 미만

(2) 기업지배권시장

기업이나 경영자에 대한 규율과 통제에 있어서 경쟁적 시장환경은 중요한 역할을 할 수 있다. 금융시장 및 기업인수시장으로부터 가해지는 압력은 기업경영의 효율성을 제고시키는 데 기여할 수 있다. 기업은 이러한 압력에 대응하기 위한 생존전략으로 원가절감이나 생산성 향상 등 기업의 주가에 영향을 미칠 수 있는 여러 가지 경영혁신 방안을 채택하고, 이를 달성하기 위해 노력하게 되어 결국 기업 전체의 경영성과를 높일 수 있다.

물론 이러한 기업인수시장이 활성화 되는 경우에는 기업의 비효율성을 초래할 가능성도 있다. 경영진이 외부의 적대적 M&A 시도에 대응하기 위해 자사주 매입, 주요자산 매각 등 무리한 M&A 방어수단을 사용한다면 많은 비용이 발생하고, 기업자금을 비효율적으로 남용함으로써 주주의 이익을 침해할 수도 있다.

(3) 기관투자자

기관투자자에는 은행, 투자신탁회사, 보험회사, 증권회사, 연기금, 각종 재단 및 기타 금융기관 등이 있다.[12] 기관투자자는 자산운용시 분산투자를 통해 리스크관리가 용이하고 주식의 장기보유가 가능하여 안정적인 주주로서의 역할을 할 수 있다. 이것을 바탕으로 기관투자자들은 기업정보를 보다 용이하게 확보할 수 있고, 입수 정보에 대한 우월한 분석능력도 보유할 수 있다.

또한 보유주식 비중이 상대적으로 높고, 대상회사에 대한 정보의 수집과 분석에 상당한 비용을 부담할 수 있기 때문에 경영활동에 강한 영향력을 행사할 수 있다. 따라서 주주들의 이익을 반영하지 못하고 기업경영성과가 좋지 못한 경우에는 경영진에 그 책임을 묻고, 효율적인 경영을 촉구하여 기업가치의 증대를 유도할 수 있다.

(4) 경영자시장

기업경영을 감시할 수 있는 또 다른 실체로서 경영자시장의 중요성을 들 수 있다. 기업 내·외부의 경영자시장은 경영자들을 규율함으로써 경영진의 이해와 주주의 이해를 일치시킬 수 있다.

Fama and Jensen(1993)은 이러한 경영자시장의 경영감시 기능은 기업의 내부와 외부에서 모두 일어날 수 있다고 하였다. 기업내부에서 이루어지는 경영진에 대한 감시는 직위의 계층구조에 의해 이루어지고, 기업외부에서 이루어지는 경

---

12) 법인세법 제18조 6호, 법인세법시행령 제17조, 법인세법시행규칙 제9조.

영진에 대한 감시는 다른 회사로 이직하려는 경영자의 시도와 경영자의 경영성과에 근거한 보상 및 상벌제도에 의해 이루어진다고 하였다.[13]

경영자시장이 효율적으로 작동하면 경영자가 경영하고 있는 당해 기업의 성과는 노동시장에서 당해 경영자의 기회임금을 결정하고, 경영자의 과거 성과정보는 그의 미래 직무 담당기회에 영향을 미친다. 또한 경영자시장을 통해 경영자간에 상호감시가 이루어지게 되어 경영자를 규율하는 기능을 발휘하게 된다.

1.3 지배구조의 유형

자본주의의 다양성에 관한 관심이 증대되면서 세계 주요 국가들의 기업지배구조를 특징적으로 분류하는 연구들이 이루어지고 있다. 분류의 강조점에 따라 Anglo-Saxon과 Rhineland모형, 주주모형과 이해관계자모형, 외부자모형과 내부자모형 등으로 다양하게 구분되고 있다. 일반적으로 Anglo-Saxon모형, 주주모형, 외부자모형의 특성은 주로 미국과 영국기업의 지배구조에서 많이 나타난다. 반면에 Rhineland모형, 이해관계자모형, 내부자모형의 특성은 독일과 일본기업의 지배구조에서 많이 나타나고 있다.

1) 영·미식 지배구조

영·미식 지배구조는 주식의 분산소유, 유동성이 큰 주식시장, 유연한 노동시장, 기관투자자의 적극적인 역할, 활발한 인수시장 등으로 자유시장 지향적 시스템이라고 할 수 있다. 경영자에 대한 규율은 주로 외부시장에서의 성과 압력을 통해 이루어진다.

미국기업의 지배구조에서 가장 큰 특징은 이사회 및 주주총회 중심의 지배구조를 형성한다는 것이다. 이사회를 구성하는 이사회 멤버와 기업의 경영업무를 담당하는 집행임원(executive officer)의 역할을 엄격하게 구분하고 있다. 또한 기업 및 경영진과 독립성을 가지고 있는 사외이사들이 이사회의 이사 중 과반수를 초과하여 참가하고 있다. 주주총회에서 선임하는 감사가 없는 대신, 사외이사로만 구성된 감사위원회에서 경영의 감독과 감시업무를 맡고 있다. 따라서 법제상 이사회가 업무집행 기능과 감독 기능을 통합해 운영한다는 점에서 일원적 이사회 구조(single board system)라고도 불린다.

---

13) E. Fama and M. Jensen(1983), "Separation of Ownership and Control," *Journal of Law and Economics*, 26, 301-325.

이 밖에 연방법인 증권거래법과 증권거래위원회(SEC)의 각종 규정, 뉴욕증권 거래소를 비롯한 자율규제기관(SRO)들이 제정해 운영하는 자율규제가 기업의 지배구조를 규율하고 있다.

영국은 미국과 같은 시장 중심의 지배구조로, 증권시장의 역할이 크고 내부적으로는 이사회가 경영통제의 핵심 기능을 수행하고 있다. 영국은 유럽대륙의 다른 국가들과는 달리 소유 및 의결권이 분산돼 주주의 힘이 약한 반면, 경영진(상임이사)의 권한은 강하다. 종업원의 경영 참여는 제도화되어 있지 않고 종업원의 권리 역시 유럽연합(EU) 규정 범위 내에서 가급적 최소한으로 허용되고 있다.

2) 독일·일본식 지배구조

독일·일본식 지배구조는 주식의 소유집중, 자본시장 및 기관투자자의 역할 한계, 경직적인 노동시장 등의 특징을 보이는 사회적 시장경제체제를 전제로 하고 있다. 주주의 가치극대화보다는 이해관계자들 전체의 이익을 중시한다. 장기적으로 거래관계를 맺고 있는 기업내부 이해관계자들 간의 협상을 통해 경영자를 규율한다.

독일기업의 이사회는 경영이사회(management board)를 감독이사회(supervisory board)가 감시하는 시스템으로 구성되어 있다. 감독이사회는 경영정책 결정기능을 수행하며, 전원이 사외이사로 구성되어 경영이사를 임명하고 감독하는 권한을 가진다. 감독이사회는 해당기업과 업무상 또는 재무상 관계가 있는 기업 또는 금융기관이 파견한 대표 및 근로자 대표 등으로 구성되어 회사의 전략 및 중요 의사결정에 대한 감독, 감시 기능을 수행함으로써 경영진에 대한 견제 역할을 수행한다. 경영이사회는 경영실무에 대한 집행업무를 담당하는 전문경영자들로 구성되며, 경영이사들은 감독이사회의 이사와 겸직하지 못한다. 경영이사회는 경영정책, 방침, 경영실적 등을 정기적으로 감독이사회에 보고해야 한다.[14]

일본은 지난 50년 동안 20여 차례 이상 상법이 개정되면서 일본식 지배구조의 틀이 마련되었다. 특히 일본은 2003년 4월 기업지배구조와 관련된 제도를 정비하면서 개별 기업들에 CEO보다 많은 사외이사를 두는 미국식 이중 경영구조를 채택하거나, 법정 감시인이 감시활동을 하는 기존 지배구조 중 알맞은 것을 선택할 수 있도록 했다.

최근 일본기업은 미국식 이사회제도를 접목시켜 새로운 일본식 이사회를 구성

---

14) 우리나라에는 집행임원제도가 2011년 상법개정으로 처음 도입되었다. 국내기업으로는 2015년 3월 한라비스테온이 처음 도입하여 이사회와 경영권을 분리하였다.

그림 23-1 주요국의 이사회구조 비교

미국형	독일형	일본형
이사회 사외이사 (과반수) 사내이사 집행임원	감독이사회 : 사외이사로 구성 경영이사회 : 전문경영인 (집행임원)	이사회 사외이사 사내이사 집행임원
• 이사회 멤버와 집행임원의 역할 엄격하게 구분 • 사외이사가 이사회 총 이사의 과반수 초과 • 사외이사만으로 구성된 감사위원회	• 감독이사회 : 경영정책 결정기능 수행+경영이사 임명 및 감독 • 경영이사는 경영정책, 방침 및 경영실적을 감독이사회에 정기적으로 보고 • 경영이사는 감독이사회의 이사와 겸직 못함	• 사외이사의 비중이 미국에 비해 적음 • 이사회 멤버와 집행임원의 역할 분리 미흡 • 사외이사는 경영감시, 통제 역할보다는 경영조언과 자문역할

자료: 강효석 외(1998), 기업구조조정론-가치창조경영의 전략방안-, 홍문사. p. 210을 수정·보완한 것임.

하고 있다. 일본기업의 이사회에는 사외이사가 참가하고 있지만 전체 이사회에서 차지하는 비중은 미국의 경우에 비해 적다. 또한 이사회에 참가하는 집행임원의 수를 많이 줄이고 있는 추세이지만 미국의 경우처럼 이사회 멤버와 집행임원의 역할이 명확하게 분리되어 있지는 않다. 따라서 사외이사들은 직접적인 경영감시·통제 역할을 수행하기 보다는 주로 그들의 전문적 지식이나 경험을 바탕으로 기업 경영에 자문과 조언을 하는 역할을 수행하고 있다.

1.4 기업지배구조와 기업가치

소유구조에 따라 대리인문제가 발생하는 유형이 다르기 때문에 그 대리인문제를 해소할 수 있는 다양한 형태의 지배구조가 존재하게 되고, 그 여부에 따라 기업성과도 영향을 받게 된다. Brown and Caylor(2004)는 지배구조가 우수할수록 기업의 수익성이 좋고, 주주에 대한 보상도 크다는 연구결과를 제시하였다.[15]

---

15) L. D. Brown and M. L. Caylor(2004), "Corporate Governance and Firm Performance," *SSRN586423*, http://ssrn.com/abstract=586423 or http://dx.doi.org/10.2139/ssrn.586423.

Gompers, Ishii, and Metrick(2003)은 1990년대 미국기업의 지배구조는 주식수익률과 강한 상관관계를 가진다는 것을 확인하였다.[16] Johnson, Boone, Breach, and Friedman(2000)은 25개국 신흥시장을 대상으로 한 연구에서 투자자 보호수준, 관련법규의 효율성 등의 지배구조 관련 변수가 주식시장 성과지표를 설명한다고 하였다.[17] Mitton(2002)은 공시제도의 질이 우수할수록, 자본시장의 투명성이 높을수록, 외부주주의 소유집중도가 높을수록, 핵심사업에 대한 역량이 우수할수록 주가성과가 우수하다고 하였다.[18] 또한 Lemmon and Lins(2001)는 아시아 외환위기 기간 동안 지배주주의 소유지배괴리도가 클수록 주가하락이 컸다는 사실을 제시함으로써 기업지배구조가 기업가치에 유의하게 영향을 미친다는 실증적 증거를 제시하였다.[19]

우리나라 시장을 대상으로 분석한 연구로 Joh(2003)는 소유구조에 있어 계열기업의 지분이 많은 기업일수록 비재벌 독립기업에 비해 기업성과가 낮다는 사실을 발견하였다.[20] Baek, Kang, and Park(2004)은 외국인투자자의 소유지분이 많은 기업, 또는 상대적으로 공시의 질이 높은 기업일수록 외환위기 동안 가치손실이 작았다는 결과를 제시함으로써 우리나라에서도 기업지배구조가 기업가치에 영향을 미친다는 사실을 확인하였다.[21] 백재승(2006)은 기업지배구조 위험이 기업의 현금흐름 또는 자본비용을 변동시켜 기업가치를 변화시키는데 유의한 재무적 요인이 된다는 사실을 밝혔다.[22] 김병곤·김동욱(2007)은 기업지배구조의 구성요소인 사외이사비율과 기관투자자의 지분율이 높아질수록 기업가치가 높아지는 것을 확인하였다. 사외이사와 기관투자자가 경영자를 효율적으로 감

16) P. A. Gompers, J. L. Ishii, and A. Metrick(2003), "Corporate Governance and Equity Prices," *Quarterly Journal of Economics*, 118, 107-155.

17) S. Johnson, P. Boone, A. Breach, and E. Friedman(2000), "Corporate Governance in the Asian Financial Crisis," *Journal of Financial Economics*, 58, 141-186.

18) T. Mitton(2002), "A Cross-firm Analysis of the Impact of Corporate Governance on the East Asian Financial Crisis," *Journal of Financial Economics*, 64, 215-241.

19) M. Lemmon and K. Lins(2001), "Ownership Structure, Corporate Governance, and Firm Value: Evidence from the East Asian Financial Crisis," Working paper, Univetsity of Utah; 소유지배괴리도(ownership-control disparity)는 특정기업에 대해서 지배주주가 직·간접적으로 소유하고 있는 지분과 당해 기업에 대해서 지배주주가 직·간접적으로 영향력을 행사할 수 있는 지분간의 차이를 말한다. 소유지배괴리도가 크다는 것은 지배주주의 소유지분은 낮지만 의결지분이 높다는 것을 의미한다.

20) S. W. Joh(2003), "Corporate Governance and Firm Profitability: Evidence from Korea before the Economic Crisis," *Journal of Financial Economics*, 68, 287-322.

21) J. S. Baek, J. K. Kang, and K. S. Park(2004), "Corporate Governance and Firm Value: Evidence from Korean Financial Crisis," *Journal of Financial Economics*, 71, 265-313.

22) 백재성(2006), "기업지배구조와 주주의 부," 경영교육연구, 10(1), 121-144.

시·통제함으로서 경영자의 대리인문제를 축소시켜 기업가치가 높아지는 것으로 분석하였다.[23]

이상과 같은 여러 연구자의 연구결과를 종합해보면, 기업의 지배구조는 기업가치에 영향을 미치고, 양호한 지배구조(good corporate governance system)를 가진 기업일수록 가치가 높아진다는 것을 알 수 있다. 따라서 기업의 목표인 기업가치 최대화를 위해서는 기업지배구조의 개선 노력이 지속적으로 이루어져야 한다는 것을 알 수 있다.

제2절 지주회사

Financial Management

2.1 지주회사의 의의와 종류

지주회사(holding company)는 타회사의 주식을 소유하여 그 회사를 독점적으로 지배하는 것을 목적으로 하는 회사를 말한다. 즉 다른 회사를 지배하기 위해 그 회사의 주식을 전부 또는 지배 가능한 범위까지 소유하는 회사이다.

지주회사에는 주식투자를 통해 기업지배만을 목적으로 하고 있는 순수지주회사(pure holding company)와 타회사의 지주회사인 동시에 자신도 직접 어떤 사업을 영위하는 사업지주회사(operating holding company)가 있다. 순수지주회사는 타기업의 주식을 보유함으로써 그 기업을 지배하고 관리하는 것을 유일한 업무로 하고 있기 때문에 일종의 페이퍼 컴퍼니(paper company) 형태를 취하는 경우가 많다.

자회사는 현실적으로 지주회사의 지배를 받고 있지만 법률적으로는 독립성을 유지하고 있다.

---

23) 김병곤·김동욱(2007), "패널자료분석법에 의한 기업지배구조와 기업가치간의 영향관계 분석," 금융공학연구, 6(2), 223-247.

2.2 지주회사 설립의 장단점

1) 장 점

(1) 레버리지효과

지주회사는 소규모의 자본을 투자하여 비교적 대규모인 자회사의 자산을 통제할 수 있으므로, 레버리지효과가 발생한다. 바꾸어 말해서 자회사의 영업이 정상적으로 이루어지면 그 이익의 효과가 지주회사의 이익을 가속적으로 확대시키지만, 반대로 자회사의 이익이 감소하면 같은 가속도로 지주회사의 이익이 감소하게 된다.

예를 들어, 자본금이 4천 4백만원인 A지주회사가 자본금이 각각 1억 2천만원, 1억 4천만원인 X회사와 Y회사를 자회사로 두고 있다고 하자. A회사는 X자회사에 2천만원을 출자하여 주식 16.67%(=2,000만원/12,000만원)를 소유하고 있고, Y자회사에는 2천 4백만원을 투자하여 17.14%(=2,400만원/14,000만원)의 지분을 갖고 있다고 하자.

이때 X, Y자회사의 총자산이 각각 2억원과 3억 2천만원이라고 하면, A지주회사의 주주는 4천 4백만원을 출자하여 자회사의 총자산 5억 2천만원을 지배하게 되는데 이는 총자산의 8.46%(=4,400만원/52,000만원)에 지나지 않는다.

또 어느 투자자가 A지주회사에 지배권을 행사하는 데에 1,000만원어치의 주식을 소유(22.73%=1,000만원/4,400만원)하는 것으로 충분하다면, 이 투자자는 5억 2천만원의 자산을 1.92%(=1,000만원/52,000만원)의 자본만으로 지배하는 것이 되어 레버리지효과는 더욱 확대된다.

이와 같은 지주회사의 레버리지효과는 자회사를 지배하는 데에 필요한 소유주식의 비율이 낮을수록 더욱 커진다. 그리고 지주회사의 레버리지가 높을수록 위험과 수익의 트레이드 오프에 따라 자회사의 영업성과가 지주회사의 손익을 더욱 확대시킨다.

(2) 위험의 축소

지주회사와 자회사의 관계 또는 자회사 상호간의 관계는 법률적으로 독립성을 유지하고 있으므로, 자회사의 파산이 지주회사까지 파산시키는 결과를 초래하지는 않는다. 다시 말해서 자회사의 파산이 지주회사에 미칠 수 있는 최대의 손실은 지주회사가 소유하고 있는 자회사의 주식에만 해당하므로 지주회사가 감수해야 할 손실위험을 축소시킬 수 있다.

(3) 불필요한 협상절차

지주회사가 자회사를 취득할 때에 기업합병과 같은 번거로운 협상 절차는 필요로 하지 않는다. 지주회사는 일단 자회사 대상 후보가 선정되면, 증권시장에서 자회사의 지배에 충분한 주식을 공개적으로 또는 은밀히 매수하게 되므로 그 절차가 매우 간편하다.

2) 단점

(1) 중복과세

지주회사의 수익은 자회사로부터 받은 배당금이므로 지주회사의 주주는 이중으로 세금을 지급하는 것이 된다. 지주회사에게 배당금을 지급할 자회사의 배당가능이익은 이미 법인세를 차감한 것임에도 불구하고, 이 배당금이 다시 지주회사의 수익으로 계상되어 지주회사의 주주에게 배당금으로 지급되기 위해서는 지주회사가 한 번 더 법인세를 지급해야 된다. 그러나 자회사가 흡수합병된 피합병기업이라고 한다면 이러한 중복과세의 부담은 없어진다.

(2) 높은 관리비

지주회사의 관리비는 일반적으로 하나의 단위인 합병기업의 관리비보다는 높다. 지주회사의 관리비에는 주로 자회사의 감독비용이 높은 비중을 차지하고 있다. 그런데 이 비용들은 실제로 부가가치를 창출하는 영업활동과 관련된 것이 아니므로 비경제적인 성격(diseconomies)을 갖고 있다.

2.3 우리나라 지주회사제도

1) 일반기업 지주회사

우리나라 일반기업의 지주회사는 공정거래위원회에 신고하고 설립을 할 수 있다. 공정거래법에서 규정하고 있는 우리나라의 지주회사(holding company)는 주식(지분포함)의 소유를 통하여 국내회사의 사업내용을 지배(支配)하는 것을 주된 사업으로 하는 회사(회사가 소유하고 있는 자회사 주식이 당해회사 자산총액의 50% 이상)로서 자산총액이 5천억원 이상인 회사를 말한다. 이때 자회사는 지주회사에 의하여 그 사업내용을 지배받는 국내회사를 말한다.[24]

---

24) 공정거래법 제8조~제8조의3, 시행령 제2조~제2조의2

지주회사는 부채비율이 200% 이내여야 하며, 자회사 및 손자회사에 대한 지분율은 상장사인 경우 20%, 비상장사인 경우 40% 이상 확보하여야 한다. 자회사 외의 국내회사의 주식은 5%를 초과하여 소유할 수 없다. 증손회사의 소유는 100% 출자 등 제한적으로 허용된다.[25] 금융·비금융 자회사의 동시 소유는 금지된다.

2) 금융지주회사

우리나라의 금융지주회사는 2000년 7월 금융지주회사법이 제정되면서 설립이 가능하게 되었다. 금융지주회사는 주식의 소유를 통하여 금융업을 영위하는 회사 또는 금융업의 영위와 밀접히 관련되어 있는 회사를 지배하는 것을 주된 사업으로 하는 회사를 말한다.

자회사 중에 은행이 포함되는 경우에 은행지주회사라고 하고, 증권, 보험, 투신, 저축은행 등 제2금융권만을 소유한 지주회사인 경우에는 비은행지주회사라고 한다.

은행지주회사에 대한 1인당 소유지분한도는 원칙적으로 4%이고, 금융주력가인 경우에는 금융감독위원회의 승인을 얻어 10% 이상(지방은행지주회사의 경우 15%) 소유할 수 있다. 비은행지주회사에 대한 소유제한은 없다. 개인, 일반법인, 외국인 모두 100%까지 지분을 소유할 수 있다.

지주회사는 자회사로 금융기관, 금융관련 업무를 하는 비금융기관(금융전산회사, 자산관리회사, 금융조사연구기관 등), 중간지주회사를 소유할 수 있다. 지주회사가 자회사에 출자해야 하는 지분비율은 상장사인 경우에는 50% 이상, 공동출자법인 경우에는 30% 이상이다. 다만, 중간지주회사에 대해서는 100%의 지분을 소유하여야 한다. 자회사가 손회사를 지배하고자 하는 경우에는 50% 이상의 지분을 보유하여야 한다.

자회사에게 허용되는 손회사는 자회사의 성격에 따라 다르다. 자회사가 은행이나 종합금융회사인 경우에는 신용카드회사, 신용정보회사, 신탁회사, 선물회사, 투자자문회사, 자산운용회사, 국외 현지법인 등이 허용된다. 자회사가 증권회사인 경우에는 손회사로 자산운용회사, 투자자문회사, 선물회사 등이 허용된다. 자회사가 보험회사인 경우에는 손회사로 자산운용회사 및 보험관련 업무를 취급

---

[25] 지주회사는 지주 소속이 아닌 다른 회사(SOC 법인 제외) 지분을 5% 초과하여 보유할 수 없다. 단, 소유하고 있는 비계열회사 주식가액의 합계액이 자회사 주식가액 합계액의 15% 미만인 경우는 제외한다.

하는 회사가 허용된다.

지주회사의 부채비율은 200% 이내이고, 자회사에 대한 출자는 자기자본 이내로 제한된다. 부채로 조달한 자금은 자회사의 유동성 위기에 대비한 준비금이나 손회사를 자회사화하기 위한 주식매입자금 등으로만 사용할 수 있다. 지주회사가 자회사에 출자하고 남은 잉여자기자본은 주식 등 유가증권에 투자할 수 있지만, 다른 회사 주식의 5% 이상을 취득할 수 없고, 경영권지배도 금지된다.

요 약

❶ 기업지배구조의 개념

기업의 지배구조는 기업경영에 관한 의사결정을 담당할 기업경영자의 임명과 해임권한을 누가 가지며, 어떻게 그 권한을 행사하는가와 연관된다. 기업의 지배구조(corporate governance system)는 특정의 제도적 환경 하에서 기업을 둘러싸고 있는 이해관계자의 계약적 이해를 원활하게 조정하는 시스템이라고 할 수 있다. 특히 소유와 경영이 분리된 기업에 있어서는 경영자의 대리인 문제에 대한 전반적인 규율 메커니즘의 성격을 갖는다고 볼 수 있다.

❷ 기업지배구조의 구성요소

기업의 지배구조는 크게 두 가지 요소를 포함한다. 첫째, 기업내부 통제기구로서 주주총회, 이사회(이사, 대표이사), 감사(위원회) 등이 있다. 둘째, 기업외부 통제기구로서 주로 시장에 의한 통제기능을 수행하는 외부감사인, 기업지배권시장(corporate control market), 기관투자자, 경영자시장 등이 있다.

❸ 지배구조의 유형

기업지배구조의 유형은 분류의 강조점에 따라 Anglo-Saxon과 Rhineland모형, 주주모형과 이해관계자모형, 외부자모형과 내부자모형 등으로 다양하게 구분되고 있다. 일반적으로 Anglo-Saxon모형, 주주모형, 외부자모형의 특성은 주로 미국과 영국기업의 지배구조에서 많이 나타난다. 반면에 Rhineland모형, 이해관계자모형, 내부자모형의 특성은 독일과 일본기업의 지배구조에서 많이 나타나고 있다.

❹ 지배구조와 기업가치 간의 관계

기업의 지배구조는 기업가치에 영향을 미치고, 양호한 지배구조(good corporate governance system)를 가진 기업일수록 가치가 높은 특성이 있다. 따라서 기업의 목표인 기업가치 최대화를 위해서는 기업지배구조의 개선 노력이 지속적으로 필요하다.

❺ 지주회사의 의의

지주회사(holding company)는 타회사의 주식을 소유하여 그 회사를 독점적으로 지배하는 것을 목적으로 하는 회사를 말한다. 지주회사에는 주식투자를 통해 기업지배만을 목적으로 하는 순수지주회사(pure holding company)와 타회사의 지주회사인 동시에 자신도 직접 어떤 사업을 영위하는 사업지주회사(operating holding company)가 있다.

지주회사는 소규모 자본을 투자하여 비교적 대규모인 자회사의 자산을 통제할 수 있으므로, 레버리지효과가 발생한다. 지주회사의 레버리지효과는 자회사를 지배하는 데에 필요한 소유주식의 비율이 낮을수록 더욱 커진다. 그리고 지주회사의 레버리지가 높을수록 위험과 수익의 트레이드오프에 따라 자회사의 영업성과가 지주회사의 손익을 더욱 확대시킨다.

연·습·문·제

1 다음 용어를 설명하라.

① 지배구조   ② 소유구조   ③ 기업지배권시장

④ 소유지배괴리도   ⑤ 순수지주회사   ⑥ 사업지주회사

⑦ 금융지주회사

2 기업의 지배구조와 소유구조의 관계를 설명하라.

3 기업지배구조의 구성요소를 설명하라.

4 영·미식 지배구조와 독일·일본식 지배구조의 특징을 비교하여 설명하라.

5 미국, 독일, 일본의 이사회 구조를 비교하여 설명하라.

6 기업지배구조와 기업가치 간의 관계를 설명하라.

7 지주회사 설립의 장단점을 설명하라.

8 지주회사의 레버리지효과를 예를 들어 설명하라.

24
Chapter

국제재무관리

들어가면서

현대의 기업은 국가의 경계를 의식하지 않고 세계를 대상으로 경영활동의 범위를 넓히고 있다. 경영활동의 국제화는 당연히 기업의 생산, 마케팅, 인사 및 재무 기능에 국제적인 활동계획이 포함되도록 한다. 이 중에서도 재무관리는 해외진출을 위한 투자계획, 투자자금의 조달, 투자성과의 국내환수 등 매우 중요한 부분이 관련되어 있기 때문에 체계적인 접근이 필요하다.

국제화의 진전은 국제거래를 통한 결제통화가 증가되고, 투자의 대상이나 자금조달 시장과 수단이 더욱 확대됨에 따라 국제적인 재무관리의 대상은 더욱 복잡해지고 다양화될 수밖에 없다. 또한 WTO, 국가간 자유무역협정(FTA), 그리고 다양하게 구성되고 있는 지역경제협의기구(예, TPP, AIIB) 등은 기업의 국제적인 경영전략의 수립에 큰 변수가 되고 있다.

다른 국가의 금리정책의 변경이 국제간 자본이동을 촉발하여 특정 국가 자본시장의 수요와 공급에 영향을 미친다. 이것은 금융상품의 가격변동성을 증가시켜 국내 투자자들에 영향을 준다. 또한 한 국가의 환율정책이 경쟁국가 기업의 가격경쟁력에 영향을 미쳐 영업활동에 큰 변화를 야기한다. 따라서 국제재무관리는 기업의 국제경쟁력과 기업가치 향상을 위하여 체계적으로 다루어져야 한다.

각각의 국가는 역사, 사회, 문화와 법적인 고유한 특성과 경제력 등에서 차이가 있다. 그런데 국제재무관리는 국제간의 자금거래를 중심으로 이루어지기 때문에 기본적으로 환위험(foreign exchange risk)과 국가위험(country risk)이라는 위험요소가 따를 수 밖에 없다. 환위험은 국제간의 거래에서 환율이 변동함에 따라 기업의 수익이 변동하게 될 위험을 말한다. 국가위험은 국제간에 서로 다른 경제적, 사회적, 정치적, 문화적 특성 때문에 발생하는 위험을 말한다.

독자들은 이 장에서 국제재무관리의 주요 영역인 환위험관리, 해외투자관리, 국제자금조달 등에 대해 학습하여, 이들 지식을 국제간 재무활동을 수행하는데 활용할 수 있어야 한다.

1.1 국제재무관리의 중요성

우리가 앞에서 살펴본 내용은 한 국가의 경제적·사회적·정치적 제반환경 속에서 경영활동을 하는 기업의 재무관리를 설명한 것이었다. 그러나 오늘날 세계화가 급속히 진행되면서 기업활동의 영역이 한 국가에 국한되는 것이 아니라 국제적으로 확대되고 있다.

대체로 국가마다 무역량이 증가하고 있고, 다국적기업(multi-national corporation)의 규모와 수가 증가하는 추세에 있다. 다국적기업은 본국에 본사를 두고 외국의 여러 나라에 지사 또는 계열회사를 설립하여 경영하는 기업을 말한다. 따라서 재무관리도 이제 다국적기업의 재무관리 또는 국제재무관리로 영역을 확장시켜 그 이론과 실무가 연구되고 있다. 다국적기업이 아니라 하더라도 많은 기업들이 무역에 종사하고 있으며 무역거래를 통한 환율변동 위험에 노출되어 있다.

재무관리의 궁극적인 목표는 기업가치의 최대화이며, 기업은 이 목표를 효율적으로 달성하기 위하여 투자결정(investment decision), 자본조달결정(financing decision), 배당정책(dividend policy) 등의 기능을 수행한다. 다국적기업의 경영 또는 국제경영의 측면에서도 재무관리의 목표는 기업가치의 최대화이다. 다만, 환경이 국제적이기 때문에 이에 관련된 변수들을 추가적으로 고려하여 재무관리의 기능을 수행한다는 것에 차이가 있다.

국제재무관리의 기능을 보면, 첫째는 외화자산에 대한 투자결정 문제이다. 특히 기업이 보유하고 있는 외화자산을 어떤 형태로 보유하고 운영할 것인가 하는 자산의 최적구성(optimal mix of assets)이다.

둘째는 자본조달결정이다. 즉 기업이 필요한 자금을 어느 금융시장에서, 어떤 형태로, 어떤 통화로, 그리고 어느 시기에 조달하는 것이 자본비용을 최소화할 것인가를 결정하는 최적 자본조달결정(optimal mix of financing)이다.

셋째는 이상 두 가지 기능이 효율적으로 수행되어 달성한 이익을 적절하게 배분하는 기능이다. 여기에는 배분결정기능과 회계적 측면에서 성과의 평가 및 통제(performance evaluation and control)에 관한 기능이 포함된다.

끝으로 환율, 금리, 물가수준 등 국제간의 거시적 지표를 적절히 예측함과 동시에 이들을 기초로 위험과 수익의 트레이드 오프관계를 고려하여 국제금융시장에서 적합한 거래기법을 구사하는 것이다.

1.2 국제경영과 위험

국제재무관리에서 고려해야 할 변수 가운데 중요한 것은 환위험(foreign exchange risk)과 국가위험(country risk)이라고 할 수 있다.

환위험은 국제간의 거래에서 환율이 변동함에 따라 기업의 수익이 변동하게 될 위험을 말한다. 국가위험은 국제간에 서로 다른 경제적, 사회적, 정치적, 문화적 특성 때문에 발생하게 되는 위험을 말한다. 외국인 재산에 대한 강제적인 몰수(expropriation), 투자대상국의 높은 인플레이션, 시장에 대한 정보의 불완전성, 국가간 세제의 차이 등 국내 재무관리에서 다루었던 것과는 다른 형태의 위험이 야기될 수 있다.

이 장에서는 국제재무관리에 대한 최소한의 이해를 위하여 환율, 환위험, 국제금융시장, 해외투자를 간략하게 요약하여 설명하기로 한다.

제 2 절 | 환위험관리
Financial Management

2.1 외환과 환율의 개념

외환(foreign exchange) 또는 외국환은 외국의 지급수단 또는 대외지급수단을 의미하며, 외국의 통화, 외화표시의 주식, 환어음(bill of exchange) 등은 모두 외환에 속한다.

우리나라의 외국환관리법에서도 이 외국환을 대외지급수단, 외화증권, 외화채권이라고 규정하고 있다. 이러한 외환은 자국통화 지급수단과 교환하는 외환거래에 이용된다. 그러나 현실적으로 외환이라고 하면 미국의 달러화를 가장 중요한 외환으로 여긴다. 2차 세계대전 후 형성된 브레튼 우즈(Bretton Woods)체제하에서 미국 달러를 세계 경제의 지급수단, 즉 기축통화로 정하였기 때문이다.

환율(foreign exchange rate)은 외환거래에서 한 국가의 통화가격을 타국의 통화단위로 나타낸 것으로 양국 통화간의 교환비율을 말한다. 환율은 환율변동의 가변성에 따라 고정환율(fixed exchange rate)과 변동환율(flexible exchange rate)로 구분할 수 있다. 고정환율은 외환거래에서 환율을 미리 고정시켜 놓거나 또는 변동폭을 고정시켜 놓은 환율을 말한다. 변동환율은 외환거래에서 제약이 전혀 가해지지 않고 수요와 공급에 의하여 자유롭게 변동하는 환율을 말한다.

역사적으로 볼 때 1970년대 이전에는 대부분의 나라가 고정환율제를 채택하고 있었다. 자국의 화폐와 미국의 달러와의 교환비율이 고정되었다. 고정되어 있었다 하더라도 영속적으로 고정되었다는 의미는 아니고 상당기간 일정하게 유지하였다는 의미이며, 환율변동요인이 발생하면 양국간 협의에 의하여 환율을 재설정하였다. 1970년대 이후 전세계적으로 변동환율제가 정착되었는데 외환의 수요와 공급에 의하여 환율이 결정되고 있다.

환율은 현물환율(spot exchange rate)과 선도환율(forward exchange rate)로 구분하기도 한다. 현물환율은 외환의 매매계약이 현재의 시점에서 성립함과 동시에 그 결제가 이루어지는 현물환거래에서 적용되는 환율, 즉 현재 거래시점의 환율을 말한다. 선도환율은 매매계약이 성립된 시점으로부터 일정한 기간이 경과한 후에 결제가 이루어지는 선물환거래에 적용되는 환율로서 매매계약 시점에 결정된다. 선도환율이 중요한 이유는 국제간의 거래에 있어서 매매계약이 이루어지는 시점과 결제가 이루어지는 시점의 환율이 변화함으로써 위험을 헤지하는 유용한 수단이 되기 때문이다.

2.2 환율표시방법

환율은 자국과 외국 중 어느 국가를 기준으로 인식하느냐에 따라 자국통화의 대외가치 또는 외국통화의 국내 시장가치로 나누어 표시한다.

자국통화표시법(rate in home currency)은 직접표시법(direct quotation) 또는 지급환율법(giving quotation)이라고도 한다. 이는 외국통화 한 단위를 기준으로 하여 표시한 자국통화의 교환단위수를 의미한다. 예를 들어, 미달러화와 원화의 관계에서 자국통화표시법으로 나타내면 $1=1,100원 또는 ₩/$=1,100으로 표현할 수 있다. 이것은 미화 1달러에 대하여 원화 1,100원으로 교환된다는 의미이다. 환율은 통상 자국통화표시법으로 표시한다.

외국통화표시법(rate in foreign currency)은 간접표시법(indirect quotation) 또는 수취환율법(receiving quotation)이라고도 한다. 이는 자국 통화 한 단위가 외국 통화 몇 단위로 교환될 수 있는가를 나타낸다. 예를 들어, 원화에 대한 미달러화의 환율을 1원=$0.0009 또는 $/₩=0.0009로 표시한 것이 외국통화표시법이다.

환율은 외환시장에서 수요와 공급에 의하여 결정된다. 환율을 자국통화표시법으로 표시하게 되는 경우 미 달러화에 대한 수요증가는 ₩/$ 환율의 상승을 야기한다. 환율의 상승은 원화가치의 하락을 의미하므로 미국 달러화에 대한 원화의 평가절하(depreciation)라고 한다. 역으로 외환시장에 미국 달러화의 공급이 증가하면 ₩/$ 환율이 하락하게 된다. 이때는 이를 미국 달러화에 대한 원화의 평가절상(appreciation)이라고 한다.

2.3 환율의 변화

환율은 기본적으로 외환의 수요와 공급에 의하여 결정된다. 그러면 외환의 수요와 공급은 어떻게 이루어지는가? 기본적으로 재화와 서비스의 무역거래에 필요한 결제수단으로서 외환에 대한 수요와 공급이 발생한다. 또한 국제적 자본의 투기적 수요나 장기적 차관의 형태인 자본적 거래를 위해서도 외환에 대한 수요와 공급이 발생한다.

그렇다면 외환의 수요와 공급을 발생시키는 무역거래, 경상거래, 자본거래를 더욱 촉진시키는 요소는 무엇인가? 이에 대한 이론적 연구가 환율결정이론이다. 물가의 상승, 명목이자율의 변화, 선도환율의 움직임, 그리고 외환시장에 참여하는 참가자들의 기대 등이 환율에 영향을 미친다. 이를 반영한 환율결정이론으로는 크게 구매력평가설, 이자율평가설, 선물환율·기대현물환율 등가설, 실질이자율 등가설(국제피셔효과) 등이 있다.

2.4 환율의 결정이론

1) 구매력평가설

구매력평가설(purchasing power parity)은 일물일가의 법칙에 기초를 두고 있다. 동일한 재화와 서비스의 가격은 어디에서든지 동일한 가격으로 거래되어야 한다. 양국 간의 거래에 있어서도 두 나라 통화의 실질구매력은 동일하여야 한다는 것이다. 실질구매력이 동일하기 위하여는 물가상승률 즉 인플레이션율이 중요한 요소가 된다.

거래 당사국 가운데 어느 한 나라(예: 자국)의 물가상승률이 다른 나라(예: 외국)의 물가상승률보다 높다면 동일한 구매력을 유지하기 위하여 자국의 통화가치는 하락(환율상승)하여야 한다는 이론이다. 따라서 구매력평가설에 의하면 인플레이션율은 두 나라간의 환율결정에 중요한 역할을 한다. 일정기간 동안 해당국들의 예상물가상승률 차이는 양 국가 통화간의 예상환율변화율과 동일하다는 것이다.

$$\frac{S_t - S_0}{S_0} = i_h - i_f \tag{24-1}$$

단, $S_t = t$시점에 예상되는 현물환율

$S_0 = $ 현재시점의 현물환율

$i_h = $ 자국의 예상물가상승률

$i_f = $ 외국의 예상물가상승률

예 24-1

올해 한국의 물가상승률은 3%이고, 미국의 물가상승률은 2%로 예상된다. 현재 달러환율이 1,100원이라면 구매력평가설에 근거할 때 원화의 가치는 어떻게 조정되어야 하는가?

$$\frac{S_t - S_0}{S_0} = ih - i_f$$

$$\frac{S_t - 1,100원}{1,100원} = 0.03 - 0.02$$

$$S_t = 1,111원$$

달러환율이 1,111원으로 상승하여 원화가치가 달러화에 대해 1% 절하되어야 한다.

2) 이자율평가설

이자율평가설(interest rate parity)은 현물환율과 이자율 그리고 선물환율과의 관계를 나타내주는 이론이다. 이는 완전한 금융시장에서 양국 간의 금리차는 선물환 프리미엄(할증) 또는 디스카운트(할인)와 동일하다는 것이다.

$$rh - r_f = \frac{F - S_0}{S_0} \qquad\qquad (24\text{-}2)$$

단, rh = 자국의 명목이자율

r_f = 외국의 명목이자율

S_0 = 현재시점의 현물환율

F = 현재시점에 고시된 t기간 선물환율

이 이론에 따르면 우리나라에서 명목이자율로 1년간 투자하여 얻은 성과와 원화를 달러로 환전하여 미국에서 명목이자율로 투자하고 선물환계약을 통하여 1년 만기 선물환율로 교환한다면 그 성과는 같아야 한다. 이와 같은 관계를 이용하면 양국 간의 이자율 차이는 선물환율이 현물환율에 비하여 얼마나 할인 또는 할증되어 있는지를 반영하게 된다. 양국 간의 이자율 차이가 현물환율에 대한 선물환율의 비가 적정수준, 즉 균형을 이루지 못하면 차익거래가 발생하게 된다.

예를 들어, 한국의 이자율이 미국의 이자율보다 높다면 달러를 가진 입장에서는 한국의 금융자산에 투자하여 높은 수익을 올리고 다시 달러로 환전하여 수익을 회수하고 싶어 할 것이다. 그러나 이자율이 높다고 수익이 보장되는 것은 아니다. 투자 후 자금회수시의 환율이 투자결정시의 환율보다 불리하게 된다면(이 경우 환율상승) 달러로 교환하고 나면 원래 미국에서 투자한 결과보다 좋지 않은 성과가 나타날 수도 있다.

따라서 투자 후 자금회수시의 환율이 중요하다. 이러한 환율의 가변성 때문에 통상적으로 미리 선물환 계약을 이용하게 된다.

예 24-2

현재 달러화에 대한 원화의 현물환율(S_0)은 1,090원이고, 선물환율(F)은 1,100원이다. 또한 미국의 1년 정기예금금리(r_f)는 1%이고, 한국의 정기예금금리(rh)는 3%이다. 이 경우 이자율평가설에 근거하여 균형상태인가를 평가하라. 차익거래 기회가 존재한다면 투자금액을 1억달러로 가정하여 차익거래에 의한 이익(손실)을 산출해 보자.

(1) 균형상태 여부 평가

먼저 선물환 할인(할증)율을 계산해 보면 0.92% 할증되어 거래되고 있다.

$$\frac{F - S_0}{S_0} = \frac{1,100 - 1,090}{1,090} = 0.0092 \text{ 또는 } 0.92\%$$

반면, 미국과 한국의 금리차이는 2%이고, 선물환 할증률은 0.92%이므로 균형상태가 아니고 차익거래 기회가 존재한다.

(2) 차익거래이익의 산출

현재시점

① 1억달러를 미국에서 연리 1%로 차입

② 차입한 1억달러를 현재 환율 1,090원/$로 환전하여 1,090억원의 투자자금 확보

③ 1,090억원을 한국에서 연리 3%로 정기예금

④ 1년후 원리금 상환에 필요한 1억 1백만달러(＝1억달러×1.01)를 위해 1,100원/$의 환율로 선물환 매입계약 체결

1년후

① 한국에서 예금했던 자금의 원리금 1,122.7억원(＝1,090억원×1.03)을 회수

② 선물환 계약을 이행하여 1,111억원(＝1,100원/$×1.01억달러)의 원화를 지급하고 1억 1백만달러를 받음.

③ 미국에서 차입한 1억달러의 원리금 1억 1백만달러(＝1억달러×1.01)를 상환

차익거래 결과

차익거래이익＝1,122.7억원－1,111억원＝11.7억원

투자자는 차익거래에 의해 11.7억원의 이익을 남길 수 있다. 이렇게 차익거래이익이 발생하는 이유는 두 나라간의 금리차(2%)가 선물환 할증률(0.92%)보다 크기 때문이다.

3) 선물환율 · 기대현물환율 등가설

선물환율 · 기대현물환율 등가설은 선물환율이 현재시점에서 기대하고 있는 만기일의 현물환율과 같다는 이론이다. 선물환 계약은 제로섬게임(zero-sum game)이다. 선물환율이 만기일의 현물환율과 다르다면 계약 매수자 또는 매도자는 이익을 보는 측과 손해를 보는 측으로 나뉘게 된다. 매수자의 이익은 매도자의 손실로 이어지고 매수자의 손실은 매도자의 이익으로 연결된다. 손해가 예상되는 당사자는 계약에 참여하지 않을 것이다.

따라서 선물환율은 만기일의 현물환율 즉 기대현물환율과 같다고 보는 것이 합리적이다. 이 이론이 시사하는 바는 선물환율도 외환시장에 참여하는 사람들의 기대에 의하여 결정된다는 사실이다. 많은 사람들이 환율에 대하여 어떠한 방

향으로 움직일 것인가 하는 기대가 선물환율을 결정하게 된다는 것이다.

$$\frac{S_t - S_0}{S_0} = \frac{F - S_0}{S_0}$$ (24-3)

단, S_t=t시점의 현물환율

S_0=현재시점의 현물환율

F=현재시점에 고시된 t기간 선물환율

예 24-3

현재시점에서 투자자들이 기대하는 달러화에 대한 원화의 t시점 현물환율(S_t)은 1,100원이다. 선물환율·기대현물환율 등가설에 의하면 t시점의 선물환율은 얼마인가?

S_t=F이므로 선물환율은 1,100원/$이 된다.

4) 실질이자율 등가설-국제피셔효과

Fisher에 의하면 기대인플레이션율은 명목이자율에 영향을 준다. 피셔효과 (Fisher effect)에 의하면 명목이자율은 대략적으로 실질이자율에 기대인플레이션율을 합한 값이다. 이러한 피셔효과를 일반화시키면 국제금융시장이 효율적인 경우 실질이자율은 국가 간에 동일하게 된다. 만약 두 나라의 실질이자율에 차이가 있다면 차익거래가 발생하여 이러한 차이를 제거하게 된다. 즉 양국의 명목이자율 차이는 양국의 인플레이션율 차이에 의해 정확히 상쇄된다는 것을 의미한다.

$$rh - r_f = ih - i_f$$ (24-4)

단, rh=자국의 명목이자율

r_f=외국의 명목이자율

ih=자국의 예상물가상승률(기대인플레이션율)

i_f=외국의 예상물가상승률(기대인플레이션율)

예 24-4

한국의 기대인플레이션율이 4%이고, 미국의 기대인플레이션율이 2%일 때 미국의 명목이자율이 2%라고 하자, 피셔효과에 의하면 한국의 명목이자율은 몇 %가 되어야 하는가?

$$rh - r_f = ih - i_f$$

$$4\% - 2\% = ih - 2\%$$

$$ih = 4\%$$

국제피셔효과(international Fisher effect)는 명목이자율의 차이가 환율결정에 미치는 영향을 파악하기 위해 구매력평가설과 피셔효과를 결합한 것이다. 즉 구매력평가설에 따르면 양국의 환율은 양국 화폐의 구매력변화(인플레이션)의 차이에 의해 변화하고, 피셔효과에 따르면 양국의 기대인플레이션의 차이와 명목이자율의 차이는 동일하게 된다. 따라서 두 이론을 결합하면 환율은 두 국가의 명목이자율 차이에 의해 결정된다는 것이다. 즉 환율의 변화는 두 나라 사이의 이자율 차이에 의해 정확히 상쇄된다는 것이다.

$$\frac{S_t - S_0}{S_0} = rh - r_f \qquad (24-5)$$

단, $S_t = t$시점의 현물환율

$S_0 = $ 현재시점의 현물환율

$rh = $ 자국의 명목이자율

$r_f = $ 외국의 명목이자율

예 24-5

국제금융시장에서 현재 달러환율이 1,100원/\$이고, 미국의 이자율은 연 2%, 한국의 이자율은 연 4%라고 하자. 이 경우 국제피셔효과가 성립한다면 1년 후 환율은 어떻게 되겠는가?

$$\frac{S_t - S_0}{S_0} = rh - r_f$$

$$\frac{S_1 - 1,100원}{1,100원} = 4\% - 2\%$$

$$S_1 = 1,122원$$

2.5 환위험과 환노출

기업은 무역거래나 자본거래, 해외직접투자 등에 의해 환위험에 노출되어 있다. 일반적으로 환위험(foreign exchange risk)과 환노출(foreign exchange exposure)은 동일한 개념으로 사용하고 있는데, 엄격한 의미에서는 양자를 구분할 수 있다. 환위험은 환율변동에 따르는 환차손(exchange loss)의 발생 가능성을 말한다. 환노출은 환율변동에 따르는 환차손뿐만 아니라 환차익(exchange gain)의 발생 가능성을 모두 의미한다. 그러나 환노출이라고 할 때는 주로 환율변동으로 인하여 기업의 수익성, 순현금흐름, 기업가치가 변동할 가능성에 대한 측정을 지칭한다. 그리고 기업의 재무관리자는 환노출을 측정하고 이를 관리함으로써 기업의 수익성, 순현금흐름, 기업가치를 최대화하고자 한다.

환노출은 환산노출(translation exposure), 거래노출(transaction exposure), 경제적 노출(economic exposure)의 세 가지 형태로 구분할 수 있으며, 이들을 요약하여 비교하면 [그림 24-1]과 같다.

1) 환산노출

다국적기업에서 연결재무제표(consolidated financial statement)를 작성할 때는 외화로 표시된 외국 지사의 자산, 부채, 수익, 비용 등을 자국통화로 평가하여 기록하여야 하는데, 이를 외화환산(foreign currency translation)이라고 한다.

환산노출(translation exposure)은 [그림 24-1]과 같이 환율이 변동한 시점과 그 이전의 기간중에 지사의 영업결과로 나타난 자산, 부채, 수익, 비용 등의 회계

그림 24-1 환산노출, 거래노출, 경제적 노출간의 비교

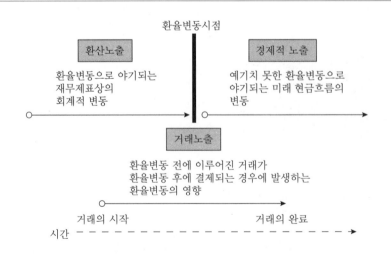

적 자료를 모기업의 연결재무제표에 자국화폐로 환산하는 경우에 모기업의 소유자 지분(owner's equity)에 발생하게 되는 환차손익을 말한다. 이 환산노출은 회계적 노출(accounting exposure)이라고도 한다.

2) 거래노출

거래노출(transaction exposure)은 환율변동 전에 거래가 이루어진 채권이나 채무가 환율변동 후에 결제될 경우에 야기되는 위험이다. 즉 거래노출은 수출입에 있어서 외화표시의 매출채권과 매입채무, 외화표시 자금의 대차거래 등에서 환율변동이 거래시점과 결제시점 사이에서 발생될 때 나타나는 환차손익을 말한다.

3) 경제적 노출

경제적 노출(economic exposure)은 환율변동시점 이후에 예기치 못한 환율변동이 발생하여 미래의 기대현금흐름에 차질이 생길 위험을 말한다. 기업의 미래 기대현금흐름이 변동하면 이것을 자본환원시킨 기업가치도 변동하게 된다. 이처럼 미래의 환율변동으로 발생되는 기업가치의 변동을 경제적 노출이라고 한다.

2.6 환위험관리

기업은 환위험을 관리하기 위하여 다양한 전략을 사용할 수 있다. 그런데 환산노출은 환산방법이 이미 회계처리기준 등에 명시되어 있기 때문에 적극적으로 대응하는 데는 한계가 있다. 거래노출에 대해서는 기업이 다양한 변화를 줄 수 있는 여지가 있으므로 전략적인 환위험관리가 가능하다.

경제적 노출에 대해서는 단기적이고 개별적인 환위험관리전략으로는 대응하기가 어렵기 때문에 장기적이면서도 구조적인 대응전략을 수립하여야 한다. 이를 위해 기업차원의 장기계획 하에서 마케팅관리, 생산관리, 인사조직관리 등과 효과적으로 연계하여 위험을 관리하는 것이 필요하다.

따라서 국제재무관리에서 주로 다루는 환위험은 거래노출과 관련된 위험이라고 할 수 있다. 개별적인 거래가 이루어짐에 따라 발생하는 환위험을 관리하기 위하여 사용할 수 있는 전략으로는 크게 기업 내부적으로 관리하는 전략과 외부시장을 이용하여 관리하는 전략으로 구분할 수 있다.

1) 내부관리전략

(1) 상 계

우선 내부적으로 비교적 쉽게 관리할 수 있는 방법이 상계(netting)이다. 상계는 다국적 경영을 하는 기업의 본사와 지사 또는 지사 상호간에 발생하는 채권·채무관계를 개별적으로 결제하지 않고, 이들 채권·채무의 차액만을 정기적으로 결제하는 방법을 말한다. 상계의 방법은 회사 간 채권·채무의 청산에 있어 결제자금 규모를 축소시켜 환위험을 감소시키는 효과를 가져 오게 된다.

(2) 매 칭

매칭(matching)은 외화자금의 흐름을 일정하게 일치시키는 전략을 말한다. 즉 외화자금의 유입과 지급을 통화별, 만기별로 일치시킴으로써 외화자금 유출입의 불일치에서 발생할 수 있는 환위험을 제거하는 환위험 관리방법이다.

(3) 리딩과 래깅

리딩(leading)과 래깅(lagging)은 환율변동에 대비하여 외화자금의 결제시기를 앞당기거나(leading) 또는 지연(lagging)시키는 것을 말한다. 이 전략은 환율변동에 따른 환위험을 최소화하거나 환차익을 최대화하기 위해 사용하는 간단하고 단기적인 환위험 관리기법이라고 할 수 있다.

(4) 포트폴리오전략

포트폴리오전략은 기업이 동시에 여러 통화로 표시된 자산이나 부채를 보유함으로써 환위험을 감소시키는 전략을 말한다.

변동환율제도하에서 각종 통화에 대한 환율은 계속 변화한다. 따라서 어떤 기업이 외국통화로 표시된 자산이나 부채를 동시에 보유하고 있는 경우에 어떤 특정 통화에서 발생하는 환율변동이 반대방향으로 움직이는 다른 통화의 환율변동에 의해 상쇄되는 효과가 나타나게 된다. 즉 기업이 동시에 여러 통화의 환위험에 노출되어 있으면 각 통화의 환율변동이 서로 상쇄되어 환위험이 자연스럽게 감소될 수 있다.

(5) 결제통화조정전략

결제통화조정전략(invoice currency adjustment strategy)은 거래의 결제통화를 탄력적으로 선택함으로써 환위험을 회피하는 전략이다.

환위험을 적극적으로 관리하고자 하는 기업은 수출의 경우에는 결제표시통화를 강세가 예상되는 통화로 계약하고, 수입의 경우에는 약세가 예상되는 통화로 계약을 체결함으로써 환차익을 기대할 수 있다. 환위험을 소극적으로 관리하고자 하는 기업의 경우에는 수출과 수입거래를 자국통화로 거래함으로써 환율변동에 따른 환위험을 회피할 수 있다.

(6) 재송장전략

재송장전략(reinvoicing strategy)은 환위험의 집중기법으로 환위험관리를 위해 별도의 법인을 설립하여 본·지사 간 이종통화 표시 채권·채무를 이 법인과 단일통화거래로 단순화시키는 전략이다.

송장(invoice)은 수출업자가 수입업자에게 매매계약의 조건을 완전하게 이행했음을 밝히는 서류를 말한다. 따라서 이러한 송장은 해외 제조회사가 판매 자회사에게로 곧 바로 발송하는 것이 일반적이다. 그러나 재송장전략에서는 송장을 직접 판매 자회사로 발송하지 않고 송장을 관리하는 별도 법인인 재송장센터(re-invoicing center)로 보내게 된다. 그러면 재송장센터는 이 송장을 판매 자회사가 원하는 통화표시로 재발송하게 된다. 이러한 과정을 통하면 판매 자회사는 통화전환에 따른 환위험을 벗어날 수 있으며 모든 환위험은 재발송센터에 집중된다.

2) 외부시장 활용전략

환위험에 대한 관리는 우선적으로 내부관리전략을 사용하는 것이 바람직하다. 왜냐하면 외부시장을 이용하게 되면 중개수수료 등의 거래비용이 발생하게 될 뿐만 아니라 환율변동이 기대했던 것과 달리 움직일 때는 즉각적으로 반대거래를 하는 데 어려움이 따를 수 있기 때문이다.

그런데 현실적으로 내부관리전략에 의해 기업에 발생하는 모든 환위험을 헤지한다는 것은 매우 어려운 일이다. 기업 내부적으로 많은 거래가 끊임없이 일어나기 때문에 거래금액에 해당하는 매칭거래 등을 찾을 수 없는 경우가 많다. 또한 기업 내에 상계센터나 재송장센터를 운용하기 힘든 경우도 있다.

따라서 기업은 환위험관리를 위하여 내부관리전략뿐만 아니라 외부시장을 이용하는 방안을 마련할 필요가 있다. 외부관리전략을 사용하게 되면 거래비용이 발생하는 단점은 있지만 환위험을 확실하게 헤지할 수 있다는 장점이 있다.

외부시장 활용전략으로는 선물환, 통화선물, 통화옵션, 통화스왑 등의 파생금융시장을 이용하는 방법과 팩토링, 어음할인, 환변동보험 등을 이용하는 방법이 있다.

(1) 선물환

선물환(forward exchange)거래는 외환거래에서 거래 쌍방이 미래에 거래할 특정 통화의 가격을 현재시점에 미리 계약하고 이 계약을 미래의 특정시점에 이행하는 것을 말한다. 이는 거래시점과 결제시점간의 환율변동에서 발생하는 환위험을 회피하는 유용한 방법으로 이용되고 있다.

(2) 통화선물

통화선물(currency futures)거래는 선물환거래와 같이 일정통화를 미래의 일정시점에서 미리 약정한 가격으로 매입·매도하기로 하는 금융선물거래의 일종이다. 그러나 특정 통화에 대하여 표준화된 거래조건을 명시한 계약인 통화선물은 선물환거래와는 달리 통화선물시장에 상장되어 거래된다.

통화선물거래를 이용한 환위험관리전략은 거래비용이 낮고, 포지션 조정이 용이하며, 신용위험이 수반되지 않는다는 점에서 최근 거래규모가 급증하고 있다.

(3) 통화옵션

통화옵션(currency option)은 통화옵션시장에 상장된 특정 통화를 미래의 일정시점 또는 일정기간 내의 거래일에 약정된 가격으로 매입 또는 매도할 수 있는 권리를 말한다. 향후 가격상승이 예상되면 콜옵션을 매입하고, 가격이 하락할 것으로 예상되면 풋옵션을 매입하는 전략을 사용할 수 있다.

(4) 통화스왑

통화스왑(currency swap)은 두 거래당사자가 계약일에 약정된 환율에 따라 해당 통화를 일정시점에 상호 교환하는 외환거래를 말한다. 통화스왑은 이종통화 표시 고정금리간, 고정금리와 변동금리간, 변동금리간에 이루어지며, 이자지급의무의 교환뿐만 아니라 원금의 교환도 이루어진다.

(5) 팩토링전략

환위험관리를 위한 팩토링(factoring)은 수출업자가 수출환어음 등 매출채권을 은행에 추심결제하는 방법 대신에 팩터(factor)에게 매출채권을 매각함으로써 이루어진다. 수출업자는 수입업자로부터 수출대금이 입금되기 전에 팩터로부터 단기금융을 이용함으로써 수출대금을 조기에 회수하고 환위험도 회피할 수 있다.

(6) 어음할인전략

어음할인(discounting)은 수출거래가 수출환어음에 의해 결제되는 경우에 어음만기까지의 환율변동위험을 회피하기 위하여 어음할인시장에서 자국통화로 어음을 할인하는 것을 말한다. 즉 수출업자가 수출환어음을 만기일 이전에 은행에 할인 매각하여 수출대금을 조기에 회수함으로써 환위험을 회피할 수 있다.

(7) 환변동보험전략

환변동보험(foreign exchange fluctuation insurance)은 환율의 변동에 의한 환차손을 보상하고 플랜트수출과 같은 장기수출을 안정화시키기 위해 만들어진 보험을 말한다.

일반적으로 결제기간이 1년 미만인 단기수출입거래에 수반되는 환위험은 선물환거래 등을 이용하여 쉽게 헤지할 수 있지만 중장기 수출거래에서는 환율예측의 불확실성이 증대되므로 단기 선물환거래로는 환위험을 방지하기 어렵다. 따라서 환변동보험은 장기 수출거래와 관련된 환위험 헤지전략으로 유용하다.

국제자금조달

제 **3** 절   Financial Management

3.1 국제금융의 의의

국제금융은 국내금융과는 달리 금융자산(financial assets) 및 부채가 국제무역, 해외투자, 장단기자금의 대여 또는 차입으로 인하여 국제적으로 또는 국가간에 이동하는 금융을 의미한다. 즉 국제금융은 지급 수단인 자금의 국제적 융통을 말한다.

기업이 자금을 조달할 때는 국내금융뿐만 아니라 국제금융을 이용할 수 있다. 다시 말해서, 기업이 자금을 조달할 때에 국내금융시장과 국제금융시장을 선택적으로 이용할 수 있다고 하면, 국내금융시장에 비하여 차입조건이 비교적 다양하고 자본조달비용이 저렴한 국제금융시장을 선택하여 자금을 조달할 수 있다.

특히 신용도가 높은 기업은 국내에서 자금을 조달하는 대신에 유로달러시장 등 해외에서 자금을 직접 차입할 수 있다.

국제금융은 자금조달과정에서 국내금융과는 다른 다음과 같은 특성을 가지고 있다.

첫째, 국제금융은 금융자산이나 부채가 외환시장에서 다른 통화로 거래되기 때문에 환위험이 발생할 수 있고, 또 투자대상국의 정치적, 사회적 변동으로 인하여 금융자산의 동결(frozen assets) 및 강제적 몰수(expropriation) 등 국가위험이 발생할 수 있다.

둘째, 유로커런시시장이나 아시아커런시시장과 같이 해당통화의 발행국 이외의 국제금융시장에서 이루어지는 금융거래는 일반적으로 거래통화를 발행한 국가로부터 법률적 규제나 통제를 받지 않는다. 따라서 국제금융에는 모든 정보가 자유롭게 그리고 즉시 시장가격에 반영되는 경향이 있다.

셋째, 국제금융거래에서는 환차익 또는 금리차익을 실현시킬 수 있는 차익거래(arbitrage)의 기회가 많이 존재한다. 국제금융은 각국의 금융시장과 외환시장에 연계되어 이루어지는데, 각국의 금융시장이 제도적으로나 구조적으로 불완전하게 연계되어 있을 경우에는 이들 시장간의 국제금융거래가 국내거래에 비하여 환차익 또는 금리차익을 실현시킬 수 있는 차익거래의 기회를 많이 제공한다.

3.2 국제금융시장

1) 국제금융시장의 유형

국제금융시장(international financial market)은 일반적으로 기본적 기능과 대차기간의 장단에 따라 아래 [그림 24-2]와 같이 분류할 수 있다. 먼저 국제금융시장은 외환시장(foreign exchange market)과 국제신용시장(international credit

그림 24-2 국제금융시장의 분류

market)으로 구분된다.

외환시장은 외환의 매매 거래가 지속적이고 반복적으로 이루어지는 시장이다. 예를 들면, 미국에서의 지급수단인 미달러화가 우리나라에서의 지급수단인 원화로 교환되는 시장을 외환시장이라고 한다. 그리고 국제신용시장은 외국통화표시 자금의 대출과 차입이 이루어지는 시장이다. 이 국제신용시장은 다시 국제화폐시장(international money market)과 국제자본시장(international capital market)으로 구분된다. 국제화폐시장은 대개 자금대출기간이 단기인 1년 미만인 거래가 이루어지는 시장을 말하고, 국제자본시장은 1년을 초과하는 거래가 이루어지는 시장을 말한다. 그러나 일반적으로 국제금융시장이라고 하면 국제신용시장을 의미하는 경우가 많다.

국제금융시장은 또 〈표 24-1〉과 같이 금융중개지역과 금융방법에 따라 역내시장(internal market)과 역외시장(external market)으로 분류할 수 있다.

역내시장은 국내금융시장에 비거주자가 참여하여 이루어지는 금융시장을 말하며 외국시장(foreign market)이라고도 한다. 역내시장의 주요 금융기관은 대부분 소재지의 금융기관이며 거래되는 자금도 현지의 통화로 표시된다. 이 역내시장은 금융방법에 따라 다시 외국채시장(foreign bond market)과 외국중개시장으로 분류된다.

한편 역외시장은 특정국 통화표시의 통화 및 증권이 발행국 이외의 지역에서 거래되는 국제금융시장을 말한다. 예를 들면, 미국달러의 경우에 유로달러시장(eurodollar market)이 역외시장에 포함된다.

여기에서 역외(external)라는 의미는 지리적(geographical)인 개념이 아니라 금융거래가 통화발행국 정부의 통제를 받지 않는다는 의미이다. 예를 들어, 우리나라의 기업이 미국 달러화 자금을 조달하는 경우에 있어 이를 미국 내의 금융기관으로부터 조달하면 역내시장에서의 자금조달이고, 미국 이외의 지역에서 영업하는 금융기관을 통하여 조달하면 역외시장에서의 자금조달이 된다.

표 24-1 국제금융시장의 유형별 분류

구 분	역내시장	역외시장
직접금융	외국채시장	유로채시장
간접금융	외국중개시장	유로커런시시장

2) 주요 국제금융시장

(1) 유로커런시시장

유로커런시시장(eurocurrency market)은 유로달러시장(eurodollar market)이 확대된 것이다. 유로달러(eurodollar)는 원래 미국 이외의 지역 특히 유럽의 국가들에 소재하는 미국은행의 지점 및 외국은행에 예치되어 운용되는 미국달러표시의 예금을 의미하였으나, 일반적으로는 유럽을 비롯한 미국 이외의 지역에 예치된 미국달러표시의 예금을 총칭하는 의미로 사용된다. 그리고 이 유로달러가 거래되는 시장을 유로달러시장이라고 한다.

유로달러시장은 점차로 국제적 교환성을 갖는 여러 통화의 참여와 규모의 확장을 통하여 유로커런시시장으로 발전하였다. 유로커런시(eurocurrency)는 기축통화 역할을 하고 있는 미국 달러화를 포함하여 유로화, 영국 파운드화, 일본 엔화, 중국 위안화 등의 통화가 발행국 이외의 지역에서 거래되는 경우 이들을 지칭하는 개념이다. 유로커런시가 거래되는 시장을 유로커런시시장이라고 한다. 그러나 아직도 미국 달러화가 유로커런시시장의 약 70%의 비중을 차지하고 있기 때문에 유로커런시시장은 유로달러시장과 같은 의미로 사용되는 경우가 많다.

유로커런시시장에서 금융기관과의 대차거래에 적용되는 기준금리는 런던은행간 대출이자율(London Interbank Offered Rate, LIBOR)이며, 대개의 경우 대차거래는 LIBOR에 일정한 가산금리인 스프레드(spread)를 합한 금리로 이루어진다.

(2) 아시아달러시장

아시아달러시장(Asian dollar market)에서는 역외금융이 이루어지고 있다. 역외금융은 한 국가의 금융기관이 비거주자가 예치한 외화자금을 오직 비거주자에게만 대출할 수 있고, 그 외화자금을 자기국가의 국내로 유입하는 것이 금지되어 있는 금융방법을 의미한다. 이 외화자금을 역외자금(offshore funds)이라고 한다. 주요 역외금융센터로는 싱가포르, 바레인, 바하마, 홍콩, 마닐라, 타이페이 등을 들 수 있다.

아시아달러시장은 넓은 의미에서 유로커런시시장에 포함되지만, 주로 싱가포르, 홍콩을 중심으로 역외금융이 이루어지는 시장을 말한다. 이 시장에서 거래되는 역외자금을 아시아달러(Asian dollar)라고 한다. 따라서 아시아달러가 역외자금이라는 점을 제외하고는 유로달러와 큰 차이가 없다.

아시아달러시장에서 대차거래에 적용되는 기준금리는 싱가포르은행간 대출금리(Singapore Interbank Offered Rate, SIBOR), 홍콩은행간 대출금리(Hong Kong Interbank Offered Rate, HIBOR), 동경은행간 대출금리(Tokyo Interbank Offered Rate, TIBOR) 등이며, 대개의 경우 대차거래는 SIBOR, HIBOR, TIBOR 등에 일정한 가산금리인 스프레드(spread)를 합한 금리로 이루어진다. 그리고 자금조달의 절차는 거의 유로달러시장의 경우와 같다.

(3) 국제채권시장

유로커런시시장은 근본적으로 간접금융이 이루어지는 단기금융시장임에 비하여, 국제채권시장(international bond market)은 직접금융이 이루어지는 장기금융시장이다. 국제채권(international bond)은 차입자가 자기의 소재국 이외의 지역에서 발행하는 채권을 의미하며, 외국채(foreign bond)와 유로채(euro bond)의 두 가지로 구분할 수 있다.

외국채는 차입자가 외국의 국내자본시장에서 그 국가의 통화표시로 발행한 채권을 말한다. 예를 들어, 한국의 기업이 미국에 소재하는 자회사의 소요자본을 조달하기 위하여 미국달러표시 채권을 미국자본시장에 발행하였다면 이것은 외국채에 해당한다.

외국채는 등록채권(registered bond)이다. 이 외국채 중에서 특별히 미국에서 발행되는 채권은 양키본드(Yankee bond), 일본에서 발행되는 채권은 사무라이본드(Samurai bond), 영국에서 발행되는 채권은 불독본드(Bulldog bond) 등과 같이 별칭으로 불리고 있다.[1]

유로채는 차입자가 외국의 여러 나라에서 당해국의 통화표시가 아닌 타국의 통화표시로 하여 유통시키는 채권을 말한다. 예를 들어, 한국의 기업이 미국달러표시 채권을 발행하여 런던시장에서 유통시킨다면 이것은 유로채에 해당한다.

---

1) 이외에도 캐나다 금융시장에서 캐나다달러(CAD) 표시로 발행되는 메이플본드(Maple bond), 오스트레일리아에서 오스트레일리아달러 표시로 발행되는 캥거루본드(Kangaroo bond), 한국 채권시장에서 외국 정부나 기업이 원화 표시로 발행하는 아리랑본드(Arirang bond), 중국 채권시장에서 외국 정부나 기업이 위안화 표시로 발행하는 판다본드(Panda bond), 홍콩에서 외국 정부나 기업이 위안화 표시로 발행하는 딤섬본드(Dimsum bond) 등이 있다.

4.1　해외직접투자

1) 해외직접투자의 의의

해외투자는 국제투자(international investment)라고도 한다. 해외투자는 해외직접투자(direct foreign investment)와 해외간접투자(indirect foreign investment)로 구분된다.

해외직접투자는 주로 다국적기업이 해외 설비에 투자하거나 현지 자회사의 설립, 현지 기업인수 등을 하는 것을 말한다. 해외간접투자는 투자이득을 달성하기 위하여 외국의 증권 또는 국제포트폴리오(international portfolio)에 분산투자하는 것을 말한다.

해외직접투자의 동기는 전략적 동기(strategic motive), 행태적 동기(behavioral motive), 경제적 동기(economic motive) 등의 세 가지로 구분할 수 있다.

첫째, 전략적 동기로는 ① 무역장벽을 회피하기 위한 수단으로 해외시장의 개척 및 확보, ② 자원의 장기적·안정적 확보, ③ 생산효율성의 추구, ④ 기술 또는 경영지식의 습득, ⑤ 정치적으로 안정된 국가에 대한 투자 등을 들 수 있다.

둘째, 행태적 동기로는 ① 해외시장의 상실에 대한 우려 등 외부환경으로부터의 자극, ② 국내시장에서 발생하는 외국기업과의 경쟁 등으로 발생되는 내부로부터의 자극을 들 수 있다.

셋째, 경제적 동기로는 ① 해외의 제품 및 요소시장의 불완전성, ② 국내시장에서 제품이 성숙기에 도달할 때 생산요소의 비용이 저렴한 국가에 투자하는 제품수명주기이론(product life cycle theory)을 이용한다는 것이다.

2) 해외직접투자안의 평가

다국적기업이 외국에 설비투자 등 해외직접투자를 할 때에 이용하는 국제자본예산의 방법도 국내기업이 수행하는 자본예산의 방법과 동일하다. 즉 투자안의 미래현금흐름을 파악하여 적정자본비용으로 할인하여 현재가치를 산출하고 투자비용의 현재가치를 차감한 순현가(NPV)가 양(+)의 값으로 산출되면 그 투자안은 채택된다.

그러나 국제자본예산(international capital budgeting)에서는 대체로 다음과 같은 사항들을 추가적으로 고려하여야 한다.

첫째, 현금흐름(과실송금)이 이중으로 과세된다는 것이다. 즉 외국 자회사의 순이익을 산출할 때 법인세가 먼저 과세되고, 이 순이익이 배당금으로 자국의 모회사에 송금되면 이 송금액에 대하여 다시 모국의 법인세가 부과된다.

둘째, 자회사의 비유동자산에 대한 감가상각충당금의 고려이다. 이 충당금은 일반적으로 외국의 사채에 투자하였다가 투자기말에 현금화하여 모회사로 송금된다. 그러나 사채에 대한 투자이익에 대해서는 이중으로 과세된다.

셋째, 할인율의 결정이다. 일반적으로 할인율은 가중평균자본비용을 사용한다. 국제자본예산에 있어서의 할인율은 투자대상 국가의 위험을 고려해야 한다. 투자자본의 철수를 제한한다든지 수용의 위험성 등을 고려해야 한다. 뿐만 아니라 환율변동에 대한 위험도 고려해야 한다. 따라서 모기업의 가중평균자본비용에 국가위험프리미엄과 환위험프리미엄이 가산된다.

넷째, 환율에 대한 고려가 있어야 한다. 투자안의 순현가를 계산할 때 환율을 염두에 두어야 한다. 투자안의 미래현금흐름의 현재가치를 자국통화로 환산하여 투자비용과 비교하고 순현가를 계산해야 한다.

4.2 해외간접투자

1) 해외간접투자의 의의

해외간접투자는 앞에서 투자이득을 달성하기 위하여 외국의 증권 또는 국제포트폴리오(international portfolio)에 분산투자하는 것이라고 하였다. 그런데 한 국가의 국내시장에서 형성되는 효율적 포트폴리오는 그 국가의 체계적 위험에 접근하고 있다. 그러나 국가마다 투자여건과 시장상황이 다르기 때문에, 각 국가의 체계적 위험수준은 서로 일치할 수 없으며 효율적 포트폴리오의 위험도 국가마다 달라지게 된다.

그리고 국내증권의 수익률은 대체로 국내의 공통된 요인들에 의해서 영향을 받고 있으므로 이들 상호간의 상관계수는 높게 나타나지만, 국내증권과 외국증권의 상관계수는 각 국가의 시장상황이 서로 다르기 때문에 낮게 나타난다. 따라서 국내증권과 상관관계가 낮은 외국증권을 포트폴리오에 포함시키면, 포트폴리오의 위험은 단순히 국내증권만으로 구성한 포트폴리오의 위험보다 축소될 수 있다.

국제투자에서는 정치적·경제적 상황이 국가마다 다르기 때문에 국내투자와는 다른 어려움이 따르게 된다. 국가 간에 정치적으로 긴장상황이 발생하게 되면, 투자대상국이 외국인의 재산을 강제적으로 수용(expropriation)하는 경우가 있다. 또 투자대상국의 높은 인플레이션 및 그 국가의 증권시장에 대한 정보의 불완전성, 그리고 국가 간 세제의 차이 등 국내투자와는 다른 형태의 어려움이 수반된다.

2) 국제분산투자

(1) 수익률의 국가간 차이

국내증권만을 대상으로 투자하는 경우에 시장이 효율적이면 어떤 증권의 수익률은 다음과 같이 CAPM으로 추정할 수 있을 것이다.

$$E(R_j) = R_f + [E(R_M) - R_f] \beta_j \tag{24-6}$$

단, $E(R_j)$ = j증권의 기대수익률

R_f = 무위험수익률

$E(R_M)$ = 시장포트폴리오의 기대수익률

β_j = j증권의 베타계수

이러한 모형에서 세 가지 변수, 즉 무위험수익률, 시장포트폴리오의 수익률, 시장포트폴리오와 공분산의 관계를 나타내는 베타계수 등은 국내의 경제사정과 증권시장의 제반 상황으로부터 영향을 받기 때문에 국가마다 다르다.

먼저 무위험수익률에 대하여 살펴보자. 무위험수익률은 아래와 같이 실질수익률(real rate of return)과 인플레이션율(inflation rate)의 합으로 나타낼 수 있다.

$$R_f = R_R + R_{INF} \tag{24-7}$$

단, R_f = 무위험수익률

R_R = 실질수익률

R_{INF} = 인플레이션율

(24-7)식에서 실질수익률은 시장참여자의 시간선호(time preference)에 영향을 받는다. 이러한 시간선호도는 각국의 경제와 시장상황에 따라 달라질 것이다.

그리고 각국의 인플레이션에 직접 영향을 미치는 요인으로는 각국의 통화 수급 상태와 금융정책 등을 들 수 있다. 따라서 각국의 무위험수익률은 서로 다르게 나타날 것이다.

다음으로 시장포트폴리오의 수익률에 대하여 살펴보자. 국내의 시장포트폴리오는 국내시장에서 거래되는 투자자산을 모두 포함시켜 구성한 포트폴리오이다. 이러한 포트폴리오를 구성하는 자산의 종류와 각 자산의 수익률은 국가마다 다르다. 그런데 포트폴리오의 수익률은 이를 구성하는 모든 자산의 수익률의 가중평균이므로, 국내 시장포트폴리오의 수익률은 다른 나라의 시장포트폴리오 수익률과 일치할 수가 없다.

마지막으로 국내주식의 베타계수와 외국주식의 베타계수는 차이가 있다. 주식의 베타계수는 그 주식의 수익률과 시장포트폴리오 수익률과의 공분산의 관계로 설명할 수 있는데, 각국의 시장포트폴리오 수익률이 서로 다르기 때문이다. 국내주식의 수익률은 국내의 동일한 산업에 속하는 주식의 수익률과 대체로 유사하게 나타난다. 그러나 국내주식의 수익률을 외국주식의 수익률과 비교해보면, 비록 두 주식이 동일한 산업에 속할지라도 수익률에는 큰 차이가 나타날 수 있다. 왜냐하면 나라마다 경제수준과 산업의 특성이 다르기 때문이다.

따라서 국내의 동일한 산업에 속하는 증권의 수익률들은 서로 유사한 수준을 나타내고 있지만, 이들을 동일한 외국의 산업에 속하는 주식의 수익률과 비교할 때는 현격한 차이를 나타내는 경우가 많다.

(2) 국제분산투자의 기대수익률과 위험

투자결정에서 포트폴리오를 구성하는 이유는 위험을 축소시키는 데 있다고 하였다. 국제분산투자를 하는 이유도 포트폴리오를 구성하는 자산을 다양한 국가의 자산으로 확대하여 포트폴리오의 위험을 국내분산투자의 경우보다 축소시키고자 하는 데에 있다.

자국의 증권과 외국의 증권을 결합하여 포트폴리오를 구성할 경우에 포트폴리오의 기대수익률과 위험을 산출하여 보자. 국제분산 포트폴리오의 기대수익률과 위험을 산출하기 위해서는 먼저 국제투자로 얻은 외국증권의 기대수익률과 위험을 자국통화의 단위로 환산한 다음, 국내 포트폴리오와 결합하여 전체 포트폴리오의 기대수익률과 위험을 산출한다.

어떤 투자자가 자국의 주식 포트폴리오와 외국의 주식 포트폴리오를 동시에 보유하고 있다고 하자. 이러한 투자자의 전체 포트폴리오의 기대수익률과 위험은 다음과 같이 산출할 수 있다.

$$E(R_{IP}) = x_H E(R_{HP}) + (1 - x_H)\ E(R_{FP}) \tag{24-8}$$

단, $E(R_{IP})$ = 국제분산된 포트폴리오의 기대수익률

R_{HP} = 국내 포트폴리오의 수익률

R_{FP} = 외국 포트폴리오의 자국통화 수익률

x_H = 전체 포트폴리오에서 차지하는 자국 포트폴리오의 비중

$$\sigma_{IP} = \sqrt{x_H^2\,\sigma_{HP}^2 + (1 - x_H)^2 \sigma_{FP}^2 + 2x_H(1 - x_H)\rho_{HP,FP}\,\sigma_{HP}\,\sigma_{FP}} \tag{24-9}$$

단, σ_{IP} = 국제분산 포트폴리오의 위험

σ_{HP} = 국내 포트폴리오의 위험

σ_{FP} = 외국 포트폴리오의 위험

$\rho_{HP,FP}$ = 국내 포트폴리오와 외국 포트폴리오 간의 수익률 상관계수

x_H = 전체 포트폴리오에서 차지하는 자국 포트폴리오의 비중

예 24-6

어떤 투자자가 국내주식 포트폴리오와 미국주식 포트폴리오에 50:50의 비중으로 전체 포트폴리오를 구성하고자 한다. 포트폴리오 구성에 필요한 자료는 다음과 같다.

국내 포트폴리오의 기대수익률 $E(R_{HP}) = 8\%$

외국 포트폴리오의 기대수익률 $E(R_{FP}) = 5\%$

국내 포트폴리오의 수익률 표준편차 $\sigma_{HP} = 10\%$

외국 포트폴리오의 수익률 표준편차 $\sigma_{FP} = 4\%$

국내 포트폴리오와 외국 포트폴리오 수익률 간의 상관계수는 0.16이다. 이 투자자가 보유하고 있는 전체 포트폴리오의 기대수익률과 위험을 산출하라.

$$E(R_{IP}) = x_H E(R_{HP}) + (1 - x_H)\ E(R_{FP})$$
$$= (0.5)(8) + (0.5)(5) = 6.5\,\%$$

$$\sigma_{IP} = \sqrt{x_H^2\,\sigma_{HP}^2 + (1 - x_H)^2\ \sigma_{FP}^2 + 2x_H(1 - x_H)\rho_{HP,FP}\,\sigma_{HP}\,\sigma_{FP}}$$
$$= \sqrt{(0.5)^2(10)^2 + (0.5)^2(4)^4 + 2(0.5)(0.5)(0.16)(10)(4)} = 5.68\%$$

그런데 투자자가 국제분산투자를 실시하는 경우에는 환위험과 국가위험을 부담하여야 한다.

국제분산투자에 따르는 환위험은 투자자가 투자기말에 외국통화를 자국통화로 교환하는 경우에 환율의 변동으로 인하여 발생하는 위험을 말한다. 즉 국제분산투자를 위하여 외국통화를 매입할 때의 환율과 외국투자에 따른 과실을 자국통화로 교환할 때 적용되는 환율이 일정하지 않기 때문에 발생하는 위험이라고 할 수 있다.

이러한 국제분산투자에 따르는 환위험은 선물(선도)거래를 통하여 헤지할 수 있다. 예를 들어, 외국의 무위험증권에 투자하는 경우에는 선물거래를 통하여 환위험을 완전히 헤지할 수 있다. 즉 투자시점에서 외국통화로 교환하여 투자하는 동시에, 예상되는 투자기말 성과에 상당하는 통화선물에 매도 포지션을 취하여 두면 된다. 이러한 경우에 투자기말에 외국의 무위험증권으로부터 확실한 기말성과가 나타날 것이고, 기말성과에 해당하는 외국통화를 선물거래를 통하여 헤지를 해두면 투자시점에서 자국통화기준으로 예상한 투자수익이 투자기말에 정확하게 실현될 수 있다.

예 24-7

어떤 투자자가 미국의 무위험채권에 대하여 5,400만원을 투자하고자 한다. 미국의 무위험수익률은 2%이며, 투자목표기간은 1년이다. 그리고 투자시점에서의 환율은 1,080원/$이며, 1년만기 미국달러선물의 가격은 1,110원/$이다. 국제투자에 따르는 환위험을 헤지하기 위하여 투자자는 어떠한 거래를 수행해야 하는가?

투자시점:
① 투자원금인 5,400만원을 미국달러로 교환하여, $50,000(=5,400만원/1,080원)로 미국의 무위험자산을 취득한다.
② 기말에 예상되는 $51,000(=$50,000×1.02)를 선물가격 1,110원/$로 선물계약에 매도 포지션을 취한다.

투자기말:
① 미국의 무위험자산에 대한 투자성과 $51,000를 회수한다.
② 선물거래에서 $51,000를 인도하고, 5,661만원(=$51,000×1,110원)을 받는다.

이와 같이 외국의 무위험자산에 투자하면서 동시에 선물계약을 체결하면 환위험을 헤지할 수 있다.

그러나 외국의 위험자산에 투자하는 경우에는 선물거래를 이용하더라도 환위험을 완전히 제거할 수 없는 경우가 있다. 선물거래로 예상되는 현금흐름에 대한 환위험은 제거가 가능할 것이다. 그러나 위험자산에 투자한 경우에는 기대 현금흐름과 실현된 현금흐름 간에 차이가 발생할 수 있다. 이처럼 예상하지 못한 현금흐름의 차이는 선물거래에 의해서 헤지되지 않고 환위험에 노출될 수 있다.

국가위험(country risk)은 국제분산투자를 위하여 특정 국가에 투자할 경우에 발생하는 제반 위험이라고 할 수 있다. 이러한 국가위험은 어떤 국가에 투자하는 경우에 기업의 영업이익이나 자산의 가치에 영향을 미치는 경영환경의 변화정도에 따라 결정된다.

국가위험은 각국의 재무적 요인과 안정성 요인 등에 의하여 영향을 받는다. 국가위험에 영향을 주는 재무적 요인은 각국의 통화정책, 환율변동, 규제 강도의 변화 등이 포함된다. 그리고 안정성 요인은 군중폭동, 내전, 기업의 경영위험에 영향을 줄 수 있는 다양한 잠재적 사건 등이 포함된다.

이러한 국가위험을 파악하기 위해서는 해당 국가의 경제성장과 정치제도, 국제수지 등 다양한 측면에서 분석해야 하며, 해당 국가의 금융시장의 유동성, 규모, 구조 등도 파악해야 한다. 하지만 이러한 정보를 외국 투자자 입장에서 수집하여 분석하는 것은 쉽지 않다. 최근 국제투자의 규모가 획기적으로 증가하면서 국가위험에 관한 정보를 전문적으로 제공하는 기관이 증가하고 있다. 따라서 국가위험에 대한 평가를 과거에 비하여 손쉽게 이용할 수 있는 추세로 바뀌고 있다.[2]

(3) 국제분산투자의 효과

국제적으로 분산투자를 하면 국내에서만 분산투자한 경우에는 축소할 수 없는 체계적 위험의 일부를 제거할 수 있다는 것이 가장 큰 장점이다. 즉 국제분산투자를 통하여 포트폴리오의 위험에 대한 추가적인 축소가 가능하다는 것이다.

[그림 24-3]은 국제분산투자의 위험축소효과를 보여주고 있다. 투자자가 자국의 증권에만 분산투자하는 경우에는 포트폴리오의 위험을 일정한 수준까지만 축소할 수 있지만, 국제적으로 분산투자를 하면 포트폴리오의 위험을 일정한 수준 이하까지도 줄일 수 있다. 그 이유는 각국의 투자여건 및 시장상황이 다르기 때문에, 각국의 수익률 간의 상관계수가 낮기 때문이다. 이처럼 각국의 수익률 간

---

2) 국가위험에 관한 정보를 제공하는 기관은 다음과 같다: Oxford Analytica, Maplecroft, Business Monitor International, Country Risk International, Country Risk Solutions, Economist Intelligence Unit, Eurasia Group, The Legion Group, The PRS Group. 각 기관들은 인터넷 홈페이지를 통하여 다양한 정보를 제공하고 있다. 국제투자를 수행하는 경우에는 이러한 기관으로부터 국가위험에 관한 정보를 취득할 수 있을 것이다.

그림 24-3 국제분산투자의 위험감소 효과

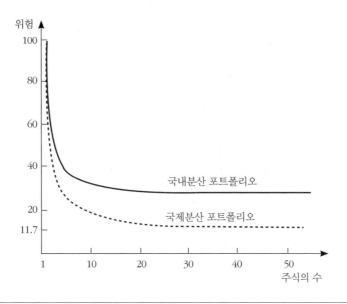

자료: B. Solnik(1974), "Why Not Diversify International Rather Than Domestically," *Financial Analysts Journal*, 30(4), 48-54.

의 상관계수가 낮으면, 국제적 포트폴리오의 다양화 효과가 크게 나타나게 된다.

국제분산투자를 통하여 위험을 축소할 수 있는 여지가 얼마나 있는가를 확인하기 위해서는 각국의 수익률 간의 상관계수를 조사해 보아야 한다. 국내 증권수익률과 외국 증권수익률의 상관계수는 각국의 시장상황이 서로 다르고 국가 간에 공통요인이 거의 없을수록 낮을 가능성이 크다. 이와 같이 국가 간의 수익률의 상관계수가 낮은 경우에는 국제분산투자의 효과가 크게 된다.

한편, 각국의 자본시장 개방이 확대되어 국제적인 투자활동이 강화되면, 각국의 자본시장은 동조화되는 경향이 나타나게 된다. 즉 자본시장의 개방으로 인하여 각국의 증권수익률 간의 상관계수가 높아질 수 있다. 이와 같은 자본시장의 동조화현상은 국제분산투자의 효과를 감소시키는 경향이 있다.

(4) 국제 효율적 프론티어

국제 포트폴리오가 취할 수 있는 모든 조합을 결합한 것을 국제 투자기회집합(international investment opportunity set)이라고 한다. 이러한 국제 투자기회집합 가운데 최소분산을 가진 포트폴리오를 구성할 수 있는데, 이러한 포트폴리오

그림 24-4 국제 효율적 프론티어

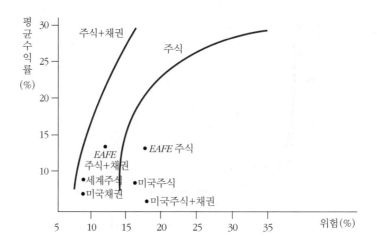

주: EAFE는 Morgan Stanley Capital International(MSCI)에서 집계하는 지수로 미국을 제외한 유럽, 오스트레일리아, 동아시아 등의 국가 기업의 주식을 포함시켜 지수화한 것임. 미국의 많은 국제투자자들은 EAFE지수의 가중분산된 비율에 따라 포트폴리오를 구성하고 있음.

자료: B. Solnik and B. Noetzlin(1982), "Optimal International Asset Allocation," *Journal of Portfolio Management*, 9(1), 11-21.

를 국제 최소분산 포트폴리오(international minimum-variance portfolio)라 한다. 이러한 국제 투자기회집합에 우월성 원리가 적용되는 포트폴리오를 국제 효율적 프론티어라고 한다. 즉 국제 투자기회집합에서 동일한 위험 하에서 기대수익률이 가장 높은 포트폴리오, 혹은 동일한 기대수익률 수준에서 위험이 가장 작은 포트폴리오의 집합을 국제 효율적 프론티어라고 한다.

국제분산투자는 국내증권에만 투자하는 경우에 비하여 투자기회집합을 확장하게 될 것이다. 즉 국제 투자기회집합은 국내증권만으로 산출한 투자기회집합에 비하여 좌측 우상향의 경계선으로 더욱 확장되어 나타나게 된다. 이렇게 확장된 투자기회집합의 좌측 우상향 경계선이 효율적 프론티어가 된다. 따라서 국제 효율적 프론티어는 국내증권만으로 산출한 효율적 프론티어에 비하여 더욱 효율적이게 된다.

Solnik and Noetzlin(1982)은 1970년부터 1980년까지의 각국의 월간수익률을 이용하여 국제 효율적 프론티어를 분석하였다. 이들의 연구결과에 의하면 국제적 분산투자는 투자위험을 줄이고 평균수익률을 현저히 증가시킴으로써 국내투자만하는 경우보다 더 효율적인 투자기회선을 얻을 수 있는 것으로 나타났다.

(5) 국제 CAPM

자본자산가격결정모형($CAPM$)을 해외증권에까지 확대하여 설명하는 이론을 국제 $CAPM$(International CAPM, ICAPM)이라고 한다. 국제 $CAPM$에서는 환율이 구매력평가설[3]에 의하여 결정되고 모든 투자자들이 효율적으로 분산투자를 한다면 개별자산의 기대수익률은 국제 베타계수(international beta)와 선형관계를 갖는다고 한다.

$$E(R_i) = R_f + [E(R_M^W) - R_f] \, \beta_i^W \qquad (24-9)$$

단, $E(R_i)$ = i주식의 기대수익률

$E(R_M^W)$ = 세계 시장포트폴리오의 기대수익률

R_f = 무위험수익률

β_i^W = 국제 베타계수(국제투자에서의 체계적 위험)

(24-9)식에서 국제 베타계수는 국제적으로 분산투자를 하더라도 제거할 수 없는 체계적 위험을 나타낸다. 세계 시장포트폴리오의 국제 베타계수는 1이 된다. 만약 어떤 증권의 국제 베타계수가 1보다 크면, 이 증권의 수익률이 세계 시장수익률에 비해 변화가 크다는 것을 의미한다. 반대로 어떤 증권의 국제 베타계수가 1보다 작다면, 이 증권의 수익률은 세계 시장수익률에 비해 변화가 작다는 것을 의미한다.

국제 $CAPM$에 의하면, 개별증권의 기대수익률은 세계 시장포트폴리오의 초과수익률과 국제 베타계수의 곱에 비례하게 된다. 완전히 통합된 세계 자본시장을 가정한다면, 투자자들은 국내 및 해외의 모든 증권으로 구성된 세계 시장포트폴리오를 기초로 하여 자본을 배분함으로써 최대의 분산투자 효과를 얻을 수 있을 것이다.

그런데 국제 $CAPM$은 몇 가지 비현실적인 가정을 가지고 있기 때문에 현실적으로 적용하는데 한계가 있다. 먼저 이 이론은 세계의 모든 투자자들이 동일한 소비패턴을 가지고 있으며, 모든 나라에서 소비재의 실질가격이 동일하다(구매력평가설)는 비현실적인 가정에 기초하고 있다. 또한 개별증권의 수익률변동에 가장 크게 영향을 미치는 요인이 국내의 시장요인이라는 현실적 상황을 충분히 반영하지 못하고 있다.

---

3) 두 국가 간의 현행 환율이 균형에서 출발한다면 두 국가 간의 인플레이션 차이의 변화는 현행 환율의 변화에 의해 상쇄된다는 가설을 말한다.

해외배당정책

해외투자의 결과 자회사의 수익이 모기업의 수익에 직접적으로 연결되는 수단이 배당이므로 대체로 고배당정책을 사용하고 있다. 모기업의 입장으로서는 외국의 국가위험을 늘 염두에 두고 있으므로 고배당을 통한 자본환수를 추진하는 경향이 있다.

또한 배당시에는 현금배당을 선호하는 경향이 있다. 많은 국가에서는 일정률 이상의 배당금을 규제한다든지 해외송금액에 대한 규제가 있기 때문에 이를 회피하기 위하여 일정 배당금을 꾸준히 일관된 정책으로 밀고나갈 필요가 있다.

해외배당정책은 기본적으로 기업가치의 증대와 주주의 이익에 부합하는 방향에서 결정되어야 한다. 자회사가 성장기업이어서 시설확장 등 투자비의 증대와 같은 자금수요가 요구되는 상황이라면 고배당을 통한 자금환수 보다는 유보를 통한 재투자를 확대하는 것이 장기적으로 주주의 이익에 부합할 수 있다.

요 약

❶ 환위험 관리방법

국제재무관리에서 주로 다루는 환위험은 거래노출과 관련된 위험이다. 기업이 환위험을 관리하는 전략은 기업 내부적으로 관리하는 전략과 외부시장을 이용하여 관리하는 전략으로 구분할 수 있다. 내부관리전략으로는 상계, 매칭, 리딩과 래깅, 포트폴리오전략, 결제통화조정전략, 재송장전략 등이 있다. 외부시장 활용전략으로는 선물환, 통화선물, 통화옵션, 통화스왑, 팩토링전략, 어음할인전략, 환변동보험전략 등이 있다.

❷ 국제금융시장의 이해

국제금융은 국내금융과 달리 금융자산 및 부채가 국제무역, 해외투자, 장단기자금의 대여 또는 차입으로 인하여 국제적으로 또는 국가 간에 이동하는 금융을 말한다. 국제금융시장은 외환시장과 국제신용시장으로 구분된다. 외환시장은 외환의 매매 거래가 지속적이고 반복적으로 이루어지는 시장을 말한다. 국제신용시장은 외국통화표시 자금의 대출과 차입이 이루어지는 시장이다. 이 국제신용시장은 국제화폐시장과 국제자본시장으로 구분된다. 일반적으로 국제금융시장이라고 하면 국제신용시장을 의미한다.

국제금융시장은 금융중개지역과 금융방법에 따라 역내시장과 역외시장으로도 분류된다. 역내시장은 국내금융시장에 비거주자가 참여하여 이루어지는 금융시장으로 외국시장이라고도 한다. 역내시장의 주요 금융기관은 대부분 소재지의 금융기관이며, 거래되는 자금도 현지의 통화로 표시된다. 이 역내시장은 금융방법에 따라 외국채시장과 외국중개시장으로 분류된다. 역외시장은 특정국 통화표시의 통화 및 증권이 발행국 이외의 지역에서 거래되는 국제금융시장을 말한다. 역외시장으로는 유로채시장과 유로커런시시장 등이 있다.

❸ 해외직접투자안의 평가

해외직접투자는 주로 다국적기업이 해외 설비에 투자하거나 현지 자회사의 설립, 현지 기업인수 등을 하는 것을 말한다. 다국적기업이 해외직접투자를 할 때에 이용하는 국제자본예산의 방법은 국내기업이 수행하는 자본예산의 방법과 동일하다. 즉 투자안의 미래현금흐름을 파악하여 적정자본비용으로 할인하여 현재가치를 산출하고, 투자비용의 현재가치를 차감한 순현가(NPV)가 양(+)의 값으로 산출되면 그 투자안을 채택한다.

그러나 국제자본예산에서는 추가로 고려해야 할 사항이 있다. 첫째, 현금흐름(과실송금)의 이중과세 문제, 둘째, 할인율 결정시 국가위험프리미엄과 환위험프리미엄의 고려 문제, 셋째, 미래현금흐름에 대한 자국통화표시로의 환산 문제 등이 발생한다.

❹ 국제분산투자

해외간접투자는 투자이득을 달성하기 위하여 외국의 증권 또는 국제포트폴리오에 분산투자하는 것을 말한다. 국제적으로 분산투자를 하면 국내에서만 분산투자한 경우에는 축소할 수 없는 체계적 위험의 일부를 제거할 수 있는 장점이 있다. 반면에 국제분산투자는 환위험과 국가위험에 노출될 수 있다.

국제분산투자를 하는 경우에는 국내증권에만 투자하는 경우에 비하여 투자기회집합이 확장된다. 따라서 국제 효율적 프론티어는 국내증권만으로 산출한 효율적 프론티어에 비하여 더욱 효율적으로 된다.

❺ 해외배당정책

해외투자의 결과 자회사의 수익이 모기업의 수익에 직접적으로 연결되는 수단이 배당이므로 대체로 고배당정책을 사용하고 있다. 그런데 해외배당정책은 기본적으로 기업가치의 증대와 주주의 이익에 부합되는 방향으로 결정되어야 한다. 자회사가 성장기업이어서 시설확장 등 투자비의 증대와 같은 자금수요가 요구되는 상황이라면 고배당을 통한 자금환수보다는 유보를 통해 재투자를 확대하는 것이 장기적으로 주주의 이익에 부합한다.

연·습·문·제

1 다음 용어를 설명하라.

① 외환과 환율   ② 자국통화표시방법과 외국통화표시방법

③ 환산노출   ④ 거래노출

⑤ 경제적 노출   ⑥ 해외직접투자

⑦ 해외간접투자 또는 국제분산투자   ⑧ 역내시장과 역외시장

⑨ 유로달러시장과 유로커런시시장   ⑩ 아시아달러시장

⑪ 역외자금   ⑫ 외국채와 유로채

⑬ 국제 효율적 프론티어   ⑭ 국제 CAPM

⑮ 국제분산투자

2 국제재무관리의 기능을 기술하라.

3 환노출의 종류를 들고, 이들의 상호관계를 그림과 함께 설명하라.

4 올해 한국의 물가상승률은 4%이고, 미국의 물가상승률은 2%로 예상된다면 구매력평가설에 근거할 때 원화의 가치는 어떻게 조정되어야 하는가? 이때 현재 미국달러 환율(₩/US$)이 1,100원이라면, 환율은 어떻게 되는가?

5 현재 달러화에 대한 원화의 현물환율(S_0)은 1,070원이고, 선물환율(F)은 1,080원이다. 또한 미국의 1년 정기예금금리(r_f)는 2%이고, 한국의 정기예금금리(r_h)는 4%이다.

(1) 이 경우 이자율평가설에 근거하여 균형상태인가를 평가하라.

(2) 차익거래기회가 존재한다면 투자금액을 1억달러로 가정하여 차익거래에 의한 이익(손실)을 산출해보라.

6 한국의 기대인플레이션율이 5%이고, 미국의 기대인플레이션율이 2%일 때 미국의 명목이자율이 3%라고 하면, 피셔효과에 의하며 한국의 명목이자율은 몇 %가 되어야 하는가?

7 국제금융시장에서 현재 달러환율이 1,150원/$이고, 미국의 이자율은 연 1%, 한국의 이자율은 연 3%라고 하자. 이 경우 국제피셔효과가 성립한다면 1년 후 환율은 어떻게 되겠는가?

8 해외직접투자의 동기를 설명하라.

9 국제금융의 특성을 설명하라.

10 국제금융시장을 분류하고 설명하라.

11 국제분산투자의 효과를 설명하라.

12 국제분산투자의 위험요인에 대하여 설명하라.

13 한국의 투자자가 삼성전자 주식과 미국의 GE주식을 60:40의 투자비율로 포트폴리오를 구성하고자 한다. 이 투자와 관련된 자료가 다음과 같이 주어져 있다고 하자. 단, GE주식의 기대수익률과 위험은 한국 원화로 환산하여 측정하였다.

> 삼성전자주식의 기대수익률 = 10%
> 삼성전자주식 수익률의 표준편차 = 8%
> GE주식에 대한 외국투자 기대수익률 = 6%
> GE주식의 외국투자 수익률의 표준편차 = 6%
> 삼성전자와 GE 주식수익률의 상관계수 = 0.4

(1) 포트폴리오의 기대수익률을 산출하라.
(2) 포트폴리오의 위험을 산출하라.
(3) 포트폴리오의 위험을 최소로 하기 위해서는 각 증권에 대한 투자비중을 얼마로 하여야 하는가?

◉ 해답

4 1,122원   **5** (2) 이익 11.2억원   **6** 6%
7 1,173원   **13** (1) 8.4% (2) 6.17% (3)5.61%

[부표] 표준정규분포표

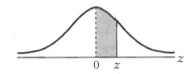

z	0.00	0.01	0.02	0.03	0.04	0.05	0.06	0.07	0.08	0.09
0.0	0.0000	0.0040	0.0080	0.0120	0.0160	0.0199	0.0239	0.0279	0.0319	0.0359
0.1	0.0398	0.0438	0.0478	0.0517	0.0557	0.0596	0.0636	0.0675	0.0714	0.0753
0.2	0.0793	0.0832	0.0871	0.0910	0.0948	0.0987	0.1026	0.1064	0.1103	0.1141
0.3	0.1179	0.1217	0.1255	0.1293	0.1331	0.1368	0.1406	0.1443	0.1480	0.1517
0.4	0.1554	0.1591	0.1628	0.1664	0.1700	0.1736	0.1772	0.1808	0.1844	0.1879
0.5	0.1915	0.1950	0.1985	0.2019	0.2054	0.2088	0.2123	0.2157	0.2190	0.2224
0.6	0.2257	0.2291	0.2324	0.2357	0.2389	0.2422	0.2454	0.2486	0.2517	0.2549
0.7	0.2580	0.2611	0.2642	0.2673	0.2704	0.2734	0.2764	0.2794	0.2823	0.2852
0.8	0.2881	0.2910	0.2939	0.2967	0.2995	0.3023	0.3051	0.3078	0.3106	0.3133
0.9	0.3159	0.3186	0.3212	0.3238	0.3264	0.3289	0.3315	0.3340	0.3365	0.3389
1.0	0.3413	0.3438	0.3461	0.3485	0.3508	0.3531	0.3554	0.3577	0.3599	0.3621
1.1	0.3643	0.3665	0.3686	0.3708	0.3729	0.3749	0.3770	0.3790	0.3810	0.3830
1.2	0.3849	0.3869	0.3888	0.3907	0.3925	0.3944	0.3962	0.3980	0.3997	0.4015
1.3	0.4032	0.4049	0.4066	0.4082	0.4099	0.4115	0.4131	0.4147	0.4162	0.4177
1.4	0.4192	0.4207	0.4222	0.4236	0.4251	0.4265	0.4279	0.4292	0.4306	0.4319
1.5	0.4332	0.4345	0.4357	0.4370	0.4382	0.4394	0.4406	0.4418	0.4429	0.4441
1.6	0.4452	0.4463	0.4474	0.4484	0.4495	0.4505	0.4515	0.4525	0.4535	0.4545
1.7	0.4554	0.4564	0.4573	0.4582	0.4591	0.4599	0.4608	0.4616	0.4625	0.4633
1.8	0.4641	0.4649	0.4656	0.4664	0.4671	0.4678	0.4686	0.4693	0.4699	0.4706
1.9	0.4713	0.4719	0.4726	0.4732	0.4738	0.4744	0.4750	0.4756	0.4761	0.4767
2.0	0.4772	0.4778	0.4783	0.4788	0.4793	0.4798	0.4803	0.4808	0.4812	0.4817
2.1	0.4821	0.4826	0.4830	0.4834	0.4838	0.4842	0.4846	0.4850	0.4854	0.4857
2.2	0.4861	0.4864	0.4868	0.4871	0.4875	0.4878	0.4881	0.4884	0.4887	0.4890
2.3	0.4893	0.4896	0.4898	0.4901	0.4904	0.4906	0.4909	0.4911	0.4913	0.4916
2.4	0.4918	0.4920	0.4922	0.4925	0.4927	0.4929	0.4931	0.4932	0.4934	0.4936
2.5	0.4938	0.4940	0.4941	0.4943	0.4945	0.4946	0.4948	0.4949	0.4951	0.4952
2.6	0.4953	0.4955	0.4956	0.4957	0.4959	0.4960	0.4961	0.4962	0.4963	0.4964
2.7	0.4965	0.4966	0.4967	0.4968	0.4969	0.4970	0.4971	0.4972	0.4973	0.4974
2.8	0.4974	0.4975	0.4976	0.4977	0.4977	0.4978	0.4979	0.4979	0.4980	0.4981
2.9	0.4981	0.4982	0.4982	0.4983	0.4984	0.4984	0.4985	0.4985	0.4986	0.4986
3.0	0.4987	0.4987	0.4987	0.4988	0.4988	0.4989	0.4989	0.4989	0.4990	0.4990
4.0	0.5000	0.5000	0.5000	0.5000	0.5000	0.5000	0.5000	0.5000	0.5000	0.5000

참 고 문 헌

◐ 국내문헌

강효석 · 권석균 · 이원흠 · 조장연(1998), 기업구조조정론, 홍문사.

강효석 · 이원흠 · 조장연(2005), 기업가치평가론, 홍문사.

곽철효 · 김병곤(2010), 증권시장론, 경영과미래.

곽철효 · 김병곤 · 김동욱(2005), "투하자본수익률과 기업다각화의 상호 연관관계분석," 금융공학연구, 제4권 제1호, 27-45.

곽철효 · 김병곤 · 김동욱(2007), "한국기업의 사업다각화가 자본구조에 미치는 영향: 외환위기 이후기간 패널자료분석," 금융공학연구, 제6권 제1호, 169-193.

곽철효 · 정정현 · 김병곤(2018), 현대증권시장론(제3판), 피앤씨미디어.

구맹회(1996), 재무관리, 법문사.

구맹회(1999), 현대투자론, 법문사.

구맹회 · 곽철효 · 김병곤(2001), 잇센셜 재무관리, 법문사.

구맹회 · 김병곤(1999), "한국기업의 소유구조가 기업가치에 미치는 영향에 관한 연구," 대한경영학회지, 제22호, 427-449.

구맹회 · 김병곤 · 박상현(2001), "기업다각화는 기업가치를 감소시키는가?," 증권학회지, 제29집, 215-242.

국찬표 · 구본열(2008), 현대재무론, 무역경영사.

김동욱 · 문승진 · 김병곤(2022), "지배주주의 초과지배권과 가족통제기업의 가치," 산업경제연구, 제35권 제5호, 1053-1074.

김동회 · 곽철효 · 정정현(1997), "한국주식수익률의 시계열상관에 대한 원인분석," 재무관리연구, 제14권 제3호, 23-56.

김동회 · 정정현 · 김병곤(2012), "주식수익률에 대한 BM비율효과 분석," 금융공학연구, 제11권 제1호, 39-61.

김병곤 · 김동욱(2004), "기업다각화와 소유구조의 상호관계가 기업가치에 미치는 영향," 대한경영학회지, 제17권 제1호, 127-150.

김병곤 · 김동욱(2007), "소유경영자지분율과 자본구조 : 외환위기 이후기간 패널자료분석," 재무관리연구, 제24권 제2호, 81-111.

김병곤 · 김동욱(2007), "패널자료분석법에 의한 기업지배구조와 기업가치간의 영향관계 분석," 금융공학연구, 제6권 제2호, 223-247.

김병곤 · 박상현(2001), "기업다각화와 자본구조의 상호관계가 기업가치에 미치는 영향," 경영학연구, 제30권 제4호, 1365-1387.

김병곤 · 박상현(2001), "소유구조와 자본구조의 상호관계가 기업다각화에 미치는 영향," 재무관리연구,

제18권 제2호, 57-79.

김병곤 · 송재호(2003), "소유구조와 자본구조의 상호관계가 기업가치에 미치는 영향," 경영학연구, 제32권 제5호, 1375-1394.

김병곤 · 정정현 · 김동회(2012), "유형의 정보와 무형의 정보에 대한 시장반응," 금융공학연구, 제11권 제2호, 71-99.

정민규 · 김동욱 · 김병곤(2022), "가족통제는 기업의 투자-현금흐름 민감도를 완화시키는가?," 금융공학연구, 제21권 제1호, 57-77.

정정현 · 곽철효 · 김병곤(2018), 현대투자론(제2판), 법문사.

정정현 · 곽철효 · 김병곤 · 박춘광(2018), 현대자본시장론(제2판), 학현사.

정정현 · 김동회(2002), "과거의 주가에 근거한 투자전략의 성과분석," 재무관리연구, 제19권 제2호, 49-75.

정정현 · 김동회(2003), "시뮬레이션을 이용한 수익률 예측가능성과 기술적 거래전략의 관련성 분석," 금융공학연구, 제2권 제2호, 221-244.

정정현 · 김동회(2007), "변동성변화에 대한 민감도와 주식수익률간의 횡단면적 관계," 금융공학연구, 제6권 제1호, 93-115.

정정현 · 배동한(2020), "기업투자에 따른 주식수익률의 모멘텀과 반전현상에 관한 연구," 금융공학연구, 제19권 제3호, 127-165.

정정현 · 최철(2019), "수명주기별 기업구조조정전략의 선택과 그 유효성에 관한 연구," 금융공학연구, 제18권 제4호, 37-75.

통계청 홈페이지, http://www.nso.go.kr

한국거래소 홈페이지, http://www.krx.co.kr

한국거래소(2011), 채권유통시장해설.

한국거래소, 유가증권시장 업무규정.

한국거래소, 파생상품시장 업무규정.

한국금융투자협회, http://www.ksda.or.kr

한국은행(2021), 한국의 금융시장.

한국은행, 기업경영분석, 각호.

한국회계기준원, http://www.kasb.or.kr

◐ 국외문헌

Alkhafaji, A. F.(1989), *A Stakeholder Approach to Corporate Governance*, Quorum Books.

Altman, E. I.(1984), "A Further Empirical Investigation of the Bankruptcy Cost Question," *Journal of Finance*, 39(4), 1067-1089.

Bachelier, L.(1900), Theorie de la Speculation, Paris: Gauthier-Villars, reprinted in English in Paul Cootner ed.(1964), *The Random Character of Stock Market Prices*, Cambridge: MIT.

Baek, J. S., J. K. Kang, and K. S. Park(2004), "Corporate Governance and Firm Value: Evidence from Korean Financial Crisis," *Journal of Financial Economics*, 71, 265-313.

Black, F.(1972), "Capital Market Equilibrium with Restricted Borrowing," *Journal of Business*, 45(3), 444-455.

Black, F. and M. Scholes(1973), "The Pricing Options and Corporate Liabilities," *Journal of Political Economy*, 81(3), 637-654.

Bodie, Z., A. Kane, and A. J. Markus(1996), *Investments*, 3rd ed., Irwin.

Brigham, E. F.(1986), *Fundamentals of Managerial Finance*, Hinsdale, Ⅲ., The Dryden Press.

Brigham, E. F. and L. C. Gapenski(1985), *Intermediate Financial Management*, Hinsdale, Ⅲ: The Dryden Press.

Brigham, E. F. and L. C. Gapenski(1987), *Intermediate Financial Management*, 2nd ed., Hinsdale, Ⅲ: The Dryden Press.

Brigham, E. F. and L. C. Gapenski(1997), *Financial Management Theory and Practice*, The Dryden Press.

Brown, L. D. and M. L. Caylor(2004), "Corporate Governance and Firm Performance," *SSRN586423*, http://ssrn.com/abstract=586423 or http://dx.doi.org/10.2139/ssrn.586423.

Chang, E.(1985), "Returns to Speculators and the Theory of Normal Backwardation," *Journal of Finance*, 40, 193-208.

Charkham, J.(1994), *Keeping Good Company*, Oxford University Press.

Chen, N., R. Roll, and S. A. Ross, "Economic Forces and the Stock Market," *Journal of Business*, 59(3), 383-403.

Copeland, T. E. and J. F. Weston(1983), *Financial Theory and Corporate Policy*, 2nd ed., Addison-Wesley Pub. Co..

Copeland, T. E. and J. F. Weston(1988), *Financial Theory and Corporate Policy*, 3rd ed., Reading, Mass.: Addison-Wesley Pub. Co..

Cox, J. and S. A. Ross(1976), "Valuation of Options for Alternative Stochastic Process," *Journal of Financial Economics*, 3, 145-166.

Cox, J., S. A. Ross, and M. Rubinstein(1979), "Option Pricing: A Simplified Approach," *Journal of Financial Economics*, 7(3), 229-263.

Dean, J.(1951), *Capital Budgeting*, New York, N. Y.: Columbia University Press.

DeAngelo, H. and R. Masulis(1980), "Optimal Capital Structure under Corporate and Personal Taxation," *Journal of Financial Economics*, 8, 3-29.

Durand, D.(1952), "Cost of Debt and Equity Funds for Business: Trends and Problems of Measurement," *Conference on Research in Business Finance*, New York, N. Y.: National Bureau of Economic Research, 215-247.

Fama, E.(1965), "The Behavior of Stock Market Price," *Journal of Business*, 38(1), 34-105.

Fama, E.(1970), "Efficient Capital Market: A Review of Theory and Empirical Work," *Journal of Finance*, 25(2), 383-417.

Fama, E. and K. R. French(1996), "Multifactor Explanation of Asset Pricing Anomalies," *Journal of Finance*, 51, 55-84.

Fama, E. and M. Jensen(1983), "Separation of Ownership and Control," *Journal of Law and Economics*,

26, 301-325.

Fama, E. F. and J. MacBeth(1973), "Risk, Return and Equilibrium: Empirical Tests," *Journal of Political Economy*, 81(3), 607-636.

Fama, E. F. and M. H. Miller(1972), *The Theory of Finance*, Holt, Rinehart and Winston, Inc..

Fama, E., L. Fisher, M. Jensen, and R. Roll(1969), "The Adjustment of Stock Prices to New Information," *International Economic Review*, 10(1), 1-22.

FASB Statement No. 4, Financial Reporting for Segments of a Business Enterprise.

Fisher, I.(1930), *The Theory of Interest*, New York: The Macmillan Co..

Francis, J. C.(1986), *Investments: Analysis and Management*, 4th ed., New York: McGraw-Hill Book Co..

Friedman, E., S. Johnson, and T. Milton(2003), "Propping and Tunneling," *Journal of Comparative Economics*, 31(4), 732-750.

Gompers, P. A., J. L. Ishii, and A. Metrick(2003), "Corporate Governance and Equity Prices," *Quarterly Journal of Economics*, 118, 107-155.

Gordon, M. J.(1959), "Dividend, Earnings, and Stock Prices," *Review of Economics and Statistics*, 41(2), 99-105.

Hamada, R. S.(1969), "Portfolio Analysis, Market Equilibrium, and Corporate Finance," *Journal of Finance*, 24(1), 13-31.

Hicks, J. R.(1946), *Value and Capital*, 2nd ed., London: Oxford University Press.

Hull, J. C.(2009), *Options, Futures, and Other Derivative Securities*, 7th ed., Prentice-Hall.

Jaffe, J.(1974), "Special Information and Insider Trading," *Journal of Business*, 47(3), 410-428.

Jarrow, R. A. and S. M. Turnbull(1996), *Derivative Securities*, South-Western College Publishing.

Jensen, M. C.(1967), "The Performance of Mutual Funds in the Period 1945~1964," *Journal of Finance*, 23(2), 389-416.

Jensen, M. C. and W. H. Meckling(1976), "Theory of the Firm: Managerial Behavior, Agency Costs, and Ownership Structure," *Journal of Financial Economics*, 3(4), 305-360.

Joh, S. W.(2003), "Corporate Governance and Firm Profitability: Evidence from Korea before the Economic Crisis," *Journal of Financial Economics*, 68, 287-322.

Johnson, S., P. Boone, A. Breach, and E. Friedman(2000), "Corporate Governance in the Asian Financial Crisis," *Journal of Financial Economics*, 58, 141-186.

Keasey, K., S. Thompson, and M. Wright(1997), *Corporate Governance: Economic and Financial Issues*, Oxford University Press.

Keim, D. and A. Madhavan(1996), "The Upstairs Market for Larger Block Transaction: Analysis and Measurement of Price Effects," *Review of Financial Studies*, 9(1), 1-36.

Lemmon, M. and K. Lins(2001), "Ownership Structure, Corporate Governance, and Firm Value: Evidence from the East Asian Financial Crisis, Working paper, University of Utah.

Lintner, J.(1965a), "The Valuation of Risk Assets and the Selection of Risky Investments in Stock Portfolios and Capital Budgets," *Review of Economics and Statistics*, 47(1), 13-37.

Lintner, J.(1965b), "Security Prices, Risk, and Maximal Gains from Diversification," *Journal of Finance*,

20(4), 587-615.

Markowitz, H.(1952), "Portfolio Selection," *Journal of Finance*, 7(1), 77-91.

Martin, J. D., S. H. Cox, Jr., and R. D. MacMinn(1988), *The Theory of Finance: Evidence and Applications*, The Dryden Press.

Miller, M. H.(1977), "Debt and Taxes," *Journal of Finance*, 32(2), 261-275.

Miller, M. H. and F. Modigliani(1961), "Dividend Policy, Growth, and the Valuation of Shares," *Journal of Business*, 34(4), 411-433.

Mitton, T.(2002), "A Cross-firm Analysis of the Impact of Corporate Governance on the East Asian Financial Crisis," *Journal of Financial Economics*, 64, 215-241.

Modigliani, F. and M. H. Miller(1958), "The Cost of Capital, Corporation Finance and the Theory of Investment," *American Economic Review*, 48(3), 262-297.

Modigliani, F. and M. H. Miller(1963), "Corporate Income Taxes and the Cost of Capital: A Correction," *American Economic Review*, 53(3), 433-443.

Monks, R. G. and N. Minow(1995), *Corporate Governance*, LENS Inc..

Mossin, J.(1966), "Equilibrium in a Capital Asset Market," *Econometrica*, 34(4), 768-783.

Myers, S. C.(1974), "Interactions of Corporate Financing and Investment Decision-Implications for Capital Budgeting," *Journal of Finance*, 29(1), 1-25.

Myers, S. C. and N. S. Majluf(1984), "Corporate Financing and Investment Decisions When Firms Have Information That Investors Do Not Have," *Journal of Financial Economics*, 13(2), 187-221.

Niederhoffer, V. and M. F. M. Osborne(1966), "Market-Making and Reversal on the Stock Exchange," *Journal of American Statistical Association*, 61(316), 897-916.

Partington, G. H.(1981), "Financial Decisions, The Cost(s) of Capital and the Capital Asset Pricing Model," *Journal of Business and Accounting*, 8(1), 97-112.

Pinches, G.(1970), "The Random Walk Hypothesis and Technical Analysis," *Financial Analysis Journal*, 26(2), 104-110.

Pratt, S. P. and C. W. Devers(1972), "Relationship between Insider Trading and Rates of Return for NYSE Stocks, 1960~1966," in J. H. Lorie and R. Brealey(eds.), *Modern Development in Investment Management*, New York: Praeger Publishers.

Rendleman, R. J., Jr. and B. J. Bartter(1979), "Two-State Option Pricing," *Journal of Finance*, 34(5), 1093-1110.

Riyanto, Y. E. and L. A. Toolsema(2008), "Tunneling and Propping: A Justification for Pyramidal Ownership," *Journal of Banking & Finance*, 32, 2178-2187.

Robicheck, A. A. and S. C. Myers(1966), "Conceptual Problems in the Use of Risk-Adjusted Discount Rates," *Journal of Finance*, 21(4), 727-730.

Ross, S. A.(1974), "Return, Risk and Arbitrage," in Friend and Bicksler, eds., *Risk and Return in Finance*, New York: Health Lexington.

Ross, S. A.(1976), "The Arbitrage Theory of Capital Asset Pricing," *Journal of Economic Theory*, 13, 341-360.

Ross, S. A., R. W. Westerfield, and J. F. Jaffe(1990), *Corporate Finance*, 2nd ed., Richard D. Irwin,

Inc., Homewood, IL..

Rubinstein, M. E.(1973), "A Mean-Variance Synthesis of Corporate Financial Theory," *Journal of Finance*, 28(1), 167-181.

Sharpe, W. F.(1964), "Capital Asset Prices: A Theory of Market Equilibrium Under Conditions of Risk," *Journal of Finance*, 19(3), 425-442.

Sheidan, T. and N. Kendall(1992), *Corporate Governance: An Action Plan to Profitability and Business Success*, Pitman Publishing.

Shleifer, A. and R. Vishny(1997), "A Survey of Corporate Governance," *Journal of Finance*, 52, 737-783.

Simon, H. A.(1955), "A Behavioral Model of Rational Choice," *Quarterly Journal of Economics*, 69, 99-188.

Smith, C. W., Jr.(1976), "Option Pricing: A Review," *Journal of Financial Economics*, 3, 3-52.

Solnik, B.(1974), "Why Not Diversify International Rather Than Domestically," *Financial Analysts Journal*, 30(4), 48-54.

Solnik, B. and B. Noetzlin(1982), "Optimal International Asset Allocation," *Journal of Portfolio Management*, 9(1), 11-21.

Solomon, E.(1963), "Leverage and the Cost of Capital," *Journal of Finance*, 18(2), 273-279.

Stewart, G. B., Ⅲ.(1991), *The Quest for Value: A Guide for Senior Managers*, Harper Business.

Telser, L. G.(1958), "Futures Trading and the Storage of Cotton and Wheat," *Journal of Political Economy*, 66, 233-255.

Tobin, J.(1969), "A General Equilibrium Approach to Monetary Theory," *Journal of Money, Credit and Banking*, 1, 15-29.

Treynor, J.(1965), "How to Rate Management of Investment Funds," *Harvard Business Review*, 43, 63-75.

Van Horne, J. C.(1989), *Financial Management and Policy*, Englewood Cliffs, N. J.: Prentice-Hall, Inc..

Wagner, W. H. and S. C. Lau(1971), "The Effects of Diversification on Risk," *Financial Analysis Journal*, 27(6), 48-53.

Weil, R., J. Segall, and D. Green(1968), "Premium on Convertible Bonds," *Journal of Finance*, 23(3), 445-463.

Weston, J. E. and E. F Brigham(1981), *Managerial Finance*, Hinsdale, Ⅲ: The Dryden Press.

Williamson, O. E.(1984), "Corporate Governance," *Yale Law Journal*, 93(7), 1197-1230.

한 글 색 인

ㅊ

영 문 색 인

저 자 약 력

김병곤(金炳坤)

부산대학교 경영학과 졸업
부산대학교 대학원 경영학 석사, 박사
LG경제연구원 책임연구원
부산발전연구원 연구위원
창원경륜공단 사외이사
California State University at Fresno, Visiting Scholar
현, 창원대학교 경영학과 교수
　　한국금융공학회 부회장

【저서】
채권투자의 이해(법문사)
잇센셜 재무관리(법문사)
재무관리(법문사)
현대증권시장론(피엔씨미디어)
현대자본시장론(학현사)
현대투자론(법문사)

【논문】
지배주주의 초과지배권과 가족통제기업의 가치
한국 재벌 기업집단의 내부자본시장과 지배주주의 터널링
한국기업의 소유구조와 기업가치: 경영자지분율의 동태적 분석
한국기업의 지배구조와 대리인비용: 소유경영기업과 전문경영기업 비교분석
주식수익률에 대한 BM비율효과 분석
유형의 정보와 무형의 정보에 대한 시장반응
한국기업의 다각화와 기업가치에 관한 실증연구-LISREL모형을 응용하여-
대리권문제와 기업다각화가 기업가치에 미치는 영향에 관한 실증연구
한국기업의 자본구조와 대리인문제: 패널자료로부터의 함의
소유경영자지분율과 자본구조: 외환위기 이후기간 패널자료분석
한국기업의 지배구조와 자본구조가 기업가치에 미치는 영향: 패널 2SLS분석을 이용하여
Corporate Governance and Firm Performance: The Korean Evidence
The Relationships Among Corporate Governance Structure, Business Diversification and Corporate Value: Evidence from Korean Firms 외 다수

곽철효(郭喆孝)

부산대학교 경영학과 졸업
부산대학교 대학원 경영학 석사, 박사
University of Illinois at Urbana-Champaign, Visiting Scholar
한국금융공학회 회장 역임
신라대학교 대학원장, 평생교육원장 역임
신라대학교 경영대학 학장 역임
현, 신라대학교 경영학과 명예교수

【저서】
현대인의 재테크_증권투자의 이해(신라대 출판부)
잇센셜 재무관리(법문사)
잇센셜 투자론(도서출판 대명)
재무관리(법문사)
현대증권시장론(피엔씨미디어)
현대자본시장론(학현사)
현대투자론(법문사)

【논문】
체계적 위험과 기업특성의 관계에 관한 연구
우리나라기업의 산업별 부채비율의 차이와 자본구조결정에 관한 연구
한국주식수익률의 시계열상관에 대한 원인분석
국내제조기업의 레버리지효과 분석
기업의 유동성보유수준에 영향을 미치는 기업특성요인 외 다수

정정현(鄭正鉉)

부산대학교 경제학과 졸업
부산대학교 대학원 경영학 박사
University of Illinois at Urbana-Champaign, Visiting Scholar
한국금융공학회 회장 역임
창원대학교 경영대학장 및 경영대학원장 역임
현, 창원대학교 글로벌비즈니스학부 교수

【저서】
재무관리(법문사)
현대자본시장론(학현사)
현대증권시장론(피엔씨미디어)
현대투자론(법문사)

【논문】
기업투자에 따른 주식수익률의 모멘텀과 반전현상에 관한 연구
수명주기별 기업구조조정전략의 선택과 그 유효성에 관한 연구
고유변동성 퍼즐의 결정요인에 대한 분해와 평가
배당수익률과 E/P비율의 주식수익률 예측가능성에 관한 연구
투자자 심리의 척도로서의 시장유동성이 주식수익률에 미치는 영향
미국과 아시아 주식시장 간의 동조화 변화와 경제적 기본요인
KOSPI 200 지수의 실현변동성 예측에서의 내재변동성 측정오차의 영향
스톡옵션 부여에 따른 기업특성의 변화
과거주가에 근거한 투자전략의 성과분석
거래회전율과 수익률분산의 변화에 따른 수익률의 시계열상관
한국주식수익률의 시계열상관에 대한 원인분석
주가의 변동성을 이용한 한국주식시장의 효율성검증
Test on Asian Stock Market Linkages with Global Market: Based on the TVP Regression 외 다수

현대재무관리 [제5판]

2013년 2월 25일   초판 발행
2015년 8월 25일   제2판 발행
2017년 2월 25일   제3판 발행
2020년 1월 20일   제4판 발행
2023년 1월 20일   제5판 1쇄 발행

저 자   김병곤 · 곽철효 · 정정현

발행인   배   효   선

발행처   도서
         출판   法 文 社

주 소   10881 경기도 파주시 회동길 37-29
등 록   1957년 12월 12일 / 제2-76호(윤)
T E L   (031)955-6500~6 FAX (031)955-6525
e-mail (영업) bms@bobmunsa.co.kr
        (편집) edit66@bobmunsa.co.kr
홈페이지 http://www.bobmunsa.co.kr

조 판   (주) 성 지 이 디 피

정가 37,000원   ISBN 978-89-18-91362-9